地球の歩き方 B05 ● 2019～2020 年版

シアトル ポートランド

ワシントン州とオレゴン州の大自然

Seattle Portland

地球の歩き方 編集室

Seattle Portland  CONTENTS

25 シアトル Seattle

105 シアトルからの小旅行 ワシントン州 Washington State

NISQUALLY VISTA

出発前に必ずお読みください！ 旅のトラブルと安全対策…P.308

141 ポートランド Portland

211 ポートランドからの小旅行 オレゴン州 Oregon State

273 旅の準備と技術
Travel Tips

Column

歩き方の使い方

本書で用いられる記号・略号

市全図のうち該当する見どころがあるエリアを示しています

紹介している見どころがあるエリアを示しています

見どころの名称

MP.32-A2＝地図位置を表します

★★★ おすすめ度を３段階で示しています（☆☆☆３つが最高）

その土地らしいスポット＆公園

博物館＆美術館＆動物園

買い物＆食事

- M　地図位置
- 住　住所
- ☎　電話番号
- Free　トールフリー（米国内通話無料電話番号）
- 無料　日本国内通話で無料の電話番号
- FAX　ファクス番号
- URL　ウェブサイトアドレス

※ウェブサイトアドレスはhttp://の記載を省略しています。

- E　eメールアドレス
- 営　営業／開館時間・期間
- 休　休業／休館日
- 料　料金
- 行き方　列車、バス、車、タクシー、徒歩でのアクセス方法
- バス
- 車　車／タクシー

欄外

- MEMO　旅行の参考になるような情報
- 投稿　読者投稿

シアトルのおもな見どころ

ダウンタウンシアトル
Downtown Seattle

シアトル観光の一番人気はここ　MP.32-A2

パイク・プレイス・マーケット
Pike Place Market

春から夏は花屋さんが店開き

パイク・プレイス・マーケット
住85 Pike St., Seattle
☎(206) 682-7453
URL pikeplacemarket.org
営月〜土9:00〜18:00、日9:00〜17:00(店により異なる)
案内所：毎日10:00〜18:00
休サンクスギビング、クリスマス
場所 Pike St.と1st Ave.の角。Pike Pl.突き当たりに案内所があり、各種パンフレットが置かれているほか、マーケットについての質問にも答えてくれる。

セイバー・シアトル・フード・ツアー
Savor Seattle Food Tours
☎(206) 209-5485
URL www.savorseattletours.com
ツアー／毎日9:30〜15:30の間で2〜8回催行。ガムの壁から出発。所要約2時間
料$41.99〜43.99(曜日により異なる)
パイク・プレイス・マーケットに入る7店で、チーズやチョコレート、ペストリー、クラブケーキなどを試食できるウオーキングツアー。

フレンズ・オブ・ザ・パイク・プレイス・マーケット・ヒストリー・ツアー
Friends of the Pike Place Market History Tour
URL www.friendsofthemarket.net
営〈6〜9月〉土8:30出発、所要1時間30分。金曜12:00までにウェブサイトから予約すること。
料大人$15、シニア$10、18歳以下$8
場所 豚のブロンズ像、レイチェル前。
歴史や、マーケット内のアートワークを知ることができるツアー。

シアトルで最も有名な観光ポイントの**パイク・プレイス・マーケット**は、1907年8月17日に創設され、アメリカの公設市場の先駆けとなった場所。2017年に創設110周年を迎え、6月にマーケットが一部拡張された。その広さは約9エーカー。1st Ave. 西側の海寄りにあり、Pike St.、Pine St.、Stewart St.、Virginia St.がマーケットへと通じている。Pike St.の突き当たり正面にある時計とネオンサインは市場のランドマークだ。そのままPike Place通りを右手に進むと、海寄りのメインアーケードを中心に建物が両側に隙間なく並ぶ。農家や職人たちが直接店を出す露店や魚屋、自家製パンや菓子を売る小売店、地ビール工房、チーズ工房、美食で評判の大小レストランやカフェ、それに、あの**スターバックス・コーヒーの1号店**（→P.81）もある。

この時計は市場のシンボル

終日大混雑する市場の中で、ひときわにぎわうのが、メインアーケードの中央に店を構える**パイク・プレイス・フィッシュ・マーケットPike Place Fish Market**。商談がまとまるや、お店のお兄さんが売り物となったサケやカニをカウンターへと放り投げる威勢のいいパフォーマンスが見られるからだ。魚が宙を飛ぶ瞬間、観光客からはやんやの喝采があがる。

上／一面にスターバックス1号店も　下／名物の魚屋パイク・プレイス・フィッシュ

その店のすぐ前の通路には**メス豚のブロンズ像レイチェルRachel the Piggy Bank**がいる。マーケットのマスコット的存在で、市場創設79周年の記念に1986年作られたもの。ワシントン州ウィドビーアイランドの彫刻家ジョージア・ギーバーGeorgia Gerberが製作し、島にいた優秀なメス豚と同じ名前がつけられた。実は貯金箱になっていて、観光客の善意で寄せられた寄付金は毎年$10000に達するという。

豚の貯金箱レイチェル

MEMO シアトルダウンタウンのホテルからシータック空港までのタクシー料金　均一の$40が設定されている。ただし、途中で停車、下車できない。チップを入れると、約$46。

レストラン

新鮮な素材の味を堪能したい　シーフード／ウオーターフロント／MP.32-A3

エリオッツ・オイスター・ハウス
Elliott's Oyster House

1975年創業の老舗レストランで、「本格的にシーフードを食べるならここ」と評判だ。おすすめは、エリオット湾で取れたカニのDungeness Crab。蒸したものをバターと特製ソースで食べたい。クラムチャウダー $5〜、生ガキ1個$2.75〜など。

住1201 Alaskan Way, Pier 56, Seattle
☎(206) 623-4340
URL www.elliottsoysterhouse.com
営日〜木11:00〜22:00、金土11:00〜23:00
カード A M V

ショップ

カジュアルブランドが揃うデパート　デパート／ダウンタウン／MP.32-A1〜A2

メイシーズ
Macy's

ダウンタウンの中心にあるこのデパートでは、ヤングカジュアルブランドがほとんど揃う。1階は靴、小物、化粧品など。2階はレディス。地下1階がメンズのコーナーだ。地下にはトンネルバスの駅があり、店舗内から直接アクセスできる。

住300 Pine St., Seattle
☎(206) 506-6000
URL www.macys.com
営月木〜土10:00〜21:00、火水10:00〜20:00、日11:00〜19:00
カード A J M V

ホテル

高級感あふれるクラシックホテル　高級／ダウンタウン／MP.32-B2

キンプトン・ホテル・ビンテージ
Kimpton Hotel Vintage

ワインカラーのカーテンと重厚な家具に囲まれた館内に一歩入り込めば、ここがダウンタウンであることをまったく感じさせない世界がある。24時間ルームサービスを提供しているので便利。ロビーでは毎晩ワインのサービスもある。自転車の無料貸し出しあり。

住1100 5th Ave., Seattle, WA 98101
☎(206) 624-8000
Free (1-800) 853-3914
FAX (206) 623-0568
URL www.hotelvintage-seattle.com
料ⓈⒹⓉ$229〜529、Su$519〜
P $42　WiFi 無料
カード A D M V　125室（あり）

ジャンルなど／所在エリア／地図位置

物件データ

ホテル設備の略号

- コーヒーメーカー
- 冷蔵庫／ミニバー
- バスタブ
- ヘアドライヤー
- BOX　室内金庫
- ルームサービス
- レストラン
- F　フィットネスセンター／プール
- コンシェルジュ
- J　日本語を話すスタッフ
- コインランドリー／当日仕上げクリーニング
- WiFi　ワイヤレスインターネット接続
- P　駐車場

※全室完備の場合のみ、ブルー色で表示しています

地図凡例

- インターステートハイウエイ
- US ハイウエイ
- ステートハイウエイ
- 観光案内所
- ホテル
- レストラン
- カフェ
- フードカート（屋台村）
- ショップ
- ナイトスポット
- シアター
- ギャラリー
- ミュージアム
- ランドマーク
- 駐車場
- 郵便局
- 空港
- 病院
- バス停

Ln.	Lane
Rd.	Road
St.	Street
Ave.	Avenue
Blvd.	Boulevard
Dr.	Drive
Hwy.	Highway
Pkwy.	Parkway

クレジットカード

- A アメリカン・エキスプレス
- D ダイナースクラブ
- J JCB
- M マスターカード
- V ビザ

ホテルの客室

- Ⓢ シングルルーム（1 ベッド 1 名使用）
- Ⓓ ダブルルーム（1 ベッド 2 名使用）
- Ⓣ ツインルーム（2 ベッド 2 名使用）
- Su スイートルーム（リビング＋ベッドルーム）

- **駐** **駐車料金（1 泊当たり）**
- **Wi-Fi** **Wi-Fi 利用料金（1 日当たり）**
- **カード** **利用できるクレジットカード**
- **♿** **車椅子対応の部屋**

本書の特徴

本書は、ワシントン州とオレゴン州のおもな観光地を旅行される方を対象に、個人旅行者が現地でいろいろな旅行を楽しめるように、各都市へのアクセス、ホテル、レストランなどの情報を掲載しています。もちろんツアーで旅行される際にも十分活用できるようになっています。

掲載情報のご利用にあたって

編集部では、できるだけ最新で正確な情報を掲載するよう努めていますが、現地の規則や手続きなどがしばしば変更されたり、またその解釈に見解の相違が生じることもあります。このような理由に基づく場合、または弊社に重大な過失がない場合は、本書を利用して生じた損失や不都合について、弊社は責任を負いかねますのでご了承ください。また、本書をお使いいただく際は、掲載されている情報やアドバイスがご自身の状況や立場に適しているか、すべてご自身の責任でご判断のうえでご利用ください。

現地取材および調査時期

本書は、2018 年 7 ～ 8 月の取材調査データを基に編集されています。また、追跡調査を 2018 年 10 月まで行いました。しかしながら時間の経過とともにデータの変更が生じることがあります。特にホテルやレストランなどの料金は、旅行時点では変更されていることも多くあります。したがって、本書のデータはひとつの目安としてお考えいただき、現地では観光案内所などで、できるだけ新しい情報を入手してご旅行ください。

発行後の情報の更新と訂正について

本書に掲載している情報で、発行後に変更されたものや、訂正箇所は、『地球の歩き方』ホームページの「更新・訂正情報」で可能なかぎり最新のデータに更新しています（ホテル、レストラン料金の変更などは除く）。また、「旅のサポート情報」もご旅行前にお役立てください。

URL www.arukikata.co.jp/travel-support/

投稿記事について

投稿記事は、多少主観的になっても原文にできるだけ忠実に掲載してありますが、データに関しては編集部で追跡調査を行っています。投稿記事のあとに（東京都○○ '18）などとあるのは、寄稿者と旅行年を表しています。ただし、ホテルなどの料金を追跡調査で新しいデータに変更している場合は、寄稿者データのあとに調査年度を入れ［'18］としています。

なお、ご投稿をお送りいただく場合は、P.317 をご覧ください。

ホテルの客室料金表示について

アメリカでは、基本的にホテル料金は「ひと部屋」の宿泊料が表示されます。本書でもそれに従い、特に記述のない場合、ひと部屋当たりの料金を表示しています。また、原則として公示料金を掲載しており、各市でかかるホテルタックスは含まれていません。お支払いの際には、所定の税金が別途かかります（→ P.28、144）。

ジェネラルインフォメーション

アメリカ合衆国の基本情報

▶旅の英会話
→P.311

国　旗
Stars and Stripes
　13本のストライプは1776年建国当時の州の数、50の星は現在の州の数を表す。

正式国名
アメリカ合衆国 United States of America
　アメリカという名前は、イタリアの探検家でアメリカ大陸を確認したアメリゴ・ベスプッチのファーストネームから取ったもの。

国　歌
Star Spangled Banner

面　積
約962万8000km²
日本の約25倍（日本は約37万7900km²）。

人　口
約3億2571万人。シアトルは約72万人、ポートランドは約64万人（2017年推定）。

首　都
ワシントン特別行政区 Washington, District of Columbia
　全米50のどの州にも属さない連邦政府直轄の行政地区。人口は約69万人。

元　首
ドナルド・トランプ大統領 Donald J. Trump

政　体
大統領制　連邦制（50州）

人種構成
白人76.6%、アフリカ系13.4%、アジア系5.8%、アメリカ先住民1.3%など。

宗　教
キリスト教が主流。宗派はバプテスト、カトリックが多いが、都市によって分布に偏りがある。少数だがユダヤ教、イスラム教なども。

言　語
主として英語だが、法律上の定めはない。スペイン語も広域にわたって使われている。

通貨と為替レート

▶外貨の両替
→P.280

　通貨単位はドル（$）とセント（¢）。**$1＝112.95円（2018年10月22日現在）**。紙幣は1、5、10、20、50、100ドル。なお、50、100ドル札は、小さな店で扱わないこともあるので注意。硬貨は1、5、10、25、50、100セント（＝$1）の6種類だが、50、100セント硬貨はあまり流通していない。

$1

$5

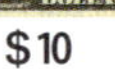
$10

$20

$50

$100

1¢

5¢

10¢

25¢

電話のかけ方

▶電話
→P.304

日本からの電話のかけ方　例：シアトル（206）123-4567へかける場合

国際電話会社の番号		国際電話識別番号		アメリカの国番号		市外局番（エリアコード）		相手先の電話番号
001（KDDI）※1 **0033**（NTTコミュニケーションズ）※1 **0061**（ソフトバンク）※1 **005345**（au携帯）※2 **009130**（NTTドコモ携帯）※3 **0046**（ソフトバンク携帯）※4	＋	**010**	＋	**1**	＋	**206**	＋	**123-4567**

参考：携帯3キャリアともに、「0」を長押しして「+」を表示させると、国番号からのダイヤルでかけられる。

※1「マイライン」「マイラインプラス」の国際区分に登録している場合は不要。
詳細は URL www.myline.org
※2 auは、005345をダイヤルしなくてもかけられる。
※3 NTTドコモは009130をダイヤルしなくてもかけられる。
※4 ソフトバンクは0046をダイヤルしなくてもかけられる。

祝祭日（連邦政府の祝日）

▶イベントカレンダー→P.276

※※印のある日は州によって祝日となる。ワシントン州、オレゴン州では※は祝日、※は平日扱い。なお、店舗などで「年中無休」をうたっているところでも、元日、サンクスギビングデイ、クリスマスの3日間はほとんど休み。また、メモリアルデイからレイバーデイにかけての夏休み期間中は、営業時間などのスケジュールを変更するところが多い。

1月	1/1		元日　New Year's Day
	第3月曜		マーチン・ルーサー・キング・ジュニア牧師誕生日 Martin Luther King, Jr.'s Birthday
2月	第3月曜	※	大統領の日 Presidents' Day
3月	3/17	※	セント・パトリック・デイ St. Patrick's Day
4月	第3月曜	※	愛国者の日 Patriots' Day
5月	最終月曜		メモリアルデイ（戦没者追悼の日）Memorial Day
7月	7/4		独立記念日 Independence Day
9月	第1月曜		レイバーデイ（労働者の日）Labor Day
10月	第2月曜	※	コロンブス記念日 Columbus Day
11月	11/11		ベテランズデイ（退役軍人の日）Veterans Day
	第4木曜		サンクスギビングデイ Thanksgiving Day
	サンクスギビングデイの翌日	※	ザ・デイ・アフター・サンクスギビング The Day after Thanksgiving
12月	12/25		クリスマス Christmas Day

コロンブス記念日は、シアトル市では「アメリカ先住民の日 Indigenous Peoples' Day」という。

ザ・デイ・アフター・サンクスギビングは、ワシントン州では「アメリカ先住民ヘリテージデイ Native American Heritage Day」と認定されている

ビジネスアワー

以下は一般的な営業時間の目安で、スーパーマーケットは22:00頃、ドラッグストアは24:00頃の閉店。

銀　行

月～金 9:00～17:00

デパートやショップ

月～土 10:00～20:00、日 12:00～18:00

レストラン

朝からオープンしているのはレストランというより気軽なコーヒーショップやダイナー。朝食 7:00～10:00、昼食 11:00～14:30、ディナー 17:30～22:00。バーは深夜まで営業。

電気&映像方式

電圧とプラグ

電圧は120ボルト。3つ穴プラグ。100ボルト、2つ穴プラグの日本製品も使えるが、電圧数がわずかではあるが違うので注意が必要。特にドライヤーや各種充電器などを長時間使用すると過熱する場合もあるので、時間を区切って使うなどの配慮が必要。

映像方式

テレビ・ビデオは日本とアメリカともにNTSC方式、ブルーレイのリージョンコードは日本とアメリカともに「A」なので、両国のソフトはお互いに再生可能。しかし、DVDのリージョンコードはアメリカ「1」に対し日本「2」のため、「ALL CODE」の表示のあるソフト以外はお互いに再生できない。

アメリカから日本へかける場合　例：東京(03) 1234-5678

国際電話識別番号		日本の国番号		市外局番（頭の0は取る）		相手先の電話番号
011	+	81	+	3	+	1234-5678

▶アメリカ国内の公衆電話のかけ方→P.304

▶アメリカ国内通話

同じ市外局番（エリアコード）へかける場合は市外局番が不要。異なるエリアコードへかける場合は最初に1をダイヤルし、市外局番からダイヤルする

▶公衆電話のかけ方

1) 受話器を持ち上げる
2) 都市により異なるが、最低通話料50¢を入れ、相手先の電話番号を押す（プリペイドカードの場合はアクセス番号を入力し、ガイダンスに従って操作する）
3)「初めの通話は○分○ドルです」とアナウンスが流れるので、案内された額以上の金額を投入すれば電話がつながる

チップ

▶チップについて
→P.303

レストラン、タクシー、ホテルの宿泊（ベルボーイやベッドメイキング）など、サービスを受けたときにはチップを渡すのが慣習となっている。額は、特別なことを頼んだ場合や満足度によっても異なるが、以下の相場を参考に。

レストラン
合計金額の15～20%。サービス料が含まれている場合は、小銭程度をテーブルやトレイに残して席を立つ。

タクシー
運賃の約15～20%（最低でも$1）。

ホテル宿泊
ベルボーイは荷物の大きさや個数によって、ひとつにつき$2～3。荷物が多いときはやや多めに。
ベッドメイキングは枕元などに$1～2。

飲料水

水道の水をそのまま飲むこともできるが、ミネラルウオーターを購入するのが一般的。スーパーやコンビニ、ドラッグストアなどで販売している。

気　候

▶各都市のジェネラルインフォメーション
シアトル
→P.28
ポートランド
→P.144

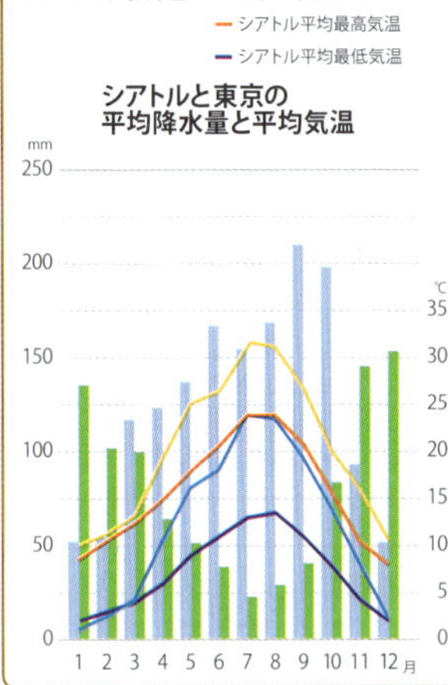

東京平均降水量
ポートランド平均降水量
東京平均最高気温
東京平均最低気温
ポートランド平均最高気温
ポートランド平均最低気温

**ポートランドと東京の
平均降水量と平均気温**

mm 250 200 150 100 50 0
℃ 35 30 25 20 15 10 5 0
1 2 3 4 5 6 7 8 9 10 11 12 月

日本からのフライト

▶航空券の手配
→P.286

2018年10月現在、直行便の場合、シアトルへは、成田からデルタ航空と全日空が毎日直行便を運航（所要時間：約9時間）。ポートランドへは、デルタ航空が成田から毎日（時期により減便あり）直行便を運航（所要時間：約9時間）。

時差とサマータイム

アメリカ本土内には4つの時間帯がある。太平洋標準時 Pacific Standard Time（シアトルやポートランドなど）は日本時間マイナス17時間、山岳部標準時 Mountain Standard Time（デンバーなど）はマイナス16時間、中部標準時 Central Standard Time（シカゴなど）はマイナス15時間、東部標準時 Eastern Standard Time（ニューヨークなど）はマイナス14時間。夏はデイライト・セービング・タイム（夏時間）を採用し、1時間時計の針を進める州がほとんど。その場合、日本との時差は1時間短くなる。
夏時間を実施する期間は、3月第2日曜日から、11月第1日曜日まで。移動日にあたる場合、タイムスケジュールに十分注意する必要がある。

郵便

郵便料金

日本への航空便は封書、はがきともに$1.15。規定の封筒や箱に入れるだけの荷物を定額で郵送できるタイプもある。

町によって郵便局の営業時間は多少異なる。一般的な局は平日の9：00～17：00くらい。

▶郵便
→P.306

出入国

ビザ

90日以内の観光、商用が目的ならば基本的にビザは不要。ただし、頻繁にアメリカ入出国を繰り返していたり、アメリカでの滞在が長い人は入国を拒否されることもある。なお、ビザ免除者となるにはESTAによる電子渡航認証の取得が義務づけられている。

パスポート

パスポートの残存有効期間は、基本的に滞在日数以上あればOKとされているが、実際には入国日から90日以上あることが望ましい。

▶ ESTA（エスタ）の取得→P.284
▶パスポートの取得
→P.282
▶出入国の手続き
→P.288

税金

物を購入するときにかかるセールスタックス Sales Taxとホテルに宿泊するときにかかるホテルタックス Hotel Taxがある。また、レストランで食事をした場合はセールスタックスと同額の税金、またそれに上乗せした税金がかかる。率（%）は州や市によって異なる。

シアトルではセールスタックスとレストランタックスは10.1%、ホテルタックスは15.6%。ポートランドではセールスタックスとレストランタックスはなく、ホテルタックスは15.3%。

▶シアトルの税率
→P.28
▶ポートランドの税率
→P.144

安全とトラブル

日本人の遭いやすい犯罪は、置き引き、ひったくりなど。犯行は複数人で及ぶことが多く、ひとりが気を引いているスキに、グループのひとりが財布を抜いたり、かばんを奪ったりする。日本語で親しげに話しかけ、言葉巧みにお金をだまし取るケースも多い。日本から1歩でも出たら、「ここは日本ではない」という意識を常にもつことが大切。

警察・救急車・消防署

911

▶旅のトラブルと安全対策
→P.308

年齢制限

ワシントン州、オレゴン州では、飲酒可能な年齢は21歳から。場所によっては、お酒を買うときにも身分証明書の提示を求められる。ライブハウスなどお酒のサーブがあるところも身分証明書が必要。

アメリカでは若年層の交通事故がとても多く、大手レンタカー会社では一部の例外を除き25歳以上にしか貸し出さない。21歳以上25歳未満の場合は割増料金が必要なことが多い。

▶マナーについて
→P.303

度量衡

距離や長さ、面積、容量、速度、重さ、温度など、ほとんどの単位が日本の度量衡とは異なる。

▶日本とアメリカのサイズ比較表
→P.302
▶アメリカの温度の単位
→P.275

時差表

日本時間	0	1	2	3	4	5	6	7	8	9	10	11	12	13	14	15	16	17	18	19	20	21	22	23
東部標準時(EST)	10	11	12	13	14	15	16	17	18	19	20	21	22	23	0	1	2	3	4	5	6	7	8	9
中部標準時(CST)	9	10	11	12	13	14	15	16	17	18	19	20	21	22	23	0	1	2	3	4	5	6	7	8
山岳部標準時(MST)	8	9	10	11	12	13	14	15	16	17	18	19	20	21	22	23	0	1	2	3	4	5	6	7
太平洋標準時(PST)	7	8	9	10	11	12	13	14	15	16	17	18	19	20	21	22	23	0	1	2	3	4	5	6

※3月第2日曜から11月第1日曜まではデイライト・セービング・タイムを実施している。夏時間は時計の針を1時間進める制度で、通称「サマータイム」。ただし、アリゾナ州(MST)、ハワイ州(HAST)では実施されていない。なお、ピンク色の部分は日本時間の前日を示している。

神々しい風景
ノースカスケード国立公園
North Cascades National Park →P.136

300を超える氷河をもつ山々は、霧に覆われていることが多い。霞が晴れると、湖や滝は神秘的な姿を現す。

街を出ればすぐそこに 多彩な絶景が待っている パシフィック・

シアトルやポートランドから少し足を延ばせば広がる絶景の数々。
長い時間をかけて、自然が作り出してきた壮大な風景は、見る者を圧倒する。
さまざまな要因が重なって奇跡的に生まれた、唯一無二の存在を目に焼き付けたい。

世界有数の化石発掘現場
ジョン・デイ化石層国定公園
John Day Fossil Beds National Monument →P.241

5400万～600万年前の地層が発見された地で、動植物の進化の過程を観察できる。

太平洋岸に出現した巨大な石
フェイスロック州立シーニック・ビューポイント
Face Rock State Scenic Viewpoint →P.258

オレゴンコースト沿いには、約1500万年前に噴火した山から流れ出た溶岩でできた、巨大な岩が鎮座する。

オレゴン州

4 火山灰が地表に現れ、赤や褐色に変化したペインテッドヒルズ・ユニット
5 男の人の顔やテーブルの形に似た岩が点在する
6 アメリカで最も深い湖であるクレーターレイクは、時間や天候によってさまざまな色に変わる
7 マウントフッドを眺めながらカヤックを体験できるトリリアム湖
8 オレゴン州最大の落差を誇るマルトノマ滝

ワシントン州

1 一面がターコイズブルーに輝くディアブロ湖
2 マートル滝を目指して散策したいスカイライントレイル
3 木の幹をコケが覆い、幻想的な雰囲気が漂っている ホー・レイン・フォレスト

カスケード山脈の最高峰
マウントレニエ国立公園
Mount Rainier National Park →P.116
雄大な姿が富士山に似ていたことから、日系移民の間で「タコマ富士」と呼ばれていた。

2

3

世界遺産に登録されている
オリンピック国立公園
Olympic National Park →P.106
コケで埋め尽くされた温帯森林や氷河が点在する山間部など、さまざまな表情を見せてくれる。

ノースウエストの大自然

全米で最も深い湖
クレーターレイク国立公園
Crater Lake National Park →P.263
マウントマザマの噴火によってできたカルデラ湖。594mの深さの湖は、太陽の位置により多彩な色を映し出す。

6

オレゴン州最高峰
マウントフッド
Mt. Hood →P.220
山頂部は1年をとおして雪に覆われている。富士山と高さと形が似ていることから、日系人からオレゴン富士と呼ばれている。

7

氷河が溶けてできた峡谷
コロンビア峡谷
Columbia River Gorge →P.212
カナダのロッキー山脈からオレゴン州北部に流れるコロンビア川の両岸には、絶壁がそびえている。

8

シアトル&ワシントン州
最新NEWS & 最旬SPOTS

アマゾン・ドット・コムの本社が移転してきてから、ダウンタウンの街並みは変貌を遂げた。
ここ数年、観光スポットが新しく誕生したり、リニューアルオープンしたり、
訪問したい見どころが盛りだくさんだ。

拡張されたエリアからの眺望もGood

上／ランチ時には、テーブルや椅子も置かれ、くつろぐことができるプラザ　左／増設されたエリアにも豚の銅像が鎮座する

パイク・プレイス・マーケット Pike Place Market

→P.26、50

2017年6月、40年ぶりにマーケットが拡大された。市場が増設されたほか、プラザPlazaと呼ばれるテラスエリアも新設された。階下には、チョコレートショップやブリュワリーもオープン。

今、ガラス作りがホット

シアトル・ガラスブローイング・スタジオ Seattle Glassblowing Studio

タコマ出身のガラス彫刻家、デール・チフリー氏の影響もあり、シアトルではガラス製作に関心が集まっている。ワークショップではハートマークの置物からペーパーウエイトなどまで、さまざまなガラス細工を作ることができる。約2日後には完成品を受け取り可能。事前にウェブサイトから予約すること。

子供から大人まで楽しめるガラス細工作り

Seattle Glassblowing Studio
MP.32-A1
住2227 5th Ave., Seattle　☎(206)448-2181
URL seattleglassblowing.com
営月～土9:00～18:00、日10:00～18:00
カード A M V　料15分コース：$65、30分コース$125～
行き方 ウエストレイクセンターから徒歩7分。

ガラスの床の回転展望台ができた

スペースニードル Space Needle

→P.58

2018年5月、大工事を終え展望エリアがリニューアルオープン。ワイヤーで囲まれていた部分が、床から天井までの巨大なガラスパネルで覆われ、ガラスのベンチも設置された。8月には、真下まで見通せるガラスの床の回転展望台も階下にオープンした。

上／オープンしてから50年以上たってもいまだにシアトルの観光名所　下／ガラスのベンチに座って、下を眺めるには、かなりの勇気が必要かも

アマゾン・ドット・コム本社に現れた植物園

アマゾンのスフィアとアンダーストーリー
Amazon The Spheres & Understory

アマゾン・ドット・コム社屋に誕生した植物園のスフィアには、世界各国から取り寄せられた4万本もの植物が植えられている。通常は社員のみにしか公開されていないが、特定の日時なら事前の予約で一般者の入場も可能だ。植物園について解説した展示室のアンダーストーリーは、予約の必要なく立ち寄れる。

Amazon The Spheres
MP.31-A2
住2111 7th Ave., Seattle
URLwww.seattlespheres.com
営第1、3土曜10:00～18:00
料無料
行き方ウエストレイクセンター駅から徒歩8分。

Amazon Understory
住2101 7th Ave., Seattle
営月～土10:00～20:00、日11:00～19:00　料無料

アマゾン・ドット・コムの社員になった気分に浸れるかも？

上／スフィアは、3つのガラスの球体が連なったガラスドーム
右下／スフィアに隣接するアンダーストーリーには、スフィアの模型やアマゾンの社屋の歴史についての展示がある

アマゾンゴー
Amazon Go

レジがないコンビニエンスストア

→P.91

アマゾン・ドット・コムが2018年1月、無人のコンビニをオープンさせた。事前にアプリをダウンロードしてクレジット登録すれば、レジで会計をすることなく、欲しい商品を手にして退店できる。

最新技術を駆使して誕生したコンビニでショッピングを

マリナーズにイチロー外野手が帰ってきた

本拠地でプレイするイチローの姿を誰もが期待している

シアトル・マリナーズ
Seattle Mariners

→P.57、100

シアトルの地元のファンが待ちに待っていたイチロー選手の復帰。2018年5月には会長付特別補佐に就任した。いまだにスイングなどは衰えておらず、2019年の開幕シリーズではプレイする姿を見られるかもしれない。

マウントレニエ国立公園
Mount Rainier National Park

「タコマ富士」と呼ばれたワシントン州を象徴する山が選出された

→P.116

日本旅行業協会（JATA）により、「アメリカ大陸　記憶に刻まれる風景30選」に選ばれたマウントレニエ国立公園は、ワシントン州のシンボル。夏季には、一面が高山植物で埋め尽くされ、たいへん美しい。

「神の宿るところ」とアメリカ・インディアンに呼ばれた山

FUTURE PLANS

日本からシアトルへの直行便が増え、ますます便利に！

2019年3月31日に日本航空による成田～シアトル便が新設されるほか、4月1日にはデルタ航空による関西～シアトル便が運航を再開する予定だ。

ポートランド&オレゴン州 最新NEWS & 最旬SPOTS

「アメリカで住みたい街」トップ10に毎年ランクインするポートランドは、
何でも自分で作るDIY精神が行き渡る。
人と人との交流も盛んなので、常に新しいムーブメントや文化が生まれる傾向があるのだ。

隈研吾氏が手がけた拡張プロジェクトが完成

Tsubo-Niwaと呼ばれる、とても小さな庭があるカルチュラルビレッジ

日本庭園

Japanese Garden →P.165

建築家の隈研吾氏設計による建物が新設され、2017年にリニューアルオープンを果たした庭園。日本の伝統的な家屋をイメージして造られたカルチュラルビレッジには、ギャラリーや図書館、カフェが集まる。

鶏ご飯や和菓子、抹茶を楽しめるカフェ

ビールの次に来るのは蒸留酒

ハウス・スピリッツ・ディスティラリー

House Spirits Distillery

ジン、ラム、ウオッカ、ウイスキーなどのクラフト蒸留酒の世界では、リーダー的な存在の蒸留所&テイスティングルーム。コリアンダーやオレンジピールなど、さまざまな植物を使って華やかな香りを造り出している。見学ツアーもあり。

MP.149-A4
住65 S.E. Washington St., Portland
☎(503)235-3174 URLhousespirits.com
営日～木12:00～19:00、金土12:00～20:00
●ツアー 月～金13:00～17:00の毎正時、土13:00、15:00、日15:00出発。料$20 カードAMV
行き方ポートランド・ストリートカー・AループのSE ML King & Stak St. 駅下車、徒歩4分。

製造工程を見学し、数種類のアルコールをテイスティングできるツアーも人気

究極のファーム・トゥ・テーブル

畑を目の前にして取る食事は、何ものにも代えがたい

サイド・ヤード・ファーム&キッチン

The Side Yard Farm & Kitchen

ダウンタウンの北西7kmの住宅街にある農園では、目の前で収穫された食材を使ったコース料理が楽しめる。地元のレストランにも卸しているだけあり、ここで栽培されている野菜は一流シェフも認める折り紙つき。イベント開催日以外の農園見学は不可なので、事前にウェブサイトで確認のこと。

MP.145-B2 住4800 N.E. Simpson St., Portland
URLwww.thesideyardpdx.com
営毎日オープンしていないので、ウェブサイトのイベント欄で日時を確認し、事前に予約すること 行き方マックス・ライトレイル・レッド、グリーン、ブルーラインのHollywood Transit Center駅からバス#75でN.E. 42nd Ave. & Simpson St.下車、徒歩7分。

フォトジェニックスポット巡り
Photogenic Spots

ポートランドでも人気の「SNS映えの場所」

世界中で話題のSNS映えスポット巡り。ポートランドでも若い女性を中心に、カラフルでかわいらしいグラフィティや看板の前がにぎわっている。特に注目は、アルバータストリート沿いにあるバラの壁画（MP.171）や自転車店Community Cycling Centerの壁画（MP.171）。

Alberta St. MP.145-B2
行き方 バス#17でN.E. 27th Ave. & Alberta St.下車、徒歩3分。

バラの都と呼ばれるポートランドらしい壁画

上／わからないことは、スタッフに聞けば何でも教えてくれる　左／完成品のサンプルから自分が作りたいものを選ぼう

モノづくり体験がHot

ディー・アイ・ワイ・バー
DIY Bar

オリジナルの革製品やアクセサリーを作りながら、クラフトビールが飲めるバー&工房。財布やネームタグ、パスポートケース、コースターなどから、自分が作りたいものを選ぶ。説明書を見ながら、革を切り、染め、穴を開け、最後に縫い付けると完成。

MP.149-A2
住 3522 N. Vancouver Ave., Portland
☎ (503)477-6090　URL www.diybar.co
営 1セッション：火～金日15:00、19:00、土11:00、15:00、19:00から約3時間　休 月　料 $34～　カード A M V
行き方 バス#34でN. Fremont St. & Gantenbein Ave.下車、徒歩1分。

エイ・ディー・エックス
ADX

「ないものは自分で作ってしまえ」の精神が根付いている

ポートランドのモノづくりの拠点として注目を集めているコミュニティスペース。会員に登録すれば、金槌やのこぎりから大型プリンターなどまで、自由に使うことができる。ワークショップやツアーも開催しているので、旅行者でも見学できる。

MP.149-A4
住 417 S.E. 11th Ave., Portland　☎ (503)915-4342
URL adxportland.com
営 月～金9:00～22:00、土日9:00～21:00。ツアーは月18:00、土14:00スタート
行き方 バス#15でS.E. Morrison St. & 11th Ave.下車、徒歩6分。

上／スタッフが作ったアクセサリーや雑貨を販売　下／作業エリアも自分たちで作るぐらい、できることはすべてやる

アメリカでいちばん深い湖がJATA30選に選出

クレーターレイク国立公園
Crater Lake National Park

→P.263

日本旅行業協会（JATA）により、「アメリカ大陸　記憶に刻まれる風景30選」に選ばれたクレーターレイク国立公園。時間帯や天候によって湖面の色がターコイズブルーやエメラルドグリーンに変わり、見る人を魅了する。

ボートツアーに参加すれば湖を1周できるクレーターレイク

シアトル&ポートランドの料理図鑑

シアトルで人気 Top2メニュー

サーモン
Salmon

特別なスパイスで味つけされたアラスカ産のサーモン

アイバーズ・サーモンハウス（→P.78）
サウスパークシーフード（→P.174）

クラムチャウダー
Clam Chowder

ホワイトクリームを使ったニューイングランド風が主流

アセニアン・シーフード・レストラン・アンド・バー（→P.78）
ダン&ルイス・オイスターバー（→P.173）

シアトルのレストラン、カフェ
ポートランドのレストラン、カフェ

パシフィック・ノースウエストで食べたいメニュー

ハンバーガー
Hamburger

地元産の新鮮な野菜がたっぷりと入ったハンバーガー

バージニアイン（→P.76）
ブレッド&インク・カフェ（→P.173）

ピザ
Pizza

生地が薄いものと厚いもの両方ある

トゥッタベーラ・ナポリタン・ピッツェリア（→P.79）
ドベビビ（→P.176）

フィッシュ&チップス
Fish & Chips

白身魚やサーモンのフライにポテトが付いたもの

アイバーズ・サーモンハウス（→P.78）
ダン&ルイス・オイスターバー（→P.173）

エッグベネディクト
Egg Benedict

マフィンの上にベーコンやハム、ポーチ・ド・エッグが載る

オッドフェローズ・カフェ+バー（→P.77）
ブレッド&インク・カフェ（→P.173）

ベーグル
Bagle

ゴマやにんにく、シナモンなど種類も豊富

エルタナ（→P.82）
スピールマンベーグル（→P.142）

パンケーキ
Pancake

ベーコンやハム、フルーツと一緒に

スラッピーケークス（→P.179）

ステーキ
Steak

約30日間寝かせてうま味を凝縮させた熟成肉

エルガウチョ（→P.75）
リングサイドステーキハウス（→P.173）

バーベキュー
BBQ

特製のソースで味つけされた骨付きの豚バラ（スペアリブ）

レベレンズBBQ（→P.173）

ロブスターロール
Lobster Loll

メイン州産のロブスターにマヨネーズを混ぜ合わせたサンドイッチ

パイク・プレイス・チャウダー（→P.27）

太平洋の近くに位置する2都市では、シーフードが最も人気の料理。そのほか、アメリカ定番のハンバーガーやピザからアサイーボウル、スムージーなどまでバリエーションも豊かだ。ここでは下記メニューが食べられる代表的なレストランをご紹介。

ポートランドで人気 Top2メニュー

ダンジネスクラブ
Dungeness Crab

みそがよく詰まっていて、身がしまっているカニ
●テイラー・シェルフィッシュ・ファームズ（→P.78）
●サウスパークシーフード（→P.174）

カキ
Oyster

生でもフライでもシチューでも、おいしい
●テイラー・シェルフィッシュ・ファームズ（→P.78）
●イート：オイスターバー（→P.174）

ムール貝
Mussels

にんにくやスパイスで味付けした酒蒸しが人気
●エリオッツ・オイスター・ハウス（→P.78）
●ダン＆ルイス・オイスターバー（→P.173）

マカロニ＆チーズ
Mac & Cheese

ゆでたマカロニにチーズソースを絡めたもの
●ビーチャーズ・ハンドメイド・チーズ（→P.27）
●マザーズ・ビストロ＆バー（→P.172）

パスタ
Pasta

リングイーネやペンネ、フェットチーネなどさまざま
●ハウトゥー・クック・ア・ウルフ（→P.79）
●グラッサ（→P.175）

タコス
Tacos

豚肉やアボカド、レタスなどをトルティーヤで包む
●スーパーブエノ（→P.79）
●グエロ（→P.175）

ポキ丼
Poke

酢飯かレタスにマグロ、サーモン、とびこなどを載せる
●ポキラバー（→P.80）

アサイーボウル
Acai Bowl

グラノーラやバナナ、アサイースムージーが入る
●バーブボウル（→P.81）
●カリオカボウルズ（→P.178）

Sweets♥スイーツ

ワッフル Waffle

トッピングにはフルーツやホイップクリーム、メープルシロップを
●ワッフルウインドー（→P.179）

ドーナツ Doughnut

オレオクッキーやベーコンが載ったものもある
●トップポット・ドーナツ（→P.82）
●ブードゥードーナツ（→P.179）

スムージー Smoothie

いちごやバナナ、ケール、セロリなどを使った体に優しいジュース
●スイートグラス・フードカンパニー（→P.81）
●モベリ（→P.178）

編集室厳選 The List of Souvenirs Items

シアトル＆ポートランドで

カフェ

スターバックス・リザーブ・ロースタリー&テイスティング・ルーム
Starbucks Reserve Roastery & Tasting Room
(→P.81)

ロースタリー限定の革製のコースター

ロースタリー限定のトートバッグ

スターバックス・コーヒー1号店 Starbucks Coffee
(→P.81)

パイク・プレイス・マーケット店限定のコーヒー豆

パイク・プレイス・マーケット店限定のマグカップ

スタンプタウン・コーヒー・ロースターズ
Stumptown Coffee Roasters
(→P.181)

12オンス入っているコーヒー豆

新しいデザインになったStumptownのマグカップ

スポーツ

シアトル・マリナーズ・チームストア
Seattle Mariners Team Store
(→P.57、88)

定番のベースボールキャップ

一番人気のTシャツ

ゴム製のコースター4個セット

メモ帳とペンのセット

書店

パウエルズブックス
Powell's Books
(→P.192)

コットン製のトートバッグ

ステンレスのマグカップ

みんな大好き♡ スーパーマーケット

日本人に人気のオーガニックスーパーでは、お手頃価格の商品が揃っている。バラマキみやげに最適なものが多い。

スーパーマーケットの利用法

①買い物袋は紙製の手提げ袋が多く、シアトルは5¢、ポートランドは無料。

②レジは、購入点数によりレーンが分かれていることが多い。点数が少ない場合は、エクスプレスレーンExpress Laneを利用できる。

③野菜や果物が集まるサラダバーでは、自分の好きな量だけ購入できる。テイクアウト用のボックスに入れてキャッシャーに持っていけば、そこで量ってくれて値段がつく。

④エコバッグは、Reusable Bag、Eco-Friendly Shopping Bagと呼ばれ、各スーパーオリジナルのものは、$1～2で買える。

ホールフーズ・マーケット
シアトル→P.85脚注　ポートランド→P.192脚注

John Masters Organicsのシャンプー

グレープフルーツの香りがするオリジナル石鹸

ペパーミント味のオリジナルリップクリーム

John Masters Organicsのコンディショナー

おみやげ探し

旅の記念となるものや友人へのおみやげを買って帰りたい。自分用からバラマキ用まで、シアトル&ポートランドらしいおすすめグッズを紹介しよう。

$25
チェリーやブルーベリーをドライフルーツにしてチョコレートで包んだチャッカー・チェリーズ

$19
ひと味違うシアトル加工のスモークサーモン

$12.99
オバマ前大統領もお気に入りというチョコキャラメル、Frans ChocolateのSmoked Salt Caramels

$22.95
ポートランドで有名なチョコレートショップMoonstruckのチョコレートトリュフ9個入り

$4.25~
The Woodblock Chocolate(→P.193)のチョコバー

$13.95
「バラの都」ポートランドらしいバラのバスソルトとシャンプー、石鹸のセット

$5.25
Bee Local(→P.193)のスティックはちみつ10本入り

$3.50
大学名入りの3つ穴ノート

$2.95
ボールペン

$14.99
オリジナル・ステンレスボトル

$5.99
ロゴ入りマグカップ

$1.99
Whole foods Marketオリジナルのエコバッグ

$1.99
ヒマラヤ・ピンクソルト

$3.99
ココナッツの香りのボディバター

$1.99
ジンジャー味のミントタブレット

$1.99
クマの形のグミ

99¢
Trader Joe'sオリジナルエコバッグ

※商品は時期や店舗により取り扱っていないこともある。

シアトル&ポートランドの基礎知識

アメリカ西海岸の北部に位置するシアトルとポートランドは、都市のすぐそばに森や海が広がり、自然のなかにできたような街。ワシントン州とオレゴン州のおもな都市では、ロハスなレストラン巡りや、カヌーやサイクリングなどのアクティビティが楽しい。郊外の大自然は雄大で美しく、ドライブの車窓風景にも心癒やされる。

シアトルはワシントン州最大の都市

※シアトルのジェネラルインフォメーション（→P.28）

ワシントン州 ジェネラルインフォメーション

1年をとおして雪に覆われているオリンピック山脈

アメリカ西海岸の最北に位置し、カナダとも国境を接するワシントン州。世界遺産に登録されているオリンピック国立公園（→P.106）をはじめ、夏には高山植物のお花畑が一面に広がるマウントレニエ国立公園（→P.116）など、大都市のすぐ近くに、雄大で奥深い大自然が残されている。いずれも車で行く観光地だが、シアトル発の日帰りツアーを利用すれば、車がない旅行者でも気軽に自然の豊かさを満喫できる。都市での街歩きも組み合わせれば、シアトルとワシントン州、それぞれの魅力を堪能できるはずだ。シアトルでは、ロブスターやサーモンといった海産物を食べることもお忘れなく。

略称	WA
州都	オリンピア
最大の都市	シアトル
人口	約740万人（シアトル72万4745人）<2017年推定>
面積	17万2430km²
愛称	エバーグリーンステイト（常緑の州）
主要産業	ハイテク、木材製品、建材、輸入住宅、農産物全般
姉妹県	兵庫県
姉妹都市	神戸市（シアトルと）ほか30都市以上
世界遺産	オリンピック国立公園
おすすめ観光地	サンファンアイランド、マウントレニエ国立公園
観光局（日本）	シアトル・ワシントン州観光事務所 ☎(03) 4360-5644　FAX(03) 6206-1252 E info@visitseattle.jp　URL www.visitseattle.jp

ポートランドはオレゴン州最大の都市

※ポートランドのジェネラルインフォメーション（→P.144）

オレゴン州 ジェネラルインフォメーション

16世紀の中頃はオレゴンテリトリーと呼ばれ、現在のワシントン州、アイダホ州、カナダのブリティッシュ・コロンビア州の一部も占有していた。1803年トマス・ジェファソン大統領がルイジアナをフランスから買収すると、西部開拓の幕が上がり、1840年から1860年にかけて、オレゴントレイルを通って大勢の人々が西への大移動を始めた。近年は環境重視の政策が行き渡り、自然を守りながら、ハイテクや農業にめざましい発展をみせている。雄大でピュアな自然を求めて、オレゴンコーストやセントラルオレゴンを旅したい。

略称	OR
州都	セーラム
最大の都市	ポートランド
人口	約414万人（ポートランド64万7805人）<2017年推定>
面積	25万1419km²
愛称	ビーバーステイト（ビーバーの州）
主要産業	木材、ハイテク、農業、観光、水産、繊維
姉妹県	富山県
姉妹都市	札幌市（ポートランドと）ほか20都市以上
おすすめ観光地	オレゴンコースト、セントラルオレゴン
観光局（日本）	オレゴン州観光局 日本事務所 ☎(03) 6273-2160　FAX(03) 5363-1118 URL traveloregon.jp ポートランド観光協会 日本事務所 E TravelPortland.Japan@aviareps.com URL www.travelportland.com/lang/japanese

巨大な岩がオレゴンコーストに鎮座する

シアトル
SEATTLE

シアトル観光！ 人気No.1スポット

パイク・プレイス・マーケットを とことん 楽しむ!!!

パイク・プレイス・マーケット（→P.50）は、観光客だけでなく地元の人も通う市民の台所。4ブロックを占めるマーケットは、約200以上のレストランやショップが集まり、1日では回りきれないほどだ。新鮮な果物や総菜をつまみながら歩き回りつつ、立ち寄るべきポイントをしっかり押さえて、とことん楽しもう。

とことん ポイント！ ①

コインを入れると、数日以内に幸運が訪れるらしい
●メス豚のブロンズ像レイチェル→P.50

とことん ポイント！ ②

果物屋の屋根に乗っているパレード中のメス豚の像も見逃さないで！

とことん ポイント！ ③

写真撮影は太陽が差し込む午前中がベスト
●ガムの壁 →P.51

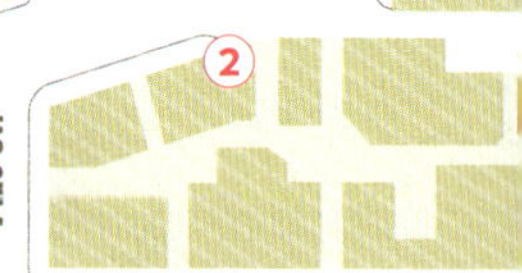

6種類のビールを味わえるサンプラー（$10）

A ブリュワリー パイク・ブリューイング・カンパニー The Pike Brewing Company

フルーティーな香りが際立つオリジナル・エールビールが看板メニュー。10種類以上の樽生ビールが味わえる。ブリュワリーツアー（火〜土15:00〜）もあり。

MP.32-A2
住1415 1st Ave., Seattle ☎(206)622-6044
URLwww.pikebrewing.com 営日〜木11:00〜24:00、金土11:00〜翌1:00 カードAMV

Let's Enjoy at

とことん ポイント！ 名物の魚のキャッチは見逃せない

B 魚屋 パイク・プレイス・フィッシュ・マーケット Pike Place Fish Market

魚屋が撮影スポットになっている

パイク・プレイス・マーケットでいちばん有名な魚屋。お客さんから注文が入ると、その商品を店員がカウンター奥に投げる。このキャッチボール見たさに行列ができるほどにぎわっている。

MP.32-A2 住86 Pike Pl., Seattle Free(1-800)542-7732
URLwww.pikeplacefish.com 営月〜土6:30〜18:00、日7:00〜17:00 カードAMV

C 本屋 ゴールデン・エイジ・コレクタブル Golden Age Collectables

北西部で最大の漫画のコレクションを誇る。バットマンやスター・ウォーズなどの漫画のほか、映画の台本やキャラクターグッズも豊富に揃っている。

日本未入荷のグッズを掘り起こしたい

MP.32-A2 住1501 Pike Pl., #401 Lower Level, Seattle
☎(206)622-9799 URLwww.goldenagecollectables.com
営月〜木9:30〜18:00、金土9:30〜19:00、日9:00〜19:00 カードAMV

甘過ぎないのでくせになるはず

D チョコレートキャンディ チャッカチェリーズ Chukar Cherries

ワシントン州で収穫されたチェリーやブルーベリーをドライフルーツにし、チョコレートを絡めたものが有名。オーガニック栽培にこだわり、果物本来の甘さが引き立つよう添加物は極力使用していない。

MP.32-A2 住1529-B Pike Pl., Seattle ☎(206)623-8043
URLwww.chukar.com 営毎日9:00〜18:00 カードAMV

パイク・プレイス・マーケットをとことん楽しむ!!!

とことんポイント! ④
拡張されたエリアのプラザでは、ハイテーブルで食事ができる

とことんポイント! ⑤
8:00頃までなら、あまり並ばずに入店できる
●スターバックス・コーヒー1号店→P.81

F チーズ専門店
ビーチャーズ・ハンドメイド・チーズ
Beecher's Handmade Cheese

成長ホルモンを使わずに育てられた牛の牛乳で作られたチーズは絶品。マカロニとチーズ絡めたMac & Cheese ($5.99) はお手軽サイズだが、満腹感たっぷり。

MP.32-A2 住1600 Pike Pl., Seattle
☎(206)956-1964 URLbeechershandmadecheese.com
営毎日9:00～19:00 カードAMV

アメリカ人のソウルフードは食べ逃せない

濃厚なチーズをたっぷりと味わえる

Pike Place Market !!!

とことんポイント!
シアトルっ子も大絶賛のスープをぜひ!

E クラムチャウダー
パイク・プレイス・チャウダー
Pike Place Chowder

看板メニューのクラムチャウダー($6.95～)やロブスターロールなどをお手頃価格で食べられる。地元の情報誌で毎年取り上げられており、旅行者だけでなく、シアトル在住者も立ち寄る名店。

MP.32-A2
住1530 Post Alley, Seattle
☎(206)267-2537
URLwww.pikeplacechowder.com
営毎日11:00～17:00 カードAMV

G ピロシキ専門店
ピロシキピロシキ
Piroshky Piroshky

ビーフとチーズが入ったものやスモークサーモンが挟まれたものなど具材も豊富。腹もちがいいので、女性なら1個で朝食代わりになるかも。

MP.32-A2 住1908 Pike Pl., Seattle
☎(206)441-6068 URLwww.piroshkybakery.com
営月～金8:00～19:00、土日7:30～20:00 カードAMV

ベーコンとチーズ、卵が入ったピロシキ（$6.85）

H カフェ
インディチョコレート
Indi Chocolate

農園から直接カカオ豆を取り寄せ、産地ごとにチョコレートの加工方法を変えているカフェ兼チョコレートショップ。板チョコやトリュフからココア、ボディバターなどまで揃っている。

MP.31-A3 住1901 Western Ave., # D, Seattle
☎(425)243-2089 URLindichocolate.com
営日～木8:00～18:00、金土8:00～19:00
カードAMV

カフェでは濃厚なホットチョコレートも味わえる

シアトル
Seattle

深い入江となったピュージェット海峡に面したシアトルは、海と緑に囲まれた美しい都市だ。エメラルドシティとも呼ばれているが、シアトルという名前は、アメリカ先住民の偉大な酋長、チーフ・シアトルに由来する。それほど広くないダウンタウンの南には、シアトル・マリナーズの本拠地、セーフコフィールドがある。

生活水準も高く、文化的にも豊かなこの街からは、ニルヴァーナやパール・ジャムに代表されるグランジ・ロックが誕生した。さらに、伝説のギタリスト、ジミ・ヘンドリックス（1942〜1970年）生誕の地でもある。また、カンフー映画の大スター、ブルース・リー（1940〜1973年）も18歳でシアトルに移住し、ワシントン大学在学中に、カンフーにさまざまな武術を取り入れた、シュン・ファン・グンフーという新しい武道をあみ出した。ふたりともその生涯を閉じ、今は、ジミ・ヘンドリックスはレントンのグリーンウッド墓地（→P.30 MEMO）で、ブルース・リーはキャピトルヒルのレイクビュー墓地（→P.61）で静かに眠っている。

こうした偉人たちの足跡を訪ねる旅も興味深いが、カヌーやカヤック、ハーバークルーズを体験し、バラードやフリーモントなどのネイバーフッドを歩くのが、ツウなシアトルの歩き方だ。ダウンタウンの名所、パイク・プレイス・マーケットの一画には、スターバックス1号店もある。ビル・ゲイツのマイクロソフトも、世界中の空を飛ぶボーイング社も、シアトルで育ち、世界的な一流企業に成長していったのだ。

ハーバークルーズに参加すればダウンタウンを一望できる

ジェネラルインフォメーション

新鮮なシーフードを食べたい

シアトル	ワシントン州キング郡の郡庁所在地 太平洋岸北西部で最大の都市
面積	217.4km²
人口	72万4745人（2017年推定）
時差	太平洋標準時　日本との時差－17時間 夏時間－16時間
セールスタックス	（売り上げ税）10.1％
レストランタックス	（飲食税）10.1％
ホテルタックス	（宿泊税）15.6％
アルコール	21歳以上
たばこ	公共の建物内では禁煙。 レストラン、バー内も禁煙。ホテル客室は一部可。
気候と気温	春の訪れは4月。5月からが本格的なレジャーシーズンの始まりだ。夏は涼しく、冬も緯度のわりには寒くない。秋から冬は雨期となり、雨の日が続く。観光シーズンは6〜10月。夏はカラッと暑く、日差しが強いので帽子、サングラス、日焼け止めは必携。夏の平均気温は18℃。冬の平均気温は6℃。
在米公館	在シアトル日本国総領事館（→P.309）

MEMO シアトルが舞台の映画　トム・ハンクスとメグ・ライアン出演の『めぐり逢えたらSleepless in Seattle』やマット・ディロンとブリジット・フォンダ主演の『シングルスSingles』、ジュリア・スタイルズとヒース・レジャー主演の『恋のからさわぎ10 Things I Hate About You』などがある。

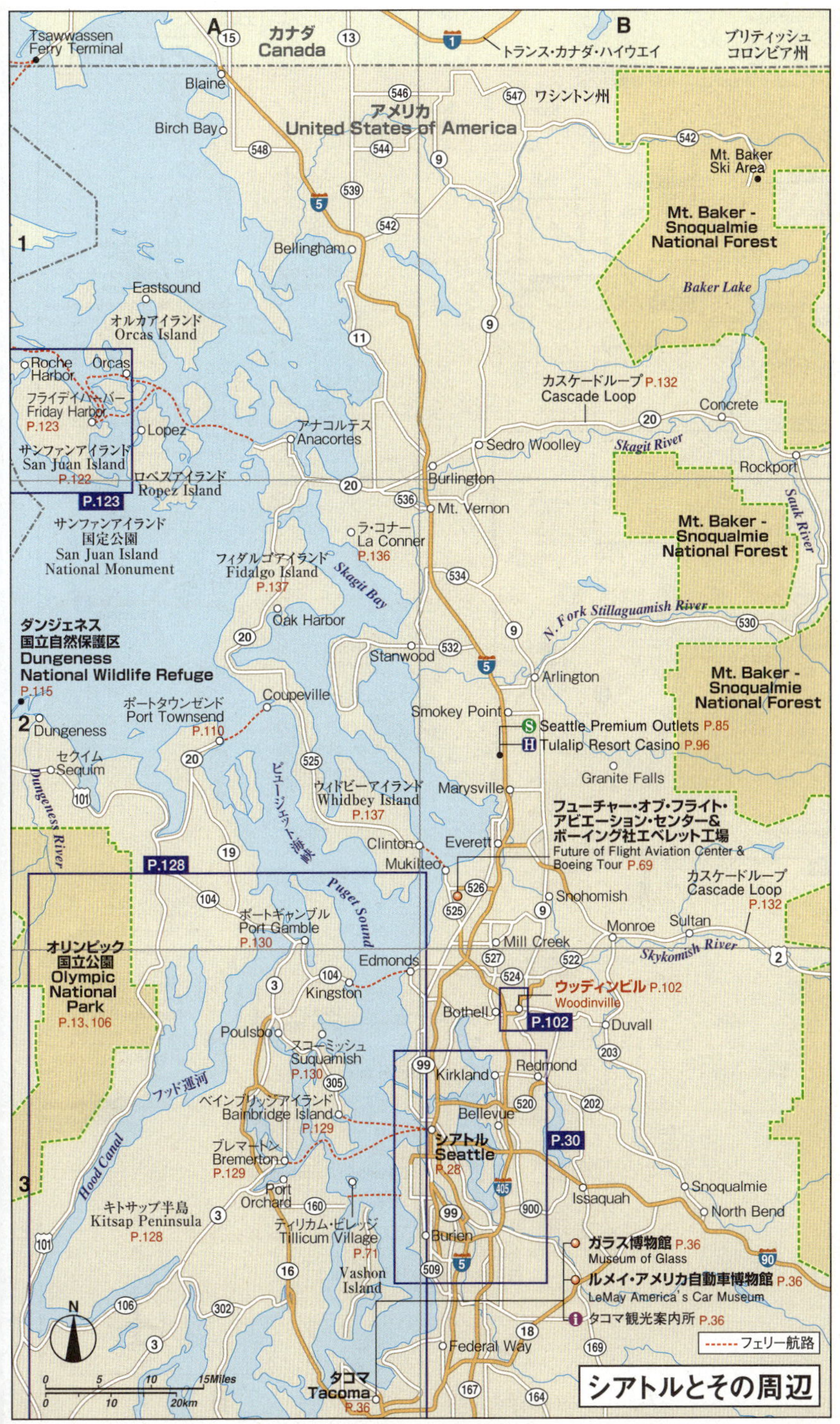
シアトルとその周辺
カナダ
Canada
アメリカ
United States of America
ブリティッシュコロンビア州
ワシントン州
トランス・カナダ・ハイウエイ
Tsawwassen Ferry Terminal
Blaine
Birch Bay
Bellingham
Eastsound
オルカスアイランド
Orcas Island
Roche Harbor
Orcas
フライデイハーバー
Friday Harbor
P.123
Lopez
サンファンアイランド
San Juan Island
P.122
ロペスアイランド
Ropez Island
サンファンアイランド国定公園
San Juan Island National Monument
アナコルテス
Anacortes
Burlington
Mt. Vernon
Sedro Woolley
ラ・コナー
La Conner
P.136
フィダルゴアイランド
Fidalgo Island
P.137
Skagit Bay
Oak Harbor
Stanwood
Mt. Baker Ski Area
Mt. Baker - Snoqualmie National Forest
Baker Lake
カスケードループ
Cascade Loop
P.132
Concrete
Skagit River
Rockport
Sauk River
N. Fork Stillaguamish River
Arlington
ダンジェネス国立自然保護区
Dungeness National Wildlife Refuge
P.115
ポートタウンゼンド
Port Townsend
P.110
Coupeville
Dungeness
セクイム
Sequim
Dungeness River
Smokey Point
Seattle Premium Outlets P.85
Tulalip Resort Casino P.96
Granite Falls
Marysville
ウィドビーアイランド
Whidbey Island
P.137
ピュージェット湾
Puget Sound
Clinton
Mukilteo
Everett
フューチャー・オブ・フライト・アビエーション・センター＆ボーイング社エベレット工場
Future of Flight Aviation Center & Boeing Tour P.69
Snohomish
Monroe
Sultan
Skykomish River
Mill Creek
ポートギャンブル
Port Gamble
P.130
Edmonds
Kingston
Bothell
ウッディンビル P.102
Woodinville
Duvall
オリンピック国立公園
Olympic National Park
P.13、106
Poulsbo
スコーミッシュ
Suquamish
P.130
Kirkland
Redmond
フッド運河
Hood Canal
ベインブリッジアイランド
Bainbridge Island
P.129
Bellevue
シアトル
Seattle
P.28
ブレマートン
Bremerton
P.129
Port Orchard
Issaquah
Snoqualmie
North Bend
キトサップ半島
Kitsap Peninsula
P.128
ティリカム・ビレッジ
Tillicum Village
P.71
Vashon Island
Burien
ガラス博物館 P.36
Museum of Glass
ルメイ・アメリカ自動車博物館 P.36
LeMay America's Car Museum
タコマ観光案内所 P.36
フェリー航路
Federal Way
タコマ
Tacoma
P.36
P.123
P.128
P.102
P.30
15Miles
20km

MEMO **グリーンウッド墓地**　世界的に有名なロックギタリスト、ジミ・ヘンドリックスの墓（ジミ・ヘンドリックス・メモリアルJimi Hendrix Memorial）がある。Greenwood Memorial Park　M P.30-B3　住 350 Monroe Ave. N.E.,↗

↘Renton ☎(425)255-1511 行き方 シアトルダウンタウンのWestlake駅からバス＃101でレントン・トランジット・センターまで行き、バス＃105に乗り換える。N.E. 4th St. & Monroe Ave. N.Eで下車。徒歩2分。約1時間。

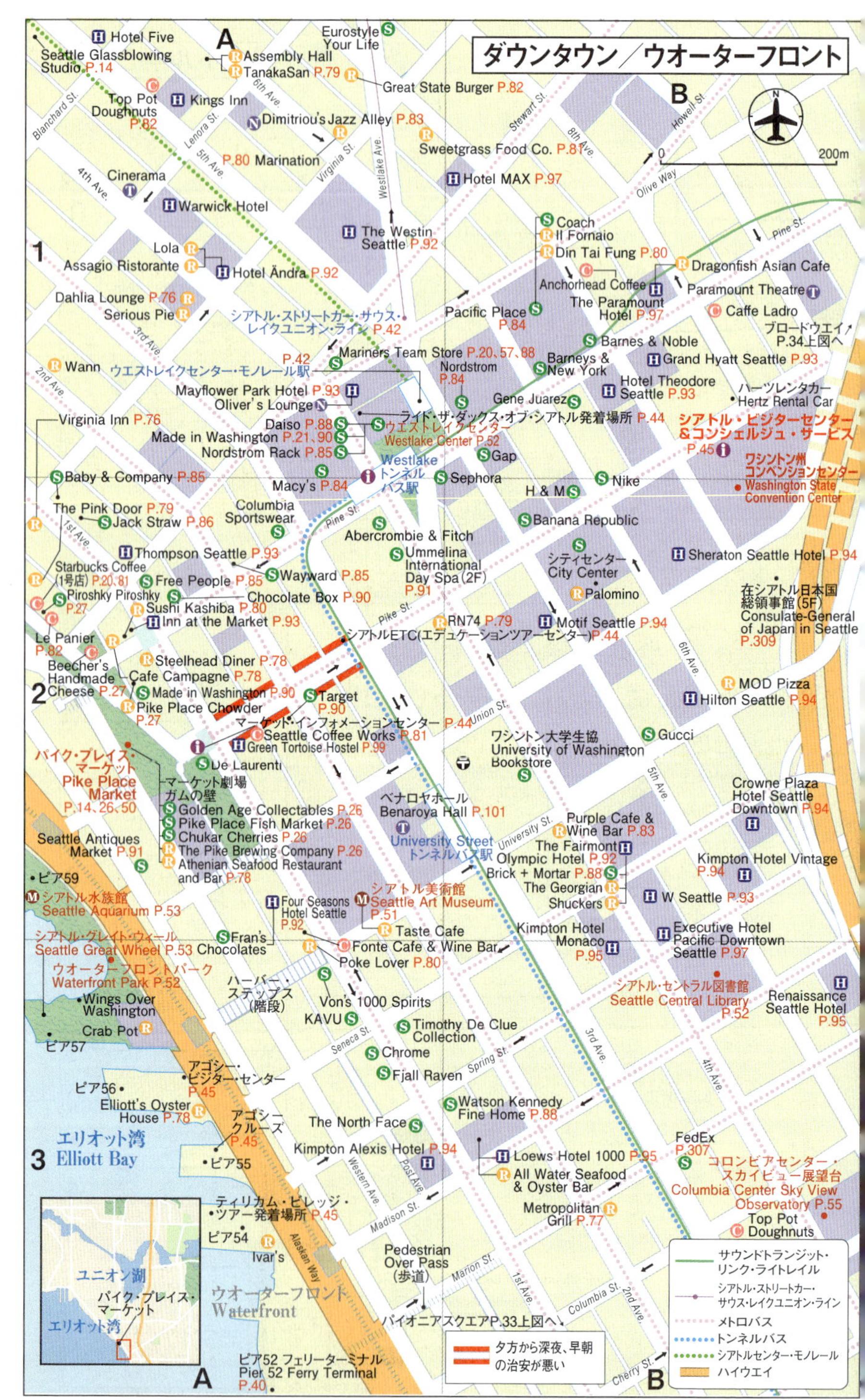

MEMO 治安情報 Pike St.の3rd Ave.から1st Ave.周辺は夕方から早朝にかけて治安が悪くなるので注意すること(→P.308)。

MEMO **治安情報** 夕方から早朝にかけて、4th Ave.のJames St.からJackson St.のエリアの治安が悪くなるので注意すること。特にYester Wayの高架下はホームレスが多く歩かないほうがよい（→P.308）。

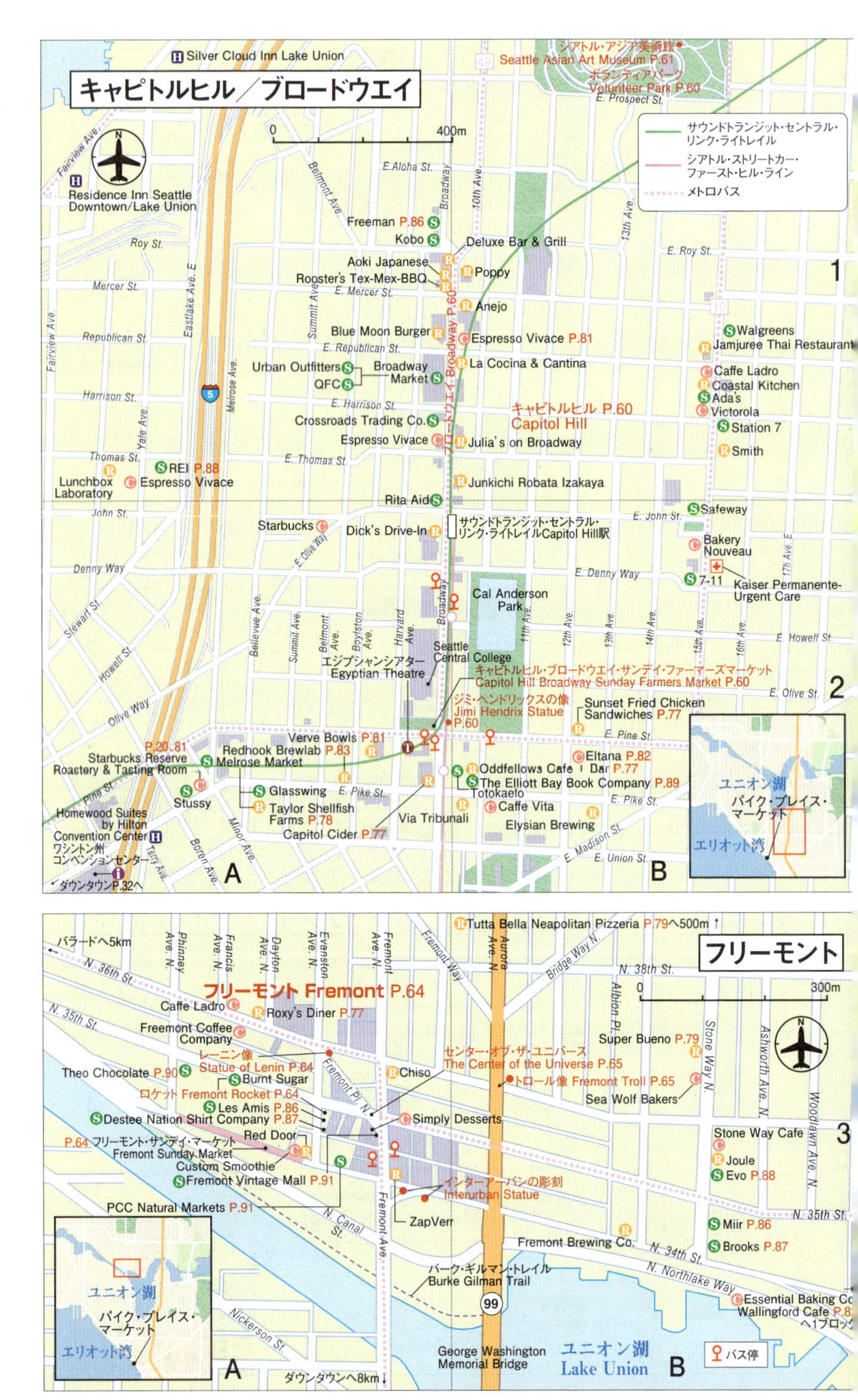
キャピトルヒル／ブロードウエイ
Silver Cloud Inn Lake Union
シアトル・アジア美術館
Seattle Asian Art Museum P.61
ボランティアパーク
Volunteer Park P.60
サウンドトランジット・セントラル・リンク・ライトレイル
シアトル・ストリートカー・ファースト・ヒル・ライン
メトロバス
Residence Inn Seattle Downtown/Lake Union
Freeman P.86
Kobo
Deluxe Bar & Grill
Aoki Japanese
Poppy
Rooster's Tex-Mex-BBQ
Anejo
Blue Moon Burger
Espresso Vivace P.81
La Cocina & Cantina
Urban Outfitters
QFC
Broadway Market
Crossroads Trading Co.
Espresso Vivace
Julia's on Broadway
キャピトルヒル P.60
Capitol Hill
Walgreens
Jamjuree Thai Restaurant
Caffe Ladro
Coastal Kitchen
Ada's
Victrola
Station 7
Smith
REI P.88
Lunchbox Laboratory
Espresso Vivace
Junkichi Robata Izakaya
Rita Aid
Starbucks
Dick's Drive-In
サウンドトランジット・セントラル・リンク・ライトレイルCapitol Hill駅
Safeway
Bakery Nouveau
7-11
Kaiser Permanente-Urgent Care
Cal Anderson Park
Seattle Central College
エジプシャンシアター
Egyptian Theatre
キャピトルヒル・ブロードウエイ・サンデイ・ファーマーズマーケット
Capitol Hill Broadway Sunday Farmers Market P.60
ジミ・ヘンドリックスの像
Jimi Hendrix Statue P.60
Sunset Fried Chicken Sandwiches P.77
Starbucks Reserve Roastery & Tasting Room P.20, 81
Verve Bowls P.81
Redhook Brewlab P.83
Melrose Market
Eltana P.82
Oddfellows Cafe
Dar P.77
The Elliott Bay Book Company P.89
Totokaelo
Glasswing
Taylor Shellfish Farms P.78
Capitol Cider P.77
Via Tribunali
Caffe Vita
Elysian Brewing
Stussy
Homewood Suites by Hilton
Convention Center
ワシントン州コンベンションセンター
ダウンタウンP.32へ
ユニオン湖
パイク・プレイス・マーケット
エリオット湾
フリーモント
Tutta Bella Neapolitan Pizzeria P.79へ500m
バラードへ5km
フリーモント Fremont P.64
Caffe Ladro
Roxy's Diner P.77
Freemont Coffee Company
レーニン像
Statue of Lenin P.64
Theo Chocolate P.90
Burnt Sugar
ロケット Fremont Rocket P.64
Les Amis P.86
Destee Nation Shirt Company P.87
Red Door
P.64 フリーモント・サンデイ・マーケット
Fremont Sunday Market
Custom Smoothie
Fremont Vintage Mall P.91
PCC Natural Markets P.91
Chiso
Simply Desserts
センター・オブ・ザ・ユニバース
The Center of the Universe P.65
トロール像 Fremont Troll P.65
Super Bueno P.79
Sea Wolf Bakers
Stone Way Cafe
Joule
Evo P.88
インターアーバンの彫刻
Interurban Statue
ZapVerr
Fremont Brewing Co.
Miir P.86
Brooks P.87
バーク・ギルマン・トレイル
Burke Gilman Trail
Essential Baking Co.
Wallingford Cafe
George Washington Memorial Bridge
ユニオン湖
Lake Union
ダウンタウンへ8km
バス停

シアトルセンター周辺
Toulouse Petit Kitchen & Lounge
Metropolitan Market
0 300m
Mercer St.
ビル&メリンダ・ゲイツ財団・ビジターセンター
The Bill & Melinda Gates Foundation Visitor Center P.58
Caffe Zingaro
Dick's Drive-In
Uptown Espresso
Marion Oliver McCaw Hall
Seattle Repertory Theatre
Republican St.
メモリアルスタジアム P.101
Memorial Stadium
キーアリーナ
Key Arena
Elliott Ave.
4th Ave. W.
3rd Ave. W.
2nd Ave. W.
1st Ave. W.
Queen Anne Ave. N.
1st Ave. N.
Warren Ave. N.
5th Ave. N.
The Mediterranean Inn P.98
Harrison St.
シアトル・チルドレンズミュージアム
Seattle Children's Museum
ポップカルチャー博物館
Museum of Pop Culture(MoPOP) P.58
Armory
Culture Kitchen
シアトルセンター・モノレール駅 P.42
メトロバス
バス停
Thomas St.
Collections Cafe P.77
ライド・ザ・ダックス・オブ・シアトル発着場所 P.44
スペースニードル
Space Needle P.14、58
Homewood Suites by Hilton Seattle Downtown
シアトル・チルドレンズ・シアター
Seattle Children's Theatre
チフリー・ガーデン・アンド・グラス
Chihuly Garden and Glass P.59
John St.
Uptown China
パシフィック・サイエンス・センター
Pacific Science Center P.59
Taylor Ave. N.
Best Western Executive Inn
ユニオン湖
パイク・プレイス・マーケット
エリオット湾
Western Ave.
Denny Way
2nd Ave. N.
Broad St.
4th Ave. N.
チーフ・シアトル像
5 Point Cafe
オリンピック・スカルプチャー・パークへ
Bay St.
1st Ave.
2nd Ave.
3rd Ave.
5th Ave.
ダウンタウンへ
A
B
1

ユニバーシティディストリクト
N.E. 50th St.
Cedars Restaurant
Safeway
ユニバーシティディストリクト・ファーマーズマーケット
Morsel
15th Ave. N.E.
16th Ave. N.E.
17th Ave. N.E.
0 500m
N.E. 47th St.
Trader Joe's
11th Ave. N.E.
12th Ave. N.E.
Brooklyn Ave. N.E.
Costa's Restaurant
University Village P.84
Din Tai Fung
Blue C Sushi
Williams Sonoma
Banana Republic
J. Crew
Amazon Books P.89
Residence Inn Seattle University District
Thai Tom P.80
Caliburger
Urban Outfitters
Roosevelt Way
18th Ave. N.E.
20th Ave. N.E.
21st Ave. N.E.
22nd Ave. N.E.
ユニバーシティディストリクト
University District P.62
N.E. 45th St.
ワシントン大学生協
University of Washington Bookstore P.21、62
バーク自然史&文化博物館
Burke Museum of Natural History & Culture P.63、71
CVS
Flowers
N.E. 43rd St.
Thanh Vi
Chipotle Mexican Grill
Cafe Allegro
Bulldog News
Cafe on the Ave
N.E. 42nd St.
ゴルフ練習場
University Inn Seattle P.98
Big Time Brewery and Alehouse
Cafe Solstice
Shultzy's Bar & Grille
University Kitchen
N.E. 41st St.
ヘンリー・アート・ギャラリー
Henry Art Gallery P.63
サウンドトランジット・セントラル・リンク・ライトレイル
メトロバス
N.E. Campus Pkwy.
ビジターセンター P.62
セントラルプラザ
The College Inn P.99
スッツァロー&アレン図書館
Suzzallo & Allen Libraries
学生会館
Husky Union (HUB)
University Way N.E.
15th Ave. N.E.
ワシントン大学
University of Washington P.62
ユニオン湖
パイク・プレイス・マーケット
エリオット湾
ドラムヘラー噴水
Drumheller Fountain
シアトルダウンタウンへ約8km
遊歩道
Trail
Montlake Blvd. N.E.
ユニオン湾
Union Bay
N.E. Pacific St.
パビリオン
Pavilion
Agua Verde Cafe & Paddle Club P.63
ポーテージ湾
Portage Bay
ワシントン大学メディカルセンター
サウンドトランジット・セントラル・リンク・ライトレイル
University of Washington駅
ハスキースタジアム
Husky Stadium
ワシントン大学ウオーターフロント・アクティビティ・センター
University of Washington Waterfront Activity Center P.62
A
B
2
3

COLUMN

ガラス工芸が盛んな町
タコマ Tacoma

シアトルの南40kmに位置する**タコマ**は、林業で潤ってきた。1900年代初頭には多くの日本人が移り住み、日本人街もあったという。現在、その跡地にワシントン大学タコマ校が立ち、学生街として成り立っている。

ダウンタウンにある**ガラス博物館Museum of Glass**では、タコマ出身のデール・チフリー Dale Chihuly氏の作品のほか、全米で活躍する作家のガラス細工を展示。さまざまなイベントを開催し、タイミングが合えば現地アーティストのガラス製作を実際に見られる。

タコマダウンタウンから南へ1.5km行くと、**ルメイ・アメリカ自動車博物館LeMay America's Car Museum**がある。展示車両のほとんどは、ハロルド・ルメイ氏の親族によって寄付されたもの。ハロルドさん存命中、プライベートコレクションとしては、世界最大を誇ったそう。1925年製のT型フォード・ピックアップトラックや1929年製のキャデラック・シリーズ321B・ビクトリアクーペなど、レアなクラシックカーが約350台展示されている。

ダウンタウンからガラス博物館へ向かう歩道橋は、「ガラスの橋The Bridge of Glass」と呼ばれ、デール・チフリー氏の作品が100点以上展示されている

タコマダウンタウンへの行き方

車 シアトルからI-5を南へ51km行き、Exit 133で下りる。Dock St.を北へ500m。所要約50分。

鉄 アムトラック・キングストリート駅からSounder Lakewood-Seattleでタコマドーム駅下車。徒歩約10分。所要約1時間10分。

バス シアトルダウンタウンのStewart St. & 3rd Ave.からサウンドトランジット・バス#590でタコマのPacific Ave. & S. 19th St.下車。所要約1時間10分。

ガラス博物館 MP.29-A3

住 1801 Dock St., Tacoma 電 (253)284-4719

URL www.museumofglass.org

営 水〜土10:00〜17:00、日12:00〜17:00 休 月火

料 大人$17、学生$14、子供(6〜12歳) $5

ルメイ・アメリカ自動車博物館 MP.29-A3

住 2702 E. D St., Tacoma 電 (253)779-8490

URL www.americascarmuseum.org

営 毎日10:00〜17:00

料 大人$18、学生$14、子供(5歳以下)無料

タコマ観光案内所 MP.29-A3

住 1516 Commerce St., Tacoma

電 (253) 284-3254 URL www.traveltacoma.com

営 〈5月下旬〜9月上旬〉月〜金10:00〜16:00、土10:00〜15:00、〈9月中旬〜5月中旬〉火〜金10:00〜16:00

シアトルへの行き方

飛行機

日本から

2018年10月現在、シアトル・タコマ国際空港（SEA）へ、デルタ航空（DL）と全日空（NH）が成田国際空港（NRT）から直行便を運航している。アメリカン航空（AA)、ユナイテッド航空（UA）などのアメリカ国内での乗り継ぎ便や、全日空の羽田空港発バンクーバー便などでもシアトルへ入れる。

アメリカ国内から

ポートランドをはじめ、アメリカ各地からデルタ航空、ユナイテッド航空などおもな航空会社が乗り入れている。

シアトル・タコマ国際空港（シータック空港）
Seattle-Tacoma International Airport (Sea-Tac Airport、SEA)

シアトルダウンタウンの南約20kmのシアトル市とタコマ市の中間に位置し、サウンドトランジット・リンク・ライトレイルのほか、空港シャトルバスやタクシーなどでダウンタウンへアクセスできる。市内中心部まで所要約40〜50分。空港は、シータック空港と略称で呼ばれている。

シアトル・タコマ国際空港（シータック空港）
M P.30-A4
住 17801 International Blvd., Seattle
☎ (206) 787-5388
URL www.portseattle.org/seatac

デルタ航空(DL)
成田発シアトル行き直行便
DL166便　毎日1便
NRT発16:15→
SEA着同日9:10
所要8時間55分

全日空(NH)
成田発シアトル行き直行便
NH178便　毎日1便
NRT発18:15→
SEA着11:25
所要9時間10分

空港の観光案内所
到着階のバゲージクレーム脇にあり、ガイドスタッフも常駐。

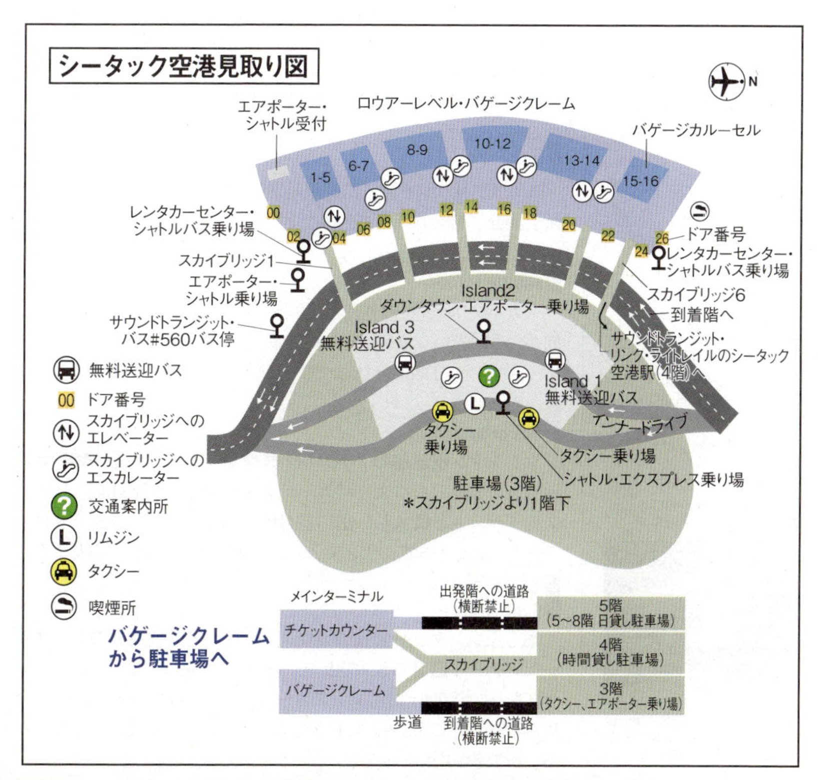

MEMO **2019年春からシアトルへの直行便が増える**　2019年3月、日本航空は成田国際空港からシアトルへ、2019年4月、デルタ航空は関西国際空港からシアトルへの直行便を運航する予定。

空港到着から荷物ピックアップまで

日本からの到着便はSゲート（南サテライト）に到着。入国審査を受け、荷物をピックアップしたら税関へ。乗り継ぎ便はサインに従って進むが、シアトルが最終目的地なら、エアトレインでメインターミナルへ向かおう。好みの交通手段で市内へ。

空港から市内へ

サウンドトランジット・リンク・ライトレイル
Sound Transit Link Light Rail

シータック空港周辺からワシントン大学までを結ぶ列車。空港からダウンタウンの中心部ウエストレイク駅までを、約38分で走る。運行間隔は6～15分。ダウンタウン中心部は、トンネルバス駅のWestlake駅、University Street駅、Pioneer Square駅、International District/Chinatown駅に停車する。各駅停車で料金もダウンタウンまで大人$3と格安。乗り場はスカイブリッジ6を渡り、駐車場4階北側の専用通路を約400m行った所。自動券売機でチケットを購入して乗車。現金、クレジットカードが使える。

ダウンタウン・エアポーター
Downtown Airporter

ダウンタウンの主要ホテル（Renaissance、Crowne Plaza、Fairmont Olympic、Hilton、Sheraton、Grand Hyatt、Westin、Warwick）と空港を結ぶシャトルバス。乗り場は、空港駐車場3階のIsland 2付近。チケットはドライバーから直接購入するか、すぐそばにあるDowntown Airporterのブースでも買える。空港発は毎日6:30～21:00に30分間隔、それ以外はリクエストベース。

タクシー
Taxi

スカイブリッジを渡った駐車場3階が乗り場。ダウンタウンまで所要30分。料金はチップ込みで約$50。

シャトル・エクスプレス
Shuttle Express

スカイブリッジを渡り駐車場3階へ下り、表示に従ってブースへ向かおう。赤いジャケットを着た係員が目印。ダウンタウンまでドア・トゥ・ドアDoor to Doorで35分ほど。事前の予約は不要。

エアポーター・シャトル
Airporter Shuttle

ワシントン州北部のアナコルテスやブライン、南東のヤキマ方面行きのシャトルバス。バゲージクレーム出口番号00付近のブースでチケットを購入し、出口番号02の外から出発。ワシントンステート・フェリーで、サンファン島へ直接行く場合に利用しよう。

レンタカー
Rent-A-Car

おもなレンタカー会社のカウンターは、空港敷地外のレンタカーセンター（住3150 S. 160th St., Seattle）に集まっているので、シャトルバスで向かおう。レンタカーセンターからダウンタウンへは、WA-518を東に2.5km行き、I-5Nに入る。17km北上し、Exit 165で下りる。所要約30分。

シータック空港駅に停車中のサウンドトランジット・リンク・ライトレイル

サウンドトランジット・リンク・ライトレイル
MP.30-A1～A4
☎(206) 398-5000
Free (1-800) 201-4900
URL www.soundtransit.org
料 シータック空港駅からWestlake駅まで：大人$3、6～18歳$1.50

ダウンタウン・エアポーター
MP.37
☎(425) 981-7000
URL shuttleexpress.com/seattle/airport/downtown-airporter
営 24時間。空港からは、7:00～翌1:00の間、予約不要。
料 大人：片道$19.99

空港からベルビューへ公共交通機関で行く

バゲージクレーム出口02そばの停留所からサウンドトランジット・バス#560がベルビューダウンタウンへ行く。約40分、$2.75。もしくは、サウンドトランジット・リンク・ライトレイルでInternational District/Chinatown駅まで行き、サウンドトランジット・バス#550に乗り換えベルビューダウンタウンへ。約1時間、$5.75。

タクシー
Yellow Cab
☎(206) 622-6500
URL seattleyellowcab.com
Stita Taxi
☎(206) 246-9999
URL www.stitataxi.com

シャトル・エクスプレス
MP.37
☎(425) 981-7000
URL shuttleexpress.com
料 大人$20～（行き先により異なる）

エアポーター・シャトル
MP.37
Free (1-866) 235-5247
URL www.airporter.com
料 アナコルテス：片道$43

レンタカー利用者はバゲージクレーム出口番号02、26そばからシャトルバスに乗りレンタカーセンターへ向かう

MEMO **シアトルダウンタウンのホテルからシータック空港までのタクシー料金** 均一の$40が設定されている。ただし、途中で停車、下車できない。チップを入れると、約$46。

鉄　道

ホームに停車中のアムトラック・カスケード号

カナダのバンクーバーやワシントン州タコマ、オレゴン州ポートランド、ユージーンなどから、**アムトラックAmtrak**のカスケード号、コーストスターライト号が、キングストリート駅Amtrak King Street Stationに到着。駅はダウンタウンの南東1kmにあり、サウンドトランジット・リンク・ライトレイルとトンネルバスのInternational District / Chinatown駅に隣接している。

鉄道駅から市内へ

アムトラックが到着するキングストリート駅からダウンタウンへは徒歩約25分。坂が多い町なので、ホテルへは駅前からタクシーが便利だ。駅外の階段を上ると、**トンネルバス駅**があり、バスやサウンドトランジット・リンク・ライトレイルでダウンタウン中心部まで約10分。

長距離バス

ライトレイルの駅前にある

オリンピック半島のポートエンゼルス、ワシントン州タコマ、オリンピア、オレゴン州ポートランド、セーラム、ユージーンなどから**グレイハウンドGreyhound**のバスが走る。バスディーポは、ダウンタウンの南東2.5km。

バスディーポから市内へ

グレイハウンドのバスディーポはサウンドトランジット・リンク・ライトレイルのStadium駅の目の前。サウンドトランジット・リンク・ライトレイルで、Westlake駅まで約12分。

水上飛行機

ケンモア・エアKenmore Airなどの水上飛行機で、サンファンアイランドやカナダのビクトリアからダウンタウン北のユニオン湖Lake Unionやシータック空港、ボーイング空港Boeing Fieldなどへ45分〜1時間ほどで到着する。レイクユニオン・シープレーン・ターミナルがダウンタウンに最も近く、便利だろう。

ケンモア・エアのレイクユニオン・シープレーン・ターミナル

アムトラックのキングストリート駅

アムトラック・キングストリート駅
MP.33-A3
住303 S. Jackson St., Seattle
Free(1-800) 872-7245
URL www.amtrak.com
営毎日6:00〜23:00
ユージーン〜ポートランド〜シアトル
1日5〜7便
ポートランドから所要3時間50分。
料片道$35〜

グレイハウンド・バスディーポ
MP.31-B4
住503 S. Royal Brougham Way, Seattle
☎(206) 624-0618
URL www.greyhound.com
営毎日4:00〜23:59
ポートランド〜シアトル
1日3〜4便、所要約4時間
料片道$16〜
ポートエンゼルス〜シアトル
1日2便(時期により異なる)、所要約4時間
料片道$39

ケンモア・エア
☎(425) 486-1257
Free(1-866) 435-9524
URL www.kenmoreair.com
サンファンアイランド・フライデイハーバー〜シアトル
運航／5月中旬〜12月
料大人：片道$154〜(季節や曜日により異なる)

レイクユニオン・シープレーン・ターミナル
Lake Union Seaplane Terminal
MP.31-B1
住950 Westlake Ave. N., Seattle
行き方Lake Union Parkからシアトル・ストリートカー・サウス・レイクユニオン・ライン(→P.42)でウエストレイクセンターまで約15分。

水上飛行機で爽快な空の旅を

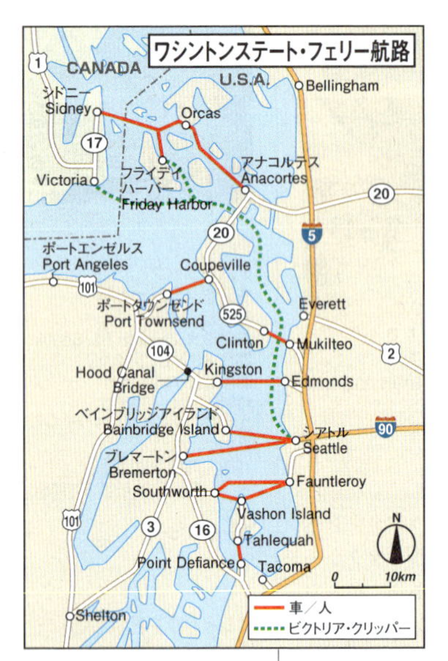

フェリー

ワシントンステート・フェリー
Washington State Ferries

ピュージェット海峡に面するシアトルとその周辺へ、ワシントンステート・フェリーが約10航路を運航している。そのうち、ベインブリッジアイランドBainbridge IslandやブレマートンBremertonからのフェリーは、ウオーターフロントの**ピア52**に到着。

サンファンアイランドSan Juan IslandのフライデイハーバーFriday HarborからアナコルテスAnacortes行きのフェリーは、シアトルから北西へ約130kmの所に着く。車なしの旅行者でフライデイハーバーからシアトルまで行きたい場合は、クリッパー・バケーションズのビクトリア・クリッパー・フェリー（車の乗船不可。→下記）を利用すると便利だろう。

ピュージェット海峡を行くフェリー

ビクトリア・クリッパー・フェリー
Victoria Clipper Ferries

ビクトリア・クリッパー・フェリーは、サンファンアイランドのフライデイハーバーやカナダのビクトリアから、クリッパー・バケーションズClipper Vacationsが運航する高速フェリー。シアトルのピア69の専用桟橋へ接岸する。

フライデイハーバーからシアトルへは、5月中旬～10月上旬の季節運航で約3時間30分、フェリー往復にホエールウオッチングが付いたプランもあり、観光にぴったり。カナダのビクトリアからの便は5月初旬～2月下旬までの運航で、ビクトリアから約3時間の船旅だ。いずれも、車両は乗船できない。

ピア69はビクトリア・クリッパー・フェリー専用桟橋

フェリー乗り場から市内へ

ピア52からダウンタウンのWestlake駅まで徒歩18分。もしくは、トンネルバス駅のPioneer Square駅まで歩き（約8分）、サウンドトランジット・リンク・ライトレイルかメトロバスでダウンタウンへ。

ピア69からダウンタウンへは、徒歩20分。

ダウンタウンへ歩いていくならウオーターフロント沿いを歩くのがいい

ワシントンステート・フェリー
M P.40
☎(206)464-6400
Free (1-888)808-7977
URL www.wsdot.wa.gov/ferries
料 ベインブリッジ～シアトル：大人$8.35、車$15～18.70、自転車は$1の追加

ピア 52
M P.43-A2
住 801 Alaskan Way, Seattle
行き方 Pier 52へは、サウンドトランジット・リンク・ライトレイルとトンネルバスのPioneer Square駅から徒歩8分。

ビクトリア・クリッパー・フェリー
Clipper Vacations
M P.43-A1
住 2701 Alaskan Way, Pier 69, Seattle
☎(206)448-5000
URL www.clippervacations.com
料 フライデイハーバー～シアトル:$55、ビクトリア～シアトル:$99～115(季節、事前購入などで異なる)。ホエールウオッチング付きフライデイハーバー往復$99～138
行き方 ピア69へは、サウンドトランジット・リンク・ライトレイルのWestlake駅から、タクシーで8分。

シアトル発のクルーズ
URL www.portseattle.org
シアトルは近年クルーズの出港地としてにぎわっている。ロイヤルカリビアン、プリンセスクルーズ、ノルウェージャンクルーズラインなど約10の大型クルーズラインが運航し、アラスカ、ヨーロッパなどへ多彩なツアーを催行。

シアトルの市内交通

キングカウンティ・メトロトランジットKing County Metro TransitとサウンドトランジットSound Transitが、シアトルとキング郡一帯の公共交通システムを運行している。旅行者がおもに利用するのは、キングカウンティ・メトロトランジットのメトロバスやストリートカーだろう。サウンドトランジットは、ベルビューなどのシアトル郊外へ向かうエクスプレス・バス（高速バス）やサウンドトランジット・リンク・ライトレイル（→P.38）などを運行している。

キングカウンティ・メトロトランジット

路線バスのメトロバスやストリートカー、キングカウンティ・ウオータータクシーなどを運行。路線バスは、メトロバスと呼ばれている。

メトロバス
Metro Bus

シアトル市内からキング郡一帯を走る路線バス。路線は約200路線あり、シアトルの中心部からクイーンアンやフリーモント、バラードに行くときに便利だ。運行時間は路線によって異なるが、5:30から翌1:00頃まで。乗車するときに、現金かORCAカード（→P.42）で、先払い。

バス停の看板で自分の乗りたい路線を探そう。RapidRideは急行だ

トランジットトンネル　Transit Tunnel

ダウンタウン3rd Ave.の渋滞を避けるため地下にトンネルが掘られ、路線バスとサウンドトランジット・リンク・ライトレイル（→P.38）が平行して走っている。トンネル内の駅は4ヵ所（下記マップ参照）。どの駅も安全で清潔だ。

キングカウンティ・メトロトランジット
URL kingcounty.gov/depts/transportation/metro.aspx

サウンドトランジット
URL www.soundtransit.org

メトロバス
M P.43
料 大人$2.75、子供(6～18歳)$1.50

メトロ・カスタマー・インフォメーション
☎(206) 553-3000
営 毎日6:00～20:00

メトロ・カスタマー・サービスオフィス
キングストリートセンター
King Street Center
M P.43-A3
住 201 S. Jackson St., Seattle
営 月～金8:30～16:30
ウエストレイク・カスタマーストップ
Westlake Customer Stop
M P.43-B2
場所 トンネルバスのWestlake駅
営 毎月初め4日間と月末4日間の8:30～16:30

トランスファー（乗り継ぎ）
バスに限り、現金払いのときはトランスファーチケットがもらえ、1回だけ乗り継ぎが無料。ORCAカード(→P.42)での乗り継ぎは2時間以内は無料。

トンネルバス駅では地下をサウンドトランジット・リンク・ライトレイルが走る

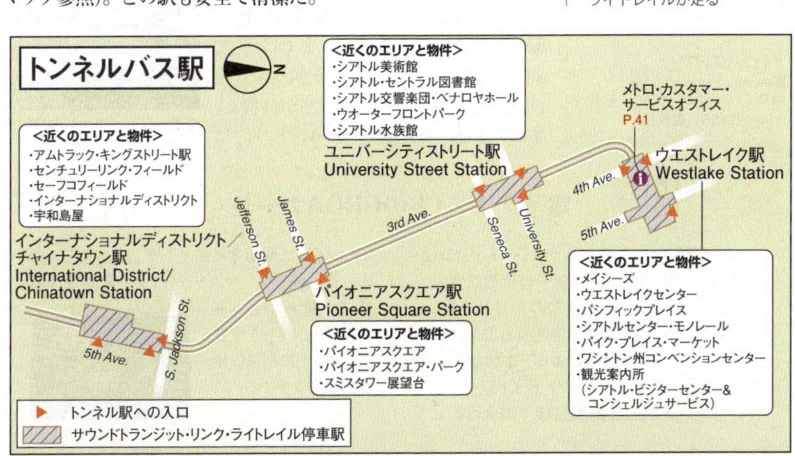

MEMO **メトロバスの料金体系の変更**　ゾーン、時間ごとに異なっていたメトロバスの乗車料金が、2018年7月に統一された。

シアトル・ストリートカー
Seattle Streetcar

サウス・レイクユニオン・ラインSouth Lake Union Lineとファースト・ヒル・ラインFirst Hill Lineがある。サウス・レイクユニオン・ラインはウエストレイクセンターからダウンタウン北東のユニオン湖を経由して、フレッド・ハッチンソン・がん研究所Fred Hutchinson Cancer Research Centerまでを結ぶ。2016年に開通したファースト・ヒル・ラインはパイオニアスクエアのオキシデンタルモールOccidental Mallからインターナショナルディストリクトを経由して、キャピトルヒルまでを結ぶ。切符はホームの自動券売機で購入する。もしくは、ORCAカード（→下記）をカードリーダーにタッチすること。ストリートカーは全駅に停車するシステムではない。降りる場合は、必ず車内の黄色のテープを押そう。ただし、停留所に人が立っていれば停車する。

ダウンタウンからユニオン湖へはストリートカーで

シアトルセンター・モノレール
Seattle Center Monorail

ダウンタウン中心部にある**ウエストレイクセンターWestlake Center**と**シアトルセンターSeattle Center**を2分ほどで結ぶモノレール。夕暮れ時は車窓から眺める夜景が美しい。

ダウンタウンの乗り場は、ショッピングモールのウエストレイクセンター3階。シアトルセンターの乗り場は、スペースニードルそばにある。

モノレールから街を眺めよう

キングカウンティ・ウオータータクシー
King County Water Taxi

ウエストシアトルWest Seattle行きと、バションアイランドVashon Island行きの2航路があり、乗り場はいずれもウオーターフロントの**ピア52**から。ウエストシアトルまで15分で、到着するシークレスト埠頭Seacrest Dockには、メトロバスの#775が待機し、アルカイビーチ方面に向かう。

ウオーターフロントの景色を楽しみたい

シアトル・ストリートカー
MP.43、P.32-A1、P.33-A2～B2、P.33-A3～B3
☎(206) 553-3000
URL seattlestreetcar.org
営サウス・レイクユニオン・ライン：月～木6:00～21:00、金土6:00～23:00、日10:00～19:00(10～15分間隔)
ファースト・ヒル・ライン：月～土5:00～翌1:00、日10:00～20:00(10～25分間隔)
料大人$2.25、6～18歳$1.50、5歳以下無料。1日券：大人$4.50、6～18歳$3

シアトルセンター・モノレール
MP.43
☎(206) 905-2620
URL www.seattlemonorail.com
営月～金7:30～23:00、土日8:30～23:00(約10分間隔)
料片道：大人$2.50、子供(5～12歳) $1.25、4歳以下無料
ウエストレイクセンター駅
MP.32-A1
シアトルセンター駅
MP.35-B1

キングカウンティ・ウオータータクシー
West Seattle行き
MP.43-A2
URL kingcounty.gov/depts/transportation/WaterTaxi.aspx
営月～木5:55～18:45、金6:00～22:45、土8:30～22:45、日8:30～19:30(冬季は短縮あり)
料〈現金・チケット〉片道：大人$5.75、5歳以下無料。〈ORCAカード〉大人$5、5歳以下無料。チケットは乗船前に自動券売機で購入するか、現金もしくはORCAカードで支払う。

ピア52
MP.43-A2
住801 Alaskan Way, Seattle

シークレスト埠頭
MP.66-A1
住1660 Harbor Ave. S.W., Seattle

メトロバス#775
URL metro.kingcounty.gov
営月～金6:24～19:00、土日8:55～19:56 料無料

COLUMN

電子プリペイドのORCAカード

メトロバスやサウンドトランジット・リンク・ライトレイル、ストリートカーの乗車に便利な電子プリペイドカード。日本のJRなどでおなじみのSuicaやIcocaなどに当たるもので、$5～300までチャージできる。カード本体は$5。サウンドトランジット・リンク・ライトレイル駅やトンネルバス駅の自動券売機で購入可能。ライトレイルは乗車する前と下車したあとに、ウオータータクシーやストリートカーは乗車する前に、黄色いカードリーダーにタッチすること。メトロバスは乗車時にタッチする。

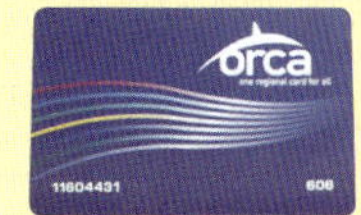

プラスチック製のカード

ダウンタウンシアトル・バスルート
シアトルセンター
Seattle Center P.58
ポップカルチャー博物館 P.58
Museum of Pop Culture
チフリー・ガーデン・アンド・グラス
Chihuly Garden and Glass P.59
スペースニードル
Space Needle P.58
パシフィック・サイエンス・センター
Pacific Science Center P.59
マートル・エドワーズ・パーク
Myrtle Edwards Park P.53
オリンピック・スカルプチャー・パーク
Olympic Sculpture Park P.53
Lake Union Park
Denny Park
ピア70 Pier 70
ピア69 Pier 69
ビクトリア・クリッパー・フェリー・ターミナル
Victoria Clipper Ferry Terminal
(サンファン島、ビクトリアへ)
P.40
ピア67 Pier 67
ピア66 Pier 66
エリオット湾
Elliott Bay
ウエストレイクセンター
Westlake Center P.52
パイク・プレイス・マーケット
Pike Place Market P.26、50
シアトル水族館
Seattle Aquarium P.53
Westlake Station
ワシントン州コンベンションセンター
シアトル・ビジターセンター&コンシェルジュ・サービス P.45
郵便局
メトロ・カスタマー・サービスオフィス/ウエストレイク・カスタマーストップ P.41
University Street Station
ピア56 Pier 56
ピア54(ティリカム・ビレッジへ) Pier 54(Tillicum Village)
ピア55 Pier 55
Seattle-Bainbridge Island Ferry
Seattle-Bremerton Ferry
キングカウンティ・ウオータータクシー P.42
King County Water Taxi
ピア50 Pier 50
ピア52 Pier 52
(ワシントンステート・フェリー) P.40
(キングカウンティ・ウオータータクシー) P.42
パイオニアスクエア
Pioneer Square P.54
Pioneer Square Station
メトロ・カスタマー・サービスオフィス/キングストリートセンター P.41
アムトラック・キングストリート駅 P.39
International District / Chinatown Station
インターナショナルディストリクト
International District P.56
Kobe Terrace Park
センチュリーリンク・フィールド P.101
CenturyLink Field
CenturyLink Field Events Center
セーフコフィールド
SAFECO Field P.57、100
サウンドトランジット・リンク・ライトレイル P.38
グレイハウンド・バスディーポ P.39
バスルート/番号
道路番号
メトロ案内所
トンネルバス/地下駅
アムトラック/駅
シアトル・ストリートカー・サウス・レイクユニオン・ライン/駅
シアトル・ストリートカー・ファースト・ヒル・ライン/駅
シアトルセンター・モノレール/駅
サウンドトランジット・リンク・ライトレイル
0 500m
0 0.3miles
Denny Way
Broad St.
Bay St.
Clay St.
Cedar St.
Vine St.
Wall St.
Battery St.
Battery Street Tunnel
Bell St.
Blanchard St.
Lenora St.
Virginia St.
Stewart St.
Pine St.
Pike St.
Olive Way
Howell St.
Union St.
University St.
Seneca St.
Spring St.
Madison St.
Marion St.
Columbia St.
Cherry St.
James St.
Jefferson St.
Yesler Way
S. Washington St.
S. Main St.
S. Jackson St.
S. King St.
S. Weller St.
S. Lane St.
S. Dearborn St.
S. Royal Brougham Way
Alaskan Way
Alaskan Way Viaduct
Western Ave.
Elliott Ave.
1st Ave.
2nd Ave.
3rd Ave.
4th Ave.
5th Ave.
6th Ave.
7th Ave.
8th Ave.
9th Ave.
Terry Ave.
Boren Ave.
Minor Ave.
Yale Ave.
Broadway
Boylston Ave.
Bellevue Ave. E.
Melrose Ave. E.
Summit Ave.
Belmont Ave.
E. Pine St.
E. Pike St.
E. Union St.
Eastlake Ave. E.
Pontius Ave. N.
Fairview Ave. N.
Westlake Ave.
Dexter Ave. N.
Aurora Ave. N.
Republican St.
Mercer St.
Harrison St.
Thomas St.
John St.
Valley St.
Eagle St.
Queen Anne Ave. N.
1st Ave. N.
Warren Ave. N.
2nd Ave. N.
Taylor Ave. N.
Maynard Ave. S.
Pike Place
1
2
3
A
B

現地発のツアー

シティ・サイトシーイング・ホップオン・ホップオフ　City Sightseeing Hop-On Hop-Off

市内のおもな見どころを循環する乗り降り自由のトロリーツアー。スペースニードルやシアトル・グレイト・ウィール、インターナショナルディストリクト、シアトル・セントラル図書館、シアトル美術館、ウエストレイクセンターなどに停車する。30分間隔で運行し、1周1時間20分。

乗り降り自由なので便利なトロリーツアー

シティ・サイトシーイング・ホップオン・ホップオフ
Free (1-800) 564-4160
URL city-sightseeing.com/en/142/seattle
営 毎日10:00～16:00（時期により異なる）
料 1日券：大人$39、子供（5～12歳）$20、2日券：大人$51、子供（5～12歳）$26

ライド・ザ・ダックス・オブ・シアトル　Ride the Ducks of Seattle

水陸両用のバスで回る大人気の市内観光ツアー。シアトルセンターにあるEMP博物館向かいの乗り場、もしくはウエストレイクセンター（4～9月のみ）から出発し、所要1時間30分。30分が水上、60分が陸上のツアーだ。パイク・プレイス・マーケット、パイオニアスクエアなどダウンタウンの見どころを回ったあと、そのままユニオン湖に入り遊覧。湖では、映画『めぐり逢えたら Sleepless in Seattle』に出てくるフローティングホームなどを見る。ドライバー兼ガイドさんが道行く人に向かって「グワッ、グワッ」と声をかけて、ツアーを盛り上げてくれるので一緒に叫ぼう。チケットは乗り場でも購入できる。時期により一部ルートの変更あり。

市内を走るライド・ザ・ダックス・オブ・シアトルのツアーバス

ライド・ザ・ダックス・オブ・シアトル
M P.35-B1
住 516 Broad St., Seattle
☎ (206) 441-3825
URL www.ridetheducksofseattle.com
営 毎日10:00～18:00（時期により異なる）、所要1時間30分
料 大人$35、子供（4～12歳）$20、3歳以下$5
場所 乗り場は2ヵ所。シアトルセンター（住 516 Broad St., Seattle、EMP博物館の向かい、M P.35-B1）とウエストレイクセンター（住 4th Ave. & Pine St., Seattle、M P.32-A1、4～9月のみの運行）から出発。

エバーグリーン・エスケープス　Evergreen Escapes

オリンピック国立公園日帰りツアーOlympic National Park Day Tourやマウントレニエ国立公園日帰りツアーMt. Rainier National Park Day Tour、セントヘレンズ火山国定公園日帰りツアーMt. St. Helens National Monument Day Tour（5月中旬～10月下旬の催行）などを催行している。どのツアーも最大定員10人と小規模なので、希望する場所で停車したり、観光時間を多く取ってくれたりと融通が利く。市内のホテルにピックアップあり。英語のみ。

エバーグリーン・エスケープス
住 2960 4th Ave. S. #115, Seattle
☎ (206) 650-5795
Free (1-866) 203-7603
URL www.evergreenescapes.com
料 オリンピック国立公園日帰りツアー：$229、マウントレニエ日帰りツアー：$229、セントヘレンズ火山国定公園日帰りツアー：$229。
ツアーの催行時間は時期によって異なる。ウェブサイトで確認を。

日本語観光ツアー

英語ツアーが苦手という人は、市内や郊外へ日本人ガイドが案内する日本語観光ツアーを利用しよう。日本人ガイドがエスコートするシアトルETC（エデュケーションツアーセンター）は、半日市内観光ツアーやボーイング工場見学ツアー、オリンピック国立公園ツアー、マウントレニエ日帰りツアー、ワイナリーとスノコルミー滝ツアーなどシアトル発のツアーを多数催行している。

日本語観光ツアー
シアトルETC（エデュケーションツアーセンター）
M P.32-A2
住 1511 3rd Ave., Suite 1002, Seattle
☎ (206) 623-7060
FAX (206) 623-9848
URL www.educationtourcenter.com
営 月～金9:00～18:00

MEMO **パイク・プレイス・マーケットの観光案内所**　パイク・プレイス・マーケット正面、1st Ave.とPike St.の南西角にある。スタッフが常駐し、地図やパンフレットなどを取り揃える。**マーケット・インフォメーションセンター**↗

アゴシークルーズ　Argosy Cruises

シアトルで最も人気が高いのが、アゴシークルーズ社のクルーズツアー。一番人気はピア55から出航するハーバークルーズHarbor Cruiseで、エリオット湾を1時間かけて周遊し、オリンピック山塊やダウンタウンのスカイラインを遠望する。ほかにも、ピア55を出航し、チッテンデン水門を抜けてレイク・ワシントン・シップ・カナルを通り、ユニオン湖へといたる2時間30分のロックスクルーズLocks Cruise、ワシントン湖を1時間30分かけて周遊するレイク・ワシントン・クルーズ Lake Washington Cruise、ユニオン湖とワシントン湖を遊覧するレイク・ユニオン・クルーズLakes Union Cruiseなどもある。観光クルーズ以外に、食事を楽しむダイニングクルーズなども開催。

跳ね橋が上がる瞬間を目撃

ティリカム・ビレッジ・バイ・アゴシークルーズ　Tillicum Village by Argosy Cruises

アメリカ北西部の先住民チヌーク族の昔ながらの伝統文化を味わうツアー。ティリカムとは、チヌーク族の言葉で“friendly people”を意味する。アゴシークルーズ社のクルーズ船Argosy Cruisesでブレイク島へ向かう。ピュージェット海峡に浮かぶブレイク島へは、片道45分の船旅。ダウンタウンの摩天楼やアルカイビーチなどが眺められる。ティリカム・ビレッジ（→P.71）に到着したら、絶品のクラム（あさり）スープでのおもてなし。ロングハウスの中で、伝統料理の炭火焼きのキングサーモンなどを味わいながら、伝統舞踏を鑑賞する。所要4時間。

ティリカム・ビレッジがあるブレイク島

シアトルの歩き方

シアトル中心部の見どころは、そう広くない範囲にまとまっている。バスと徒歩だけで2～3日で回れるだろう。メトロバスは、シアトル市内と周辺の見どころを観光するのには必須の交通手段だ。

ダウンタウンからエリオット湾方向へは、急な下り坂が続き、海沿いから中心部へ歩くのはかなり労力を要する。そこで、シアトル美術館を見学後、パイク・プレイス・マーケットに向かうといい。そのあと、ウオーターフロントに下りて、シアトル水族館やシーフードレストランに立ち寄ろう。ウオーターフロントから歩いてパイオニアスクエア、インターナショナルディストリクトに向かうのがおすすめ。

シアトル郊外にあるボーイング社エベレット工場や航空博物館は、シアトル観光で最も人気のある見どころ。時間に余裕があるなら、シアトルダウンタウンから北に6km行ったワシントン大学やフリーモント、バラードに行くといい。

ロックスクルーズへ出発

アゴシークルーズ
M P.32-A3
住 1101 Alaskan Way, Pier 55, Seattle
☎ (206) 623-1445
Free (1-888) 623-1445
URL www.argosycruises.com
料 ハーバークルーズ：大人$30.50、65歳以上$25.50、5～12歳$16.50。ロックスクルーズ：大人$47.50、65歳以上$42.50、5～12歳$23.50。レイク・ワシントン・クルーズ：大人$33.50、65歳以上$28.50、12歳$14.50。レイク・ユニオン・クルーズ：大人$33.50、65歳以上$28.50、5～12歳$14.50

アゴシー・ビジター・センター
M P.32-A3
場所 ピア56
営 毎日9:30～17:00（時期により異なる）

ティリカム・ビレッジ・バイ・アゴシークルーズ
M P.32-A3
住 1101 Alaskan Way, Pier 55, Seattle
☎ (206) 623-1445
Free (1-888) 623-1445
URL www.tillicumvillage.com
営〈4月上旬～5月中旬〉土日11:30、〈5月下旬～6月〉水～日11:30、〈7月～8月中旬〉日～火11:30、水木11:30、16:00、金土11:30、13:30、16:00、〈8月下旬～9月下旬〉金～日11:30
料 大人$91.50、65歳以上$82.50、5～12歳$35.50
行き方 ツアーが出発するピア54は、トンネルバスのUniversity Street駅から徒歩7分。

i 観光案内所

シアトル・ビジターセンター＆コンシェルジュ・サービス Seattle Visitor Center & Concierge Services
M P.32-B1
住 701 Pike St., Seattle
☎ (206) 461-5840
Free (1-866) 732-2695
URL www.visitseattle.org
営〈5～9月〉毎日9:00～17:00、〈10～4月〉月～金9:00～17:00

場所はワシントン州コンベンションセンターの1階。地図、観光資料、メトロバスの時刻表のほか、コンシェルジュが旅のあらゆる相談にのってくれる。各種チケットの予約も可能。建物は6:00～22:00に自由入場できる。コンシェルジュが対応するのは表記した時間のみ。

↘Market Information Center　M P.32-A2　☎ (206) 461-5840　営 毎日10:00～18:00

シアトルのエリアガイド

シアトル中心部の観光ポイントは大きく11のエリアに分けられる。
市街に点在する個性的なネイバーフッドへ、ぜひ出かけてみよう。

ダウンタウンシアトル A
Downtown Seattle (→P.50)

歴史的な建物と近代的な摩天楼が混在するシアトルの中心部。大型ショッピングモールやブティックなどが並び、買い物に最適なエリアだ。

ウオーターフロント B
Waterfront (→P.52)

エリオット湾に面したウオーターフロントには、いくつもの埠頭（ピア）が並び、シアトル水族館やアゴシークルーズの発着所がある。

パイオニアスクエア C
Pioneer Square (→P.54)

シアトル発祥の地として、19世紀に建てられた石造りの建物が保存されている。昼間の観光は問題ないが、夜は治安が悪くなるので注意しよう。

インターナショナルディストリクト 
International District (→P.56)

セーフコフィールドの北東にあり、中国人やベトナム人などアジアからの移民が多い。夜間は治安が悪いので、女性のひとり歩きはおすすめしない。

シアトルセンター 
Seattle Center (→P.58)

シアトル名物のスペースニードルが立つ広大な総合公園。20以上もの娯楽施設が集まっている観光エリアだ。

サウス・レイクユニオン 
South Lake Union (→P.59)

近年アマゾン・ドット・コムの本社が移転してきたことから、レストランやショップが続々とオープンしている。ユニオン湖畔には歴史・産業博物館がある。

キャピトルヒル G
Capitol Hill (→P.60)

ダウンタウンの東側にある若者に人気のエリア。Pine St.とPike St.沿いには、ユニークなカフェやレストランなどが軒を連ねている。

ユニバーシティディストリクト 
University District (→P.62)

ワシントン大学を囲むようにして広がる学生街。その中心はN.E. 45th St. とUniversity Wayが交差するあたり。

フリーモント&バラード 
Fremont & Ballard (→P.64〜65)

フリーモントは、多くのアーティストや若い学生に愛されてきた地元意識の強い街。一方、バラードは、石畳の通り沿いにおしゃれな雑貨店やレストランが並ぶ。

ウエストシアトル 
West Seattle (→P.66)

エリオット湾を挟んでダウンタウンと向き合う。アルカイビーチ沿いにカフェやブティックが集まる。

ベルビュー K
Bellevue (→P.104)

シアトルから車で東へ約20分のハイテク産業でにぎわう街。イーストサイド最大のショッピングエリア、ベルビュースクエアがある。

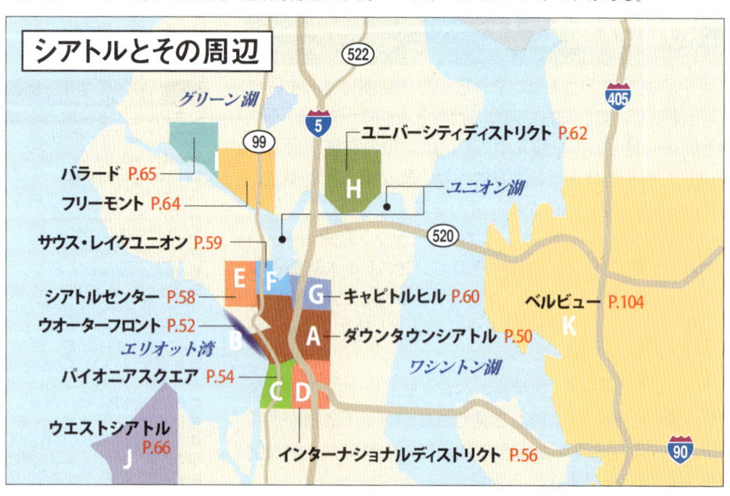

アクセス表

公共の交通機関　バス　モノレール　ライトレイル　※所要の時間はおおよその時間

目的地＼出発地	ダウンタウン：400 Pine St., Seattleとウオーターフロントパーク：1401 Alaskan Way, Seattle	パイオニアスクエア：100 Yesler Way, Seattleとインターナショナルディストリクト：600 5th Ave. S., Seattle	シアトルセンター：400 Broad St., Seattle	キャピトルヒル：140 Broadway E., Seattle	ユニバーシティディストリクト：4326 University Way N.E., Seattleとフリーモント：600 N. 34th St., Seattleとバラード：2001 N.W. Market St., Seattle
ダウンタウン：400 Pine St., Seattleとウオーターフロントパーク：1401 Alaskan Way, Seattle		パイオニアスクエア-ダウンタウン：Pioneer Square駅→Westlake駅（10分） パイオニアスクエア-ウオーターフロントパーク 徒歩12分 インターナショナルディストリクト-ダウンタウン：International District/Chinatown駅→Westlake駅（12分） インターナショナルディストリクト-ウオーターフロントパーク：International District/Chinatown駅→University Street駅（18分）	シアトルセンター-ダウンタウン Seattle Center→Westlake Center（2分） シアトルセンター-ウオーターフロントパーク 3: 5th Ave N & Broad St→3rd Ave & Union St（21分）	キャピトルヒル-ダウンタウン：Capitol Hill駅→Westlake駅（3分） キャピトルヒル-ウオーターフロントパーク：Capitol Hill駅→University Street駅（14分）	ユニバーシティディストリクト-ダウンタウン 70：15th Ave NE & NE 43rd St→Pine & 3rd（30分） ユニバーシティディストリクト-ウオーターフロントパーク 70：15th Ave NE & NE 43rd St→3rd Ave & Union St（39分） フリーモント-ダウンタウン 40、62：Fremont Ave N & N 34th St→Pine & 3rd（24分） フリーモント-ウオーターフロントパーク 40、62：Fremont Ave N & N 34th St→3rd Ave & Union St（30分） バラード-ダウンタウン 40：NW Market St & Ballard Ave NW→Pine & 3rd（35分） バラード-ウオーターフロントパーク 40：NW Market St & Ballard Ave NW→3rd Ave & Union St（43分）
パイオニアスクエア：100 Yesler Way, Seattleとインターナショナルディストリクト：600 5th Ave. S., Seattle	ダウンタウン-パイオニアスクエア：Westlake駅→Pioneer Square駅（8分） ダウンタウン-インターナショナルディストリクト：Westlake駅→International District/Chinatown駅（11分） ウオーターフロントパーク-パイオニアスクエア 徒歩13分 ウオーターフロントパーク-インターナショナルディストリクト：University Street駅→International District/Chinatown駅（20分）		シアトルセンター-パイオニアスクエア 3：5th Ave N & Broad St.→3rd Ave & James St（22分） シアトルセンター-インターナショナルディストリクト 1：Denny Way & 2nd Ave N→S Jackson St & Maynard Ave S（29分）	キャピトルヒル-パイオニアスクエア：Capitol Hill駅→Pioneer Square駅（10分） キャピトルヒル-インターナショナルディストリクト：Capitol Hill駅→International District/Chinatown駅（13分）	ユニバーシティディストリクト-パイオニアスクエア 70：15th Ave NE & NE 43rd St→3rd Ave & James St（41分） ユニバーシティディストリクト-インターナショナルディストリクト 70：15th Ave NE & NE 43rd St→S Main St & 3rd Ave S（48分） フリーモント-パイオニアスクエア 62：Fremont Ave N & N 34th St→3rd Ave. & James St.（31分） フリーモント-インターナショナルディストリクト 40：Fremont Ave N & N 34th St→4th Ave S & S Jackson St（39分） バラード-パイオニアスクエア 40：NW Market St & Ballard Ave NW→3rd Ave & James St（45分） バラード-インターナショナルディストリクト 40：NW Market St & Ballard Ave NW→4th Ave. S. & Jackson St.（56分）
シアトルセンター：400 Broad St., Seattle	ダウンタウン-シアトルセンター Westlake Center→Seattle Center（2分） ウオーターフロントパーク-シアトルセンター 3：3rd Ave & Seneca St→5th Ave N & Broad St（28分）	パイオニアスクエア-シアトルセンター 3、4：3rd Ave & Columbia St→5th Ave N & Broad St→Cedar St & Denny Way（23分） インターナショナルディストリクト-シアトルセンター 4：S Jackson St & 5th Ave S→5th Ave N & Broad St（29分）		8：E Olive Way & Broadway E→Denny Way & Broad St（21分）	ユニバーシティディストリクト-シアトルセンター 44：NE 45th St & Brooklyn Ave NE→NE 45th St & N 46th St. & Phinney Ave. N 乗り換え 5：Phinney Ave. N & NE 46th St.→Aurora Ave N & Denny Way（39分） フリーモント-シアトルセンター 62：Fremont Ave N & N 34th St→Dexter Ave & Denny Way（22分） バラード-シアトルセンター D：NW Market St & 15th Ave NW→3rd Ave & Cedar St（34分）
キャピトルヒル：140 Broadway E., Seattle	ダウンタウン-キャピトルヒル：Westlake駅→Capitol Hill駅（10分） ウオーターフロントパーク-キャピトルヒル：University Street駅→Capitol Hill駅（23分）	パイオニアスクエア-キャピトルヒル：Pioneer Square駅→Capitol Hill駅（12分） インターナショナルディストリクト-キャピトルヒル：International District/Chinatown駅→Capitol Hill駅（14分）	8：5th Ave. N & Denny Way→E John St & Broadway E（15分）		ユニバーシティディストリクト-キャピトルヒル 49：15th Ave NE & NE 43rd St→Broadway E & E Denny Way（23分） フリーモント-キャピトルヒル 62：Fremont Ave N & N 34th St→3rd Ave & Pine St 乗り換え：Westlake駅→Capitol Hill駅（34分） バラード-キャピトルヒル D：NW Market St & 15th Ave NW→Queen Anne Ave N & W Mercer St 乗り換え 8：Queen Anne Ave N & W Mercer St→E John St & Broadway E（45分）
ユニバーシティディストリクト：4326 University Way N.E., Seattleとフリーモント：600 N. 34th St., Seattleとバラード：2001 N.W. Market St., Seattle	ダウンタウン-ユニバーシティディストリクト 70：3rd Ave. & Pike St.→15th Ave NE & NE 45th St（33分） ダウンタウン-フリーモント 40、62：Pine & 3rd→Fremont Ave N & N 34th St（22分） ダウンタウン-バラード 40：Pine & 3rd→Leary Ave. NW & NW Vernon Pl.（35分） ウオーターフロントパーク-ユニバーシティディストリクト 70：3rd Ave & Seneca St→15th Ave NE & NE 45th St（43分） ウオーターフロントパーク-フリーモント 40、62：3rd Ave & Union St→Fremont Ave N & N 34th St（32分） ウオーターフロントパーク-バラード 40：3rd Ave & Union St→Leary Ave NW & NW Vernon Pl（43分）	パイオニアスクエア-ユニバーシティディストリクト 70：Prefontaire Pl. S. & Yesler Way→15th Ave NE & NE 45th St（39分） パイオニアスクエア-フリーモント 62：3rd Ave. & James St.→Fremont Ave N & N 34th St（24分） パイオニアスクエア-バラード 40：3rd Ave & James St→Leary Ave NW & NW Vernon Pl（44分） インターナショナルディストリクト-ユニバーシティディストリクト 70：S Main St & 3rd Ave S→15th Ave NE & NE 45th St（45分） インターナショナルディストリクト-フリーモント 40：4th Ave S & S Jackson St→Fremont Ave N & N 34th St（36分） インターナショナルディストリクト-バラード 40：4th Ave S & S Jackson St→Leary Ave NW & NW Vernon Pl（49分）	シアトルセンター-ユニバーシティディストリクト 26：Aurora Ave N & Denny Way→Latona Ave NE & NE 45th St 乗り換え 44：Thackeray Pl NE & NE 45th St→NE 45th St & University Way NE（42分） シアトルセンター-フリーモント 62：Dexter Ave N & Denny Way→Fremont Ave N & N 34th St（22分） シアトルセンター-バラード D：3rd Ave & Vine St→NW Market St & 15th Ave NW（31分）	キャピトルヒル-ユニバーシティディストリクト 49：Broadway E & E John St→NE 45th St & Brooklyn Ave NE（25分） キャピトルヒル-フリーモント：Capitol Hill駅→Westlake駅 乗り換え 62：3rd Ave & Pine St→Fremont Ave N & N 34th St（30分） キャピトルヒル-バラード：Capitol Hill駅→University of Washington駅乗り換え 44：UW Station NE Pacific Pl & NE Pacific→NW Market St & 20th Ave NW（49分）	

※サウス・レイクユニオンへは、P.59側注参照。
※ウエストシアトルへは、ウオーターフロントまで行き、ピア52からキングカウンティ・ウオータータクシーで。
※ベルビューへは、ダウンタウンまで行き、University Street駅からサウンドトランジット・バス#550でN.E. 4th St. & 105th Ave. N. E.下車。

シアトルを楽しむモデルコース

Model Course

初めてのシアトル

乗り降り自由のトロリーツアーと公共交通機関でおもな観光地を回る2日間！！

DAY 1 シアトルの必訪スポット巡り

8:00 ウエストレイクセンター(→P.52)からモノレールでシアトルセンターへ

モノレール 2分

8:05 **スペースニードル**(→P.58)、**チフリー・ガーデン・アンド・グラス**(→P.59)、**ポップカルチャー博物館**(→P.58)を訪問。**コレクションズカフェ**(→P.77)でランチを。**シティ・サイトシーイング・ホップオン・ホップオフ**(→P.44)に乗車

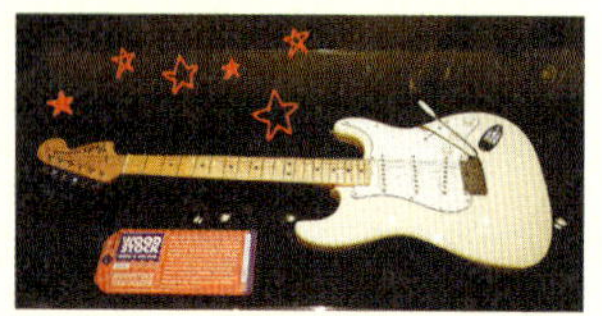

ジミ・ヘンドリックスが使用したギターが展示されているポップカルチャー博物館

トロリー 15分

13:15 **シアトル・グレイト・ウィール**(→P.53)の観覧車からダウンタウンを眺める。**ウオーターフロントパーク**(→P.52)を散歩

トロリー 10分

14:25 シアトル発祥の地、**パイオニアスクエア**(→P.54)へ。**アンダーグラウンドツアー**(→P.55)でシアトルの昔を知る

トロリー 8分

16:30 シアトルいち高い展望台の**コロンビアセンター・スカイビュー展望台**(→P.55)へ

展望台に併設するカフェでひと休み

徒歩 15分

17:45 **パイク・プレイス・マーケット**(→P.50)を散策。**スターバックス・コーヒーの1号店**(→P.81)でおみやげ探しと**パイク・ブリューイング・カンパニー**(→P.26)で夕食を

1号店限定商品をゲットしたい

DAY 2 少し足を延ばして、郊外の人気エリアへ

8:15 話題の**アマゾンゴー**(→P.91)で飲み物を購入

朝早くからやっている便利なコンビニ

徒歩 15分

8:45 **パイク・プレイス・マーケット**(→P.50)にある**ル・パニエ**(→P.82)で朝食を

メトロバス #124 45分

10:00 エア・フォース・ワン(大統領専用機)やコンコルドが展示されている**航空博物館**(→P.68)へ

エア・フォース・ワンの機内にも入れる

メトロバス #124 45分

13:30 映画『めぐり逢えたら』に登場する**アセニアン・シーフード・レストラン・アンド・バー**(→P.78)でシーフードを

メトロバス #2 25分

15:30 人気の撮影スポット、**ケリーパーク**(→P.72)へ

メトロバス #32 30分

16:30 トロール像やレーニン像がある**フリーモント**(→P.64)へ

ちょっと不気味な像

巨大なトロール像をバックに記念撮影を

メトロバス #5 30分

17:30 **セーフコフィールド**(→P.57)でシアトル・マリナーズの試合観戦

一塁側からはダウンタウンも見渡せる

※シティ・サイトシーイング・ホップオン・ホップオフのトロリーツアーは、催行日時とスケジュールが時期により異なるので、現地で確認すること

シアトル・マリナーズやアマゾン本社で認知度が高まったシアトル。
ここでは、初めてシアトルを訪れる人とリピーター向けのコースを紹介しよう。

モノレール　トロリー　メトロバス
ストリートカー　徒歩

リピーターのシアトル

人気のショップやレストランを訪れる2日間！！

DAY 1 評判のレストランをおさえつつ博物館巡り

9:10 **パイク・プレイス・マーケット**（→P.50）の**ピロシキピロシキ**（→P.27）で朝食を購入

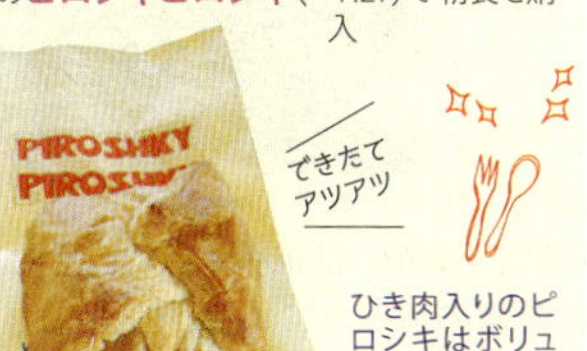

できたてアツアツ

ひき肉入りのピロシキはボリュームたっぷり

徒歩 6分

9:45 **ウエストレイクセンター**（→P.52）からシアトル・ストリートカー・サウス・レイクユニオン・ラインに乗車

ストリートカー 10分

10:00 **歴史・産業博物館**（→P.59）でシアトルや近隣の町の歴史を学ぶ

メトロバス 20分

12:00 **キャピトルヒル**（→P.60）の**テイラー・シェルフィッシュ・ファームズ**（→P.78）で生ガキを

養殖所から直接送られてくるのでどれも新鮮

徒歩 20分

13:30 現代アートが充実の**シアトル美術館**（→P.51）へ

徒歩 8分

15:00 巨大な水槽で有名な**シアトル水族館**（→P.53）へ

メトロバス #62 50分

17:30 2018年にジェームズ・ビアード賞を獲得した**ジューンベイビー**（→P.74）で夕食を

創作南部料理が味わえる

DAY 2 注目のショップで買い物三昧

8:30 **ダウンタウン**（→P.50）の**トップ ポット・ドーナツ**（→P.82）で軽く朝食を

甘さたっぷりのドーナツで腹ごしらえ

意外とサクサクした食感

メトロバス #10 30分

9:15 ブルース・リーの墓がある**レイクビュー墓地**（→P.61）へ

メトロバス #10 30分

10:00 **アルハンブラ**（→P.85）や**ベイビー&カンパニー**（→P.85）、**ジャックストロー**（→P.86）など、ダウンタウンでシアトルの最新ファッションをチェック

男女ともきれい目系ファッションが並ぶジャックストロー

徒歩 15分

11:30 人気シェフが経営するレストラン、**シリアス・パイ&ビスケット**（→P.75）でランチ

ふたりで分けるとちょうどいい大きさのピザ

メトロバス #40 35分

13:15 **バラード**（→P.65）にある**ボップ・ストリート・レコード**（→P.90）や**ダンデライオン・ボタニカル・カンパニー**（→P.90）でレコードやハーブを探す

日本からもバイヤーが訪れている老舗店

メトロバス #40 20分

15:30 **フリーモント**（→P.64）の**テオチョコレート**（→P.90）で見学ツアーに参加し、**フリーモント・ビンテージ・モール**（→P.91）でアンティーク探索

チョコレートの作り方がわかるツアー

メトロバス #62 50分

18:45 景色のいいストラン、**ソルティーズ・オン・アルカイビーチ**（→P.74）でシーフード料理を

シアトルのおもな見どころ

ダウンタウンシアトル
Downtown Seattle

春から夏は花屋さんが店開き

パイク・プレイス・マーケット
住85 Pike St., Seattle
☎(206) 682-7453
URLpikeplacemarket.org
営月～土9:00～18:00、日9:00～17:00(店により異なる)
案内所：毎日10:00～18:00
休サンクスギビング、クリスマス
場所 Pike St.と1st Ave.の角。Pike Pl.突き当たりに案内所があり、各種パンフレットが置かれているほか、マーケットについての質問にも答えてくれる。

セイバー・シアトル・フード・ツアー
Savor Seattle Food Tours
☎(206) 209-5485
URLwww.savorseattletours.com
ツアー／毎日9:30～15:30の間で2～8回催行。ガムの壁から出発。所要約2時間
料$41.99～43.99(曜日により異なる)
パイク・プレイス・マーケットに入る7店で、チーズやチョコレート、ペストリー、クラブケーキなどを試食できるウオーキングツアー。

フレンズ・オブ・ザ・パイク・プレイス・マーケット・ヒストリー・ツアー
Friends of the Pike Place Market History Tour
URLwww.friendsofthemarket.net
営〈6～9月〉土8:30出発、所要1時間30分。金曜12:00までにウェブサイトから予約すること。
料大人$15、シニア$10、18歳以下$8
場所 豚のブロンズ像、レイチェル前。
歴史や、マーケット内のアートワークを知ることができるツアー。

シアトル観光の一番人気はここ MP.32-A2

★★★ パイク・プレイス・マーケット
Pike Place Market

シアトルで最も有名な観光ポイントの**パイク・プレイス・マーケット**は、1907年8月17日に創設され、アメリカの公設市場の先駆けとなった場所。2017年に創設110周年を迎え、6月にマーケットが一部拡張された。その広さは約9エーカー。1st Ave. 西側の海寄りにあり、Pike St.、Pine St.、Stewart St.、Virginia St.がマーケットへと通じている。Pike St.の突き当たり正面にある時計とネオンサインは市場のランドマークだ。そのままPike Place通りを右手に進むと、海寄りのメインアーケードを中心に建物が両側に隙間なく並ぶ。農家や職人たちが直接店を出す露店や魚屋、自家製パンや菓子を売る小売店、地ビール工房、チーズ工房、美食で評判の大小レストランやカフェ、それに、あの**スターバックス・コーヒーの1号店**(→P.81)もある。

この時計は市場のシンボル

上／一画にスターバックス1号店も　下／名物の魚屋パイク・プレイス・フィッシュ

終日大混雑する市場の中で、ひときわにぎわうのが、メインアーケードの中央に店を構える**パイク・プレイス・フィッシュ・マーケットPike Place Fish Market**。商談がまとまるや、お店のお兄さんが売り物となったサケやカニをカウンターへと放り投げる威勢のいいパフォーマンスが見られるからだ。魚が宙を飛ぶ瞬間、観光客からはやんやの喝采があがる。

その店のすぐ前の通路には**メス豚のブロンズ像レイチェルRachel the Piggy Bank**がいる。マーケットのマスコット的存在で、市場創設79周年の記念に1986年作られたもの。ワシントン州ウィドビーアイランドの彫刻家ジョージア・ギーバーGeorgia Gerberが製作し、島にいた優秀なメス豚と同じ名前がつけられた。実は貯金箱になっていて、観光客の善意で寄せられた寄付金は毎年$10000に達するという。

豚の貯金箱レイチェル

そもそもこの市場が開設された1907年当時、タマネギの価格が10倍にもはね上がり、市民たちは中間業者の不当な搾取に憤りを募らせていた。そんな折、市民が生産者から直接産物を購入できる公設市場の設置を、シアトル市議会議員トーマス・レベルThomas Revelleが提案し、実現させた。この「市民が直接生産者と出会って産物を買える」という理念は今も変わっていない。市場に入る店の多くが個人経営で、手作りの商品が並べられている。

パイク・プレイス・フィッシュ・マーケット脇の**天井に掲げられた切り絵**にも注目してほしい。シアトル在住の日本人作家、曽我部あきさんによって製作されたもので、第2次世界大戦前後の日系農業従事者の暮らしを描いたもの。当時、市場には、日系人が作った野菜も並べられていた。しかし第2次世界大戦が勃発。日系人たちは西海岸から強制移住させられたため、今彼らの姿を市場で見ることはできない。100年以上の歴史を経たこの市場には、さまざまな人間模様が刻まれている。

日系人の歴史を刻んだ切り絵

また、マーケット南にあるポスト・アレーPost Alleyは、シアトルで最も不衛生な観光スポットとして悪名高い。マーケット劇場Market Theaterがある通りの両側に並ぶ建物に無数のチューインガムが貼り付けられている。1993年、入場待ちの少年が暇つぶしにガムと硬貨を壁に貼り付けたのが始まりとされている**ガムの壁Gum Wall**。2015年11月に壁一面のガムが取り除かれたが、清掃後も観光客が続々とガムを貼り付け、通りに1歩立ち入るだけで、甘味料の甘い匂いが鼻につく。

軽食が食べられるディ・ロレンティはマーケット入口にある

つまみ食いしたくなるほど新鮮な果物

ガムの壁はパイク・プレイスマーケット正面から左の小道を入った所

ガムの壁
住1428 Post Alley, Seatle

★★ ネイティブアートと現代美術の競演 MP.32-A2

シアトル美術館（通称SAMサム）
Seattle Art Museum

ハンマーを振り下ろす巨大な彫刻、『ハマリング・マンHammering Man』でおなじみの美術館は、レストランやギフトショップを含めて4フロア構成。収蔵品は2万5000点を超え、アフリカンアート、アメリカンアート、装飾美術、ヨーロッパアート、現代アート、ネイティブ&メソアメリカンアート、オセアニア&アボリジナルアートなどを揃える。特に16世紀のヨーロピアンアート、欧州とアジアの陶磁器を集めたポーセリンルームPorcelain Roomは必見。別館のシアトル・アジア美術館Seattle Asian Art Museum（→P.61）とオリンピック・スカルプチャー・パークOlympic Sculpture Park（→P.53）もあわせて見学したい。

腕が動く『ハマリング・マン』

シアトル美術館
住1300 1st Ave., Seattle
☎(206) 654-3100
URLseattleartmuseum.org
営月水金土日10:00～17:00、木10:00～21:00
休火
料大人$24.95、シニア(62歳以上)$22.95、13～17歳$14.95、12歳以下無料。特別展に入るには追加料金が必要。
毎月第1木曜はすべての入館者が無料。第1金曜は62歳以上の入場が無料(要ID)。入口は1st Ave.とUnion St.の角。1st Ave.に面した1階に美術館ショップ「SAM Shop」と評判のレストラン「Taste」がある。
常設の展示に関してはウェブサイトからオーディオガイド(英語)を無料でダウンロードできる。

ダウンタウンの中心にあるショッピングモール

MP.32-A1

ウエストレイクセンター
Westlake Center

ガラス張りの店内にはさんさんと太陽が降り注ぎ、モール内はとても明るい雰囲気。アウトレットショップのSaks Fifth Avenue off 5thを含め約20のショップが入るほか、3階はシアトルセンター行きのモノレール（→P.42）発着駅にもなっている。地下はサウンドトランジット・リンク・ライトレイルやトンネルバスの駅とつながっており、ダウンタウンの交通の拠点。モールの前にはタイル敷きの広場に噴水があり、カフェやジュースバーも出る。週末にはストリートパフォーマーも登場し、にぎやかになる。

ウエストレイクセンター
住400 Pine St., Seattle
☎(206) 467-1600
URLwww.westlakecenter.com
営月～土10:00～21:00、日11:00～18:00（時期により異なる）

旅行中、何度も通るウエストレイクセンター

ガラスと鋼鉄で創られた知のオブジェ

MP.32-B3

シアトル・セントラル図書館
Seattle Central Library

ガラスと鋼鉄を組み合わせ、1億6590万ドルをかけて2004年に誕生した図書館。設計は、オランダ人建築家レム・コールハースとジョシュア・ラムス、LMNシアトル建築事務所が担当した。145万冊の収蔵力を誇り、10階の読書室にはガラスの天井から光が降り注ぎ、ビルの向こうに海を望むことができる。

斬新なデザインが目を引く

シアトル・セントラル図書館
住1000 4th Ave., Seattle
☎(206) 386-4636
URLwww.spl.org
営月～木10:00～20:00、金土10:00～18:00、日12:00～18:00

ウオーターフロント
Waterfront

エリオット湾に面するボードウオーク

MP.32-A3

ウオーターフロントパーク
Waterfront Park

ピア57から59にかけて続く板張りの遊歩道。ここからはエリオット湾がよく見渡せる。オブジェや噴水の周辺には、腰かけてスナックをほおばる旅行者の姿が。潮の香りを味わいながら何もしないでのんびりと過ごしたい。

ウオーターフロントパーク
住1401 Alaskan Way, Seattle
営毎日6:00～22:00
行き方パイク・プレイス・マーケット正面のPike Place Hillclimb Walkを下りた所がPier 59。

COLUMN

観光にお得なパスCityPass

下記の見どころの入場券やハーバークルーズツアーのチケットなどがセットになっているパス。**シティパスCityPass**を使って5ヵ所すべてを訪れるなら、トータルではほぼ半額をセーブできる。下記の7ヵ所の窓口、もしくはウェブサイトから購入が可能で、使用開始日から9日間有効だ。

- ●スペースニードル（→P.58） 同一日の昼と夜の2回分
- ●シアトル水族館（→P.53）
- ●アゴシークルーズのハーバークルーズ（→P.45）
- ●ポップカルチャー博物館（→P.58） もしくはウッドランド・パーク動物園（→P.67）
- ●チフリー・ガーデン・アンド・グラス（→P.59） もしくはパシフィック・サイエンス・センター（→P.59）

CityPass
Free(1-888) 330-5008
URLwww.citypass.com/seattle
料大人$89、子供（4～12歳） $69

MEMO **ウオーターフロントの工事** 2018年10月現在、ピア50からピア70にかけての車道と歩道、ピアで大規模な工事が行われている。そのため、一部のショップやレストランが閉鎖中だ。ただし、シアトル・グレイト・↗

ウオーターフロントの景色を楽しもう MP.32-A3

シアトル・グレイト・ウィール
Seattle Great Wheel

2012年、ウオーターフロントのピア57に登場した観覧車。8人乗りのゴンドラは地上53mの高さまで上がり、ダウンタウンの摩天楼やスペースニードル、エリオット湾を行き来するフェリー、ウオーターフロントパークなどを眺めることができる。特に日没後は、高層ビル群がライトアップされ、ロマンティックだ。また、VIP席（料$50）なら、床がガラス張りのゴンドラに乗って、座席から真下をのぞくことができる。約12分のライドは、ノンストップで3周する。

すばらしい眺望を楽しみたい

シアトル・グレイト・ウィール
住1301 Alaskan Way, Pier 57, Seattle
☎(206) 623-8607
URLseattlegreatwheel.com
営〈6月下旬～9月上旬〉日～木10:00～23:00、金土10:00～24:00、〈9月中旬～6月中旬〉月～木11:00～22:00、金11:00～24:00、土10:00～24:00、日10:00～22:00
料大人$14、シニア$12、子供$9
行き方パイク・プレイス・マーケット正面のPike Place Hillclimb Walkを下り、Alaskan Wayを南に200m。

ウオーターフロント随一の見どころ MP.32-A2

シアトル水族館
Seattle Aquarium

そう大きくはないがユニークな展示が並ぶ楽しい水族館。400種類以上の海洋生物が飼育されている。いちばん人気がある展示は、入口を入って正面にあるWindow On Washington Waters。縦6m、横12mの水槽は、12万ガロンの水量を誇る。サケやスズキが悠々と泳ぎ回り、ヒトデやウニのすみかになっている。毎日3回行われるダイブショーとガイドツアーの評判もいい。

最もユニークなのは秋口にかけて産卵のために海から川へ上るサケのための人工ラダー。水族館を取り巻くように、海から続く高さの低い階段のようなものが設けられている。サケは生まれ故郷に戻って産卵をするといわれるが、この水族館はサケの餌に混ぜていた薬品を海に流すのだそう。するとその薬品の匂いを嗅ぎつけて、サケは産卵をするためにこの水族館に戻ってくるというわけだ。

シアトル水族館
住1483 Alaskan Way, Pier 59, Seattle
☎(206) 386-4300
URLwww.seattleaquarium.org
営毎日9:30～17:00
料大人（13歳以上）$29.95、子供（4～12歳）$19.95、3歳以下無料
行き方パイク・プレイス・マーケット正面のPike Place Hillclimb Walkを下りた目の前。
※入口を入って正面にあるWindow on Washington Watersは、ワシントン州沿岸ニアベイの岩場を再現したもの。大水槽のガラス越しにサケやロックフィッシュが泳いでいる。1日3回（10:00、11:30、12:15）、ダイバーが水槽の中から観客とおしゃべりするショーが人気だ。

巨大な彫刻作品が並ぶ MP.31-A2

オリンピック・スカルプチャー・パーク
Olympic Sculpture Park

ウオーターフロント北端、ピア70の先にある巨大な彫刻作品が展示された公園。アレキサンダー・カルダーの赤いオブジェ『イーグルThe Eagle』やルイーズ・ブルジョワの『アイベンチEye Benches』など、ユニークな作品が海をバックに20点ほど並んでいる。無料で入場できるので、天気のよい日に訪れてみよう。

オリンピック・スカルプチャー・パーク
住2901 Western Ave., Seattle
☎(206) 654-3100
URLseattleartmuseum.org
営公園：毎日日の出30分前～日没の30分後まで無料でオープン。
パビリオン：〈4～10月〉水～月10:00～17:00、〈11～3月〉水日10:00～17:00
休4～10月の火と11～3月の月火
行き方ダウンタウンの3rd Ave. & Pike St.からメトロバス#1、2、13で1st Ave. N. & Broad St.下車、徒歩5分。パイク・プレイス・マーケットから徒歩20分。

天気のいい日にはオリンピック国立公園の山々が見える MP.31-A2

マートル・エドワーズ・パーク
Myrtle Edwards Park

ピア70北側のオリンピック・スカルプチャー・パークの先に広がる眺めのいい公園。エリオット湾沿いに芝生やサイクリングコースが整備され、よく晴れた日には、地元の家族連れがピクニックやジョギングにやってくる。海を見ながらの散歩にも最適なコースだ。

マートル・エドワーズ・パーク
住3130 Alaskan Way, Seattle
☎(206) 684-4075
営24時間
行き方ダウンタウンの3rd Ave. & Pike St. からメトロバス#1、2、13で1st Ave. N. & Broad St.下車、徒歩8分。

↘ウィールやシアトル水族館は営業している。工事は2019年末に終了する予定だが、詳細は現地で再確認を。

ユニオン湖
エリオット湾
ワシントン湖
パイオニアスクエア

パイオニアスクエア
Pioneer Square

パイオニアスクエア
URL www.pioneersquare.org
行き方 ダウンタウンのWestlake駅からサウンドトランジット・リンク・ライトレイルでPioneer Square駅下車。

パイオニアスクエア・パーク
住 100 Yesler Way, Seattle
☎ (206) 684-4075
URL www.seattle.gov/parks
営 毎日6:00～22:00
行き方 ダウンタウンのPike St. & 3rd Ave.からメトロバス#21で3rd Ave. & Columbia St.下車、徒歩5分。もしくは、Westlake駅からサウンドトランジット・リンク・ライトレイルでPioneer Square駅下車、徒歩3分。ウエストレイクセンターから徒歩20分。

2代目トーテムポール

オキシデンタル・スクエア・パーク
住 117 S. Washington St., Seattle
☎ (206) 684-4075
URL www.seattle.gov/parks
営 毎日6:00～22:00
行き方 ダウンタウンの3rd Ave. & Pike St.からメトロバスのEラインで3rd Ave. & S. Washington St.下車、徒歩4分。もしくは、ダウンタウンのWestlake駅からサウンドトランジット・リンク・ライトレイルでPioneer Square駅下車、徒歩7分。ウエストレイクセンターから徒歩25分。

消防士のメモリアルブロンズ像

クロンダイク・ゴールドラッシュ国立歴史公園
住 319 2nd Ave. S., Seattle
☎ (206) 220-4240
URL www.nps.gov/klse
営 毎日9:00～17:00（時期により異なる） 料 無料

★★★ ここが実質的なシアトル発祥の地 MP.33-A1

パイオニアスクエア・パーク
Pioneer Square Park

偉大な酋長チーフ・シアトルの胸像

トロリーの待合所だったパーゴラ

イエスラーウエイYesler Wayと1st Ave.の角に位置する石畳でできた三角形の広場。この場所に、実業家で市長をも務めた**ヘンリー・イエスラーHenry Yesler**（1810～1892年）は製材所を建て、町を発展させた。シアトル大火災（1889年）のあとにイエスラーが建てた広場には、高さ18mのアラスカ・トリンギット族が彫った**2代目トーテムポール**や、シアトルの名前の由来になった偉大な酋長**チーフ・シアトルの胸像Statue of Chief Seattle**、ビクトリア調のパーゴラ（旧トロリー待合所）などが並ぶ。初代のトーテムポールは、1899年にシアトルの有力者たちがアラスカへ出かけた際、トリンギットの村から盗んできたもので、1938年放火により焼失。その後、トリンギット族の子孫によりレプリカが立てられ、今にいたる。

★ 昼下がりのカフェタイムはここで MP.33-A1～A2

オキシデンタル・スクエア・パーク
Occidental Square Park

Occidental Ave.とS. Main St.の交差点にあるオキシデンタル・スクエア・パーク周辺は、昼間は近くに勤める会社員たちがランチを取るスポット。れんが敷きの広い路地の両脇にはギャラリーやカフェが並ぶ。**消防士のメモリアルブロンズ像Fallen Firefighters Memorial**、トーテムポールとトーテムベアなど、まるで一帯は野外ギャラリーのよう。ただし、日没後はあまり治安がよくないので要注意。

★ 室内にある!?国立歴史公園 MP.33-B2

クロンダイク・ゴールドラッシュ国立歴史公園
Klondike Gold Rush National Historical Park

1890年代のシアトルの様子を紹介した博物館。1890年代にカナダのユーコン準州Yukonに流れるクロンダイク川で金が見つかり、シアトルはその海路と陸路での中継地になった。金探索者たちが、世界中からシアトルに殺到し、シアトルの商店主や居酒屋、売春宿の店主たちは、ひと財産築くほど稼ぎまくった。当時の町のにぎわいを2フロアからなる展示で知ることができる。

MEMO **オキシデンタル・スクエア・パークのベーカリー・カフェ** 昼時は長蛇の列ができるグランド・セントラル・ベーカリー・アンド・カフェ。テイクアウトして目の前の公園で食べるのもいい。↗

シアトルの地下世界を大探検 
MP.33-A1

アンダーグラウンドツアー Underground Tour

1965年に執筆家で歴史家の**ビル・スパイデルBill Speidel**が始めたこのツアーは、シアトル市内に約20ヵ所残されている地下世界のうち、地権者の協力のもとに公開されている数ヵ所を探訪するというもの。

ツアー出発前に20分間シアトルの地下についての歴史を聞いたあと、1時間のウオーキングツアーに出る。地下が残された理由は、1889年のシアトル大火災のあと、1日に2回も水洗トイレの水が逆流した。そのため、汚水まみれの低地を埋め立て、道路の高さを2.5〜10m近くかさ上げしたのだ。復興後すぐに築かれた建物の1階部分が道路の下にもぐってしまい、いつしか地下は人々の記憶から忘れ去られてしまったからだという。精通したガイドの案内で、地下に残る銀行やホテル、汚水の逆流を繰り返したトイレなどを見て回ろう。

シアトルでいちばん高い展望室
MP.32-B3

コロンビアセンター・スカイビュー展望台 Columbia Center Sky View Observatory

1985年に完成したコロンビアセンターは、ワシントン州でいちばん高いビル。76階建て、高さ284mの建物は、黒い外観に覆われ現代的だ。73階にはシアトルいち高い展望台があり、ダウンタウンだけでなくスペースニードルやマウントレニエ、エリオット湾などを見渡すことができる。2018年夏にSky View Cafeもオープンした。

汚水が逆流した水洗トイレ

アンダーグラウンドツアー
住614 1st Ave., Seattle
☎(206) 682-4646
URL www.undergroundtour.com
営ツアー／〈4〜9月〉毎日9:00〜19:00、〈10〜3月〉毎日10:00〜18:00の毎正時出発。夏季は増便あり。
料大人$22、シニア(60歳以上)・学生(13〜17歳要ID)$20、子供(7〜12歳) $10
入場からウオーキングツアー終了まで1時間20分近くかかるので、6歳以下には不向き。
ウェブサイトでもツアー開始1時間前までチケットを購入できる。日本語の解説文あり。

コロンビアセンター・スカイビュー展望台
住701 5th Ave., Seattle
☎(206) 386-5564
URL www.skyviewobservatory.com
営毎日10:00〜23:00(時期により異なる) 休おもな祝日
料大人$22、シニア(65歳以上) $19、子供$16、4歳以下無料。
メインロビーから一気に73階の展望台までエレベーターで昇る。

COLUMN

アンダーグラウンドの歴史

1851年11月13日、現在のウエストシアトルに**アーサー・デニー Arthur Denny**率いる24人の入植者たちが上陸した。冬の寒風に耐えかねた彼らは、1852年2月、エリオット湾の東岸に移る。ここが現在のパイオニアスクエアだ。

先住民のリーダーの名を取ってこの町はシアトルと名づけられたが、実業家**ヘンリー・イエスラー Henry Yesler**が市長になると街は堕落してゆく。売春が町の主要産業となり、道路の大穴に水がたまって子供が溺れ死ぬような事故が多発した。

その後シアトルは、1889年6月6日の大火災で壊滅したことを契機に、まったく新しい街として復興を始める。

当時、人々が最も気にしたのは下水の問題だった。1880年代に水洗トイレが普及したシアトルは、干満の激しいエリオット湾の潮位の影響をもろに受け、満潮になると下水が逆流してしまうのだ。それを防ぐため、道路を高くしてそこに下水管をとおす案があったが、イエスラーが猛反対し、古い街のままの高さに建物も道路も造られた。しかし汚い過去を繰り返したくないという市民の願いは強く、結局、道路は約3m高くすることに決まる。

道路が高くなり、地上と歩道との間に段差ができると、新たな問題が発生した。通り沿いの店に行くにははしごを登り降りしなければならず、落ちてしまう人が続出したのだ。この解決策として歩道にふたが付けられる。ふたはガラス張りだったため、下の店が見えるようになっていた。

やがてふたは完全にふさがれてしまい、かつての2階が1階になり、人々は2階から出入りするようになる。パイオニアスクエアに見られる、玄関のアーチの形が不自然なビルは、この名残だ。そして、かつての1階は地下となり、人々は地下を利用しなくなってしまった。こうして1907年以降地下空間は捨て去られ、人々の記憶からも消えていったのである。

↘**Grand Central Bakery and Cafe** MP.33-A2 住214 1st Ave. S., Seattle ☎(206) 622-3644 URL grandcentralbakery.com 営月〜金7:00〜17:00、土8:00〜16:00 休日

★かつての「マンハッタンの外で最も高いビル」

MP.33-B1

スミスタワー展望台
Smith Tower Observation Deck

タイプライター王、L.C.スミスが建てた42階建て（522フィート、159m）のビル。1914年の完成時は世界で4番目に高いビルとして名をはせた。ニューヨークにあるメトロポリタン生命保険ビルをイメージしてデザインされたという、鉛筆の芯のような尖塔が目印だ。2016年に約20ヵ月に及ぶ改装工事を終え、1階にはギフトショップとチケット売り場、ギャラリーがオープンした。完成当時の様子を描いたポスターや展示を見終わったら、真鍮と銅でできたエレベーターで展望台に向かおう。35階の「チャイニーズルームChinese Room」と呼ばれる展望ルームには、中国の西太后から贈られた立派な椅子が置いてあり、独身女性が座ると1年以内に結婚できるという伝説がある。展望ルームの一角には、禁酒法時代のもぐり酒場をイメージしてデザインされた**スミスタワー・テンペランスSmith Tower Temperance**もあり、カクテルやサンドイッチなどを楽しめる。

展望ルームから一歩外に出ると鉄の柵だけで囲まれた展望廊下。風が吹き込むなかシアトル・グレイト・ウィールやスペースニードル、アムトラック・キングストリート駅を眺めることができる。

スミスタワー展望台
住506 2nd Ave., Seattle
☎(206) 624-0414
URLwww.smithtower.com
営毎日10:00～21:00。ただし、イベントなどがある場合は、閉鎖されることもある。ウェブサイトなどで確認しよう。
料大人$19、シニア(65歳以上)・学生・子供(6～12歳) $15

スミスタワー・テンペランス
営日～水10:00～23:00、木～土10:00～24:00 料スミスタワー展望台の入場料と同じ

コロンビアセンター（左）とスミスタワー展望台（右）

インターナショナルディストリクト
International District

★日本語の標識もある、エキゾチックな香り漂うエリア

MP.31-B4、P.33-A3～B3

インターナショナルディストリクト
International District

パイオニアスクエアの南、アムトラック・キングストリート駅の東側のエリア。1900年初頭から1942年にかけては日系人が、それ以降は中国人、ベトナム人が多く住んでいることから、ジャパンタウン、チャイナタウン、リトルサイゴンとも呼ばれている。

にぎやかなのは5th Ave.と8th Ave.、S. Main St. とS. Lane St.に囲まれたエリア。Maynard Ave. S.とS. King St.が交差する所には赤い柱の中国風東屋がある**ヒング・ヘイ・パークHing Hay Park**があり、早朝や夕方には太極拳をする中国人グループの姿が見られる。その周辺には中国、日本、ベトナム、フィリピン、カンボジアなどアジア各国人の経営するレストランや店も並ぶ。「紀伊國屋書店」も入っている「宇和島屋（→P.91、MP.33-A3）」はシアトルに住む日本人の強力な味方。

インターナショナルディストリクト
URLcidbia.org
行き方ダウンタウンの3rd Ave. & Union St.からメトロバス#1、7などで5th Ave. & Jackson St.下車。もしくは、ダウンタウンのWestlake駅からサウンドトランジット・リンク・ライトレイルでInternational District / Chinatown駅下車。

ヒング・ヘイ・パーク
MP.33-A3
住423 Maynard Ave. S., Seattle
営毎日6:00～22:00

★あまり知られていない歴史を学ぼう

MP.33-B3

アジア・パシフィック・アメリカン・エクスペリエンス・ウイング・ルーク博物館
Wing Luke Museum of the Asian Pacific American Experience

1900年代初頭、日本や中国をはじめアジア各国からシアトルに渡ってきた移民の歴史を解説した博物館。ジャパンタウンやチャイナタウンをインターナショナルディストリクトに作り上げた日系アメリカ人と中国系アメリカ人についての展示が豊富だ。

アジア・パシフィック・アメリカン・エクスペリエンス・ウイング・ルーク博物館
住719 S. King St., Seattle
☎(206) 623-5124
URLwww.wingluke.org
営火～日10:00～17:00
休月 料大人$17、シニア$15、学生(13～18歳) $12.50、子供(5～12歳) $10、5歳以下無料(隣接するホテルの館内ツアーHistoric Hotel Tourも含む)
(P.57側注へ続く)

MEMO **1940年代のジャパンタウンを知るための良書** 『あの日、パナマホテルで（ジェイミー・フォード著、集英社文庫）』は、現在も存在するパナマホテルPanama Hotelを舞台に、中華系少年と日系少女が織りなす小説。

100年前と現在のインターナショナルディストリクトを比較できるコーナーは、貴重な写真が多く飾られ、興味深い。また、ブルース・リーの道場や彼がよく通ったレストランなどを巡る**ブルース・リー・チャイナタウン・ツアーBruce Lee's Chinatown Tour**、1910年頃に雑貨屋かつホテルであった建物を見学する**ヒストリック・ホテル・ツアーHistoric Hotel Tour**などが週に4～6日催行されている。

鉄骨むき出しの外観はシアトルのランドマーク　MP.31-B4

★★★ セーフコフィールド SAFECO Field

2001年から2012年7月中旬までイチロー選手が活躍し、2018年5月には会長付き特別補佐に就任したことも話題となったメジャーリーグベースボール（MLB）シアトル・マリナーズ（→P.100）の本拠地。1977年から使用していたキングドームの老朽化が激しかったため、1999年キングドームの1km南にセーフコフィールドを建設。開閉式の屋根をもつ球場は、通常屋根が開いた状態で試合が行われるが、雨が降り始めると3枚のパネルが閉じられる。座席数は4万7000で、内・外野のどの席からもフィールドが見られるように設計されている。また、レフト側にあるスコアボードは、昔からの野球ファンにはたまらない手動式だ。1階3塁側通路には、マリナーズで活躍した選手を紹介したコーナーが設けられていて、佐々木主浩投手（2000～2003年在籍）やランディ・ジョンソン投手の写真のほか、イチロー選手が使用したバットやスパイク、バッティング用手袋などが飾ってあるので、お見逃しなく。

マリナーズの本拠地

（P.56側注の続き）
タッチ・オブ・チャイナタウン・ツアー：大人$22、シニア$20、学生（13～18歳）$17.50、子供（5～12歳）$15、5歳以下無料（入館料込み）
ブルース・リー・チャイナタウン・ツアー：大人$45、シニア$40、学生（13～18歳）・子供$30。
ヒストリック・ホテル・ツアー：火～日10:30、11:30、12:30、13:30、14:30、15:30、所要45分

セーフコフィールド
住 1250 1st Ave. S., Seattle
URL www.mlb.com/mariners
行き方 ダウンタウンのWestlake駅からサウンドトランジット・リンク・ライトレイルでStadium駅下車、徒歩10分。もしくは、3rd Ave. & Pike St.からメトロバス#21、132などで4th Ave. S. & Edgar Martinez Dr. S.下車、徒歩10分。パイオニアスクエアからは徒歩15分。

マリナーズ・チームストア セーフコフィールド店
住 1250 1st Ave. S., Seattle
☎ (206) 346-4287
営 月～土10:00～18:00、日10:00～17:00（試合がある日は延長あり。時期により変更あり）
ダウンタウン店→P.88

COLUMN セーフコフィールドのツアー

シアトルでやりたいことのひとつに、シアトル・マリナーズの球場ツアーに参加することが挙げられる。1年をとおして開催されるツアーは、普段目にすることがない場所を訪れることができる貴重なもの。1塁（マリナーズ）側ベンチやダッグアウト、記者席、クラブハウスだけでなく、フィールド（芝生の外）にも下りることができる。マリナーズの歴史や球場の特徴だけでなく、選手の裏話も聞くことができるのでお得。

スケジュールや参加人数によって、ツアーで訪れるエリアは変更される。また、不定期だが、日本語でのツアーが開催されることもあるので、チケット購入時に問い合わせるといい。

フィールドツアー
MP.31-B4
住 セーフィコフィールドのチームストア2階から（1st Ave. bet. S. Royal Brougham Way & Edgar Martinez Dr. S.）
☎ (206) 346-4241
URL www.mlb.com/mariners/ballpark/tours
営〈4～10月〉試合のない日:10:30、12:30、14:30。18:00以降に試合がある日:10:30、12:30。18:00以前に試合がある日:ツアーなし。〈11～3月〉火～土10:30、12:30、日12:30、14:30。祝日の場合は、開催時間が異なることもあるので事前に問い合わせること。
料 大人$12、65歳以上$11、3～12歳$10、2歳以下無料
チケットは、マリナーズ・チームストアやチケットマスター［☎(206) 622-4487］、ウェブサイトで購入できる。
ツアーは、所要1時間。

マリナーズ側のベンチにも入れる

シアトルセンター
URL www.seattlecenter.com
行き方 ダウンタウンのWestlake Centerからシアトルセンター・モノレールで2分（料 大人$2.50、子供$1.25）。

スペースニードル
住 400 Broad St., Seattle
☎ (206) 905-2100
URL www.spaceneedle.com
営 毎日8:00〜24:00（時期により異なる）
料 大人$32〜37.50、シニア(65歳以上) $27.50〜32.50、5〜12歳$24.50〜28.50、4歳以下無料。入場時間により異なる。**24時間内再入場可能パス**：大人$55、シニア$48、子供$41。**スペースニードルとチフリー・ガーデン・アンド・グラスとの共通チケット**：大人$54、シニア$49、4〜12歳$38
行き方 シアトルセンター・モノレールのSeattle Center駅目の前。

ポップカルチャー博物館
住 325 5th Ave. N., Seattle
☎ (206) 770-2700
URL www.mopop.org
営 毎日10:00〜17:00（時期により異なる）
休 サンクスギビング、クリスマス
料 大人$28、シニア（65歳以上）・学生$25、子供（5〜17歳）$19、4歳以下無料(曜日により異なる)。ウェブサイト購入割引あり。
行き方 シアトルセンター・モノレールのSeattle Center駅目の前。

ギターで作られたオブジェ

カルチャーキッチン・バイ・ウルフギャング・パック
☎ (206) 262-3030
営 毎日10:00〜17:00

シアトルのランドマーク MP.35-B1

スペースニードル
Space Needle

タワーの上部にUFOのような円盤がくっついている塔がスペースニードルだ。1962年のシアトル万博に合わせドイツのシュトゥットガルトタワーを模して建てられた。高さ184mのタワーで、円盤部の展望台（展望台の高さは158m）からはシアトルのパノラマが展開する。天気のよい日には、南にダウンタウンと真っ白なマウントレニエ、東にワシントン湖とクイーンアン・ヒル、そして西には船が行き交うエリオット湾と、かなたに連なるオリンピック山脈を見渡すことができる。2018年5月、展望台の外デッキが巨大ガラスで覆われ、ガラスの椅子も設置された。さらに8月には、展望台の下のフロアに、床がガラスでできた回転展望台**ルーペ The Loupe**がオープン。45分かけて1周する。

シアトル随一の眺望が楽しめる

ロックンロールの殿堂 MP.35-B1

ポップカルチャー博物館
Museum of Pop Culture（MoPOP）

ロックミュージックやサイエンスフィクション（SF、空想科学）、ポップカルチャーに焦点を当てた博物館。建築家、フランク・ゲイリーFrank Gehryによる3階建ての建物は、斬新でユニークだ。

おもな展示がある2階はアメリカロックやポップスの歴史を解説する。1970年代から現在まで、その時代を代表するバンドやミュージシャンの写真を豊富に展示。特に、シアトル出身のアーティスト、ジミ・ヘンドリックスJimi Hendrixや一世を風靡したバンド、ニルヴァーナNirvanaのギャラリーが充実しており、彼らがライブで使用したステージ衣装やギター、ドラムなどのほか、コンサートのポスターや掲載された雑誌なども見ることができる。また、館内中央のステージはスカイチャーチSky Churchと呼ばれるアリーナ。巨大スクリーンに、さまざまなミュージシャンのライブ映像が流れている。ギターギャラリーGuitar Galleryには、1770年代から現在まで製造されたビンテージギターが60本以上並べられ、レスポールやギブソンなどギターファンでなくても垂涎ものばかり。

3階は「サウンドラボ」で体験コーナーが中心だ。ギターやキーボードを使って作曲したり、ダンスのステップを練習したりする。最後のオンステージでは、観客2万人のライブを経て自分のステージ用ポスターを制作。1階には人気のレストラン、**カルチャーキッチン・バイ・ウルフギャング・パックCulture Kitchen by Wolfgang Puck**があり、サラダやサンドイッチなどが食べられる。

MEMO **シアトルセンター向かいにあるビル&メリンダ・ゲイツ財団・ビジターセンター** 世界中の人々が、貧困に苦しむことなくよりよい暮らしを営み、高等教育を受けられることを提唱する博物館。↗

体験学習ができる科学館 MP.35-B1

パシフィック・サイエンス・センター
Pacific Science Center

プラネタリウムがあり、レーザーショーも行われ、体験をとおして科学を楽しく理解するための本格的な科学館。中央の白いアーチを囲んだ斬新なデザインの建物は、ミノル・ヤマザキの設計によるものだ。子供たちが楽しんで科学に触れてもらえるようなアトラクションがめじろ押し。例えば自転車こぎによる発電の仕組み、人体の器官の立体図による解説、コンピューターを操作しながら音楽や絵を作っていくなど、体験しながら学べるものがたくさん。

サイエンス・センター入口

パシフィック・サイエンス・センター
住200 2nd Ave. N., Seattle
☎(206) 443-2001
☎(206) 443-4629(アイマックスのスケジュール)
URL www.pacificsciencecenter.org
営月～金10:00～17:00、土日10:00～18:00(時期により異なる)
料大人$23.95、シニア(65歳以上)$21.95、6～15歳$17.95、3～5歳$13.95、2歳以下無料。
入場券とアイマックスとの共通チケット：大人$32.70、シニア(65歳以上) $29.70、6～15歳$24.70、3～5歳$18.70、2歳以下無料。
レーザーショー：木～日$14。
行き方シアトルセンター・モノレールのSeattle Center駅から徒歩3分。

ガラス彫刻を集めた博物館 MP.35-B1

チフリー・ガーデン・アンド・グラス
Chihuly Garden and Glass

世界的に有名なガラス彫刻家、**デール・チフリーDale Chihuly**の作品を集めた博物館。ワシントン州タコマ市出身のチフリー氏は、吹きガラスの世界に革新をもたらしたといわれている。花瓶やコップなど普段使いであったガラス製品に芸術という概念を付け加えたのだ。鮮やかな色使いに加え、細部までいきわたる至高の技巧を堪能してほしい。館内は、展示ホール、グラスハウス、中庭と3つのエリアに分かれている。それぞれ、太陽光や室内照明とのバランスを考えたガラスの魅力をふんだんに引き出す。ホールの奥には、カフェCollections Cafe (→P.77) も併設し、チフリー氏の趣味である栓抜きや置物のコレクションも目にすることができる。

自然と見事に調和しているガラスの彫刻

チフリー・ガーデン・アンド・グラス
住305 Harrison St., Seattle
☎(206) 753-4940
URL www.chihulygardenandglass.com
営月～木8:30～20:30、金～日8:30～21:30(時期により異なる)
料大人$29、シニア(65歳以上) $24、子供(5～12歳) $18、4歳以下無料。
スペースニードルとチフリー・ガーデン・アンド・グラスとの共通チケット：大人$54、シニア$49、子供$38
行き方スペースニードルの目の前

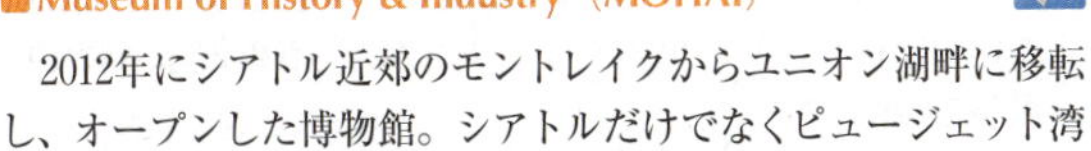

サウス・レイクユニオン
South Lake Union

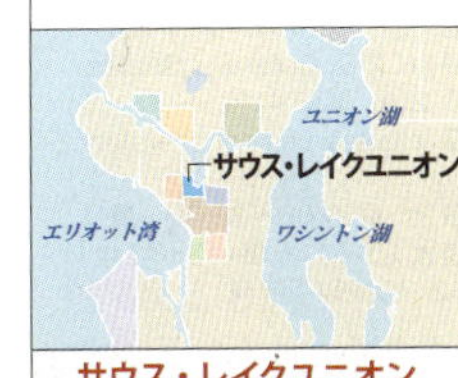

サウス・レイクユニオン
行き方シアトル・ストリートカー・サウス・レイクユニオン・ラインでLake Union Park下車。

シアトルの歴史を学ぼう MP.31-B1

歴史・産業博物館（モハイ）
Museum of History & Industry (MOHAI)

2012年にシアトル近郊のモントレイクからユニオン湖畔に移転し、オープンした博物館。シアトルだけでなくピュージェット湾エリアの歴史について解説する。当地で誕生したボーイングやスターバックス・コーヒー、アマゾン・ドット・コムなどの大企業がどのようにして発展していったのかを知ることができるほか、船首の飾り像などの展示を見て回ることができる。

ユニオン湖畔に面して立つ博物館

歴史・産業博物館(モハイ)
住860 Terry Ave. N., Seattle
☎(206) 324-1126
URL mohai.org
営毎日10:00～17:00、第1木曜のみ20:00まで
料大人$19.95、シニア(62歳以上) $16.95、子供(14歳以下)無料。毎月第1木曜は無料。
行き方シアトル・ストリートカー・サウス・レイクユニオン・ラインでLake Union Park下車、目の前。

↘**The Bill & Melinda Gates Foundation Visitor Center** MP.35-B1 住440 5th Ave. N., Seattle ☎(206) 709-3100 営火～土10:00～17:00 休日月 料無料

ブロードウエイ
行き方ダウンタウンのPike St. & 4th Ave.からメトロバス#11や49でHarvard Ave. & Pike St.下車。もしくは、ダウンタウンのWestlake駅からサウンドトランジット・リンク・ライトレイルでCapitol Hill駅下車。

キャピトルヒル・ブロードウエイ・サンデイ・ファーマーズマーケット
MP.34-A2
住Seattle Central College, 1701 Broadway, Seattle
URL seattlefarmersmarkets.org/markets/broadway
営日11:00～15:00
行き方ダウンタウンのPike St. & 4th Ave.からメトロバス#11、49でHarvard Ave. & Pine St. 下車。

ボランティアパーク
住1247 15th Ave. E., Seattle
☎(206) 684-4075
URL www.seattle.gov/parks
営毎日6:00～22:00
行き方ダウンタウンのPike St. & 4th Ave.からメトロバス＃10で15th Ave. E.& E. Prospect St.下車、目の前。

ウオータータワー展望台＆オルムステッド展示館
MP.61
営毎日10:00～日没
料無料

ボランティアパーク温室
MP.61
住1402 E. Galer St., Seattle
☎(206) 322-4112
URL volunteerparkconservatory.org
営火～日10:00～16:00　休月
料大人$4、子供(13～17歳) $2、12歳以下無料

れんが造りの貯水塔、ウオータータワー展望台＆オルムステッド展示館は、ボランティアパークの南端にある

キャピトルヒル
Capitol Hill

キャピトルヒルのメインストリート　MP.34-A1～A2、B1

ブロードウエイ
Broadway

ブロードウエイの中心はUnion St.からRoy St.までのBroadway沿い。近年、おしゃれなカフェやレストランが続々とオープンしているうえ、LGBTの中心地としてにぎわっている。BroadwayとPine St.の角にあるSeattle Central Collegeの敷地内では、毎週日曜日、**キャピトルヒル・ブロードウエイ・サンデイ・ファーマーズマーケットCapitol Hill Broadway Sunday Farmers Market**が開催されるので立ち寄ってみるといい。

シアトルいちヒップなカルチャーがあふれているエリア

シアトル市民の休息地　MP.34-B1、P.61

ボランティアパーク
Volunteer Park

キャピトルヒルのシンボルともいえる公園で、キャピトルヒルの北東にある。ニューヨークのセントラルパークの設計で有名な**オルムステッド・ブラザーズOlmsted Brothers**によってデザインされ、自然の木をそのまま生かすデザインだ。木々の葉は移り行く季節をそのまま映し、美しい。

公園の南にあり目に入るのが、れんがで造られた貯水塔の**ウオータータワー展望台＆オルムステッド展示館Water Tower Observation Deck & Olmsted Exhibit**。上部は展望台になっていて、上からは金網越しに、ダウンタウンのビル群やワシントン湖に架かる浮き橋、ユニオン湖がよく見える。

また、貯水塔の北には**シアトル・アジア美術館Seattle Asian Art Museum** (→P.61)、その前には満々と水をたたえた貯水池、その奥には珍しい熱帯植物やサボテンがたくさん展示されている**ボランティアパーク温室Volunteer Park Conservatory**などがある。

イサム・ノグチ作の『黒い太陽Black Sun』の奥にスペースニードルが望める

MEMO **ブロードウエイにあるアート作品**　BroadwayとPine St.の角には、シアトル出身の天才ギタリスト、ジミ・ヘンドリックスの像が鎮座している。Jimi Hendrix Statue　MP.34-A2

中国美術が充実した珠玉の美術館 MP.34-B1、P.61

シアトル・アジア美術館
Seattle Asian Art Museum

外観も美しいシアトル・アジア美術館

シアトル美術館（→P.51）の別館で、中国・日本美術に特化している。1933年、創設ディレクターで鉱物学者でもあった、**リチャード・E・フラー博士Dr. Richard E. Fuller**が父親の遺産（25万ドル）で建築した。アメリカ・アールデコ様式の建物は、細部にまで優雅さがある。1991年に、シアトル美術館がダウンタウンに移転するまで、シアトルの美術の殿堂として市民に親しまれてきた。

正面玄関に鎮座する対のラクダは、古代中国の塑像。酸性雨対策で現在はレプリカに代わったが、昔は本物が置かれ、子供たちがラクダにまたがり、記念撮影する場所だったという。収蔵品はフラー一族が収集した中国各王朝をほぼ網羅する中国美術や日本美術が中心で、ひすい、陶磁器、彫刻、日本の根付け、籠細工などが展示されている。

シアトル・アジア美術館
2018年10月現在改装のため閉館。2019年再オープン予定。以下は2016年のデータ
住1400 E. Prospect St., Seattle
☎(206) 654-3100
URL www.seattleartmuseum.org
営水金〜日10:00〜17:00、木10:00〜21:00
休月火、おもな祝日
料大人$9、シニア（62歳以上）$6、子供（13〜17歳）・学生$5、12歳以下無料。
第1木曜は無料。第1金曜は62歳以上無料。第1土曜は家族無料。第2木曜17:00〜21:00は無料
行き方ダウンタウンのPike St. & 4th Ave.からメトロバス#10で、15th Ave. E. & E. Prospect St.下車。徒歩4分。

ブルース・リー、シアトルに眠る MP.61

レイクビュー墓地
Lake View Cemetery

この墓地には『燃えよドラゴン』『ドラゴン怒りの鉄拳』などの代表作を残して亡くなった、カンフー映画の大スター、**ブルース・リーBruce Lee**（1940〜1973年）の墓がある。ブルース・リーは、サンフランシスコに生まれ、香港で亡くなったが、若い頃アメリカ人と結婚し、シアトルにも暮らしていた。ワシントン大学哲学科に一時在籍し、チャイナタウンにカンフー道場「振藩國術館」を設立、詠春拳（ウィン・チュン）を基本とした振藩功夫（ジュン・ファン・グンフー）を指導し、この街で本格的に武道家として歩み始めた。

1973年7月20日、香港で32歳の生涯を閉じたブルース・リーの亡骸は、この地に埋葬された。その後、息子**ブランドン・ブルース・リーBrandon Bruce Lee**も同地に葬られ、今も、ファンの捧げる花やカードが墓前に絶えない。墓地入口前の事務所で地図がもらえる。

ブルース・リーとブランドン・リーのお墓が並ぶ

レイクビュー墓地
住1554 15th Ave. E., Seattle
☎(206) 322-1582
URL www.lakeviewcemeteryassociation.com
営毎日9:00〜日没（夏季は20:00、冬季は16:15、春秋季は18:00頃まで）
行き方ダウンタウンの4th Ave.& Pike St.からメトロバス#10に乗りE. Garfield St. & Grandview Pl. E.下車。E. Garfield St.を西に1ブロック行った所。
ボランティアパークから徒歩約10分。

ボランティアパーク

ユニバーシティディストリクト
University District

ワシントン大学の学生街
MP.30-A1、P.35-A2～B3

ユニバーシティディストリクト
University District

大学街の中心路、University Wayを散策しよう

ダウンタウンの北東8kmにある**ワシントン大学University of Washington**の周りに広がる学生街。中心はN.E. 45th St.とUniversity Wayが交差するあたりで、学生向けの安いレストラン、カフェ、バー、ファストファッションの店、古着屋などが集まる。University Way沿いの44th～45th St.間にある**ワシントン大学生協University of Washington Bookstore**にはぜひ立ち寄りたい。書籍、文具、衣料品、雑貨とかなりの品揃えだ。大学のスポーツチーム名である**ハスキーズHuskies**のロゴ入りグッズはおみやげにいい。大学のマスコットである犬のシベリアンハスキーのぬいぐるみが売れ筋だ。なお、21:00過ぎになると、ひと気がなくなるので女性のひとり歩きは注意したい。

実力も人気も高い名門校
MP.35-A2～B3

ワシントン大学
University of Washington

ワシントン大学は、1861年に現在のシアトルダウンタウンにあるフェアモント・オリンピック・ホテルで、30人そこそこの学生とともにスタートした歴史のある総合大学。地元の人は略してユーダブUWと呼ぶ。ワシントン湖とユニオン湖の間、ユニオン湖に面した現在の場所には1895年に移転、その後キャンパスも学生の規模も拡大され、今やワシントン州最大の総合大学となった。16の学部があり、約5万4000人の学生が履修登録している。

構内中央にある広場がセントラルプラザCentral Plaza。赤れんがが使われているので通称レッドスクエアといわれている。広場の階段下には、南東方面にマウントレニエを望む眺望スポット、ドラムヘラー噴水Drumheller Fountainとレニエビスタ Rainier Vistaがある。図書館はゴシック建築のスッツァロー&アレン図書館Suzzallo & Allen Librariesを含め約15あり、蔵書のなかには日本全国の電話帳まであるというから、その充実ぶりには脱帽してしまう。工学、経営学、薬学は全米でトップランク。最近はコンピューターサイエンスの評判も高い。学生の3分の1近くが大学院に所属することも、教育レベルの高さを物語っている。

スポーツのほうも、水上スポーツ、フットボール、バスケットボールが人気、実力ともに評価が高い。大学のスポーツチームは、ハスキーズHuskies(シベリアンハスキーのこと)というマスコット・キャラクターとともに親しまれている。チームカラーはパープル。

ユニバーシティディストリクト
行き方 ダウンタウンの 3rd Ave. & Pike St. からメトロバス #70 で 15th Ave. N.E. & N.E. 45th St. 下車、約 35 分。もしくは、Pike St. & 4th Ave. からメトロバス #49 で N.E. 45th St. & Brooklyn Ave. 下車、約 40 分。ダウンタウンの Westlake 駅からサウンドトランジット・リンク・ライトレイルの University of Washington 駅で下車し、徒歩 25 分。

ワシントン大学生協
MP.35-A2
住 4326 University Way N.E., Seattle
☎(206)634-3400
URL www.ubookstore.com
営 月～金9:00～19:00、土10:00～18:00、日12:00～17:00

ワシントン大学
URL www.washington.edu
構内には、博物館、ギャラリーなど観光客が立ち寄れる施設も多い。

ビジターセンター
MP.35-A3
住 022 Odegaard, Seattle
☎(206) 543-9198
営 月～金8:30～17:00
休 土日、おもな祝日
キャンパスマップがもらえる。

スッツァロー&アレン図書館
☎(206) 543-0242
営 月～木7:30～22:00、金7:30～18:00、土13:00～17:00、日13:00～22:00(時期により異なる)

大学構内は広大なのでビジターセンターでキャンパスマップを入手しよう

UWの中心セントラルプラザ

MEMO **ワシントン大学で楽しむアクティビティ** ハスキースタジアムの裏にあるウオーターフロント・アクティビティ・センターでは、カヌーやボートの貸し出しを行っている。**Waterfront Activity Center** MP.35-B3 ↗

ヘンリー・アート・ギャラリー　Henry Art Gallery

ワシントン大学付属の現代美術館。コレクションは2万6000点と小規模だが、20世紀現代アートの常設展のほかにも意欲的な特別展を常に開催し、注目を浴びている。一画には礼拝堂のような雰囲気をたたえたジェームス・タレル・スカイスペースJames Turrell Skyspaceがあり、瞑想のインスタレーションが数多く行われ、体が傾いたような錯覚を覚える不思議な空間だ。

ヘンリー・アート・ギャラリー外観

ヘンリー・アート・ギャラリー
M P.35-A3
住 15th Ave. N.E. & N.E. 41st St., Seattle
☎ (206) 543-2280
URL www.henryart.org
営 水金土日11:00～16:00、木11:00～21:00
休 月火
料 大人$10、シニア$6。13歳未満と第1木曜、日曜は無料
行き方 ワシントン大学キャンパスの南西にある。

バーク自然史&文化博物館　Burke Museum of Natural History & Culture

1885年に創設されたワシントン州で最も古い公立の博物館。シアトルを中心としたアメリカ大陸の太平洋岸の文化人類学と自然史関係のコレクションで知られている。シアトル近郊で発掘された1億6000万年前の恐竜の化石なども興味深いが、さらに見応えがあるのがアメリカ・インディアンの工芸品類だ。シアトル周辺の海や川を実際に航行していたヒマラヤスギをくり抜いたカヌーや、意味深い彫刻が施されたトーテムポール、バスケットやマスク、捕鯨や狩猟のための道具類などは、彼らの生活様式や文化の理解をよりいっそう深めてくれる。

博物館正面に立つクジラのトーテムポール

バーク自然史&文化博物館
M P.35-A2
住 17th Ave. N.E. & N.E. 45th St., Seattle
☎ (206) 616-3962
URL www.burkemuseum.org
営 毎日10:00～17:00。第1木曜は20:00まで
休 おもな祝日
料 大人$10、シニア$8、学生・子供(5歳～18歳) $7.50。4歳以下と第1木曜は無料
行き方 ワシントン大学キャンパスの北西にある。

珠玉の工芸品が並ぶ

COLUMN

ポーテージ湾でのカヤック

アグアベルデ・カフェ&パドルクラブ
Agua Verde Cafe & Paddle Club

シアトルでカヤックを体験できる場所は数々あるが、比較的波が穏やかで初心者にも安全に体験できるのは**アグアベルデ・カフェ&パドルクラブ**があるポーテージ湾だ。ワシントン大学の南側で、キャンパスからもほど近く、快晴の日には行列ができる人気店。出発前、「カヤックは自己責任で行い、乗っている最中はライフジャケットを脱がない」などと書かれた契約書にサインをする。ライフジャケットを身に付け、パドルの使い方、舵の切り方、カヤックへの乗り方などを教わったら、さっそく湖へ!

水上家屋や風景を楽しみながら、シアトルの夏を満喫しよう。クラブには、メキシコ料理が味わえるカフェ Agua Verde Cafeも併設する。

内海は波も穏やかで快適

Agua Verde Cafe & Paddle Club
M P.35-A3　住 1303 N.E. Boat St., Seattle
☎ (206)545-8570　URL aguaverde.com

Paddle Club
営 〈3月〉月金12:00～18:00、土日10:00～18:00、〈4月〉月～金12:00～19:00、土10:00～19:00、日10:00～18:00、〈5月〉月～木12:00～20:00、金土10:00～20:00、日10:00～18:00、〈6～8月〉月～金10:00～20:00、土9:00～20:00、日9:00～18:00、〈9月〉月～金11:00～19:00、土10:00～19:00、日10:00～18:00、〈10月〉金～月13:00～18:00
料 レンタル1時間：シングルカヤック$18、ダブルカヤック$25、スタンドアップ・パドルボード$23　カード A M V

Agua Verde Cafe
営 月～金7:30～21:00、土9:00～21:00、日9:00～20:00

↘住 3710 Montlake Blvd. N.E., Seattle　☎ (206) 543-9433　URL www.washington.edu/ima/waterfront　営 毎日10:00～18:00（時期により異なる）　料 カヌー1時間：$12、カヤック1時間：$16

ワシントンパーク樹木園
住2300 Arboretum Dr. E., Seattle ☎(206)543-8800
営ビジターセンター：毎日9:00〜17:00、トレイル：毎日 日の出〜日没 料無料
行き方ダウンタウンのPike St. & 4th Ave.からメトロバス#43で24th Ave. E. & E. Newton St.下車、約45分。

日本庭園
住1075 Lake Washington Blvd. E., Seattle
☎(206)684-4725
URL www.seattlejapanesegarden.org
料大人$8、シニア(65歳以上)・子供(6〜17)$4、5歳以下無料
営火〜日10:00〜17:00(夏季は延長し、月もオープン)

世界中から集められた樹木は5500種類以上 MP.30-A1〜A2

ワシントンパーク樹木園 Washington Park Arboretum

ユニオン湾を挟んでワシントン大学のちょうど対岸にあるのが、230エーカー（約0.93km²）という広大な面積を有する樹木園。なるべく自然に見えるように植樹されている。春になるとツツジ、シャクナゲなどの色とりどりの花が咲き乱れ、とても美しい。

樹木園の南端には日本から呼ばれた造園師たちによって造られた**日本庭園Japanese Garden**がある。あちこちに置かれた花崗岩は、カスケード山脈から傷をつけないように運ばれてきたもの。よく手入れが行き届いた庭には鯉が泳ぐ池、小さな滝、茶室、東屋などがバランスよく配されている。

フリーモント
URL fremont.com
行き方ダウンタウンの3rd Ave. & Pine St.からメトロバス#62でFremont Ave. N. & N. 34th St.下車、約25分。
街角のスタンドにマップ付きのウオーキングガイドが置いてある。

フリーモント・サンデイ・マーケット
MP.34-A3
住3401 Evanston Ave. N., Seattle
URL www.fremontmarket.com
営日10:00〜16:00

フリーモント＆バラード Fremont & Ballard

アートがいっぱいの街 MP.30-A1、P.34-A3〜B3

フリーモント Fremont

ダウンタウンの北約6kmにあるフリーモントは、Fremont Ave.とN. 35th St.の交差点を中心に広がるカルトなネイバーフッド。街の各所にアーティストの作ったレーニン像やロケット、トロール像までがそびえている。センター・オブ・ザ・ユニバースの支柱には、「トロール 2ブロック」、「ルーブル 9757km」など方向と距離が示されていておもしろい。N. 35th St.沿いには、アンティークショップ、古着屋や小粋なレストランが軒を並べ、にぎわっている。また、毎週日曜日には1990年から始まった青空市の**フリーモント・サンデイ・マーケットFremont Sunday Market**も開催。地元のアーティストが参加し、約150の店や屋台が並ぶ。

フリーモント・サンデイ・マーケットで掘り出し物に出合えるかも

COLUMN

眺めのいい場所　ガス・ワークス・パーク

シアトルには眺望自慢の場所が3ヵ所あるといわれている。その筆頭はクイーンアン・ヒルのケリーパークKerry Park(→P.72)、それからウエストシアトルのドゥワミッシュヘッドDuwamish Head(→P.66)、そしてここ、ウオーリングフォードのガス・ワークス・パークGas Works Parkだ。1906年から1956年までガス製造工場が稼働していたが、公害をまき散らすという理由で閉鎖され、その後も取り壊されることなく、市はその廃墟を残したまま公園を造った。実は、工場跡地には今も過去の残留物である有毒物質が残っているのだとか。土壌改良工事は今なお進行中だ。つまり、悪弊を忘れない、都市再生のモニュメントというわけ。青く輝くユニオン湖にはヨットやカヤックがスイスイと行き交い、湖越しに見るダウンタウンのスカイラインもすばらしい。

ガス・ワークス・パーク
Gas Works Park
MP.30-A1
住2101 N. Northlake Way, Seattle
営毎日6:00〜22:00
行き方フリーモントの中心部からN. 34th St.を東に1km。ダウンタウンの3rd Ave. & Pine St.から、メトロバス#62で、N. 35th St. & Woodland Park Ave. N.下車、南へ1km。

MEMO フリーモントの彫像　レーニン像Statue of Lenin MP.34-A3 住N. 36th St.とFremont Pl. N.、Evanston Ave. N.の角、ロケットFremont Rocket MP.34-A3 住N. 35th St.とEvanston Ave. N.の角、↗

バラードアベニューが今クール！ MP.30-A1、P.65

バラード Ballard

フリーモントから5kmほど北西の太平洋に隣接したエリア。街の名前は、地主で元汽船船長だったウィリアム・R・バラードWilliam R. Ballard（1847〜1929年）に由来する。もともとはスカンジナビアの食品店が並び、スカンジナビア諸国の国旗がはためくスカンジナビア移民の街だったが、近年すっかりおしゃれに変貌し、若者から大人まで年齢を問わず楽しめるようになった。

街の中心は、N.W. Market Ave.と22nd Ave.、Ballard Ave.が交差するあたり。れんが敷きの舗道をバラードアベニューBallard Ave.に沿って歩いて行くと、1800年代の建物を小粋に改装したショップやレストランがずらりと並ぶ**オールドバラードOld Ballard**の街並みが広がり、買い物や食事、そぞろ歩きが楽しい一画なのだ。また、毎週日曜はバラードアベニューの一部が歩行者天国となり、**バラード・ファーマーズマーケットBallard Farmers Market**が開かれる。地元の農家が作る新鮮なフルーツや野菜、ジャムなどが露店に並び、多くの人でにぎわう。

海と湖の交差点 MP.30-A1

ハイラム・M・チッテンデン水門とフィッシュラダー Hiram M. Chittenden Locks & Fish Ladder

ワシントン湖（淡水）とピュージェット湾（海水）を結んで東西に走るシップ運河は、年間5万隻ものボートが行き交う交通の要所。1917年、水位の低いピュージェット湾から水位の高いワシントン湖へスムーズに船を誘導させるため、海側にチッテンデン水門が造られた。その仕組みは、海から入ってきたボートが水門に入ると、水門内の水位が上昇し、水位が同じになると開門し、湖側へと抜けるというもの。同年、海と湖を行き来するサケやニジマスのための魚道、フィッシュラダーも設けられた。21段の段差を上る魚をガラス窓越しに見学できる。遡上の季節は毎年7〜10月。

バラード
行き方 ダウンタウンの3rd Ave. & Union St.から、メトロバス#40でN.W. Market St. & Ballard Ave. N.W.下車、約35分。
フリーモントからは、Fremont Ave. N. & N. 34th St.からメトロバス#40でN.W. Market St. & Ballard Ave. N.W.下車。約20分。

バラード・ファーマーズマーケット
MP.65
住 5300 Ballard Ave. N.W., Seattle（Ballard Ave. N.W.の22nd Ave. N.W.とVernon Pl. N.W.の間）
URL www.sfmamarkets.com/visit-ballard-farmers-market
営 日10:00〜15:00

地元住民も通う

ハイラム・M・チッテンデン水門とフィッシュラダー
住 3015 N.W. 54th St., Seattle
営 毎日7:00〜21:00

フィッシュラダー
営 毎日7:00〜20:45
料 無料
行き方 ダウンタウンの3rd Ave. & Union St.からメトロバス#40でN.W. Market St. & Ballard Ave. N.W.下車。Market St.を西に1.3km行った所。約55分。

ビジターセンター
☎ (206) 783-7059
営〈5〜9月〉毎日10:00〜18:00、〈10〜4月〉木〜月10:00〜16:00
休 10〜4月の火水
わかりやすい図解入りのパンフレットがある。

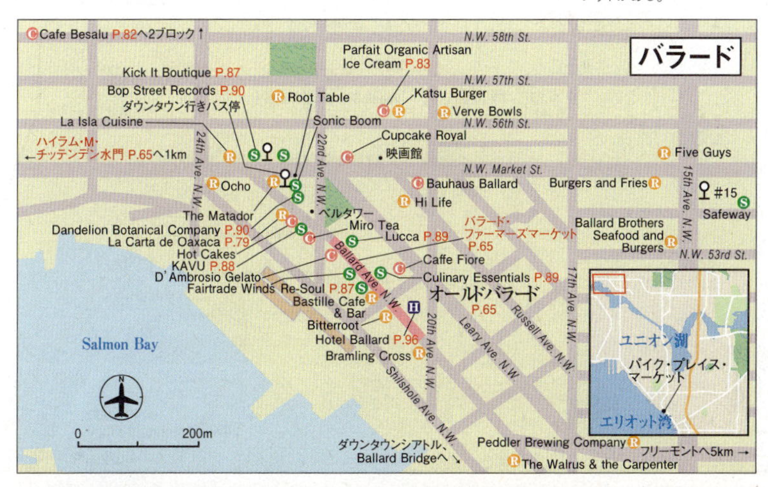

↘ **トロール像Fremont Troll** MP.34-B3 住 N. 36 St.沿いAurora Ave. N.の道路下、 **センター・オブ・ザ・ユニバース The Center of the Universe** MP.34-A3 住 N. 35th St.とFremont Pl. N., Fremont Ave. N.の角

アルカイビーチ

行き方ウオータータクシーでシークレストパークまで行き、メトロバス#775に乗り換える。もしくは、ダウンタウンの3rd Ave. & Pike St.からメトロバス#55でCalifornia Ave. S.W. & S.W. Admiral Way下車、徒歩15分。

ウオータータクシー
キングカウンティ・ウオータータクシー

ウオーターフロントのピア52からウエストシアトルのシークレスト・パークまで、所要15分。
URL www.kingcounty.gov
営月～木5:55～18:45、金6:00～22:45、土8:30～22:45、日8:30～19:30（冬季は短縮あり）
料〈現金・チケット〉片道：大人$5.75、5歳以下無料、〈ORCAカード〉大人$5、5歳以下無料

ウエストシアトル
West Seattle

ダウンタウンの高層ビル群が美しく見える　MP.30-A2、P.66-A1～B2

アルカイビーチとウエストシアトル
Alki Beach & West Seattle

ドゥワミッシュ・ヘッドにて

エリオット湾を挟んでダウンタウンと向き合うウエストシアトルは、市民の憩いの場。アルカイビーチ沿いの**ドゥワミッシュヘッドDuwamish Head**からパイオニアモニュメントあたりまでは、夏になると日光浴を楽しむ人々でにぎわう。ビーチ沿いにはカフェやレストランが並ぶ。映画『めぐり逢えたらSleepless in Seattle』のなかで、トム・ハンクスが子供と凧揚げをするシーンはここで撮影された。ビーチのなかほどの道路際には、1851年11月13日、シアトルに最初の一歩を刻んだ探検家、アーサー・デニーArthur Denny一行24名の到着を記した石碑も立つ。彼らは翌年、パイオニアスクエア周辺へと移るが、街の歴史はここから始まったのだ。61st Ave. S.W.を南に進むと、先住民の歴史を紹介した**ログハウス博物館Log House Museum**（→脚注）がある。

MEMO **ログハウス博物館** MP.66-A1 住3003 61st Ave. S.W., Seattle ☎(206)938-5293 URL www.loghousemuseum.org 営木～日12:00～16:00 休月～水 料寄付制（大人$3、子供$1）

シアトル郊外
Seattle Outskirts

家族連れに大人気の動物園 MP.30-A1

ウッドランド・パーク動物園
Woodland Park Zoo

シアトルで家族連れに大人気なのが、92エーカー（37ヘクタール）という広大な敷地を誇るウッドランド・パーク動物園。1899年に設立された由緒ある動物園で、世界中から集められた約300種、1100頭もの動物たちが、檻や柵の中にいるのではなく、自然に近い形で飼育されている。というのも「サバンナにすむ動物たちAfrican Savanna」や「熱帯アジアTropical Asia」、「温帯性雨林Tropical Rain Forest」、「北国にすむ動物たちNorthern Trail」など、気候風土別のエリアを設け、動物たちの環境を自然にも配慮して飼育しようと試みているわけだ。自然保護活動にも積極的で、数多くの自然環境保護プロジェクトに参加しているという。

とにかく広いので、入口で地図をもらったら、興味のある動物から見始めるとよいだろう。園内には、サンドイッチやピザが食べられるRain Forest Food Pavilionやピクニックエリアも随所に設けられており、ランチや水筒持参で出かければ、まる1日思う存分楽しめるだろう。

動物園の南口のすぐ外には、入園無料のバラ園Rose Gardenもあり、バラの季節には、芳しい香りに包まれる。

水辺が大好きなペンギン

ウッドランド・パーク動物園
住5500 Phinney Ave., N. Seattle
☎(206) 548-2500
URL www.zoo.org
営〈5～9月〉毎日9:30～18:00、〈10～4月〉毎日9:30～16:00
料〈5～9月〉大人$20.95、シニア(65歳以上) $18.95、子供(3～12歳) $12.25。〈10～4月〉大人$13.75、シニア$11.75、子供$9.25
行き方ダウンタウンの3rd Ave. & Pine St.からメトロバス#5でPhinney Ave. N. & N. 55th St.下車、約25分。

広大な敷地内を闊歩するキリン

2.5エーカーに200種類のバラが咲いているローズガーデン

世界でも珍しい浮き橋 MP.30-A1～B1、P.30-A2～B2

ワシントン湖の浮き橋
Floating Bridges

ワシントン湖には、橋全体が水上に浮かんでいる2本の橋がある。湖の南側、マーサーアイランドとシアトルを結ぶI-90に架かる橋の**ホーマー・M・ハドレー・メモリアル・ブリッジHomer M. Hadley Memorial Bridge**とベルビューとシアトルを結ぶWA-520に架かる橋の**ガバナー・アルバート・D・ロセリーニ・ブリッジGovernor Albert D. Rosellini Bridge**（別名エバーグリーン・ポイント・フローティング・ブリッジEvergreen Point Floating Bridge、WA-520 Bridge）だ。ホーマー・M・ハドレー・メモリアル・ブリッジは1989年に開通した。2016年に完成したガバナー・アルバート・D・ロセリーニ・ブリッジは、全長7708フィート（2349m）で、世界でいちばん長い浮き橋だ。どちらの橋も、船が行き来できるように、両端部分は水面より高く設計されている。車で通過するぶんには揺れも感じないのでこれが浮き橋とは想像もできない。ワシントン湖クルーズツアーに参加すると、ホーマー・M・ハドレー・メモリアル・ブリッジをくぐるので下から見ることができ、橋全体が微妙に揺れているのが見てとれるだろう。

ガバナー・アルバート・D・ロセリーニ・ブリッジ
行き方ダウンタウンの4th Ave. & Madison St.からサウンドトランジット・バス#545、もしくは、University St.駅からメトロバス#255でSR-520 Ramp & Montlake Blvd. E、下車、約20分。橋は1ブロック東へ。

ベルビューとシアトルを結ぶエバーグリーン・ポイント・フローティング・ブリッジ

航空マニア必訪

MP.30-A3

航空博物館
The Museum of Flight

修復もバッチリ！
実際に稼働する機種も多い

シアトルダウンタウンから南へ11km、エリオット湾とワシントン湖の間に横たわるドゥワミッシュ川沿いにある航空機専門の博物館。航空機製造会社の**ボーイングBoeing**が誕生した地に1965年オープンした。6階建ての高さに相当するガラス張りの館内には、レオナルド・ダ・ヴィンチからNASAまでの人類の航空史をカバーした展示と、60機もの本物の航空機がゆったりと展示されている。

ボーイング社が初めて旅客を乗せて飛んだ12人乗りの複葉機Boeing 80A-1型（1929年）、ワシントン大学の学生が作ったライト兄弟1902年グライダーの復元機Wright 1902 Glider Reproduction（1960年）、世界初のジェット機のデハビランドD・H・106コメットde Havilland D. H. 106 Comet Mk. 4C（1959年）などが並び、ベトナム戦争で使われたマクダネル・F-4C・ファントムMcDonnell F-4C（F-110A）Phantom II（1964年）は平和への願いを込めてここに納められている。本館から連絡通路でMarginal Wayを渡った先にあるAviation Pavilionには、ケネディやニクソンの時代から使われたエア・フォース・ワン（大統領専用機）やコンコルドもあり、近くで見ることができるのは貴重な体験だ。また、空だけでなく宇宙船のコーナーもあり、アポロ宇宙計画の歴史のパネル展示や、月や火星の重力を体験できるコーナーもある。

おもな機種だけ見たい人には、1日数回行われる無料のハイライトツアー（約30分）がおすすめだ。また、入口隣にあるシアターでは航空機に関する短編映画を常時上映している。なお、同博物館では古い航空機の修復も行っているので、展示品がよく替わることをお忘れなく。

第2次世界大戦時に活躍した戦闘機の隼のレプリカNakajiama Ki-43-IIIa Hayabusa も展示されている

航空博物館
住 9404 E. Marginal Way S., Seattle
☎(206) 764-5700
URL www.museumofflight.org
営 毎日10:00〜17:00。第1木曜は21:00まで
休 サンクスギビング、クリスマス
料 大人(18〜64歳) $24、シニア(65歳以上) $20、子供(5〜17歳) $15、4歳以下無料。ウェブサイトでは$1〜2の割引あり。第1木曜の17:00〜21:00は無料
行き方 ダウンタウンの3rd Ave. & Pike St.からメトロバス#124でE. Marginal Way S. & S. 94th Pl.下車、約35分。
車ならダウンタウンからI-5をSea-Tac方面(南)へ11km進みExit 158で下りる。Boeing Access Rd.を西に600m進み、E. Marginal Way S.を北へ進んだ南側。約20分。
※日本語のオーディオガイド($5)あり。

ハイライトツアー
集合場所 グレイトギャラリー入口
時間 時期により異なるので、スタッフに問い合わせのこと。グレイトギャラリー入口の掲示板に示されている。
料 無料

博物館正面には、アメリカ空軍大佐であり宇宙飛行士のマイケル・アンダーソン氏の銅像が立つ。2003年アメリカ上空で空中分解したスペースシャトルのコロンビア号に乗っていた

Aviation Pavilionに展示されているエア・フォース・ワン

★★★ 少し遠いけれど行く価値あり MP.29-B2

ボーイング社エベレット工場見学
Future of Flight Aviation Center & Boeing Tour

フューチャー・オブ・フライト・アビエーション・センター

ダウンタウンシアトルから北へ約40km行ったエベレット市にある航空機製造会社、ボーイングBoeingの工場。その南隣のマカティオ市に**フューチャー・オブ・フライト・アビエーション・センターFuture of Flight Aviation Center**と呼ばれる体験型展示場が併設され、ボーイング社の工場ツアーとともに日本人旅行者に人気がある。

エベレット工場の床面積は約40万m²。東京ドームの8.5倍もあり、ボーイング社の747、777、787型機を組み立てる作業場は、ジャンボ機を6機同時に組み立てる能力をもっている。総工費は1967年当時のレートで720億円。ジャンボ機24機が駐機できる駐機場、外板疲労テスト装置、3000m級の滑走路、ジャンボジェットのエンジンを遠くコネチカット州にあるユナイテッド・テクノロジー社から貨車で運び込むための引き込み線までを備えた、容積では世界最大の建物（4億7200万立方フィート、1330万m³）だ。

本物の作業現場を実感するツアー

ツアーはまず、フューチャー・オブ・フライト・アビエーション・センターにある240人収容のシアターで、ボーイング社の歴史やボーイング777の組み立て工程を説明したビデオを観る。そのあと、専用バスでエベレット工場に移動。ガイドの先導で地下通路から上階の展望デッキへ上り、工場を見学する。工場の高さは11階建てのビルに匹敵し、全長は3.4km。現在3万人以上の従業員が3交代制で働いている。天井には機体の一部を引き上げるためのクレーン用のレールがいくつも走り、組み立て途中の機体のすぐ横にはオフィススペースも作られ、この工場ならではの光景に驚かされるだろう。日本を含め世界中から集められた部品で完成される巨大なボーイング787の機体は、9つのセクションに分けて作られ、最後に合体される。約1時間の見学後、再びフューチャー・オブ・フライト・アビエーション・センターに戻ってツアーは終了。帰りのバスはギフトショップ裏手に横付けされるので、売店で名機のプラモデルなどをおみやげに買おう。アビエーション・センター・ギャラリーには、ボーイング707から最新鋭の787ドリームライナーまで、尾翼やエンジンなどの実物が展示され、触ることもできる。操縦のシミュレーションや機体のデザインなどを体験できるコーナーもあり、子供にも楽しめそうだ。疲れたら、ガラス張りの明るいカフェPaper Plane Cafeで休憩を。

展望デッキから見るボーイング777の組み立て工程

ボーイング社エベレット工場見学
住8415 Paine Field Blvd., Mukilteo
☎(425) 438-8100
Free(1-800) 464-1476
URL www.futureofflight.org
営毎日8:30〜19:00（時期により異なる）
ツアーは毎日9:00〜15:00（時期により異なる）
休サンクスギビング、クリスマス、元日
料大人$25、子供（15歳以下）$15
チケットは入口で当日購入も可能だが、オンラインで事前に購入するほうが無難だ
※身長122cm以下の子供は入場不可
行き方シアトルからI-5を36km北上、Exit 189で下り、WA-526を西進。8km行き、84th St. S.W.を左折。所要約40分。
路線バスなどもあるが、乗り換えが多いうえ、複雑でわかりにくいので、車がない人はツアーで訪れよう。

※ボーイング社エベレット工場内は写真撮影不可。

フューチャー・オブ・フライト・アビエーション・センターはエベレット市の南、マカティオ市にある。つまり観光客が訪れることができるのは、両市にまたがるボーイング社のごく一部の敷地だ。

ボーイング社工場日本語ガイド同行ツアー
シアトルETC（エデュケーションツアーセンター）
住1511 3rd Ave., Suite 1002, Seattle
☎(206) 623-7060
FAX(206) 623-9848
URL www.educationtourcenter.com
料ガイド同行で大人$130、子供$65（チップ、税込み、身長122cm以下は不可）。フューチャー・オブ・フライト・アビエーション・センターまで専用車で行き、日本語ガイド同行で見学する。所要4時間。工場内はボーイング社専属ガイドによる英語のツアー（合間に日本語ガイドの説明あり）。最低2名から。

巨大なエベレット工場

Images Courtesy of Boeing

シアトルの
ネイティブ文化

空を見上げるチーフ・シアトルの像

街の名前になった酋長
チーフ・シアトル

トーテムポールが立つパイオニアスクエア・パーク（→P.54）にある三角形の広場は、1852年シアトルに入植した**ヘンリー・イエスラーHenry Yesler**が製材所を造り、白人やドゥワミッシュ族Duwamish Tribeの人々に仕事を与え、白人が町造りを始めた場所。広場の片隅には、苦悩の表情を浮かべ天を仰ぐ、インディアンの胸像が立っている。彼こそ、アメリカ・インディアン（先住民）と白人に平和の尊さを説いたドゥワミッシュ族の酋長「シアルスSealth」だ。一般に**チーフ・シアトルChief Seattle**と呼ばれているが、それは沿岸部の先住民の言葉ルスフッドシードを英語読みに置き換えたもの。

そもそも先住民が北米大陸へやってきたのは、1万1000年～1万2000年前のこと。シアトルに暮らす部族はドゥワミッシュ族と呼ばれていた。ピュージェット湾周辺には、ほかにスコーミッシュ族、コースト・サリッシュ族、チヌーク族などがおり、互いに共存する関係にあった。内陸部に暮らす平原部族とは異なり、川や湖、海の周りで暮らし、サケやタラ、貝などを主食に、毛皮にするためのヘラジカやシカを追って生活していた。自然の中で暮らす彼らの生き方は、実にエコロジカルだった。白人たちがシアトルにやってくると、森は切り開かれ、干潟は埋められ、環境は悪化する。先住民と入植者の関係も日に日に悪くなっていった。1854年、見かねた連邦政府は先住民に物品と居留地を提供する代わりに、シアトルを含むワシントン州西部の土地を白人に引き渡すことを要求した。こうしたなか、チーフ・シアトルはこの年、白人と先住民に向けて語りかけた。「地球は人間に属するのではない。人間が地球に属するのだ。私たち誰もがそのことを知っている。すべてのものは結びついている。家族に流れる血のように。すべてのものはつながっている。地球に降りかかる災いは、地球の息子たち、娘たちの身にも降りかかる」

しかし翌年、先住民と白人の抗争が勃発。最後まで中立を貫いたドゥワミッシュ族もポートマディソン居留地への移動を命ぜられた。入植者たちは、チーフ・シアトルの和平への努力に感謝し、その名前を町名に残したのだ。

2代目トーテムポールの正面

パイオニアスクエア周辺の
トーテムポール

パイオニアスクエアに立つトーテムポールは、1899年にシアトル商工会議所のメンバーがアラスカ・トリンギット族の村から盗んできたものだった。頭にレイブン（ワタリガラス）が刻まれたトーテムポールは、Chief-of-all-womenと呼ばれた先住民の女性をたたえ、レイブン・クラン（ワタリガラスの一族）が1790年頃造ったものだった。しかし1938年放火により焼失、1940年にそのレプリカが建てられた。シアトル市がトリンギット族に2代目のポールを依頼すると、先住民は最初のポールと合わせて$5000を要求したという。

オキシデンタル・スクエア・パークに立つ歓迎のトーテムポール

広場から歩いて数分の**オキシデンタル・スクエア・パークOccidental Square Park**（→P.54）にも、4本のトーテムポールが立っている。キトサップ半島のポールズボ出身の彫刻家デュアン・パスコDuan Pascoが彫ったもので、クワキュートル族の歓迎のしぐさ、熊、太陽とワタリガラス、クジラの尾に乗った男の像などが並んでいる。

伝統芸能を伝える島
ティリカム・ビレッジ

ウオーターフロントのピア54からアゴシークルーズの船に乗って45分（→P.45）。現在、州立公園となっているブレイク島Blake Islandには、ロングハウスやトーテムポールが並び、島を巡るハイキングトレイルもある。船が着く桟橋には、太鼓をたたく男性や、ローブを身にまとった女性がお出迎え。おいしい貝のスープで歓迎のもてなしを受ける。一説によれば、シアルス酋長（チーフ・シアトル）は、この島で1786年に生まれたという。母はドゥワミッシュ族、父親はスコーミッシュ族だった。もともと、先住民が暮らす島だったが、1962年、島は州立公園に指定され、北西沿岸部族の伝統や文化を後世に伝える文化施設が造られる。それが**ティリカム・ビレッジTillicum Village**（MP.29-A3）だ。食事をしながら先住民たちが披露する舞踏を観ていると、自然と共生し、精霊たちと魂の交感をしていた先住民たちの暮らしがわかるだろう。

上／伝承劇に登場する演じ手　下／ロングハウスで劇を鑑賞

先住民文化を学ぶ
バーク自然史&文化博物館

北西沿岸に住んだアメリカ・インディアンの部族やチーフ・シアトルに興味がわいたら、ワシントン大学構内にある**バーク自然史＆文化博物館Burke Museum of Natural History & Culture**（→P.63）へも行ってみよう。先住民のコレクションは1万点以上にのぼり、その規模は全米5位。正面玄関の前には、背びれを立てた、アラスカのホーカン族Howkan Tribeの村にある『Single Fin』と呼ばれるクジラのトーテムポールのレプリカがある。赤い肌をした人型のトーテムポールは、カナダブリティッシュ・コロンビア州Gilford Islandの山中に立てられていたもののレプリカ。その隣のチェストの上に座る男のトーテムポールは、トリンギット族の埋葬のトーテムポールだ。

儀式に用いるマスクや仮面

太鼓のリズムで幕を開ける

シーフェア・インディアン・デイズ・パウワウ
Seafair Indian Days Pow Wow
会場：ディスカバリーパーク
MP.30-A1　住5011 Bernie Whitebear Way, Seattle
営7月中旬の3日間（2018年は7月19～21日）
URL www.unitedindians.org/powwow
行き方 ダウンタウンの3rd Ave. & Pine St.からメトロバス #33でDiscovery Park駐車場下車。

シアトルで楽しむ先住民の祭典
パウワウ

シアトルの夏祭りであるシーフェアSeafairの開催時期に、ダウンタウン北西の**ディスカバリーパーク Discovery Park**では、United Indian主催のパウワウPowWowが開かれる。パウワウは、北米各地で開かれる、数日間、歌い、踊り、楽しいひとときを過ごすお祭りだ。シアトルの会場となるこの公園は、1970年アメリカ・インディアン（先住民）が土地の所有権を主張した結果、20エーカーを先住民の土地として獲得した場所。先住民のためのコミュニティ施設、デイブレイク・スター・インディアン・カルチュラル・センター Daybreak Star Indian Cultural Centerが建てられている。

広場には、ネイティブアートを売る出店や、薪で焼かれたネイティブ伝統のサーモンの炭火焼きを提供する店も出て、お祭りに華を添える。

COLUMN

ケリーパークから歩き始めよう
クイーンアン・ヒルのお屋敷街を散歩

シアトルセンターからQueen Anne Ave. N.の坂道を上った丘は、**クイーンアン・ヒルQueen Anne Hill**と呼ばれ、落ち着いたレストランや居心地のいいカフェが点在するネイバーフッドだ。Queen Anne Ave. N.はかなりの急坂だが、周囲には英国風の住宅街が広がり、雰囲気がいい。

特にアッパー・クイーンアンと呼ばれるあたりでは、スペースニードルを眼下に望む**ケリーパークKerry Park**が、眺めのよい場所として人気がある。ベンチが置かれ、夏の昼下がり、また夕暮れ時、ここに来れば美しい景色が見られることを、誰もが皆知っているのだ。展望台からは、ダウンタウンの高層ビル群が見渡せ、スペースニードルやエリオット湾を行き交うタンカー、ユニオン湖、天気のよい日には遠くにマウントレニエの勇姿を望むこともできる。

住人たちにこよなく愛されているこの場所から、W. Highland Dr.を西へと歩いて行くと、英国調の瀟洒なお屋敷街へと誘われ、**マーシャルパークMarshall Park**という小さな公園に出る。芝生の向こうにベンチが置かれ、高台の丘の上からエリオット湾の真っ青な海が見渡せるのだ。公園の眼下には、日曜日に結婚式がよく行われているという少し大きめの公園、**キネアパークKinnear Park**もある。

Queen Ann Ave.は急な坂道なので北のBoston St.から南のHighland Dr.に向かって下るといい。

クイーンアン・ヒル
MP.31-A1
行き方クイーンアンの中心であるQueen Anne Ave. N.とBoston St.あたりへは、ダウンタウンの3rd Ave. & Pike St.からメトロバス#13でQueen Ann Ave. N. & Crockett St.下車。もしくは、3rd Ave. & Pike St.からメトロバス#3でBoston St. & 1st Ave. N.下車。所要約20分。

ケリーパーク
MP.72
住211 W. Highland Dr., Seattle
営毎日6:00〜22:00
行き方ダウンタウンの3rd Ave. & Pike St.からメトロバス#2、13でQueen Anne Ave. N. & Highland Dr.下車、Highland Dr.を西に2ブロック行った左側。シアトルセンターを過ぎ、Queen Anne Ave. N.の急な坂を上り始めた所がHighland Dr.だ。所要約20分。

マーシャルパーク
MP.72外
住1191 7th Ave. W., Seattle
営毎日4:00〜23:30
行き方ケリーパークからHighland Dr.を西に500m。徒歩6分。

キネアパーク
MP.72外
住899 W. Olympic Pl., Seattle
営毎日6:00〜22:00
行き方マーシャルパークから7th Ave. W.を南に進み、Prospect St.を左折。Kinnear Pl.を東へ1ブロック、7th Ave.を南へ1ブロック下ると目の前。徒歩5分。

ケリーパーク（上）、お屋敷街（下）

Sightseeing Tours in Japanese from Seattle／Mt. Rainier Day Tour

シアトル発の日本語ツアー
マウントレニエ日帰り自然紀行

ニスカリー氷河を見る

マウントレニエはシアトルダウンタウンからも美しい姿を楽しませてくれるが、できれば近くで眺めたいもの。ツアーに参加すれば、日帰りでマウントレニエ国立公園を訪れることができる。ダウンタウンのホテルへピックアップしに来てくれるのもありがたい。

ホテルを出発して45分ほどたつと最初の休憩地のスーパーでトイレと昼食の調達。目的地のパラダイスのビジターセンターでも温かいコーヒーやサンドイッチは購入できるが、混雑していることもあり事前に用意しておいたほうがいいらしい。

10:00頃にマウントレニエ国立公園の南西側の入口、ニスカリーエントランスに到着。ここから車は手つかずの原生林に入り込む。氷河が溶けて濁ったニスカリー川や美しいクリスティン滝を車窓から見ながら、シーニックルートを30分ほど走る。

パラダイスでは2～3時間の自由時間がある。時期が合えば花々で埋め尽くされた高山植物を見ながらランチを取ったり、ゆっくりトレッキングが楽しめる。ベテランガイドのYさんの話では「ルートは皆さんの足元で決めます」とのこと。どんなシューズを履いているかで楽しみ方が決まるので、初心者からエキスパートまですべての人に満足できるルートを熟知しているそう。全般的にトレイルは舗装されていて歩きやすい。目の前に氷河が見える1周2kmのニスカリービスタ・トレイルやマートル滝のきれいな写真が撮れるコースなどがおすすめだそう。

春から夏にかけては、トレイルの周りに野生の草花が咲きみだれる。マウントレニエの雄大さと色鮮やかな野生植物のコントラストがいい。山一面が赤く姿を変える紅葉の時期は観光客も少なく、落ち着いた雰囲気のなかでトレッキングが楽しめる。

トレッキングをしない人は、歴史的なホテルのパラダイスインに入る本格的なレストランでゆっくり食事を楽しみたい。

グレーシャーリリーの群落

パラダイスでマートル滝へ

日本語ツアーの行程（一例）

7:00	シアトル出発
8:00	途中スーパーで買い物
10:00	ニスカリーエントランス
10:30	ロングマイヤー ナショナル・パーク・インと ロングマイヤー博物館
11:00	リフレクションレイク
11:30	パラダイス ランチ ヘンリー・M・ジャクソン観光案内所
12:00	ニスカリービスタ・トレイル
13:30	マートル滝、スカイライントレイル散策
14:30	パラダイスインで休憩
15:00	ナラダ滝
17:00	シアトル着

ツアー催行会社▶
シアトルETC（エデュケーションツアーセンター）
住1511 3rd Ave., Suite 1002, Seattle
☎(206) 623-7060
URL www.educationtourcenter.com
営マウントレニエ日帰り自然紀行：〈7～9月〉毎日7:00にダウンタウンのホテルを出発。所要約10時間。6、10月も催行することがあるので問い合わせること。
料大人$220、4～12歳$120（専用車、ガイド、国立公園入園料、チップ、税込み）

シアトルで話題のレストラントップ4

近年、シアトルのレストランでは、近隣の農家から直送される野菜や近海で取れた魚を使った料理に注目が集まっている。料理界のアカデミー賞ともいわれるジェームズ・ビアード賞を獲得したレストランやシェフが多いのが特徴で、四季折々の旬な食材を味わえるレストランが増えている。

1 アメリカ南部料理

ダウンタウンからちょっと遠いが、足を運ぶ価値あり

Junebaby ジューンベイビー

トウモロコシの粉を煮込んだおかゆとナマズのフライ（$22）

シェフ自信作

2018年ジェームズ・ビアード賞で「最優秀ニューレストラン賞」を獲得した超注目のレストラン。ローストチキンやナマズのフライなどのトラディショナルなアメリカ南部料理をさっぱりと仕上げ、あと味さわやかなメニューが多い。

左／ハチミツとピーカンバターで味つけされた豚の耳のフライ（$9）　右／ピーチやブラックベリー、レモンが添えられたアイスクリーム（$9）

Junebaby
MP.30-A1
住2122 N.E. 65th St., Seattle
☎(206)257-4470
URL www.junebabyseattle.com
営ランチ：土日11:00～15:00、ディナー：水木日17:00～22:00、金土17:00～23:00
休月火　カード A M V
行き方 ダウンタウンの4th Ave. & Union St.からメトロバス#76で、N.E. 65th St. & 21st Ave. N.E.下車、徒歩1分。

2 ノースウエスト料理

ウオーターフロントを眺めることができるロマンティックな雰囲気

Salty's on Alki Beach ソルティーズ・オン・アルカイビーチ

人気No.1

エビやカニ、アサリの蒸し焼きなどが入った魚の盛り合わせ（$68）

スタッフの行き届いたサービスと景色のよいことでたいへん人気の、アルカイビーチにあるレストラン。2018年4月には日本の首相も訪れた。毎日の仕入れによってメニューは異なるが、どの品もシンプルに調理されているので魚本来の味が楽しめる。

ラム酒の香りも楽しめるココナッツ・クリーム・パイ（$9）

窓際の席ではダウンタウンの景色も楽しめる

Salty's on Alki Beach
MP.66-A1
住1936 Harbor Ave. S.W., Seattle　☎(206)937-1600　URL www.saltys.com/seattle
営ランチ：月～金11:00～15:00、ブランチ：土9:30～13:30、日8:45～13:30、ディナー：日～木16:30～21:00、金土16:30～21:30　カード A M V
行き方 ピア52からウオータータクシーでウエストシアトルまで行き、徒歩3分。

Top 4 Popular Restaurants in Seattle

3 El Gaucho

ステーキ&シーフード

店内にはキャンドルがともされ、ピアノの生演奏が行われている

エルガウチョ

スーツやジャケットを着た大人が集うシアトル随一の高級店。カリフォルニア州の牧場でていねいに育てられた肉を28日間熟成させ、専用の炭火グリルで焼き上げる。ワシントン州やオレゴン州をはじめ200種類以上取り揃えるワインから肉に合ったものを選んでもらおう。

上／メイン州産のロブスターとアスパラガスが載った8オンスのフィレミニオン（$77）　下／ストロベリーソースがかかったホームメイドチーズケーキ（$10）

レモンバターソースを絡めたホタテのソテー（$18）

El Gaucho
地P.31-A2　住2505 1st Ave., Seattle　☎(206)728-1337
URL elgaucho.com/dine/seattle
営日～木17:00～22:00、金土17:00～24:00
カード A M V　行き方 ウエストレイクセンターから徒歩12分。

4 Serious Pie & Biscuit

アメリカ料理

気軽に立ち寄れるおしゃれスポットだが、味は一級

シリアス・パイ & ビスケット

2012年ジェームズ・ビアード賞の「最優秀料理店主賞」を獲得した、シアトルを代表するスターシェフのトム・ダグラス氏が経営するレストラン。薄い生地を石釜でじっくりと焼いたピザは、パリパリと音を立てるほどのクリスピーさが食欲をそそる。自家農園から取り寄せる野菜や自家製の薫製を使用しているだけあり、新鮮さにはこだわりをみせる。

上／ラディッシュとレタスのヴィネグレットソース和え（$11）　下／豚の彫刻が店頭に鎮座する

モッツァレラチーズとバジルが載ったマルゲリータピザ（$18）

Serious Pie & Biscuit
地P.31-B2
住401 Westlake Ave. N., Seattle
☎(206)436-0050
URL www.seriouspieseattle.com/westlake
営レストラン：毎日11:00～22:00、カフェ：月～金7:00～15:00、土日9:00～15:00　カード A M V
行き方 ウエストレイクセンターから徒歩15分。

RESTAURANT

シアトルのレストラン

豊かな海の幸に恵まれたグルメシティ、シアトル。1年中食べられるサーモンやカキ、カニなどの魚介類をはじめ、オーガニックで育てられた旬の野菜や果物を使った「ノースウエスト料理」が、シアトルを代表する料理だ。ディナータイム前に設定されている、ハッピーアワー（15:00〜18:00頃）と呼ばれる時間帯に行けば、ドリンク料金の割引などを行っている店も多く、高級店でもお得に楽しめる。高級店は苦手という人は、パイク・プレイス・マーケットで市場グルメを堪能しよう。

R スターシェフの店で食べるリッチな料理　ニューアメリカン／ダウンタウン／MP.32-A1

ダリアラウンジ　Dahlia Lounge

スターシェフのトム・ダグラス氏のレストラン。ダウンタウンの中心にあり、極上の創作料理が楽しめる。ディナーはひとりで$50前後するので、まずはランチかブランチを楽しんでは？ランチのサーモンのグリルAlaskan Coho Salmon（$28）は日本人の口に合うおいしさ。ランチ$20〜35。

住 2001 4th Ave., Seattle
☎ (206) 682-4142
URL www.dahlialounge.com
営 ランチ：月〜金11:30〜14:00、ディナー：日〜木17:00〜21:00、金土17:00〜22:00
ブランチ：土日9:00〜14:00
カード A J M V

R 究極のロハスで売るレストラン　ニューアメリカン／フリーモント周辺／MP.30-A1

ティルス　Tilth

ウオーリングフォードにある、ぬくもりあふれる一軒家のレストラン。厳格さで知られるオーガニック認証団体『Oregon Tilth』の審査に合格したアメリカで2番目のレストランだが、華麗な経歴を感じさせないほど、気取りがなくて居心地がいい。どの料理もシンプルで日本の味に近い。写真のミニダックバーガーは$30。

住 1411 N. 45th St., Seattle
☎ (206) 633-0801
URL mariahinesrestaurants.com
営 ディナー：日〜木17:00〜21:00、金土17:00〜22:00、ブランチ：土日10:00〜13:00
カード A M V

R 1903年創業の老舗ビストロ　ノースウエスト料理／ダウンタウン／MP.32-A2

バージニアイン　Virginia Inn

パイク・プレイス・マーケット近くにあるカジュアルレストラン。オリーブやスモークサーモン、サラミ、チーズの盛り合わせなど小皿メニューが充実している。ランチなら、フィッシュサンドイッチ（$16）やチーズステーキサンドイッチ（$14）がおすすめ。

住 1937 1st Ave., Seattle
☎ (206)728-1937
URL virginiainnseattle.com
営 日〜木11:30〜24:00、金土11:30〜翌2:00
カード A M V

R オーガニック食材を使ったメニューが豊富　アメリカ料理／パイオニアスクエア／MP.33-B2

ロンドンプレーン　The London Plane

近隣で働くOLが毎日でも通いたいというカフェ&レストラン。新鮮な食材を使用しているので、日替わりでメニューは変わるが、ミートボール（$8〜）やチキンサラダ（$18〜）は定番料理だ。コーヒーやベーカリー、お総菜、調味料、ジャムのほか、お花も販売している。

住 300 Occidental Ave. S., Seattle
☎ (206)624-1374
URL www.thelondonplaneseattle.com
営 月8:00〜17:00、火〜金8:00〜21:00、土9:00〜21:00、日9:00〜15:00
カード A M V

MEMO **ダウンタウンには、フードトラックと呼ばれる屋台が出る**　ホットドッグやピザからサンドイッチ、BBQ、ハワイアンなどさまざまな料理を楽しむことができる。**Seattle Food Truck**　URL www.seattlefoodtruck.com

R おしゃれな雰囲気が好評　アメリカ料理／シアトルセンター／MP.35-B1

コレクションズカフェ　Collections Cafe

　チフリー・ガーデン・アンド・グラスに併設するレストラン。店内には、デール・チフリー氏が収集した栓抜きや瓶のふた、置き時計などのコレクションが飾られている。パニーニ($18)やハンバーガー($18～)が看板メニュー。お昼時は行列ができるので、外したほうが無難だ。

住305 Harrison St., Seattle
☎(206)753-4935
URL www.chihulygardenandglass.com
営火～木11:00～19:30、金～月10:00～19:30
カード A M V

R れんがむき出しの落ち着いた雰囲気　アメリカ料理／キャピトルヒル／MP.34-B2

オッドフェローズ・カフェ＋バー　Oddfellows Cafe + Bar

　2008年にオープンして以来、シアトルのおしゃれさんに愛されているカフェレストラン。自家製のビスケットとスクランブルエッグのセット($12)やアボカドサラダ($14)、ローストポークサンドイッチ($15)など、どれを取っても外れがない。週末の朝は混むので早めに訪れたい。

住1525 10th Ave., Seattle
☎(206)325-0807
URL www.oddfellowscafe.com
営日～木8:00～22:00、金土8:00～23:00
カード A M V

R 軽くつまめるサンドイッチ　アメリカ料理／キャピトルヒル／MP.34-B2

サンセット・フライドチキン・サンドイッチ　Sunset Fried Chicken Sandwiches

　オーガニック野菜や野放しで飼育された鶏肉を使用したチキンサンドイッチの専門店。Ginger Beerの店舗内に併設する。鶏肉にキャベツやピクルスをあわせ、マヨネーズで味付けされたThe OG($6.84)が看板メニュー。油っぽくなく、さっぱりしているのがいい。

住1610 12th Ave., Seattle
☎(323)577-3045
URL sunsetfriedchicken.com
営日～木11:30～22:00、金土11:30～23:00
カード M V

R 近年は、ビールよりもサイダーが粋　アメリカ料理／キャピトルヒル／MP.34-A2

キャピトルサイダー　Capitol Cider

　ワシントン州産のリンゴを発酵させたサイダー(アルコール飲料)が飲めるレストラン&バー。アルコール度数は約6%と普通のビールより高いが、リンゴのさっぱりとした味わいとドライな飲み口はどんな料理にも合う。チキンウイング($13)やオリーブの塩漬け($6)などおつまみも充実。

住818 E. Pike St., Seattle
☎(206)397-3564
URL capitolcider.com
営月～金11:00～翌2:00、土日10:00～翌2:00
カード M V

R アメリカンダイナーで楽しいひとときを　アメリカ料理／フリーモント／MP.34-A3

ロキシーズダイナー　Roxy's Diner

　香辛料で味付けした牛肉を燻製にしたパストラミのサンドイッチ($11.95～)がいち押しのダイナー。ライ麦パンにマスタードが塗り込まれただけのシンプルなものだけに、牛肉のおいしさが引き立つ。壁一面に描かれた現代アートがファンキーだ。

住462 N. 36th St., Seattle
☎(206) 632-3963
URL www.pastramisandwich.com
営毎日7:00～17:00(時期により異なる)
カード A M V

R シアトルいちの呼び声高し　ステーキ／ダウンタウン／MP.32-B3

メトロポリタングリル　Metropolitan Grill

　数々の雑誌や新聞に取り上げられている名店。ワシントン州産の最高級格付けの霜降り肉かアイダホ産のアメリカ和牛しか使用しないというこだわりをもつ。マッシュポテトかサラダが付いたサーロイン($44)は脂がのって日本人好みの味だ。ドレスコードはビジネスカジュアル。

住820 2nd Ave., Seattle
☎(206) 624-3287
URL www.themetropolitangrill.com
営ランチ:月～金11:00～15:00、ディナー:月～木16:30～22:00、金16:30～22:30、土16:00～23:00、日16:00～22:00
カード A M V

MEMO **シアトルで手軽にシーフードを食べるなら**　ウオーターフロントのピア54～56に並ぶIvar'sやCrab Potなどのテイクアウトもできる店がおすすめ。クラムチャウダーやフィッシュ＆チップスは夕食にもなる。

R 映画に登場したシーフードレストラン　シーフード／ダウンタウン／MP.32-A2

アセニアン・シーフード・レストラン・アンド・バー　Athenian Seafood Restaurant and Bar

1909年、ベーカリー＆軽食堂として始まった老舗レストラン。映画『めぐり逢えたら Sleepless in Seattle』の撮影が行われ、1990年後半は観光客が殺到した。現在もエリオット湾を眺めながら食事を取りたい人で行列になる。おすすめは、サーモンバーガー（$15.99）やマグロのサラダ（$22.95～）。

住1517 Pike Place, Seattle
☎(206) 624-7166
URLwww.athenianseattle.com
営月～土8:00～21:00、日9:00～16:30
カード A M V

R 新鮮な素材の味を堪能したい　シーフード／ウオーターフロント／MP.32-A3

エリオッツ・オイスター・ハウス　Elliott's Oyster House

1975年創業の老舗レストランで、「本格的にシーフードを食べるならここ」と評判だ。おすすめは、エリオット湾で取れたカニのDungeness Crab。蒸したものをバターと特製ソースで食べたい。クラムチャウダー$5～、生ガキ1個$2.75～など。

住1201 Alaskan Way, Pier 56, Seattle
☎(206)623-4340
URLwww.elliottsoysterhouse.com
営日～木11:00～22:00、金土11:00～23:00
カード A M V

R カジュアルな雰囲気で生ガキが食べられる　シーフード／キャピトルヒル／MP.34-A2

テイラー・シェルフィッシュ・ファームズ　Taylor Shellfish Farms

1880年代からシアトル近郊でカキの養殖を始めた老舗が開いたオイスターバー。養殖所から新鮮なカキが直接送られてくるため、お手頃価格で販売することが可能になった。ワシントン州産のShigokuやKumamotoなど1個$2.50～。10種類以上のワインやビールを取り揃える。

住1521 Melrose Ave., Seattle
☎(206) 501-4321
URLtaylorshellfishfarms.com
営日～木11:00～21:00、金土11:00～22:00
カード A J M V

R ユニオン湖を一望するシーフード店　シーフード／ワシントン大学周辺／MP.30-A1

アイバーズ・サーモンハウス　Ivar's Salmon House

クラムチャウダーで有名なアイバーズが経営するレストラン。ユニオン湖の北岸にあり、オープンデッキからダウンタウンと湖を一望できる。シーフードの炭火焼きを食べながら、店内の随所に飾られたネイティブアートを鑑賞したい。ログハウスを模した建物は必見。家族連れに最適だ。サーモンのサンプラー$36。

住401 N.E. Northlake Way, Seattle
☎(206) 632-0767
URLwww.ivars.net
営毎日11:00～22:00
カード A M V

R 店内からの眺めもすばらしい　ノースウエスト料理＆アメリカ料理／ダウンタウン／MP.32-A2

スティールヘッドダイナー　Steelhead Diner

2007年パイク・プレイス・マーケットの一画にオープンして以来、常ににぎわっているカジュアルレストラン。シェフのケビン・デイビス氏は、ニューオリンズやオーストラリアで修業を積んだ。新鮮な魚介類を使用したノースウエスト料理がメインだが、チキンサンドイッチ（$15～）などもある。

住95 Pine St., Seattle
☎(206) 625-0129
URLwww.steelheaddiner.com
営毎日11:00～22:00
カード A M V

R カジュアルフレンチの朝食を　フランス料理／ダウンタウン／MP.32-A2

カフェカンパーニュ　Cafe Campagne

南仏をイメージしたロマンティックなカフェレストラン。料理やワインの評判も高く、夜は1品$20くらい。狙い目なのが$15程度で利用できるランチや週末のブランチだ。カフェや焼きたてパンなど、単純なメニューもフランス料理店が出すと、ひと味違う。

住1600 Post Alley, Seattle
☎(206) 728-2233
URLcafecampagne.com
営ランチ：月～金10:00～16:00、ディナー：月～木17:00～22:00、金～日17:30～22:00、ブランチ：土日8:00～16:00（時期により異なる）
カード A J M V

MEMO ビジネスディナーに最適　雰囲気、お値段、料理の味どれをとっても最高位のアメリカ料理レストラン。
Canlis　MP.30-A1　住2576 Aurora Ave. N., Seattle　☎(206) 283-3313　URLcanlis.com

R カリスマシェフの店　フランス料理／ダウンタウン／MP.32-A2

RN74

RN74

TVの料理番組に出演したり、ミシュランガイドで星を獲得しているレストランを経営するマイケル・ミーナ氏の店。全米各地で約25店舗手がけるが、シアトルはここだけ。サーモンをミーナ・オリジナルソースで絡めたOra King Salmon（$35）がおすすめ。

住1433 4th Ave., Seattle
☎(206) 456-7474
URL www.michaelmina.net/restaurants/seattle/rn74-seattle
営ディナー月～木17:00～21:30、金土17:00～21:00
休日
カード A M V

R ピンクのドアが目印の隠れ家的レストラン　イタリア料理／ダウンタウン／MP.32-A2

ピンクドア

The Pink Door

パイク・プレイス・マーケット近くでおしゃれに食事をするならおすすめのレストラン。旬の食材を使用した料理は彩りも美しい。ワインは100種類以上揃い、カラマリやチーズのサンプルセットなどおつまみも充実している。パスタやピザ、リゾットなどが$19～25。

住 1919 Post Alley, Seattle
☎(206) 443-3241
URL thepinkdoor.net
営月～木11:30～23:30、金土11:30～翌1:00、日16:00～22:00
カード A M V

R 手頃な値段の本格イタリアン　ニューイタリアン／クイーンアン／MP.72

ハウトゥー・クック・ア・ウルフ

How to Cook a Wolf

ここ10年ほど、シアトルで最も注目されている料理人、イーサン・ストーウェル氏の店。素朴なイタリア料理を目指す同店は、オープンキッチンとカウンターやテーブル席が近く、和やかな雰囲気。料理は見た目の派手さより、おいしさ重視。旬の地元産の食材がふんだんに使われている。パスタは$19～。

住2208 Queen Anne Ave. N., Seattle
☎(206) 838-8090
URL www.ethanstowellrestaurants.com/locations/how-to-cook-a-wolf
営毎日17:00～23:00
カード A M V

R 薪窯で香ばしく焼かれたナポリ伝統のピザ　ピザ／フリーモント周辺／MP.34-B3外

トゥッタベーラ・ナポリタン・ピッツェリア

Tutta Bella Neapolitan Pizzeria

西海岸で初めて、ナポリピザ発祥の地、ナポリ公認のピザ店として認定された。ナポリで修業後、伝統にのっとり、製法、材料、焼き方にもこだわり、石造りの薪窯でていねいに焼かれたピザは、もっちりとした食感を楽しめる。カジュアルな店内は家族連れで大盛況。ピザは$8～18。

住4411 Stone Way N., Seattle
☎(206) 633-3800
URL www.tuttabella.com
営日～木11:00～22:00、金土11:00～23:00
カード A M V

R 子連れでも心配ない　メキシコ料理／フリーモント／MP.34-B3

スーパーブエノ

Super Bueno

有名シェフのイーサン・ストーウェル氏が2018年5月にオープンさせたカジュアルレストラン。2階にはキッズスペースがある。定番メニューのタコス（$14～）やブリトー（$14）などを、65種類以上あるカクテルと一緒に味わいたい。

住 3627 Stone Way N., Seattle
☎(206) 456-2666
URL www.ethanstowellrestaurants.com/locations/super-bueno
営日～木11:00～22:00、金土11:00～23:00
カード A M V

R 大人気のメキシコ料理店　メキシコ料理／バラード／MP.65

ラカルタ・デ・オアハカ

La Carta de Oaxaca

オアハカ出身の兄弟3人が切り盛りするメキシコ料理店。オープンキッチンで手作りされるタコス、スパイシーなソース、ピリッと辛い肉料理が絶品。味の確かさには定評があり、週末には開店と同時に席が埋まる。店内の雰囲気もよく、壁に飾られたメキシコ人のモノクロ写真が渋い！　ビーフタコス$10。

住5431 Ballard Ave. N.W., Seattle
☎(206) 782-8722
URL www.lacartadeoaxaca.com
営ランチ：火～土11:30～15:00、ディナー：月～木17:00～23:00、金土17:00～24:00
休日
カード A D J M V

MEMO **アジアン・ジャパニーズ料理のレストラン**　お好み焼きやラーメンなどのメニューもある有名シェフ、トム・ダグラス氏の店。TanakaSan　MP.32-A1　住2121 6th Ave., Seattle　☎(206)812-8412　URL tanakasanseattle.com

R 常に行列ができる有名店　　タイ料理／ユニバーシティディストリクト／MP.35-A2

タイトム
Thai Tom

　ワシントン大学の学生街にあるレストラン。パッタイやイエローカレー（$8.50）、生春巻き（$6）など、お手頃価格で本格的タイ料理が味わえる。座席数が少なく、平日は大学生、週末は社会人でにぎわっているので長居はできない。

住 4543 University Way N.E., Seattle
電 (206) 548-9548
営 月～木11:30～21:00、金土11:30～22:00、日12:00～21:00
カード M V

R こってり料理で胃が疲れたときには　　ベトナム料理／ダウンタウン／MP.31-A2

ローカルフォー
Local Pho

　ウエストレイクセンターから歩いて8分ほどの、ベルタウンにある。牛肉のフォー（$9.25）やシーフードのフォー（$10.75）は、牛骨などから取られたスープがさっぱりしていて、体に優しい。サンドイッチのバインミー（$6.99～）は、ポーク、チキン、ビーフから選べる。

住 2230 3rd Ave., Seattle
電 (206) 441-5995
営 月～土11:00～21:30
休 日
カード M V

R ハワイ名物のポキ丼をシアトルでも食べられる　　ハワイ料理／ダウンタウン／MP.32-A3

ポキラバー
Poke Lover

　お手頃価格でご飯を食べたくなったら直行したいポキ丼専門店。白米か、酢飯、玄米、サラダのいずれかのベースを選び、メインのサーモンやマグロ、タコ、エビ、ウナギなどを加えていく。トッピングにはワサビやキムチ、スパイシーマヨネーズなどがある。スモールサイズで$7.99～。

住 1307 1st Ave., Seattle
電 (206) 467-4230
URL www.pokeloverusa.com
営 毎日11:00～21:30
カード A M V

R ファストフード感覚で利用できる　　ハワイ料理＆韓国料理／ダウンタウン／MP.32-A1

マリネーション
Marination

　2009年からフードカートでタコスやケサディーヤ、カツサンドイッチの販売を開始したが、5年後には、店舗をもつまでにファンが広がった。ピリ辛のキムチチャーハン（$8.25）がおすすめ。アマゾン本社が近く、お昼時は行列ができるので、時間をずらすとよい。

住 2000 6th Ave., Seattle
電 (206) 327-9860
URL marinationmobile.com
営 月～土11:00～21:00、日11:00～20:00
カード M V

R あの名店がシアトルダウンタウンに登場　　台湾料理／ダウンタウン／MP.32-B1

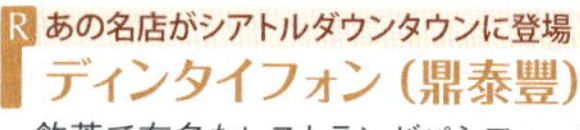

ディンタイフォン（鼎泰豐）
Din Tai Fung

　飲茶で有名なレストランがパシフィックプレイスの4階に入る。定番の小籠包や点心、餃子などから、チャーハン、焼きそば、肉まんなどまで、日本人好みのメニューが豊富。厨房はガラス張りになってい、小籠包を作っている様子を見られる。

住 600 Pine St., Seattle
電 (206) 682-9888
URL dintaifungusa.com
営 月～金11:00～22:00、土日10:00～22:00
カード A M V

R 日本の文化を伝承する寿司職人　　寿司／ダウンタウン／MP.32-A2

スシカシバ
Sushi Kashiba

　東京・銀座で研鑽を積んだ加柴司郎さんが2015年パイク・プレイス・マーケットにオープンした寿司屋。ダウンタウンのしろう寿司を2014年に引退したあと、多くの人のリクエストにより、再度、寿司を握ることになった。シアトルいちの人気店だけあり、事前に予約を入れたい。

住 86 Pine St., Suite 1, Seattle
電 (206) 441-8844
URL sushikashiba.com
営 ランチ：月～金11:30～14:30、ディナー：毎日17:00～22:00
カード M V

MEMO **スターバックス・コーヒーの本社ビル**　セーフィコフィールドの1km南にあり、スターバックス・リザーブも併設する。本社は一般の立ち入り禁止。**Starbucks Reserve** MP.66-B1 住 2401 Utah Ave. S., ↗

R 朝から健康的に過ごしたい　ヘルシーフード／ダウンタウン／MP.32-A1

スイートグラス・フードカンパニー
Sweetgrass Food Co.

できるかぎり地元のオーガニック食材を使って作られる料理は、シアトルのOLに大人気。グラノーラ（$7.50）やオートミールを出勤前に食べる人で朝早くからにぎわっている。青汁の材料として有名なケールのサラダ（$9.95）は、ボリュームたっぷり。

住 1923 7th Ave., Seattle
☎ (206) 602-6656
URL sweetgrassfoodco.com
営 月〜金7:00〜20:00、土8:00〜15:00
休 日
カード A M V

R 美容にもいいものを　ヘルシーフード／キャピトルヒル／MP.34-A2

バーブボウル
Verve Bowls

近年、日本でもスーパーフードが脚光を浴びているが、シアトルで食べるならここと、地元の人が口を揃える店。アサイベリーにバナナやブルーベリー、イチゴ、グラノーラなどが入ったBerry Yum（$8.50〜）がおすすめ。店は建物の中庭にあるので、Pine St.から通路を通っていくこと。

住 715 E. Pine St., Seattle
☎ (206) 422-1319
URL www.vervebowls.com
営 毎日8:00〜20:00
カード M V

R サイフォン式コーヒーもあり　カフェ／ダウンタウン／MP.32-A2

シアトル・コーヒーワークス
Seattle Coffee Works

サイフォン式コーヒーを導入したり、自社焙煎を始めたりと、シアトルでも異色のカフェ。豆は近郊の優秀な自家焙煎店から仕入れ、客の好みに合わせて豆を使い分ける。バリスタに好みや焙煎方法を相談して、自分好みのコーヒーを楽しもう（$6〜10）。

住 107 Pike St., Seattle
☎ (206) 340-8867
URL www.seattlecoffeeworks.com
営 月〜金6:30〜19:30、土7:00〜19:30、日7:30〜18:00
カード A M V

R スターバックスの記念すべき1号店　カフェ／ダウンタウン／MP.32-A2

スターバックス・コーヒー
Starbucks Coffee

スターバックスの1号店はここ。見慣れたグリーンのロゴマークではなくオリジナルの茶色のマークで、店内には、金に輝く1号店記念碑がある。おみやげにいいパイク・プレイス・マーケットのロゴ入りマグカップ（$10.95〜）は数種類あり、ここでしか買えないので人気だ。

住 1912 Pike Place, Seattle
☎ (206) 448-8762
URL www.starbucks.com
営 毎日6:00〜21:00
カード A D J M V

R 極上のコーヒーを味わおう　カフェ／キャピトルヒル／MP.34-A2

スターバックス・リザーブ・ロースタリー&テイスティング・ルーム
Starbucks Reserve Roastery & Tasting Room

世界中探しても少量しか入手できない高品質のコーヒー豆のみを使ったコーヒが楽しめる、スターバックス・コーヒーの高級カフェ。店内には、焙煎工場も併設し、コーヒーの焙煎や抽出の様子を見ることができる。3種類のコーヒーをさまざまな抽出方法で試せるフライト（$10）もある。

住 1124 Pike St., Seattle
☎ (206) 624-0173
URL www.starbucksreserve.com
営 毎日7:00〜11:00
カード A M V

R ラテアートを広めたオーナーのカフェ　カフェ／キャピトルヒル／MP.34-B1

エスプレッソビバーチェ
Espresso Vivace

ラテアートの第一人者デイビッド・ショーマ氏が1988年にオープンしたカフェ。創業時からカフェラテにハートや葉のマークを描き、今では本やDVDを出版するなど超有名人になった。エスプレッソコーヒーを顔料にしたカウンターが、いい雰囲気を醸し出している。

住 532 Broadway E., Seattle
☎ (206) 860-2722
URL espressovivace.com
営 毎日6:00〜23:00
カード A M V
支店 MP.34-A1

↘Seattle　☎ (206) 467-4190　URL www.starbucksreserve.com　営 月〜金6:00〜21:00、土日7:00〜19:00
カード A M V　行き方 サウンドトランジット・ライトレイルSodo駅下車、徒歩10分。

R 独特の香りが新鮮
カフェ／キャピトルヒル／MP34-B2

エルタナ
Eltana

薪で焼く手作りのベーグルが評判のカフェ。プレーンやゴマ、シナモンレーズンのほか、ケシの実やビーガンなどちょっと珍しいものもある。クリームチーズをたっぷりとのせ、トマトを挟んだもちもちのベーグル（$5.75～）は腹もちも十分。

住 1538 12th Ave., Seattle
☎ (206) 724-0660
URL eltana.com
営 毎日7:00～16:00
カード A M V

R シアトルの朝はここから始めよう
ベーカリーカフェ／ダウンタウン／MP.32-A2

ル・パニエ
Le Panier

1983年パイク・プレイス・マーケットにオープンしたフレンチ・ベーカリー。クロワッサン（$2.95～）やコロネ（$4.10～）からタルトやケーキ（$3.90～）などまである。店内にはテーブル席もあり、いつも長蛇の列。ここで朝食を取ってから1日を始めるのがいい。

住 1902 Pike Place, Seattle
☎ (206) 441-3669
URL www.lepanier.com
営 月～土7:00～18:00、日7:00～17:00
カード A M V

R クイーンアンでいちばんにぎわっているカフェ
カフェ／クイーンアン／MP.72

ル・レーブ・ベーカリー＆カフェ
Le Reve Bakery & Cafe

クイーンアベニュー沿いにあるカフェ。手作りのペストリーは、見た目がかわいらしいうえ、甘さ控えめでおいしい。クロックムッシュ（$10.95）やツナサンドイッチ（$10.95）などもあり、ちょっと小腹がすいたときに立ち寄りたい店だ。

住 1805 Queen Anne Ave. N., Seattle
☎ (206) 623-7383
URL lerevebakery.com
営 毎日7:00～17:00
カード M V

R のんびりランチにおすすめ
ベーカリーカフェ／フリーモント／MP.34-B3外

エッセンシャル・ベーキング・カンパニー・ウォーリングフォード・カフェ
Essential Baking Co. Wallingford Cafe

オーガニック素材を使った人気ベーカリー。PCCなどの自然食品専門スーパーマーケットでも販売されている。日替わりスープとピッツァ・ビアンカ（＝フォカッチャ）のセット（$4.75～）は朝食にもランチにもいい。ピッツア・ビアンカとサラダの組み合わせ（$5.45～）にもできる。テラス席もあり、明るく雰囲気のいい店。

住 1604 N. 34th St., Seattle
☎ (206) 545-0444
URL www.essentialbaking.com
営 月～金6:00～17:00、土日7:00～17:00
カード J M V

R ローカルに大人気のベーカリー
ベーカリーカフェ／バラード／MP.65外

カフェベサル
Cafe Besalu

オールドバラードから徒歩5分の24th Ave.にある、週末になると行列ができる人気店。ショーウインドーに並んだパンはどれもおいしそうだが、ここの名物はクロワッサン（$2.30）。キッシュも美味だ。クッキーなどの焼き菓子とエスプレッソでまったりと時間を過ごそう。

住 5909 24th Ave. N.W., Seattle
☎ (206)789-1463
URL www.cafebesalu.com
営 月～金6:30～14:00、土日6:30～15:00
カード M V

R シアトル生まれのドーナツ
カフェ／ダウンタウン／MP.32-A1

トップポット・ドーナツ
Top Pot Doughnuts

2002年にキャピトルヒルに誕生したドーナツショップのダウンタウン店。40種類あるドーナツのなかでもオールドファッションとプレーンは甘過ぎず日本人の味覚に合う。開店と同時に立ち寄る会社員に交じって、朝からコーヒーと一緒に食べるのがいい。

住 2124 5th Ave., Seattle
☎ (206) 728-1966
URL www.toppotdoughnuts.com
営 月～金6:00～19:00、土日7:00～19:00
カード A M V
支店 MP.72

ファストフードとは思えないおいしさ　地元の農家で取れた野菜と草を飼料として育てられた肉をできるかぎり使ったハンバーガーがおいしかった。**Great State Burger**　MP.32-A1　住 2041 7th Ave., Seattle ↗

R 評判の自家製サラミソーセージ　　サラミ工房／パイオニアスクエア／MP.33-B2

サルミ・アルティザン・キュアード・ミート Salumi Artisan Cured Meats

テイクアウトもできる自家製サラミの名店。入口を入ると燻製中のサラミがずらりと並ぶ。メニューはサンドイッチかサラミの盛り合わせなど、実にシンプルだが、ほとんどの客が注文するのがサンドイッチ（$10.50～）。少し厚めのパンに好みのサラミを挟んでもらう。アットホームな店内はいつも満員。

住309 3rd Ave. S., Seattle
☎(206) 621-8772
URLwww.salumicuredmeats.com
営月～土11:00～15:00、ランチのみの営業、月はテイクアウトのみ
休日
カードM V

R オーガニック・アイスクリームの人気店　　アイスクリーム／バラード／MP.65

パフェ・オーガニック・アルティザン・アイスクリーム Parfait Organic Artisan Ice Cream

シアトル初の移動販売によるオーガニック・アイスクリームが実店舗をオープンした。保存料、コーンシロップ、添加物など一切使用していないので、子供でも安心して食べられる。コーンも手作り。チョコやミントなど各種あるが、やはりバニラがピカイチ！　カップは$3.84～、コーンは$4.93～。

住2034 N.W. 56th St., Seattle
☎(206) 258-3066
URLwww.parfait-icecream.com
営月～木13:00～21:00、金13:00～22:00、土12:00～22:00、日12:00～21:00
カードA M V

R ローカルに人気のビアハウスでくつろぐ　　ブリュワリー／インターナショナルディストリクト／MP.31-B4

ピラミッド・エールハウス・ブリュワリー&レストラン Pyramid Alehouse, Brewery & Restaurant

セーフコフィールドの真正面。醸造樽の見える居心地のよい店内で、衣にビールを使った白身魚のフライAlehouse Fish & Chips（$15）などをつまみに、通年販売のドラフトビールや季節限定のエールを楽しみたい。2014年には全米のNFLスタジアムに近いレストランのカテゴリーでベスト10に選ばれた。

住1201 1st Ave. S., Seattle
☎(206) 682-3377
URLwww.pyramidbrew.com
営毎日11:00～21:00
カードA M V

R 1981年にシアトルで誕生したビール会社　　ブリュワリー／キャピトルヒル／MP.34-A2

レッドフックブリュラボ Redhook Brewlab

全米に展開しているシアトル発の地ビール会社。2017年8月に郊外のウッディンビルからシアトル市内にブリュワリーが移転してきた。一番人気のビッグ・バラードIPAのほか、ピルスナーやラガーなど約15種類のビール（$5.50～）を味わえる。生ガキやサラダ、ハンバーガー、ピザなどフードメニューも豊富。

住714 E. Pike St., Seattle
☎(206) 823-3026
URLredhook.com
営月～水15:00～22:00、木15:00～23:00、金15:00～24:00、土12:00～24:00、日12:00～22:00
カードA M V

R ワインのストックは5000本　　ワインバー／ダウンタウン／MP.32-B2

パープルカフェ&ワインバー Purple Cafe & Wine Bar

ダウンタウンで今最も旬なワインバー。2001年にウディンビルに1号店を出してから、カークランドやベルビューにも支店をオープンした。5000本のワインをストックし、専任のワインディレクターが料理と合うワインを選んでくれる。旬の食材を生かしたノースウエスト料理もおいしい。おすすめのラムチョップは$33。

住1225 4th Ave., Seattle
☎(206) 829-2280
URLwww.thepurplecafe.com
営月～木11:00～23:00、金11:00～24:00、土12:00～24:00、日12:00～23:00
カードA M V

R 有名プレイヤー出演の老舗ジャズスポット　　レストラン&ライブハウス／ダウンタウン／MP.32-A1

ディミトリオス・ジャズアレイ Dimitriou's Jazz Alley

2階席もあり300人収容可能な大型レストラン兼ライブハウス。かなりの大物ミュージシャンも登場する。ショーのみのカバーチャージは$25前後とリーズナブル。食事をすれば$40くらい。通常ひと晩2回の入れ替え制。週末は1～2週間前に予約必須の人気店だ。

住2033 6th Ave., Seattle
☎(206) 441-9729
URLwww.jazzalley.com
営レストラン：通常17:30～、オープニングナイト18:00～。ショー：月～木19:30、2回目のショーがある場合は21:30、金～日19:30、21:30
カードA M V

↘ ☎(206) 775-7880　営月～金7:00～21:00、土日11:00～19:00（東京都　サウンダーズ　'18）

SHOP

シアトルのショップ

ダウンタウンの中心にあるウエストレイクセンター周辺にショッピングモールやデパートが集中している。シアトルらしい買い物をするなら、シアトル発のアウトドアブランドKAVUやREIで、スポーツアイテムを探し歩くのもおもしろい。女性なら、シアトル郊外に点在するフリーモントやバラードで、ローカルデザイナーが作るキュートな商品が並ぶブティック巡りなどはいかがだろう。スターバックス・コーヒー1号店（→P.81）でオリジナルグッズを買うのもおすすめだ。

高級品を求めるならここへ

ショッピングモール／ダウンタウン／MP.32-B1

パシフィックレイス
Pacific Place

Tiffany & Co.やCoachなどの高級ブランドからカジュアルウエアまで、人気のショップが約65店舗入り、レストランやスターバックス・コーヒー、映画館など、ショッピング以外の楽しみも多い。洗練されたファッションを望む人は、まずここへ向かおう。4階には、11のスクリーンをもつ映画館もある。

住600 Pine St., Seattle
☎(206) 405-2655
URLwww.pacificplaceseattle.com
営月～土10:00～20:00、日11:00～19:00。レストランや映画館はそれぞれ営業時間が異なる
カードAMV(店により異なる)

学生街にある憩いのモールタウン

ショッピングモール／ユニバーシティディストリクト／MP.35-B2

ユニバーシティビレッジ
University Village

四季折々の花で飾られ、とてもリラックスできる。手頃な規模だが、品揃えは充実。Banana Republic、Anthropologie、Brandy Melville、Free Peopleなど、人気どころが並んでいる。Williams-SonomaやCrate and Barrelなどの家庭用雑貨、ガーデニングの店もある。Avedaのコスメやスパ施設が女性に人気だ。

住2623 N.E. University Village St., Seattle
☎(206) 523-0622
URLuvillage.com
営月～土9:30～21:00、日11:00～18:00(店により異なる)
カードAMV(店により異なる)

シアトルでいちばんおしゃれなデパート

デパート／ダウンタウン／MP.32-B1

ノードストローム
Nordstrom

もともとは、靴の専門店として1901年に創業された歴史のあるデパート。充実した靴売り場は女性用が1階、男性用は地下1階。入口ではドアマンがていねいに迎えてくれる。ChanelやDiorといったブランドフレームを揃えためがねショップも入る。スパSpa Nordstromもあり。

住500 Pine St., Seattle
☎(206) 628-2111
URLshop.nordstrom.com
営月～金9:30～21:00、土10:00～21:00、日10:30～19:00
カードAJMV

カジュアルブランドが揃うデパート

デパート／ダウンタウン／MP.32-A1～A2

メイシーズ
Macy's

ダウンタウンの中心にあるこのデパートでは、ヤングカジュアルブランドがほとんど揃う。1階は靴、小物、化粧品など。2階はレディス。地下1階がメンズのコーナーだ。地下にはトンネルバスの駅があり、店舗内から直接アクセスできる。

住300 Pine St., Seattle
☎(206) 506-6000
URLwww.macys.com
営月木～土10:00～21:00、火水10:00～20:00、日11:00～19:00
カードAJMV

S ノードストロームのディスカウント店　アウトレット／ダウンタウン／MP.32-A1

ノードストローム・ラック
Nordstrom Rack

老舗のデパートであるノードストロームで売れ残った商品を値引きして大量に売っている店。最新アイテムはさすがに見あたらないが、カジュアルな洋服や小物類が非常にリーズナブルな値段で売られている。Nikeのシューズなどアメリカンブランドも安い。

住Westlake Center, 400 Pine St., Seattle
☎(206) 448-8522
URLwww.nordstromrack.com
営月～金9:30～21:00、土10:00～21:00、日10:00～19:00
カードA J M V

S シアトル郊外のアウトレットモール　アウトレット／シアトル郊外／MP.29-B2

シアトル・プレミアム・アウトレット
Seattle Premium Outlets

AdidasやAnn Taylor、Coachをはじめ130店舗のブランドショップが並ぶ日本人にも人気のアウトレット。シアトル市内から車で40分ほど。ボーイング社のエベレット工場見学と組ませると効率がよい。アウトレット隣に、アメリカ・インディアンが経営するカジノとホテルのTulalip Resort Casino（→P.96）もある。

住10600 Quil Ceda Blvd., Tulalip
☎(360) 654-3000
URLwww.premiumoutlets.com
営月～土10:00～21:00、日10:00～19:00
カードA D M V（店により異なる）
行き方ダウンタウンからI-5を北に58km。Exit 202で下り、116th St. N.E.を西に600m。Quil Ceda Blvd.を左折した突き当たり。約45分。

S 30歳代きれい女子必訪　ファッション／ダウンタウン／MP.31-A2～A3

アルハンブラ
Alhambra

20年以上シアトルのおしゃれさんに支持されている老舗セレクトショップ。Gary GrahamやRaquel Allegra、Ulla Johnsonなどニューヨークやロンドンで話題のブランドが並ぶ。素材のよさで選ばれたジャケットやニットは、試してみる価値大。

住2127 1st Ave., Seattle
☎(206) 621-9571
URLwww.alhambrastyle.com
営月～土10:00～18:30、日12:00～17:00
カードA M V

S ダウンタウンシアトルの流行発信地　ファッション／ダウンタウン／MP.32-A2

ウェイワード
Wayward

Tシャツやデニム、ジャケットなどカジュアルな洋服をメインに取り扱う。有名アウトドアブランドのかばんや靴、雑貨など幅広いセレクションも魅力。Topo DesignsやFilson、Deux Ex Machina、Baggu、Herschel、Patagoniaなどの在庫が豊富だ。

住204 Pine St., Seattle
☎(206) 487-5992
URLwaywardcollective.com
営月～木10:00～20:00、金土10:00～21:00、日11:00～19:00
カードA M V

S アメリカ芸能人も御用達　ファッション／ダウンタウン／MP.32-A2

フリーピープル
Free People

アメリカの20～30歳代女性に大人気のセレクトショップ。女性らしさを強調したマキシ丈ワンピースからヒッピー風ベルボトムジーンズまで幅広いアイテムが揃う。特に、花をモチーフにしたデザインは、ガーリー＆ボヘミアンスタイルを目指す女子にぴったり。

住101 Stewart St., Seattle
☎(206) 441-3659
URLwww.freepeople.com
営月～土10:00～19:00、日11:00～18:00
カードA D M V

S シアトルいちのおしゃれショップ　ファッション／ダウンタウン／MP.32-A2

ベイビー＆カンパニー
Baby & Company

アメリカ国内だけでなく、ヨーロッパや日本のブランドを数多く取り揃えるセレクトショップ。特に女性ものが充実し、ワンピースやパーティドレスなど上質で高級な商品が多い。イヤリングやネックレスなどの小物も扱っているので、トータルコーディネートできる。

住1936 1st Ave., Seattle
☎(206) 448-4077
URLbabyandco.us
営月～土10:00～18:00、日12:00～17:00
カードA M V

MEMO **日本人に人気のオーガニックスーパーマーケット**　**Whole Foods Market**　MP.31-B2　住2210 Westlake Ave., Seattle　☎(206) 621-9700　URLwww.wholefoodsmarket.com　営毎日7:00～22:00

S 会社員から多くの支持を受けている　ファッション／ダウンタウン／MP.32-A2

ジャックストロー
Jack Straw

25年以上アパレル業界で働いていたJohnさんが2008年にオープンさせたセレクトショップ。パリやミラノ、アントワープ、ニューヨークなどで買い付けてきたえりすぐりの商品が並ぶ。Engineered GermentsやBoglioliなどニューヨークで人気のブランドが多い。

住1930 1st Ave., Seattle
☎(206) 462-6236
URL www.jstraw.com
営月～土10:00～18:00、日12:00～17:00
カード A M V

S センス抜群のセレクトショップ　ファッション／パイオニアスクエア／MP.33-B2

ベローリア
Velouria

地元のデザイナーが手作りした服やジュエリー、小物雑貨などを集めたおしゃれなセレクトショップ。いずれもアメリカっぽいキュートさにあふれ、女性なら好きになってしまう品揃えだ。デザイナーでもあるオーナーのテス・デ・ルナさんがデザインしたブランド、Zuzupopのアパレルも並ぶ。

住145 S. King St., Seattle
☎(206) 788-0330
URL shopvelouria.com
営月～土11:00～19:00、日11:00～17:00
カード A M V

S カフェも併設するセレクトショップ　ファッション&雑貨／パイオニアスクエア／MP.33-A2

カラス
Callus

2016年オープンしたライフスタイルショップ。世界中を巡って集められたビンテージ家具で飾られたインテリアはまねしたくなるものだらけ。そのほか、20～30歳代女性向けのワンピースやシャツ、カットソーなどの取り揃えが豊富だ。

住323 1st Ave. S., Seattle
☎(206) 420-4556
URL www.calluscallus.com
営ショップ：毎日11:30～22:00
カフェ：月～土7:00～19:00、日7:00～18:00
カード A M V

S こてこてのアメカジに身を包む　ファッション／パイオニアスクエア／MP.31-B4

ディビジョンロード
Division Road, Inc.

2016年アムトラック駅周辺にオープンしたセレクトショップ。ニューヨークの工場で作られたネルシャツや日本製のデニムから、ウィスコンシン州の職人が昔ながらの製法で作ったブーツなどまで、こだわりの商品が並ぶ。Tanner Goods、Russell Moccasin、Tricker's、Wescoなど評判のブランドが勢揃い。

住536 1st Ave. S., Seattle
☎(206) 755-0215
URL divisionroadinc.com
営月～金10:00～18:00、土10:00～17:00
休日
カード A M V

S シアトル生まれのファッションブランド　ファッション／キャピトルヒル／MP.34-A1

フリーマン
Freeman

日本のショップにもオリジナルアイテムを卸している、人気急上昇中のセレクトショップ。オリジナルのファッションアイテムはMade in USAにこだわり、おもな商品はシアトル近郊の工場で作られている。特に、フランネルチェックシャツやレインコートの評判がいい。

住713 Broadway E., Seattle
☎(206) 327-9932
URL www.freemanseattle.com
営月水～土11:00～18:00、日11:00～17:00
休火
カード A M V

S オーナーのセンスが光る30代女性向けのショップ　ファッション／フリーモント／MP.34-A3

レザミ
Les Amis

アメリカで人気のデザイナーRebecca TaylorやNanette Leporeなど、最先端の女性服を中心に扱うセレクトショップ。日本人のサイズに合ったおしゃれ服を多く揃えるので、ぜひ立ち寄りたい。近年話題になっているJamie Joseph のジュエリーもある。

住3420 Evanston Ave. N., Seattle
☎(206) 632-2877
URL www.lesamis-inc.com
営月水～土11:00～18:00、日11:00～17:00
休火
カード A J M V

MEMO **日本で人気のタンブラーやカップのミアーのフラッグシップ店**　ショップのほかカフェも併設。フリーモントの中心から徒歩7分の所にある。**Miir**　MP.34-B3　住3400 Stone Way N., Seattle ↗

ノスタルジーあふれるTシャツが勢揃い　ファッション／フリーモント／MP.34-A3

デスティー・ネイション・シャツ・カンパニー　Destee Nation Shirt Company

地元のショップ、レストランと共同で制作したデザインは古きアメリカを思い出させるものばかり。100%コットン、アメリカで生産されているTシャツは、1枚$30～とお手頃価格。壁一面に掛けられたTシャツの数に圧倒されるだろう。

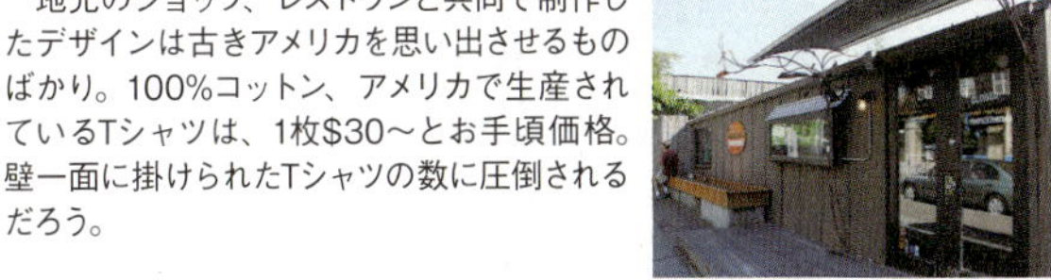

住3412 Evanston Ave. N., Seattle
☎(206) 324-9403
URL desteenation.com
営火～日11:00～18:00
休月
カードMV

シアトルに本社がある靴メーカー　ファッション／フリーモント／MP.34-B3

ブルックス　Brooks

1914年ペンシルバニア州フィラデルフィアで誕生し、1983年シアトルに本社を移したランニングシューズブランド。軽量で衝撃吸収能力が優れたミッドソールを採用しているので、多くのジョガー、ランナーからの評判がいい。タイミングがよければ日本未発売のものを入手できるかも。

住3400 Stone Way N., Seattle
☎(206) 858-5700
URL www.brooksrunning.com
営月～土10:00～19:00、日10:00～18:00
カードAMV

ヨーロッパのおしゃれな生活が手に入る　ファッション／バラード／MP.65

リ・ソウル　Re-Soul

ヨーロッパ製のおしゃれな靴を中心に、アクセサリー、家具、アートなどが揃うショップ。おしゃれに暮らしたい若い女性に人気の店だ。ヒール靴もあるが、歩きやすいヒールなしの靴でセンスのいいものが多い。カジュアルだけどひと味違うお財布やバッグもお見逃しなく。値段もお手頃。

住5319 Ballard Ave. N.W., Seattle
☎(206) 789-7312
URL resoul.com
営月～土11:00～20:00、日11:00～17:00
カードAMV

シアトルのOLが通う　ファッション／バラード／MP.65

キック・イット・ブティック　Kick It Boutique

カジュアルに過ごすのにぴったりの洋服が揃うセレクトショップ。近年注目を集めているポンチ素材のワンピース（$46～）や綿100%のTシャツ（$32～）、肩出しブラウス（$36～）など日本でも話題になりそうなデザインの商品ばかり。GilliやShe+Skyなど日本未入荷ブランドが多い。

住2206 N.W. Market St., Seattle
☎(206) 784-3399
URL kickitboutique.blogspot.com
営月11:00～18:00、火～土10:00～19:00、日10:00～17:00
カードAMV

ファストファッションの対極をいくショップ　ファッション／クイーンアン／MP.72

ナット＋サス　Nat + Sus

「ナチュラルNatural & サステナブルSustainable」から店名を取った。どのような素材を使って、どのような過程で作られているかについて、取り扱っているすべての商品をチェック。使い捨てできない、長年着まわしたいもののみを集めている。

住1622 Queen Anne Ave. N., Seattle
URL natandsus.com
営月～土10:00～18:00、日11:00～17:00
カードAMV

100年たっても残る製品　ファッション／シアトル周辺／MP.66-B1

フィルソン　Filson

1890年代カナダのユーコン準州クロンダイク川周辺でわいたゴールドラッシュを目指す人たちに頑丈で着心地のよい衣類を提供したいと考えたC.C.フィルソンが1897年に創業した。シアトルの本社店舗は、工場も併設し、窓越しに作業工程を見ることができる。

住1741 1st Ave. S., Seattle
☎(206) 622-3147
URL www.filson.com
営月～土10:00～18:00、日12:00～17:00
カードAMV

↘ ☎(206) 566-7207　URL www.miir.com/pages/flagship　営月～金7:00～21:00、土8:00～21:00、日8:00～20:00

S 憧れの靴を入手したい　　靴／ダウンタウン／MP.32-B2

ブリック+モルタル
Brick + Mortar

日本人男性に大人気の靴、Aldenのみを取り扱っている。定番のプレントゥーやチャッカブーツからインディーブーツやVチップまで幅広いセレクション。ブリック+モルタル別注商品があるうえ、日本で購入するよりも比較的安いのがうれしい。

住1210 4th Ave., Seattle
☎(206) 588-2770
URL www.brickmortarseattle.com
営月〜土10:00〜18:00、日12:00〜16:00(時期により異なる)
カード A M V

S 本格的なアウトドアライフを追求　　アウトドア／ダウンタウン周辺／MP.34-A1

アール・イー・アイ
REI

ファッション性と実用性の高い製品が豊富。キャンプや登山用品、カヌー用品、サイクリング用品が充実している。本店のキーワードは「Experience（体験）」。ロッククライミング、風景写真の撮り方、地図やコンパスの使い方などのワークショップも定期的に行う。

住222 Yale Ave. N., Seattle
☎(206) 223-1944
URL www.rei.com
営月〜土9:00〜21:00、日10:00〜19:00
カード A J M V

S おしゃれな雰囲気たっぷり、地元民のたまり場　　アウトドア／フリーモント／MP.34-B3

イーボ
Evo

若者に人気のアウトドアショップ。スキーやスノーボード、サーフィンなどのグッズのほか、ジャケットやパンツ、スニーカーなどの取り揃えも豊富だ。屋内型スケートボードパークやアートギャラリー、DJブースなども店内にあり、週末は多くの人でにぎわっている。

住3500 Stone Way N., Seattle
☎(206) 973-4470
URL www.evo.com/locations/seattle
営日〜木11:00〜19:00、金土10:00〜20:00
カード M V

S シアトル発アウトドアウエア　　アウトドア／バラード／MP.65

カブ
KAVU

1993年にシアトルで創業したアウトドアウエアのブランド。小規模だが、季節ごとに新作を発表し、シアトルっ子に人気。日本でも買えるが、直営店だけで取り扱う商品もあり、街着としてもおしゃれに着こなせるアウターを入手しよう。バッグやサングラスなどもおしゃれ。値段もお手頃だ。

住5419 Ballard Ave. N.W., Seattle
☎(206) 783-0060
URL kavu.com
営月〜土10:00〜19:00、日11:00〜17:00
カード A J M V

S ダウンタウンの便利な場所　　スポーツ／ダウンタウン／MP.32-A1

マリナーズ・チームストア
Mariners Team Store

セーフコフィールド（→P.57）のほかに、ダウンタウンの真ん中にもショップを構えているシアトル・マリナーズのオフィシャルストア。選手の背番号入りのTシャツや、マリナーズのロゴ入りキャップが並ぶ。マリナーズのファンだけでなくおみやげを探している人にも見逃せないチームストアだ。

住1800 4th Ave., Seattle
☎(206) 346-4327
URL www.mlb.com/mariners
営月〜土10:00〜20:00、日11:00〜18:00(時期により変更あり)
カード A J M V

S 品のあるおみやげ探しにいい　　雑貨&インテリア／ダウンタウン／MP.32-B3

ワトソン・ケネディ・ファイン・ホーム
Watson Kennedy Fine Home

クッキーやチョコレート、ジャムなどの食料品から、石鹸やボディソープ、キャンドル、香水などまで日常生活に必要となる品々を取り揃える。かわいらしい食器やグラスなどのテーブルウエアは手荷物で持って帰りたい。Inn at the Market（→P.93）の横にもある。

住1022 1st Ave., Seattle
☎(206) 652-8350
URL www.watsonkennedy.com
営月〜土10:00〜18:00、日12:00〜17:00
カード A M V

MEMO シアトルのダイソー　ウエストレイクセンター（→P.52）2階に日本のダイソーが入っている。
Daiso　MP.32-A1　住400 Pine St., Seattle　☎(206) 447-6211　営月〜土10:00〜20:00、日11:00〜18:00

S 趣味のよい小物雑貨が見つかる　雑貨&ギフト／インターナショナルディストリクト／MP.33-A3

モモ　Momo

オーナーである、ハワイ出身の日系人Shiramizuさんが選んだ趣味のよい雑貨やアパレルが、センスよく並んでいる。場所は、インターナショナルディストリクトの入口。長年、コピーライターとして雑誌のショッピング欄を担当していただけあって、えりすぐりの雑貨が揃っている。

住600 S. Jackson St., Seattle
☎(206) 329-4736
URL momoseattle.com
営月～土11:00～18:00、日12:00～17:00
カード M V

S おみやげに最適なものが見つかるはず　雑貨&ギフト／クイーンアン／MP.72

スリーバード　Three Birds

ニューヨークやアトランタ、サンフランシスコなどに旅行してデザインの勉強をしたオーナーのロビンさんが選んだ品物は、センスがよくかわいらしい。鮮やかな色のガラスコップやテーブルナプキンからピアスやネックレス、枕やベッドカバーなどまで幅広い品揃えを誇る。

住2107 Queen Anne Ave., Seattle
☎(206) 686-7664
URL www.threebirdshome.com
営月～土10:00～18:00、日11:00～17:00
カード A M V

S パリのエッセンスが詰まったギフト店　雑貨&ギフト／バラード／MP.65

ルッカ　Lucca

うるわしの都、パリにあったパリジャンたちが集まるギフトサロン。そんなコンセプトでオールドバラードにオープンして10年以上たつ。店構えも、フランスにあるギフトショップのように華やかで小粋だ。小物を置く小皿や石鹸、香水瓶、ギフト用のカードなど、どれも粒よりな品揃えでワクワクしてくる。

住5332 Ballard Ave. N.W., Seattle
☎(206) 782-7337
URL www.luccagreatfinds.com
営月～金11:00～18:00、土11:00～19:00、日11:00～17:00
カード A M V

S 1977年創業の老舗　キッチン雑貨／バラード／MP.65

カリナリーエッセンシャルズ　Culinary Essentials

シアトルの住民がキッチン用品について多大なる信頼をおいているショップ。取り扱っている商品数が多く、どんな質問にも答えてくれるベテランのスタッフは頼りになる存在だ。週に1回2～3時間の料理教室（$70～）も開催しているので、ウェブサイトで確認しよう。

住5320 Ballard Ave. N.W., Seattle
☎(206) 789-1334
URL culinaryessentials.com
営月～土11:00～19:00、日10:00～17:00
カード M V

S 15万冊の在庫をもつ老舗書店　書店&文房具／キャピトルヒル／MP.34-B2

エリオット・ベイ・ブック・カンパニー　The Elliott Bay Book Company

1973年にパイオニアスクエアにオープンした独立系書店が2010年キャピトルヒルに移転した。2フロアを占める店内には、雑誌から小説、旅行などまであらゆるジャンルの本が並べられている。かわいらしいはがきやトートバッグなどはおみやげに最適。

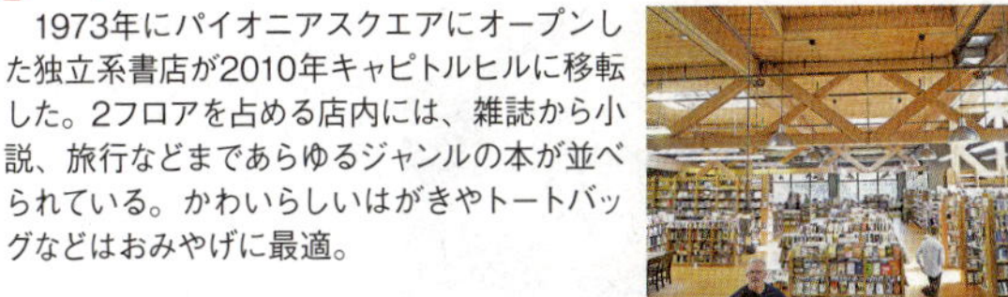

住1521 10th Ave., Seattle
☎(206) 624-6600
URL www.elliottbaybook.com
営月～木10:00～22:00、金土10:00～23:00、日10:00～21:00
カード A J M V

S アマゾンの実店舗1号店　書籍／ユニバーシティディストリクト／MP.35-B2

アマゾンブックス　Amazon Books

通信販売サイトのアマゾン・ドット・コムが、2015年ユニバーシティビレッジ（→P.84）にオープンさせた書店。書籍や文房具のほかにKindleやファイヤーTVスティックなどのデバイスも販売している。タブレット専用のテーブルもあり、実際に操作できるのがいい。

住4601 26th Ave. N.E., Seattle
☎(206) 524-0715
URL www.uvillage.com/amazon-books
営月～土9:30～21:00、日10:30～18:00
カード A M V

S 常時50万枚のレコードを在庫にもつ　　レコード／バラード／MP.65

ボップ・ストリート・レコード
Bop Street Records

1974年にオープンして以来、シアトルだけでなく全米のレコード収集家の間で、一生のうち一度は訪れたい店のひとつとして知れ渡っている。ロックやソウルからR&B、ブルース、クラシック、カントリーまであらゆるジャンルを扱う。

住2220 N.W. Market St., Seattle
☎(206) 297-2232
URLwww.bopstreetrecords.com
営火 水12:00〜20:00、木〜土12:00〜22:00、日12:00〜17:00
休月
カードM V

S ハーブ&漢方薬専門店　　ハーブ／バラード／MP.65

ダンデライオン・ボタニカル・カンパニー
Dandelion Botanical Company

店内にずらりと薬瓶が並ぶハーブの専門店。店ではハーブや薬草に詳しい講師を招き、ハーブ教室も開催している。とはいえ薬局ではないので、個人の症状に合わせたハーブを調合することはできないが、風邪のときに飲むとよいハーブティーの調合ならしてもらえる。各種お茶や塩なども販売。

住5424 Ballard Ave. N.W., Seattle
☎(206) 545-8892
Free(1-877) 778-4869
URLwww.dandelionbotanical.com
営毎日10:30〜19:00
カードA M V

S ワシントン州全般のおみやげが買える店　　食料品&ギフト／ダウンタウン／MP.32-A1

メイド・イン・ワシントン
Made in Washington

旅行者なら必ず通るウエストレイクセンター（→P.52）の1階にあり、シアトルのみならずワシントン州全般のおみやげが買える。スモークサーモンやジャム、置物、クラフトなど、上質なものを扱っていてグルメ派のおみやげにもよい。ほぼ毎日、日本人スタッフもいる。パイク・プレイス・マーケット（→脚注）にもある。

住Westlake Center, 400 Pine St., 1st Fl., Seattle
☎(206) 623-9753
URLwww.madeinwashington.com
営月〜土10:00〜20:00、日11:00〜18:00
カードA J M V

S シアトルのアルティザン・チョコが買える　　食料品&ギフト／ダウンタウン／MP.32-A2

チョコレートボックス
Chocolate Box

チョコレートの街として注目を浴びるシアトルで、市内のアルティザン・チョコやカカオ製品がずらりと並ぶ、チョコレート好きなら必訪の店。古きイタリアのチョコレート作りを取り入れたフィオリFioriのチョコも売られている。おみやげにも自分用にも、お気に入りが見つかること間違いなし。

住106 Pine St., Seattle
☎(206) 443-3900
URLseattlechocolatebox.com
営毎日10:00〜18:00
カードA J M V

S 工場見学ツアーに参加しよう　　食料品&ギフト／フリーモント／MP.34-A3

テオチョコレート
Theo Chocolate

北米で初めて、有機栽培で育てたカカオ豆をフェアトレードで輸入したチョコレートショップ。併設する工場では、毎日見学ツアー（1日2〜5回、$10）が催行され、チョコレート作りの過程を見ながら、使用するカカオ豆の収穫シーズンや産地を解説してくれる。

住3400 Phinney Ave. N., Seattle
☎(206) 632-5100
URLwww.theochocolate.com
営毎日10:00〜18:00
カードM V

S 生活必需品はここで揃う　　スーパーマーケット／ダウンタウン／MP.32-A2

ターゲット
Target

全米に展開するスーパーマーケットのダウンタウン店。2nd Ave.沿いのPike St.とUnion St.の間1ブロックを占める。3階建ての建物には、食料品から洋服、日用雑貨までを取り扱うので、必要なものはここで手に入るだろう。1階にはスターバックス・コーヒーも入る。

住1401 2nd Ave., Seattle
☎(206) 494-3250
URLwww.target.com
営月〜土7:00〜23:00、日7:00〜22:00
カードA M V

MEMO メイド・イン・ワシントンの他店舗情報　パイク・プレイス・マーケット店　MP.32-A2　住1530 Post Alley, Seattle　☎(206) 467-0788　営毎日10:00〜18:00

S 日本の食料品と雑貨の殿堂　スーパーマーケット／インターナショナルディストリクト／MP.33-A3

宇和島屋 Uwajimaya

インターナショナルディストリクトの中心部にあり、日系人や観光客に支持される老舗スーパー。鮮魚や青果、精肉のほか、ラーメンやお茶、日本のお菓子も豊富に置かれ、まるで日本のスーパーのような充実ぶりだ。デリやフードコート、銀行、紀伊國屋書店も入っている。駐車場あり。

住600 5th Ave. S., Seattle
☎(206) 624-6248
URL www.uwajimaya.com
営月～土8:00～22:00、日9:00～21:00
カード A D J M V

S 自然食品を扱う有名なスーパー　スーパーマーケット／フリーモント／MP.34-A3

PCCナチュラルマーケッツ PCC Natural Markets

フリーモント住民から絶大なる人気を集めるスーパーマーケット。棚に並ぶ野菜や果物は新鮮だ。それも、地元の農家からできるだけ直接買い取って販売しているからだそう。1994年にオープンして以来、ロハスという言葉をフリーモントに広めた。店内で買った総菜やピザをテラス席で食べるのがいい。

住600 N. 34th St., Seattle
☎(206) 632-6811
URL www.pccmarkets.com
営毎日6:00～24:00
カード A M V

S 話題のレジなしコンビニ　コンビニエンスストア／ダウンタウン／MP.31-A2

アマゾンゴー Amazon Go

2018年1月にオープンしたアマゾン・ドット・コムのコンビニエンスストア1号店。スマートフォンにアマゾンゴーのアプリをインストールしていないと入店できない。取り扱っている商品は、水やジュース、サンドイッチ、菓子など。購入したい商品を手に取ってそのまま店舗を出ることができる。

住2131 7th Ave., Seattle
URL www.amazon.com/b?ie=UTF8&node=16008589011
営毎日7:00～21:00
カード A D J M V（アプリで決済する）

S 雑貨や古着も扱う　アンティーク／ウオーターフロント／MP.32-A2

シアトル・アンティーク・マーケット Seattle Antiques Market

ウオーターフロントのピア59向かいにあるアンティークショップ。19～20世紀のヨーロッパ家具やアクセサリーから、1940～1980年代のアメリカ食器やライター、文房具などまで、168坪の建物内にところ狭しと並べられている。程度がいいわりには値段もお手頃なため、掘り出し物に巡り会える可能性は高い。

住1400 Alaskan Way, Seattle
☎(206) 623-6115
URL www.seattleantiquesmarket.com
営毎日10:00～18:00
カード A M V

S アメリカ雑貨好きにはたまらない　アンティーク／フリーモント／MP.34-A3

フリーモント・ビンテージ・モール Fremont Vintage Mall

ミッドセンチュリーの家具やソファ、椅子などからジュエリーやおもちゃ、陶器、レコードなどまで幅広い品揃えを誇る。なかでも、FirekingやPyrexのマグや食器は、フリーマーケットで販売されているものよりも程度のいいものが多く、人気だ。

住3419 Fremont Pl. N., Seattle
☎(206) 329-4460
URL fremontvintagemall.com
営月～土11:00～19:00、日11:00～18:00
カード M V

S 男性も疲れを癒やしに通う　スパ&ビューティ／ダウンタウン／MP.32-A2

ウンメリーナ・インターナショナル・デイ・スパ Ummelina International Day Spa

シアトルのダウンタウンにあるスパ。丸1日かけて全身のリラクセーションを行うデイスパ（$100～610）のコースから、専用のトリートメントルームでていねいに爪のケアをしてもらえるマニキュアやペディキュアのトリートメント（$15～80）まで、幅広く揃っている。買い物のあとに優雅なひとときを！

住1525 4th Ave., 2nd Fl., Seattle
☎(206) 624-1370
URL www.ummelina.com
営日月水木金10:00～19:00、土8:00～21:00
休火
カード A M V

MEMO 日本人に人気のグルメスーパーマーケット　Trader Joe's　MP.72　住1916 Queen Anne Ave., Seattle　☎(206) 284-2546　URL www.traderjoes.com　営毎日9:00～22:00

HOTEL

シアトルのホテル

ダウンタウンの1st～6th Ave.とMadison～Stewart St.に、チェーン系ホテルや高級ホテルが集中している。ホテル代を少しでも安く抑えるなら、シアトルセンターやユニバーシティディストリクト、シータック空港周辺で探してみよう。バスやサウンドトランジット・リンク・ライトレイル、モノレールを利用すれば、中心部へのアクセスも悪くない。

ホテル紹介ページの略号（略号とマークは下記参照）

コーヒーメーカー　冷蔵庫／ミニバー　バスタブ　ドライヤー　BOX 室内金庫　ルームサービス　レストラン
F フィットネスセンター／プール　コンシェルジュ　J 日本語スタッフ　コインランドリー／当日仕上げクリーニング　WiFi ワイヤレスインターネット接続　P 駐車場

H シアトルを代表する最高級ホテル　最高級／ダウンタウン／MP.32-A2

フォーシーズンズ・ホテル・シアトル

Four Seasons Hotel Seattle

シアトル美術館の目の前、パイク・プレイス・マーケットまで1ブロックの所にある。スタッフのサービスや客室の雰囲気、アメニティなど、どれを取っても一流。併設するレストランの評判もいい。できればエリオット湾を見渡せるデラックス・ベイビュー・ルームに泊まりたい。

住 99 Union St., Seattle, WA 98101
☎ (206) 749-7000
FAX (206) 749-7099
URL www.fourseasons.com/seattle
料 ⓈⒹⓉ$369～1009、Ⓢⓤ$990～6850
駐 $50　Wi-Fi 無料
カード ADJMV　147室（♿あり）

H シアトルを代表する老舗ホテル　最高級／ダウンタウン／MP.32-B2

フェアモント・オリンピック・ホテル

The Fairmont Olympic Hotel

歴史的建造物に指定されている由緒あるホテル。1924年のオープン以来、シアトルダウンタウンのランドマークとなっている。2016年には客室の全面改装を終え、さらに重厚さが増した。週5日ほど日本人スタッフがコンシェルジュとして滞在している。

住 411 University St., Seattle, WA 98101
☎ (206) 621-1700
FAX (206) 682-9633
URL www.fairmont.com/seattle
料 ⓈⒹⓉ$219～649、Ⓢⓤ$379～3500
駐 $45～55　Wi-Fi $15.99
カード ADJMV　450室（♿あり）

H シアトル随一の高級ホテル　高級／ダウンタウン／MP.32-A1

ウェスティン・シアトル

The Westin Seattle

ダウンタウンのど真ん中にそびえ立つツインタワーがこのホテルだ。ほとんどの部屋は眺望が抜群。屋内プールやフィットネスセンター、レストランなどの施設も一流だが、そのぶん料金も一流。街なかのどこからでも見えるので、迷子になることはまずないだろう。

住 1900 5th Ave., Seattle, WA 98101
☎ (206) 728-1000
Free (1-888) 627-8513
FAX (206) 728-2259
URL www.westinseattle.com
料 ⓈⒹⓉ$215～829、Ⓢⓤ$315～
駐 $47～58　Wi-Fi $14.95～
カード ADJMV　891室（♿あり）

H ほっとできる空間がうれしい　高級／ダウンタウン／MP.32-A1

ホテルアンドラ

Hotel Ändra

ノースウエストの水、森、石を感じさせる落ち着いたデザインが人気のホテル。一歩館内に入ると、暖炉と本棚があるロビーエリア。こぢんまりとしているだけあり、フロントスタッフの対応もいい。併設するレストランのLolaやAssagio Ristoranteは地元の人にたいへん人気があり、予約は必須。

住 2000 4th Ave., Seattle, WA 98121
☎ (206) 448-8600
Free (1-877) 448-8600
FAX (206) 441-7140
URL www.hotelandra.com
料 ⓈⒹⓉ$249～469、Ⓢⓤ$279～849
駐 $39　Wi-Fi 無料
カード ADJMV　119室（♿あり）

H ショッピングに便利　　高級／ダウンタウン／MP.32-A1

メイフラワーパーク・ホテル
Mayflower Park Hotel

1927年にオープンしたホテル。その後改装を重ねているが、昔の雰囲気は美しいまま残されている。古いホテルなので壁が厚く、外の騒音はすべてシャットアウト。ウエストレイクセンターに隣接しているので便利だ。1階のOliver's Loungeで評判のマティーニを楽しみたい。

住405 Olive Way, Seattle, WA 98101
☎(206) 623-8700
Free(1-800) 426-5100
FAX(206) 382-6996
URLwww.mayflowerpark.com
料ⓈⒹⓉ$179〜469、Ⓢⓤ$209〜
駐$35　Wi-Fi無料
カードADJMV　160室（♿あり）

H 注目のラグジュアリークラス　　高級／ダウンタウン／MP.32-B1

グランド・ハイアット・シアトル
Grand Hyatt Seattle

ダウンタウンにある高級でおしゃれなホテル。コンベンションセンター隣にあり、近くにはショップ、デパートなども多く、街歩きの拠点に最適だ。スタイリッシュなロビーもハイセンスだが、客室も落ち着きと品格を兼ね備え、機能性、居心地とも抜群。

住721 Pine St., Seattle, WA 98101
☎(206) 774-1234
FAX(206) 774-6120
URLseattle.grand.hyatt.com
料ⓈⒹⓉ$239〜514、Ⓢⓤ$329〜1046
駐$35〜55　Wi-Fi無料
カードADJMV　457室（♿あり）

H 歴史的な建物に入る　　高級／ダウンタウン／MP.32-B1

ホテル・セオドア・シアトル
Hotel Theodore Seattle

ダウンタウンのランドマークとして約90年営業していたルーズベルトホテルが、2017年11月大規模な改修工事を終え生まれ変わった。客室の白い壁やタイルがスタイリッシュで、若者を中心に人気がある。17:30 〜 18:30にロビーエリアで無料のカクテルサービスあり。

住1531 7th Ave., Seattle, WA 98101
☎(206) 621-1200
FAX(206) 233-0335
URLhoteltheodore.com
料ⓈⒹⓉ $165〜449、Ⓢⓤ$235〜489
駐$45　Wi-Fi無料
カードAMV　153室（♿あり）

H パイク・プレイス・マーケットの目の前　　高級／ダウンタウン／MP.32-A2

イン・アット・ザ・マーケット
Inn at the Market

2015年に改装工事を終えた全76室の小さなホテル。南フランス風の広くて清潔な部屋は、ベッドカバーや家具などもアメリカのホテルにありがちな華美なものではなく、落ち着いていてセンスがいい。大人気のホテルなので予約を取るのが難しい。予約は早めに。

住86 Pine St., Seattle, WA 98101
☎(206) 443-3600
Free(1-800) 446-4484
FAX(206) 448-0631
URLwww.innatthemarket.com
料ⓈⒹⓉ$275〜650、Ⓢⓤ$535〜1950
駐$48　Wi-Fi無料
カードADMV　76室（♿あり）

H 2016年にオープン　　高級／ダウンタウン／MP.32-A2

トンプソン・シアトル
Thompson Seattle

パイク・プレイス・マーケットからStewart St.を1ブロック上がった所にあるブティックホテル。ミッドセンチュリー・スタイルで整えられた客室は、落ち着いた雰囲気で人気だ。13階にあるルーフトップバーのThe Nestは、ウオーターフロントが一望できることから夜遅くまで地元の人でにぎわう。

住110 Stewart St., Seattle, WA 98101
☎(206) 623-4600
FAX(206) 623-4601
URLwww.thompsonhotels.com/hotels/seattle/thompson-seattle
料ⓈⒹⓉ$239〜779、Ⓢⓤ$589〜1340
駐$43　Wi-Fi無料
カードADJMV　155室（♿あり）

H 1階のレストランはグルメ度No.1　　高級／ダウンタウン／MP.32-B2

ダブリュー・シアトル
W Seattle

ホール、廊下、客室すべてに、これまでのホテルの既成概念になかったおしゃれなインテリアを配している。室内は、大胆なインテリアに見えて、実はリラックスのために十分な配慮がされている。CDプレーヤーやワイヤレスキーボード操作でTV画面からインターネットにつなげる最新設備も完備。

住1112 4th Ave., Seattle, WA 98101
☎(206) 264-6000
Free(1-888) 627-8552
FAX(206) 264-6100
URLwww.wseattle.com
料ⓈⒹⓉ$219〜540、Ⓢⓤ$288〜640
駐$68　Wi-Fi$14.95
カードADJMV　424室（♿あり）

シアトルのランドマーク
シェラトン・シアトル・ホテル
高級／ダウンタウン／MP.32-B2
Sheraton Seattle Hotel

6th Ave.とPike St.の角にある巨大ホテル。ロビーでは無料でWi-Fiに接続できる。プールやビジネスセンターもあるのがうれしい。展望レストランに行かなくとも、淡いベージュの内装の部屋から街を一望して過ごせる。

住 1400 6th Ave., Seattle, WA 98101
電 (206) 621-9000
FAX (206) 621-8441
URL www.sheraton.seattle.com
料 ⓈⒹⓉ$115～529、Su$255～
駐 $57 Wi-Fi $14.95
カード ADJMV 1236室（♿あり）

ビジネスにも観光にも適したロケーション
ヒルトン・シアトル
高級／ダウンタウン／MP.32-B2
Hilton Seattle

トンネルバスのUniversity駅まで3ブロック、ウエストレイクセンターまで4ブロックと立地がいい。ロビーやフロントデスクは14階にあるのでエレベーターで。ロビーがあるフロア以外は、客室のカードキーがないとエレベーターは停まらないので安心だ。

住 1301 6th Ave., Seattle, WA 98101
電 (206) 624-0500
Free (1-800) 445-8667
FAX (206) 624-9539
URL www.thehiltonseattle.com
料 ⓈⒹⓉ$143～512、Su$267～
駐 $45 Wi-Fi $10.95
カード ADJMV 239室（♿あり）

ビジネス街で快適に泊まれる
クラウンプラザ・ホテル・シアトル・ダウンタウン
高級／ダウンタウン／MP.32-B2
Crowne Plaza Hotel Seattle Downtown

坂の上のビジネス街中心にあり、パイク・プレイス・マーケットへも徒歩10分ほど。ホテル内にレストラン、バー、売店もあり、ビジネス客には最適なロケーションと設備だ。客室は広々として清潔。浴室もきれいに調っている。都会のど真ん中にあるが、窓が大きいので開放感抜群！

住 1113 6th Ave., Seattle, WA 98101
電 (206) 464-1980
Free (1-800) 521-2762
FAX (206) 340-1617
URL cphotelseattle.com
料 ⓈⒹⓉ$209～444、Su$259～464
駐 $50 Wi-Fi 無料
カード ADJMV 414室（♿あり）

高級感あふれるクラシックホテル
キンプトン・ホテル・ビンテージ
高級／ダウンタウン／MP.32-B2
Kimpton Hotel Vintage

ワインカラーのカーテンと重厚な家具に囲まれた館内に一歩入り込めば、ここがダウンタウンであることをまったく感じさせない世界がある。24時間ルームサービスを提供しているので便利。ロビーでは毎晩ワインのサービスもある。自転車の無料貸し出しあり。

住 1100 5th Ave., Seattle, WA 98101
電 (206) 624-8000
Free (1-800) 853-3914
FAX (206) 623-0568
URL www.hotelvintage-seattle.com
料 ⓈⒹⓉ$229～529、Su$519～
駐 $42 Wi-Fi 無料
カード ADMV 125室（♿あり）

ウエストレイクセンターまで2ブロック
モチーフシアトル
高級／ダウンタウン／MP.32-B2
Motif Seattle

元レッドライオン・ホテルに2500万ドルを投じて全面的に改装工事が行われ、ブティックホテルとして2014年によみがえった。ロビーはヒップなイメージが漂うが、客室は落ち着いた雰囲気。比較的若者の旅行者の利用が多い。

住 1415 5th Ave., Seattle, WA 98101
電 (206) 971-8000
FAX (206) 971-8107
URL www.destinationhotels.com/motif-seattle
料 ⓈⒹⓉ$189～409、Su$249～579
駐 $32 Wi-Fi 無料
カード ADMV 319室（♿あり）

ウオーターフロントに近い
キンプトン・アレクシス・ホテル
高級／ダウンタウン／MP.32-A3
Kimpton Alexis Hotel

建物自体は古く、1世紀以上たっているが、いまだに重厚でエレガントな雰囲気を失っていない。フロントデスクではトラブルがあっても素早く対応してくれる。ダウンタウンやウオーターフロントに近く、観光に便利なロケーションだ。

住 1007 1st Ave., Seattle, WA 98104
電 (206) 624-4844
Free (1-866) 356-8894
FAX (206) 621-9009
URL www.alexishotel.com
料 ⓈⒹⓉ$305～615、Su$375～795
駐 $43 Wi-Fi 無料
カード ADMV 121室（♿あり）

H 中心街に立つモダンなデザインホテル　高級／ダウンタウン／MP.32-B3

ロウズ・ホテル・ワンサウザンド
Loews Hotel 1000

ダウンタウンにあるブティックホテル。海に近い1st Ave.沿いの古い建物をハイテク仕様に全面的に改築したもので、スタンダードルームも広く、大型ベッドと大型TVが設置されている。客室と浴室を仕切る壁がガラスで、シャワーも天井から直接注がれる。ベルマンたちの応対もさわやかだ。

住 1000 1st Ave., Seattle, WA 98104
☎ (206) 957-1000
FAX (206) 357-9457
URL www.loewshotels.com/hotel-1000-seattle
料 ⓈⒹⓉ$255～625、Su$685～1140
駐 $45　Wi-Fi 無料
カード A D M V　120室（♿あり）

H ペットと一緒に宿泊できる　高級／ダウンタウン／MP.32-B2～B3

キンプトン・ホテル・モナコ
Kimpton Hotel Monaco

地中海を感じさせる明るく美しい内装は、もはやアートワークと呼びたい。すべての部屋にヨガマットが準備されているので、就寝前にストレッチできるのがいい。夜、無料のワインサービスがあるほか、朝には無料のコーヒーサービスもある。

住 1101 4th Ave., Seattle, WA 98101
☎ (206) 621-1770
Free (1-800) 715-6513
FAX (206) 621-7779
URL www.monaco-seattle.com
料 ⓈⒹⓉ$239～559、Su$329～569
駐 $42　Wi-Fi 無料
カード A D J M V　189室（♿あり）

H 眺めのよいシティホテル　高級／ダウンタウン／MP.32-B3

ルネッサンス・シアトル・ホテル
Renaissance Seattle Hotel

2010年から9年連続AAAの4ダイヤモンドに輝く高級ホテル。客室は明るいベージュで統一され、大きく開いた窓からダウンタウンが一望できる。ビジネスセンターやフィットネスセンター、24時間対応のルームサービスがあり、ビジネス客の利用が多い。

住 515 Madison St., Seattle, WA 98104
☎ (206) 583-0300
Free (1-800) 546-9184
FAX (206) 447-0992
URL www.marriott.com
料 ⓈⒹⓉ$199～419、Su$249～479
駐 $45～57　Wi-Fi $12.95～15.95
カード A D J M V　557室（♿あり）

H 創業から100年以上の老舗ホテル　高級／ダウンタウン周辺／MP.31-B3

ソレントホテル
The Sorrento Hotel

ダウンタウンからMadison St.を少し上ったファーストヒルに立つ。2019年に創業110周年を迎える、シアトルで最も長く営業を続けるブティックホテル。れんが色が特徴的なイタリア・ルネッサンス様式だ。1階に森指圧クリニックが入る。

住 900 Madison St., Seattle, WA 98104
☎ (206) 622-6400
FAX (206) 343-6155
URL hotelsorrento.com
料 ⓈⒹⓉ$259～459、Su$339～699
駐 $45　Wi-Fi 無料
カード A D M V　76室（♿あり）

H ビートルズが泊まったホテル　高級／ウオーターフロント／MP.31-A2

エッジウオーターホテル
The Edgewater Hotel

ピア67にあるホテルで、1962年に創業。家具はパイン材で統一され、落ち着いた雰囲気。可能ならウオータービューの部屋を希望しよう。シアトル水族館やそのほかのウオーターフロントの見どころからほんの数ブロックのロケーション。

住 2411 Alaskan Way, Pier 67, Seattle, WA 98121
☎ (206) 728-7000
Free (1-800) 624-0670
FAX (206) 441-4119
URL www.edgewaterhotel.com
料 ⓈⒹⓉ$249～635、Su$349～1639
駐 $45　Wi-Fi 無料
カード A D J M V　223室（♿あり）

H ウオーターフロントの高級ホテル　高級／ウオーターフロント／MP.31-A3

シアトル・マリオット・ウオーターフロント
Seattle Marriott Waterfront

ホテルの少ないウオーターフロントエリアにある。場所はピア62/63の間。多くの客室がバルコニー付きで、海側の部屋からは、エリオット湾やオリンピック山塊を望むことができる。ロビーではWi-Fi無料。

住 2100 Alaskan Way, Seattle, WA 98121
☎ (206) 443-5000
Free (1-800) 455-8254
FAX (206) 256-1100
URL www.marriott.com
料 ⓈⒹⓉ$199～509、Su$650～
駐 $63.75　Wi-Fi $14.95～17.95
カード A D J M V　358室（♿あり）

H カップケーキやコーヒーでおもてなし

高級／シアトルセンター／MP.31-A1

マックスウェルホテル

The Maxwell Hotel

シアトルセンターから北へ1ブロック行った所にあり、ダウンタウンからはモノレールが便利。ピザやハンバーガーがおいしいと評判のレストランも入る。Wi-Fiや自転車のレンタル、近隣の見どころへのシャトルバスサービスは無料。

住300 Roy St., Seattle, WA 98109
☎(206) 286-0629
Free(1-877) 298-9728
URLwww.staypineapple.com/the-maxwell-hotel-seattle-wa
料ⓈⒹⓉ$179〜478、Su$214〜
駐$45　Wi-Fi無料
カードAMV　139室（♿あり）

H 上層階がコンドミニアムというホテル

高級／サウス・レイクユニオン／MP.31-B2

パン・パシフィック・ホテル・シアトル

Pan Pacific Hotel Seattle

ユニオン湖南部の再開発地域にある都市型ホテル。ホテル上層階がコンドミニアムで、地上階にスーパーマーケットのWhole Foods Marketもある。ウエストレイクセンターまで徒歩5分。シアトル・ストリートカー・サウス・レイクユニオン・ラインの停留所もホテルの目の前にある。

住2125 Terry Ave., Seattle, WA 98121
☎(206) 264-8111
FAX(206) 654-5047
URLwww.panpacific.com
料ⓈⒹⓉ$235〜550、Su$340〜4300
駐$43〜52　Wi-Fi無料
カードADJMV　153室（♿あり）

H バラードの真ん中にある

高級／バラード／MP.65

ホテル・バラード

Hotel Ballard

わずか29室とこぢんまりとしているだけに、スタッフのサービスも行き渡っている。ホテル周辺には、レストランやカフェ、ショップが並び不自由しない。宿泊客は隣にあるスポーツジムを無料で早朝から使える。ダウンタウンまでメトロバス#40で40分。

住5216 Ballard Ave. N.W., Seattle, WA 98107
☎(206) 789-5012
FAX(206) 789-2010
URLwww.hotelballardseattle.com
料ⓈⒹⓉ$239〜399、Su$299〜499
駐$15　Wi-Fi無料
カードAMV　29室（♿あり）

H 買い物好きに最適

高級／ベルビュー／MP.30-B2

ハイアット・リージェンシー・ベルビュー・オン・シアトルズ・イーストサイド

Hyatt Regency Bellevue on Seattle's Eastside

日本人にもなじみのあるハイアットホテル系列の高級ブランド。250以上のショップや45のレストラン、映画館などが集まるベルビュースクエア（→P.104）にもスカイブリッジでつながっている。シアトルダウンタウンのWestlake駅からサウンドトランジット・バス#550で約40分。

住900 Bellevue Way N.E., Bellevue, WA 98004
☎(425) 462-1234
FAX(425) 646-7567
URLwww.hyatt.com
料ⓈⒹⓉ$179〜434、Su$239〜749
駐無料〜$36
Wi-Fi無料
カードADJMV　732室（♿あり）

H カジノとアウトレットで遊べるホテル

高級／シアトル郊外／MP.29-B2

テュラリップ・リゾート・カジノ

Tulalip Resort Casino

シアトルから車で40分のTulalipにある豪華なカジノホテル。1階はカジノ、隣接してアウトレットモールもある。テュラリップ族が運営するホテルらしくロビーに歓迎のトーテムポールが立つ。客室はとてもスタイリッシュ。プールやスパ、レストランも併設され、家族連れに人気がある。

住10200 Quil Ceda Blvd., Tulalip, WA 98271
☎(360) 716-7162
FAX(360) 716-6209
URLwww.tulalipresortcasino.com
料ⓈⒹ$149〜509、Su$309〜849
駐無料　Wi-Fi無料
カードADMV　360室（♿あり）

H 最近開発が進み、人気のベルタウン

中級／ダウンタウン／MP.31-A2

エース・ホテル・シアトル

Ace Hotel Seattle

シアトルの中心部に位置するエース・ホテル・シアトルは、こぢんまりとしたヒストリックビルにありながら、新世紀を予感する家具とクラシック感覚のミスマッチングを狙ったインテリアで、話題の1軒だ。新進のショップや評判のレストランも多く存在するエリアにある。一部バス共同。

住2423 1st Ave., Seattle, WA 98121
☎(206) 448-4721
FAX(206) 374-0745
URLacehotel.com/seattle
料スタンダード共同バス$129〜、デラックス$219〜299
駐なし　Wi-Fi無料
カードAJMV　28室

MEMO **ユニオン湖の南岸にあるファミリー向けホテル**　シルバー・クラウド・イン・シアトル・レイクユニオンでは、屋内プールや無料の朝食、シャトルバスのサービスがある。近くにシアトル・ストリートカー・↗

H クールでアートなデザインホテル　中級／ダウンタウン／MP.32-B1

ホテルマックス　Hotel MAX

現代絵画や彫刻を随所に飾り、通路側の客室ドアに一面写真を引き伸ばすなど、凝った仕掛けが満載のデザインホテル。客室は少し手狭だが、アートなホテルライフが楽しめそう。毎晩17:30～18:30は無料でビールのサービスあり。1階にはレストランのMiller's Guild-Grillも入る。

住620 Stewart St., Seattle, WA 98101
☎(206) 728-6299
Free (1-866) 833-6299
FAX (206) 374-7705
URL www.hotelmaxseattle.com
料ⓈⒹⓉ$139～519
駐$45　Wi-Fi無料
カード A D M V　163室（♿あり）

H ワシントン州コンベンションセンターまで4ブロック　中級／ダウンタウン／MP.31-B2

レジデンスイン・シアトルダウンタウン／コンベンションセンター　Residence Inn Seattle Downtown/Convention Center

2017年12月にオープンした新しいホテル。すべての客室にIHクッキングヒーターや冷蔵庫、電子レンジ、自動食器洗い機が付いているので、滞在中に料理ができるのがいい。スーパーマーケットのWhole Foods Marketやウエストレイクセンターから徒歩約8分。朝食無料。

住1815 Terry Ave., Seattle, WA 98101
☎(206) 388-1000
FAX (206) 388-0900
URL www.marriott.com
料ⓈⒹⓉ$244～314、Ⓢu$304～406
駐$40　Wi-Fi無料
カード A D J M V　302室（♿あり）

H 立地のよい中級ホテル　中級／ダウンタウン／MP.32-B1

パラマウントホテル　The Paramount Hotel

ウエストレイクセンターやコンベンションセンターから徒歩５分くらいの便利な場所にある。ロビーはアンティーク調のインテリア、部屋はシンプルだがドライヤー、アイロン、コーヒーメーカーまで、必要な物はすべて揃っている。1階にはレストランのDragonfish Asian Cafeがある。

住724 Pine St., Seattle, WA 98101
☎(206) 292-9500
Free (1-877) 821-2011
FAX (206) 292-8610
URL www.paramounthotelseattle.com
料ⓈⒹⓉ$189～665、Ⓢu$349～850
駐$41～51　Wi-Fi無料
カード A D M V　146室（♿あり）

H 中心街でベストバリューのホテル　中級／ダウンタウン／MP.32-B2

エグゼクティブ・ホテル・パシフィック・ダウンタウン・シアトル　Executive Hotel Pacific Downtown Seattle

1928年創業のホテルだが、改装を重ね、清潔。部屋の天井には大きな羽根の扇風機が回り、木目調のフロントエリアなど、クラシックな雰囲気が残っている。ダウンタウンのビジネスディストリクト界隈では、最もコストパフォーマンスがよいホテルのひとつといえる。

住400 Spring St., Seattle, WA 98104
☎(206) 623-3900
Free (1-888) 388-3932
FAX (206) 623-2059
URL www.executivehotels.net/seattle-downtown-hotel
料ⓈⒹⓉ$159～504、Ⓢu$209～558
駐$37　Wi-Fi無料
カード A D J M V　156室

H 古い建物をモダンに改装　中級／パイオニアスクエア／MP.33-B1

コートヤード・シアトルダウンタウン／パイオニアスクエア　Courtyard Seattle Downtown / Pioneer Square

シアトルに古くからあるビルを、外観はそのままに内部を改装したもので、古い建物がもつ天井高とがっしりした造りの部屋が特徴的だ。そこにモダンな家具と液晶TVなどを設置し、ポップな雰囲気に調えてある。スミスタワーやパイオニアスクエアもすぐそば。

住612 2nd Ave., Seattle, WA 98104
☎(206) 625-1111
FAX (206) 625-3270
URL www.marriott.com
料ⓈⒹⓉ$159～389、Ⓢu$189～409
駐$47　Wi-Fi無料
カード A D J M V　262室（♿あり）

H アムトラック駅の目の前にある　中級／パイオニアスクエア／MP.33-B2

エンバシースイーツ・バイ・ヒルトン・シアトルダウンタウン・パイオニアスクエア　Embassy Suites by Hilton Seattle Downtown Pioneer Square

2018年3月にオープンしたホテル。中国・日本料理レストランが多く集まるインターナショナルディストリクトやライトレイルの駅まで、エレベーターを使って5分と立地がいい。セーフコフィールドも近いので、ナイターで試合が遅く終わっても歩いて帰れる。無料の朝食付き。

住255 S. King St., Seattle, WA 98104
☎(206) 859-4400
FAX (206) 859-4401
URL embassysuites3.hilton.com
料ⓈⒹⓉ$189～469、Ⓢu$600～1500
駐$50　Wi-Fi無料
カード A M V　282室（♿あり）

↘サウス・レイクユニオン・ラインの駅も。**Silver Cloud Inn Seattle Lake Union** MP.31-B1 住1150 Fairview Ave. N., Seattle, WA 98109 ☎(206) 447-9500 URL www.silvercloud.com 料ⓈⒹⓉ$179～329、Ⓢu$199～359

H シアトル・マリナーズの球場が目の前　　中級／インターナショナルディストリクト／MP.31-B4

シルバークラウド・ホテル・シアトル-スタジアム　Silver Cloud Hotel Seattle-Stadium

セーフコフィールドのそばにあり、野球観戦に便利なホテル。客室は明るく広々としている。屋上に屋外プールとスパもあるので、リラックスタイムも充実しそう。1階にはスポーツバー&グリルのJimmy's on Firstがあり、食事にも困らない。全室禁煙。

住1046 1st Ave. S., Seattle, WA 98134
☎(206) 204-9800
Free(1-800) 497-1261
FAX(206) 381-0751
URLwww.silvercloud.com/seattlestadium
料ⓈⒹⓉ$179～569、Ⓢⓤ$244～569
駐$39　Wi-Fi無料
カードAMV　211室（&あり）

H スペースニードルに近い　　中級／シアトルセンター／MP.31-A2

ハイアット・プレイス・シアトル／ダウンタウン　Hyatt Place Seattle/Downtown

スペースニードルから徒歩5分の所にあるハイアット・リージェンシー系列のホテル。サンドイッチや果物などの朝食が無料で付く。ダウンタウンまでは、徒歩で15分。スーパーマーケットのWhole Foods Marketや人気のレストランも徒歩圏内にあり便利だ。

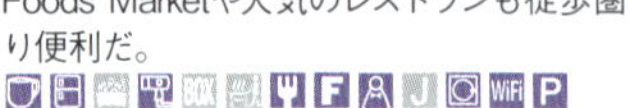

住110 6th Ave. N., Seattle, WA 98109
☎(206) 441-6041
FAX(206) 441-6042
URLseattledowntown.place.hyatt.com
料ⓈⒹⓉ$199～349
駐$30　Wi-Fi無料
カードADJMV　160室（&あり）

H 朝食付きのスイートタイプホテル　　中級／シアトルセンター／MP.31-A1

ハンプトン・イン&スイーツ・シアトルダウンタウン　Hampton Inn & Suites Seattle Downtown

5th Ave.とRoy St.の角にあり、スペースニードルまで徒歩3分、ダウンタウンまで徒歩20分。全199室のうち72室に台所とリビングが付く。各階に洗濯室もあり、無料の朝食サービスもある。コンピューターが使えるビジネス室や会議室も完備し、ビジネス客にも好評。

住700 5th Ave. N., Seattle, WA 98109
☎(206) 282-7700
FAX(206) 282-0899
URLwww.hamptoninnseattle.com
料ⓈⒹⓉ$169～349、Ⓢⓤ$179～389
駐$25　Wi-Fi無料
カードADJMV　199室（&あり）

H 若い世代に人気があるブティックホテル　　中級／サウス・レイクユニオン／MP.31-B2

モキシー・シアトルダウンタウン　Moxy Seattle Downtown

2018年2月に開業したホテル。アマゾン・ドット・コムの本社に近く、ここ数年最も進化が激しいサウス・レイクユニオンにある。ロビーエリアの横には、おしゃれなバーもあり、1日中若者でにぎわっている。周辺には最近注目を浴びているレストランが多数あるので、食事には困らないだろう。

住1016 Republican St., Seattle, WA 98109
☎(206) 708-8200
FAX(206) 708-8201
URLwww.marriott.com
料ⓈⒹⓉ$132～313
駐なし　Wi-Fi無料
カードADJMV　146室（&あり）

H レイクユニオンを見渡すホテル　　中級／サウス・レイクユニオン／MP.31-A1

コートヤード・シアトルダウンタウン／レイクユニオン　Courtyard Seattle Downtown / Lake Union

客室からユニオン湖が見渡せるホテル。1階にはレストランと売店が入る。スペースニードルなど主要な観光名所へもすぐ。ダウンタウンへは、シアトル・ストリートカー・サウス・レイクユニオン・ラインに乗れば約15分。少し離れてはいるが、不自由しない。2018年10月現在、一部リノベーション中。

住925 Westlake Ave. N., Seattle, WA 98109
☎(206) 213-0100
Free(1-888) 236-2427
FAX(206) 213-0101
URLwww.marriott.com
料ⓈⒹⓉ$119～409
駐$35　Wi-Fi無料
カードADJMV　250室（&あり）

H ワシントン大学関係者が利用する　　中級／ユニバーシティディストリクト／MP.35-A2

ユニバーシティ・イン・シアトル　University Inn Seattle

ワシントン大学近くにある家庭的な雰囲気のホテル。近くには、レストランやバー、ショップなどがあり、たいへん便利だ。朝食やWi-Fiの接続、自転車の貸し出し、ダウンタウンまでのシャトルバスサービスが無料なのはうれしい。電子レンジ付きの部屋もある。

住4140 Roosevelt Way N.E., Seattle, WA 98105
☎(206) 632-5055
FAX(206) 547-4937
URLwww.universityinnseattle.com
料ⓈⒹⓉ$129～316
駐$15　Wi-Fi無料
カードAJMV　102室（&あり）

MEMO **スペースニードルそばのおすすめホテル**　シアトルセンター近くのThe Mediterranean Innは、そばにスーパーのSafewayやモノレール駅があって便利。屋上からはダウンタウンの絶景も見える。↗

シータック空港の搭乗カウンターまで歩いて約10分 中級／シータック空港／MP.30-A4

クラウンプラザ・シアトル・エアポート Crowne Plaza Seattle Airport

　サウンドトランジット・リンク・ライトレイルのシータック空港駅から、エレベーターを降りて徒歩3分と立地がいいホテル。空港からホテルまでの歩道には明かりがともされていて、日没後でも不安なく歩ける。館内には、23:00まで開いているレストランやバーがあり、シアトル国際空港に遅く到着しても、食事にありつけるのがいい。徒歩圏内にはコンビニエンスストアやファミリーレストランもある。

　空港に近いことから、航空会社のパイロットやフライトアテンダントの利用も多い。空港へは歩いても行けるが、シャトルバスが20分おきに運行しているので、荷物が多くても問題ないだろう。敷地内には駐車場があるうえ、シアトルダウンタウンの交通渋滞を避けることができることから、ベルビューやレドモンドにあるIT企業を訪れる会社員にも好評だ。ダウンタウン中心部と比べると比較的お手頃価格なので、長期滞在する宿泊客も少なくない。シアトルダウンタウンへはライトレイルで約40分、タコマへはバスで1時間、ベルビューへはバスで30分。

住17338 International Blvd., Seattle, WA 98188
☎(206) 248-1000
Free(1-877) 573-2822
FAX(206) 242-7089
URLwww.cpseattleairport.com
料ⓈⒹⓉ$109～309、Ⓢⓤ$159～359
駐$24
Wi-Fi無料
カードADJMV　260室（♿あり）

右上／ルームサービスもあるので、食事には困らない
左／ライトレイル駅からすぐの場所にある
右／1階にはレストランのほか、バーもある

ユニバーシティディストリクトでお手頃価格 エコノミー／ユニバーシティディストリクト／MP.35-A3

カレッジイン The College Inn

　アラスカ-ユーコン博覧会のために1909年に建てられたホテル。部屋からはモントレイクエリアやダウンタウンの美しい風景を見渡せる。屋根裏部屋でいただく朝食の際には、ほかの旅行者たちと席を並べて名物のホットチョコレートを楽しみたい。各部屋のバス・トイレは共同。

住4000 University Way N.E., Seattle, WA 98105
☎(206) 633-4441
FAX(206) 547-1335
URLwww.collegeinnseattle.com
料〈11～5月〉ⓈⒹⓉ$60～90、〈6～10月〉ⓈⒹⓉ$100～140
駐なし　Wi-Fi無料
カードMV　27室

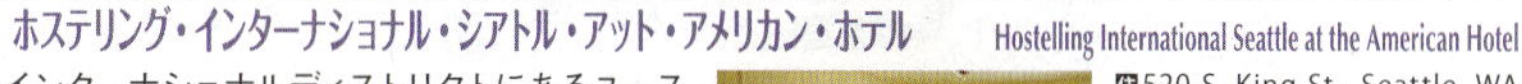

管理が行き届いていて安心できる ユースホステル／インターナショナルディストリクト／MP.33-A3

ホステリング・インターナショナル・シアトル・アット・アメリカン・ホテル Hostelling International Seattle at the American Hotel

　インターナショナルディストリクトにあるユースホステル。ライトレイルのInternational District/Chinatown駅から徒歩3分と立地がいい。40～50歳代の夫婦や家族連れも宿泊している。近くには中国料理レストランが並び、食事には不自由しない。Wi-Fiと朝食は無料。

住520 S. King St., Seattle, WA 98104
☎(206) 622-5443
FAX(206) 299-4141
URLhiusa.org/seattle
料ドミトリー$35～45、個室$80～160
駐なし　Wi-Fi無料
カードAMV　294ベッド（♿あり）

私設のホステル ユースホステル／ダウンタウン／MP.32-A2

グリーン・トータス・ホステル Green Tortoise Hostel

　パイク・プレイス・マーケットの目の前にあるホステル。2～8人利用のドミトリー形式で、無料のWi-Fiと朝食が付く。週に3回無料の夕食が提供され、世界各国のバックパッカーに人気。ベルタウンやキャピトルヒルのパブを巡るツアーなども催行されている。

住105 Pike St., Seattle, WA 98101
☎(206) 340-1222
URLwww.greentortoise.net
料ドミトリー$31～61、個室$95～
駐なし　Wi-Fi無料
カードAMV　31室

↘ **The Mediterranean Inn**　MP.35-A1　住425 Queen Anne Ave. N., Seattle, WA 98109　☎(206) 428-4700
URLwww.mediterranean-inn.com　料ⓈⒹⓉ$139～399

シアトル・マリナーズ
セーフコフィールド
MP.31-B4
住1250 1st Ave. S., Seattle
☎(206) 346-4001
URLwww.mlb.com/mariners
料$16〜。チケットは、ウェブサイトやセーフコフィールドの窓口(ボックス・オフィス)、マリナーズ・チームストアなどで購入できる。
行き方ダウンタウンのWestlake駅からサウンドトランジット・リンク・ライトレイルでStadium駅下車、徒歩10分。もしくは、パイオニアスクエアから徒歩15分。

野 球
Major League Baseball (M L B)

シアトル・マリナーズ
Seattle Mariners

シアトルを本拠地とするシアトル・マリナーズは、アメリカン・リーグ西地区に所属する。1977年に創設され、佐々木主浩投手、長谷川滋利投手、岩隈久志投手、青木宣親選手のほか、ランディ・ジョンソン投手、ケン・グリフィー・ジュニア選手など球界を代表する選手も在籍した。2018年、マリナーズに復帰したイチロー選手は5月、会長付特別補佐に就任した。2019年シーズンには選手として出場する噂もささやかれている。球場は、**セーフコフィールドSAFECO Field**（→P.57）。チケットは当日でも購入が可能だ。

チームは、2001年にメジャーリーグ史上最多タイの116勝でプレイオフに進出するが、アメリカンリーグ・チャンピオンシップで敗退。2018年は勝ち越すもののプレイオフ進出はならなかった。

球場内座席料金（2018年当日券）

座席	料金
メインレベル Main Level（1階）	$31〜
テラスレベル Terrace Level（2階）	$42〜
ヒット・イット・ヒア Hit It Here	$50〜
ビューレベル View Level	$26〜
ブリーチャー Bleachers	$16〜

MEMO **女子サッカーチーム、シアトル・レインFC Seattle Reign FC** 2013年から女子サッカーリーグ、NWSLに所属し、2度準優勝しているチーム。2016〜2018年には川澄奈穂美選手、宇津木瑠美選手が所属した。↗

アメリカンフットボール National Football League (N F L)

シアトル・シーホークス Seattle Seahawks

シアトルに本拠地をおくシアトル・シーホークスは、1976年のリーグ拡張にともない創設され、NFC西地区に所属した。翌年AFC西地区に移動するが、2002年、再度NFC西地区に移される。2005年に悲願のスーパーボウル出場を決めるが、敗退。2013年は地区1位でプレイオフへ進出し、勢いそのままにスーパーボウル初制覇を遂げた。その後2014～2016年は続けてプレイオフに進出。しかし、2017年は9勝7敗でプレイオフに駒を進めることができなかった。

シアトル・シーホークス
センチュリーリンク・フィールド
MP.31-B4
住800 Occidental Ave S., Seattle
Free(1-888)635-4295
URLwww.seahawks.com
料$65～600
行き方ダウンタウンのWestlake駅から、サウンドトランジット・リンク・ライトレイルでInternational District/Chinatown駅下車、徒歩10分。パイオニアスクエアから徒歩14分。

シアトル・シーホークス・プロショップ
Seattle Seahawks Pro Shop
MP.31-B4
住800 Occidental Ave., #300, Seattle
☎(206)682-2900
URLproshop.seahawks.com
営月～土10:00～18:00、日12:00～17:00
カード A M V

サッカー Major League Soccer (M L S)

シアトル・サウンダーズFC Seattle Sounders FC

2009年からメジャーリーグサッカー(MLS)に参加。リーグトップクラスの人気を誇り、平均4万人を超える観衆が集まる。シーズン成績がリーグトップだった2014年も含めプレイオフには毎年進出し、2016年には悲願の優勝を遂げている。アメリカの天皇杯に当たるUSオープン・カップも4回優勝している強豪チームだ。元アメリカ代表のクリント・デンプシー選手が2018年に引退したあと、ウルグアイ人のMF、ニコラス・ロデイロ選手を中心とするチームになっている。試合前にパイオニアスクエアから行われるサポーターと音楽隊の行進、マーチ・トゥー・ザ・マッチが有名だ。女子サッカーチームについては、P.100脚注参照。

セーフコフィールドの隣にあるスタジアム

シアトル・サウンダーズFC
センチュリーリンク・フィールド
MP.31-B4
住800 Occidental Ave S., Seattle
Free(1-877)657-4625
URLwww.soundersfc.com
料$17～374
行き方ダウンタウンのWestlake駅から、サウンドトランジット・リンク・ライトレイルでInternational District/Chinatown駅下車、徒歩10分。パイオニアスクエアから徒歩14分。

エンターテインメント Entertainment

シアトル交響楽団 Seattle Symphony Orchestra

1903年に創設されたシアトル交響楽団は、ダウンタウンの**ベナロヤホールBenaroya Hall**を本拠地とするオーケストラ。2011年から**ルドビック・モルローLudovic Morlot**を音楽監督に、年間200以上のコンサートを行う。シーズンは、9月から6月。同楽団には、ビオラの小久保さやか氏とトロンボーンの山本浩一郎氏、日本人奏者が2名在籍する。

シアトル交響楽団
ベナロヤホール
MP.32-A2
住200 University St., Seattle
☎(206)215-4747
Free(1-866)833-4747
URLwww.seattlesymphony.org
料$22～
行き方サウンドトランジット・リンク・ライトレイルのUniversity Street駅下車、目の前。

↘メモリアルスタジアム(Memorial Stadium) MP.35-B1 住401 5th Ave. N., Seattle Free(1-855)734-4632 URLwww.reignfc.com

Seattle's Suburban Wineries

シアトル近郊のワイン産地

ウッディンビルを歩く

Strolling through Woodinville

テイスティングルームのパティオで、くつろぎながらワインを楽しめる

注目を浴びるワイン産地

　ウッディンビルWoodinvilleは、近年シアトル近郊で急成長を遂げているワインの産地だ。つい最近までコロンビアワイナリー（→P.103）とシャトー・サン・ミッシェル（→P.103）の2大ワイナリーしかなかったが、現在では100を超える試飲室がオープン。小規模でワインを造るブティックワイナリーも誕生している。試飲室やレストランが集まるのは次の4ヵ所。コロンビアワイナリーやシャトー・サン・ミッシェルがある**ハリウッド・ディストリクトHollywood District**、その北西にある**ウエスト・バレー・ディストリクトWest Valley District**、レストランも軒を連ねる**ダウンタウンディストリクトDowntown District**、倉庫を改装したワイナリーが並ぶ**ウエアハウスディストリクトWarehouse District**だ。夏にはシャトー・サン・ミッシェルで恒例のコンサートも開かれ、多くの観光客でにぎわう。

ウッディンビル
MP.29-B3　URLwoodinvillewinecountry.com
行き方▶シアトルから車かツアーで。車ならシアトルダウンタウンからI-5を北へ3km行き、Exit 168BでWA-520 E.に移る。10km東へ行きI-405 N.へ。7km北上しExit 20Bで下りる。N.E. 124th St.、132nd Ave. N.E.、N.E.143rd St.、137th Pl. N.E.、N.E. 145th St.を北東に進むとシャトー・サン・ミッシェルがあるハリウッド・ディストリクトに到着。約35分。

歩き方▶シアトルからは、ツアーで回るのが理想的。車で行ってもドライバーはワインを楽しめない。アメリカでも飲酒運転は絶対しないように。日本語ツアーを含め、ウッディンビルのワイナリーへ行くツアーは多数催行されている。

シアトル発のツアー▶
ボン・ビバント・ワインツアーズ・オブ・ワシントン
Bon Viant Wine Tours of Washington
☎(206)524-8687　URLbonvivanttours.com
Woodinville Wineries Day Tour
営〈1～2月、11～12月〉金～日10:30～17:30、〈3～4月〉水～日10:30～17:30、〈5～10月〉毎日10:30～17:30　料大人$89
シアトルダウンタウンのホテルでピックアップ。2軒の大型ワイナリー、3～4軒の小規模ブティックワイナリーを巡る。

シアトルETC（エデュケーションツアーセンター）
住1511 3rd Ave., Suite 1002, Seattle
☎(206)623-7060
URLwww.educationtourcenter.com
ワイナリーとスノコルミー滝ツアー
営9:30～13:30　料大人$95、子供$50
シアトルダウンタウンのホテルでピックアップ。ワイナリーでワイン製造過程の見学とワイン・テイスティングのあと、スノコルミーの滝へ。

W ワシントンワインの草分け　ワイナリー／ウッディンビル／MP.102-B2

コロンビアワイナリー
Columbia Winery

1962年、ワシントン大学の教授6人と4人のビジネスマンが共同で設立したワイナリー。ヨーロッパのブドウ種でもワシントン州の冬に耐えられると信じて栽培を始めた。結婚式を行える会場もあり、夏季は毎週金曜夕方からコンサートが開催される。

住14030 N.E. 145th St., Woodinville
電(425) 482-7490
Free (1-855) 374-9463
URL www.columbiawinery.com
営土～木11:00～18:00、金11:00～19:00
料試飲$15
カード A M V

W 広大なブドウ畑に囲まれた醸造所　ワイナリー／ウッディンビル／MP.102-B2

シャトー・サン・ミッシェル
Chateau Ste. Michelle

ワシントン州で最も古いワイナリー。1967年からシャルドネやメルローなど、ヨーロッパ伝統のブドウ品種を生産する。コロンビアバレーに広大なワイン畑を所有し、ロハスなワイン造りにも力を注ぐ。発酵中のタンクや樽熟庫、ボトル詰めの様子を見学したあと、試飲もできる。

住14111 N.E. 145th St., Woodinville
電(425) 488-1133
Free (1-800) 267-6793
URL www.ste-michelle.com
営毎日10:00～17:00。無料の見学ツアー／月～木11:00～16:00の毎正時、金～日10:30～16:00の30分ごと
料試飲$15(5種類)　カード A M V

W ノベルティヒルとヤヌークの共有試飲室　テイスティングルーム／ウッディンビル／MP.102-A2～B2

ノベルティヒル／ヤヌーク
Novelty Hill / Januik

Stillwater Creekでノベルティヒルが栽培したシャルドネ、メルローなどのブドウをヤヌークのマイク・ヤヌーク氏がワインに仕上げる。1999年創業したヤヌークは、発酵からボトル詰めまでを行うワイン会社だ。金～日曜の11:00～16:30まで窯焼きピザ（$16）の販売あり。

住14710 Woodinville-Redmond Rd. N.E., Woodinville
電(425) 481-5502
URL www.noveltyhilljanuik.com
営毎日11:00～17:00
料試飲$15(ワイン4種類)、ワイン3本以上購入の場合、試飲料は無料
カード A M V

W ヤキマバレーにあるワイナリーの試飲室　テイスティングルーム／ウッディンビル／MP.102-B2

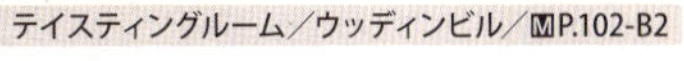

エアフィールドエステイト
Airfield Estates

ワシントン州のヤキマ渓谷Prosserにある家族経営のワイナリーで、1968年の創業。創業者が植え付けたブドウは現在900エーカーにまで拡大し27種のブドウを栽培している。100%自家栽培のブドウを使用。ウッディンビルの試飲室で、その味を楽しもう。

住14450 Woodinville-Redmond Rd. N.E., #109, Woodinville
電(425) 877-1006　URL www.airfieldwines.com　営〈1～4月〉日～水11:00～17:00、木～土11:00～18:00、〈5～12月〉日～水11:00～18:00、木～土11:00～19:00
料試飲$10～15、ワイン購入の場合、試飲料は無料　カード A M V

R 名門ロッジの極上ワインディナー　ニューアメリカン／ウッディンビル／MP.102-B2

バーキングフロッグ
Barking Frog

スーシェフのボビー・ムーア氏が創る料理は、ノースウエストに影響を受けたアメリカン・リージョナル・キュイジーヌ。地元の魚や肉をメインに、野菜もたっぷり使って斬新に仕上げ、素材のもち味を生かしている。ディナーはノースウエストのキングサーモンやラムチョップ（各$46）など。

住14580 N.E. 145th St., Woodinville
電(425) 424-2999
URL www.willowslodge.com
営朝食：月～金6:00～15:00、ブランチ：土日6:00～15:00、ランチ：月～金11:30～14:30、ディナー：毎日17:00～21:45
カード A J M V

H ウッディンビルの名門ロッジ　高級／ウッディンビル／MP.102-B2

ウィローズロッジ
Willows Lodge

アメリカの旅行雑誌Conde Nast Travellerから金賞を受賞したノースウエストスタイルの隠れ家リゾート。すべての部屋にパティオかバルコニーを設置し、客室には石造りの暖炉が据えられている。レストランのBarking Frog（→上記）もあり、極上の料理を堪能できるだろう。

BOX F J WiFi P

住14580 N.E. 145th St., Woodinville WA 98072　電(425) 424-3900
URL www.willowslodge.com
料ⓈⒹⓉ$224～549、㊜$579～
駐$20　Wi-Fi 無料　カード A D J M V
84室(あり)　行き方 シアトルからは、P.102のウッディンビルの行き方を参考に。シャトー・サン・ミッシェルの斜め前。約35分

COLUMN

シアトルのイーストサイド最大の都市
ベルビューBellevue

シアトルダウンタウンからワシントン湖に架かる浮き橋Floating Bridgeを渡って車で約20分。イーストサイド最大の都市が**ベルビューBellevue**だ。1986年にマイクロソフトMicrosoft社が隣町のレドモンドRedmondに本社ビルを移してからは、ハイテク産業の中心地として発展してきた。近年は、エクスペディアExpedia社やエディー・バウアー Eddie Bauer社などの本社も移転してきて、高層ビルやホテルなどが建設されている。

街の中心はイーストサイド最大のショッピングエリアとして知られる**ベルビュースクエアBellevue Square**界隈。周りを高層のオフィスビルやパフォーミングセンター、銀行や高級ホテルが取り囲み、**リンカーンスクエアLincoln Square**という別のモールとも通路でつながれている。

2008年に改装されたベルビュースクエアには、Macy'sやNordstromのデパートのほか、BurberryやCoach、Michael Kors、Tiffany & Co.といった有名ブランド、American Eagle OutfittersやJ. Crew、Anthropologie、Forever21などのカジュアルブランドなどが約200店舗入り、エリア最大級のショッピングモールとしてにぎわっている。レストランは飲茶で有名なDin Tai FungやBeecher's Handmade Cheese & Caffe Vitaも入店。徒歩圏内には、高級ショッピングモールの**ショップス・アット・ブレバーンThe Shops at the Bravern**がありNeiman Marcus、Gucci、Hermes、Jimmy Choo、Louis Vuitton、Pradaなどのハイブランドが約20集まっている。

ベルビュースクエア正面にあるのは、クラフト工芸をメインに展示する**ベルビュー美術館Bellevue Arts Museum**。コレクションをもたず、数ヵ月ごとに変わる特別展のみを開催する。

高級ブランドのショッピングを楽しめるショップス・アット・ブレバーン

また、日本人駐在員が多く住むベルビューは、高級住宅街としても知られているほど比較的治安がよいエリア。ダウンタウンは22:00頃でも近隣のレストランで食事を終えた人たちでにぎわっている。約15のホテルがダウンタウン中心部にはあるので、ショッピングを楽しみたい人やシアトルダウンタウンの喧騒から離れたい人にもおすすめだ。

デール・チフリー氏のガラス彫刻も飾られているベルビュースクエア

ベルビューへの行き方

車シアトルから東へ約20km。WA-520でエバーグリーン・ポイント・フローティング・ブリッジ経由か、I-90でレイシー・V・マロウ・メモリアルブリッジ経由のふたとおり。WA-520ならI-405を南へ行き、Exit 13AをN.E. 8th St. W.方向へ。I-90ならI-405を北へ、Exit 13BをN.E. 8th St. W.へ走ると中心街に着く。

バスシアトルダウンタウンのトンネルバスUniversity Street駅からサウンドトランジット・バス#550でN.E. 4th St. & 105th Ave. N.E.下車。約35分。シータック空港からは、ライトレイル駅目の前にあるInternational Blvd. & S. 176th St.のバス停からサウンドトランジット・バス#560でBellevue Transit Center下車。約40分。

ベルビュースクエア

MP.30-B2
住575 Bellevue Sq., Bellevue
☎(425) 454-8096
URLbellevuecollection.com
営月～土9:30～21:30、日11:00～19:00

ショップス・アット・ブレバーン

MP.30-B2
住11111 N.E. 8th St., Bellevue
☎(425) 456-8795
URLthebravern.com/shops
営月～土10:00～20:00、日12:00～18:00(店により異なる)

ベルビュー美術館

MP.30-B2
住510 Bellevue Way N.E., Bellevue
☎(425) 519-0770
URLwww.bellevuearts.org
営水～日11:00～17:00(第1金曜～20:00)　休月火
料大人$15、シニア・学生$12

ベルビュー観光局
Visit Bellevue Washington

MP.30-B2
住11100 N.E. 6th St., Bellevue
☎(425) 450-3777
URLwww.visitbellevuewashington.com
営月～金8:00～17:00　休土日

ワシントン州―シアトルからの小旅行

WASHINGTON STATE

車とツアーで行く国立公園

オリンピック国立公園
Olympic National Park

ワシントン州 ▶ 市外局番：360

シアトルからピュージェット海峡越しに氷河を抱いたオリンピック連山が見える。海からの湿った風が山にぶつかり、半島西側に大量の雨を降らせ、高緯度にしては珍しい温帯雨林の森が生まれた。流木が打ち寄せる海岸と深い温帯雨林。特異な自然環境で1981年、世界遺産に登録された。

オリンピック国立公園への行き方

オリンピック国立公園のゲートシティは、シアトルから車で約3時間の**ポートエンゼルスPort Angeles**（→P.110）。ファンデフカ海峡に面した港町で、カナダのビクトリアへのフェリーも出ている。シアトルからポートエンゼルスだけを訪れるなら、バスでのアクセスが可能。しかし、国立公園内を自在に回るならレンタカーが必要だ。特にハリケーンリッジ、ソルダック・ホット・スプリングス、ホー・レイン・フォレストへは、車以外交通手段がない。カラロック、レイク・キノート、フォークスを結ぶローカルバス便はあるが、効率が悪い。

レンタカーはポートエンゼルスでも借りられるが、見どころの多くはUS-101沿いに散在するため、ポートエンゼルスから往復するのは時間的にロス。車はシアトル市内かシータック空港で借り、半島を時計回り（あるいは逆）するといい。

ダンジェネスライン
Dungeness Line
☎(360)417-0700
URL dungeness-line.com
営 シアトルのグレイハウンド・バスディーポからポートエンゼルスまで所要約4時間。
シータック空港（バゲージクレーム南のドア番号02／12:25、18:30発
シアトル（グレイハウンド・バスディーポ）／13:17、19:22発
ポートエンゼルス／6:10、12:35発
料 シアトルのグレイハウンドバスディーポから片道$39、往復$78。シータック空港から片道$49、往復$98

ワシントンステート・フェリー
☎(206)464-6400
Free (1-888)808-7977
URL www.wsdot.wa.gov/ferries
営 シアトル～ベインブリッジアイランド／早朝から深夜まで40分～1時間25分ごと、所要35分
料 大人$8.35、6～18歳$4.15、車とドライバー$15～18.70（時期により異なる）

レンタカー&フェリー Rent-A-Car & Ferryboat

シアトルのピア52から**ワシントンステート・フェリー Washington State Ferries**（→P.106側注）のベインブリッジアイランドBainbridge Island行きに乗り、対岸に到着してからはWA-305、WA-3、WA-104を北西に走り、US-101に出る。これを北へ進むとポートエンゼルスへ。ベインブリッジアイランドから約120km。シアトルから約2時間45分。

オリンピック国立公園の歩き方

国立公園はオリンピック半島の中央部と、海岸地域とに分かれている。半島の外周をUS-101が走っていて、ここから園内の見どころへ寄り道しながらぐるりと1周する。

1日目はハリケーンリッジへ登ってポートエンゼルスあたりに1泊し、2日目はクレセント湖やソルダック・ホット・スプリングス、ホー・レイン・フォレストなどを訪れ、フォークスに宿泊。3日目、キノート・レイン・フォレストを訪れて、オリンピア経由でシアトルへ戻るといい。

太平洋の荒波が打ち寄せるルビービーチ

オリンピック国立公園
Olympic National Park
MP.29-A2～A3
☎(360)565-3130
URL www.nps.gov/olym
料 車1台$30、オートバイ$25、徒歩・自転車$15（7日間有効）

アメリカ・ザ・ビューティフル・パス
America the Beautiful Pass
複数の国立公園を訪れる人、何度も繰り返し行く予定の人におすすめのパス。12ヵ月間（2018年1月に使い始めたら2019年1月末日まで）有効。わずか$80で、国立公園、国定公園はもちろん、セントヘレンズ火山のように森林局や土地管理局などが管理する公園にも出入り自由。パス1枚で車の同乗者全員が入園できる。人数で課金される場合は4名まで有効。購入は各公園のゲート、もしくはウェブサイトで。
URL store.usgs.gov/pass

シアトル発のツアー

シアトルETC（エデュケーションツアーセンター）
住 1511 3rd Ave., Suite 1002, Seattle
☎(206)623-7060
URL www.educationtourcenter.com
営 月～金9:00～18:00
オリンピック国立公園ツアー／〈7～9月〉毎日8:00～19:30（約11時間30分のツアー）
料 大人$240、4～12歳$140（ガイド代、フェリー代、チップ代など込み）。最低2人から催行。

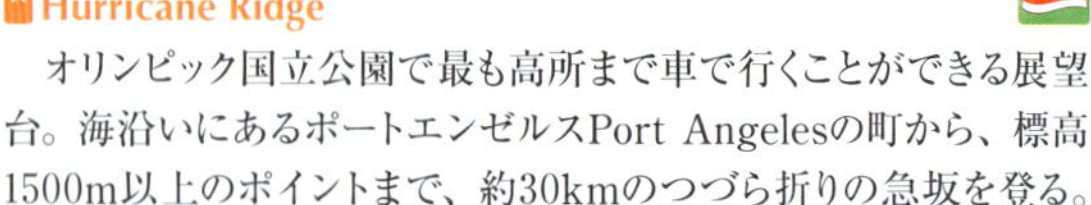

オリンピック国立公園のおもな見どころ

オリンピック半島を一望する　MP.107-B1

ハリケーンリッジ
Hurricane Ridge

オリンピック国立公園で最も高所まで車で行くことができる展望台。海沿いにあるポートエンゼルスPort Angelesの町から、標高1500m以上のポイントまで、約30kmのつづら折りの急坂を登る。展望台には、ハリケーンリッジ案内所やギフトショップもある。

車道終点からのパノラマはすばらしい。夏でも雪を頂く山々や氷河を見渡すことができる。さらに雄大な眺望を楽しみたければ、ハリケーンヒルHurricane Hillの山頂まで2.5kmほど歩いてみよう（ハリケーンヒル・トレイル→P.113）。ファンデフカ海峡や対岸のビクトリアまで見えるはずだ。夏の日中でも寒いことがあるので上着は必携。

なお、この道路は積雪期9:00から日没までのみ通行可能となる（チェーン必携）。

観光案内所

オリンピック国立公園案内所
Olympic National Park Visitor Center
MP.107-B1
住3002 Mt. Angeles Rd., Port Angeles
☎(360) 565-3130
営毎日8:30～17:00（冬季は毎日9:00～16:00）
ポートエンゼルスから南へ1.6kmほど行った公園入口手前にある。ハリケーンリッジに登る前に必ず立ち寄ること。

ハリケーンヒル・トレイルですばらしい眺望を満喫したい

静寂の湖で休息を　MP.107-B1

クレセント湖
Lake Crescent

ポートエンゼルスからUS-101を西へ約34km走った所にある、その名のとおり三日月形の湖。周囲をなだらかな山々に囲まれた静かなたたずまいが魅力的だ。湖の南岸に沿って国道（US-101）が通っているので、さらに静かさを求めるなら北側の道路を走るといい。時間があれば、レイク・クレセント・ロッジLake Crescent Lodge（→P.111）からUS-101を渡って30分ほど歩いた所にある、メリーミア滝Marymere Fallsを訪れよう（→P.114）。

観光案内所

ハリケーンリッジ案内所
Hurricane Ridge Visitor Center
MP.107-B1
営毎日10:00～17:30（積雪期は土日9:00～16:00のみ）

レイク・クレセント・ロッジ近くの湖畔からボートを漕ぎだそう

季節限定の温泉リゾート　MP.107-B1

ソルダック・ホットスプリングス&プール
Sol Duc Hot Springs & Pool

US-101がクレセント湖に別れを告げてしばらくすると、ソルダック・ホットスプリングスへの分かれ道（Sol Duc Hot Springs Rd.）がある。ここを南へ入って静かな渓流ソルダック川Sol Duc Riverを遡ること約15km。温泉リゾートとして知られるソルダック・ホットスプリングスに到着だ。ロッジ（→P.111）、レストラン、キャンプ場などが揃っているが、温泉だけを日帰りで楽しむこともできる。炭酸と珪酸を含む温泉はちょっとぬめりがあり、日本の温泉と違って水着を着用してプール感覚で入る。ひなびた風情が漂う日本人好みの温泉地だ。

ソルダック・ホットスプリングス&プール
Sol Duc Hot Springs & Pool
住12076 Sol Duc Hot Springs Rd., Port Angeles
Free(1-866) 476-5382
営〈3月下旬～5月中旬、9～10月〉毎日9:00～20:00、〈5月下旬～8月〉毎日9:00～21:00
料大人$15、4～12歳$11、宿泊者は無料

ソルダックの温水プールで癒やしのひとときを

 その土地らしいスポット&公園　 博物館&美術館&動物園　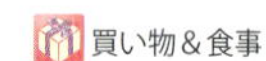 買い物&食事

★★★ 世界的にも珍しい温帯に発達した雨林 MP.107-B2

ホー・レイン・フォレスト
Hoh Rain Forest

オリンピック連山を回り込んだ、国立公園の西側にある温帯雨林。樹木の種類はベイツガやハンノキなどごく普通だが、枝という枝をコケが覆い、アオギヌゴケの仲間が無数に垂れ下がる。この特異な森を育んだのは、年間3500～4300mmという大量の雨。

案内所脇のミニトレイルを歩く

ホー・レイン・フォレスト（雨林）に到着したら、ビジターセンターで予習をし、建物の裏手に続く森を歩こう。「コケの殿堂・トレイルHall of Mosses Trail」というネーミングをもつこのトレイルは1周約1.3km、ゆっくり歩いても30分ほどの平坦なコースだ。もうひとつの「スプルース・ネイチャー・トレイルSpruce Nature Trail」のトレイルも1周約2km、45分もあれば歩けるだろう。

★★ 温帯雨林の西側は流木打ち寄せる美しい海岸 MP.107-A2

カラロック&ルビービーチ
Kalaloch & Ruby Beach

太平洋を望むカラロックロッジKalaloch Lodge（→P.111）を中心に、周辺には7つのビーチがあり、磯の生物を観察できる。岩場には整備されたトレイルも設置され、ハイキングも可能だ。

海を望むカラロックロッジ

人気のビーチは、カラロックから少し北上したルビービーチ。赤みを帯びた砂浜と岩礁が続き、季節によってはアザラシやクジラの姿を見かけるとか。カラロックビーチとサウスビーチのみキャンプ可能。

★★★ ルーズベルトエルクが生息する温帯雨林 MP.107-B2

キノート・レイン・フォレスト
Quinault Rain Forest

国立公園南西部のキノート湖Lake Quinault北岸に広がる温帯雨林。ホー・レイン・フォレストに比べ湿潤でカエデなどの樹木も多く、むせかえるほどの緑にあふれている。キノート湖南岸にはレイク・キノート・ロッジLake Quinault Lodge（→P.111）があり、毎日夏季9:30&15:30、冬季9:30からガイドの案内で雨林を回るバスツアー（所要約4時間）も通年催行されている（料$40、ロッジにて要予約）。ロッジ周辺には約15のハイキングトレイルがあるが、世界最大のシトカ・スプルース（トウヒ）World's Largest Sitka Spruce Treeが見られるThe Big Spruce Tree Trailがおすすめのハイキングトレイルだ。

美しい伝統的なロッジ

ℹ観光案内所

ホー・レイン・フォレスト案内所
Hoh Rain Forest Visitor Center
MP.107-A2～B2
☎(360) 374-6925
営毎日9:00～17:00（冬季は金～日10:00～16:00）

緑の中にあるホー・レイン・フォレスト案内所

※夏の森の中は、蚊が多いので、レインウエアなどを着用すること。

海岸を歩く際には流木に気をつけよう

ℹ観光案内所

カラロック案内所
Kalaloch Ranger Station
MP.107-A2
住156954 US-101, Forks
☎(360) 962-2283
営夏季のみ毎日9:00～17:00

キノート案内所
Quinault Rain Forest Ranger Station
MP.107-B2
住902 N. Shore Rd., Amanda Park ☎(360) 288-2444
営〈6月中旬～9月中旬〉木～月 9:00～17:00
車湖の北岸、温帯雨林の入口にある。US-101からN. Shore Rd.へ入って約10km。案内所&ミニ博物館も兼ねている。

Quinault USFS/NPS Ranger Station
MP.107-B2
住353 S. Shore Rd., Quinault
☎(360) 288-2525
営〈5月下旬～9月上旬〉月～金 8:00～16:30、日9:00～16:00、〈9月中旬～5月中旬〉月～金 8:00～16:30
車湖の南岸にある。US-101からS. Shore Rd.へ入って3km。国有林の案内所を兼ねている。

MEMO **フォークスが舞台の映画** 2009年に日本でも公開された『トワイライト～初恋～』は、オリンピック国立公園の西にある町フォークスが舞台になっている。女子高校生とバンパイアとの恋を描いた恋愛映画だ。

観光案内所

ポートエンゼルス観光案内所
Port Angeles Regional Chamber of Commerce
MP.107-B1
住121 E. Railroad Ave., Port Angeles
☎(360) 452-2363
URLwww.portangeles.org
営〈5～9月〉月～金9:30～17:30、土10:00～17:30、日12:00～15:00、〈10～4月〉月～土10:00～17:00、日12:00～15:00
カナダ・ビクトリアへのフェリー（Black Ball Ferry Line）が発着する港にある。

ポートタウンゼンド観光案内所
Port Townsend Visitor Information Center
MP.106
住2409 Jefferson St., Suite B, Port Townsend
☎(360) 385-2722
URLenjoypt.com
営月～金9:00～17:00、土10:00～16:00、日11:00～16:00

オリンピック国立公園周辺
Olympic National Park Outskirts

★★★ オリンピック半島観光の中心地 MP.107-B1

ポートエンゼルス Port Angeles

ファンデフカ海峡を挟んでカナダのビクトリアと向かい合う港町。サーモンをはじめ海釣りで有名な所でもあり、またオリンピック国立公園へのゲートシティとしてもにぎわっている。周辺には約30軒のホテルやモーテル、B&Bがあるので、国立公園観光の起点にしてもいい。

ポートエンゼルスの町並み

★★ 映画『愛と青春の旅立ち』の舞台となった町 MP.106

ポートタウンゼンド Port Townsend

ピュージェット湾の入口に位置し、古くから港町として栄えた歴史をもつ。観光案内所で地図をもらって町を1周してみよう。ダウンタウンはビクトリア様式の建物が並ぶ町並みが美しく、ジェファソン郡裁判所Jefferson County Courthouse（1892年完成）やセントポール教会St. Paul's Episcopal Church（1865年完成）など見どころは多い。町には20軒ほどのホテルやB&Bがある。

ダウンタウンは美しい建築群の宝庫

COLUMN フラッタリー岬への絶景ドライブ

フラッタリー岬Cape Flatteryは、クレセント湖からUS-101を西へ30分ほど走り、WA-113へ右折して60分ほど行った所にあるアメリカ48州最北西端の岬。途中から合流するWA-112はファンデフカ海峡に沿った景観道路。対岸にカナダを望みながら、アザラシ、アシカ、海鳥、ハクトウワシ、ときには浅瀬にすみついているコククジラに出合うチャンスもある。

小さな漁村をいくつか過ぎると、マカー族先住民居留地の中心地ニアベイNeah Bayに到着。入口にあるガソリンスタンドに立ち寄って居留地入場料Makah Recreation Permit（料1台$10）を払い、標識に従ってさらに12km走る。駐車場から岬へは急坂を下って約20分。

アメリカ本土で最も日本に近い岬

ニアベイにあるマカー族博物館

突端の展望台からは、太平洋の波に打たれてできた洞窟群や、ファンデフカ海峡に出入りする多数の船舶、沖に浮かぶタトゥーシュ島Tatoosh Islandの灯台などが眺められる。

岬からの帰路、ニアベイにある**マカー族博物館Makah Museum**に寄ってもいい。

Makah Museum
MP.106 住1880 Bayview Ave., Near Bay
URLmakahmuseum.com 営毎日10:00～17:00
休サンクスギビング、クリスマス、1/1 料$6

MEMO 居留地入場券の購入場所 ニアベイ入口にあるガソリンスタンドのほかに、マカー族博物館（→上記）やHobuck Beach Resort（住2726 Makah Passage, Neah Bay）、Makah Mini Mart（住931 Bayview Ave., Neah Bay）、Washburn's General Store（住1450 Bayview Ave., Neah Bay）などで入手できる。

ホテル

H ポートエンゼルスの中心地　　中級／ポートエンゼルス／MP.107-B1

レッド・ライオン・ホテル・ポートエンゼルス
Red Lion Hotel Port Angeles

カナダ・ビクトリア行きのフェリー乗り場に隣接した快適なモーテル。ダウンタウンまで歩いてすぐの場所なので、食事や買い物にも困らないだろう。客室はたいへん清潔だ。朝食はホテルのレストランで食べられる。屋外プールや、ホテルのすぐ海際には快適な遊歩道もあり。

住221 N. Lincoln St., Port Angeles, WA 98362
☎(360) 452-9215
FAX(360) 452-4734
URL www.redlion.com/port-angeles
料ⓈⒹⓉ$109〜284、Su$169〜
駐無料　Wi-Fi無料
カードADMV　186室（♿あり）

H キャンプ場もある老舗ロッジ　　中級／ポートエンゼルス／MP.107-B1

ログキャビン・リゾート
Log Cabin Resort

クレセント湖の北岸にある簡素なロッジ。本館のほかコテージやキャビン、RVパークまで完備したリゾートだが、US-101よりかなり奥に入った場所にあり、車がないと行けない。キッチン付きのキャビンは人気があるので早めに予約したい。

住3183 E. Beach Rd., Port Angeles, WA 98363
☎(360) 928-3325
URL www.olympicnationalparks.com
料バンガロー$175〜、キャビン$215〜
駐無料　営5月中旬〜9月
カードAMV　28室（♿あり）

H 上品な木造ロッジ　　中級／ポートエンゼルス／MP.107-B1

レイク・クレセント・ロッジ
Lake Crescent Lodge

クレセント湖の南岸にある気持ちのいいロッジ。青く澄んだ湖と湖岸を望むレストランもある。ロビー奥の売店はネイティブのクラフトも充実、のぞくだけでも楽しい。1915年に建てられた本館を中心に、コテージやキャビンが林の中に並ぶ。客室も快適に整えられ、とてもリラックスできる。

住416 Lake Crescent Rd., Port Angeles, WA 98363
☎(360) 928-3211
FAX(360) 928-3253
URL www.olympicnationalparks.com
料ロッジ$112〜152、コテージ$199〜309、キャビン$229〜
駐無料　営4月下旬〜12月下旬
カードAMV　55室（♿あり）

H 山懐にぽっかり開けた温泉場　　中級／ポートエンゼルス／MP.107-B1

ソルダック・ホットスプリングス・リゾート
Sol Duc Hot Springs Resort

ソルダック川のほとりに開けた温泉場。水着で入る温泉プールがあり、長逗留したいロッジだ。広い敷地に点在するキャビンはバスと暖房付き。キッチン付きや冷蔵庫付きもあるので、家族や友人と泊まると楽しそう。32棟のキャビンがある。ロッジの周りには快適なハイキングトレイルもある。

住12076 Sol Duc Hot Springs Rd., Port Angeles, WA 98363
☎(360) 327-3583
FAX(360) 327-3593
URL www.olympicnationalparks.com
料キャビン$213〜292、Su$383〜
駐無料　営3月下旬〜10月
カードAMV
キャビン32棟、スイート1室（♿あり）

H 太平洋を眺める絶景のロッジ　　中級／フォークス／MP.107-A2

カラロックロッジ
Kalaloch Lodge

太平洋を望む高台にあり、レストランや本館ロッジから荒々しい海が望める。レストランや売店もあり、食事や買い物に立ち寄るにも便利だ。広大な敷地には、本館以外にもキャビンや2階建てのモーテルが点在し、人数に合わせたチョイスが可能。本館スイートはハネムーナーにおすすめだ。

住157151 US-101, Forks, WA 98331
☎(360) 962-2271
Free(1-866) 662-9928
FAX(602) 331-5258
URL www.thekalalochlodge.com
料ロッジ$149〜314、キャビン$179〜345
駐無料　営通年　カードAMV
ロッジ10室、キャビン44（♿あり）

H 1926年に建てられた歴史的なロッジ　　中級／キノート／MP.107-B2

レイク・キノート・ロッジ
Lake Quinault Lodge

キノート湖の南岸にたたずむ歴史的なロッジ。優雅なロビーや湖を望むレストランなど、訪れるだけでも価値がある。客室は本館のほかにキャビンやボートハウスロッジなどさまざまなタイプがある。ハイキングや釣り、ボート遊びなど、アクティビティも豊富なので2〜3日滞在してもいい。

住345 S. Shore Rd., Quinault, WA 98575
☎(360) 288-2900
FAX(360) 288-2901
URL www.olympicnationalparks.com
料ⓈⒹⓉ$142〜349、Su$292〜
駐無料　営通年
カードAMV　92室（♿あり）

コーヒーメーカー　冷蔵庫／ミニバー　バスタブ　ドライヤー　BOX 室内金庫　ルームサービス　レストラン
F フィットネスセンター／プール　コンシェルジュ　J 日本語スタッフ　コインランドリー／当日仕上げクリーニング　WiFi ワイヤレスインターネット接続　P 駐車場

オリンピック国立公園でハイキング

世界遺産の国立公園で、氷河を遠望するダイナミックな亜高山帯のハイキングと、コケむす温帯雨林での散策とを満喫したい。いずれもひとりでは行動せずに、仲間と連れだって、雨具や水、行動食なども持参して歩こう。

夏でも雪をまとったオリンピック連山

パークレンジャーからのアドバイス

レンジャーのグレッグ・マーシュさん

2マイル（3.2km）歩いたら立ち止まろう

ハリケーンリッジの6～8月は乾燥してあまり暑くならないため、昼間はTシャツや半ズボンでも大丈夫だが、朝晩は冷えこむので上着は必要だ。一方、冬は2m～4m50cmもの降雪に見舞われることが多い。ベストシーズンは6～8月。ハリケーンリッジ案内所へはポートエンゼルスから車で45分、1598mの高所まで上る。トレイルはセンター正面の駐車場からすぐ始まるが、車があれば、1.5マイル（2.4km）先のHurricane Ridge Rd.終点からハリケーンヒル・トレイルを歩いてほしい。そして、眺めのよい場所に出たら、そこにとどまってほしい。いろいろな発見があるはずだ。（グレッグ・マーシュ談）

ベストシーズンは6～8月

世界遺産にも登録されている「オリンピック国立公園」は、氷河で覆われた高山帯の麓に、ジャングルのような温帯雨林が広がり、そのすぐそばに手つかずの海岸線が70マイル（112km）も続く特異な環境下にある。園内には600マイル（960km）ものハイキングトレイルがあり、1日から数週間かけて自然のなかに入っていけるのが利点。ホー・レイン・フォレストには、40分～1時間で歩けるおすすめのトレイルがある。ベストシーズンは6～8月だが、5月や9月も悪くない。夏は雨が多いので雨具は必ず持参してほしい。蚊や毒蛇などは少ないが、ブラックベアやクーガーは生息している。（ラリー・ゴア談）

レンジャーのラリー・ゴアさん

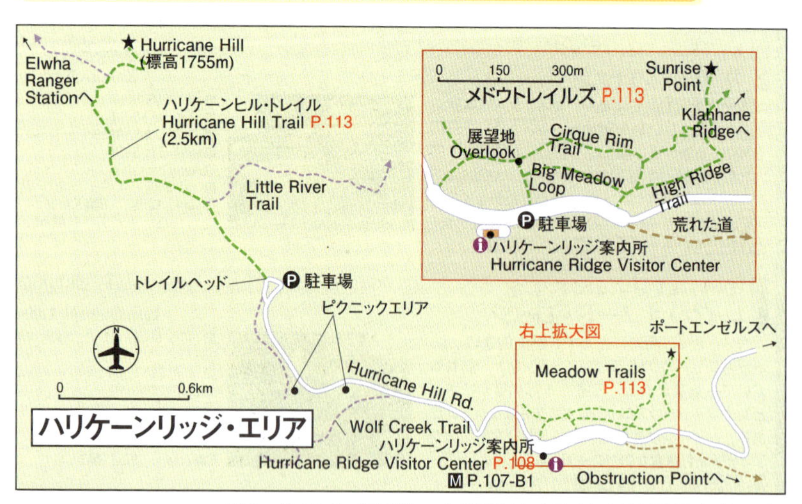

※グレッグ・マーシュ氏とラリー・ゴア氏はともにオリンピック国立公園のパークレンジャー

氷河と海を展望する絶景

ハリケーンヒル・トレイル
Hurricane Hill Trail

高山植物の向こうに美しい山並みが

上／レンジャーのグレッグさんの説明を聞く
下／ハリケーンヒル・トレイルの登り口

ハリケーンヒル・ロードHurrican Hill Rd.の終点に車を停め、舗装されたトレイルを歩く。ほぼ直線のルートは途中まで車椅子でも通れるほど。ベイリー山脈を望み、舗道沿いの高山植物に心躍らせていると、マーモットやシカが現れるかも。ヒルへの上りが始まる手前で、谷へと下るLittle River Trailとの分岐があるが、正面の丘を目指して進む。標高1755mの山頂からは、カナダとの国境であるファンデフカ海峡が一望できる。

Hurricane Hill Trail
DATA
中級
距離：往復約5.2km
標高差：213m
所要：往復3時間
出発点：ハリケーンリッジ案内所から西に2.4km行ったHurricane Hill Rd. 終点地

レンジャープログラムで歩こう

メドウトレイルズ
Meadow Trails

ハリケーンリッジには、子供でも無理なく歩けるループトレイルが駐車場の脇から始まっている。夏でも雪が残るメドウトレイルズには、背の低いアスペンやリリーが顔をのぞかせ、愛らしい。ときには、ミュールジカも姿を現す。夏のレンジャープログラムに参加すれば、レンジャーの解説付きのハイキングが楽しめる。

無料のレンジャープログラムに参加しよう

ハリケーンリッジに上る前に、オリンピック国立公園案内所で情報収集しよう

上／ハリケーンリッジ案内所前に広がるメドウトレイルズ　右／ハリケーンリッジ案内所

Meadow Trails
DATA
初級
距離：周遊800m〜2.4km
所要：20分〜1時間30分
出発点：ハリケーンリッジ案内所の北東角

MEMO **レンジャープログラム** パークレンジャーによる解説付きのウオーキングツアーが、夏季のみハリケーンリッジ案内所からスタートする。メドウトレイルズをハイキングしながら、野草や国立公園の歴史などについて学べる。営夏季のみ毎日11:30、14:00スタート。所要約1時間。

ホー・レイン・フォレストにあるコケの殿堂

ホール・オブ・モス・トレイル

Hall of Mosses Trail

コケに覆われたベイツガやハンノキの梢にはレースのようなアオギヌゴケの仲間が垂れ下がり、まるでジャングルを思わせる緑の濃さだ。トレイル入口のクリークをのぞくと、青々とした海藻のような藻が漂い、これもまた幻想的。シニアでも楽に歩けるこのコースは、コケやシダで覆い尽くされたレイン・フォレストの美しさを存分に堪能できる。

上／シニアでも楽に歩けるトレイル
下／歩く前にルートを確認しよう

案内板も設置

Hall of Mosses Trail
DATA
初級
距離：1周1.3km
所要：30〜60分
出発点：ホー・レイン・フォレスト案内所

太古の森を抜けメリーミア滝へ

メリーミア・フォールズ・トレイル

Marymere Falls Trail

ストーム・キング・レンジャーステーション（→脚注）から南へ延びるトレイル。US-101の道路下をくぐると、ダグラスファーの古木が生い茂る薄暗い森へと誘われる。アオギヌゴケの仲間が垂れ下がるが、古木が多いせいか少し不気味な雰囲気。20分ほど歩くとBarnes Creekのほとりに出る。木の橋を渡り、急登の崖を回り込むようにひと登りすると、白糸のような**メリーミア滝Marymere Falls**が現れ、爽快な気分になるだろう。

川では魚も保護されている

Marymere Falls Trail
DATA
中級
距離：往復2.9km
標高差：122m
所要：往復1.5時間〜2時間
出発点：Lake Crescent Lodgeそばのストーム・キング・レンジャーステーション

森の終点で現れるメリーミア滝

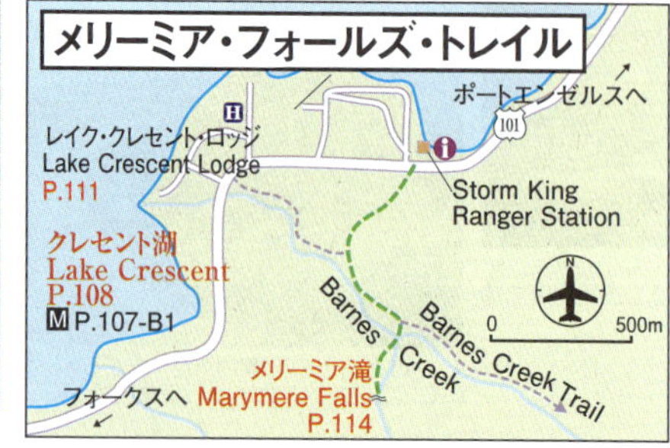

MEMO **ストーム・キング・レンジャーステーション Storm King Ranger Station** 住Barnes Pt., South Side of Lake Crescent off US-101, Port Angeles 営夏季の水〜土11:00〜16:00

レイク・キノート・ロッジから歩く

フォールスクリーク・ループ
Falls Creek Loop

オリンピック半島南部のキノート湖Lake Quinault畔にたたずむレイク・キノート・ロッジ（→P.111）。ロッジ周辺にはキノート・レイン・フォレストを巡る数多くのトレイルがあり、誰でも気軽に温帯雨林を満喫できる。ロッジからは湖畔沿いのトレイルを東に歩き、S. Shore Rd.を渡り森へ入ろう。20分ほど歩くとカスケード滝が現れる。このトレイルはCedar Bog Trailともつながり、さらにBig Cedar Trailへも続いていくので、体力と相談しながら歩いてみるといい。

ループトレイルを歩く

Falls Creek Loop
DATA
初級
距離：2.6km
所要：1時間
出発点：レイク・キノート・ロッジ

湖を望むレイク・キノート・ロッジ

ダンジェネス岬の海岸線を歩く

ダンジェネス国立自然保護区
Dungeness National Wildlife Refuge

ダグラスファーの大木が茂る森を抜け、海岸へと下りていく。真っ青なファンデフカ海峡にナイフのように突き出した岬。砂浜が続く海岸にはひと抱えもありそうな丸太が無数に打ち上げられ、その東側の内海は野鳥保護のために立ち入りが禁止されている。灯台ははるか先だが、1kmも歩けば十分だろう。灯台とは逆方向にハリケーンリッジの山並みが見える。

上／セクイムでは6～8月がラベンダーのシーズン
左／2分の1マイル地点にある案内板

流木打ち寄せる海岸を歩く

Dungeness National Wildlife Refuge
MP.107-B1
DATA
初級
距離：800m（灯台までは8.8km）
時間：30分～数時間
出発点：ダンジェネス・レクリエーションエリアの駐車場
料金：入園料$3（ひと家族、もしくは大人4人まで）
行き方：セクイムSequimからUS-101を西へ7km、Kitchen-Dick Rd.を右折し、北へ5km。

車とツアーで行く国立公園

マウントレニエ国立公園
Mount Rainier National Park

ワシントン州 ▶ 市外局番：360

マウントレニエは、ワシントン州のシンボルであり、カスケード連山の最高峰である。日系移民からは「タコマ富士」の愛称で親しまれてきた。その魅力は何といっても豊かな自然環境にある。夏には、高山植物が一面に咲き誇る。ツアーを利用すれば、誰もがこの大自然を満喫できるはずだ。

マウントレニエ国立公園への行き方

車／レンタカー Car / Rent-A-Car

シアトルからI-5を南へ約55km走りタコマへ。タコマからはWA-7、WA-706経由で東へ向かうとメインゲートであるニスカリーエントランスNisqually Entranceにたどり着く。シアトルから150km、約2時間30分。

夏は北東口（ホワイトリバー・エントランスWhite River Entrance、5～9月のみオープン）からのアプローチも考えられる。この場合、シアトルからI-5を南へ走り、Exit 142AでWA-18へ。WA-167とのジャンクションを過ぎるとすぐにWA-164の入口がある。ここからイナムクロー Enumclaw経由でWA-410を南東へ行けばよい。シアトルから190km、約3時間10分。ただし、この道路は積雪の状態によって開通期間が変わるので注意が必要だ。

シアトル発のツアー

シアトルETC（エデュケーションツアーセンター）Seattle ETC (Education Tour Center) やエバーグリーン・エスケイプス・シアトルEverGreen Escapes Seattleが、シアトル発の日帰りツアーを催行している。訪れる場所は、パラダイスに限定されてしまうが、自由時間にハイキングを楽しめるよう工夫されている。

リックセッカーポイントより望むマウントレニエ

シアトル発のツアー

シアトルETC（エデュケーションツアーセンター）
住1511 3rd Ave., Suite 1002, Seattle
☎(206) 623-7060
URL www.educationtourcenter.com
営月～金9:00～18:00
マウントレニエ日帰り自然紀行
ツアー／〈7～9月〉7:00発。所要10時間
料大人$220、4～12歳$120（ガイド代、フェリー代、入園料、チップ代など込み）。最低2人から催行。

エバーグリーン・エスケイプス・シアトル
住2960 4th Ave. S., #115, Seattle
☎(206) 650-5795
URL www.evergreenescapes.com
マウントレニエ国立公園ツアー／〈5月中旬～10月〉月水金～日8:00発。
〈11月～5月上旬〉火土8:00発。
所要10時間。
料$229

シアトルからニスカリーエントランスを目指す

投稿 マウントレニエを訪れるシーズン　9月以降は霧がたちこめ、花も散る。やはり7～8月に訪れたい。（埼玉県　KY　'14）['18]

マウントレニエ国立公園の歩き方

国立公園へのエントランスは、南西の**ニスカリー Nisqually**、南東の**スティーブンスキャニオンStevens Canyon**、北東のサンライズ側入口の**ホワイトリバー White River**、北西の**カーボンリバー Carbon River**の4ヵ所あるが、通年オープンしているのは南西のニスカリーエントランスだけ。シアトルからの旅行者は普通ニスカリーエントランスから入る。国立公園内のビレッジは、**ロングマイヤーLongmire**と**パラダイスParadise**、そして北東側の**サンライズSunrise**の3ヵ所。シアトル発のツアーでは、パラダイスを中心にロングマイヤーやマートル滝、リフレクションレイクなどを訪れる。ベストシーズンは7月と8月。その時期は観光客が集中し、たいへん混み合うが、一帯は高山植物が咲き乱れ、本当に美しい。夏季はシアトルを早朝に出発しよう。日帰りで回れる範囲はパラダイス周辺のみだ。

なお、真冬でもパラダイスまでの道路は除雪され、天気のよい日にはスノーシューハイクなどを楽しむことができる。

パラダイスでは、スカイライントレイルを歩こう

パラダイスにふいに現れたブラックテイルディア

マウントレニエ国立公園
Mount Rainier National Park
M折込 WA-B3
☎(360) 569-2211
URL www.nps.gov/mora
料車1台$30、そのほか（自転車、徒歩など）の方法は1人$15。7日間有効。年間パス$55。

ニスカリーエントランスで、入園料を払う

パラダイスの駐車場
駐車場はロウアー・パーキングロットとアッパー・パーキングロットの2ヵ所。夏場は、駐車スペースを確保するのが難しく、多くの車が路上駐車している。その列も長く延び、ビレッジから遠くに停めざるを得ない場合もある。

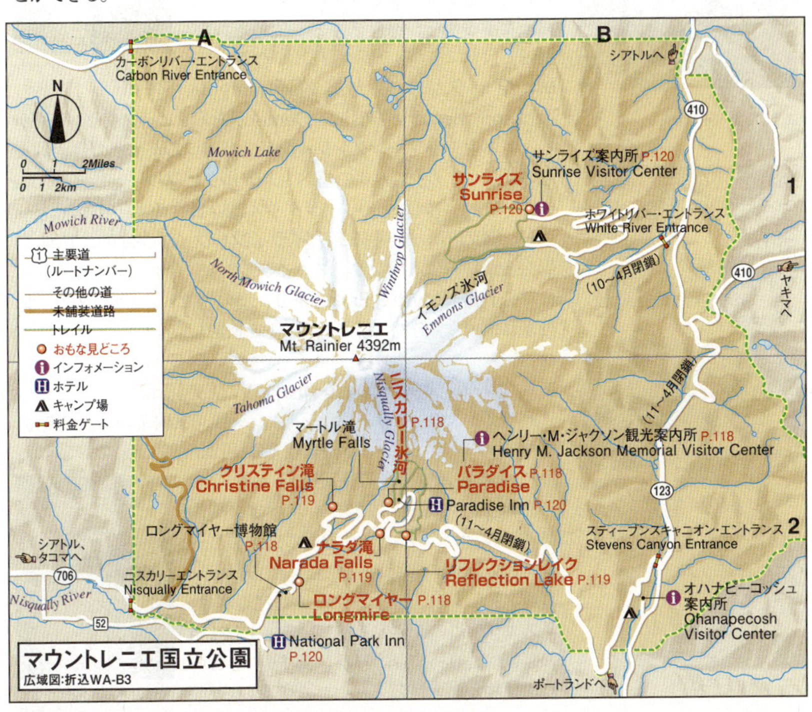

MEMO **アメリカ大陸　記憶に刻まれる風景30選**　日本旅行業協会が2018年秋に選定したもので、マウントレニエ国立公園とクレーターレイク国立公園（→P.263）が入選した。ツアーが増えて人気上昇の期待大。

マウントレニエのおもな見どころ

★★★ 国立公園旧本部がおかれた歴史地区 MP.117-A2

ロングマイヤー Longmire

国立公園への道を切り開いた開拓者、ジェームス・ロングマイヤー James Longmireと彼の家族が1888年と1889年に築いた温泉療養施設（ロングマイヤー・メディカル・スプリングス）があった場所。1899年にマウントレニエ国立公園が誕生し、その建物に国立公園本部がおかれた。現在、一帯は国定史跡の指定を受け、旧本部は往時の歴史を紹介する博物館として一般公開されている。一画に通年営業のホテル、ナショナル・パーク・インNational Park Inn（→P.120）もある。

旧国立公園本部のあった建物

★★★ 夏に訪れたいマウントレニエのハイライト MP.117-A2

パラダイス Paradise

マウントレニエの中腹、標高1647m地点にあるビレッジ。ジェームス・ロングマイヤーの息子の嫁、Marthaがこのサブアルパインメドウを見て「まるでパラダイスのよう」と言ったことから、パラダイスと命名された。園内で最もにぎわうビレッジには、**ヘンリー・M・ジャクソン観光案内所Henry M. Jackson Memorial Visitor Center**がある。ビジターセンターからは何本ものハイキングトレイルが延びているが、その代表的なものは、パラダイスの北の丘へ上る**アルタビスタ・トレイルAlta Vista Trail**（1周2.9km）、パラダイス周辺で最高地点のPanorama Point（2074m）まで上る**スカイライントレイルSkyline Trail**（1周8.8km、→P.121）など。スカイライントレイルへ向かう途中には**マートル滝Myrtle Falls**もあり、川の先でトレイルはふた手に分かれていく。時間に応じてルートを検討しよう。

スカイライントレイルへ向かう途上にある、マートル滝

ニスカリービスタ・トレイル Nisqually Vista Trail

パラダイスのヘンリー・M・ジャクソン観光案内所の南西にある、ロウアーパーキングロットから始まる1周2km、約50分のトレイル。車椅子でも通行可能な平坦なトレイルが、お花畑をぬって続く。20分も歩けば、園内で7番目に大きいといわれている**ニスカリー氷河Nisqually Glacier**を眼前に望むビューポイントだ。氷河の末端から流れ出る水は、ニスカリー川の源流となっている。トレイルの脇には、真っ白なアパランチリリーなどの高山植物が咲き乱れ、たいへん美しい。

氷河の末端から流れる水は、ニスカリー川の源流

ロングマイヤー
場所 ニスカリーエントランスから10km

ロングマイヤー博物館
Longmire Museum
M P.117-A2
☎(360) 569-6575
営〈夏季〉毎日9:00～17:00、〈冬季〉毎日9:00～16:30

博物館前にある1963年に切られたダグラスファー。その大木は1293年から時を刻み始めたもの

ニスカリーエントランス周辺の宿
エントランスのすぐ手前にロッジタイプのモーテルがあるほか、エントランスの西10kmのアシュフォードAshfordにもモーテルがある。

ニスカリーエントランス手前にあるロッジタイプのモーテル

i 観光案内所
ヘンリー・M・ジャクソン観光案内所（パラダイス）
M P.117-A2
☎(360) 569-6571
営〈4～9月〉毎日10:00～19:00、〈10～5月〉土日祝10:00～17:00（時期により異なる）

パラダイスの観光案内所

パラダイスで見られる
グレイシャーリリー

逆さタコマ富士を湖面に映す

MP.117-A2〜B2

★★★ リフレクションレイク Reflection Lake

パラダイスからParadise Rd.（一方通行）を奥へ進み、Stevens Canyon Rd.で左折、2km行った左側に小さな湖が現れる。それが、リフレクションレイク。天気のよい日なら湖畔の駐車場は車でいっぱいになる。特に風のない日の早朝にはカメラの三脚がズラリと並ぶほど。カメラマンたちのお目当ては、鏡のような湖面に映し出される朝焼けのマウントレニエだ。湖の手前にはハウチワマメやセイヨウカノコソウなどの野草が朝露にぬれている。対岸に広がる針葉樹林に光が届く頃になると、マウントレニエの氷河も白く輝き出すので、一幅の絵のような絶妙のコントラストを楽しもう。パラダイスだけを訪れる予定の人も、山を下りる前にここまで足を延ばしてみるといい。パラダイスのヘンリー・M・ジャクソン観光案内所の南東から始まるレイクストレイルLakes Trail（1周8km、往復約4時間）を歩いて訪れることもできる。

湖面に映ったマウントレニエを
写真に収めたい

ニスカリー川ドライブルートの美しい滝

MP.117-A2

★★★ ナラダ滝とクリスティン滝 Narada Falls and Christine Falls

公園の南西のニスカリーエントランスNisqually Entranceから始まるパラダイスロードParadise Rd.は、パラダイスへ行く一本道。カーブを曲がり、標高が高くなるに従って、右に左にさまざまな景色が展開する。急がずに、"View Point展望地"の標識があるリックセッカーポイントRicksecker Pointなどに立ち寄ろう。

見逃せないのはロングマイヤー博物館からパラダイスへ向かう道沿いにある滝。高さ約57mの**ナラダ滝Narada Falls**は、雪解けの水を集めた美しい滝で、短いトレイルを歩いて下れば滝を正面から眺められる。もうひとつの**クリスティン滝Christine Falls**（約21m）は、ニスカリー氷河の解けた水が落ちる滝で、氷河が砕いた岩石に含まれるミネラル分のために乳白色をしている。

なお、このルートは冬でもパラダイスまでは除雪され年中通行できるが、チェーンなどの装備は忘れずに。

雪解け水が流れるナラダ滝

ロングマイヤーからリックセッカーポイントへ向かう途中にあるクリスティン滝

リックセッカーポイントから見たマウントレニエ。眼下にはニスカリー渓谷

観光案内所

サンライズ案内所
Sunrise Visitor Center
MP.117-B1
☎(360) 663-2425
営〈7月下旬〜9月中旬〉毎日
10:00〜18:00

短い夏に観光客が集中する

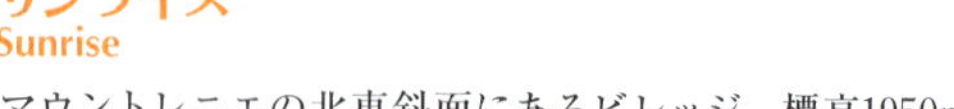
見どころ豊富なパラダイスよりも高所のビレッジ　MP.117-B1

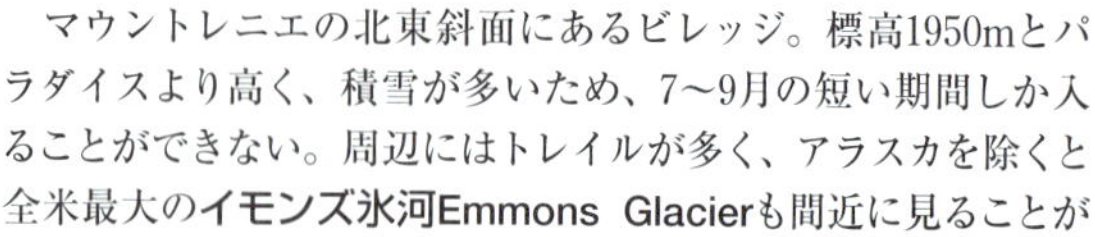
サンライズ Sunrise

　マウントレニエの北東斜面にあるビレッジ。標高1950mとパラダイスより高く、積雪が多いため、7〜9月の短い期間しか入ることができない。周辺にはトレイルが多く、アラスカを除くと全米最大の**イモンズ氷河Emmons Glacier**も間近に見ることができる。

　花好きにおすすめのトレイルは**サワードゥリッジ・トレイルSourdough Ridge Trail**（1周4.5km、往復約2時間）。亜高山帯の植物が彩る草原を横切って尾根の上へ出ると、マウントアダムスMt. Adams（標高3742m）などカスケード山脈の大パノラマが広がる。北側の眺望もすばらしく、天候に恵まれればカナダ国境に近いマウントベイカーMt. Baker（標高3286m）の姿も見えるだろう。

北米原産のサクラソウの仲間、可憐なシューティングスター

至福のひととき

アメリカ本土48州で最大のイモンズ氷河

ホテル

H ニスカリー・ドライブ・ルート沿い　中級／ロングマイヤー／MP.117-A2

ナショナル・パーク・イン National Park Inn

　ニスカリーエントランスとパラダイスの間にあり、1911年に建造された由緒あるホテル。1936年と1990年に改装され、内部はモダンな造りになっている。18室はバス付きの部屋。共同バスもきれいで快適。6〜8月は必ず事前に予約を。通年営業。

住47009 Paradise Rd. E., Ashford, WA 98304
☎(360) 569-2411
FAX(360) 569-2770
URL mtrainierguestservices.com
料バス付き(4人まで) ⓓⓉ$187〜277、バス共同(4人まで) ⓓⓉ$132〜
駐無料　カード A M V　25室(♿2室)

H マウントレニエのヒストリックリゾート　中級／パラダイス／MP.117-A2

パラダイスイン Paradise Inn

　歴史的建造物として国から指定を受けた石造りのホテルで、20世紀前半のリゾートの雰囲気をたっぷりと味わえる。創業は1916年だが、2008、2018年に大改装を終えた。ロビーには暖炉もあっていい雰囲気だ。非常に混雑するので数ヵ月前からの予約が必要。5月中旬〜10月上旬のみの営業。

住52807 Paradise Rd. E., Ashford, WA 98304
☎(360) 569-2275　FAX(360) 569-2770
URL mtrainierguestservices.com
料ロッジバス共同(2人まで) ⓓⓉ$126〜、別館バス付き(4人まで) ⓓⓉ$188〜233　営5/18〜10/1(2018年)
駐無料　カード A M V　121室(♿あり)

コーヒーメーカー　冷蔵庫／ミニバー　バスタブ　ドライヤー　BOX 室内金庫　ルームサービス　レストラン
F フィットネスセンター／プール　コンシェルジュ　J 日本語スタッフ　コインランドリー／当日仕上げクリーニング　WiFi ワイヤレスインターネット接続　P 駐車場

COLUMN

マウントレニエのハイキングコース

スカイライントレイル Skyline Trail

パラダイス（→P.118）で半日から1日かけて歩くのにおすすめのトレイル。ニスカリー氷河を眺めながら高山植物の群落のなかを登り、標高2074mの**パノラマポイントPanorama Point**を目指す。1周約9km、所要4時間30分～5時間。途中、数多くのトレイルが交差しているので、時間と体力に合わせてショートカットできる。あらかじめビジターセンターで詳細な地図をもらっておこう。パノラマポイントに簡易トイレがあるが、水場はない。また、真夏でも残雪が多く、雪渓を横切ることもあるので、しっかりとしたハイキングシューズを履くこと。

バローズマウンテン・トレイル Burroughs Mountain Trail

サンライズ（→P.120）から始まる人気のコースで、標高2256mのSecond Burroughsへ行くことができる。マウントレニエで最も高く、高山ツンドラ地帯があるほどなので、真夏でも暖かい服装を用意しよう。イモンズ氷河を見下ろし、マウントレニエ山頂が間近に迫るダイナミックなトレイルだ。途中、雪渓の水を集めたフローズンレイクFrozen Lakeを通る。First Burroughs（2134m）まで1周8km、所要約3時間。残雪が少なければ、さらにSecond Burroughsまで歩くこともできる。First Burroughsから往復約2km、所要約1時間。途中には水場もトイレもない。

ハイキングをする際の注意

マウントレニエはカスケード山脈に属しているとはいえ、富士山と同じ独立峰に近い形をしている。そのため、自ら雲を作りやすく、天候はことのほか変わりやすい。標高4392mの山頂付近から吹き降ろす風は夏でも冷たい。

パラダイスやサンライズ周辺のトレイルは、場所によっては標高2000mを超えるものもある。これが日本ならさわやかな高原といったところだが、何しろここは北緯46度50分。サハリン南部と同じなのだ。ツンドラ（永久凍土）もあるくらいなので、急な寒さには要注意。雲が出て日が陰っただけでも、驚くほど気温が下がり、体温が奪われる。

ハイキングに出かけるときは、たとえ天気がよく暖かくてもウインドブレーカー、ヤッケなど保温性の高い上着が必要だ。雨具も傘ではなく、レインスーツかポンチョを用意したい。傘は風があると役に立たず、落雷の危険もともなう。

またマウントレニエの植物は、過酷な条件のもとで必死に生きる、もろく、壊れやすい自然だ。決して、写真を撮るために湿原に踏み込んだり、花をつんだり、野鳥やリスに食べ物を与えたりしてはいけない。

口いっぱいに草をほおばったマーモット

正面に氷河を望みながら、バローズマウンテンを歩く

フェリーで旅する島

サンファンアイランド
San Juan Island

ワシントン州 ▶ 市外局番：360

シアトルからビクトリア・クリッパーで3時間30分。172の島々からなるサンファン諸島のなかで、最も人気が高いのがこの島。フライデイハーバーを起点に、シャトルバスで島内観光できる。おすすめのアクティビティはオルカ・ウオッチング。爽快な大自然の営みに感動するはずだ。

サンファンアイランド
M P.29-A1

フライデイハーバーに到着したビクトリア・クリッパー

サンファンアイランドへの行き方

サンファンアイランドのゲートウエイは、島の東端にある**フライデイハーバーFriday Harbour**。手軽にアクセスするなら、シアトルのピア69からシーズン中のみ出航する**ビクトリア・クリッパー**①か、ユニオン湖発の**ケンモア・エア**②の水上飛行機だろう。レンタカーはシアトルの北140kmのアナコルテスAnacortesからワシントンステート・フェリー③に乗船。フェリーターミナルへはシータック空港からシャトルバス④が運行され、車がない旅行者にも便利だ。

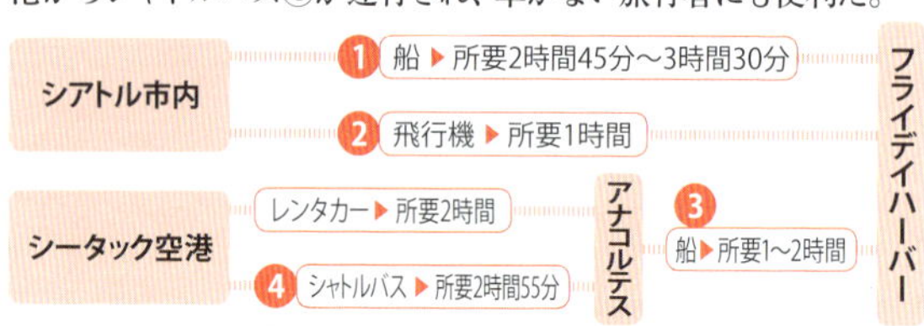

① ビクトリア・クリッパー Victoria Clipper

Free (1-800) 888-2535　URL www.clippervacations.com
営 5月中旬〜9月上旬は毎日、9月中旬〜10月中旬は金〜日のみ運航　シアトル発8：15→フライデイハーバー着11：45、フライデイハーバー発17：00→シアトル着19：45、ホエールウオッチングはフライデイハーバー発12：00〜14：30　料 大人片道$55、往復$94〜110、子供片道$27.50、往復$47〜55。ホエールウオッチング付き：大人往復$112〜166、子供往復$72〜75。ホエールウオッチングのみ：大人$75、子供$37.50。ピア69（住 2701 Alaskan Way, Seattle）から出発

② ケンモア・エア Kenmore Air

☎ (425) 486-1257　Free (1-866) 435-9524　URL www.kenmoreair.com
料 大人片道$144〜（時期によって異なる）
シータック空港からユニオン湖までシャトルバスサービスあり。夏季の1日4便（それ以外1日2〜3便）、所要1時間。ユニオン湖（住 950 Westlake Ave. N., Seattle）から出発

③ ワシントンステート・フェリー Washington State Ferries

☎ (206) 464-6400　Free (1-888) 808-7977　URL www.wsdot.wa.gov/ferries
料 大人$13.25。車と人$48.65〜65.60、ともに往路のみチャージ
アナコルテス〜フライデイハーバーは所要1〜2時間。1日7便〜（時期により異なる）
フェリーに車で乗る場合、出航の30分前にはフェリーターミナルで列に並ぼう。列に並んだあとは車から離れてもよいが、20分前から乗船が始まるので、それまでには必ず車に戻っておくこと。アナコルテス・フェリーターミナル（住 2100 Ferry Terminal Rd., Anacortes）から出発

④ エアポーター・シャトル Airporter Shuttle

☎ (360) 380-8800　Free (1-866) 235-5247　URL www.airporter.com
料 大人片道$43、往復$82、シニア（60歳以上）片道$41、往復$78、子供（2〜15歳）片道$35、往復$63.75、2歳未満無料。シータック空港到着階出口番号02の外から出発。アナコルテスのフェリーターミナルまで所要2時間55分。予約は24時間前までに行うこと

サンファンアイランドの歩き方

シアトルやアナコルテスからフェリーや水上飛行機が到着する**フライデイハーバー**がサンファンアイランドの中心地で、ここに宿を取るとよい。車がない人はおもな見どころとロッシュハーバーとを循環しているサンファントランジットのシャトルバスやレンタルサイクルを組み合わせて、アクティブに動こう。

フライデイハーバーの中心街は、フェリーターミナルから一直線に延びるSpring St.界隈。ホテル、レストランやスーパーマーケット、ショップをはじめ、観光案内所やツアー会社、ホエール博物館などが歩いて回れる範囲に集中している。

フライデイハーバーのスプリング通り

フライデイハーバーから車で約25分、島の北西に位置する**ロッシュハーバーRoche Harbor**には老舗のリゾートホテル、ロッシュハーバー（→P.125）がある。そこから車で約15分南に下った**スナッグハーバーSnug Harbor**にもキャビン風ホテルがある。

ロッシュ・ハーバーのマリーナ

観光案内所

サンファンアイランド観光案内所
San Juan Island Chamber of Commerce & Visitor Information Center
MP.123左下図
住165 1st St., Friday Harbor
☎(360) 378-5240
URLwww.sanjuanisland.org
営毎日10:00～16:00

島内交通

サンファントランジット
San Juan Transit
フライデイハーバー～ロッシュハーバーを結ぶ。
☎(360) 378-8887
URLwww.sanjuantransit.com
営〈6月中旬～9月上旬〉毎日9:25～17:15
料片道：大人$5、子供$3、往復：大人$10、子供$5、1日パス：大人$15、子供$5、2日パス：大人$25、子供$10

レンタサイクル屋
Discovery Adventure Tours
MP.123左下図
住260 Spring St., Friday Harbor
☎(360) 378-2559
Free(1-866) 461-2559
URLdiscoveryadventuretours.com
営毎日8:00～17:30（時期により異なる）
料自転車/3時間$25～、1日$35～、電動自転車/3時間$40、1日$50

クジラの看板が目印の案内所

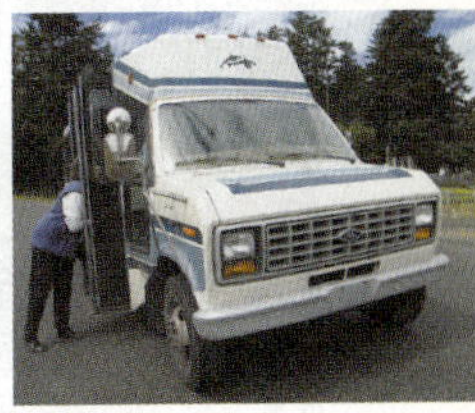
島の見どころを回るシャトルバス

サンファンアイランドのおもな見どころ

クジラに特化した専門博物館

MP.123左下図

ホエール博物館
The Whale Museum

1979年に400人のボランティアスタッフに支えられてオープンした。オルカもイルカも、クジラと同じクジラ類に属す地球上で最も大きな海洋哺乳動物。その生態が学べる博物館だ。展示室に入ると、天井からつり下がった実物大のオルカOrca（和名シャチ）の模型がまず目に入ってくる。壁際にはクジラの鳴き声が聞けるブースなどもあり、子供でも興味を引くような展示内容だ。ミュージアムショップには、オルカグッズが並び、おみやげ探しも楽しい。シーズン中は**ライム・キルン・ポイント州立公園Lime Kiln Point State Park**に調査官が駐在し、オルカの観察をしているので、興味のある人は行ってみよう。

ハロ海峡沿いの灯台がクジラ調査室

紫色のラベンダーの絨毯が美しい

MP.123

ペリンダバ・ラベンダーファーム
Pelindaba Lavender Farm

3年の歳月をかけて造られた無農薬有機栽培のラベンダーファーム。夏、ラベンダーが咲き誇ると、農場にはラベンダーの香りが漂い、紫色の花の絨毯にうっとりする。毎年7月にはラベンダーフェスティバル（2019年は7月20～21日の予定）が開かれ、ワークショップなども行われる。ファームの一画にあるGatehouse Farm Storeには、オーガニック・ラベンダーを使ったラベンダー・エッセンシャルオイル（$12～）やキャンドル、紅茶などの手作り製品が並ぶ。心地よい香りに包まれながら買い物を楽しみたい。

紫色に染まるラベンダーファーム

鏡のように美しい水面に漕ぎ出そう

MP.123

スナッグハーバー
Snug Harbor

島の北西にある小さなハーバー。シーカヤックやホエールウオッチングの基地となっており、Maya's Legacy Whale Watching社のホエールウオッチングツアーが出港する。ホテルSnug Harbor Resort（→脚注）もある。

ホエール博物館
住62 1st St., Friday Harbor
☎(360) 378-4710
URL whalemuseum.org
営〈5月下旬～9月上旬〉毎日9:00～18:00、〈9月中旬～5月中旬〉毎日10:00～16:00
料大人$9、シニア$6、大学生・子供（5～18歳）$4、4歳以下無料

ライム・キルン・ポイント州立公園
MP.123
住1567 Westside Rd., Friday Harbor
☎(360) 378-2044
URL parks.state.wa.us
営毎日8:00～日没
サンファントランジットが停車する。

骨格標本やクジラヒゲが見られるホエール博物館

ペリンダバ・ラベンダーファーム
住45 Hawthorne Ln., Friday Harbor
Free (1-866) 819-1911
URL www.pelindabalavender.com
営〈4月〉水～日9:30～17:30、〈5、9月〉毎日9:30～17:30、〈6～8月〉毎日9:00～18:00
休11～3月（閉門しているが、見学は可）

Gatehouse Farm Store
住33 Hawthorne Ln., Friday Harbor
営ラベンダーファーム（→上記）と同じ
サンファントランジットが停車する。
フライデイハーバーの1st St.にも通年営業のギフトショップ（住150 1st St., Friday Harbor 営毎日9:30～17:00）あり。

Maya's Legacy Whale Watching
MP.123
☎(360) 378-7996
URL sanjuanislandwhalewatch.com
ホエールウオッチングツアー／〈4～8月〉1日3回、〈9～10月〉1日2回、〈11～3月〉1日1回。出発時間は時期により異なる。所要3時間。
料$119～129（時期により異なる）

花園に囲まれたホテルのロッシュハーバー

MEMO **Snug Harbor Resort** MP.123 住1997 Mitchell Bay Rd., Friday Harbor, WA 98250 ☎(360) 378-4762 URL www.snugresort.com 料ⓈⒹⓉ$199～449

レストラン

R 地元の海の幸を洗練されたひと皿で　ノースウエスト料理／フライデイハーバー／MP.123左下図

レストラン・アット・フライデイハーバー・ハウス The Restaurant at Friday Harbor House

Friday Harbor House（→下記）内のレストランだが、サンファンアイランドで最もおいしいと評判を得ている。地元で収穫された旬の有機野菜を使い、地元の新鮮な魚や肉を使った地産地消が基本。カキやツナなどを上品な味つけでサーブしてくれる。ディナーのメインは$17～38。

住Friday Harbor House, 130 West St., Friday Harbor
☎(360) 378-8455
URLwww.fridayharborhouse.com
営朝食：月～金7:30～11:00、土8:00～12:00、日8:00～13:00、ディナー：毎日17:00～21:00
カードAMV

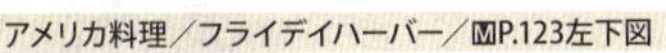

R 四季折々のメニューが楽しめる　アメリカ料理／フライデイハーバー／MP.123左下図

バックドアキッチン Backdoor Kitchen

フライデイハーバーのダウンタウンにある人気のレストラン。新鮮な素材をできるだけ多く使っていることから、メニューは時期により異なる。ホタテのバター焼きとNYステーキは1年をとおして提供される人気の品。中国やベトナム、ハワイなどのエスニック料理も、時期によっては食べることができる。

住400 A St., Friday Harbor
☎(360) 378-9540
URLwww.backdoorkitchen.com
営月11:30～14:30、水～日17:00～21:00
休火
カードAMV

ホテル

H 大人のふたり旅に最適なプチホテル　高級／フライデイハーバー／MP.123左下図

フライデイハーバー・ハウス Friday Harbor House

フライデイハーバーの中心に立つ見晴らしのいいホテル。マリーナを見渡す大きな窓と暖炉、座り心地がいいソファが木の香り漂うシンプルな客室にうまく配されている。ジェットバスも設置され、大人好みの洗練された客室だ。絶品の朝食をレストラン（→上記）で食べられる。

住130 West St., Friday Harbor, WA 98250
☎(360) 378-8455
Free(1-866) 722-7356
FAX(360) 378-8453
URLwww.fridayharborhouse.com
料ⓈⒹⓉ$209～519、Ⓢⓤ$369～
駐無料　Wi-Fi無料
カードAMV　23室(♿あり)

H キッチン付きスイートで落ち着く　高級／フライデイハーバー／MP.123左下図

フライデイハーバー・スイーツ Friday Harbor Suites

マリーナまで徒歩8分の好立地にあり、ほとんどの客室がスイート。キッチンには冷蔵庫や電子レンジ、食器類も設置され、使い勝手もよく、清潔だ。フィットネスセンターやビジネスセンターもあるが、無料の朝食サービスが何よりありがたい。空港へのピックアップサービスもある。

住680 Spring St., Friday Harbor, WA 98250
☎(360) 378-3031
FAX(360) 378-4228
URLwww.fridayharborsuites.com
料ⓈⒹⓈⓤ$145～360
駐無料　Wi-Fi無料
カードADMV　62室（♿あり）

H スタイリッシュなモーテル　中級／フライデイハーバー／MP.123左下図

アースボックス・イン&スパ Earthbox Inn & Spa

フライデイハーバーのフェリー乗り場まで4ブロック。デザイナーズホテルのようにおしゃれでかっこいい。アースカラーを用いた客室は、内装が異なり、落ち着いた雰囲気だ。また、エコにも気を配り、自転車の貸し出しも無料で行っている。

住410 Spring St., Friday Harbor, WA 98250
☎(360) 378-4000
Free(1-800) 793-4756
FAX(360) 378-4351
URLwww.earthboxinn.com
料ⓈⒹⓉ$189～450
駐無料　Wi-Fi無料
カードAMV　72室(♿あり)

H 1886年建設のリゾートホテル　中級／フライデイハーバー／MP.123

ロッシュハーバー Roche Harbor

セオドア・ルーズベルト大統領も1906年に宿泊した格式あるホテル。そのときの客室（Presidential Suites）も健在だ。歴史ある旧館と新館(スイート)、コテージからなる。客室は広々としており、暖炉が完備されている客室もある。スパの施設も充実し、女性からの人気も高い。

住248 Reuben Memorial Dr., Friday Harbor, WA 98250
☎(360) 378-2155
Free(1-800) 451-8910
URLwww.rocheharbor.com
料Ⓢⓤ$200～499、コテージ$200～900、旧館$124～315　駐無料
カードAMV　114室

コーヒーメーカー　冷蔵庫／ミニバー　バスタブ　ドライヤー　BOX 室内金庫　ルームサービス　レストラン
F フィットネスセンター／プール　コンシェルジュ　J 日本語スタッフ　コインランドリー／当日仕上げクリーニング　WiFi ワイヤレスインターネット接続　P 駐車場

命に満ちあふれたサンファンアイランドの オルカ・ウオッチング

ウエスタンプリンスⅡ号で出航

フライデイハーバーの桟橋には、Western Prince Ⅱ号が満員の乗客を乗せて出航を待っていた。ツアーを主催する**ウエスタンプリンス Western Prince**は、桟橋の目前に店を構える老舗のツアー会社。サンファンアイランドのホエールウオッチングの草分けとして30年以上のキャリアを誇る。出迎えてくれたのは船長のアイバン。実は昨日、ホエール博物館でオルカの声を聴いたり、ライム・キルン・ポイント州立公園で、ハロ海峡沖を悠然と泳ぐオルカを目にしてからというもの、すっかりこの海獣に魅せられてしまった私。ナチュラリストも乗り込んだこのツアーに、わくわくしている。

アイバンによれば、オルカは数日前、カナダ・ビクトリアの東側で目撃されたとのこと。「100%保証はできないが、環境保護の規定にのっとり船を操縦するので、4時間のツアーを楽しんでください」とあいさつがあった。出航してすぐ、ダグラスファーの梢にボールドイーグル（ハクトウワシ）を発見し、船内が一気に活

ウエスタンプリンスのスタッフたち。左からシェーン、船長のアイバン、J.B.、ジュリー

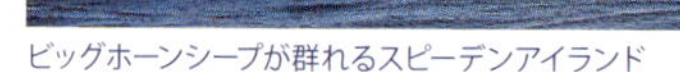

ビッグホーンシープが群れるスピーデンアイランド

気づいた。ナチュラリストによれば、毎年アラスカから渡ってくるハクトウワシは100羽以上確認されているという。遠目に見た姿は、猛禽類の王者の風格を漂わせていた。

船はサンファン海峡を北上し、春には黄色の花々で埋めつくされるというイエローアイランドの沖を通過。岩礁には冷たい海水を避けるように日なたぼっこをするゼニガタアザラシの群れがいた。依然、オルカは現れないが、アイバンは「おもしろい島をお見せしましょう」と言ってスピーデンアイランドへと船を近づけた。枯れ芝で覆われた島には、なんと、ビッグホーンシープ（大角羊）が群れていた。実は、1970年代、この島に野生の王国を築こうとした兄弟が本土から連れてきたのだという。しかしふたりの事業は失敗。シカとビッグホーンシープだけが残された。場違いな動物たちを見ながらも、私たちは絶えず海のほうを気にしていた。

すると、無線で連絡をとっていたアイバンが、オルカの群れがサンファンアイランドの西側にいることをキャッチ。船は猛スピードでカナダ国境に近いハロ海峡へ急いだ。

写真協力：Western Prince Whale Watching & Wildlife Tours

オルカの出現に大興奮

船上からオルカを探す

オルカとの遭遇に感動

そこには早くも観光船が集まっていた。そのとき、「オルカだ！」。船尾で声が上がった。見ると、黒くてピンと立った尾びれがゆっくりと海へと沈み込もうとしている。オルカの出現に、体中の血が沸き立つほどの興奮を覚えた。

そのオルカが、しばらくして再び姿を現し、それを何度も繰り返しながら、去っていった。ザトウクジラなどのホエールウオッチングでは、一度出現したクジラが再び姿を現すことはめったにないが、オルカの場合、サケを追いかけて比較的浅い海域を泳いでいるためか、何度も現れるのだ。興奮が収まって船内を見回すと、目を輝かせた乗客同士が、撮ったばかりの写真を見せ合ってはしゃいでいる。オルカ・ウオッチングは大人の心も童心へと返すようだ。その後、オルカは何度も船のすぐそばを通過し、そのたびに私たちは大騒ぎをした。

気がつくと、ランチタイムもとうに過ぎていた。朝、スーパーで買ったサンドイッチをほおばりながら、ナチュラリストにオルカについて聞いてみることにした。

研究でわかってきたオルカの暮らし

オリンピック半島の内海からカナダ、バンクーバー島の沿岸にかけて生息するオルカは、3種類のグループに分けられるという。ひとつは「レジデント」と呼ばれる定住型のオルカで、サンファンアイランド近海では2017年にもおよそ76頭が確認されている。もうひとつは「トランジェント」と呼ばれる移動型のオルカで、近海を行ったり来たりしている。トランジェントのオルカが、バンクーバー島北方の定住型オルカと交わることはないという。さらに近年の研究で「オフショア」と呼ばれる回遊型のオルカがいることもわかってきた。彼らは広く太平洋を回遊し、数年に1度この海域に戻ってくる。いずれも「ポッド」と呼ばれる最年長の母親をトップにした母系社会を築き、家族固有のコミュニケーションをもつ。「トランジェントのオルカがレジデントのオルカと交わらないのは、人間も民族によってさまざまな文化をもち固有の文化圏を築いていくでしょ。それと同じで、オルカにもそれぞれ異なる社会があるのよ」とナチュラリストは言う。ホエール博物館で見たサンファンアイランド近海のレジデント、J Pod、K Pod、L Podの説明を思い出した。帰国後、ホエール博物館のウェブサイトを見ると、Podに属する1頭1頭のオルカすべてに名前がつけられ、特徴を記した詳細なデータが公開されていた。

ライム・キルンはオルカ見物の名所

サンファンアイランドには陸からオルカを観察できる絶好のスポットもある。それが、豊富な石灰層を採掘し、石灰窯で焼いて石灰を生産したかつての産業遺跡、ライム・キルン・ポイント州立公園（→P.124）だ。公園の入口でオルカの展示室をのぞき、ダグラスファーの森を抜けて、灯台まで下りていくと、ホエール博物館の調査員がオルカの調査をしている真っ最中だった。かつての灯台は現在は調査室となり、沖を泳ぐオルカを毎日観察し、記録をつけているのだという。

そのとき、岩の向こうでバシャッと大きな音がした。オルカが跳ねたのである。「こんな沿岸にまでオルカはやってくるんですか？」と聞くと、「サンファンアイランドの沿岸はプランクトンが豊富に集まる場所で、それを狙ってたくさんのサケがやってくるんだ。オルカはそのサケを食べにくるんだよ」と教えてくれた。

目の前に広がるハロ海峡はただ波打つだけの光り輝く海ではなく、豊かな生き物たちの営みの場だということを、オルカに気づかせてもらったような気がした。（取材：鹿島裕子）

ボールドイーグルの姿も

Western Prince Whale Watching & Wildlife Tours
MP.123左下図
住1 Spring St., Friday Harbor
☎(360) 378-5315
Free(1-800) 757-6722
URLorcawhalewatch.com
営〈3月中旬～6月中旬、10月〉毎日12:00、〈6月下旬～9月〉毎日10:15、14:30、11～3月は要問い合わせ。所要3～4時間。
料大人$99、2～12歳$69

フェリーと車で行く半島の旅

キトサップ半島とベインブリッジアイランド
Kitsap Peninsula & Bainbridge Island

ワシントン州 ▶ 市外局番：206／360

数多くの先住民が今も暮らすキトサップ半島は、チーフ・シアトルの墓もある先住民ゆかりの場所。車がないと不便だが、半島と橋でつながれたベインブリッジアイランドは、フェリー乗り場のすぐそばにダウンタウンが広がり、散策や買い物が楽しめる。この島こそ、イチゴ栽培に従事した日系人ゆかりの地だ。

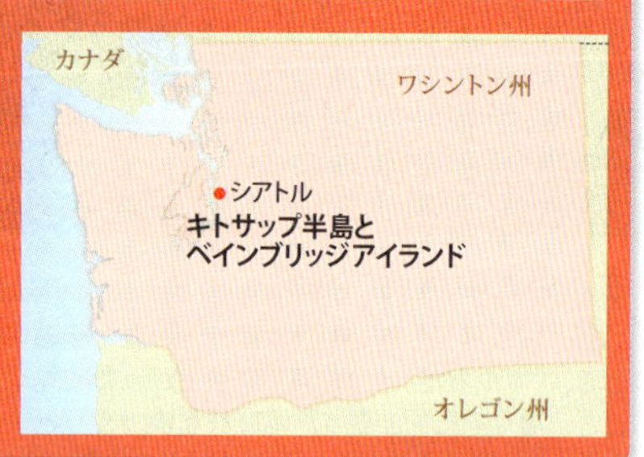

キトサップ半島
MP.29-A3

観光案内所

キトサップ半島観光局
Visit Kitsap Peninsula
MP.128
住9230 Bayshore Dr., #101, Silverdale Free(1-800)337-0580
URLwww.visitkitsap.com
営月～金9:00～17:00

ワシントンステート・フェリー
☎(206)464-6400
URLwww.wsdot.wa.gov/ferries
料大人$8.35、車&人$15～

タクシー
Bainbridge Island Taxi
☎(206)842-1021

キトサップ半島への行き方

シアトルのピア52（MP.32-A3）からワシントンステート・フェリー（→P.40）がブレマートンBremertonとベインブリッジアイランドBainbridge Islandへそれぞれ運航している。

ベインブリッジアイランド発のフェリー

キトサップ半島の歩き方

車がある人は、ピア52からブレマートンへフェリーで渡ろう。キトサップ半島を北上し、ポールスボ、スコーミッシュのチーフ・シアトルの墓、ポートギャンブルなどを回り、ベインブリッジアイランドへ入るといい。フェリーの着くウィンスローに滞在し、翌日ゆっくりと町を散策したい。車がない人は、シアトルから日帰りでベインブリッジアイランドだけを訪れてみてはいかが？　チーフ・シアトルの墓へは、フェリー乗り場前からタクシーで行くことができる。

キトサップ半島とベインブリッジアイランド
広域図:P.29-A2～B3

ポートタウンゼントへ
Hood Canal Bridge
ポートギャンブル歴史博物館 P.130
チーフ・シアトルの墓
スコーミッシュ博物館 P.130
ポートギャンブル Port Gamble P.130
Suquamish Clearwater Casino Resort P.131
Kingston
Edmonds
Poulsbo Inn & Suites P.131
ポールスボ観光局 P.130
スコーミッシュ Suquamish P.130
ポールスボ Poulsbo P.130
ブローデルリザーブ Bloedel Reserve P.129
ベインブリッジアイランド Bainbridge Island P.129
キトサップ半島観光局 P.128
Silverdale
ウィンスロー Winslow
ベインブリッジアイランド歴史博物館 P.129
シアトル ピア52
ベインブリッジアイランド・ファーマーズマーケット
アルカイビーチ
Cafe Nola P.131
Port Orchard
Southworth
Fauntleroy
The Eagle Harbor Inn P.131
ブレマートン Bremerton P.129
Vashon Island
Sea-Tac Airport
Hampton Inn & Suites Bremerton P.131
Noah's Ark Restaurant P.131
Union
Gig Harbor
シェルトンへ
キトサップ半島 Kitsap Peninsula
Tacoma Narrows Bridge
タコマ Tacoma
フェリー航路
0 10km

フェリーから見たベインブリッジアイランド

MEMO **ワシントンステート・フェリーのターミナル** ●ブレマートン・ターミナル 住211 1st St., Bremerton、●ベインブリッジアイランド・ターミナル（ウィンスロー）住270 Olympic Dr. S.E., Bainbridge Island

キトサップ半島とベインブリッジアイランドのおもな見どころ

フェリーが発着する
MP.128

ブレマートン Bremerton

軍港の町として知られ、港に係留された軍艦**USSターナー・ジョイ号**を見学できる。フェリー乗り場のそばにある**ハーバーサイド噴水公園Harborside Fountain Park**のアートな噴水も見どころのひとつ。ダウンタウンには、操り人形の博物館**バレンティネッティ・パペット博物館Valentinetti Puppet Museum**もある。

フェリー乗り場そばの噴水公園

日系移民開拓の島
MP.128

ベインブリッジアイランド Bainbridge Island

名物のファーマーズマーケット

シアトルからピュージェット海峡を挟んで対岸にある島。ウエストシアトルからわずか16kmと近く、シアトルのピア52を出発するフェリーが着くウィンスローWinslowまで所要35分。島民の多くがシアトルへ通勤している。小さなダウンタウンには、ギャラリーやカフェ、レストランやショップが軒を連ね、春から初冬の土曜日には、**ベインブリッジアイランド・ファーマーズマーケットBainbridge Island Farmers Market**も開かれる。一画にある**ベインブリッジアイランド歴史博物館Bainbridge Island Historical Museum**では、戦前農業に従事し、第2次世界大戦勃発後、1942年に強制収容所へ移住させられた日系人の歴史を紹介している。2000年に日本でも公開された、戦時下の日系人の不遇を物語る映画『ヒマラヤ杉に降る雪Snow Falling on Cedars』は、この島が舞台だ。

ブローデルリザーブ Bloedel Reserve

ベインブリッジアイランド北部にある自然園。150エーカーの敷地にワシントン州固有の樹木や植物が移植され、ノースウエスト特有の巨木の森を思わせる二次林や、カモや白鳥が泳ぐ池や鏡池、日本庭園などが点在している。旧ブローデル一族の所有地をブローデル財団が引き継ぎ、一般公開したもの。静寂に包まれた美しい森が広がっている。旧邸宅はビジターセンターだ。園内でのピクニックや飲食はできない。

ブローデル家の邸宅

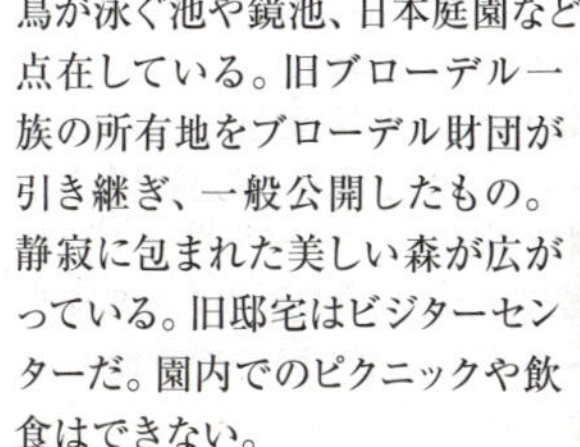

風景を映す鏡池

USSターナー・ジョイ号
住 300 Washington Beach Ave., Bremerton
☎ (360)792-2457
URL www.ussturnerjoy.org
営〈3～10月〉毎日10:00～17:00、〈11～2月〉水～日10:00～16:00
料 大人$16、5～12歳$9.50

ハーバーサイド噴水公園
住 251 1st St., Bremerton

バレンティネッティ・パペット博物館
住 280 4th St., Bremerton
☎ (360)479-6226
URL www.ectandpuppets.org
営 水～金10:00～16:00、土12:00～16:00　休 日～火
料 大人$2、学生$1（寄付制）
行き方 ブレマートン・ターミナルからWashington Ave.を北上し、4th St.で左折。徒歩約5分。

ベインブリッジアイランド・ファーマーズマーケット
URL www.bainbridgefarmersmarket.com
Town Square / City Hall
住 280 Madison Ave. N., Bainbridge Island
営〈3月下旬～12月中旬〉土9:00～13:00
島に住む工芸家のアートや野菜、手作りパンなどが並ぶ。フェリーターミナルから歩いてすぐ。

ベインブリッジアイランド歴史博物館
MP.128
住 215 Ericksen Ave. N.E., Bainbridge Island
☎ (206)842-2773
URL bainbridgehistory.org
営 毎日10:00～16:00（冬季は短縮あり）　料 大人$4、シニア・学生$3

ブローデルリザーブ
MP.128
住 7571 N.E. Dolphin Dr., Bainbridge Island
☎ (206)842-7631
URL bloedelreserve.org
営〈9～5月〉火～日10:00～16:00、〈6～8月〉火水10:00～16:00、木～日10:00～18:00。最終入場は閉館1時間前
料 大人$17、65歳以上$12、13～18歳$10、5～12歳$6、4歳以下無料
車 ベインブリッジアイランドのフェリーターミナルからWA-305を10km北上、Agatewood Rd. N.E.へ入り、N.E. Dolphin Dr.を右折。所要約15分。
キトサップトランジットKitsap TransitのB.I.Rideが、ベインブリッジアイランド・ターミナルからバスを運行している。月～土の1日6～7便。所要約20分。
Kitsap Transit B.I. Ride
Free (1-800)501-7433
URL www.kitsaptransit.com/service/routed-buses/bi-ride
料 $2

MEMO **ハーバーサイド噴水公園にある海軍博物館**　海軍の歴史や造船について詳しく解説。**Puget Sound Navy Museum**　住 251 1st St., Bremerton　URL www.pugetsoundnavymuseum.org　営 毎日10:00～16:00　料 無料

ポールスボ
行き方 ベインブリッジアイランド・ターミナルからWA-305 N.を18km北上し、N.E. Hostmark St.を左折。道なりに進みFront St. N.E.へ入った所。所要約25分。

観光案内所

ポールスボ観光局
Poulsbo Chamber of Commerce
MP.128
住 19735 10th Ave. N.E., #S100, Poulsbo
☎(360) 779-4848
URL poulsbochamber.com
営 月〜金9:00〜17:00
休 土日

オリンピック・アウトドア・センター
Olympic Outdoor Center
住 18743 Front St. N.E., Poulsbo
☎(360) 297-4659
URL www.olympicoutdoorcenter.com/pages/poulsbo
営 〈6〜8月〉毎日10:00〜20:00。5、9月は要相談。10〜4月はクローズ
料 カヤック／1時間$18、自転車／1時間$25〜

スコーミッシュ
行き方 ベインブリッジアイランド・ターミナルからWA-305 N.を12km北上。橋（Agate Pass Bridge）を渡ったら右折し、Suquamish Way N.E.に入る。3kmほど北上してAugusta Ave. N.E.に入った所。所要約20分。

スコーミッシュ墓地
住 7076 N.E. South St., Suquamish
チーフ・シアトル・デイズ
URL www.suquamish.nsn.us

スコーミッシュ博物館
MP.128
住 6861 N.E. South St., Suquamish
☎(360) 394-8499
URL suquamishmuseum.org
営 毎日10:00〜17:00
料 大人$5、シニア(55歳以上)・5〜17歳$3、4歳以下無料

ポートギャンブル
車 ベインブリッジアイランド・ターミナルからWA-305 N.を21km北上し、WA-307 N.を右折して8km北上。WA-104 W.を左折し5kmほど北へ行った半島の北端。所要約40分。

ポートギャンブル歴史博物館
MP.128
住 32400 N. Rainier Ave., Port Gamble
☎(360) 297-8078
営 〈5〜9月〉金〜日11:00〜16:00
料 大人$4、シニア$3、子供(6歳以下) 無料

内海に面したリゾートエリア　MP.128

ポールスボ Poulsbo

1885年頃から始まったスカンジナビア半島からの移住者が多く、内海に面したキトサップ半島の保養地。ダウンタウンにはギャラリーやレストランが軒を連ねる。深い入江のリバティー湾Liberty Bayでカヤックや自転車をレンタルしたり、クルーズするといい。

こぢんまりとしたダウンタウン

チーフ・シアトルの墓　MP.128

スコーミッシュ Suquamish

スコーミッシュ族の故郷であり、シアトルの名前の由来ともなった偉大な酋長、**チーフ・シアトルChief Seattle**（→P.70）の墓がある。墓地はSt. Peters Catholic Mission裏手の**スコーミッシュ墓地Suquamish Cemetery**。墓の形は独特で、十字架の墓石の背後にスコーミッシュ族の伝統的なカヌーが掲げられ、墓を囲むように木組みが組まれている。チーフ・シアトルは1866年に亡くなったが、シアトルに入植した白人と先住民との間に入り、平和の尊さを説いた敬愛される酋長だ。毎年8月中旬には、彼をたたえて**チーフ・シアトル・デイズChief Seattle Days**（3日間）がスコーミッシュダウンタウンで開催される。

スコーミッシュ博物館　Suquamish Museum

スコーミッシュ族の伝統文化や歴史を保護する目的で作られた先住民の博物館。口頭で伝わる伝承を収集したり、工芸品や古い写真、伝統文化であるカヌーなどを展示している。大展示室では常設展の「古代の沿岸部ー変化する潮流Ancient Shores – Changing Tides」を公開し、小展示室では企画展を行う。

海を見ながらそぞろ歩き　MP.128

ポートギャンブル Port Gamble

美しくよみがえった町

キトサップ半島北岸にある企業城下町。1853年メイン州のビジネスマン、アンドリュー・ポープAndrew Popeとウィリアム・タルボットWilliam Talbotが築いた製材所として繁栄した。しかし、その閉鎖とともに町も衰退。その後、企業自らがポープ・リソースPope Resourcesという組織を立ち上げ、町の再生に乗り出した。創建当時のビクトリア様式の建物は、カフェやギャラリーなどに改装され、海を見ながら散歩が楽しめる場所になっている。**ポートギャンブル歴史博物館Port Gamble Historic Museum**もあり。

MEMO **ポールスボ海洋博物館**　ポールスボダウンタウンにある博物館では、このエリアで盛んだった海洋の展示が豊富。**Poulsbo Maritime Museum**　住 19010 Front St. N.E., Poulsbo　☎(360) 994-4943↗

レストラン

R ノースウエスト料理の名店　ノースウエスト料理／ベインブリッジ／MP.128

カフェノラ　Cafe Nola

ベインブリッジアイランドのフェリー乗り場近くにあるノースウエスト料理の店。ヨーロッパスタイルのエレガントなカフェで、四季それぞれに旬の食材を使ったノースウエスト料理が味わえる。食材のもち味を生かしたあっさりとした味つけが特徴。ホタテ貝のソテー（$37）がおすすめ。

住101 Winslow Way E., Bainbridge Island
電(206) 842-3822
URL www.cafenola.com
営ランチ：月～金11:00～15:00、ディナー：毎日17:00～21:00、ブランチ：土日9:30～15:00
カード A M V

R ブレマートンにある老舗　アメリカ料理／ブレマートン／MP.128

ノア・アーク・レストラン　Noah's Ark Restaurant

ブレマートンのダウンタウンにある家族経営のレストラン。飾り気はないが、フレンドリーなスタッフとメニューに定評がある。フィラデルフィア・チーズステーキ・サンドイッチ（$7.99～）やフィッシュ&チップス（$8.99）、ミルクシェイク（$3.99）が人気。

住1516 6th St., Bremerton
電(360) 377-8100
URL www.noahsark-restaurant.com
営月～土10:00～20:00
休日
カード A M V

ホテル

H フェリー乗り場から歩いて10分　高級／ベインブリッジ／MP.128

イーグル・ハーバー・イン　The Eagle Harbor Inn

ベインブリッジダウンタウンの中心に位置する。周辺には、カフェやレストラン、スーパーマーケットがあるので便利だ。車がない人でも、キトサッププトランジットのバスを利用してブローデルリザーブなどに行けるのがいい。

住291 Madison Ave. S., Bainbridge Island, WA 98110
電(206) 981-5324
URL theeagleharborinn.com
料ⓈⒹⓉ$180～280、タウンハウス$410～570
駐無料　Wi-Fi無料
カード A M V　7室（あり）

H 立地がよく便利　中級／ブレマートン／MP.128

ハンプトン・イン&スイーツ・ブレマートン　Hampton Inn & Suites Bremerton

ブレマートンのフェリー乗り場のそばにあるホテル。客室はとてもきれいで清潔。毎朝、ロビーで無料の朝食サービスが受けられる。ホテル内には売店、フィットネスルームなどもあり、設備もよく整っている。ホテル周辺にはレストランも多いので、食事にも困らないはずだ。

住150 Washington Ave., Bremerton, WA 98337
電(360) 405-0200
FAX(360) 405-0618
URL www.hamptoninn3.hilton.com
料ⓈⒹⓉ$119～179、Su$159～199　駐$7　Wi-Fi無料
カード A D M V　105室（あり）

H お手頃価格で滞在できる　エコノミー／ポールスボ／MP.128

ポールスボ・イン&スイーツ　Poulsbo Inn & Suites

ポールスボのメイン通り沿いに立つモーテル。リバティー湾やダウンタウンまで歩いて15分ほどなので不自由しないうえ、周辺にはコンビニエンスストアやレストランもある。無料の朝食付き。スイートルームには、キッチンや電子レンジが備わっている。

住18680 WA-305, Poulsbo, WA 98370　電(360) 779-3921
free(1-800) 597-5151
FAX(360) 779-9737
URL www.poulsboinn.com
料ⓈⒹⓉ$105～140
駐無料　Wi-Fi無料
カード A D M V　83室（あり）

H スコーミッシュのカジノホテル　中級／スコーミッシュ／MP.128

スコーミッシュ・クリアウオーター・カジノリゾート　Suquamish Clearwater Casino Resort

スコーミッシュにあるアメリカ・インディアンが運営するカジノホテル。海に面したログハウスのリゾートで、美しい庭にトーテムポールが立つ。アクティビティも豊富。海側の客室はとても眺めがいい。ウィンスローのフェリー乗り場からシャトルバスのサービスあり。

住15347 Suquamish Way N.E., Suquamish, WA 98392
電(360) 598-8700
free(1-866) 609-8700
URL www.clearwatercasino.com
料ⓈⒹⓉ$109～249、Su$179～279　駐無料　Wi-Fi無料
カード A D M V　85室（あり）

↘ URL poulsbohistory.com/poulsbo-maritime-museum　営毎日10:00～16:00　料無料

カスケードループ
Cascade Loop

ワシントン州 ▶ 市外局番:509／360／206

カスケード連山を巡るドライブルートはシアトルからの走行距離約750km。ドイツのバイエルン地方を彷彿させるレベンワースや西部劇に登場しそうなウィンスロップなど、個性豊かな町が次々に現れる。そのハイライトは名峰の氷河や湖を眺め尽くすノースカスケード国立公園だ。

カスケードループへの行き方

カスケードループへは、ツアーが催行されていないので、車が頼り。旅の起点はシアトルからI-5で北へ45kmの**エベレットEverette**。ここからUS-2に入り進路を東に取れば、カスケードループの始まりだ。まず、スカイコーミッシュ・レンジャー・ステーションSkykomish Ranger Station（→脚注）で情報収集しよう。**スティーブンス峠Stevens Pass**でカスケード連山を横切ると、気候は一転、乾燥地帯となる。狭い峡谷へ入り、カーブが連続する区間を過ぎると**レベンワースLeavenworth**に到着。リンゴ畑の河岸段丘の道を快適に走り、**ウェナチーWenatchee**へ向かおう。US-97を北上して、コロンビア川に沿って走ると**シェランChelan**に出る。さらに北上してWA-153、WA-20と進むと山間の**ウィンスロップWinthrop**。このルートのハイライトはこの先、**ワシントン峠Washington Pass**を上り**ディアブロDiablo**へ抜ける区間だ。山岳ルートを4時間も走れば、チューリップの産地**スカジットバレーSkagit Vally**にある**バーリントンBurlington**へと下りきる。

カスケードループの歩き方

上記のドライブルートは、時計と反対回りに走ったほうがワシントン峠付近の眺めがよい。まず、レベンワースに1泊してワシントン州のドイツ村を堪能しよう。2日目はシェラン湖畔のホテルに宿泊。3日目は西部劇風の町ウィンスロップを散策し、メットハウバレーThe Methow Valleyを見渡す、絶景のサンマウンテン・ロッジSun Mountain Lodge（→P.139）に投宿。そして4日目、旅のハイライトであるワシントン峠へ向かい、ノースカスケード国立公園を横切り、一気にスカジットバレーへと下る。余裕があれば、骨董の町ラ・コナーLa Connerでもう1泊し、デセプションパス州立公園に立ち寄るといい。

カスケードループ
MP.29-B1〜B3

観光案内所

カスケードループ観光協会
Cascade Loop Association
住P.O. Box 3245, Wenatchee
☎(509) 662-3888
URLcascadeloop.com

ドライブルート

シアトル
↓ I-5（45km）
エベレット
↓ US-2（160km）デセプション滝&スティーブンス峠
レベンワース
↓ US-2（18km）
カシミア
↓ US-2、WA-285（18km）
ウェナチー
↓ WA-285、US-97（64km）オーメガーデン
シェラン湖
↓ US-97、WA-153、WA-20（96km）
ウィンスロップ
↓ WA-20（85km）
ノースカスケード国立公園
↓ WA-20（144km）ワシントン峠&レイニー峠、ロス湖&ディアブロ湖展望台
ラ・コナー
↓ WA-20、I-5（120km）
シアトル

カスケードループとは?
シアトルから1周約470マイル（約750km）の行程。ルート中で、ウィンスロップからディアブロまでのWA-20は、積雪期には閉鎖される。ベストシーズンは春と秋。花が咲き乱れ、新緑も楽しめる春、山の木々が紅葉に染まる秋がいい。ルートに沿って、ホテルは多いが、レベンワースやシェランは人気の観光地なので、夏やクリスマスに訪れる場合は予約をしよう。

MEMO **スカイコーミッシュ・レンジャー・ステーション** スタッフが常駐し、地図やパンフレットなどが入手できる。**Skykomish Ranger Station** MP.133-A2 住74920 N. E. Stevens Pass Hwy., Skykomish ↗

カスケードループのおもな見どころ

★★★ ドライブの疲れを癒やす滝への散歩 MP.133-B2

デセプション滝＆スティーブンス峠
Deception Falls & Stevens Pass

小さな集落スカイコーミッシュSkykomishの東約10kmにある**デセプション滝Deception Falls**。ウエスタンヘムロック（ツガの仲間）の木々に囲まれている。古いもので、約290年前の森林火災を免れた樹齢610年の老木もあるそうだ。このエリアは、1893年、グレートノーザン鉄道がカスケード山脈で最初に鉄道を通した所。レストエリアから300mのトレイルを下ると、ふたつある滝のひとつUpper Fallsが見渡せる所にたどり着く。デセプション川Deception CreekはLower Fallsをへてタイ川Tye Riverに合流する。

デセプション滝からUS-2を13km東に進むと、明るく開けた**スティーブンス峠Stevens Pass**に出る。ここには、夏はハイキング、冬はスキーが楽しめるスティーブンス峠・ワシントン・スキー・リゾートStevens Pass Washington Ski Resortがある。

急流を流れ落ちるデセプション滝のアッパー・フォール

デセプション滝
住US-2のマイルポスト56北側

スティーブンス峠・ワシントン・スキー・リゾート
住93001 N.E. Stevens Pass Hwy., Skykomish
☎(206) 812-4510
URL www.stevenspass.com

↘☎(360)677-2414 営月～金8:00～16:30（時期により異なる） 休土日

ドイツ風の町並みを歩く　MP.133-B2

レベンワース Leavenworth

アルプスの谷間を思わせるかわいらしいドイツ風の町並み。三角屋根の木造家屋の窓辺は花々で飾られ、チロリアンハットにニッカボッカをはいた男性やバイエルン風の民族衣装をまとった女性が歩く。ハイウエイ（US-2）から少し下がった旧鉄道線路沿い（Front St.）が旧市街で、ドイツ風の看板を掲げた民芸品店やドイツ料理レストランが並び、散策が楽しい。ランチどきに立ち寄りたいのが、焼きたてソーセージのスタンド、**ミュンヘンハウスMunchen Haus**だ。パンにウインナソーセージとザワークラフトを挟んで食べるのがおいしい。この町並みは、ゴーストタウン同然だった町の復興策として、1960年代に南ドイツのバイエルン地方を模して造ったもの。現在ではワシントン州屈指の観光地となり、バイエルンの村祭り、フォークダンス大会、『サウンド・オブ・ミュージックThe Sound of Music』の野外劇（7～8月）などが行われ、1年中にぎわっている。冬も美しく、なかでも10万個の明かりで通り全体が輝く11月下旬～12月下旬のライトアップChristmas Lighting Festivalは、大勢の観光客が訪れる町いちばんのイベントだ。

バイエルン風のかわいらしい町並み

アプレ&コトレのキャンディ工場見学　MP.133-B2

カシミア Cashmere

レベンワースからUS-2を18km東に行き、Aplets Wayで右折すると、西部劇に出てきそうな小さなカシミアCashmereの町が現れる。観光ポイントは、1918年創業の老舗のキャンディ工場、**リバティオーチャードLiberty Orchards**。甘いフルーツ果汁を煮詰めて作るゼリー菓子のアプレ&コトレAplets & Cotletsが有名で、工場で手作りされている。工場見学のあとは、直営の売店でできたてのキャンディを買いたい。

キャンディ工場見学ツアーは無料

半砂漠地帯のワインとフルーツの町　MP.133-B2

ウェナチー Wenatchee

ウェナチー川とコロンビア川の合流地に開けたリンゴ産地。もともと乾燥した半砂漠地帯の土壌だったが、運河を拓き、一大リンゴ農園を作り上げた。今ではアプリコットや桃、チェリーなどのフルーツやワイナリーも広がっている。いちばんの見どころは、乾燥した崖に造られた麗しい庭園、**オーメガーデンOhme Gardens**。ダウンタウンのN. Wenatchee Ave.には、**スティミルト・クリーク・ワイナリーStemilt Creek Winery**直営の試飲室もある。

行き方

シアトルからバス（グレイハウンド）で
Greyhound Icicle Kwik Stop
住585 US-2, Leavenworth
☎(509) 548-9601
URL www.greyhound.com
営毎日7:00～22:00（時期により異なる）
料$36
毎日1便運行。シアトル9:15発、レベンワース12:10着。

シアトルから列車（アムトラック）で
Amtrak Icicle Station
住11645 North Rd., Leavenworth
Free (1-800) 872-7245
URL www.amtrak.com
料$24～
毎日1便運行。シアトル16:40発、レベンワース20:00着。

観光案内所

レベンワース観光案内所
Leavenworth Chamber of Commerce
MP.133-B2
住940 US-2, Suite B, Leavenworth
☎(509) 548-5807
URL www.leavenworth.org
営毎日8:00～18:00（時期により異なる）

ミュンヘンハウス
MP.133-B2
住709 Front St., Leavenworth
☎(509) 548-1158
URL www.munchenhaus.com
営日～木11:00～21:00、金土11:00～22:00（時期により短縮あり）

リバティオーチャード
MP.133-B2
住117 Mission Ave., Cashmere
Free (1-800) 231-3242
URL www.libertyorchards.com
営ツアー／〈1～3月〉月～金8:30～16:30、〈4～12月〉月～金8:30～17:00、土日10:00～16:00

観光案内所

ウェナチーバレー観光案内所
Wenatchee Valley Chamber of Commerce
MP.133-B2
住137 N. Wenatchee Ave., Wenatchee
☎(509) 662-2116
URL wenatchee.org
営月～金9:00～17:00

スティミルト・クリーク・ワイナリー試飲室
MP.133-B2
住110 N. Wenatchee Ave., Wenatchee
☎(509) 665-3485
営月～土11:00～18:00、日11:00～17:00

MEMO **ステヒーキンでのレインボー滝へのツアー**　ステヒーキン湖のフェリー乗り場から、5.6km北にあるレインボー滝を見に行くバスツアー。所要約50分。Rainbow Falls Bus Tour、問い合わせはNorth Cascades↗

オーメガーデン　Ohme Gardens

結婚を機に40エーカーの半砂漠の崖地を購入したハーマン&ルース・オーメ夫妻は、自らその裸地に乾燥に強いセージを植え付け、小道を造り、樹木を植え、緑麗しい庭園に仕上げた。1929年からハーマン・オーメ氏が亡くなる1971年まで、42年間は家族の個人庭園だったが、1991年ワシントン州公園局の管理下となり、現在一般公開されている。

周囲の乾燥した崖とはまるで違う園内は、庭造りの苦労がしのばれ本当に美しい。崖の上からは悠々と流れるコロンビア川とウェナチーの町が望める。

緑豊かな庭園のオーメガーデン

青く澄んだ湖畔のリゾート　MP.133-B2

シェラン湖 Lake Chelan

雄大なコロンビア川に沿って走ると、突如青く澄んだシェラン湖に出る。シェラン湖は長さ89km、深さ453m（全米第3位）の細長い氷河湖。湖の奥地に**ステヒーキンStehekin**という村があり、フェリーと水上飛行機（運休中）がシェランの町から出ている。往復に時間がかかるうえ、ステヒーキンはハイキング基地のような場所なので、体力に自信のある人は行ってみよう。シェランは近年ワイナリーやリンゴ産地として有名になっており、湖畔のリゾートに宿泊して、ダウンタウンそばの湖畔の散歩道を歩いたり、**ベンソン・ヴィンヤード・エステイト・ワイナリーBenson Vineyards Estate Winery**（→P.138）をはじめとするワイナリー巡りや、ブルーベリー農園でブルーベリー狩りなどをして過ごしたい。

西部劇のセットのような町並み　MP.133-B1

ウィンスロップ Winthrop

1972年のカスケードループ・シーニック・ハイウエイ（WA-20）開通にともない、昔の町並みを撮影した古い写真をもとに、観光客が立ち寄りたくなる西部劇風の町並みに造り替えた。メインストリートにアーケードを造り、昔風の外灯を設置。現役の銀行もガソリンスタンドもオールドスタイルだ。ロデオ大会やR&Bミュージック音楽祭が開催され、ワイルドウエストの世界に浸ることができる。周辺は牧場地帯なので町を闊歩する本物のカウボーイも見かけられるだろう。時間があればダウンタウンから1ブロック北にある**シェイファー歴史博物館Shafer Historical Museum**にも立ち寄りたい。1890年代のウィンスロップの町並みが再現され、採掘用の機械などが展示されている。

ワイルドウエストの町並み

オーメガーデン
MP.133-B2
住3327 Ohme Rd., Wenatchee
☎(509) 662-5785
URL www.ohmegardens.com
営〈4月中旬～5月下旬、9月上旬～10月中旬〉毎日9:00～18:00、〈5月下旬～9月上旬〉毎日9:00～19:00
料大人$8、学生（6～17歳）$4、5歳以下無料

i 観光案内所
シェラン湖観光案内所
Lake Chelan Chamber of Commerce & Visitor Center
MP.133-B2
住216 E. Woodin Ave., Chelan
☎(509) 682-3503
URL www.lakechelan.com
営月～土9:00～18:00、日10:00～17:00（時期により異なる）

シェラン湖フェリー
Lady of the Lake II
住1418 W. Woodin Ave., Chelan
☎(509) 682-4584
URL www.ladyofthelake.com
営〈1～3月〉月水金、〈4月、10月下旬〉月水金土日、〈5月～10月中旬〉毎日、〈11～12月〉月水金日の1日1便。時間は時期により異なるのでウェブサイトで確認のこと。
料往復$40.50
所要6時間（ステヒーキンで約1時間の停泊あり）。

シェランシープレーン(水上飛行機)
2018年10月現在、運休中。下記は2016年のデータ
Chelan Seaplanes
住1328 W. Woodin Ave., Chelan
☎(509) 682-5555
URL www.chelanseaplanes.com
営〈5月中旬～6月中旬〉木～月の1日1～2便、〈6月中旬～7月上旬〉毎日2便、〈7月上旬～8月〉毎日2～4便、〈9月上旬～10月中旬〉毎日2便
料片道大人$89.99、63歳以上$79.99、12歳未満$59.99（所要30分）

i 観光案内所
ウィンスロップ観光案内所
Winthrop Visitor Information
MP.133-B1
住202 Riverside Ave., Winthrop
☎(509) 996-2125
URL www.winthropwashington.com
営毎日9:00～17:00（時期により異なる）

シェイファー歴史博物館
MP.133-B1
住285 Castle Ave., Winthrop
☎(509) 996-2712
URL www.shafermuseum.com
営〈5月下旬～9月〉毎日10:00～17:00
料寄付制

↘Lodge at Stehekin ☎(509) 682-4494 URL www.lodgeatstehekin.com 営年中催行だが、出発時間は時期により異なるので、ウェブサイトで確認すること。 料大人$10、6～11歳$5

氷河を望む国立公園内を走るハイウエイ　MP.133-A1～B1

ノースカスケード国立公園
North Cascades National Park

氷河をまとったカスケード連山の名峰を車に乗ったまま眺められるエリア。ハイウエイ沿いには数多くのハイキングトレイルの入口があり、ショートハイクも楽しめる。カスケードループのハイライトは、ワシントン峠にあるリバティベル山を望む展望台。

ワシントン峠&レイニー峠　Washington Pass & Rainy Pass

ウィンスロップから山道を登り、標高1669mの大曲を越えた所にある。氷河をまとったリバティベル山 Liberty Bell Mountainの大パノラマが見られる**ワシントン峠展望台 Washington Pass Overlook**に立ち寄ろう。展望台からはリバティベル山（標高2359m）をはじめとするカスケード山脈のパノラマがすばらしい。峠を過ぎるといったん下り、再び上った所が標高1480mの**レイニー峠 Rainy Pass**。高山植物を楽しむなら、7～8月に訪れたい。例年11月～5月上旬は通行止めになる。

ロス湖展望台&ディアブロ湖展望台
Ross Lake Overlook & Diablo Lake Overlook

レイニー峠を過ぎ、国立レクリエーションエリア内にあるダム湖が**ロス湖 Ross Lake**。湖畔には、湖を望む展望台が用意され、車を停めて小休止できる。ロス湖展望台の道路脇には、湖へと下りるハイキングトレイルの入口がある。WA-20をさらに3マイル行った所には、**ディアブロ湖展望台**があり、ターコイズブルーに輝く湖が一望できる。夏には、湖畔の町ディアブロ Diabloから、**ディアブロ湖ボート・ツアーズ Diablo Lake Boat Tours**の湖上クルーズツアーが出る。

ターコイズブルーに輝くディアブロ湖

クラフトとアンティークの町　MP.133-A1

ラ・コナー
La Conner

スウィノミッシュ運河 Swinomish Channel沿いに拓けたラ・コナー La Connerは、ビクトリア調の古い建物が並ぶヒストリックタウン。地域の工芸品を紹介するノースウエスト美術館 The Museum of Northwest Artをはじめ、パシフィック・ノースウエスト・キルト&ファイバーアート博物館 Pacific Northwest Quilt & Fiber Arts Museumや数多くのギャラリー、骨董店が並ぶ。スカジットバレーのチューリップ畑を見たあとで立ち寄りたい、かわいらしい町だ。

ラ・コナーの中心地

ノースカスケード国立公園
住810 WA-20, Sedro-Woolley（オフィス）
☎(360) 854-7200
URL www.nps.gov/noca
営通年オープン　料無料

ノースカスケード国立公園ビジターセンター
North Cascades Visitor Center
☎(206) 386-4495
営〈5月中旬～9月〉毎日9:00～17:00
休10月～5月上旬
場所WA-20のニューハーレム Newhalem。マイルポスト120から川を渡り、キャンプサイトの先。

ワシントン峠展望台
MP.133-B1
車US-20のマイルポスト162からWashington Pass Overlook Rd.を北に曲がり、1km進むと駐車場がある。

リバティベル山を間近に望む

ロス湖展望台
MP.133-B1
行き方WA-20のマイルポスト135と136の間の北側。

ディアブロ湖展望台
MP.133-B1
行き方WA-20のマイルポスト132の北側。

ディアブロ湖ボート・ツアーズ
☎(360) 854-2589
URL www.seattle.gov/light/damtours/diablotours.asp
営7月～9月中旬の木～月、9月下旬の土日
料大人$42、62歳以上$40、12歳以下$21（所要時間約3時間）

観光案内所

ラ・コナー観光案内所
La Conner Chamber of Commerce
MP.133-A1
住413 Morris St., La Conner
☎(360) 466-4778
URL www.lovelaconner.com
営〈3月中旬～9月上旬〉月～金10:00～16:00、土日12:00～15:00、〈9月中旬～3月上旬〉月～金10:00～14:00、土10:00～13:00
スカジットバレーは、全米で生産されているチューリップの75%が栽培されている。4月頃には花の絨毯で埋め尽くされる。チューリップフェスティバルは毎年4/1～30に開催。
URL www.tulipfestival.org

MEMO　**ラ・コナーにある美術館や博物館**　**ノースウエスト美術館**　住121 S. 1st St., La Conner　☎(360) 466-4446　URL www.monamuseum.org　営日月12:00～17:00、火～土10:00～17:00　料無料。↗

ワシントン州で随一の景色が楽しめる小島 MP.133-A1

フィダルゴアイランド＆ウィドビーアイランド
Fidalgo Island & Whidbey Island

ラ・コナーからさらにWA-20を西へ進むと、フライデイハーバーへ向かうフェリーが出るアナコルテス Anacortes やデセプションパス州立公園、こぢんまりとした町ラングレイがある小島、**ウィドビーアイランド Whidbey Island** にたどり着く。

デセプションパス州立公園　Deception Pass State Park

毎年200万人以上の観光客が訪れる、ワシントン州でいちばん人気がある州立公園。4134エーカーの敷地にはキャンプ場もある。浜辺からデセプションパス橋とシミルクベイを見上げる景色は多くの雑誌で取り上げられるほどすばらしい。夏季は駐車場が混むので、覚悟して空くのを待とう。

ウィドビーアイランド
車 ラ・コナーからWA-20を25km進むとフィダルゴアイランドやウィドビーアイランドの入口、デセプションパス州立公園に着く。

橋を歩いて渡ることもできるデセプションパス州立公園

デセプションパス州立公園
MP.133-A1
住 41020 WA-20, Oak Harbor
☎ (360) 675-3767
URL parks.state.wa.us/497/Deception-Pass
営〈夏季〉毎日6:30〜日没、〈冬季〉毎日8:00〜日没
料 1日券$10、1年間券$30

レストラン

R ドイツのお袋の味　ドイツ料理／レベンワース／MP.133-B2

アンドレアスケラー　Andreas Keller

毎夜アコーディオンの演奏で盛り上がるドイツ・バイエルン地方の家庭料理店。ドイツ風ウインナソーセージの盛り合わせなどもあるが、スモークしたポークチョップやジャーマンウインナー、ジャガイモや赤キャベツなどを盛り合わせたAndreas Keller Sampler（$29.99）がおすすめ。

住（地階）829 Front St., Leavenworth
☎ (509) 548-6000
URL www.andreaskellerrestaurant.com
営 毎日11:30〜20:30
カード A M V

R パティオでのディナーもいい　ニューイタリアン／ウェナチー／MP.133-B2

シャクティス　Shakti's

気持ちのよい庭を見渡すパティオ席もあり、くつろげる。料理は新鮮な魚介類や自家で切り分けた肉を使った創作料理。ミートソースパスタ（$25〜）などもあり、日本人好みの味だ。ワシントン州のワインを中心に地元産もある。16:00〜18:00のTwilight Dinners（4コースメニュー、$22）がお得。

住 218 N. Mission St., Wenatchee
☎ (509) 662-3321
URL www.shaktisfinedining.com
営 月〜土16:00〜20:30（バーは22:30まで）
休 日
カード A M V

R ワインとマッチした料理の数々　ワイナリー&レストラン／マンソン／MP.133-B2

ワパト・ポイント・セラーズ/ワインメイカーズ・グリル Wapato Point Cellars / The Winemaker's Grill

ハンドクラフトワインを造るワイナリーが経営するレストランだけあって、ワインの種類が豊富。広々としたパティオが気持ちよい。料理は良質な牛肉や魚介類を使ったアメリカン。野菜料理やパスタ（$24〜）もある。ワインテイスティング（無料）に参加するのもいい。

住 200 S. Quetilquasoon Rd., Manson
☎ (509) 687-4000
URL www.wapatopointcellars.com
営 日〜木17:00〜20:15、金土17:00〜21:00。ワインテイスティング：毎日12:00〜17:00　カード M V
行き方 シェラン湖から湖北岸のN. Shore Rd.を西進、MansonでQuetilquasoon Rd.を左折、直進した右手。

R 地産地消にこだわるおしゃれレストラン　アメリカ料理／ウィンスロップ／MP.133-B1

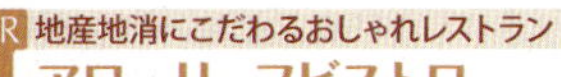

アローリーフビストロ　Arrowleaf Bistro

ウィンスロップのダウンタウンで高い評判を得ているビストロ。近隣の畑で収穫された食材のうま味を生かした薄い味付けは、日本人の口にも合う。かじきマグロのソテー（$32）やステーキ（$29）などが人気のメニュー。

住 207 White Ave., Winthrop
☎ (509) 996-3919
営 水〜日16:00〜21:00（時期により異なる）
休 月火
カード A M V

↘パシフィック・ノースウエスト・キルト＆ファイバーアート博物館　住 703 2nd St., La Conner　☎ (360) 466-4288
URL www.laconnerquilts.com　営 水〜日11:00〜17:00　休 月火　料 大人$7、学生$5

レストラン

R ラ・コナーダウンタンで話題のレストラン　アメリカ料理／ラ・コナー／MP.133-A1

ネルソーン Nell Thorn

生ガキ（1個$3～）やムール貝（$15）などからステーキ（$29～）やパスタ（$28～）まで、幅広いメニューを楽しめる。特に、エビやアサリ、イカを唐辛子とマリナーラソースで絡めたシーフードパスタ（$28）は人気の一品。テラス席からは店の前を流れる川を眺めながら、食事を取ることもできる。

住116 S. 1st St., La Conner
☎(360) 466-4261
URL www.nellthorn.com
営火～日11:30～21:00
休月
カード A M V

ショップ

S ウェナチーダウンタウンの2ブロック東　ショッピングモール／ウェナチー／MP.133-B2

パイバス・パブリック・マーケット Pybus Public Market

カフェやレストラン、ワインショップ、野菜直売所など約20店舗が入る1階建てのモール。なかでも、近隣の畑から直送されたリンゴやトマト、桃は新鮮でおいしい。目の前を流れるコロンビア川を見ながらテイクアウトしたサンドイッチや果物をつまむといい。

住3 N. Worthen St., Wenatchee
☎(509) 888-3900
URL www.pybuspublicmarket.org
営毎日8:00～21:00
休サンクスギビング、クリスマス、元日
カード店舗により異なる

S 老舗の果樹園の直売所　フルーツ直売所／ウェナチー／MP.133-B2

スティミルトグローワーズ Stemilt Growers

スティミルト一族によって1893年に創設された160エーカーの果樹畑で作られたチェリー、リンゴ、洋梨、桃、ネクタリンなどを直接販売。オーメガーデン（→P.135）の真下にあり、試食も可能で、新鮮な果物が買える。ドライブ途中で食べる果物をここで買うのもいい。

住3615 US-97ALT, Wenatchee
☎(509) 663-7848
URL www.stemilt.com
営月～土9:00～19:00、日10:00～17:00
カード M V

S シェラン湖を望む美しいワイナリー　テイスティングルーム／マンソン／MP.133-B2

ベンソン・ヴィンヤード・エステイト・ワイナリー Benson Vineyards Estate Winery

ポール&キャシー・ベンソン夫妻がふたりの息子と1999年から始めた家族経営のワイナリー。近隣で唯一の私有地栽培だ。試飲室の前に広がるシェラン湖を望む23エーカーの畑で12種類のブドウを栽培。赤ワイン10種、白ワイン4種を生産する。試飲室で自慢のワインを味わおう。

住754 Winesap Ave., Manson
☎(509) 687-0313
URL www.bensonvineyards.com
営毎日11:00～17:00。冬季は問い合わせのこと
料試飲$5
カード A M V

S ドライブ途中の休憩にぴったり　スタンドカフェ／ロックポート／MP.133-A1

カスケーディアン・ファーム・スタンド Cascadian Farm Stand

ドライブの帰路に立ち寄りたい、道ばたのスタンド。花が咲き乱れる庭園もある、癒やしのスポットだ。カスケーディアン・ファームは28エーカーを所有するオーガニック農園。スタンドで取れたてのブルーベリーや季節の果物、オーガニックの手作りアイスやショートケーキ、エスプレッソなどを販売する。

住55931 WA-20, Rockport
☎(360) 853-8173
URL www.cascadianfarm.com
営〈5～10月〉毎日8:00～日没
休11～4月
カード M V

ホテル

H アルプスを思わせる老舗ホテル　中級／レベンワース／MP.133-B2

エンズィアンイン Enzian Inn

スイスの山小屋を模したようなレベンワースの老舗ホテル。朝、レストランで、オーナー自らがアルペンホルンを吹くことで有名だ。客室はスイスの山小屋風ですがすがしく快適。プールやフィットネス施設も整い、ホテルの前にはミニゴルフ場もある。アメニティもひととおり過不足なく揃う。

住590 US-2, Leavenworth, WA 98826
☎(509) 548-5269
Free (1-800) 223-8511
FAX (509) 548-9319
URL www.enzianinn.com
料ⓈⒹⓉ$130～250、Su$245～365　駐無料　Wi-Fi無料
カード A M V　104室（♿あり）

MEMO カシミアでBBQサンドイッチがおいしいと評判　Country Boy's BBQ　MP.133-B2　住400 Aplets Way, Cashmere　☎(509) 782-7427　URL www.countryboysbbq.com　営火～土11:00～20:00　休日月　カード A M V

H レベンワースの山間に立つ高級リゾート　高級／レベンワース／MP.133-B2

スリーピングレディ・マウンテン・リゾート　Sleeping Lady Mountain Resort

レベンワースのダウンタウンから5km南に行った所にある高級リゾート。ロッジから見える山々が、眠れる美女に見えることから、スリーピングレディと名づけられた。広大な敷地には、地元の作家やガラスアートの第一人者デール・チフリー氏が制作した彫刻が点在している。ロビー受付がある本館のほかに、スパやフィットネスルーム、レストランなどが入る建物、ロッジが並ぶ。日没後はリゾート内の明かりが消え、夜空に輝く星がきれいに見える。無料の朝食と夕食付き。自転車やスキー板のレンタルもしている。乗馬やフライフィッシング、ラフティングなどのアクティビティと宿泊がセットになったプランもある。

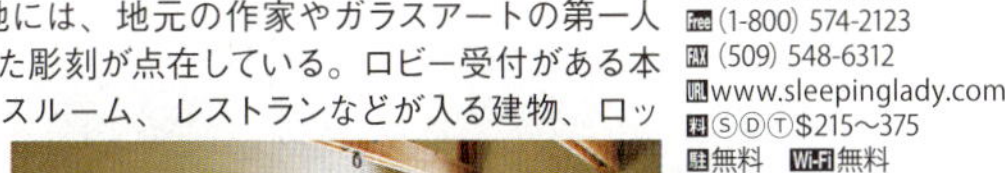

あたたかみのある客室

住 7375 Icicle Rd., Leavenworth, WA 98826
☎ (509) 548-6344
Free (1-800) 574-2123
FAX (509) 548-6312
URL www.sleepinglady.com
料 ⓈⒹⓉ$215～375
駐 無料　Wi-Fi 無料
カード A D J M V　58室

デール・チフリー氏の彫刻

H 客室からの眺めが最高　中級／シェラン／MP.133-B2

キャンベルズリゾート　Campbell's Resort

シェラン湖のほとりに立つ老舗リゾート。すべての客室が湖側にあり、ベランダやバルコニー付き。白砂の専用ビーチで泳いだり、プールで遊んだり、家族連れに大人気。フィットネスセンターやスパもあり、湖を望む気持ちのいいレストランもある。

住 104 W. Woodin Ave., Chelan, WA 98816
☎ (509) 682-2561
Free (1-800) 553-8225
FAX (509) 682-2177
URL campbellsresort.com
料 ⓈⒹⓉ$94～384、Ⓢⓤ$244～
駐 無料　Wi-Fi 無料
カード A M V　170室（♿あり）

H メットハウバレーを見下ろす山岳リゾート　高級／ウィンスロップ／MP.133-B1

サンマウンテン・ロッジ　Sun Mountain Lodge

ウィンスロップのダウンタウンから丘を登ったメットハウバレーを望む山頂に立つ。3000エーカーの広大な敷地をもち、乗馬やハイキング、クロスカントリースキーなどアクティビティが楽しめる。美食の宿としても名高く、景色のよいレストランで豪華なディナーを堪能できるだろう。スパやプール、ギフトショップなどもある。数あるアクティビティのなかでも、絶景の風景のなかを歩く乗馬（料$55）はおすすめ。360度見渡せる山頂の草原を、1時間30分かけて闊歩すれば、心身ともにリフレッシュする。

住 604 Patterson Lake Rd., Winthrop, WA 98862
☎ (509) 996-2211
Free (1-800) 572-0493
FAX (509) 996-3133
URL www.sunmountainlodge.com
料 ⓈⒹⓉ$218～365 ※春と秋に長期休館あり
駐 無料　Wi-Fi 無料
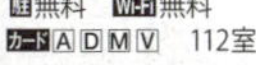
カード A D M V　112室

客室からの眺めもいい

豪華なリゾートホテル

H 木々に囲まれた森のなかにある　ユースホステル／ラングレー／MP.133-A2

アース・サンクチュアリー・リトリート・ハウス　Earth Sanctuary Retreat House

世界各国の人々が癒やしを求めて訪れるアース・サンクチュアリーに併設する宿泊施設。72エーカーの敷地内にはストーンサークルやチベット仏教の仏塔などが点在する。室内にはキッチンや洗濯機、シャワーなどが備え付けられており不自由しない。退出時には掃除をすること。

住 2235 Newman Rd., Langley, WA 98260
☎ (360) 321-5465
URL earthsanctuary.org
料 Ⓢ$80、1人追加$40
駐 無料
カード M V　2室

MEMO ウェナチーの有名カフェ　古きアメリカのカフェを彷彿させるノスタルジックな造りのカフェ＆ギフトショップ。**Owl Soda Fountain & Gifts**　MP.133-B2　住 25 N. Wenatchee Ave., Wenatchee　☎ (509) 664-7221

ポートランド PORTLAND

定番散策スポット
ポートランドの高級住宅街にあるネイバーフッド

Nob Hill
ノブヒル

ビクトリア調のエレガントな建物が立ち並ぶノブヒルは、
Nabob（ネイバブ、大金持ち）という言葉に由来している。
ダウンタウンより高台にあることから、1880年代には富裕層が住み始めたとか。
現在は、レストランやショップが軒を連ね、週末ともなると地元の人たちでにぎわっている。
全米に展開しているチェーン店が少なく、ポートランド生まれのショップが多いのが人気の理由だ。
おしゃれな雰囲気が漂うエリアを、地元の人に交じって散策しよう。

ドーナツみたいな食感がグッド

A スピールマンベーグル
Spielman Bagels

地元雑誌で「ベストベーグル」に3年連続選ばれているカフェ。サワードゥと牛乳、ハチミツを混ぜ合わせて作る。ベーグルの外はパリッとしているが、中がモッチリしていて食べ応えあり。

MP.148-A1
住2314 N.W. Lovejoy St., Portland
☎(503)208-3083
URLspielmanbagels.com
営月～木6:00～15:00、金6:00～16:00、土日7:00～16:00
カードMV

チーズクリームとトマトをトッピングしたベーグル（$5.50）

オレゴン州産の野菜や肉が食べられる

ボリュームたっぷりのローストチキンサラダ（$14.25）

バリスタチャンピオンのコーヒーショップ

B バリスタ
Barista

ポートランドで誕生したサードウエイブ系コーヒーショップ。エチオピアやコロンビアで栽培された豆を厳選して使用する。店内はフランスのカフェをイメージしてデザインされ、長居ができそう。

MP.148-A1
住823 N.W. 23rd Ave., Portland
URLwww.baristapdx.com/nobhill
営月～金6:00～19:00、土日7:00～19:00
カードAMV

エスプレッソが2杯入ったカプチーノ（$4）

C ファイヤーサイド
The Fireside

店内に囲炉裏や暖炉が置かれ、あたたかみがあるレストラン。新鮮な食材を使ったメニューは、エリアいちと地元の人から高評価を得ている。ローストビーフサンドイッチ（$14.50～）からステーキ（$28）までメニューも豊富。

MP.148-A1 住801 N.W. 23rd Ave., Portland
☎(503)477-9505 URLpdxfireside.com
営ランチ：月～金11:30～15:00、土日10:00～15:00、ディナー：月～土17:00～22:00、日17:00～21:00 カードAMV

すべてがハンドメイドのジュエリー

D ジュエリー・オン・トゥエンティサード
Jewelry on 23rd

ネックレスやイヤリングから、指輪やブレスレットなど、ちょっとおしゃれしたいときに最適なジュエリーが揃う。18金やスターリングシルバー、ステンレスなど、材質も選べる。

MP.148-A2
住625 N.W. 23rd Ave., Portland ☎(971)806-5133
営月～土11:00～18:00、日12:00～17:00
カードAMV

こぢんまりとしているが、バリエーションが豊富

通りはアルファベット順に並んでいるよ

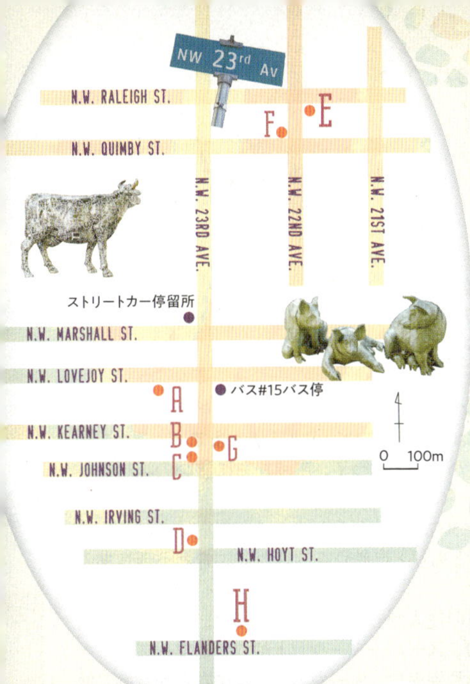

ノブヒルってどこ？

ポートランドダウンタウンから北西へ約2kmにある。中心はN.W. 23rd Ave.とJohnson St.の交差点あたり。

Nob Hill
MP.145-A2 ～ A3、P.148-A1 ～ A2、A3 ～ A4
URL nwpdxnobhill.com
行き方 ダウンタウンのS.W. Broadway & S.W. Washington St.からバス#15で、N.W. 23rd Ave. & Lovejoy St.下車。または、ポートランド・ストリートカー・NSラインで、NW 23rd & Marshall駅下車。

4オンスのグラスに入ったサンプラー（$10）は6種類のビールが試し飲みできる

珍しい風味に挑戦する新進気鋭のブリュワリー

E ブレイクサイドブリュワリー
Breakside Brewery

2018年のオレゴン・ビールアワードで「フレッシュホップ賞」を獲得した。飲みやすいラガーやピルスナーから苦味のあるIPAまで、約10種類の樽生ビールを取り揃える。ホップをふんだんに使った一番人気のIPAは香りも楽しみたい。

MP.148-A3　住1570 N.W. 22nd Ave., Portland
☎(503)444-7597　URL breakside.com
営日～木11:00 ～ 22:00、金土11:00 ～ 23:00　カード A M V

野球をモチーフにした洋服が揃っている

ポートランドがテーマのTシャツもある

F ベースボールイズム
Baseballism

ユージーンで少年野球教室を開催していたジョナサンJonathanさんと大学時代の同級生が立ち上げたブランド。キャッチボールをしているデザインのシャツは日本でも着たくなる一品。グローブの革でできたトートバッグは仕事でも使えそうだ。

MP.148-A3　住2215 N.W. Quimby St., Portland
☎(503)206-6738　URL www.baseballism.com
営月～土11:00 ～ 19:00、日11:00 ～ 19:00　カード A J M V

散策するのにいいエリアだよ

経年変化を楽しみたい革製品

G ウィル・レザーグッズ
Will Leather Goods

ユージーンで誕生したレザーブランド。上質な革を使ったかばんは、きちんと手入れすれば100年はもつそう。キーホルダーや財布などからベルト、ダッフルバッグなどまで幅広く取り揃える。

MP.148-A1
住816 N.W. 23rd Ave., Portland　☎(503)290-7479
URL www.willleathergoods.com　営月～土10:00 ～ 20:00、日11:00 ～ 19:00　カード A M V

ビジネスにもカジュアルにも使えるトートバッグが人気

日本に買って帰りたいものだらけ

H キッチンカブードル
Kitchen Kaboodle

1975年にポートランドで創業されたキッチン用品店。包丁や鍋からおろし器、コーヒーメーカーまで調理に関するものならほぼすべて揃う。鮮やかなデザインの食器は、日本ではあまりお目にかかれない。

MP.148-A2
住404 N.W. 23rd Ave., Portland　☎(503)241-4040
URL www.kitchenkaboodle.com
営月火木金土10:00 ～ 19:00、水日10:00 ～ 18:00　カード A M V

食卓を魅力的にしてくれる華やかな食器

ポートランド
Portland

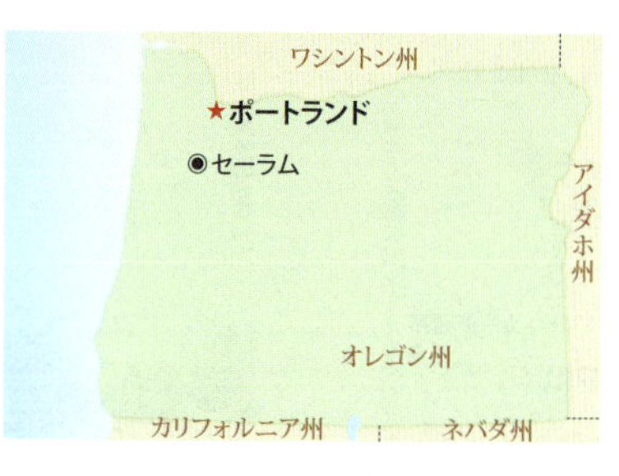

ウィラメット川の両岸に拓けたポートランドは、緑に包まれた清潔な街並みが印象的な環境先進都市だ。ストリートカーやマックス・ライトレイルがダウンタウンを行き交い、車を使わなくても、こぢんまりとまとまったダウンタウン周辺を移動できる、旅行者にも住民にも快適な街だ。ウィラメット川の西岸は、ダウンタウンのすぐ近くまでノースウエストの森が迫る。その一画はワシントンパークとなって、市民たちに憩いの場を提供している。

かつては街の空洞化が進み、ダウンタウン周辺は夜になると閑散とする時代もあったが、現在は、夜遅くまで明かりがともり、若者や家族連れでにぎわう活気あふれる街へと変貌を遂げた。

生活水準も高く、リベラルな考え方の住人が多く暮らすこの街は、環境や食への意識も高い。地産地消を何よりも尊び、スーパーマーケットやファーマーズマーケットには、新鮮で安全なローカル野菜や海産物、オーガニックな肉などが数多く並ぶ。レストランのシェフたちはこぞって地元産でオーガニックの食材を取り入れ、旬の恵みを生かしたノースウエスト料理を創作している。また、何でも自分で作ってしまうクリエイティブな精神をもっている人が多い。女性ひとりでも安心して歩けるポートランドでは、サイクリングを楽しんだり、ファーマーズマーケットを訪ねたり、ダウンタウン周辺に点在するネイバーフッドを歩きたい。

趣味で始めたことがビジネスになる街

ジェネラルインフォメーション

ブリュワリー巡りもいい

ポートランド	オレゴン州最大の都市 州の経済、金融の中枢
面　積	約345km²
人　口	64万7805人（2017年推定）
時　差	太平洋標準時、日本との時差－17時間 夏時間－16時間
セールスタックス	（売り上げ税）なし
レストランタックス	（飲食税）なし
ホテルタックス	（宿泊税）15.3%
アルコール	21歳以上
た ば こ	バー、居酒屋、ボウリング場を含む飲食店での喫煙不可。
気候と気温	北海道の道央と同緯度に当たり、気候も似ている。春の訪れは4～5月頃。6月中旬～9月中旬が夏季。気温は高いがカラリとして快適。10月中旬から雨季に入り、3月まで雨模様の天気が続くが、ポートランド市内で降雪はまれ。夏の平均気温は19℃。冬の平均気温は5℃。
在 米 公 館	在ポートランド領事事務所（→P.309）

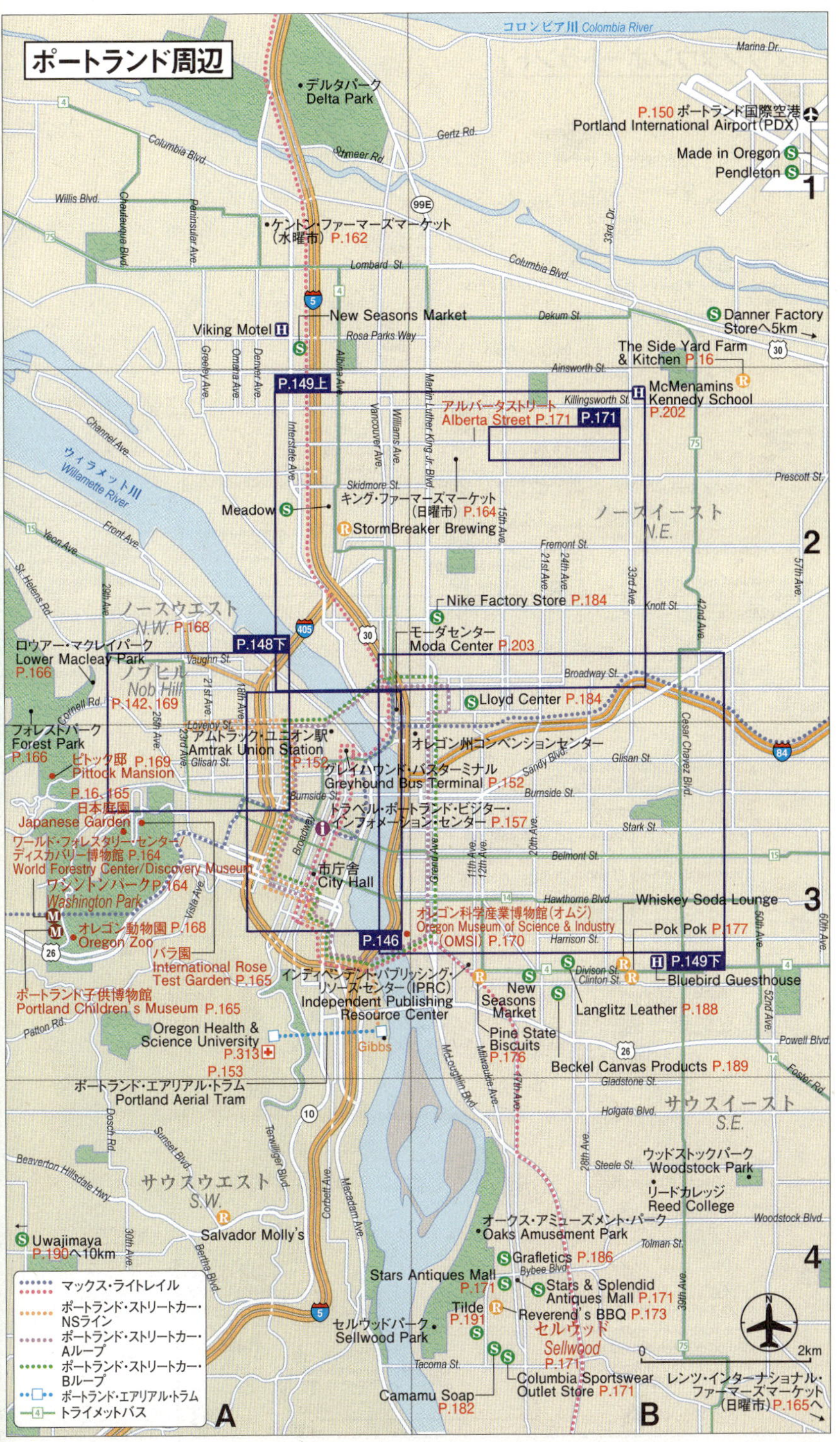
ポートランド周辺
コロンビア川 Columbia River
デルタパーク Delta Park
P.150 ポートランド国際空港 Portland International Airport(PDX)
Made in Oregon
Pendleton
ケントン・ファーマーズマーケット(水曜市) P.162
New Seasons Market
Viking Motel
Danner Factory Store へ5km
The Side Yard Farm & Kitchen P.16
McMenamins Kennedy School P.202
アルバータストリート Alberta Street P.171
Meadow
キング・ファーマーズマーケット(日曜市) P.164
StormBreaker Brewing
ノースイースト N.E.
ウィラメット川 Willamette River
ノースウエスト N.W. P.168
Nike Factory Store P.184
モーダセンター Moda Center P.203
ロウアー・マクレイパーク Lower Macleay Park P.166
ノブヒル Nob Hill P.142、169
Lloyd Center P.184
フォレストパーク Forest Park P.166
アムトラック・ユニオン駅 Amtrak Union Station P.152
オレゴン州コンベンションセンター
ピトック邸 P.169 Pittock Mansion
グレイハウンド・バスターミナル Greyhound Bus Terminal P.152
P.16、165 日本庭園 Japanese Garden
トラベル・ポートランド・ビジター・インフォメーション・センター P.157
ワールド・フォレスタリー・センター/ディスカバリー博物館 P.164 World Forestry Center/Discovery Museum
ワシントンパーク P.164 Washington Park
市庁舎 City Hall
オレゴン動物園 P.168 Oregon Zoo
オレゴン科学産業博物館(オムジ) Oregon Museum of Science & Industry (OMSI) P.170
Whiskey Soda Lounge
Pok Pok P.177
Bluebird Guesthouse
バラ園 International Rose Test Garden P.165
インディペンデント・パブリッシング・リソース・センター(IPRC) Independent Publishing Resource Center
New Seasons Market
Langlitz Leather P.188
ポートランド子供博物館 Portland Children's Museum P.165
Oregon Health & Science University P.313
Pine State Biscuits P.176
Beckel Canvas Products P.189
P.153 ポートランド・エアリアル・トラム Portland Aerial Tram
サウスイースト S.E.
ウッドストックパーク Woodstock Park
リードカレッジ Reed College
サウスウエスト S.W.
Salvador Molly's
オークス・アミューズメント・パーク Oaks Amusement Park
Uwajimaya P.190へ10km
Grafletics P.186
Stars Antiques Mall P.171
Stars & Splendid Antiques Mall P.171
Tilde P.191
Reverend's BBQ P.173
セルウッドパーク Sellwood Park
セルウッド Sellwood P.171
Columbia Sportswear Outlet Store P.171
Camamu Soap P.182
レンツ・インターナショナル・ファーマーズマーケット(日曜市) P.165へ
P.149上 P.171 P.148下 P.146 P.149下
マックス・ライトレイル
ポートランド・ストリートカー・NSライン
ポートランド・ストリートカー・Aループ
ポートランド・ストリートカー・Bループ
ポートランド・エアリアル・トラム
トライメットバス
Gibbs
0 2km

MEMO グレイハウンド・バスターミナル周辺は、夕方から早朝の治安が比較的悪いので注意すること（→P.308）。

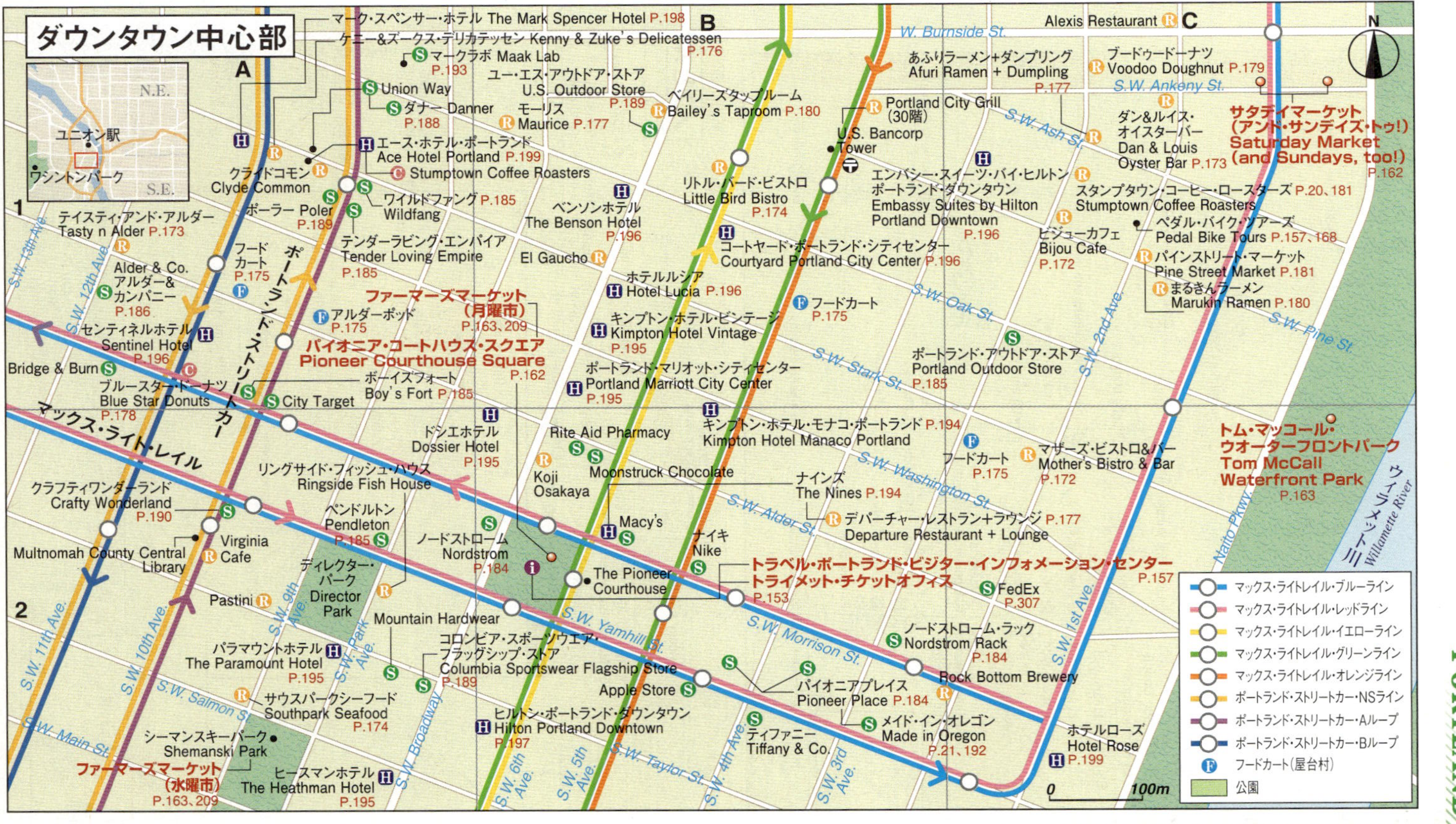
ダウンタウン中心部
ユニオン駅
N.E.
S.E.
ワシントンパーク
A
B
C
1
2
N
W. Burnside St.
S.W. Ankeny St.
S.W. Ash St.
S.W. Pine St.
S.W. Oak St.
S.W. Stark St.
S.W. Washington St.
S.W. Alder St.
S.W. Morrison St.
S.W. Yamhill St.
S.W. Taylor St.
S.W. Salmon St.
S.W. Main St.
S.W. 2nd Ave.
S.W. 1st Ave.
S.W. 3rd Ave.
S.W. 4th Ave.
S.W. 5th Ave.
S.W. 6th Ave.
S.W. Broadway
S.W. Park Ave.
S.W. 9th Ave.
S.W. 10th Ave.
S.W. 11th Ave.
S.W. 12th Ave.
S.W. 13th Ave.
Naito Pkwy.
ウィラメット川
Willamette River
サタデイマーケット（アンド・サンデイズ・トゥ！）
Saturday Market (and Sundays, too!) P.162
トム・マッコール・ウォーターフロントパーク
Tom McCall Waterfront Park P.163
Alexis Restaurant
ブードゥードーナツ Voodoo Doughnut P.179
ダン＆ルイス・オイスターバー Dan & Louis Oyster Bar P.173
あふりラーメン＋ダンプリング Afuri Ramen + Dumpling P.177
スタンプタウン・コーヒー・ロースターズ Stumptown Coffee Roasters P.20、181
ペダル・バイク・ツアーズ Pedal Bike Tours P.157、168
パインストリート・マーケット Pine Street Market P.181
まるきんラーメン Marukin Ramen P.180
ビジューカフェ Bijou Cafe P.172
エンバシー・スイーツ・バイ・ヒルトン・ポートランド・ダウンタウン Embassy Suites by Hilton Portland Downtown P.196
Portland City Grill (30階)
U.S. Bancorp Tower
ポートランド・アウトドア・ストア Portland Outdoor Store P.185
マザーズ・ビストロ＆バー Mother's Bistro & Bar P.172
フードカート P.175
トラベル・ポートランド・ビジター・インフォメーション・センター
トライメット・チケットオフィス P.157
FedEx P.307
ノードストローム・ラック Nordstrom Rack P.184
Rock Bottom Brewery
ホテルローズ Hotel Rose P.199
メイド・イン・オレゴン Made in Oregon P.21、192
パイオニアプレイス Pioneer Place P.184
ティファニー Tiffany & Co.
デパーチャー・レストラン＋ラウンジ Departure Restaurant + Lounge P.177
ナインズ The Nines P.194
キンプトン・ホテル・モナコ・ポートランド Kimpton Hotel Monaco Portland P.194
コートヤード・ポートランド・シティセンター Courtyard Portland City Center P.196
リトル・バード・ビストロ Little Bird Bistro P.174
ベイリーズ・タップルーム Bailey's Taproom P.180
ナイキ Nike P.153
Moonstruck Chocolate
Macy's
The Pioneer Courthouse
アップルストア Apple Store
ヒルトン・ポートランド・ダウンタウン Hilton Portland Downtown P.197
コロンビア・スポーツウエア・フラッグシップ・ストア Columbia Sportswear Flagship Store P.189
Rite Aid Pharmacy
Koji Osakaya
ノードストローム Nordstrom P.184
ポートランド・マリオット・シティセンター Portland Marriott City Center P.195
キンプトン・ホテル・ビンテージ Kimpton Hotel Vintage P.195
ホテルルシア Hotel Lucia P.196
ベンソンホテル The Benson Hotel P.196
El Gaucho
ファーマーズマーケット（月曜市） P.163、209
パイオニア・コートハウス・スクエア Pioneer Courthouse Square P.162
ドシエホテル Dossier Hotel P.195
マーク・スペンサー・ホテル The Mark Spencer Hotel P.198
ケニー＆ズークス・デリカテッセン Kenny & Zuke's Delicatessen P.176
マークラボ Maak Lab P.193
ユー・エス・アウトドア・ストア U.S. Outdoor Store P.189
モーリス Maurice P.177
Union Way
ダナー Danner P.188
エース・ホテル・ポートランド Ace Hotel Portland P.199
Stumptown Coffee Roasters
ワイルドファング Wildfang P.185
テンダーラビング・エンパイア Tender Loving Empire P.185
アルダーポッド P.175
ボーイズフォート Boy's Fort P.185
リングサイド・フィッシュ・ハウス Ringside Fish House
ペンドルトン Pendleton P.185
Mountain Hardwear
ディレクター・パーク Director Park
パラマウントホテル The Paramount Hotel P.195
サウスパークシーフード Southpark Seafood P.174
ヒースマンホテル The Heathman Hotel P.195
シーマンスキーパーク Shemanski Park
ファーマーズマーケット（水曜市） P.163、209
Pastini
Virginia Cafe
Multnomah County Central Library
クラフティワンダーランド Crafty Wonderland P.190
City Target
ポートランド・ストリートカー
マックス・ライト・レイル
クライドコモン Clyde Common
ポーラー Poler P.189
フードカート P.175
センティネルホテル Sentinel Hotel P.196
ブルースター・ドーナツ Blue Star Donuts P.178
Alder & Co. アルダー＆カンパニー P.186
テイスティ・アンド・アルダー Tasty n Alder P.173
Bridge & Burn
マックス・ライトレイル・ブルーライン
マックス・ライトレイル・レッドライン
マックス・ライトレイル・イエローライン
マックス・ライトレイル・グリーンライン
マックス・ライトレイル・オレンジライン
ポートランド・ストリートカー・NSライン
ポートランド・ストリートカー・Aループ
ポートランド・ストリートカー・Bループ
フードカート（屋台村）
公園
0
100m

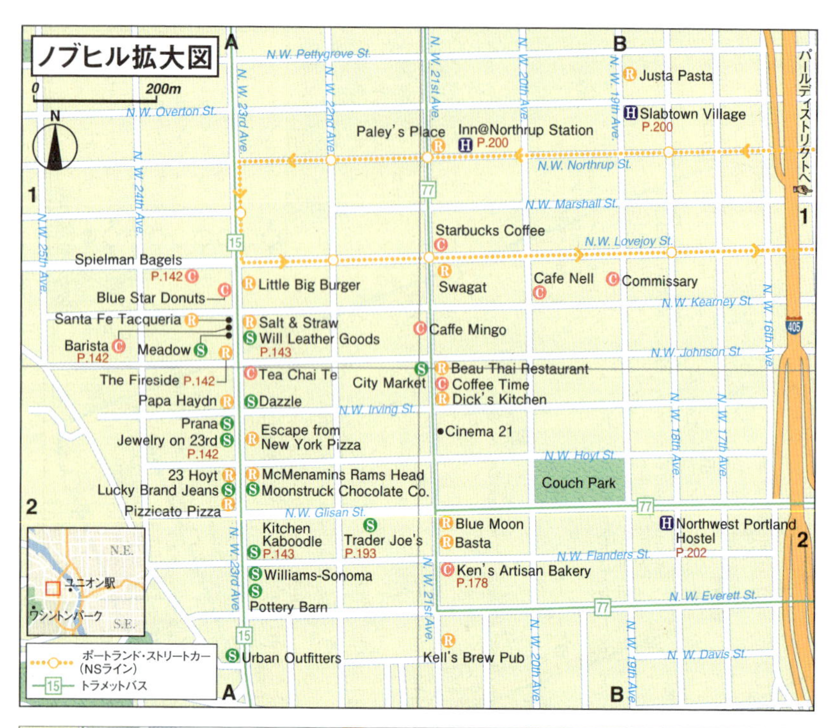

ノブヒル拡大図
0 200m
N.W. Pettygrove St.
N.W. Overton St.
N.W. Northrup St.
N.W. Marshall St.
N.W. Lovejoy St.
N.W. Kearney St.
N.W. Johnson St.
N.W. Irving St.
N.W. Hoyt St.
N.W. Glisan St.
N.W. Flanders St.
N.W. Everett St.
N.W. Davis St.
N.W. 25th Ave.
N.W. 24th Ave.
N.W. 23rd Ave.
N.W. 22nd Ave.
N.W. 21st Ave.
N.W. 20th Ave.
N.W. 19th Ave.
N.W. 18th Ave.
N.W. 17th Ave.
N.W. 16th Ave.
パールディストリクトへ
Justa Pasta
Slabtown Village P.200
Paley's Place
Inn@Northrup Station P.200
Starbucks Coffee
Spielman Bagels P.142
Blue Star Donuts
Little Big Burger
Swagat
Cafe Nell
Commissary
Santa Fe Tacqueria
Salt & Straw
Will Leather Goods P.143
Caffe Mingo
Barista P.142
Meadow
The Fireside P.142
Tea Chai Te
City Market
Beau Thai Restaurant
Coffee Time
Dick's Kitchen
Papa Haydn
Dazzle
Prana
Jewelry on 23rd P.142
Escape from New York Pizza
Cinema 21
Couch Park
23 Hoyt
Lucky Brand Jeans
Pizzicato Pizza
McMenamins Rams Head
Moonstruck Chocolate Co.
Kitchen Kaboodle P.143
Trader Joe's P.193
Blue Moon
Basta
Northwest Portland Hostel P.202
Williams-Sonoma
Pottery Barn
Ken's Artisan Bakery P.178
Urban Outfitters
Kell's Brew Pub
N.E.
S.E.
ユニオン駅
ワシントンパーク
ポートランド・ストリートカー（NSライン）
トラメットバス

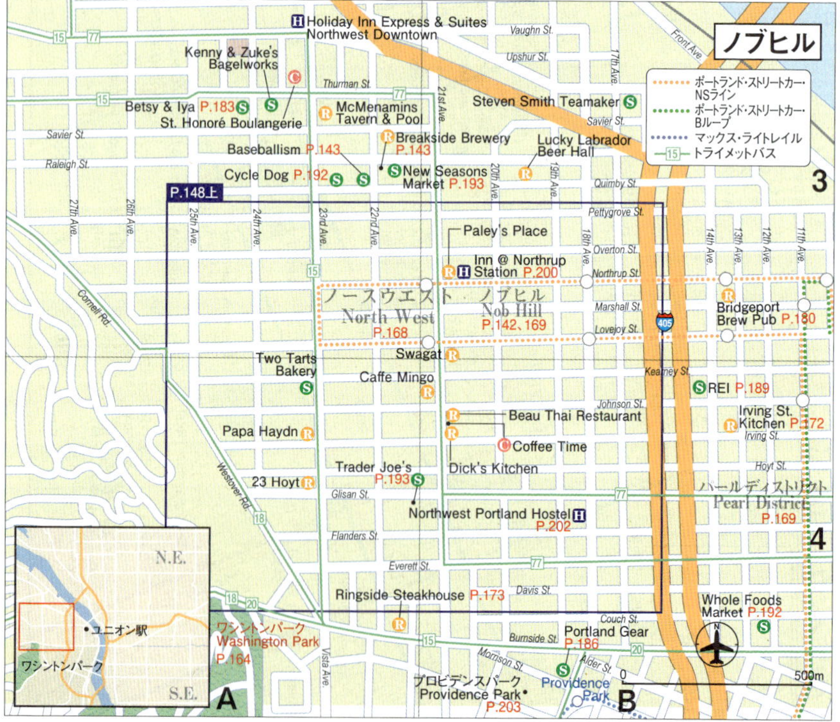

ノブヒル
Holiday Inn Express & Suites Northwest Downtown
Kenny & Zuke's Bagelworks
Betsy & Iya P.183
St. Honoré Boulangerie
McMenamins Tavern & Pool
Steven Smith Teamaker
Breakside Brewery P.143
Lucky Labrador Beer Hall
Baseballism P.143
Cycle Dog P.192
New Seasons Market P.193
P.148上
Paley's Place
Inn @ Northrup Station P.200
ノースウエスト ノブヒル
North West Nob Hill
P.168
P.142、169
Bridgeport Brew Pub P.180
Two Tarts Bakery
Swagat
Caffe Mingo
REI P.189
Beau Thai Restaurant
Irving St. Kitchen P.172
Papa Haydn
Coffee Time
Dick's Kitchen
Trader Joe's P.193
23 Hoyt
パールディストリクト
Pearl District
P.169
Northwest Portland Hostel P.202
Ringside Steakhouse P.173
Whole Foods Market P.192
ワシントンパーク
Washington Park
P.164
Portland Gear P.186
プロビデンスパーク
Providence Park
P.203
Vaughn St.
Upshur St.
Thurman St.
Savier St.
Raleigh St.
Quimby St.
Pettygrove St.
Overton St.
Northrup St.
Marshall St.
Lovejoy St.
Kearney St.
Johnson St.
Irving St.
Hoyt St.
Glisan St.
Flanders St.
Everett St.
Davis St.
Couch St.
Burnside St.
Morrison St.
Alder St.
Front Ave.
Cornell Rd.
Westover Rd.
Vista Ave.
ポートランド・ストリートカー・NSライン
ポートランド・ストリートカー・Bループ
マックス・ライトレイル
トライメットバス
N.E.
S.E.
ユニオン駅
ワシントンパーク
0 500m

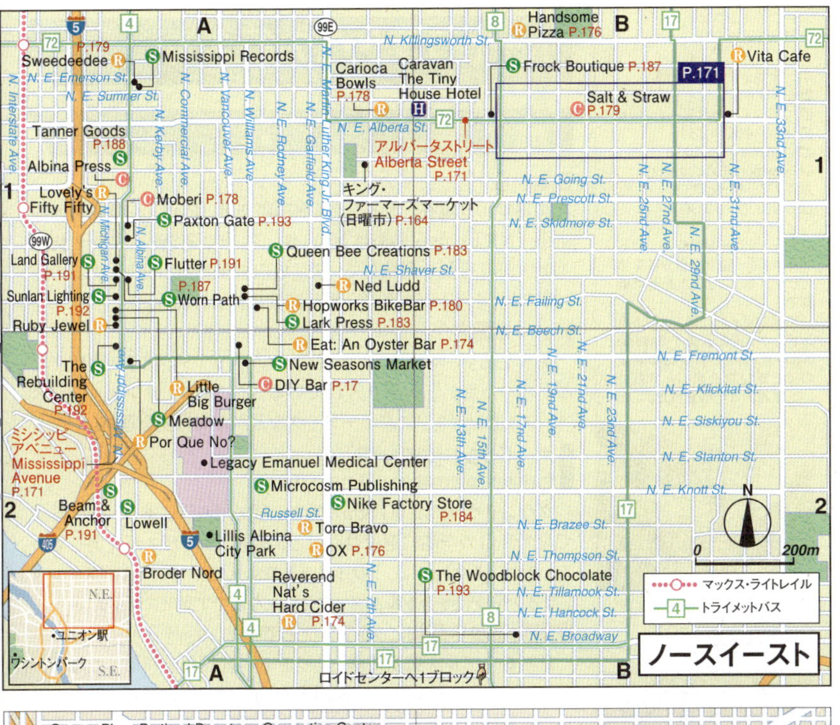
ノースイースト
Sweedeedee P.179
Mississippi Records
N. E. Emerson St.
N. E. Sumner St.
Tanner Goods P.188
Albina Press
Lovely's Fifty Fifty
Moberi P.178
Paxton Gate P.193
Land Gallery P.191
Flutter P.191
Sunlan Lighting P.192
Worn Path P.187
Ruby Jewel
The Rebuilding Center P.192
Little Big Burger
Meadow
Por Que No?
ミシシッピ アベニュー Mississippi Avenue P.171
Legacy Emanuel Medical Center
Beam & Anchor P.191
Lowell
Lillis Albina City Park
Broder Nord
Carioca Bowls P.178
Caravan The Tiny House Hotel
N. E. Alberta St.
アルバータストリート Alberta Street P.171
キング・ファーマーズマーケット（日曜市）P.164
Queen Bee Creations P.183
N. E. Shaver St.
Ned Ludd
Hopworks BikeBar P.180
Lark Press P.183
Eat: An Oyster Bar P.174
New Seasons Market
DIY Bar P.17
Microcosm Publishing
Nike Factory Store P.184
Russell St.
Toro Bravo
OX P.176
Reverend Nat's Hard Cider P.174
The Woodblock Chocolate P.193
N. Killingsworth St.
Handsome Pizza P.176
Frock Boutique P.187
P.171
Vita Cafe
Salt & Straw P.179
N. E. Going St.
N. E. Prescott St.
N. E. Skidmore St.
N. E. Failing St.
N. E. Beech St.
N. E. Fremont St.
N. E. Klickitat St.
N. E. Siskiyou St.
N. E. Stanton St.
N. E. Knott St.
N. E. Brazee St.
N. E. Thompson St.
N. E. Tillamook St.
N. E. Hancock St.
N. E. Broadway
N. Interstate Ave.
N. Michigan Ave.
N. Albina Ave.
N. Kerby Ave.
N. Commercial Ave.
N. Vancouver Ave.
N. Williams Ave.
N. E. Rodney Ave.
N. E. Garfield Ave.
N. E. Martin Luther King Jr. Blvd.
N. E. 7th Ave.
N. E. 13th Ave.
N. E. 15th Ave.
N. E. 17th Ave.
N. E. 19th Ave.
N. E. 21st Ave.
N. E. 23rd Ave.
N. E. 25th Ave.
N. E. 27th Ave.
N. E. 29th Ave.
N. E. 31st Ave.
N. E. 33rd Ave.
ロイドセンターへ1ブロック
N.E.
ユニオン駅
ワシントンパーク
S.E.
200m
マックス・ライトレイル
トライメットバス

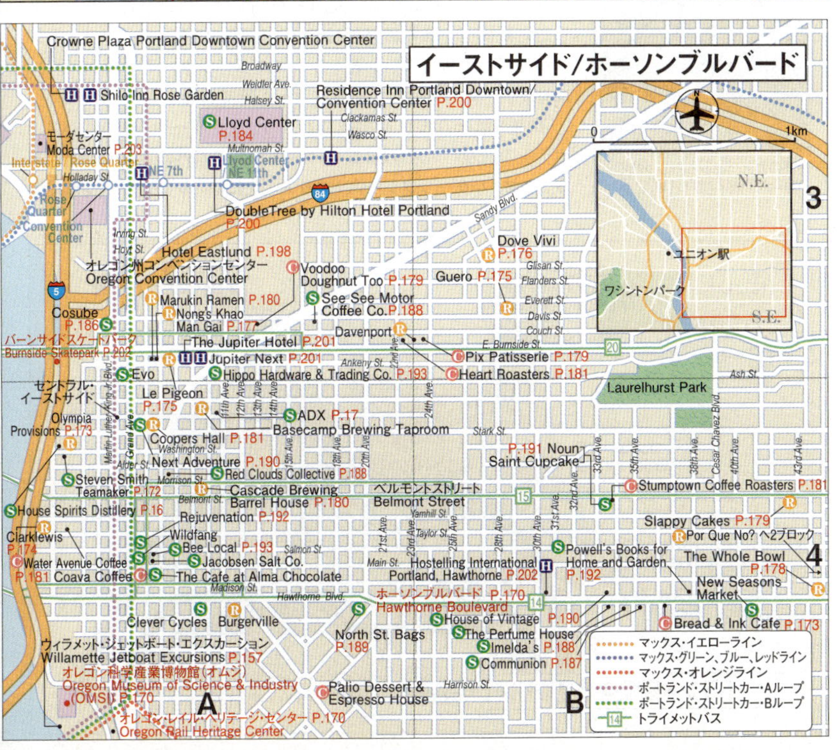
イーストサイド/ホーソンブルバード
Crowne Plaza Portland Downtown Convention Center
Shilo Inn Rose Garden
Lloyd Center P.184
モーダセンター Moda Center P.203
Interstate/Rose Quarter
Rose Quarter
Convention Center
NE 7th
Lloyd Center/NE 11th
Residence Inn Portland Downtown/Convention Center P.200
DoubleTree by Hilton Hotel Portland P.200
Hotel Eastlund P.198
オレゴン州コンベンションセンター Oregon Convention Center
Voodoo Doughnut Too P.179
Dove Vivi P.176
Guero P.175
Marukin Ramen P.180
Nong's Khao Man Gai P.177
See See Motor Coffee Co. P.188
Cosube P.186
バーンサイドスケートパーク Burnside Skatepark P.202
The Jupiter Hotel P.201
Jupiter Next P.201
Davenport
Pix Patisserie P.179
Heart Roasters P.181
Evo
Hippo Hardware & Trading Co. P.193
セントラル・イーストサイド
Le Pigeon P.175
Olympia Provisions P.173
ADX P.17
Basecamp Brewing Taproom
Coopers Hall P.181
Next Adventure P.190
Red Clouds Collective P.188
Steven Smith Teamaker P.172
Cascade Brewing Barrel House P.180
House Spirits Distillery P.16
Rejuvenation P.192
ベルモントストリート Belmont Street
Laurelhurst Park
Noun P.191
Saint Cupcake
Stumptown Coffee Roasters P.181
Slappy Cakes P.179
Por Que No? へ2ブロック
The Whole Bowl P.178
New Seasons Market
Clarklewis P.174
Wildfang
Bee Local P.193
Water Avenue Coffee P.181
Jacobsen Salt Co.
Coava Coffee
The Cafe at Alma Chocolate
Hostelling International Portland, Hawthorne P.202
Powell's Books for Home and Garden P.192
ホーソンブルバード Hawthorne Boulevard P.170
House of Vintage P.190
The Perfume House P.188
Imelda's
Communion P.187
Bread & Ink Cafe P.173
Clever Cycles
Burgerville
North St. Bags P.189
ウィラメット・ジェットボート・エクスカーション Willamette Jetboat Excursions P.157
オレゴン科学産業博物館（オムジ）Oregon Museum of Science & Industry (OMSI) P.170
Palio Dessert & Espresso House
オレゴン・レイル・ヘリテージ・センター P.170 Oregon Rail Heritage Center
Sandy Blvd.
E. Burnside St.
Hawthorne Blvd.
N.E.
ユニオン駅
ワシントンパーク
S.E.
1km
マックス・イエローライン
マックス・グリーン、ブルー、レッドライン
マックス・オレンジライン
ポートランド・ストリートカー・Aループ
ポートランド・ストリートカー・Bループ
トライメットバス

ポートランドへの行き方

飛行機

日本から

2018年10月現在、ポートランド国際空港（PDX）へは成田国際空港（NRT）から夏季は毎日1便、冬季は週5便、デルタ航空（DL）が直行便を運航している。成田を16:10に出発し、同日の朝9:15にポートランドへ到着、飛行時間は約9時間5分。

アメリカ国内から

デルタ航空、ユナイテッド航空、エア・カナダ、アラスカ航空などがポートランドへ乗り入れている。シアトル、サンフランシスコ、ロスアンゼルス、ニューヨークなどから直行便を運航。

ポートランド国際空港
Portland International Airport (PDX)

ダウンタウンの北東14kmのコロンビア川河岸にあり、旅行雑誌で全米No.1の空港に選ばれたほど、施設、サービスが充実している。ダウンタウンへは、トライメットのマックス・ライトレイル・レッドラインや空港シャトルバス、タクシーなどでアクセス可能だ。

空港到着から荷物ピックアップまで

日本からデルタ航空でポートランドへ直行便を利用した場合、コンコースDに到着する。入国審査を受け、荷物をピックアップしたら税関へ。乗り継ぎ便はサインに従って進もう。ポートランドが最終目的地なら、シャトルバスでメインターミナルへ。バスはロウアーレベルのバゲージクレーム階に到着する。

市内へは好みの交通手段で行こう。タクシーやシャトルバス、ホテルの送迎バス乗り場は、バゲージクレーム外の道路の中州にある。なお、バゲージクレーム・エリア中央にはオレゴン州の観光案内

ポートランド国際空港
MP.145-B1
住7000 N.E. Airport Way, Portland
☎(503) 460-4234
Free (1-877) 739-4636
URL www.portofportland.com
カスタマーサービス
営毎日6:00～23:30

ポートランド国際空港のウェブサイトで、空港到着から荷物のピックアップまでを動画で確認できる。

出発ロビー階には、ポートランドのグッズを販売するMade in Oregonやthe Marketがあるので、買い物を楽しんでもいい。空港内は全店無税だ。

Wi-Fi無料でショップやレストランもあって充実したポートランド国際空港

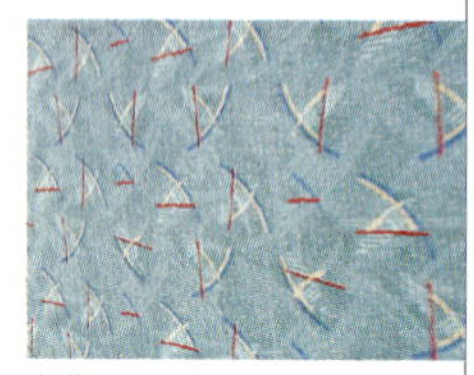
空港のカーペットもおしゃれでSNSによく採り上げられている

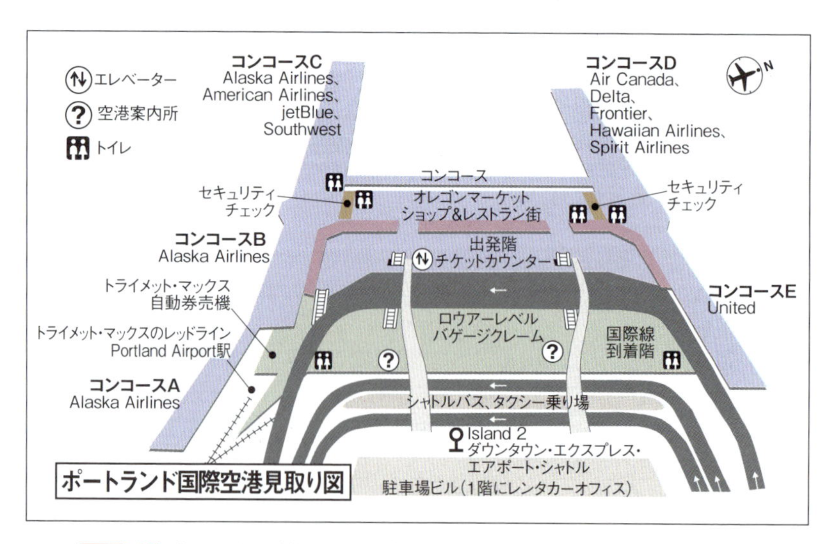

MEMO **空港にあるレンタカー会社** バゲージクレームを出て、向かいの駐車場ビルにレンタカーのカウンターがある。**エイビスAvis** ☎(503) 249-4950、**ダラー Dollar** ☎(503) 249-4792、↗

所があり、ポートランドだけでなくオレゴン州全域の地図や資料が入手できる。

バゲージクレーム・エリアの中央にある観光案内所

空港から市内へ

マックス・ライトレイル・レッドライン
MAX Light Rail Red Line

ポートランド市内の公共交通機関を運営する**トライメットTriMet**のマックス・ライトレイル・レッドラインで、空港からダウンタウンまで乗り換えなしでアクセスできる。中心部まで約40分。駅はバゲージクレーム南端（コンコースB）のすぐ外側にある。空港出口とホーム近くに自動券売機があるので、切符を購入し乗り込もう。乗降駅は車内のアナウンスと表示板で確認できる。

ダウンタウン・エクスプレス・エアポート・シャトル
Downtown Express Airport Shuttle

ブルースター・トランスポーテーション社Blue Star Transportationが空港からダウンタウンの各ホテルを結ぶエアポート・シャトルを30分間隔で運行している。市内のほとんどのホテルへ送迎可能。乗車してチケットを買う際、ドライバーにホテル名を告げる。乗り場はIsland #2の「Scheduled Buses & Vans Pick-up area」。「Shuttle」と書かれた看板の下ではないので注意しよう。

荷物が多いときなどはこのエアポートシャトルが便利

マックス・ライトレイル・レッドライン
URL trimet.org/max
営 ポートランド国際空港発：毎日4:57〜翌0:18
料 空港から市内は大人$2.50、1日パス$5
1日パスでマックス・ライトレイルに乗車するときは、Validatorという日時を刻印する機械に通して使うこと。

空港とダウンタウンを結ぶ列車マックスのレッドライン

ダウンタウン・エクスプレス・エアポート・シャトル
☎ (503) 249-1837
Free (1-800) 247-2272
URL www.bluestarbus.com
料 片道$14、往復$24
ダウンタウンまで30〜40分。
運行 毎日1番目の到着便から翌0:30の30分間隔。空港へ行く便は、必ず予約すること。

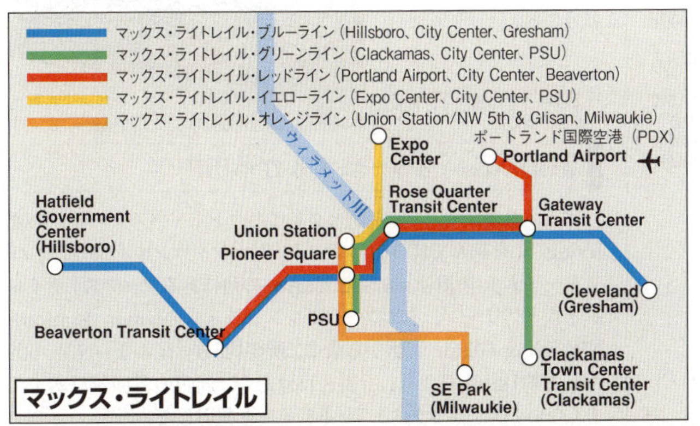

↘エンタープライズEnterprise ☎ (503) 252-1500、ハーツHertz ☎ (503) 528-7900、ナショナルNational Free (1-844) 366-0499

タクシー
バゲージクレーム・エリアを出て、「Taxi」のサインがある中州から乗車。
市内まで20～30分。
料 $35～40
Broadway Cab
☎(503) 333-3333
URL broadwaycab.com
Radio Cab
☎(503) 227-1212
URL radiocab.net

レンタカー
Rent-A-Car

エイビス、ダラー、ハーツのレンタカー会社は、ターミナル向かいの駐車場ビルに営業所を設けている。アラモ、バジェットのレンタカー会社は、空港外に営業所があるので、ターミナルを出た所の“Courtesy Shuttles”の看板の下から各レンタカー会社の送迎バスに乗り営業所に向かうことになる。

ダウンタウンへは空港からI-205 Sに入り、Exit 21BでI-84 W／US-30 Wに移り西へ8km走る。Salem方面の車線（左側2レーン）からCity Centerの出口で下り、即、右レーンに車線変更して、City Center出口で下りてモリソン橋を渡る。

鉄　道

シアトルからのカスケード号が停車中

アムトラック・ユニオン駅
MP.146-B1
住800 N.W. 6th Ave., Portland
Free (1-800) 872-7245
URL www.amtrak.com
営月～金5:30～22:00、土日6:30～22:00
シアトル発1日5便（料大人$35～）、約3時間50分
ユージーン発1日9便（うち6便はバス、料大人$21～）、約2時間45分

鉄道黄金時代の面影を残すポートランドのユニオン駅

アムトラック Amtrakの鉄道で、カナダのバンクーバー、ワシントン州のシアトル、タコマ、オレゴン州のユージーン、サンフランシスコ、ロスアンゼルス、シカゴなどからアクセスできる。カスケード号、コーストスターライト号、エンパイア・ビルダー号がユニオン駅Union Stationへ到着。駅は、ダウンタウン中心部から北東1.5kmの所、チャイナタウンの北側にある。

長距離バス

グレイハウンド・バスターミナル
MP.146-B1
住550 N.W. 6th Ave., Portland
☎(503) 243-2361
URL www.greyhound.com
営毎日5:45～13:30、15:00～23:30
シアトル発1日3～4便（大人$19～）、約4時間
フッドリバー発1日3便（料大人$14～）、1時間10分
ユージーン発1日4便（料大人$10～）、2時間30分～3時間10分
サクラメント発1日4便（料大人$75～）、12時間40分～14時間15分

グレイハウンド Greyhoundで、ワシントン州のシアトル、タコマ、オレゴン州のフッドリバー、ユージーン、カリフォルニア州サクラメントなどからアクセスできる。バスターミナルはアムトラック・ユニオン駅のすぐ隣にあり、ダウンタウン中心部から北東1.2kmの所。昼間でも周辺はあまり治安がよくないので、細心の注意を払うこと。

バスターミナル周辺では治安に注意を払うこと

鉄道駅&バスターミナルから市内へ

アムトラック・ユニオン駅とグレイハウンド・バスターミナルはIrving St.を挟んで隣り合っている。ダウンタウン中心部へは、バスターミナル南東Glisan St.と5th Ave.の角にあるマックス・ライトレイル・グリーン、イエロー、オレンジラインのUnion Station/NW 5th & Glisan St.駅から乗車、所要約5分。徒歩ならN.W. 6th Ave.を約1km南に下り、所要約15分だが、周辺の雰囲気はあまりよくないので、マックス・ライトレイルを利用したい。

MEMO **シアトルから格安バスで移動するなら** グレイハウンドバスが経営するバス会社のボルトバスがシアトルとポートランドを結ぶ。**Bolt Bus** Free (1-877) 265-8287 URL www.boltbus.com バス停は、シアトルはイ↗

ポートランドの市内交通

ポートランドの都市部とその近郊の町とを結ぶ公共交通を運営する組織が、**トライメットTriMet**である。**トライメットバス、マックス・ライトレイルMAX Light Rail、ウエス・コミューターレイルWES Commuter Rail、ポートランド・ストリートカーPortland Streetcar**が市内を縦横に走っているので、都市部で車を使う必要はない。パイオニア・コートハウス・スクエアの観光案内所内に**トライメット・チケットオフィス**があり、チケットやパスの購入、情報収集ができる。

トライメットバス TriMet Bus

ポートランド市とその近郊の町をカバーする路線網をもち、周辺の見どころへ行くのに利用したい。チケットはマックス・ライトレイル、ストリートカーにも併用でき、チケット上部に刻印された有効時間（2時間30分以内）内なら、何回でも乗り換えられる。

自転車も積めるトライメットバス

ダウンタウンの5th Ave.と6th Ave. は**トランジットモールTransit Mall**と呼ばれ、ほとんどのバスがここから発着する。バスルートは複雑だが、トライメットのウェブサイトに路線図が紹介されているので参考にしよう。バス停にはバスの路線番号が表示され、どのバス停に乗りたいバスが来るか、ひと目でわかるようになっている。

ポートランド・エアリアル・トラム Portland Aerial Tram

ポートランド・ストリートカー・NSラインのS.W. Moody & Gibbs駅前のサウス・ウオーターフロント・ロウアー・トラム・ターミナルSouth Waterfront Lower Tram Terminalと丘の上のオレゴン医科大学Oregon Health Science University（OHSU）とを結ぶトラム。下の駅から丘の上の病院まで約3分。絶景を楽しむアトラクションとしても人気が高い。チケットはロウアー・トラム・ターミナルの券売機で買う。

下の駅を出発するトラム

トライメット
☎(503)238-7433
URL trimet.org
トライメットバス、マックス・ライトレイル、コミューターレイルを運行。
料 $2.50（2時間30分乗り降り自由）、1日パス$5、7日パス$26

トライメット・チケットオフィス／パイオニア・コートハウス・スクエア
MAP P.147-B2
住 701 S.W. 6th Ave., Portland
営 月〜金8:30〜17:30（土日は窓口はクローズ。土10:00〜16:00はマップと時刻表を入手可能）
観光案内所内にある。無料の時刻表、全路線図が入手できるほか、1日パス、7日パスなども購入できる。

トライメットバス
URL trimet.org
料 $2.50
バスの運転手はつり銭を持たないので、ぴったりの料金を料金箱に入れるか、日時の刻印されているチケットを渡す。運転手はトランスファーチケットをくれるので、それが領収証になる。降りるバス停が近づいたらベルコードを引っ張って知らせること。

トライメットバスのトランジットモール
アムトラック・ユニオン駅とポートランド州立大学(PSU)を結ぶ、5th & 6th Aves.がバスの乗り換えエリア。ほとんどのバスがこのトランジットモールを通る。バス停に路線番号が表示されているのでわかりやすい。

ポートランド・エアリアル・トラム
MAP P.145-A3
URL www.gobytram.com
運行 月〜金5:30〜21:30、土9:00〜17:00、日13:00〜17:00（5月中旬〜9月上旬のみ）、6〜15分間隔で運行
料 往復$4.90、6歳以下無料

COLUMN 電子プリペイドのHop Fastpass

トライメットは、2017年夏、電子プリペイドカードのホップファストパスHop Fastpassの発売を開始した。日本の鉄道でもおなじみのSuicaやIcocaなどと同じように、事前にチャージすることで利用できる。トライメットバスやマックス・ライトレイル、ウエス・コミューターレイル、ポートランド・ストリートカーの乗車に便利だ。カード本体は$3で、トライメット・チケット・オフィスやスーパーマーケットなどで購入できる。バスやライトレイルに乗る直前に、緑色のカードリーダーにタップすること。

小銭不要で便利なカード

↘ンターナショナルディストリクトの5th Ave. S. & S. Dearborn St.の角（MAP P.33-A3）、ポートランドはチャイナタウンとパールディストリクトの間のN.W. Everett St.のN.W. BroadwayとN.W. 8th Ave.の間（MAP P.146-A2）。

マックス・ライトレイル
MAX (Metropolitan Area Express) Light Rail

ダウンタウンを走るマックスはとても便利

レッドライン、ブルーライン、イエローライン、グリーンライン、オレンジラインの5路線ある鉄道。どの路線もダウンタウンのパイオニア・コートハウス・スクエア周辺を走るので観光に便利だ。

レッドラインは、ポートランド国際空港から、ダウンタウンやワシントンパークWashington Parkを経由して、ビーバートンBeavertonまでを走る。ブルーラインは、東のグレシャムGreshamからダウンタウン、ワシントンパーク、ビーバートンを経由して西のヒルズボロHillsboroへ。イエローラインは、ポートランド北部のエクスポセンターExpo Centerとダウンタウンにあるポートランド州立大学（Portland State University：PSU）を結ぶ。グリーンラインはポートランド南東のクラカマスClackamasからポートランド州立大学へ。オレンジラインは、アムトラック・ユニオン駅からポートランド南東のミルウォーキーMilwaukieを結ぶ。

乗り場は赤茶の柱サインが目印だ。駅によっては上りと下りが違う通りにあるので注意すること。

マックス・ライトレイル
MP.151、P.155
URL trimet.org
営$2.50、1日パス$5、7日パス$26
チケットは乗り場の自動券売機で購入可能。チケットオフィスで購入したチケットやパスは、券売機横のバリデーターValidatorで日時を刻印して乗車する。
マックスは全駅に停車するが、プラットホーム側のドアが自動的に開かない場合は、ドアそばにある点灯するボタンを押すとドアが開く。

行き方を検索するには?
URL trimet.org
ウェブサイト内にある"Trip Planner"に出発点と行きたい場所の目印を英語で打ち込み、クリック!

マックスの駅はわかりやすい

マックスの駅には自動券売機が設置されている

ポートランド・ストリートカー
Portland Streetcar

ストリートカーはノブヒルに行くときに便利

AループとBループ、NS（ノースサウス）ラインの3路線ある路面電車。Aループは、ポートランド州立大学やダウンタウン、パールディストリクト、ロイドセンター、イーストエリア、オレゴン科学産業博物館を時計回りに走る。Bループは、Aループとほぼ同じエリアを時計と反対周りに回る。NSラインは、ノブヒルからパールディストリクト、ダウンタウン、ポートランド州立大学（PSU）、ポートランド・エアリアル・トラム駅へ行く。

ストリートカーの停留所は2～5ブロックごとにあり、15～20分間隔の運行。降りるときは黄色のテープを押すこと。

停留所に自動券売機がある

ポートランド・ストリートカー
MP.155
URL trimet.org
料$2、1日パス$5、7日パス$26
トライメット・チケットオフィスでチケットの購入や情報収集ができる。

COLUMN バイクシェア・プログラムのバイクタウン Biketown

市内にある約125のバイクステーションから自転車を借り出すことができるシステム。事前にウェブサイトからアカウントを取得し、クレジットカードの登録をしておく必要がある。

Biketown
Free (1-866)512-2453　URL www.biketownpdx.com
料入会費$5＋8¢（1分ごと）＋駐輪代（$2～10）

自転車は、事前にウェブサイトから入手したアカウントナンバーとピンナンバーをキーパッドに打ち込むだけで、貸し出し可能だ

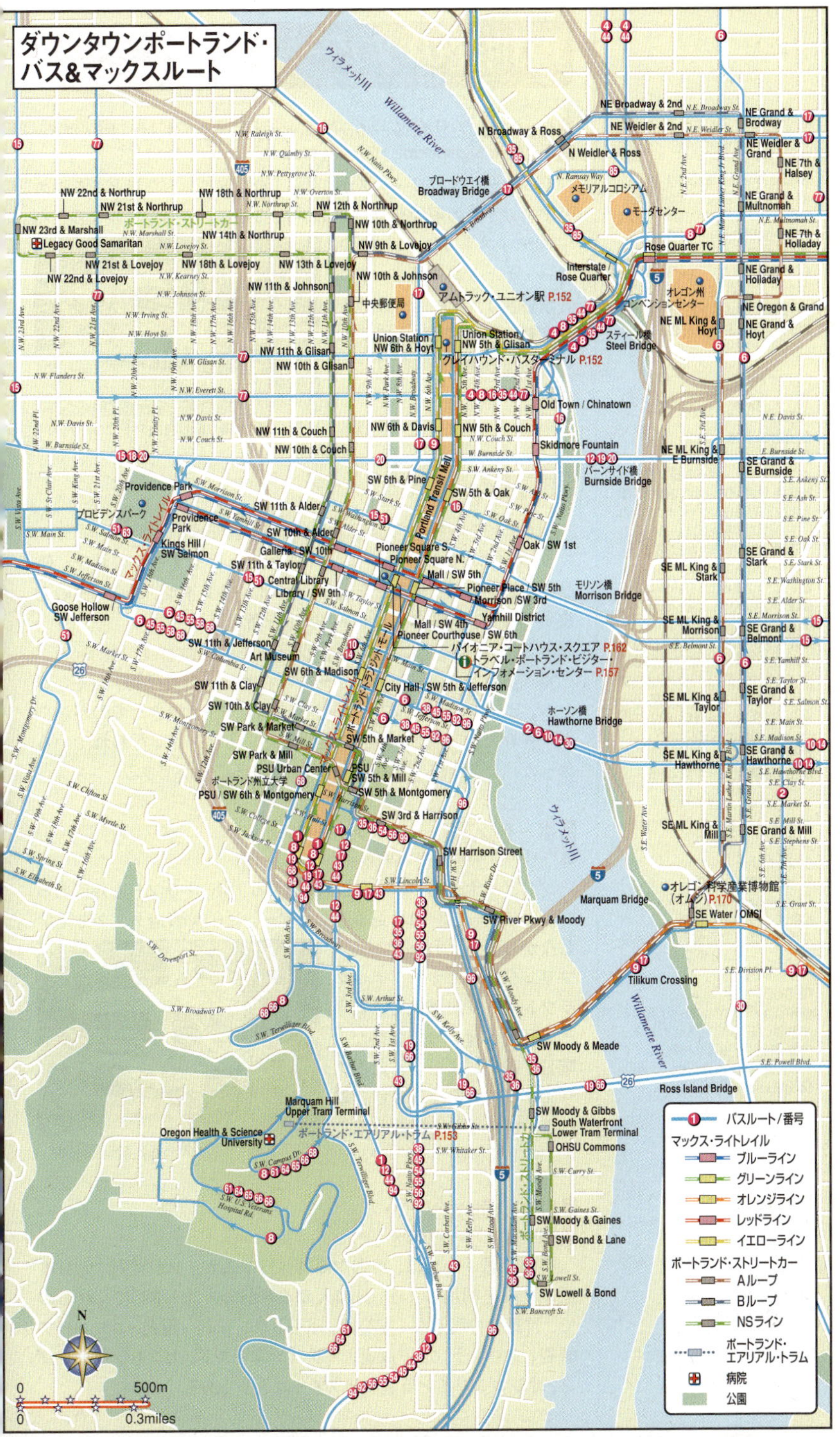
ダウンタウンポートランド・
バス&マックスルート
ウィラメット川
Willamette River
ブロードウエイ橋
Broadway Bridge
NE Broadway & 2nd
NE Weidler & 2nd
N Broadway & Ross
N Weidler & Ross
NE Grand & Broadway
NE Weidler & Grand
NE 7th & Halsey
NE Grand & Multnomah
NE 7th & Holladay
メモリアルコロシアム
モーダセンター
Rose Quarter TC
Interstate / Rose Quarter
NE Grand & Holladay
オレゴン州コンベンションセンター
NE Oregon & Grand
NE ML King & Hoyt
NE Grand & Hoyt
スティール橋
Steel Bridge
NW 22nd & Northrup
NW 21st & Northrup
NW 18th & Northrup
NW 12th & Northrup
NW 23rd & Marshall
ポートランド・ストリートカー
NW 14th & Northrup
NW 10th & Northrup
Legacy Good Samaritan
NW 9th & Lovejoy
NW 21st & Lovejoy
NW 18th & Lovejoy
NW 13th & Lovejoy
NW 22nd & Lovejoy
NW 10th & Johnson
NW 11th & Johnson
アムトラック・ユニオン駅 P.152
中央郵便局
Union Station / NW 6th & Hoyt
Union Station / NW 5th & Glisan
NW 11th & Glisan
NW 10th & Glisan
グレイハウンド・バスターミナル P.152
Old Town / Chinatown
NW 6th & Davis
NW 5th & Couch
NW 11th & Couch
NW 10th & Couch
Skidmore Fountain
NE ML King & E Burnside
SE Grand & E Burnside
バーンサイド橋
Burnside Bridge
Providence Park
プロビデンスパーク
Providence Park
SW 6th & Pine
SW 5th & Oak
Portland Transit Mall
SW 11th & Alder
SW 10th & Alder
Kings Hill / SW Salmon
Galleria / SW 10th
Pioneer Square S.
Pioneer Square N.
Oak / SW 1st
SE Grand & Stark
SE ML King & Stark
マックス・ライトレイル
SW 11th & Taylor
Central Library
Library / SW 9th
Mall / SW 5th
Pioneer Place / SW 5th
Morrison / SW 3rd
モリソン橋
Morrison Bridge
Goose Hollow / SW Jefferson
Yamhill District
Mall / SW 4th
Pioneer Courthouse / SW 6th
SE ML King & Morrison
SE Grand & Belmont
パイオニア・コートハウス・スクエア P.162
トラベル・ポートランド・ビジター・インフォメーション・センター P.157
SW 11th & Jefferson
Art Museum
SW 6th & Madison
SW 11th & Clay
City Hall / SW 5th & Jefferson
ポートランド・トランジット・モール
SW 10th & Clay
SW Park & Market
SE ML King & Taylor
SE Grand & Taylor
ホーソン橋
Hawthorne Bridge
SW 5th & Market
SW Park & Mill
PSU Urban Center
PSU SW 5th & Mill
ポートランド州立大学
PSU / SW 6th & Montgomery
SW 5th & Montgomery
SE ML King & Hawthorne
SE Grand & Hawthorne
SW 3rd & Harrison
SE ML King & Mill
SE Grand & Mill
SW Harrison Street
オレゴン科学産業博物館（オムジ）P.170
SE Water / OMSI
Marquam Bridge
SW River Pkwy & Moody
Tilikum Crossing
SW Moody & Meade
Ross Island Bridge
Marquam Hill Upper Tram Terminal
Oregon Health & Science University
ポートランド・エアリアル・トラム P.153
SW Moody & Gibbs
South Waterfront Lower Tram Terminal
OHSU Commons
SW Moody & Gaines
SW Bond & Lane
SW Lowell & Bond
N
0
500m
0
0.3miles
バスルート／番号
マックス・ライトレイル
ブルーライン
グリーンライン
オレンジライン
レッドライン
イエローライン
ポートランド・ストリートカー
Aループ
Bループ
NSライン
ポートランド・エアリアル・トラム
病院
公園

現地発のツアー

ビッグピンク・サイトシーイング・ホップオン・ホップオフ・トロリーツアー
Big Pink Sightseeing Hop-On Hop-Off Trolley Tour

ピンク色のトロリーバスが、ポートランドのおもな見どころやエリアをガイドの解説付きで回る。ワシントンパーク、ノブヒル、パールディストリクト、ラン・スー・チャイニーズガーデン（蘭蘇園）、オールドタウンなど13ヵ所に停車し、その日のうちなら乗り降り自由だ。1周約1時間30分。

観光に便利な乗り降り自由のトロリーバス

ポートランド・ウオーキング・ツアー
Portland Walking Tours

ベスト・オブ・ポートランド Best of Portland

ダウンタウンにあるブロンズの水飲み場やアートの数々、建築、美しい公園と橋などを巡り、オレゴントレイル、ビーバーの毛皮貿易など、初期のオレゴンの歴史を聞く。

美食家のためのウオーキングツアー Epicurean Excursion

ポートランドの食べ物をテーマに、地元産の農産物、お茶、ジャム、ビール、ピザ、コーヒー、チョコレート、焼きたてのパンやケーキなどを試食、試飲して回る。ポートランドで行われているオーガニック農法、地産地消について知ることができる。

ポートランド・ブリュワリー・ツアー
Portland Brewery Tours

ブリュバナーBrewvana社が催行する、ポートランド近郊にあるブリュワリーを3〜4軒巡るバスツアー。ビール醸造タンクを見学しながら製造工程が学べる。ブリュワリーのオリジナルクラフトビールが試飲できるうえ、軽食も付くのでお得だ。曜日や時期によって訪れるブリュワリーが異なるので詳細はウェブサイトで確認すること。要事前予約。

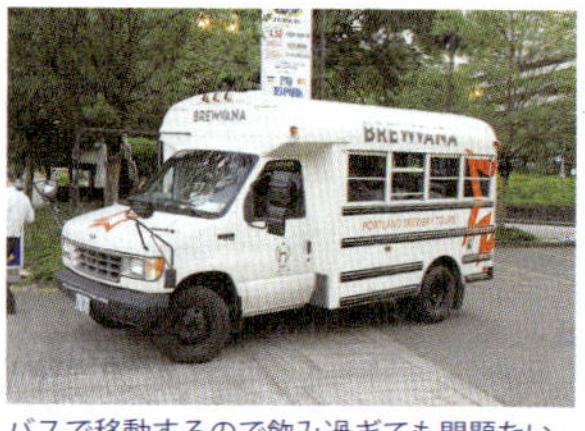

バスで移動するので飲み過ぎても問題ない

日本語観光ツアー
Japanese Sightseeing Tour

英語が苦手な人は、市内や郊外へ日本人ガイドが案内する日本語ツアーを利用しよう。日本人ガイドがエスコートしてくれるので、言葉の心配もなく安心だ。ポートランド市内観光、コロンビア峡谷、マウントフッド周遊、オレゴンコースト、セントラルオレゴン、オレゴンワイン街道などツアーは数多くある。

ビッグピンク・サイトシーイング・ホップオン・ホップオフ・トロリーツアー
☎(503) 241-7373
URL www.graylineofportland.net
運行〈5月下旬〜6月、9月〜10月中旬〉毎日10:00〜16:00、〈7〜8月〉毎日9:00〜16:00の毎正時にパイオニア・コートハウス・スクエア（→P.162）を出発
料 1日券：大人$34、子供$17。2日券：大人$44、子供$22

ポートランド・ウオーキング・ツアー
☎(503) 774-4522
URL www.portlandwalkingtours.com
ベスト・オブ・ポートランド
運行 毎日10:00、14:00（夏季は17:00もあり）。パイオニア・コートハウス・スクエア（→P.162）の南東（S.W. 6th Ave. & S.W. Yamhill St.）に集合。
料 $23、62歳以上と12〜17歳$19
所要 2時間30分、約2.4km
美食家ツアー
運行 〈7〜8月〉毎日10:30、14:30、〈9〜6月〉毎日10:30。パイオニア・コートハウス・スクエア（→P.162）の南東（S.W. 6th Ave. & S.W. Yamhill St.）に集合。サンダルは不可。
料 $79、要予約
所要 3時間30分、約2.4km

ポートランド・ブリュワリー・ツアー
ブリュバナー
☎(503)729-6804
URL brewvana.com
運行 時期やツアー内容により異なるが、ほぼ毎日催行。集合場所はツアーにより異なるのでウェブサイトで確認を。
料 $69〜109
事前にeメールでツアーの予約をすれば、日本語を話せるスタッフが同行し、通訳・解説してくれる。URL www.oshuushu.com
E oshuushu@gmail.com

日本語観光ツアー
ポートランドETC（エデュケーションツアーセンター）
住 1020 S.W. Taylor St., Suite 680, Portland
☎(503) 294-6488
FAX (503) 206-4191
営 月〜金9:00〜18:00
URL www.educationtourcenter.com

MEMO **パイオニア・コートハウス・スクエアにある観光案内所** ポートランド市内を含めオレゴン州全般の情報が入手可能だ。演劇やイベントの割引チケットも扱っているほか、トイレもある。

サードウエイブ・コーヒー・ツアーズ
Third Wave Coffee Tours

サードウエイブ・ツアーズThird Wave Tours社が開催する日本語によるカフェ巡りツアー。5〜6ヵ所のカフェを回り、バリスタによるコーヒーの抽出方法の説明を聞いたり、カッピングを体験したりする。要事前予約。

ポートランド・グルメ・ツアー
Portland Gourmet Tour

フォークタウン・フード・ツアーズForktown Food Tours社が行っている、ダウンタウンやノースウエストエリアのレストラン、ファーマーズマーケットを巡るツアー。要事前予約。

ペダル・バイク・ツアーズ
Pedal Bike Tours

ダウンタウンのフードカートやブリュワリーなど中心部を自転車で回るツアー。専門のガイド付き。要事前予約。

ウィラメット・ジェットボート・エクスカーション
Willamette Jetboat Excursions

屋根なしの大型ジェットボートでウィラメット川を往復約50km航行。ダウンタウンのビル群、川沿いに立つ豪邸、大型商船が停泊しているドック、水量が多いときは迫力のウィラメット滝などを見学する。乗り場はオレゴン科学産業博物館のそばにある。

ダウンタウン・ランチクルーズ
Downtown Lunch Cruise

ポートランド・スピリットPortland Spiritが催行するランチクルーズ。昔懐かしの外輪船は、ダウンタウンを出発し、南東のミルウォーキー、北東のパールディストリクト周辺を流れるウィラメット川を1周する。メニューに、ローストビーフやニジマスのグリル、ラビオリなどあり。

あまり揺れないので安心

ポートランドの歩き方

公共交通機関が整い、ひどく治安の悪い地域もないポートランドは、旅行者にとって歩きやすい街だ。おもな見どころやホテルはダウンタウンのSouth West（サウスウエスト）地区に集中している。もうひとつの観光の中心は、西側の丘に広がるワシントンパーク。バラ園、動物園、森林公園、ピトック邸などがある。

ポートランドの魅力は美術館や博物館巡りだけでなく、地元の人が暮らすネイバーフッドと呼ばれるエリアを散策すること。エリアガイド（→P.158）を参考に特徴ある通りを探そう。ポートランドの滞在は、最低2日は欲しいところ。マックス・ライトレイルとトライメットバスを使って、効率よくポートランドを見て回ろう。

サードウエイブ・コーヒー・ツアーズ
サードウエイブ・ツアーズ
☎(503)446-1912
URL www.thirdwavecoffeetours.com/tours-jp.html
運行 出発時間や集合場所はツアーにより異なるのでウェブサイトで確認を。基本的に水金10:00出発、所要2時間30分〜3時間。
料 $95

ポートランド・グルメ・ツアー
フォークタウン・フード・ツアーズ
☎(503)234-3663
URL forktown.com
運行 出発時間や集合場所はツアーにより異なるのでウェブサイトで確認を。基本的に水〜金14:00、土日13:00。2人以上から催行。料 $85〜

ペダル・バイク・ツアーズ
MP.147-C1
住 133 S.W. 2nd Ave., Portland（ツアーの出発点）
☎(503)243-2453
URL pedalbiketours.com
イントロダクション・トゥ・ポートランド
所要3時間　料 $59

ウィラメット・ジェットボート・エクスカーション
MP.149-A4
住 1945 S.E. Water Ave., Portland
☎(503)231-1532
URL willamettejet.com
営〈5月上旬〜6月中旬、9月上旬〜下旬〉毎日14:45、〈6月中旬〜8月〉毎日13:45、16:30。所要2時間
料 大人$46、子供（11歳以下）$32

ダウンタウン・ランチクルーズ
ポートランド・スピリット
☎(503)224-3900
URL www.portlandspirit.com
営 毎日12:00発（時期により異なる）
料 2時間：大人$44〜52、子供$22〜26。要予約
出発 トム・マッコール・ウオーターフロントパーク内でSalmon St.との突き当たり（MP.146-B3）

観光案内所
トラベル・ポートランド・ビジター・インフォメーション・センター
Travel Portland Visitor Information Center
MP.147-B2
住 701 S.W. 6th Ave., Portland
☎(503)275-8355
Free (1-877)678-5263
URL www.travelportland.com（日本語あり）
営 月〜金8:30〜17:30、土10:00〜16:00、日10:00〜14:00（11〜4月は日曜休み）

ポートランドのエリアガイド

ポートランドは、ウィラメット川とバーンサイド通りBurnside St.を境に、大きく4つのエリア（サウスウエストS.W.、ノースウエストN.W.、サウスイーストS.E.、ノースイーストN.E.）に分けられる。ここでは、さらに細分化して7つのエリアを紹介しよう。

サウスウエスト

ダウンタウンポートランド
Downtown Portland（→P.162）

　ポートランドの中枢部で、ビジネスや文化の拠点としてホテルやショップ、文化施設が集中する。端から端まで1.5kmしかなく、その中心に、パイオニア・コートハウス・スクエアがある。

ワシントンパーク
Washington Park（→P.164）

　ダウンタウンの西側に広がる410エーカーの広さをもつ公園。街のシンボルでもあるバラ園や動物園、日本庭園などがあり、観光スポットになっている。

ノースウエスト

オールドタウンとチャイナタウン
Old Town & Chinatown（→P.168）

　ダウンタウンの北側はオールドタウンと呼ばれる古い街並み。ナイトスポットやレストランが多い。4th Ave.を北へ向かうと、ラン・スー・チャイニーズガーデンがあるチャイナタウンに出る。さらに北に行ったグレイハウンド・バスターミナル周辺は、夜間の治安があまりよくないので注意すること。

ノブヒル
Nob Hill（→P.169）

　若い世代や女性たちに人気が高いエリア。閑静な住宅街の中に小さなショップやレストランが並ぶ。中心は、23rd Ave.とJohnson St.あたり。

パールディストリクト
Pearl District（→P.169）

　かつての倉庫街がアートギャラリーやインテリアショップとしてよみがえった。カフェやレストランの数も増え、夜もにぎわっている。

サウスイースト

ホーソンブルバード
Hawthorne Boulevard（→P.170）

　ポートランドでも古いネイバーフッドのひとつで、ノスタルジーあふれる映画館や、個性的なショップやカフェが並ぶ。ダウンタウンとは対照的に、昔ながらのポートランドを感じることができるエリア。

ホーソンブルバードのランドマークであるバグダッド劇場

ノースイースト

アルバータストリート
Alberta Street（→P.171）

　壁画が街を飾り、アートな雰囲気が漂うエリア。毎月最終木曜の夕方は道路が閉鎖され、ストリートフェアが開催されている。クリエイティブな人々が多く住むネイバーフッドだ。

アルバータストリートにある壁画

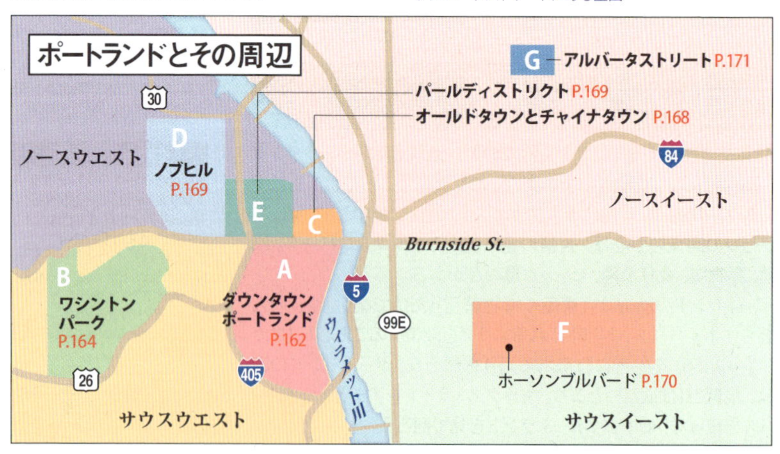

アクセス表

公共の交通機関 バス ストリートカー マックス ※所要の時間はおおよその時間

目的地＼出発地	ダウンタウンポートランド（701 S.W. Sixth Ave.）	ワシントンパーク周辺（Washington Parkマックス駅）	オールドタウンとチャイナタウン（Old Town/Chinatown MAX station）	ノブヒル（N.W. 23rd Ave. & N.W. Marshall St.）	パールディストリクト（NW 10th St. & Glisan St.）	ホーソンブルバード（S.E. Hawthorne Blvd. & S.E. Cesar Chavez Blvd.）	アルバータストリート（N.E. Alberta St. & N.E. 15th Ave.）
ダウンタウンポートランド（701 S.W. Sixth Ave.）		レッド&ブルーライン：Washington Park→Library/SW 9th Ave（12分）	レッド&ブルーライン：Old Town/Chinatown→Pioneer Square North（8分）	NSライン：NW 23rd & Marshall→SW 11th & Alder（19分）	NSライン&Bループ：NW 11th & Glisan→SW 11th & Alder（13分）	14：SE Hawthorne & Cesar Chavez Blvd→SW 6th & Main（22分）	8：NE Alberta & 15th→SW 5th & Morrison（29分）
ワシントンパーク周辺（Washington Parkマックス駅）	レッド&ブルーライン：Pioneer Square North→Washington Park（13分）		レッド&ブルーライン：Old Town/Chinatown→Washington Park（21分）	NSライン：NW 23rd & Marshall→SW 11th & Alder 乗り換え レッド&ブルーライン：Galleria/SW 10th Ave→Washington Park（32分）	NSライン&Bループ：NW 11th & Glisan→SW 11th & Alder 乗り換え レッド&ブルーライン：Galleria/SW 10th Ave→Washington Park（25分）	14：SE Hawthorne & Cesar Chavez Blvd→SW Main & 2nd 乗り換え レッド&ブルーライン：Morrison/SW 3rd Ave→Washington Park（46分）	8：NE Alberta & 15th→SW 5th & Morrison 乗り換え レッド&ブルーライン：Mall/SW 5th Ave→Washington Park（51分）
オールドタウンとチャイナタウン（Old Town/Chinatownマックス駅）	レッド&ブルーライン：Pioneer Square South→Old Town/Chinatown（9分）	レッド&ブルーライン：Washington Park→Old Town/Chinatown（21分）		77：NW 21st & Lovejoy→NW Everett & 2nd（15分）	徒歩12分	14：SE Hawthorne & Cesar Chavez Blvd→SW Main & 2nd 乗り換え レッド&ブルーライン：Yamhill District→Old Town/Chinatown（32分）	8：NE Alberta & 15th→NW Glisan & 3rd（26分）
ノブヒル（N.W. 23rd Ave. & N.W. Marshall St.）	NSライン：SW 10th & Alder→NW 23rd & Marshall（21分）	レッド&ブルーライン：Washington Park→Library/SW 9th Ave 乗り換え NSライン：Central Library→NW 23rd & Marshall（39分）	77：NW Glisan & 3rd→NW 21st & Lovejoy（18分）		NSライン：NW 10th & Glisan→NW 23rd & Marshall（10分）	15：SE Belmont & Cesar Chavez Blvd→NW 23rd & Lovejoy（44分）	8：NE Alberta & 15th→NW Glisan & 3rd 乗り換え NSライン：NW 10th & Glisan→NW 23rd & Marshall（50分）
パールディストリクト（N.W. 10th St. & N.W. Glisan St.）	NSライン&Aループ：SW 10th & Alder→NW 10th & Glisan（10分）	レッド&ブルーライン：Washington Park→Library/SW 9th Ave 乗り換え NSライン&Aループ：Central Library→NW 10th & Glisan（23分）	徒歩12分	NSライン：NW 23rd & Marshall→NW 11th & Glisan（10分）		14：SE Hawthorne & Cesar Chavez Blvd→SW 6th & Main 乗り換え NSライン：Art Museum→NW 10th & Glisan（38分）	8：NE Alberta & 15th→NW Glisan & 3rd（28分）
ホーソンブルバード（S.E. Hawthorne Blvd. & S.E. Cesar Chavez Blvd.）	14：SW 6th & Main→SE Hawthorne & Cesar Chavez Blvd（22分）	レッド&ブルーライン：Washington Park→Yamhill District 乗り換え 14：SW Main & 2nd→SE Hawthorne & Cesar Chavez Blvd（46分）	レッド&ブルーライン：Old Town/Chinatown→Morrison/SW 3rd Ave 乗り換え 14：SW Madison & 4th→SE Hawthorne & Cesar Chavez Blvd（33分）	15：NW 23rd & Marshall→SE Belmont & Cesar Chavez Blvd（40分）	グリーンライン：Union Station/NW 5th & Glisan→City Hall/SW 5th & Jefferson 乗り換え 14：SW Madison & 4th→SE Hawthorne & Cesar Chavez Blvd（40分）		72：NE Alberta & 15th→NE Killingsworth & 42nd 乗り換え 75：NE 42nd & Killingsworth→SE Hawthorne & Cesar Chavez Blvd（43分）
アルバータストリート（N.E. Alberta St. & N.E. 15th Ave.）	8：SW 6th & Alder→NE Alberta & 15th（27分）	レッド&ブルーライン：Washington Park→Old Town/Chinatown乗り換え 8：NE Everett & 2nd→NE Alberta & 15th（51分）	8：NW Everett & 2nd→NE Alberta & 15th（22分）	NSライン：NW 23rd & Marshall→NW 11th & Couch 乗り換え 8：NE Everett & 5th→NE Alberta & 15th（48分）	8：NW Everett & 5th→NE Alberta & 15th（30分）	75：SE Cesar Chavez Blvd & Hawthorne→NE 42nd & Killingsworth 乗り換え 72：NE Killingsworth & 42nd→NE Alberta & 15th（48分）	

ポートランドを楽しむモデルコース

Model Course

初めてのポートランド

乗り降り自由のトロリーツアーと公共交通機関で観光地を回る2日間!!

DAY 1 近年注目のエリアをおさえる

9:00 ダウンタウン(→P.162)の**ブードゥードーナツ**(→P.179)で朝食

行列に並ぶ価値あり

ポートランドでいちばん有名なドーナツ

徒歩 約10分

10:00 パイオニア・コートハウス・スクエア(→P.162)から**ビッグピンク・サイトシーイング・ホップオン・ホップオフ・トロリーツアー**(→P.156)に乗車

トロリー 20分

10:20 ワシントンパーク(→P.164)にある**バラ園**(→P.165)と**日本庭園**(→P.165)を散策

日本庭園のチケット売り場も隈研吾氏がデザインした

トロリー 30分

12:45 **ノブヒル**(→P.142、P.169)散策。**ファイヤーサイド**(→P.142)でランチとウインドーショッピング

オレゴン州で取れた野菜を使ったサラダ

トロリー 10分

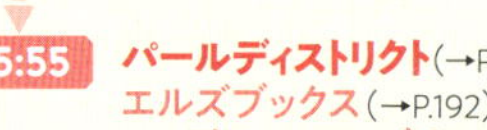

15:55 **パールディストリクト**(→P.169)へ。**パウエルズブックス**(→P.192)でおみやげ探し。**デシューツ・ブリュワリー・ポートランド・パブリックハウス**(→P.180)のビールで乾杯

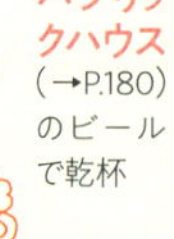

サンプルフライトなら6種類のビールを味見できる

DAY 2 定番の見どころを巡る

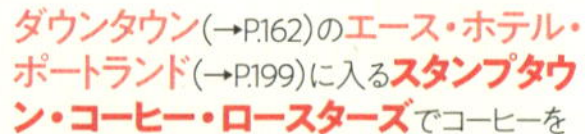

9:15 ダウンタウン(→P.162)の**エース・ホテル・ポートランド**(→P.199)に入る**スタンプタウン・コーヒー・ロースターズ**でコーヒーを

宿泊客でなくても利用できるホテルのロビー

徒歩 10分

10:00 **ラン・スー・チャイニーズ・ガーデン**(→P.168)へ

都会の真ん中のオアシス

徒歩 10分

11:00 **パールディストリクト**(→P.169)にある**ホットリップスピザ**(→P.176)で早めのランチ

地元の食材を使ったピザは、ふた切れくらい食べられそう

トロリー 25分 + 徒歩 15分

12:30 **オレゴン科学産業博物館**(→P.170)を見学

徒歩15分+トロリー10分+徒歩8分

14:40 **ポートランド美術館**(→P.164)へ

ルノワールやチャイルド・ハッサムの作品を鑑賞

徒歩 8分

16:10 **パイオニア・コートハウス・スクエア**(→P.162)周辺でショッピング。ディナーは、**テイスティ・アンド・アルダー**(→P.173)で

※ビッグピンク・サイトシーイング・ホップオン・ホップオフ・トロリーツアーは時期により催行日時とスケジュールが異なるので、現地で確認すること

ネイバーフッドごとに異なる表情をもつポートランド。
ここでは、初めてポートランドを訪れる人とリピーターの人向けのコースを紹介しよう。

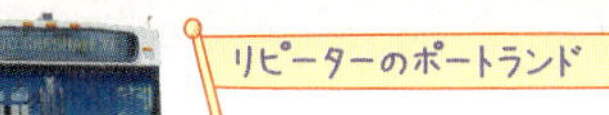

トライメットバスなどで人気のショップとレストランを訪れる2日間!!

DAY 1 評判のレストランやブリュワリーで満腹に

9:30 パイオニア・コートハウス・スクエア(→P.162)からスタート

バス#4 30分

10:00 ノースイーストにある**スウィーディーディー**(→P.179)で遅めの朝食を

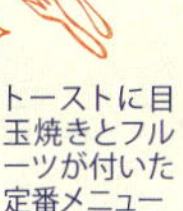

トーストに目玉焼きとフルーツが付いた定番メニュー

徒歩 10分

11:00 **ミシシッピアベニュー**(→P.171)を散策。少し足を延ばして、話題のセレクトショップ、**ビーム&アンカー**(→P.191)へ

日本人のテイストに合った小物雑貨を豊富に取り扱う

ポートランド・ストリートカー・Aループ 30分

14:15 セントラルイーストの**オリンピアプロビジョンズ**(→P.173)でランチ

徒歩 10分

15:30 地ビールが味わえるブリュワリーツアー、**ブリュバナー**(→P.156)に参加

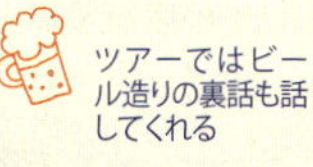

ツアーではビール造りの裏話も話してくれる

バス#15 10分

19:00 ダウンタウン(→P.162)にある**メイド・イン・オレゴン**(→P.192)や**パウエルズブックス**(→P.192)でおみやげ探し。**サウスパークシーフード**(→P.174)で夕食を

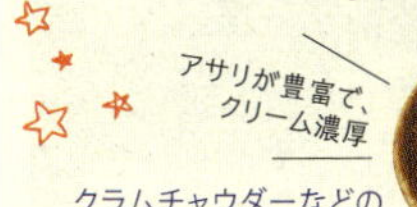

アサリが豊富で、クリーム濃厚

クラムチャウダーなどのシーフードを食べたい

DAY 2 最旬ショップ目がけて周辺ネイバーフッドへGo!

9:00 ダウンタウン(→P.162)にある**ケニー&ズークス・デリカテッセン**(→P.176)でパストラミサンドイッチを朝食に

徒歩 10分

10:00 オールドタウンにある**オロックス・レザー・カンパニー**(→P.182)では革製品を入手したい

財布やカード入れは一生使えそうだ

バス#17 30分

11:00 **アルバータストリート**(→P.171)を散歩。**パイン・ステート・ビスケット**(→P.176)でランチを食べたあと、**クイーンビー・クリエイション**(→P.183)と**ラークプレス**(→P.183)をチェック

男女ともに使えるショルダーバッグを製造するクイーンビー・クリエイション

バス#6 20分

14:00 イーストサイドの**ネクストアドベンチャー**(→P.190)で最新アウトドアグッズを探す

バス#14 30分

15:00 **ホーソンブルバード**(→P.170)でお買い物。**ハウス・オブ・ビンテージ**(→P.190)で古着をチェック

バス#14、70 30分

16:30 **セルウッド**(→P.171)にあるアンティークショップの**スターズ&スプレンディッド・アンティーク・モール**(→P.171)で掘り出し物探しと**カマムソープ**(→P.182)でハンドメイド石鹸を入手

ダウンタウンエリア周辺で最大級のアンティークモール

バス#19 30分

18:30 ダウンタウン(→P.162)の**ペンドルトン**(→P.185)へ

徒歩 10分

19:15 パールディストリクト(→P.169)の**アービング・ストリート・キッチン**(→P.172)でディナー

ポートランドのおもな見どころ

ダウンタウンポートランド Downtown Portland

人が絶えないダウンタウンのランドマーク MP.147-B2

パイオニア・コートハウス・スクエア Pioneer Courthouse Square

ダウンタウンの中心にぽっかりと開いたすり鉢状の広場。もともと駐車場だった所を、市民がブロックを買うという形で建設費を捻出し造り上げたので、各ブロックには寄付をした人の名前が一つひとつ刻まれている。その数はなんと約8万個。広場に下りる階段には大勢の人が腰かけてサンドイッチをほおばったり、のんびり昼寝をしていたりと、まさに市民の憩いの場だ。噴水や天気予報マシーン、舞台、観光案内所があり、休日にはライブやパフォーマンスも行われる。ポートランド滞在中に必ず一度は通る場所だろう。

ポートランドの中心がパイオニア・コートハウス・スクエア

パイオニア・コートハウス・スクエア
住701 S.W. 6th Ave., Portland
URL thesquarepdx.org
行き方マックス・ライトレイル・ブルー、レッドラインのPioneer Square駅、グリーン、イエローラインのPioneer Courthouse駅下車。
パイオニア・コートハウス・スクエアには観光案内所があり、その中に、トライメットの案内所とトイレが入る。

パイオニア・コートハウス・スクエアにある観光案内所

週末ポートランドにいるなら MP.147-C1

サタデイマーケット（アンド・サンデイズ・トゥ！） Saturday Market (and Sundays, too!)

週末に訪れたなら、必ず行きたいサタデイマーケット

トム・マッコール・ウオーターフロントパークTom McCall Waterfront ParkおよびアンカニースクエアAnkeny Squareで3月からクリスマスイブまでの土曜と日曜のみ開かれる青空市。観光客はもちろん、地元の人にとっても定番のイベントだ。定例行事としては全米で最大規模のオープンエアマーケットで、アート&クラフト、おもちゃ、フードなど250以上の店が参加する。ポートランドが自由な精神の象徴のように、レインボーカラーのろうけつ染めTシャツや麻製品を置く店が多い。

最近はフードブースが充実していて、世界各国のファストフードが安価で食べられる。テーブルもあるのでランチに最適だ。

おみやげによさそうなものが見つかるかも

サタデイマーケット（アンド・サンデイズ・トゥ！）
住2 S.W. Naito Pkwy., Portland
☎(503) 222-6072
URL www.portlandsaturdaymarket.com
営〈3月～12月下旬〉土10:00～17:00、日11:00～16:30
行き方マックス・ライトレイル・ブルー、レッドラインのSkidmore Fountain駅下車、徒歩1分。

手作りの石鹸なども販売されているマーケット

MEMO ポートランド郊外のファーマーズマーケット　水曜市ー **Kenton** MP.145-A1　住N. Denver Ave. & N. McClellan St., Portland　営〈6～9月〉水15:00～19:00　行き方マックス・ライトレイル・イエローラインのKenton/ N Denver↗

安くて安全でおいしいものを買うなら　M P.209

ポートランド・ファーマーズマーケット
Portland Farmers Market

ポートランドを訪れたら、市内6ヵ所で開かれているファーマーズマーケットに行ってみたい。季節は春から秋がメイン。会場となる**ポートランド州立大学Portland State University（PSU）**構内、ダウンタウンの**シーマンスキーパークShemanski Park**、**パイオニア・コートハウス・スクエア**などには、市民たちがこぞって訪れ、買い物や試食を楽しんでいる。店を出す50以上のベンダー（出店者）はポートランド近郊の農家の人々。新鮮な野菜や果物を直売、その多くがオーガニックである。ほかにもハーブやハチミツ、お茶、手作りパン、チーズ、キノコなど、グルメシティ・ポートランドのおいしいどころが並び、そのほとんどの店で、試食も可能だ。

ポートランドのファーマーズマーケットの果物や野菜はとびきり新鮮

ギネスブック認定の実績がある世界一小さい公園　M P.146-B3

ミル・エンズ・パーク
Mill Ends Park

S.W. Naito Pkwy.の中央分離帯に、半径わずか30cmの花壇がある。見逃してしまいそうに小さい花畑は、実は世界でいちばん小さい公園といわれている。

見逃してしまうほど小さい公園

ウィラメット川沿いに続く約2kmの緑地帯公園　M P.146-B3

トム・マッコール・ウオーターフロントパーク
Tom McCall Waterfront Park

休日ともなると芝生の上でくつろいだり、ジョギングをする市民の姿でいっぱいになる公園。春、夏の間はコンサートやイベントが多く開催され、華やかな雰囲気に包まれる。

バーンサイド橋の北側には、第2次世界大戦中捕虜として米国内陸部の収容所に抑留されていた日系人に捧げられた彫刻広場、**ジャパニーズ・アメリカン・ヒストリカル・プラザJapanese American Historical Plaza**があり、周辺には100本の桜の木が植えられている。また、ウィラメット川沿いには蒸気船ポートランド号が停泊し、現在**オレゴン海洋博物館Oregon Maritime Museum**として公開されている。

ポートランド・ファーマーズマーケット（→P.209）
URL www.portlandfarmersmarket.org
〈ダウンタウン〉
月曜市—Pioneer Courthouse Square
M P.147-B2
住 S.W. 6th Ave. & S.W. Yamhill St., Portland
営〈6月中旬〜8月下旬〉月10:00〜14:00
水曜市—Shemanski Park
M P.147-A2
住 S.W. Park Ave. & S.W. Salmon St., Portland
営〈5〜10月〉水10:00〜14:00
行き方 パイオニア・コートハウス・スクエアから南西に3ブロック、徒歩3分。
土曜市—Portland State University
M P.146-A4
住 S.W. Montgomery St. & S.W. Park Ave., Portland
営〈4〜10月〉土8:30〜14:00、〈11〜3月〉土9:00〜14:00
行き方 パイオニア・コートハウス・スクエアから南西に10ブロック、徒歩15分。
※郊外のファーマーズマーケットは、P.162〜165脚注参照。

ミル・エンズ・パーク
住 S.W. Naito Pkwy. & S.W. Taylor St., Portland
行き方 パイオニア・コートハウス・スクエアから南東に6ブロック。徒歩7分。

トム・マッコール・ウオーターフロントパーク
住 Naito Pkwy. (bet. S.W. Harrison St. & N.W. Glisan St.), Portland
営 毎日5:00〜24:00
行き方 マックス・ライトレイル・ブルー、レッドラインのSkidmore Fountain駅やOak/SW 1st Ave.駅、Yamhill District駅から徒歩2分。

ジョギングをする人、サイクリングをする人、果ては騎馬警官も通るトム・マッコール・ウオーターフロントパーク

オレゴン海洋博物館
住 S.W. Naito Pkwy. (at Pine St.), Portland
☎ (503) 224-7724
URL www.oregonmaritimemuseum.org
営 水金土11:00〜16:00
休 月火木日
料 大人$7、シニア（62歳以上）$5、学生$4、子供$3

↘Ave.駅下車、徒歩3分。（P.164に続く）

ポートランド美術館
住 1219 S.W. Park Ave., Portland
☎ (503) 226-2811
URL www.portlandartmuseum.org
営 火水土日10:00～17:00、木金10:00～20:00
休 月、おもな祝日
料 大人$20、シニア(55歳以上)・学生$17、子供(17歳以下)無料、毎月第1木曜の17:00～20:00は無料
行き方 パイオニア・コートハウス・スクエアから南西に6ブロック。徒歩8分。

中庭を飾る現代アート

アメリカを代表する画家が揃う　M P.146-A3

ポートランド美術館
Portland Art Museum

古今東西の名作約4万2000点を所蔵する美術館。まず、アジア美術では、日本美術の充実ぶりがすばらしい。江戸や明治時代を中心に掛け軸や浮世絵など約1800点を所蔵。なかには江戸時代の六曲屏風絵や徳川家使用の陶器などもある。

アメリカ絵画は必見のコーナー。建国初期の肖像画家ギルバート・スチュアート、アメリカ西部の大自然を描いたハドソン・リバー派のビアスタット、柔らかい画風が特徴的なアメリカ印象派のホーマーやハッサム、独自のタッチが上品なレンブラント・ピールなど、アメリカを代表する画家の作品を多数展示。

北米先住民のコレクションも北西部、カナダ、大平原、南西部、南東部などのエリアごとに豊富に揃う。マスクだけ見ても各種族の特徴が表現されておもしろい。また世界的に有名なプエブロ族マリア・マルチネスの黒い陶器が、まとまって見られるのも貴重。自然界の生物を神として表現したカチナドールも見応えがある。

西洋美術では、印象派のコレクションが秀逸だ。モネの『睡蓮』、ルノワールの人物画やセザンヌ、ピカソといったなじみのある画家のほかにも、ロダンやイサム・ノグチの彫像など、躍動感あふれる作品も揃っている。

Burnside St.
ウィラメット川
ワシントンパーク

ワシントンパーク
Washington Park

ワシントンパーク
URL explorewashingtonpark.org
営 毎日5:00～22:00
行き方 マックス・ライトレイル・ブルー、レッドラインのWashington Park駅下車。

Washington Park Shuttle
4～10月はワシントンパーク内を無料のシャトルバスが15分間隔で走る。マックス・ライトレイル・ブルー、レッドラインのWashington Park駅からホイト樹木園ビジターセンター、バラ園、日本庭園を回る。
営〈4、10月〉土日9:00～17:30、〈5～9月上旬〉毎日9:30～19:00

ダウンタウンにある市民の憩いの場　M P.145-A3

ワシントンパーク
Washington Park

ポートランドダウンタウンの南西4kmに位置する。410エーカー($1.6km^2$)の敷地をもち、ワールド・フォレスタリー・センターや子供博物館、動物園、日本庭園、バラ園などが集まる。さらに、木々が生い茂るなかを散歩できるトレイルもあり、週末は家族連れでにぎわっている。

ワールド・フォレスタリー・センター／ディスカバリー博物館
住 4033 S.W. Canyon Rd., Portland
☎ (503) 228-1367
URL www.worldforestry.org
営 毎日10:00～17:00
休 おもな祝日
料 大人$7、シニア$6、子供$5
行き方 マックス・ライトレイル・ブルー、レッドラインのWashington Park駅下車。

森林資源の教育文化施設　M P.145-A3

ワールド・フォレスタリー・センター／ディスカバリー博物館
World Forestry Center / Discovery Museum

自然について家族で学べる所

豊かな森林に育まれて、数少ない原生林が残るオレゴン州ならではの博物館。オレゴン州や世界の森林について楽しく学べる。

建物の中央にドーンとそびえる模型の大木の根元には、動物たちのすみかが造られ、中を探検できる。ほかにも映像をとおしてアフリカのクルーガー国立公園でジープツアーに参加したり、シベリア鉄道に乗ってツンドラの森を旅したり、家族揃って楽しめるコーナーがたくさんあるので、1日中過ごせるだろう。

MEMO (P.163より続き) 日曜市－ **King** M P.149-A1　住 N.E. Wygant St. & N.E. 7th Ave., Portland　営〈5月～11月中旬〉日10:00～14:00　行き方 S.W. Columbia St. & 5th Ave.からバス#6でN.E. Martin Luther King Jr. & N.E. Wygant St.下↗

手入れの行き届いた本格的日本庭園 MP.145-A3

日本庭園 Japanese Garden

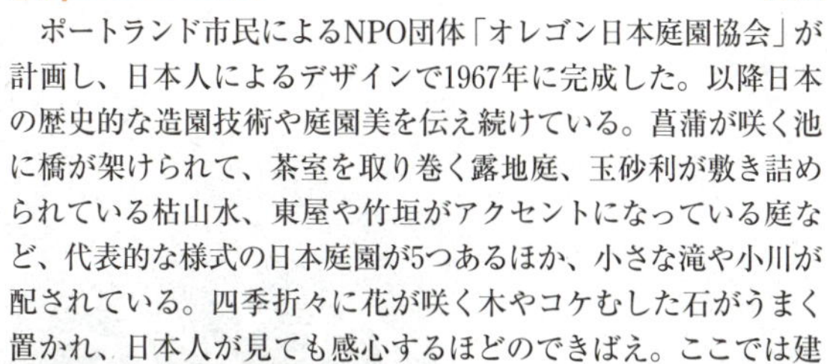

ポートランド市民によるNPO団体「オレゴン日本庭園協会」が計画し、日本人によるデザインで1967年に完成した。以降日本の歴史的な造園技術や庭園美を伝え続けている。菖蒲が咲く池に橋が架けられて、茶室を取り巻く露地庭、玉砂利が敷き詰められている枯山水、東屋や竹垣がアクセントになっている庭など、代表的な様式の日本庭園が5つあるほか、小さな滝や小川が配されている。四季折々に花が咲く木やコケむした石がうまく置かれ、日本人が見ても感心するほどのできばえ。ここでは建築材料を日本から運ぶなどして、より本格派を目指したという。

2017年4月には世界的に著名な日本人建築家、隈研吾氏デザインによるギャラリーやカフェがオープンした。

枯山水を見事に表現

日本庭園
住611 S.W. Kingston Ave., Portland
☎(503) 223-1321
URL japanesegarden.com
営〈3月中旬～9月〉月12:00～19:00、火～日10:00～19:00、〈10月～3月上旬〉月12:00～16:00、火～日10:00～16:00
休おもな祝日
料〈5～9月〉大人$16.95、シニア$14.50、子供(6～17歳) $11.50、5歳以下無料、〈10～4月〉大人$14.95、シニア$12.95、子供(6～17歳) $10.45、5歳以下無料
行き方マックス・ライトレイル・ブルー、レッドラインのWashington Park駅からWashington Park Shuttle(4～10月)、もしくは、マックス・ライトレイル・ブルー、レッドラインのProvidence Park駅とWashington Park駅からバス#63で。
時間があればWashington Park駅で下車し、Vietnam Veterans of Oregon MemorialからスタートするワイルドウッドトレイルWildwood Trailを歩くことをすすめる、所要約40分。

約1世紀の歴史をもつバラ園 MP.145-A3

バラ園 International Rose Test Garden

バラの都ポートランドを象徴するような見事なバラ園。ダウンタウンを見下ろす静かな丘に、シーズンである5～6月には、650種1万株ほどのバラが咲き誇る。ここは1917年に創立されたアメリカで最も古いバラ試験場。市の公園局によって管理されている。併設するギフトショップから無料のツアー(5月下旬～9月上旬の毎日13:00)が出発する。

ポートランドの名物がバラで、最も美しい所がこのバラ園

春から初夏の開花が最も多種類

バラ園
住400 S.W. Kingston Ave., Portland
営毎日7:30～21:00(時期により変更あり) 料無料
ギフトショップ
住850 S.W. Rose Garden Way, Portland
☎(503) 227-7033
営毎日10:00～16:00(時期により異なる)
行き方マックス・ライトレイル・ブルー、レッドラインのWashington Park駅からWashington Park Shuttle(4～10月)、もしくは、マックス・ライトレイル・ブルー、レッドラインのProvidence Park駅とWashington Park駅からバス#63で。
東斜面に当たるので、午前中に訪れるほうが美しい。

子供たちが大はしゃぎ MP.145-A3

ポートランド子供博物館 Portland Children's Museum

週末ともなると、小さな子供を連れたファミリーでにぎわう。博物館とはいうものの、子供たちが楽しく社会性を身に付けるための工夫がいっぱいだ。ミニマーケットでは子供たちが率先してレジ係に扮し、ファストフードショップではカウンターで待つお母さんに注文の品をトレイにセットして渡す。粘土や工作室への参加も自由。また、館内の個室を借りて、誕生会を開くのも人気がある。幼稚園(入園は抽選とのこと)も併設されているので、地元のファミリーにはとても身近なミュージアムだ。ただし、大人だけでの入場は不可。

家族連れでにぎわう博物館

ポートランド子供博物館
住4015 S.W. Canyon Rd., Portland
☎(503) 223-6500
URL www.portlandcm.org
営毎日9:00～17:00
料$11、シニア(55歳以上) $10、1歳以下無料。毎月第1金曜16:00～20:00は無料。
行き方マックス・ライトレイル・ブルー、レッドラインのWashington Park駅から徒歩2分。

↘車、徒歩3分。日曜市ー **Lents International** MP.145-B4外 住S.E. 91st St. & S.E. Reedway St., Portland 営〈6月～10月中旬〉日9:00～14:00 行き方マックス・ライトレイル・グリーンラインのLents Town Center/SE Foster Rd.駅下車、徒歩2分。

ポートランドでハイキング

ダウンタウンの西に広がるワシントンパークとその北にあるフォレストパークは、ポートランド市民の憩いの場。ダウンタウンからほんの少し足を延ばすだけで、広大な敷地に広がる森林の中に入り込むことができる。

1日ハイキングに時間を費やせるのなら、ロウアー・マクレイパークからフォレストパークForest Parkに入り、ピトック邸にたどり着くマクレイトレイルMacleay Trail（4km、所要1時間30分～2時間）と、ピトック邸からホイト樹木園に続くワイルドウッドトレイル（2.5km、所要45分～1時間）がおすすめだ。

深い森が続くワイルドウッドトレイル

都市のなかに大自然が広がる

フォレストパーク

Forest Park

ワシントンパーク（→P.164）の1.5km北西にあるフォレストパークは、敷地面積5100エーカー（20km²）にも及ぶ全米最大級の都市型公園のひとつ。112種類の鳥類と62種類の動物が生息している。全長110kmほどあるというトレイルでは、ハイキングやランニングのほか、乗馬や犬の散歩をしている人を見かけるだろう。数あるトレイルのなかでも、**マクレイトレイルMacleay Trail**は、初心者でも挑戦しやすいコースとして地元の人だけでなく、旅行者にも人気だ。バスでアクセスできるロウアー・マクレイパークLower Macleay Parkからスタートしよう。トレイル沿いにはバルチクリークが流れ、小川のせせらぎがハイキングの暑さを忘れさせてくれる。1.2km先でワイルドウッドトレイル（→P.167）と合流した先には、大恐慌時代に建てられた城を思わせる石造建築の跡地のストーンハウスStone Houseや野鳥の保護施設であるオーデュボン協会Audubon Societyなど、休憩ポイントもある。

歩き始める前に地図で行程を把握しよう

ワイルドウッドトレイルとの合流地点

かつては公衆便所を備えた休憩所であったストーンハウス

Forest Park（MP.145-A2）
URL www.forestparkconservancy.org
営 毎日5:00～22:00

Lower Macleay Park（MP.145-A2）
住 2998 N. W. Upshur St., Portland
行き方 S.W. Washington St. & S.W. 9th Ave.からバス#15でN.W. Thurman St. & 29th Ave.下車。徒歩3分。

Audubon Society
住 5151 N.W. Cornell Rd., Portland
☎ (503)292-6855
URL audubonportland.org
営 月～土10:00～18:00、日10:00～17:00（時期により異なる）

都会のオアシス

ワシントンパーク
Washington Park

ワシントンパークのトレイルは、パーク北を走るS.W. Burnside Rd.の南側に広がる森の中に刻まれている。そのほぼ中心にあるのが、**ホイト樹木園Hoyt Arboretum**。オレゴン動物園やワールド・フォレスタリー・センター／ディスカバリー博物館は、森を貫いて南へと走るバス路線にあるが、バラ園だけは公園の北東、ダウンタウンを見下ろす高台にある。

この看板が目印

ピトック邸の下を走るW. Burnside Rd.を突っ切って森へ入り、**ワイルドウッドトレイルWildwood Trail**を歩き始めるといい。目指すはホイト樹木園のビジターセンターだ。トレイルはよく整備され歩きやすいが、森の深さは想像以上。大きく育った木の下にはシダ類が繁茂し、木漏れ日を浴びたメープルの葉っぱが鮮やかに光り輝いている。森を下るように歩き、バス通りを越えたあたりまでは道はわかりやすいが、そこから先はトレイルが何本も交差するので、道がわからなくなるかもしれない。ワイルドウッドトレイルを東へと下り、バス通りを越え、樹木園の一部でもあるオークトレイルOak Trailへと入れば近くて迷わない。

迷ったら地図で確認

トレイルでは野草も見られる

整備されたトレイルがある

ホイト樹木園
Hoyt Arboretum

ワシントンパークのほぼ中央にある樹木園は、総延長4マイル（約6.4km）ものトレイルが延びるハイキングスポット。ワールド・フォレスタリー・センター／ディスカバリー博物館そばから始まるワイルドウッドトレイルWildwood Trailもその一部なのだ。森林を切り開き、アメリカ・ノースウエストの樹木を植樹し直して、森林教育にふさわしい見事な森を再生している。園内の南側、バス通りであるS.W. Kingston Dr.沿いの園地には、メープルだけを集めた区画もあり、秋には真っ赤な紅葉が楽しめる。樹木園でトイレ休憩を取るとよい。

Hoyt Arboretum
住4000 S.W. Fairview Blvd., Portland
☎(503) 865-8733
URL www.hoytarboretum.org
営ビジターセンター：月～金9:00～16:00、土日11:00～15:00 行き方 マックス・ライトレイル・ブルー、レッドラインのWashington Park駅下車。

樹木園で出会った子供たち

オレゴン動物園
住4001 S.W. Canyon Rd., Portland
☎(503) 226-1561
URL www.oregonzoo.org
営〈5月下旬～9月上旬〉毎日9:30～18:00、〈9月中旬～5月中旬〉毎日9:30～16:00
料大人$17.95、シニア$15.95、子供（3～11歳）$12.95
行き方マックス・ライトレイル・ブルー、レッドラインのWashington Park駅から徒歩1分。

ワシントンパーク＆ズーレイルウエイ
2018年10月現在、運行中止。下記は2014年のデータ
営〈4月中旬～5月中旬〉土日10:30～16:00、〈5月下旬～9月〉毎日10:30～17:00
料3歳以上$4。2歳以下無料

ゾウの飼育では世界的に知られている M P.145-A3

オレゴン動物園
Oregon Zoo

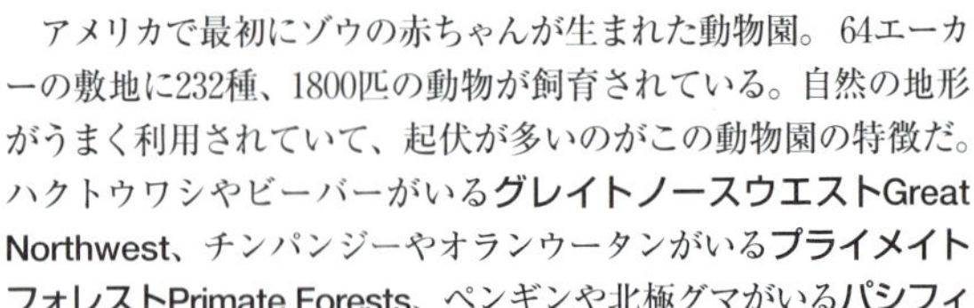

アメリカで最初にゾウの赤ちゃんが生まれた動物園。64エーカーの敷地に232種、1800匹の動物が飼育されている。自然の地形がうまく利用されていて、起伏が多いのがこの動物園の特徴だ。ハクトウワシやビーバーがいる**グレイトノースウエストGreat Northwest**、チンパンジーやオランウータンがいる**プライメイトフォレストPrimate Forests**、ペンギンや北極グマがいる**パシフィックショアPacific Shores**、ライオンやチーターがいる**アフリカAfrica**など6つのエリアに分かれている。なお、園内にはワシントンパーク＆ズーレイルウエイWashington Park & Zoo Railwayが走っていたが、2018年10月現在運行を中止している。

エレファントランドのエリアに生息する一番人気のゾウ

ノースウエスト
Burnside St.
ウィラメット川

ノースウエスト
North West

ラン・スー・チャイニーズ・ガーデン（蘭蘇園）
住239 N.W. Everett St., Portland
☎(503) 228-8131
URL lansugarden.org
営〈3月中旬～10月上旬〉毎日10:00～19:00、〈10月中旬～3月上旬〉毎日10:00～16:00
料大人$10、シニア（62歳以上）$9、6～18歳$7
行き方マックス・ライトレイル・ブルー、レッドラインのOld Town/Chinatown駅から徒歩3分。
茶室
Teahouse
☎(503) 224-8455
営〈4～10月〉毎日10:00～18:00、〈11～3月〉毎日10:00～15:30
カード M V

ダウンタウンの名所、本格派中国庭園 M P.146-B2

ラン・スー・チャイニーズ・ガーデン（蘭蘇園）
Lan Su Chinese Garden (Lan Su Yuan)

2000年にチャイナタウンにオープンした。中国から招いた65人もの技師によって設計、造園がなされた本格的なもので、中国江蘇省にある運河と庭園で有名な都市、蘇州の庭園様式を用いて造られている。曲がりくねった回廊と、水草の浮き沈みする池に架かる太鼓橋、四季折々に変化を見せる樹木や小さな滝、石がバランスよく配され、丸く太い柱、瓦屋根をもつ東屋と茶室が園内の雰囲気をいっそう中国風に際立たせている。

都会の中で心静かに時間を過ごせる場所だ

COLUMN
ポートランドでレンタルサイクル

「自転車の首都America's Bicycle Capital」といわれるポートランドは、全米でいちばん自転車道が整備されている街として有名だ。街全体でエコを推奨するだけあり、自転車で通勤・通学する人が多い。それだけに、観光客でも気軽に自転車をレンタルして街巡りができる。注意したいことは、必ず自転車専用道、または車道を走ることと、右側通行、自動車の信号に従うことだ。

Pedal Bike Tours
M P.147-C1 住133 S.W. 2nd Ave., Portland
☎(503) 243-2453
営毎日9:00～18:00
URL pedalbiketours.com/bikes
料レンタル料／シティバイク：1時間 $10、1日$30、電動自転車：1時間$20、1日$100 カード A M V

ウィラメット川沿いの遊歩道でサイクリングを楽しもう

標高約300mの丘の上から街を見下ろす、開拓者の豪邸 M P.145-A3

ピトック邸 Pittock Mansion

街のパイオニアのひとり**ヘンリー・ピトックHenry Pittock**の屋敷。1853年ペンシルバニアから移住してきたピトックは、オレゴン州最大の発行部数を誇る新聞『オレゴニアン』の創設者だ。ルネッサンス様式の重厚さと優美さを兼ね備えている石造りの建物は、1914年に完成した。邸宅にはライブラリーやミュージックルームなど約25の部屋があり、その内装と家具からは、当時の富豪たちの豪奢な暮らしがしのばれる。キッチンの窓からは市内の絶景が楽しめるので見逃さないように。地下のソーシャルルームには、ピトックの人物像や功績の解説、当時使われていた銀食器、家族の写真などが展示されている。

インターホンやエレベーターなど当時の最新設備が取り入れられたピトック邸

おしゃれをして出かけたい M P.145-A2～A3、P.148下図

ノブヒル Nob Hill

N.W. 21st Ave.と23rd Ave.周辺のエリア、通称"トレンディ・サードTrendy Third"周辺は、250軒もの商店が立ち並ぶファッショナブルな場所。ビクトリア調住宅を改造した個性的なブティックやギフトショップを中心に、おしゃれなレストランやカフェ、地ビールを出すパブが集まり、散策しているだけでも楽しい。Burnside St.から北のLovejoy St.あたりまで店が密集している。

ダウンタウンでいちばんホットなエリア M P.146-A1～A2

パールディストリクト Pearl District

ノブヒルとチャイナタウンの中間に位置するパールディストリクトは、100年ほど前に建てられた工場やれんが造りの倉庫街が再開発されたエリア。約20年前からアーティストたちが、倉庫を作品作りのためのスタジオとして使い始め、その後アパートメントや個性的なギャラリー、ユニークなショップ、アンティーク家具屋が次々と入るようになった。レストランやカフェも含めると100軒近い店が並ぶ。絵画や彫刻をはじめ、エスニックアートやガラス細工など、さまざまなジャンルのアートギャラリーがあり、毎月第1木曜の夜はギャラリーが時間を延長して開く「ファーストサーズデイFirst Thursday」が名物イベントになっている。

パールディストリクトは、今、若者に人気のエリア

ピトック邸
住 3229 N.W. Pittock Dr., Portland
☎ (503) 823-3623
URL pittockmansion.org
営〈2～5月、9～12月〉毎日10:00～16:00、〈6～8月〉毎日10:00～17:00
休 1月、サンクスギビング、クリスマス
料 大人$11、シニア(65歳以上)$10、学生(6～18歳) $8
行き方 N.W. 5th Ave. & W. Burnside St.からバス#20でW. Burnside Rd. & N.W. Barnes Rd.下車。運転手に「ピトック邸に行く」と言えば、降りる場所を教えてもらえる。看板に従い、Barnes Rd.の坂道を15分登る。

ノブヒル
URL nwpdxnobhill.com
営 ほとんどの店は月～土10:00から、日12:00からオープン
行き方 S.W. Broadway & S.W. Washington St.からバス#15で、N.W. 23rd Ave. & Lovejoy St.下車。または、ポートランド・ストリートカー・NSラインで。23rd Ave.のほうがややにぎやかだが、21st Ave.には評判のレストランが多い。

ウインドーショッピングだけでもファッションの参考になる

ノースウエスト地区は、南端のBurnside St.から北のWilson St.まで通りの名称がアルファベット順になっているので、現在地の確認に便利。

パールディストリクト
URL explorethepearl.com
行き方 S.W. 6th Ave. & S.W. Alder St.からバス#17でN.W. Broadway & Irving St.下車、徒歩3分。もしくは、ポートランド・ストリートカー・Aループ、NSラインのNW 10th & Johnson駅下車。北はN.W. Irving St.、南はN.W. Flanders St.、東西はN.W. 9th～14th Ave. の間がにぎやか。観光案内所またはパールディストリクトの店で、ウオーキングマップがもらえる。

ファーストサーズデイ
URL www.firstthursdayportland.com

MEMO **ノースウエストの治安** Burnside St.の北にあるラン・スー・チャイニーズ・ガーデンやグレイハウンド・バスターミナル、マックス・ライトレイルのOld Town/Chinatown駅付近は、日没後の治安があまりよくない。散策の際は、細心の注意を払うこと。

イーストバンク・エスプラネード
住S.E. Water Ave. & Hawthorne Blvd., Portland
URL www.portlandoregon.gov/parks
行き方マックス・ライトレイル・イエローラインのInterstate/Rose Quarter駅やブルー、レッド、グリーンラインのRose Quarter TC駅、ポートランド・ストリートカー・AループのSE ML. King & Hawthorne駅下車、徒歩5分。

オレゴン科学産業博物館
住1945 S.E. Water Ave., Portland
☎(503)797-4000
URL www.omsi.edu
営毎日9:30～19:00(時期により短縮あり)
料大人$14.50、シニア(63歳以上)$11.25、子供(3～13歳)$9.75。エンピリカルシアター:大人$7～8.50、シニア(63歳以上)・子供(3～13歳)$6～6.50(シニア～$7)。潜水艦:$7.50。プラネタリウム・レーザーショー:$5.75～7.50。
行き方マックス・ライトレイル・オレンジラインのOMSI/S.E. Water駅下車、徒歩1分。もしくは、ポートランド・ストリートカー・Aループ、BループのOMSI駅下車。

オレゴン・レイル・ヘリテージ・センター
住2250 S.E. Water Ave., Portland
☎(503)233-1156
URL www.orhf.org/oregon-rail-heritage-center
営木金13:00～17:00、土日12:00～17:00
休月～水　料無料
行き方ポートランド・ストリートカー・Aループ、BループのOMSI駅下車、目の前。

ホーソンブルバード
URL hawthornepdx.com
37th Ave.近辺が、いちばん店が集中している。
行き方S.W. 4th Ave. & S.W. Madison St.からバス#14でS.E. Hawthorne Blvd. & 32nd Ave.下車。

バグダッド劇場周辺がホーソンブルバードの中心

サウスイースト South East

ウィラメット川沿いの遊歩道　M P.146-B1～B4

イーストバンク・エスプラネード Eastbank Esplanade

ウィラメット川東岸、北はスティールブリッジSteel Bridgeから南はホーソンブリッジHawthorne Bridgeあたりまでを結ぶ約2.5kmの遊歩道。ダウンタウンがある西岸からスティールブリッジを渡って東岸のノースイーストへ行き、イーストバンク・エスプラネードを下ったあと、サウスイーストからホーソンブリッジを渡ってダウンタウンに戻ってくる全長4.8kmのルートは地元の人に人気がある。

子供たちが大喜び　M P.149-A4

オレゴン科学産業博物館（オムジ） Oregon Museum of Science & Industry (OMSI)

体験しながら学んでいく、子供向けの巨大な博物館。通称「オムジOMSI」。ショッピングができたり、恐竜の化石を発掘するなど、大人の世界が子供サイズで再現されている。約200の試せる展示があり、操作しやすいコンピューターや、地震の揺れを体験できるコーナーはいつもにぎやかだ。巨大スクリーンに展開される大迫力のエンピリカルシアターやプラネタリウムは、大人にもおすすめ。ウィラメット川には潜水艦"USS Blueback Submarine号（SS-581）"も停泊し、ツアーで内部を見学できるようになっている。

2012年にオープンした鉄道博物館　M P.149-A4

オレゴン・レイル・ヘリテージ・センター Oregon Rail Heritage Center

鉄道好きのボランティアによって作られた博物館。1950年代までワシントン州やオレゴン州で走っていた蒸気機関車3台が保管されている。1941年製のサザンパシフィック4449号The Southern Pacific 4449と1938年製のスポーケン・ポートランド＆シアトル700号The Spokane, Portland & Seattle 700は、実際に走ることができる。

個性的な店が多い　M P.149-A4～B4

ホーソンブルバード Hawthorne Boulevard

サウスイースト地区を横断するホーソンブルバード。店はS.E. 12th Ave.から見え始め、33rd Ave.から42nd Ave.にかけて多く集まっており、ユニークなレストラン、カフェや民族料理、古着、骨董品から雑貨、ブティックまで、あらゆる種類のショップが並んでいる。

15年ほど前はヒッピーコミュニティで、それほど特徴のある通りではなかったが、1990年代に入って店が多く建ち始め、今や旅行者も立ち寄るポピュラーな通りになった。最近では大資本のチェーン店も数軒進出しているが、地元の人は個人経営の小さな店を応援しているとか。楽器店や中古レコード店、古着屋の充実度は特筆もので、日本の業者も多く買い付けにやってくるそうだ。

アンティーク探しならここへ！ MP.145-B4

セルウッド Sellwood

ポートランドのヒストリカルなアンティークショップ街が、ダウンタウンから6km南のセルウッドにある。

セルウッド・リバーフロント・パークSellwood Riverfront Parkの南にあるセルウッドブリッジのたもとから13th Ave.までのTacoma St.とBybee Blvd.とMilwaukie Ave.の交差点あたりにカフェやアンティークショップが集中している。

アンティークショップに並んで、オレゴン発の人気スポーツウエアブランド、コロンビアスポーツウエアColombia Sportswearのアウトレット（→脚注）もある。

セルウッド
行き方 S.W. 5th Ave. & S.W. Taylor St.からバス#19でS.E. Bybee Blvd. & 17th Ave.下車。

大きなアンティークショップ
Stars & Splendid Antiques Mall
MP.145-B4
住 7030 S.E. Milwaukie Ave., Portland
☎ (503) 235-5990
URL starsantique.com
営 毎日11:00〜18:00
Stars Antiques Mall
MP.145-B4
住 7027 S.E. Milwaukie Ave., Portland
☎ (503) 239-0346
営 毎日11:00〜18:00

ノースイースト North East

壁画が通りに彩りを加える MP.145-B2、P.171

アルバータストリート Alberta Street

ポートランドダウンタウンの北東5kmにある通り沿いには、地元の人が注目する個人経営のショップやカフェ、レストランが軒を連ねる。中心は、N.E. 16th Ave.からN.E.30th Ave.の15ブロックほどの約1km。平日の夜や週末は、ゆっくりと時間を過ごす地元の人でにぎわう。毎月最終木曜日には、ストリートフェスティバルのラストサーズデイLast Thursdayが開催される。

街並みに合ったおしゃれな壁画

アルバータストリート
行き方 ダウンタウンのS.W. 6th Ave. & S.W. Alder St.からバス#8、17に乗車。#8はN.E. 15th Ave. & Alberta St.で、#17はN.E. 27th Ave. & Alberta St.で下車。

ラストサーズデイ
住 Alberta St. bet. 15th & 30th Aves., Portland
URL lastthurspdx.org
営 毎月最終木曜の18:00〜21:00

最注目のネイバーフッド MP.149-A1〜A2

ミシシッピアベニュー Mississippi Avenue

ダウンタウンの北4kmにあるミシシッピアベニュー地区は、ポートランドらしい自由でヒップな雰囲気がいちばん感じられるネイバーフッド。個人経営のレストランやショップ、バーが多く集まる。DIY精神が垣間見られるショップや趣味が高じてお店を経営するようになったオーナーに会うことができるだろう。

ミシシッピアベニュー
URL mississippiave.com
行き方 ダウンタウンのS.W. 6th Ave. & S.W. Taylor St.から、バス#4でN. Mississippi Ave. & N.E. Beech St.下車。

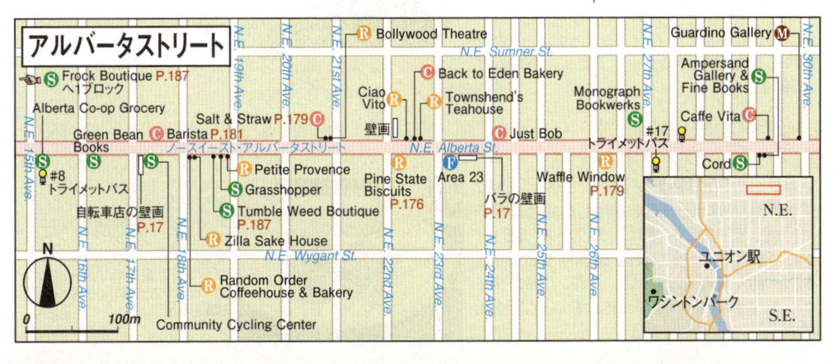

MEMO コロンビアスポーツウエアのアウトレット店 Columbia Sportswear Outlet Store MP.145-B4 住1323 S.E. Tacoma St, Portland ☎(503)238-0118 URL www.columbia.com 営月〜土9:00〜19:00、日11:00〜18:00 カード A M V

RESTAURANT

ポートランドのレストラン

地産地消を基本に街造りが進められるポートランドは、西海岸でも指折りのグルメシティ。シェフたちは鮮度抜群の地元野菜や地魚、オーガニックの肉などを使い、健全でおいしい「ノースウエスト料理」を創りあげる。レストランが集中するのは、ダウンタウンやノブヒル、パールディストリクトなどのネイバーフッドだが、橋を渡った東岸にも庶民が集うレストランエリアが点在している。どこも外れなくおいしいので、気軽に立ち寄ってみよう。

R アメリカのお袋の味　アメリカ料理／ダウンタウン／MP.147-C2

マザーズ・ビストロ&バー
Mother's Bistro & Bar

シェフのリサさんは世界を食べ歩いた結果、「お袋の味がいちばん」と気づいたという。そこで毎月1回、世界中のお袋の味をレギュラーメニューとして紹介し始めた。気取りのない雰囲気で評判の朝食が食べられる。写真のスペシャル・スクランブルエッグは$11.95。

住212 S.W. Stark St., Portland
☎(503) 464-1122
URLwww.mothersbistro.com
営朝食：火～金7:00～11:30、土日8:00～11:30、ランチ：火～日11:30～14:30、ディナー：火～木17:30～21:00、金土17:00～22:00
休月
カード A J M V

R ポートランドの朝はここから始まる　アメリカ料理／ダウンタウン／MP.147-C1

ビジューカフェ
Bijou Cafe

1978年創業、週末の朝は遠方からの客でにぎわう明るい雰囲気の店。新鮮な魚介類やオーガニックの野菜、コーヒー、ジュースなど、素材にもこだわる。通常の朝食のほか、カキとポテトのオイスター・ハッシュ（$17）や、ランチのサラダに蕎麦を使ったり、創作メニューも豊富だ。朝昼のみの営業。

住132 S.W. 3rd Ave., Portland
☎(503) 222-3187
URLwww.bijoucafepdx.com
営毎日8:00～14:00
カード J M V

R 肉好き集まれ！　アメリカ料理／ダウンタウン／MP.146-A2

ラルド
Lardo

フードカートで人気のサンドイッチ屋が、満を持してダウンタウンに店舗をオープンした。店名のラルド（イタリア語で豚の脂肪の意味）からもわかるとおり、豚肉を使ったサンドイッチ（$9～15）やハンバーガーがメイン。キムチを挟んだものやマヨネーズであえたものなど10種類以上ある。

住1205 S.W. Washington St., Portland
☎(503) 241-2490
URLlardosandwiches.com
営毎日11:00～22:00
カード A J M V

R ビジネスエリートも通う　アメリカ料理／パールディストリクト／MP.146-A1

アービング・ストリート・キッチン
Irving St. Kitchen

カジュアルな雰囲気が漂い少し騒々しいが、ジャケットやスラックスを着用した会社員が多い。ハッピーアワーでは、カクテル（$5～）やおつまみ（$5～）がお手頃価格で提供される。一番人気のメニューは、チキンウイングにマッシュポテトが付いたISK Fried Chicken（$26）。

住701 N.W. 13th Ave., Portland
☎(503) 343-9440
URLwww.irvingstreetkitchen.com
営ディナー：月～木17:30～22:00、金土17:30～23:00、日17:00～21:30、ブランチ：金～日10:00～14:30。ハッピーアワー：毎日16:30～18:00
カード A M V

MEMO **ポートランドで一番有名な紅茶ブランド**　スティーブン・スミス・ティーメーカーでは、4種類の紅茶をテイスティングできるメニューがある。**Steven Smith Teamaker**　MP.149-A4　住110 S.E. Washington↗

R 1日中客足が途切れないスポット　アメリカ料理／ダウンタウン／MP.147-A1

テイスティ・アンド・アルダー
Tasty n Alder

近年ポートランド住民のあいだで話題に上るレストラン。料理がおいしいことはもちろんだが、フレンドリーなスタッフとカジュアルな雰囲気が人気の秘訣だ。ディナーなら、タコのグリル（$20）などの小皿を3～4人でシェアするといい。

住580 S. W. 12th Ave., Portland
☎(503) 621-9251
URL www.tastynalder.com
営日～木9:00～22:00、金土9:00～23:00
カード A J M V

R つまめる小皿料理　燻製&アメリカ料理／サウスイースト／MP.149-A4

オリンピアプロビジョンズ
Olympia Provisions

ダウンタウン東岸の倉庫街にあるレストラン。地元産の上質な肉を使い、自家で燻したサラミやベーコンの味が大評判に。燻製工房としてはオレゴン州で初のUSDAの認証も受けている。オープンキッチンなので、目の前で野菜や魚の小皿料理が次々と調理されていく。タパス$5～17、メイン$18～35。

住107 S.E. Washington St., Portland
☎(503) 954-3663
URL www.olympiaprovisions.com
営月～金11:00～22:00、土日9:00～22:00
カード A D J M V

R 幅広い客層に人気の明るいカフェ　アメリカ料理／サウスイースト／MP.149-B4

ブレッド&インク・カフェ
Bread & Ink Cafe

1983年に創業したという老舗カフェ。卵料理は、ベーグルやビヤリなどの自家製パンが選べる。定番のオムレツ（$10.75～）、スクランブルエッグ（$12.50～）のほか、ランチのハンバーガー（$11.75～）も好評。夜はノースウエスト料理が提供される。

住3610 S.E. Hawthorne Blvd., Portland
☎(503) 239-4756
URL www.breadandinkcafe.com
営日～木8:00～20:30、金土8:00～21:30
カード A M V

R ポートランドいちのステーキハウスと呼び声高い　ステーキ／ノブヒル／MP.148-A4

リングサイドステーキハウス
Ringside Steakhouse

1944年創業以来、数々の雑誌で取り上げられ、あまたの賞を受賞している高級レストラン。厳選された最高品質のプライムビーフのみを提供する。前菜には、名物のオニオンリング（$10.5～）を注文したい。フィレミニヨンは6オンス$46.75～。

住2165 W. Burnside St., Portland
☎(503) 223-1513
URL www.ringsidesteakhouse.com
営月～水17:00～23:30、木金17:00～24:00、土16:00～24:00、日16:00～23:30
カード A M V

R ダウンタウンからちょっと遠いが、足を運ぶ価値あり　バーベキュー／セルウッド／MP.145-B4

レベレンズBBQ
Reverend's BBQ

セントルイス・スタイルのリブ（骨付きの豚バラ、スペアリブ）で有名な店。看板商品のスペアリブ（$13.95～）は、しっかりとした味付けで、骨までしゃぶりつきたくなる。フライドチキン（$12.49）やスモークソーセージ（$11.49）もあり。

住7712 S.E. 13th Ave., Portland
☎(503) 327-8755
URL www.reverendsbbq.com
営日～木11:30～21:00、金土11:30～22:00
カード A M V

R ノースウエストのカキならこの店！　シーフード／ダウンタウン／MP.147-C1

ダン&ルイス・オイスターバー
Dan & Louis Oyster Bar

1907年創業の有名店。店内は船に関する小物であふれ、アンティークな雰囲気が漂う。名物のカキ（1個$3～）は、オレゴン、ワシントン、ブリティッシュコロンビア産を揃え、味も大きさも異なるが、それぞれに美味。オレゴン産Kumamotoが入荷することもある。生が苦手なら、カキシチュー（$7～）はいかが？

住208 S.W. Ankeny St., Portland
☎(503) 227-5906
URL www.danandlouis.com
営月～木11:00～21:00、金土11:00～22:00、日12:00～21:00
カード A J M V

↘St., Portland　☎(971) 254 3935　URL www.smithtea.com　営毎日10:00～18:00

R「環境に優しく、漁業も大切に」をモットーとする　シーフード／ダウンタウン／MP.147-A2

サウスパークシーフード
Southpark Seafood

オレゴン州だけでなく、ワシントン州やカナダから新鮮なオイスターを取り寄せていることで評判のレストラン。常時約20種類が取り揃えられ、生ガキ6つで$19.50～。ランチのクラムチャウダー($9～)やシュリンプサラダ($14)がお得だ。

住901 S.W. Salmon St., Portland
☎(503) 326-1300
URLsouthparkseafood.com
営ランチ：毎日11:30～15:00、ディナー：毎日17:00～22:00
カードA M V

R カジュアルな雰囲気のなかでシーフードを　シーフード&南部料理／ノースイースト／MP.149-A1

イート：オイスターバー
Eat: An Oyster Bar

ニューオリンズの名物、ケイジャン料理が食べられるレストラン。ジャンバラヤ($12)、シーフードガンボ($14)、ナマズのフライ($12)など定番メニューが揃っている。生ガキ(1個$4～)とビールのみの注文も可能なので、周辺を散策したあとの休憩スポットとしても利用できるのがいい。

住3808 N. Williams Ave., Portland
☎(503) 281-1222
URLeatoysterbar.com
営毎日11:30～22:00
カードA M V

R 旬の有機食材で創る食の真髄　ノースウエスト料理／ダウンタウン／MP.146-A3

ヒギンズ
Higgins

ファーマーズマーケットにシェフが買い出しに行くなど、旬の地元産有機野菜や近海産の魚介類へのこだわりはほかに類を見ないほどだ。運ばれてきた料理を見てその創造性にさらに脱帽。前菜、主菜とも、ふたりでシェアできるほどの量だ。予算はひとり$30～40くらい。ランチはお手頃の値段。

住1239 S.W. Broadway, Portland
☎(503) 222-9070
URLhigginsportland.com
営ランチ：月～金11:30～14:00、ディナー：月～木17:00～21:30、金土17:00～22:30、日16:00～21:30
カードA J M V

R おすすめはランチのコース料理　ノースウエスト料理／パールディストリクト／MP.146-A2

パークキッチン
Park Kitchen

パールディストリクトとチャイナタウンの境にある小さな店。人気店だけあってすぐ満席になる。料理は、オーナーシェフのScott Dolich氏とシェフのEthan Snyder氏が地元の旬の食材を使って作る創作料理。メインのラムのソテーは$40。

住422 N.W. 8th Ave., Portland
☎(503) 223-7275
URLparkkitchen.com
営火～土17:00～21:00
休日月
カードA J M V

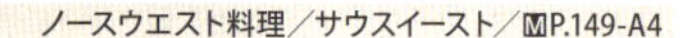

R 倉庫街にあるとっておきのレストラン　ノースウエスト料理／サウスイースト／MP.149-A4

クラークルイス
Clarklewis

無造作に積まれた薪とにぎやかなオープンキッチンがギャラリーのようなレストラン。シンプルな調理法で、魚介類など食材のもつうま味を十分に引き出している。日本人旅行者の評判もよく、パスタは$18～。メニューはデザートも含めて日替わり。ワインも豊富に揃っている。

住1001 S.E. Water Ave., Portland
☎(503) 235-2294
URLwww.clarklewispdx.com
営ランチ：月～金11:30～14:00、ディナー：日～木17:00～21:00、金土17:00～22:00
カードA M V

R ランチがお得　フランス料理／ダウンタウン／MP.147-B1

リトル・バード・ビストロ
Little Bird Bistro

カジュアルにフランス料理が楽しめるビストロ。ランチはスープかサラダの前菜に、日替わりのメイン料理、デザートが付いたコースメニュー(3品$33)が人気だ。ワインの品揃えも豊富で、料理に合ったものを推薦してくれる。ディナーはウェブサイトから事前に予約をするほうがいい。

住215 S.W. 6th Ave., Portland
☎(503) 688-5952
URLlittlebirdbistro.com
営月～金11:30～24:00、土日17:00～24:00
カードA J M V

MEMO **シードル(アップルサイダー)の蒸留所**　6種類のシードルのテイスティング($15)もできる。**Reverend Nat's Hard Cider**　MP.149-A2　住1813 N.E. 2nd Ave., Portland　☎(503) 567-2221 ↗

R 日本人の口に合うさっぱりした味付け　フランス料理／サウスイースト／MP.149-A3

ル・ピジョン　Le Pigeon

アメリカ料理界で数々の賞を受賞し、全米に名を知られている人気シェフGabriel Rucker氏がいるレストラン。オープンキッチンなので、カウンター席からシェフが調理している姿を見ることができる。アラカルトもあるが、コースメニュー（5品$85、7品$105）がお得。事前に予約するか、開店30分前から並ぶこと。

住738 E. Burnside St., Portland
☎(503) 546-8796
URLlepigeon.com
営毎日17:00～22:00
カード A M V

R テラス席もある　イタリア料理／パールディストリクト／MP.146-A2

オーブン&シェイカー　Oven & Shaker

石窯で焼かれたピザが人気のレストラン。17:00を過ぎると会社帰りのカップルや夫婦で混み始める。ケールのサラダ（$12）とマルゲリータピザ（$14）をふたりでシェアすればおなかいっぱいになるはず。経験豊富なバーテンダーが作るカクテルも試したい。

住1134 N.W. Everett St., Portland
☎(503) 241-1600
URLovenandshaker.com
営日～水11:30～22:00、木～土11:30～23:00
カード A M V

R カジュアルな雰囲気の中でパスタを食べたい　イタリア料理／ダウンタウン／MP.146-A2

グラッサ　Grassa

ダウンタウンで、気軽に入れるパスタ専門店。自家製の生パスタを使用しているので、もちもちの食感が味わえる。季節ごとにメニューは変わるが、常時約10種類あるなかで一番人気のメニューは、こってり風味のカルボナーラ（$11）。

住1205 S.W. Washington St., Portland
☎(503) 241-1133
URLgrassapdx.com
営毎日11:00～22:00
カード J M V

R 地元のメキシコ人も太鼓判を押す　メキシコ料理／ノースイースト／MP.149-B3

グエロ　Guero

ワカモレ（アボカド）が付いたトルティーヤチップ（$7）をつまみに、マルガリータ（$9）やテキーラのソーダ割り（$8）でくつろげる。ボリュームたっぷりのメキシコ風サンドイッチ（$11）は、ポークやチキンなどから肉の種類を選べるがポークがおすすめ。

住200 N.E. 28th Ave., Portland
☎(503) 887-9258
URLwww.guerotortas.com
営毎日11:00～22:00
カード M V

COLUMN

フードカートで世界のグルメを楽しもう

ポートランドのフードカートは、アジア・中東・欧州・中南米など国際色豊かな料理からベルギーワッフルなどスイーツまで、個性を競う屋台が500以上ある。なかには、タイのバンコク出身のオーナーシェフが全米TV番組フード・ネットワークのチョップド・チャンピンにまでなったチキンライスの「ノンズ・カオマンガイNong's Khao Man Gai」（→P.177）のような実力派レストランの屋台（ダウンタウンの9thと10thの間の「アルダーポッドAlder Pod」MP.147-A1ほかに出店）もある。カートの種類や場所は、「Food Carts Portland」などを参照。

Food Carts Portland
URLwww.foodcartsportland.com
場所 ダウンタウンは、S.W. Alder St. (Bet. S.W. 9th & S.W. 11th Aves.MP.147-A1) やS.W. 5th Ave. (S.W. Stark & S.W. Oak Sts.MP.147-B1)、S.W. 3rd Ave. (S.W. Washington & S.W. Stark Sts.MP.147-C2) にフードカートが集まる。

アジア料理は地元の人たちにも人気だ

文：小野アムスデン道子

↘URLreverendnatshardcider.com　営月～木16:00～22:00、金16:00～23:00、土11:00～23:00、日11:00～22:00
カード A M V

R スペインやフランス、イタリア料理の影響を強く受けている　アルゼンチン料理／ノースイースト／MP.149-A2

オックス
OX

2017年ジェームズ・ビアード賞を受賞したシェフのGregさんとGabrielleさんが腕を振るう。リブアイステーキ（$53～）やホタテのソテー（$38）などは、薪の火で調理するので、いい香りがする。週末は行列ができるので、開店と同時に入店したい。

住2225 N.E. Martin Luther King Jr. Blvd., Portland
☎(503) 284-3366
URLoxpdx.com
営日～木17:00～22:00、金土17:00～23:00
カードAMV

R 革新的に地球に優しいピザ　ピザ／パールディストリクト／MP.146-A1

ホットリップスピザ
Hotlips Pizza

ピザに欠かせないペパロニは成長ホルモンを使わずに育てた養豚業者から肉を仕入れ、手作りしている。地元の有機食材にこだわり、革新的な戦略で新商品を開発するオーガニックなピザ屋。薄焼きの生地はサクサクであっさり。無農薬ブラックベリーを使ったホットリップス・ソーダも美味。スライスのペパロニピザ$4。

住Eco Trust, 721 N.W. 9th Ave., Portland
☎(503) 595-2342
URLhotlipspizza.com
営毎日11:00～22:00
カードAMV

R ダウンタウンからちょっと遠いがバスで行くだけの価値あり　ピザ／ノースイースト／MP.149-B1

ハンサムピザ
Handsome Pizza

ノースポートランドのフードカートで人気のピザ屋が満を持して、2015年住宅街にオープンした。周りにはショップもレストランもあまりない地域だが、連日食事時は長蛇の列ができる。そのわけは、できるだけ、ポートランド市内の農家から食材を調達し、石窯で焼いているからだそう。バス#8のN.E. 15th Ave. & Killingsworth St.下車、徒歩1分。

住1603 N.E. Killingsworth St., Portland
☎(503) 247-7499
URLhandsomepizza.com
営水～月8:00～21:00(ピザは月水～金12:00～、土日13:00～)
休火
カードAMV

R できるかぎりオレゴン州の食材を使ったピザが評判に　ピザ／ノースイースト／MP.149-B3

ドベビビ
Dove Vivi

ロスアンゼルスやサンフランシスコの名店で修業したスタッフが2007年にオープンさせた。トウモロコシの粉から作ったピザ生地は外はもちもち、中はさくさくで、ボリュームたっぷり。ふたりでシェアしたいホール（6切れ）は$25.75～。

住2727 N.E. Glisan St., Portland
☎(503) 239-4444
URLwww.dovevivipizza.com
営毎日16:00～22:00
カードMV

R 朝食は激ウマのチキンサンドで　ビスケットサンドイッチ／ノースイースト／MP.171

パイン・ステート・ビスケット
Pine State Biscuits

ノースカロライナ州出身の3人のオーナーたちが創業したビスケットサンドの名店。ファーマーズマーケットで人気となり、出店。Division St.にも支店がある。毎日手作りされる塩味のビスケットサンドに、香ばしく焼き上げたチキンを挟んで食べる（$6～）。付け合わせのコラードグリーンもくせになる味だ。

住2204 N.E. Alberta St., Portland
☎(503) 477-6605
URLpinestatebiscuits.com
営毎日7:00～15:00。ポートランド州立大学で開かれるサタデイ・ファーマーズマーケットにも出店する
カードAJMV

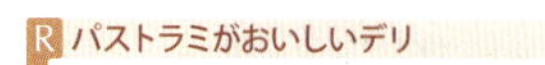

R パストラミがおいしいデリ　デリカテッセン／ダウンタウン／MP.147-A1

ケニー＆ズークス・デリカテッセン
Kenny & Zuke's Delicatessen

ダウンタウンのStark St.にある、ユダヤ料理の定番パストラミ（$13.95～）を食べられる正統派デリ。パストラミとは食塩水につけた牛肉を燻製にしたユダヤの伝統食。おいしい肉を食べさせたい一心で試行錯誤を重ねたKenさんとNickさんの燻製肉は、とてもジューシーだ。ボリューム満点のバーガーをぜひ味わいたい。

住1038 S.W. Stark St., Portland
☎(503) 222-3354
URLwww.kennyandzukes.com
営月～木7:00～20:00、金7:00～21:00、土8:00～21:00、日8:00～20:00
カードJMV

MEMO パイン・ステート・ビスケットの他店舗情報　ディビジョン店　MP.145-B3　住1100 S.E. Division St., #100, Portland　☎(503) 236-3346　営毎日7:00～15:00

R 数々の雑誌に取り上げられた、フランスの雰囲気たっぷりのカフェ　フレンチカフェ／ダウンタウン／MP.147-B1

モーリス　Maurice

菓子職人として働いていたKristenさんが自身でカフェを開店。新鮮な食材がふんだんに載ったブリオッシュトースト（$10）や地元の農家から直接仕入れたトマトや大根のサラダ（$8）など旬のメニューが楽しめる。焼きたてのパイやタルトは持ち帰りにグッド。

住921 S.W. Oak St., Portland
☎(503) 224-9921
URL www.mauricepdx.com
営火～日10:00～19:00
休月
カード M V

R ルーフトップデッキで眺望を満喫　モダンアジア／ダウンタウン／MP.147-B2

デパーチャー・レストラン＋ラウンジ　Departure Restaurant + Lounge

ホテルのThe Nines（→P.194）最上階にあり、デッキからの眺めが最高。ダウンタウンで最もクールなレストランだろう。料理は、アジア料理を現代風にアレンジしたモダンアジアで、日本の居酒屋で食べる鶏のつくねや串焼き（$8～）などが斬新な盛りつけで出てくる。地元の食材を使っているのもうれしい。

住525 S.W. Morrison St., 15th Fl., Portland
☎(503) 802-5370
URL departureportland.com
営日～木16:00～23:00、金土16:00～24:00。ハッピーアワー：日～木16:00～18:00、22:00～23:00、金土16:00～18:00、23:00～24:00
カード A M V

R 今や、ポートランドを代表する1店に成長した　タイ料理／サウスイースト／MP.149-A3

ノンズ・カオマンガイ　Nong's Khao Man Gai

わずか$70しか持たずに渡米し、2009年ダウンタウンでフードカートビジネスを始めたオーナーのNongさんが、2014年に実店舗をオープン。有名レストランPok Pok（→下記）で修業しただけあり、味は本場のチキンライスに引けを取らない。カオマンガイと鶏肉のうま味が出たチキンスープがいち押し。

住609 S.E. Ankeny St., Suite C, Portland
☎(503) 740-2907
URL khaomangai.com
営毎日11:00～21:00
カード M V

R タイにある屋台のような雰囲気が味わえる　タイ料理／サウスイースト／MP.145-B3

ポクポク　Pok Pok

食事時は30分待ちもある有名レストラン。タイ各地の人気メニューを採り入れ、アメリカ人の口に合うように少しアレンジされている。ローストチキンにレモングラスやピーマン、パパイヤサラダなどが添えられたポクポクスペシャル（$20）は、絶対に食べたい1品。お酒と一緒なら、スパイシーチキン（$12）がいい。

住3226 S.E. Division St., Portland
☎(503) 232-1387
URL pokpokdivision.com
営毎日11:30～22:00
カード A M V

R おしゃれにフォーを味わう　ベトナム料理／パールディストリクト／MP.146-A2

フォー・バン・フレッシュ　Pho Van Fresh

1992年にオープンしてから幾度か店名は変わったが、味は創業当時の本場ベトナムのまま。ランチに食べたいベトナムの麺、フォーは$11.25～とお手頃価格。ミントなどの香菜がたっぷり付いてくる。バナナの花のサラダやプリプリのエビが入った生春巻きも美味。

住1012 N.W. Glisan St., Portland
☎(503) 248-2172
URL www.phovanfresh.com
営月～土11:00～22:00、バー：月～土16:00～22:00
休日
カード A D M V

R 隈研吾さんが手掛けた内装にも注目　日本料理／ダウンタウン／MP.146-A3

シズク　Shizuku

2008年にポートランドに移住し、有機食材を使った弁当カフェをオープンさせると、たちまち人気店になった。シェフのなを子さん自らが食材を厳選。丹精込めて作った家庭料理が提供される。ランチはとんかつ定食（$16）や豚の角煮（$18）、エビてんぷらうどん（$18）など。ディナーは事前に予約のこと。

住1237 S.W. Jefferson St., Portland
☎(503) 227-4136
URL www.shizukupdx.com
営ランチ：水～土11:30～14:00、ディナー：木～土18:00～21:00
休日月火
カード A M V

MEMO 日本の味が再現されたAfuriのラーメン　Afuri Ramen + Dumpling　MP.147-C1　住50 S.W. 3rd Ave., Portland　☎(971) 288-5510　URL www.afuriramenanddumpling.com　営月～木11:00～22:00、金土11:00～23:00、日11:00～21:00

R ビタミン不足を感じたら駆け込みたい　ヘルシーフード／パールディストリクト／MP.146-A2

ガーデンバー Garden Bar

サラダとスープの専門店。地元の農家から取り寄せたケールや大根、トマト、キュウリなどを目の前で盛りつけてくれる。自分で6種類の野菜とドレッシングを選ぶCreate your own（$9）か、チキン・ケール・サラダ（$11）がおすすめ。ボリュームたっぷりなので、ふたりでシェアしたい。

住25 N.W. 11th Ave., Portland
☎(971) 888-5263
URL www.gardenbarpdx.com
営毎日10:30〜20:00
カード M V

R ポートランドでも人気のスーパーフード　ヘルシーフード／ノースイースト／MP.149-A1

モベリ Moberi

近年注目を集めているアサイボウル（$8〜）やピタヤボウル（$10〜）などが手軽に食べられる。スムージー（$7〜）は6種類あり、アサイやケール、ヘンプシード、チアシードなどをトッピングできる。植物性プロテインを入れて、栄養補給してもいい。

住4220 N. Mississippi Ave., Portland
☎(971) 271-7641
URL www.moberi.com
営日〜木8:00〜17:00、金土8:00〜18:00
カード A M V

R フードカートから人気が出たレストラン　ベジタリアン／サウスイースト／MP.149-B4

ホールボウル The Whole Bowl

メニューは1種類だが、そのためだけに訪れる人があとを絶たない1店。ブラウンライスに小豆、アボカド、オリーブ、サワークリーム、チェダーチーズが入ったホールボウル（$6〜）は、野菜が苦手の人でも完食できるおいしさ。お好みでサルサソースを。

住4411 S.E. Hawthorne Blvd., Portland
☎(503) 753-7071
URL www.thewholebowl.com
営毎日11:00〜21:00
カード A D J M V

R ポートランド初のアサイーボウルカフェ　ヘルシーフード／ノースイースト／MP.149-A1

カリオカボウルズ Carioca Bowls

健康志向の人が多いポートランドで、人気のスーパーフードレストラン。日本でも話題のアサイーボウル（$7〜）やインド豆と米とスパイスを煮込んだキチャリボウル（$10）、ココナッツウオーター（$3〜）などがある。毎日ヨガ教室も開催している。

住827 N.E. Alberta St., Portland
☎(503) 282-5613
URL www.cariocabowls.com
営毎日9:00〜18:00
カード A M V

R 手でこねる天然酵母パンと創作サンドイッチ　ベーカリー／パールディストリクト／MP.146-A2

パールベーカリー Pearl Bakery

3種のパン種で焼く自家製パンは、どれも独特な味わいがある。クロワッサン、ブリオッシュも美味。サンドイッチ（$7〜）は、スモークターキーにカイザーロール、洋梨にクルミパン、フォレストハムにフランスパンなど、具とパンの組み合わせがすべて違う傑作揃い。

住102 N.W. 9th Ave., Portland
☎(503) 827-0910
URL www.pearlbakery.com
営月〜金6:30〜17:30、土7:00〜17:00、日8:00〜16:00
カード M V

R ポートランドいちとの評判のパン屋　ベーカリーカフェ／ノブヒル／MP.148-B2

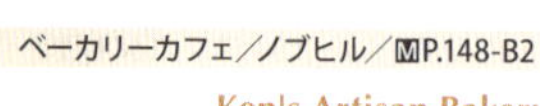

ケンズ・アーティザン・ベーカリー Ken's Artisan Bakery

2001年にオープンして以来、数々の地元紙、旅行雑誌に取り上げられている名店。カフェの奥で焼いているので、いつでも焼きたてのパンを食べることができる。特にポートランド近郊で取れたベリーやヘーゼルナッツクリーム入りのクロワッサンが人気だ。

住338 N.W. 21st Ave., Portland
☎(503) 248-2202
URL kensartisan.com
営月〜土7:00〜18:00、日8:00〜17:00
カード A M V

MEMO 2015年東京・代官山にも上陸したポートランド生まれのドーナツ屋のブルースター・ドーナツ Blue Star Donuts MP.147-A1 URL www.bluestardonuts.com 営毎日7:00〜20:00 カード M V

R 人気のグラノーラを食べたい　　カフェレストラン／ノースイースト／MP.149-A1

スウィーディーディー
Sweedeedee

　ポートランド郊外から朝食を食べにわざわざ訪れる人もいるほど有名なカフェレストラン。オートミール($8) やグラノーラ($7) のほかに、卵サンドイッチやベーコン・レタス・サンドイッチなどもあり、男性でもおなかいっぱいになる。

住5202 N. Albina Ave., Portland
☎(503) 946-8087
URL www.sweedeedee.com
営月～土8:00～15:00、日8:00～14:00
カード A J M V

R 自分好みのパンケーキが作れる　　パンケーキ／サウスイースト／MP.149-B4

スラッピーケークス
Slappy Cakes

　2009年にオープンして以来、地元の雑誌や料理番組でも取り上げられているレストラン。バターミルクやグルテンフリー、ピーナッツバターなどの生地を選んだら、ココナッツやブルーベリー、ストロベリーをトッピングして、目の前のホットプレートで焼こう。

住4246 S.E. Belmont St., Portland
☎(503) 477-4805
URL www.slappycakes.com/portland
営月～金8:00～14:00、土日8:00～15:00
カード A M V

R 朝食にも軽食にもいい　　ワッフル／ノースイースト／MP.171

ワッフルウインドー
Waffle Window

　ポートランド市内に2店舗構えるワッフル専門店。ストロベリーやバナナ、チョコレートなどからベーコンやハム、チーズが載ったものまで、約20種類ある。甘さたっぷりのメープルシロップをかければ、疲れも吹き飛ぶかも。晴れた日には、店頭のテラス席で食べるのが気持ちいい。

住2624 N.E. Alberta St., Portland
☎(503) 265-8031
URL wafflewindow.com
営月～木8:00～14:00、金～日8:00～18:00
カード A M V

R ポートランド発のドーナツショップ　　ドーナツ／ダウンタウン／MP.147-C1

ブードゥードーナツ
Voodoo Doughnut

　2003年にオープンして以来、ダウンタウンでドーナツを食べるならここと、早朝から夕方まで行列ができる超人気のお店。Portland Cremeはポートランド市のドーナツに選ばれている。お酒を飲んだあとにBacon Maple Barを食べて締めるのが地元の人に好評だとか。1個95¢～。

住22 S.W. 3rd Ave., Portland
☎(503) 241-4704
URL voodoodoughnut.com
営24時間
休サンクスギビング、クリスマス、1/1
現金のみ

R デザートワインも楽しめるケーキカフェ　　スイーツ／ノースイースト／MP.149-B3

ピックスパティスリー
Pix Patisserie

　南仏でパティシエの修業を積んだオーナーがポートランドに移住後、ファーマーズマーケットで売り出し、たちまち人気となったケーキ屋。とはいえ、デザートワインやベルギービールも飲めるとあって深夜までにぎわっている。ケーキはどれも美しく、アメリカのケーキの常識を覆すほど繊細で魅惑的。予算$3～9.75。

住2225 E. Burnside St., Portland
☎(971) 271-7166
URL www.pixpatisserie.com
営月～金16:00～24:00、土日14:00～24:00
カード M V

R 甘さ控えめのアイスクリーム　　スイーツ／ノースイースト／MP.171

ソルト&ストロー
Salt & Straw

　2011年にオープンして以来、いつ訪れても長い行列ができているアイスクリーム屋。おいしさの秘密は、オレゴン州ユージーンにある酪農家からオーガニックな乳製品を直接取り寄せているからだとか。それに、乳脂肪分17%のたっぷりの脂質をもつ乳製品を使用しているので香りも濃厚。

住2035 N.E. Alberta St., Portland
☎(503) 208-3867
URL saltandstraw.com
営毎日10:00～23:00
カード A D J M V

MEMO ブードゥードーナツの他店舗情報　**Voodoo Doughnut Too**　MP.149-A3　住1501 N.E. Davis St., Portland　☎(503) 235-2666　営24時間　休サンクスギビング、クリスマス、1/1

R 異なる醸造所のビールを楽しみたいなら　バー／ダウンタウン／MP.147-B1

ベイリーズタップルーム
Bailey's Taproom

　2007年にオープンしたバー（タップルーム）。オリジナルのビールは醸造していないが、オレゴン州やカリフォルニア州、コロラド州産まで常時25種類以上の生ビールを提供している。ビアタップが空になると異なる種類のビールが入れられるので、さまざまな種類のビールを飲むことができるのが魅力。1杯＄3～。

住213 S.W. Broadway, Portland
☎(503) 295-1004
URL www.baileystaproom.com
営毎日12:00～24:00
カード A M V

R 1988年ベンドで誕生したオレゴン州でいちばん有名なビール　ブリュワリー／パールディストリクト／MP.146-A2

デシューツ・ブリュワリー・ポートランド・パブリック・ハウス
Deschutes Brewery Portland Public House

　オレゴン州中部を流れるデシューツ川にちなんで名前が付けられた。2008年にパールディストリクトにオープン。2018年現在、全米で10番目に販売量の多いクラフトビール会社にまで成長した。2018年の国際ビール品評会でPacific Wonderland Lagerが金賞に輝いた。

住210 N.W. 11th Ave., Portland
☎(503) 296-4906
URL www.deschutesbrewery.com
営日～木11:00～23:00、金土11:00～24:00
カード A M V

R ブードゥードーナツとコラボしたビールもある　ブリュワリー／パールディストリクト／MP.146-A2

ローグ・パール・パブリック・ハウス
Rogue Pearl Public House

　Nikeの会社役員3人によって1998年オレゴン州アシュランドに誕生した。翌年創業者のひとりジャック・ジョイス氏がニューポートに店舗をオープンし、現在は本社がおかれている。Hazelnut Brown Nectarが2015年国際ビール品評会で銅賞を受賞した。

住1339 N.W. Flanders St., Portland
☎(503) 222-5910
URL www.rogue.com/roguemeetinghalls
営月～木11:00～24:00、金土11:00～翌1:00、日11:00～23:00
カード A M V

R オレゴン州でいちばん古いクラフトブリュワリー　ブリュワリー／パールディストリクト／MP.146-A1

ブリッジポート・ブリュー・パブ
Bridgeport Brew Pub

　ポンジー・ヴィンヤード（→P.205）の創業者ディック＆ナンシー・ポンジーによってウィラメットバレーに1984年誕生した。IPA（Indian Pale Ale）は、2000、2005年に国際ビール品評会で金賞を受賞している。日本人にも飲みやすいタイプのDark Aleは2017年オーストラリアのビール品評会で銅賞を獲得した。

住1313 N.W. Marshall St., Portland
☎(503) 241-3612
URL www.bridgeportbrew.com
営日～水11:30～22:00、木～土11:30～23:00
カード A J M V

R オーガニックビールの先駆け　ブリュワリー／ノースイースト／MP.149-A1

ホップワークスバイクバー
Hopworks BikeBar

　環境に配慮したブリュワリーとして2007年にオープンした。100％再生可能エネルギーを利用して、地元で取れたホップやモルトを使用し、苦みの強いオーガニックビールを生産している。天井には、自転車のフレームが飾られるなど、自転車乗りが多く集まることでも有名だ。

住3947 N. Williams Ave., Portland
☎(503) 287-6258
URL hopworksbeer.com
営日～木11:00～23:00、金土11:00～24:00
カード A M V

R フルーツの豊潤な香りを楽しもう　ブリュワリー／サウスイースト／MP.149-A4

カスケード・ブリューイング・バレル・ハウス
Cascade Brewing Barrel House

　ストロベリーやアプリコット、ブルーベリーなど新鮮な果物を使った酸味が強いサワービールを提供する。ホップの苦みはあまり強くないので、飲みやすいだろう。常時15種類以上の生ビールがあり、サワービールのほかに、IPAやエールもある。

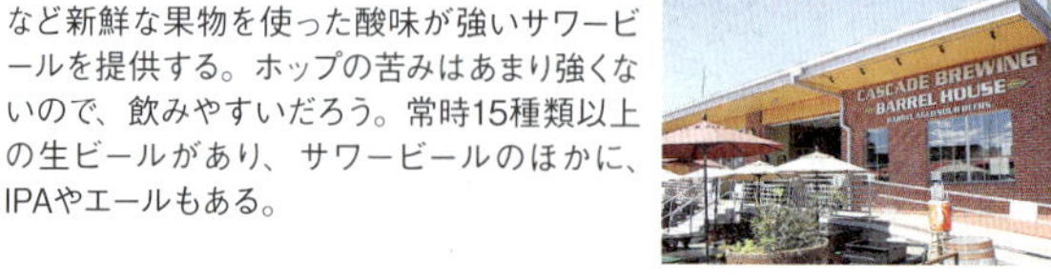

住939 S.E. Belmont St., Portland
☎(503) 265-8603
URL www.cascadebrewingbarrelhouse.com
営日月12:00～22:00、火～木12:00～23:00、金土12:00～24:00
カード A M V

MEMO **東京の有名ラーメン店が進出**　東京に8店舗をもつ、まるきんラーメンがポートランドにも上陸した。時間をかけて煮込んだ豚骨スープはアメリカ人にも人気だ。**Marukin Ramen**　ダウンタウン店　MP.147-C1 ↗

R ワイナリーがオープンしたタップルーム&レストラン　ワイン・タップルーム／サウスイースト／MP.149-A4

クーパーズホール
Coopers Hall

クーパーズホール・オリジナルのワイン約20種類のほか、ゲストワインも20種類ほど取り揃える。4種類のワインを試飲できるフライトは$12～。チーズの盛り合わせ（$15～）やシーザーサラダ（$10）、ローストチキン（$22）などと一緒に赤白両方のワインを味わいたい。

住404 S.E. 6th Ave., Portland
☎(503) 719-7000
URL coopershall.com
営月～金16:00～22:00（イベント開催などにより、閉店あり）
休土日
カード A M V

R ポートランドを代表するカフェ　カフェ／ダウンタウン／MP.147-C1

スタンプタウン・コーヒー・ロースターズ
Stumptown Coffee Roasters

ポートランドのコーヒー文化を作ったといわれているカフェ。市内に数店舗あるほか、ニューヨークやロスアンゼルス、シアトルにも近年出店している。コーヒー豆の素材のよさに加え、焙煎技術も市内でトップクラス。なかでもこの店舗は比較的広いので、長居できそう。

住128 S.W. 3rd Ave., Portland
☎(503) 295-6144
URL stumptowncoffee.com
営月～金6:00～19:00、土日7:00～19:00　カード A M V
ベルモント店
MP.149-B4　住3356 S.E. Belmont St., Portland　☎(503) 232-8889
営月～金6:00～19:00、土日7:00～19:00

R 元バリスタ・チャンピオンの店　カフェ／ノースイースト／MP.171

バリスタ
Barista

2009年ノースウエスト・バリスタ・チャンピオンに輝いたオーナーのビリー・ウィルソン氏が、2010年にアルバータストリートに開店した。かつて倉庫だった所を改装し、フレンチナチュラルな壁紙に木目調のテーブル、革張りの椅子を置いたシックな店内もすてき。

住1725 N.E. Alberta St., Portland
☎(503) 208-2568
URL www.baristapdx.com
営月～金6:00～18:00、土日7:00～18:00
カード J M V

R コーヒーフィルターも製造する　カフェ／サウスイースト／MP.149-A4

コアバコーヒー
Coava Coffee

使用するコーヒー豆は一切ブレンドせず、1ヵ所の生産地にこだわっている。エルサルバドルやコロンビア、グアテマラ、コスタリカなど中南米で栽培された豆を使用。併設する倉庫で焙煎前の生のコーヒー豆を保管し、随時自社で焙煎するという。タイミングがよければ、焙煎工程を見ることもできる。

住1300 S.E. Grand Ave., Portland
☎(503) 894-8134
URL coavacoffee.com
営月～金6:00～18:00、土日7:00～18:00
カード A M V

R 自社で焙煎しブレンドする　カフェ／サウスイースト／MP.149-A3

ハートロースターズ
Heart Roasters

2009年バーンサイドストリートにオープン。店内中央に設置された焙煎機の周りにテーブルや椅子が置かれている。地元の人に愛されている地域密着型の小規模焙煎カフェ。アフリカや中南米からコーヒー豆を取り寄せる。ほとんどの豆が浅煎りで、ほどよい酸味と軽やかな香りが特徴。

住2211 E. Burnside St., Portland
☎(503) 206-6602
URL www.heartroasters.com
営毎日7:00～18:00
カード A M V

R えりすぐりのレストランやカフェが集まる　フードコート／ダウンタウン／MP.147-C1

パインストリート・マーケット
Pine Street Market

1886年に建てられたビルの中にフードコートが2016年オープン。以前は馬小屋やナイトクラブであったフロアに大改装を施した。館内には、カフェのBrass Bar、ラーメン屋のMarukin、スペイン料理Pollo Bravo、ヘルシージューススタンドKreなどが入る。

住126 S.W. 2nd Ave., Portland
URL www.pinestreetpdx.com
営毎日8:00～23:00（店により異なる）
カード 店により異なる

↘住126 S.W. 2nd Ave., Portland（パインストリート・マーケット内）　URL www.marukinramen.com　営毎日11:00～22:00　サウスイースト店　MP.149-A3　住609 S.E. Ankeny St., Suite A, Portland　営毎日11:00～21:00

ポートランドで育ったクラフトメーカー

Made In Portland

クリエイティブな雰囲気が漂い、DIY(Do It Yourself)の精神が根付いているポートランド。生活の質にこだわり、「何でも自分で作ってしまおう」と考える人が集まっている。趣味で始めた物作りが周りの人に好評でショップをオープンしてしまったケースも多い。ここでは、ポートランドで生まれ、育ったスモールビジネスを紹介しよう。

上／シカゴの有名タンナーのオイルレザーを使ったかばんや卓上トレイ　左／店舗の奥では、ホセさんがベルトを製作中

Since 2005　最高級レザーグッズ

Leather Goods

オロックス・レザー・カンパニー
Orox Leather Co.

男女ともに使えるアイテムが並ぶ

ポートランド州立大学（PSU）で経営学を学んだマーティンMartinさんが2005年に設立。父のホセJoseさんと一緒に自宅のガレージでサンダルを作ってファーマーズマーケットで販売したところ好評だったため、財布やベルト、かばんなどにも手を広げていった。

Orox Leather Co.
MP.146-B2　住450 N.W. Couch St., Portland　☎(503)954-2593
URLwww.oroxleather.com　営月～土10:00～17:00　休日　カードAMV
行き方マックス・ライトレイル・グリーン、オレンジラインのNW 5th & Couch駅下車、徒歩1分。

Since 2000　無添加石鹸

カマムソープ
Camamu Soap

肌にも環境にも優しいです

デザインスタジオのクリエイティブディレクターだったスチュワートStuartさんと心理療法士だったアンカAncaさんが調合するスキンケアグッズは、一つひとつ手作業で作られている。100%ナチュラルでグルテンフリーの石鹸は、ビーガンの人にも好評。

ほぼ毎日、奥の工房で石鹸を作っているふたり

コーヒーやカモミールで作られたものなど、石鹸は約10種類ある

Skin Care Goods

Camamu Soap
MP.145-B4　住1229 S.E. Nehalem St., Portland
☎(503)230-9260　URLcamamusoap.com
営火～金10:00～17:00、土9:00～15:00　休日月　カードAMV
行き方バス#99のS.E. Tacoma St. & 13th Ave.下車、徒歩3分。

ポートランドで育ったクラフトメーカー

どんな服にも合うわよ

ポートランドにある橋をモチーフにしたブレスレット（$74～）

上／シンプルなデザインが多い
下／指輪やネックレスなどもある

Since 2008 ハンドクラフトジュエリー

ベッツィ & イヤ
Betsy & Iya

Jewelry

カフェでくつろいでいたときに、ふと宝石を作ってみようと思ったのがブランドの始まりだったと語るのは、創業者でデザイナーのベッツィBetsyさん。スターリングシルバーやブロンズのイヤリング、ブレスレットはすべて店舗奥の工房で作られている。

Betsy & Iya
地P.148-A3 住1777 N.W. 24th Ave., Portland
☎(503)227-5482 URL betsyandiya.com 営毎日10:00～18:00 カードAMV 行き方バス#15のN.W. 23rd Ave. & Thurman St.下車、徒歩3分。

Since 1996 ウオータープルーフバッグ

クイーンビー・クリエイション
Queen Bee Creations

Bags & Accessories

デザイナーのレベッカRebeccaさんが自宅のベッドルームで作ったひとつのかばんが起業の原点だったという。人工皮革を使ったトートバッグやショルダーバッグは、雨が多く降るポートランドでも人気の商品。

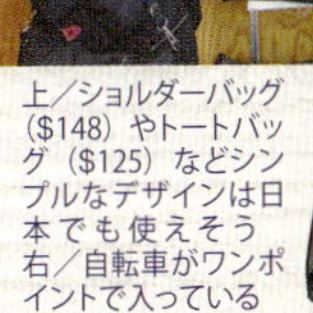

上／ショルダーバッグ（$148）やトートバッグ（$125）などシンプルなデザインは日本でも使えそう
右／自転車がワンポイントで入っている

Bee（ハチ）がトレードマーク

Queen Bee Creations
地P.149-A1
住3961 N. Williams Ave., Suite 101, Portland
☎(503)232-1755
URL www.queenbee-creations.com
営月～金10:00～18:00、土10:00～19:00、日11:00～17:00 カードAMV
行き方バス#44のN. Williams Ave. & N.E. Shaver St.下車、徒歩1分。

Since 2000 手触りのいいカード

ラークプレス
Lark Press

Letters & Cards

1910年に作られたChandler & Price社の活版印刷機を使っている

ポートランド州立大学を2003年に卒業したジーンJeanさんは、その年にラークプレスを創業。大学で製版を学んでグラフィックデザインの学位を取ったことがこの道に進むきっかけだったそう。

地元のアーティストがデザインしたカード（$4～）が並ぶ

Lark Press
地P.149-A1 住3901 N. Williams Ave., Portland
☎(503)546-9930 URL www.larkpress.com
営月水～土11:00～18:00、日11:00～16:00
休火 カードAMV 行き方バス#4のN. Williams Ave. & N.E. Cook St.で下車、徒歩5分。

SHOP

ポートランドのショップ

ポートランドは消費税がかからないので、この街でショッピングしない手はない。ナイキやコロンビア・スポーツウエア、ダナーなどの有名アウトドアスポーツブランドをまとめ買いしてもいいし、コロンビア峡谷やウッドバーンにあるアウトレットで買い物三昧の1日を過ごしてもいい。ダウンタウンでは、パイオニア・コートハウス・スクエア周辺に有名ブランドのブティックやデパートが並び、いつ行っても、買い物客でにぎわっている。

S 中心にあってとても便利

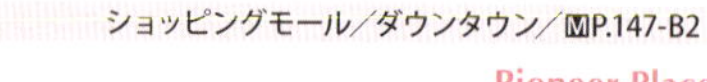

ショッピングモール／ダウンタウン／MP.147-B2

パイオニアプレイス

Pioneer Place

パイオニア・コートハウス・スクエアに近いダウンタウンのど真ん中にあるモール。ここなら、買い物以外に訪れてもよさそう。ひと休みするなら地階のフードコートへ。CoachやLouis Vuitton、Tiffany & Co.などのブランドショップもあるので、タックスフリー・ショッピングを楽しめる。

住700 S.W. 5th Ave., Portland
☎(503) 228-5800
URLwww.pioneerplace.com
営月～土10:00～20:00、日11:00～18:00
カードAMV（店により異なる）

S スケートもできる巨大ショッピングモール

ショッピングモール／ノースイースト／MP.149-A3

ロイドセンター

Lloyd Center

コンベンションセンター近くの巨大ショッピングモール。映画館、アイススケートリンクや22軒のレストランを含む、およそ200店舗以上が入った大きなモールだ。ダウンタウンからマックス・ライトレイルで約10分、グリーン、レッド、ブルーラインのLloyd Center／NE 11th Ave.駅で下車、徒歩2分。

住2201 Lloyd Center, Portland
☎(503) 282-2511
URLwww.lloydcenter.com
営月～土10:00～21:00、日11:00～18:00
カードAMV（店により異なる）

S 西海岸で展開中のデパート

デパート／ダウンタウン／MP.147-B2

ノードストローム

Nordstrom

今やウエストコーストの各都市ではおなじみのデパート。ポートランドにもパイオニア・コートハウス・スクエアの広場の横という好立地にある。もともとはシアトルの靴屋から始まっただけあり、シューズコーナーはメンズ、レディスともなかなかの充実度を見せている。

住701 S.W. Broadway, Portland
☎(503) 224-6666
URLshop.nordstrom.com
営月～金10:00～20:00、土10:00～21:00、日11:00～19:00
カードAJMV

S 少し時季外れでも安いが勝ち

アウトレット／ダウンタウン／MP.147-B2

ノードストローム・ラック

Nordstrom Rack

デパートのノードストロームでシーズン中に売れ残った商品を30～70%ほどディスカウントして売っている。とにかく欲しい物が決まっていれば、まず最初にのぞいてみたい店だ。ちなみに、ここのショップの店員さんたちはとても愛想がよく、楽しく買い物できる。

住245 S.W. Morrison St., Portland
☎(503) 299-1815
URLwww.nordstromrack.com
営月～土10:00～21:00、日10:00～19:00
カードAJMV

MEMO バス#6で行けるナイキのアウトレット　ポートランド郊外に本社があるナイキのアウトレットショップ。Nike Factory Store　MP.149-A2　住2650 N.E. Martin Luther King Jr. Blvd., Portland

S 州内最大のアウトレットモール　アウトレット／ポートランド郊外／MP.228-A1

ウッドバーン・プレミアム・アウトレット Woodburn Premium Outlets

オレゴン州最大のアウトレットモール。ブランド出店数は約110。4棟のビルのほかに、子供たちを遊ばせる遊技施設やセグウエイ、ローラーブレードなどの乗り物も用意されている。軽食が取れるレストランもあるので、家族で買い物三昧の休日を楽しもう。

住1001 Arney Rd., Woodburn
☎(503) 981-1900
URLpremiumoutlets.com/outlet/woodburn
営月〜土10:00〜21:00、日10:00〜19:00
カードADMV（店により異なる）
行き方ポートランドからI-5 S.のExit 271を下りる。市内から車で約35分

S おしゃれ男子は要チェック　ファッション&雑貨／ダウンタウン／MP.147-A1

ボーイズフォート Boy's Fort

2011、2012年に期間限定のポップアップショップとしてオープンしたあと、地元のファンからのあつい支持により、2013年に1号店がパイオニア・コートハウス・スクエア近くに開店した。地元のアーティストが作ったマグカップや模型などから、洋服、靴など幅広い品揃えを誇る。

住1001 S.W. Morrison St., Portland
☎(503) 241-2855
URLboysfort.com
営火〜土11:00〜19:00、日月12:00〜18:00
カードAJMV

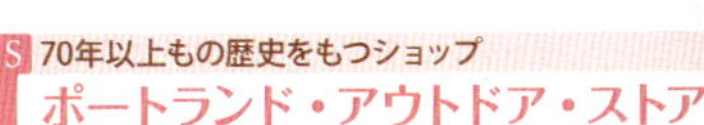

S 70年以上もの歴史をもつショップ　ファッション／ダウンタウン／MP.147-C1

ポートランド・アウトドア・ストア Portland Outdoor Store

緑色の看板が目印で、ポートランドのランドマーク的存在だ。ウエスタンファッション全般を取り扱い、WranglerのデニムやPendletonのジャケット、シャツ、ウエスタンブーツなどの品揃えが豊富。スタッフはベテランばかりなので、サイズや在庫などの質問にもていねいに答えてくれる。

住304 S.W. 3rd Ave., Portland
☎(503) 222-1051
URLportlandoutdoorstore.us
営月〜土9:30〜17:30
休日
カードAJMV

S ポートランドのヒップスターが通う1店　ファッション&雑貨／ダウンタウン／MP.147-A1

ワイルドファング Wildfang

マニッシュテイストのファッションを楽しみたい人向けのブランド。アバンギャルドなデザインのTシャツやスウェットが人気だが、日本でも着用できそうなウインドブレーカー($150〜)やオールインワン・サロペット($90〜)、デニムジャケット($90〜)がおすすめ。

住404 S.W. 10th Ave., Portland
☎(503) 964-6746
URLwww.wildfang.com
営日〜木11:00〜20:00、金土10:00〜20:00
カードAMV

S 20〜30歳代の若者に人気がある　ファッション&雑貨／ダウンタウン／MP.147-A1

テンダーラビング・エンパイア Tender Loving Empire

地元のアーティストが作るTシャツやスウェットなどからイヤリング、ネックレスまでハンドメイド作品が並ぶ。一点物が多く、ほかでは手に入らないものばかり。そのほかにも、CDやシルクスクリーン、キャンドル、クラフト作品も取り揃える。ポートランドならではのおみやげ探しにいい。

住412 S.W. 10th Ave., Portland
☎(503) 243-5859
URLwww.tenderlovingempire.com
営毎日10:30〜18:30
カードADJMV

S 日本で買うよりも安い　ファッション&雑貨／ダウンタウン／MP.147-A2

ペンドルトン Pendleton

1863年英国生まれのトーマス・ケイさんが、オレゴン州ブラウンズビルにある毛織物工場を支援するために渡米し、自ら工場を開設した。100%ウールのみを使用し、アメリカ・インディアンの伝統的な柄が特徴だ。定番のラグやブランケットのほか、シャツやかばん、財布などもある。

住825 S.W. Yamhill St., Portland
☎(503) 242-0037
URLpendleton-usa.com
営月〜土10:00〜20:00、日11:00〜19:00
カードAJMV

MEMO **コロンビア峡谷へ行く途中にあるアウトレット**　CoachやPendleton、Samsoniteなど約30のブランドが集まる。**Columbia Gorge Outlets**　MP.212-A2　住450 N.W. 257th Way, Troutdale

S おみやげ探しにもいいセレクトショップ　　ファッション&雑貨／ダウンタウン／MP.147-A1

アルダー&カンパニー

Alder & Co.

お花屋かと見間違えるほど多くの生花が飾られている店内は、清潔感があって気持ちがいい。着心地のいいワンピースやシャツからマフラー、靴下など洋服全般を扱う。そのほか、キャンドルやステーショナリー、ジュエリーなど小物も充実。

住616 S.W. 12th Ave., Portland
☎(503) 224-1647
URL alderandcoshop.com
営月～土11:00～18:00、日11:00～16:00
カード A M V

S アメカジ好きに最適　　ファッション／パールディストリクト／MP.146-A1

リザードラウンジ

Lizard Lounge

Levi'sやRed Wing、G-Starなど、アメカジ・ファッションで固めたい男女におすすめ。J Brandや7 For All Mankind、Tomsをはじめとする有名ブランドが1店舗に集まっているのは、ポートランドでは貴重な存在。レディス用のアクセサリーなどの小物類も充実している。

住1323 N.W. Irving St., Portland
☎(503) 416-7476
URL www.lizardloungepdx.com
営月～土10:00～19:00、日11:00～19:00
カード A D J M V

S SNSから始まったビジネス　　ファッション／ダウンタウン周辺／MP.148-B4

ポートランドギア

Portland Gear

インスタグラムで20万人以上のフォロワーをもっていたMarcusさんがオープンしたショップ。2014年、ポートランドのネーム入りTシャツをウェブサイトで販売したとたん、評判が広がり、2016年には店舗をもつまでになった。Pのマークが入ったキャップやPortlandのネーム入りスウェットは地元の人も所有するアイテムだ。

住627 S.W. 19th Ave., Portland
☎(503) 437-4439
URL portlandgear.com
営毎日11:00～19:00
カード M V

S 2013年にポートランドで生まれたスポーツブランド　　ファッション／セルウッド／MP.145-B4

グラフレティックス

Grafletics

グラフィックデザイナーのRickさんが、ポートランドのスポーツファンの熱狂に感化され、グラフィックとアスレチックを合体したショップをオープンした。オレゴン州の地名が入ったキャップやTシャツ（$28～）はおみやげによさそう。

住1620 S.E. Claybourne St., Suite A101, Portland
☎(503) 780-8784
URL grafletics.com
営火11:00～18:00、水～土11:00～19:00、日11:00～16:00
休月
カード A M V

S ストリートカルチャー好きの店　　ファッション／チャイナタウン／MP.146-B2

コンパウンドギャラリー

Compound Gallery

2002年に日本のおもちゃを販売する店としてスタートしたが、現在はポートランドのストリートファッションの発信地として注目されている。Diamond SupplyやHUF、Stussyなどの有名ブランドから、日本未入荷のブランドまで品揃えは幅広い。

住107 N.W. 5th Ave., Portland
☎(503) 796-2733
URL compoundgallery.com
営月～土11:00～20:00、日12:00～18:00
カード A J M V

S ポートランドで発見する日本のよさ　　ファッション&雑貨／チャイナタウン／MP.146-B2

キリコ

Kiriko

長年培われてきた日本の職人の技に敬意を示しつつ、着物などに使われている絹織物を現代風にアレンジした商品が並ぶ。古い布で作ったパッチワークブランケットやトートバッグ、インディゴカラーのバンダナやスカーフなど日常使いに最適なものが多い。

住325 N.W. Couch St., Portland
☎(503) 222-0335
URL kirikomade.com
営月～金10:00～18:00、土日12:00～18:00
カード M V

MEMO **2016年にオープンしたサーフショップ**　ウエットスーツやサーフボード、Tシャツの販売のほか、カフェも併設する。サーフボードのレンタルも可能。**Cosube** MP.149-A3 住111 N.E. Martin Luther King Jr. Blvd.,↗

S ポートランドを知るうえで見逃せない1店　ファッション&雑貨／パールディストリクト／MP.146-A2

メイド・ヒア・PDX　Made Here PDX

ポートランドで誕生したブランドのみを集めたセレクトショップ。観光客だけでなく、地元の人も立ち寄る人気のスポットだ。取り扱っている商品はバラエティに富み、革製品や石鹸、化粧品、かばん、塩、はちみつ、ジャムなどをこの1店で見ることができるのがいい。ヒルトン・ポートランド・ダウンタウン（→P.197）にも支店あり。

住40 N.W. 10th Ave., Portland
☎(503) 224-0122
URL madeherepdx.com
営日～金11:00～18:00、土10:00～19:00
カード A M V

S 若手デザイナーのワンピースがおすすめ　ファッション／パールディストリクト／MP.146-A2

ガーニッシュ　Garnish

デザイナー Erica Lurieさんの店。彼女がデザインしたフレッシュな雰囲気のワンピースやスカート、シャツやアクセサリーなどが並んでいる。形はとてもシンプルで、色合いも美しく、飽きのこないデザインが主流。袖なしのワンピースが多いので、夏用に1枚いかが？

住404 N.W. 12th Ave., Portland
☎(503) 954-2292
URL www.garnishapparel.com
営月～土11:00～18:00、日12:00～17:00
カード A M V

S おしゃれ男女が集まるセレクトショップ　ファッション／サウスイースト／MP.149-B4

コミュニオン　Communion

ホーソンブルバード沿いにあるブティック。ニューヨークではやっている最新トレンドをいち早く取り揃える。ニットやデニム、ワンピースから、サングラス、バッグなどまで、品揃えも充実し、トータルコーディネートも可能だ。メンズ、レディスともカジュアル&きれいめ路線向き。

住3556 S.E. Hawthorne Blvd., Portland
☎(503) 208-3008
URL communionpdx.com
営月～土11:00～19:00、日12:00～18:00
カード A M V

S おしゃれなブティック　ファッション／ノースイースト／MP.171

タンブルウィード・ブティック　Tumble Weed Boutique

婦人服の仕立屋Kara Larsonさんが2000年に開いたブティック。おしゃれな普段着をコンセプトに自身のレーベルやローカルデザイナーの作品を販売している。ハイセンスなものばかりなので、選ぶのに困ってしまうかも。かばんや靴、アクセサリーもあるので、ぜひ立ち寄ってほしい。

住1812 N.E. Alberta St., Portland
☎(503) 335-3100
URL tumbleweedboutique.com
営日月11:00～17:00、火～金11:00～18:00、土10:00～18:00
カード M V

S かわいらしいのに値段がお手頃　ファッション／ノースイースト／MP.149-B1

フロックブティック　Frock Boutique

地元在住のデザイナーが作る女性服を中心に帽子やアクセサリーなどを取り扱う。20歳代女子におすすめのカジュアルなデザインのものが多く、ワンピースやカットソーなどが豊富だ。ここでしか手に入らない一点物がほとんどなので、気に入ったら即購入したい。

住1439 N.E. Alberta St., Portland
☎(503) 595-0379
URL www.frockboutique.com
営日 月10:00～17:00、火～土10:00～18:00
カード M V

S アウトドアウエアをファッショナブルに着こなせる　ファッション／ノースイースト／MP.149-A1

ウォーンパス　Worn Path

ネックレスアーティストのオーナー Niles Armstrongさんが2010年に立ち上げたセレクトショップ。サーフボードからキャンプ用のマグカップまでアウトドア製品が集まる。水牛の角やコヨーテの歯を使ったアクセサリー（$30～）はおみやげにもいい。

住4007 N. Mississippi Ave., Portland
☎(971) 331-8747
URL www.worn-path.com
営月火木～土11:00～19:00、日11:00～18:00
休水
カード A J M V

↘Portland ☎(971) 229-4206 URL www.cosube.com 営月～金6:30～19:00、土7:30～19:00、日7:30～18:00
カード A M V

S 財布やカードケース、ベルトなどの革製品がいい　ファッション&かばん&雑貨／ノースイースト／MP.149-A1

タナーグッズ　Tanner Goods

2016年にダウンタウンからノースイーストエリアに移転し、店舗面積も拡大した。オリジナルの革製品だけでなく、ConverseやAldenの靴、Engineered Garmentsの洋服、Mazamaの陶器、Maak Labのキャンドルなども扱う。オリジナルの革製品は一生使えるグッズになりそう。

住4719 N. Albina Ave., Portland
☎(503) 222-2774
URL www.tannergoods.com
営月〜土11:00〜19:00、日11:00〜18:00
カード A J M V

S ポートランドのバイカーが集まる　ファッション&カフェ／ノースイースト／MP.149-A3

シー・シー・モーター・コーヒー・カンパニー　See See Motor Coffee Co.

ヘルメットやベスト、革パンツ、工具などバイク乗りに必要な物が揃うショップ。週末は、ヤマハにまたがったバイカーが続々と集結する。併設するカフェでは、オリジナルのTシャツやバイクの模型、書籍なども販売する。Wi-Fiが利用可能なため、物静かだ。

住1642 N.E. Sandy Blvd., Portland
☎ (503) 894-9566
URL www.seeseemotorcycles.com
営ショップ：月〜金10:00〜19:00、土日9:00〜18:00
カフェ：月〜金7:00〜19:00、土日8:00〜18:00
カード M V

S 経年変化を楽しめる革製品が揃う　ファッション&革製品／サウスイースト／MP.149-A4

レッド・クラウド・コレクティブ　Red Clouds Collective

財布やかばんなど革製品全般を2階の工場で作っている。革はミズーリ州セントルイスのタンナーから、ワックスキャンバスはニュージャージー州のブリッジトンの製造メーカーから取り寄せ、Made in USAのこだわりをもつ。2017年からジャケットやパンツも作り始めた。

住727 S.E. Morrison St., Portland
URL redcloudscollective.com
営火〜金10:00〜18:00、土12:00〜17:00
休日月
カード A M V

S ポートランドでサンダルといったらここ　靴／パールディストリクト／MP.146-A2

キーン　Keen

2003年サンフランシスコで生まれたキーンは、2006年ポートランドのパールディストリクトに本社を移転した。水辺から陸地まで、場所を選ばずに使用できるサンダルNewportが創業当時から変わらぬ人気の商品。つま先を守るトゥプロテクションと滑りにくいソールが特徴だ。

住505 N.W. 13th Ave., Portland
☎(971) 200-4040
URL www.keenfootwear.com
営月〜土10:00〜19:00、日11:00〜17:00
カード A J M V

S 日本人に人気のデザインも豊富　靴／ダウンタウン／MP.147-A1

ダナー　Danner

ウィスコンシン州チペアフォールズで誕生したダナーは1936年ポートランドに拠点を移した。イタリアのビブラムソールをアメリカ国内で初めて輸入し、履きやすさをいち早く追い求めた。ゴアテックスを使用したダナーライトは、完全防水ブーツとして有名だ。

住1022 W. Burnside St., Portland
☎(503) 262-0331
URL www.danner.com
営月〜土11:00〜19:00、日11:00〜18:00
カード A J M V

S 女性用と男性用の靴ならここ！　靴&バッグ／サウスイースト／MP.149-B4

イメルダズ　Imelda's

ホーソンブルバードにある人気の靴店。婦人靴のほかに、男性靴Louie'sも入っているので、カップルで靴選びができる。アメリカの靴店には、履きやすくておしゃれな靴が揃っているが、ここも例外ではない。靴以外にもカジュアルなバッグや財布、ベルトなどもあり、トータルコーディネートが楽しめる。

住3426 S.E. Hawthorne Blvd., Portland
☎ (503) 233-7476
URL shop.imeldas.com
営月〜金10:00〜19:00、土10:00〜18:00、日11:00〜18:00
カード A M V

MEMO **全米からバイク乗りが訪れるショップ**　高級革を使ったライダーズジャケットやパンツを販売する。カスタマイズもできる。**Langlitz Leather** MP.145-B3 住2443 S.E. Division, Portland ☎(503) 235-0959↗

S 自転車乗りから多大な支持を得ている　かばん／サウスイースト／MP.149-A4

ノースストリート・バッグ
North St. Bags

　カリフォルニア州バークレーのバイクショップで働いていたカーティスさんは、世の中には背中を痛めないバックパックがないと気づき、かばん作りを始めた。ナイロン製のバックパック（$199～）は、ビジネスにもカジュアルにも使える。

住1551 S.E. Polar Ave., Portland
☎(503) 419-6230
URL northstbags.com
営毎日11:00～19:00
カード A M V

S 頑丈なトートバッグは普段使いにいい　かばん／サウスイースト／MP.145-B3

ベッケル・キャンバス・プロダクト
Beckel Canvas Products

　州空軍でパラシュートの整備士として働いていたBob Beckelさんが1964年にポートランドで始めたかばん屋。50年以上たった今も家族経営にこだわり、本店に併設したこぢんまりとした工場でトートバッグやポーチ、テントなどを作り続けている。

住2232 S.E. Clinton St., Portland
☎ (503) 232-3362
URL beckelcanvas.com
営月～金8:00～17:00、土9:00～12:00
休日
カード A M V

S コロンビア・スポーツウエア本店の風格　アウトドア／ダウンタウン／MP.147-A2

コロンビア・スポーツウエア・フラッグシップ・ストア
Columbia Sportswear Flagship Store

　ポートランドのランドマーク的存在のコロンビア・スポーツウエア本店。明るく見やすいレイアウトで、新作のカジュアルウエアをはじめ、フライフィッシングウエア、スノーボード用品、登山用品や軽量の登山靴、デイパックなどがずらりと並び、品選びに迷うほど。街着としても着たいウエアが豊富に揃っている。

住911 S.W. Broadway, Portland
☎(503) 226-6800
URL www.columbia.com
営月～土9:30～19:00、日11:00～18:00
カード A J M V

S ダウンタウンで豊富な品揃え　アウトドア／ダウンタウン／MP.147-B1

ユー・エス・アウトドア・ストア
U.S. Outdoor Store

　これからオレゴンのアウトドアを楽しみに出かけたいと思っている人は、ここに来れば準備万端だ。ジャケットやバックパックなどオールマイティに活用できる品がたっぷり揃っている。マウントフッドへの入口の都市だけに、地階には大量のスノーボードがずらりと並んでいる。

住219 S.W. Broadway, Portland
☎(503) 223-5937
URL www.usoutdoor.com
営月～金10:00～20:00、土10:00～18:00、日11:00～17:00
カード A M V

S タウンユースにもいいデザイン　アウトドア／ダウンタウン／MP.147-A1

ポーラー
Poler

　2010年カメラマンのBenji Wangerさんと映像クリエイターのKhama Vellaさんが始めたアウトドアショップ。キャンプやサーフィン、スノーボードを楽しむ人が、不自由なく動けるようにと考えられて作られたテントや寝袋、バックパックなどが人気。

住413 S.W. 10th Ave., Portland
☎(503) 432-8120
URL www.polerstuff.com
営月～土11:00～19:00、日11:00～18:00
カード A M V

S エココンシャスな建物も必見　アウトドア／パールディストリクト／MP.146-A1

アール・イー・アイ
REI

　1976年にポートランドに出店したREI。パールディストリクトのJohnson St.にある店舗は、リテイルストアとしては初めて、アメリカ・グリーンビルディングからLeedの金賞を獲得した地球環境に優しいビル。店内では、スポーツギアの知識に精通したスタッフが親切に応対してくれる。

住1405 N.W. Johnson St., Portland
☎(503) 221-1938
URL www.rei.com
営月～土10:00～21:00、日10:00～19:00
カード J M V

↘URL www.langlitz.com 営月～金8:00～18:00 休土日 カード A M V

S アウトドアギアのレンタルも行っている　　アウトドア／サウスイースト／MP.149-A4

ネクストアドベンチャー

Next Adventure

アウトドアグッズの品揃えはポートランドでも1、2を争う。スノーボードやキャンピング、ハイキング、クライミングなどに必要なものはすべて揃うだろう。取り扱っているブランドはSierra DesignsやMarmot、Merrellなど。カヤックやハイキングのツアーも催行されている。

住 426 S. E. Grand Ave., Portland
電 (503) 233-0706
URL nextadventure.net
営 月～金10:00～19:00、土10:00～18:00、日11:00～17:00
カード A J M V

S 品揃え抜群のスケボー専門店　　スケートボード／チャイナタウン／MP.146-B2

カル・スケート・スケートボード

Cal Skate Skateboards

感激するほどの品揃えを誇るスケートボードショップ。さまざまなデザインが施されたボードは、まさに芸術品。カスタムメイドもOKだから、自分だけのボードを作ってみるのもいい。ウエアやヘルメット、小物なども充実し、店内には小さな練習台もある。店はスケボー情報の発信地としても有名だ。

住 210 N.W. 6th Ave., Portland
電 (503) 248-0495
URL www.calsk8.com
営 月～金11:00～18:00、土10:00～18:00、日11:00～17:00
カード M V

S 古着好きは大集合　　古着&アンティーク／サウスイースト／MP.149-B4

ハウス・オブ・ビンテージ

House of Vintage

55のディーラーが集まったポートランド最大規模のアンティークマーケット。定番のTシャツやパンツなどの古着からカーペット、ソファ、家具まで、ありとあらゆる物が並ぶ。お手頃の値段だけあり、ほつれや穴あきもあるので、じっくりチェックするように。

住 3315 S. E. Hawthorne Blvd., Portland
電 (503) 236-1991
URL www.houseofvintage.com
営 毎日11:00～19:00
カード M V

S オリジナル便せんを紙から作る　　洋紙／パールディストリクト／MP.146-A1～A2

オブレーション・ペーパーズ&プレス

Oblation Papers & Press

旧式の活版印刷機を使い、自社工房で手漉きされた100%コットン洋紙で、オリジナルの結婚式の招待状や赤ちゃん誕生カードを作ってくれる。1色$6～、2色$8～（100枚以上の注文から）。2～4日で見本ができ、仕上がりまで2週間。25%料金アップで最速5日仕上げも可能だ。

住 516 N.W. 12th Ave., Portland
電 (503) 223-1093
URL www.oblationpapers.com
営 月～土10:00～18:00、日12:00～17:00
カード A M V

S 図書館前にあり地元の人も大絶賛　　雑貨／ダウンタウン／MP.147-A2

クラフティワンダーランド

Crafty Wonderland

ポートランド在住のアーティストによる作品を展示、販売するギャラリー兼ショップ。毎月、品揃えは替わるが、常時200以上の作品が並ぶ。特に、レターセットやシールなど文房具がお手頃の値段でおすすめ。大量生産を嫌い、地元を愛するポートランドの人たちのDIY精神を見ることができるだろう。

住 808 S.W. 10th Ave., Portland
電 (503) 224-9097
URL craftywonderland.com
営 月～土10:00～18:00、日11:00～18:00
カード A J M V

S ステーショナリーや陶器が充実　　雑貨／ダウンタウン／MP.146-A3

カヌー

Canoe

2005年にオープンしてから、物を大事にするポートランド住民に支持されてきたセレクトショップ。使い捨てではなく、10年、20年と使用できる物しか置かないオーナーの思いが込められている。Eenaなど日本人に人気のブランドも扱う。2015年ポートランド美術館近くに移転した。

住 1233 S.W. 10th Ave., Portland
電 (503) 889-8545
URL www.canoeonline.net
営 火～土10:00～18:00、日11:00～17:00
休 月
カード A M V

MEMO 日本の雑貨が揃うスーパー　ポートランドから南西に10km行ったビーバートンには、日系スーパーマーケットの宇和島屋がある。米や日本酒、日本の薬などを販売するので、日本人にはありがたいショップ↗

S すてきなクラフトと雑貨の店　雑貨&クラフト／サウスイースト／MP.149-B4

ノーン
Noun

Saint Cupcakeの奥にある雑貨店。ポートランドやノースウエスト在住のアーティストやクラフト作家が手作りしたカードやクッション、絵、鉢植え、家具、アンティークなどの雑貨がところ狭しと並んでいる。まるでギャラリーのように美しい店内は、センスが光る雑貨類の宝庫！

住3300 S.E. Belmont St., Portland
☎(503) 235-0078
URLwww.shopnoun.com
営月〜土11:00〜19:00、日11:00〜17:00
カードM V

S おしゃれさん必訪の1店　雑貨／ノースイースト／MP.149-A2

ビーム&アンカー
Beam & Anchor

2階の工房で作られた革製品や陶磁器、宝飾品、石鹸などをメインに、オーナー夫妻が世界各地で買い集めた作品が並ぶ。人とのつながり、地元のアーティストを尊重するポートランドらしさがよく表れているセレクトショップだ。

住2710 N. Interstate Ave., Portland
☎(503) 367-3230
URLbeamandanchor.com
営月〜土11:00〜18:00、日12:00〜17:00
カードA J M V

S ステーショナリー全般を扱う　雑貨&ギャラリー／ノースイースト／MP.149-A1

ランドギャラリー
Land Gallery

地元の作家が作るポストカードやはがき、絵本などの文房具のほか、Tシャツや靴下など、ここでしか見つからない物が並べられている。取り扱っている作家は100人を超えるというから驚きだ。2階には毎月展示が変わるアートギャラリーもある。

住3925 N. Mississippi Ave., Portland
☎(503) 451-0689
URLlandpdx.com
営毎日10:00〜19:00
カードA M V

S 店頭に並ぶのは一点物ばかり　雑貨&古着／ノースイースト／MP.149-A1

フラター
Flutter

オーナーが世界を旅して探し出してきたビンテージ商品が並ぶ。ネックレスやピアス、ブレスレットのほか、リップバームや石鹸、おもちゃなど小物が中心。近年は、地元のアーティストの作品も取り扱うようになった。バラエティ豊かな品揃えなので、おみやげによさそうな物が見つかる可能性が大きい。

住3948 N. Mississippi Ave., Portland
☎(503) 288-1649
URLwww.flutterpdx.com
営月〜水11:00〜19:00、木金11:00〜20:00、土日10:00〜19:00
カードA J M V

S アンティーク雑貨屋　骨董&雑貨&クラフト／パールディストリクト／MP.146-A2

ポーチライト
Porch Light

パールディストリクトにあるアンティーク雑貨店。アメリカ中西部各地から集めた、さまざまな古い物がところ狭しと並び、宝探しができる。陶器やグラス、メタルウエアやガーデングッズ、キルトやリネン、家具まで、時を止めた物たちが美しくディスプレイされている。

住225 N. W. 11th Ave., Portland
☎(503) 222-2238
URLporchlightshop.com
営月〜土11:00〜18:00、日11:00〜17:00
カードA M V

S センスのいいアクセサリーや小物なら　雑貨&クラフト／サウスイースト／MP.145-B4

チルデ
Tilde

サウスイーストのセルウッドにあるモダンライフスタイルショップ&アートギャラリー。オーナーは日系人のHamadaさん。ポートランドやオレゴン州各地から仕入れたジュエリーやアクセサリー、ハンドバッグ、文房具、アート、家具などがギャラリーのように美しく並んでいる。女性必訪の1軒。

住7919 S.E. 13th Ave., Portland
☎(503) 234-9600
URLwww.tildeshop.com
営月〜土10:00〜18:00、日12:00〜17:00
カードM V

↘だ。日本の書籍が買える紀伊國屋書店も入る。**Uwajimaya** MP.145-A4外 住10500 S.W. Beaverton Hillsdale Hwy., Beaverton ☎(503) 643-4512 URLwww.uwajimaya.com 営毎日9:00〜21:00

S オレゴン州のおみやげはここで　ギフト&雑貨／ダウンタウン／MP.147-B2

メイド・イン・オレゴン

Made in Oregon

パイオニアプレイス（→P.184）の地下1階にあるギフトショップ。ポートランドだけでなくオレゴン州全般のおみやげを入手できる。バラの石鹸やマリオンベリージャム、チョコレート、オレゴンワインなどがおすすめ。ロイドセンター（→P.184）やポートランド国際空港にもある。

住340 S.W. Morrisson St., Suite 1300, Portland
☎(503) 241-3630
URL madeinoregon.com
営月～土10:00～20:00、日11:00～18:00
カード A J M V

S 環境に優しいドッググッズ　ペットグッズ／ノブヒル／MP.148-A3

サイクルドッグ

Cycle Dog

使い物にならなくなった自転車のタイヤチューブを回収し、自宅で縫い物をしていたオーナーのLanetteさん。犬用の首輪やドッグリーシュがたいへん好評で、ファーマーズマーケットで販売するやいなや、たちまち売り切れになった。タイヤチューブは衛生的であるということが人気の秘訣だそう。

住2215 N.W. Quimby St., Suite 1, Portland
☎(503) 318-8066
URL www.cycledog.com
営月～土10:00～18:00
休日
カード M V

S 世界最大規模の本屋さん　書籍／パールディストリクト／MP.146-A2

パウエルズブックス

Powell's Books

街の一画がそっくり本屋さんの敷地になっている。小説やビジネス、アート、旅行などさまざまなジャンルの書籍が揃っているので、いつもにぎわっている。ホーソンブルバード店（MP.149-B4、住3723 S.E. Hawthorne Blvd., Portland）は料理や園芸を扱う。空港内にも支店あり。

住1005 W. Burnside St., Portland
☎(503) 228-4651
URL www.powells.com
営毎日9:00～23:00
カード A J M V

S ポートランドのDIY精神が理解できる　ホームセンター／ノースイースト／MP.149-A2

リビルディングセンター

The Rebuilding Center

改築の際に出た廃材や、廃屋から探し出してきた建築資材を安価で販売する店。浴槽や便器、玄関ドア、タイルなどが1200平方フィート（33坪）に並べられている。ポートランド住民は、部屋の模様替えをするときに、必ず立ち寄るとか。

住3625 N. Mississippi Ave., Portland
☎(503) 331-9291
URL www.rebuildingcenter.org
営月～金10:00～18:00、土日10:00～17:00
カード A M V

S インテリアグッズはここでチェック　家具／サウスイースト／MP.149-A4

リジューブネイション

Rejuvenation

照明器具やアンティークハードウエア、キッチン用品などが280坪のフロアに集まっている。ドアノブや食器などは、日本では見かけないデザインが多く、たくさん買って帰りたくなりそう。アメリカらしいインテリアコーディネートは、この1店ですべて揃うはず。

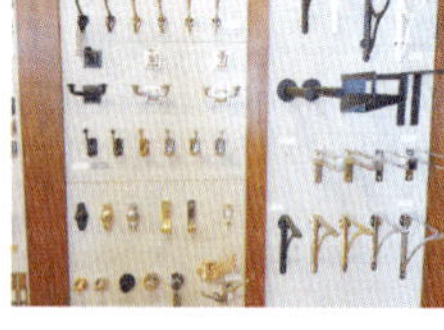

住1100 S.E. Grand Ave., Portland
☎(503) 238-1900
URL www.rejuvenation.com/model/stores/portland
営月～土10:00～18:00、日11:00～17:00
カード A M V

S 電球だけを扱う専門店　電化製品／ノースイースト／MP.149-A1

サンランライティング

Sunlan Lighting

昔懐かしのエジソンライトからLEDライトバルブ、ハロゲンランプなどがところ狭しと並べられている。日本の電化製品店ではあまり見かけない花形やヘビ形の電球など、見ているだけでも楽しい。ライトバルブ・レディと呼ばれるオーナーは、電球に関しての知識では右に出る者がいないと知れ渡っている。

住3901 N. Mississippi Ave., Portland
☎(503) 281-0453
URL www.sunlanlighting.com
営月～金8:00～17:30、土10:00～17:00、日10:00～15:00
カード A M V

MEMO 日本人に人気のオーガニックスーパーマーケット　Whole Foods Market　MP.146-A2　住1210 N.W. Couch St., Portland　☎(503) 525-4343　URL www.wholefoodsmarket.com　営毎日8:00～22:00

S リノベーションを考えている人向き　　金物屋／サウスイースト／MP.149-A3

ヒッポ・ハードウェア&トレーディング・カンパニー　Hippo Hardware & Trading Co.

1976年にオープンした味わいのある金物屋。地下から2階まで、シャンデリア、ライトバルブ、ドアノブ、蛇口、便座などがところ狭しと飾られている。ごちゃごちゃとしているが、在庫点数はポートランドいち。じっくりと、各フロアを見て回りたい。

住1040 E. Burnside St., Portland
☎(503) 231-1444
URL www.hippohardware.com
営月～木10:00～17:00、金土10:00～18:00、日12:00～17:00
カード M V

S まるで自然史博物館にいるよう　　剥製専門店／ノースイースト／MP.149-A1

パクストンゲイト　Paxton Gate

カモシカや羊をはじめ、さまざまな動物の剥製が壁一面に飾られている一風変わったショップ。ヘビの頚椎を使った指輪やエイの骨でできているイヤリング、雷鳥やサソリのネックレスなど、ほかでは入手できないおみやげが見つかるかも。

住4204 N. Mississippi Ave., Portland
☎(503) 719-4508
URL paxtongate.com
営毎日11:00～19:00
カード A J M V

S いい香りに包まれて快適な睡眠を　　化粧品&アロマ雑貨／ダウンタウン／MP.147-A1

マークラボ　Maak Lab

オーナーのTaylorさんとAnoriaさんが、散歩しているときにたまたま手にした木の枝や落ち葉をつぶしたところ、とてもよい香りがしたので、これで石鹸を作ろうとふと思いついたそう。現在、約70種類以上の香りを使ってアロマスプレーや石鹸を作っている。

住916 W. Burnside St., Portland
☎(503) 893-9933
URL maaklab.com
営毎日11:00～18:00
カード A M V

S 目の前でチョコレート製造工程を眺められる　　チョコレート／ノースイースト／MP.149-B2

ウッドブロックチョコレート　The Woodblock Chocolate

ワイナリーで働いていたCharley & Jessica夫妻が、カカオ豆からチョコバー（板チョコ）になるまでの製造（ビーン・トゥ・バー）を自宅キッチンで始めたところ、評判がよく、ショップをオープンさせた。現在は1年間に8万本の板チョコを作るまでになっている。カフェも併設する。

住1715 N.E. 17th Ave., Portland
☎(971) 754-4874
URL woodblockchocolate.com
営月～金8:00～18:00、土日9:00～18:00
カード M V

S 密度の濃い高級はちみつ専門店　　はちみつ／サウスイースト／MP.149-A4

ビーローカル　Bee Local

ビタミンを保存し、香りを長続きさせるために、「加熱せず、濾過せず、混合せず」をモットーに高級はちみつを作り出す。殺虫剤を使用しないポートランド近郊の養蜂場で採取されたはちみつは、新鮮でまろやかな味わいだ。塩専門店Jacobsen Salt Co.も併設する。

住602 S.E. Salmon St., Portland
☎(503) 719-4973
URL www.beelocal.com
営月～金9:00～17:00、土日10:00～16:00
カード A M V

S ローカルフードを売る個性派スーパー　　スーパーマーケット／ノブヒル／MP.148-A3

ニューシーズンズ・マーケット　New Seasons Market

健全な地元産のローカルフードを販売するために設立されたスーパー。安全でおいしい食料品が揃っている。店内にはパン屋や薬局、お総菜コーナーなどもあり、誰でも利用できる憩いのスペースもあるので、昼食を買ってここで食べるのもいい。おみやげ探しにも重宝する。

住2170 N.W. Raleigh St., Portland
☎(503) 224-7522
URL www.newseasonsmarket.com
営毎日8:00～22:00
カード A J M V

MEMO 日本人に人気のグルメスーパーマーケット　Trader Joe's　MP.148-A2　住2122 N.W. Glisan St., Portland　☎(971) 544-0788　URL www.traderjoes.com　営毎日8:00～22:00

HOTEL

ポートランドのホテル

ホテルの多くがパイオニア・コートハウス・スクエアを中心としたダウンタウン内にある。宿泊費の平均は$200前後と決して安くはないが、快適なホテルばかりだ。こぢんまりした街なので、ダウンタウン内であれば、どこに泊まっても移動は徒歩か、マックス、ストリートカーでアクセスできる。川の東岸のコンベンションセンターあたりでも不便ではない。

ホテル紹介ページの略号（略号とマークは下記参照）

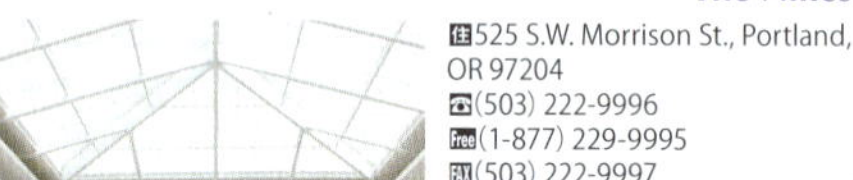

H 極上のホテルライフはここで！　最高級／ダウンタウン／MP.147-B2

ナインズ　The Nines

パイオニア・コートハウス・スクエアを見下ろす歴史的な建物、マイヤー＆フランクビルの高層階を全面的にリノベーションした、ポートランドで最高級のラグジュアリーホテル。全331室のうち、ハリウッドセレブ御用達のスイートは13室。42インチのハイビジョンテレビを備えた客室は、薄い水色で統一され、美しいのひと言に尽きる。ホテルの受付があるロビー階は、吹き抜けのロビーホールとなっていて、天井から光が差し込み、館内とは思えない気持ちよさだ。15階には、市内を見渡すデッキを備えた、アジアンフュージョンの「デパーチャー・レストラン＋ラウンジ（→P.177）」もある。

住525 S.W. Morrison St., Portland, OR 97204
☎(503) 222-9996
Free(1-877) 229-9995
FAX(503) 222-9997
URLwww.thenines.com
料ⓈⒹⓉ$258～579、Su$333～4500
駐$37～57　Wi-Fi無料
カードADJMV　331室（あり）

ロビーエリアに、さんさんと太陽の光が降り注ぐ

日本人に好評のツインルーム

H きめ細かいサービスが自慢　高級／ダウンタウン／MP.147-B1～B2

キンプトン・ホテル・モナコ・ポートランド　Kimpton Hotel Monaco Portland

5th Ave.とWashington St.の角に立つこのホテルは、1912年に建造された歴史的な建物をリノベーションしたもので、市内でも指折りのラグジュアリー・ブティックホテルだ。色彩豊かなロビーホールには、夏でも暖炉に火が入れられ、朝はコーヒーが、夕方はワインが無料で提供される。無料で自転車の貸し出しを行っているのもうれしい。フロントには、このホテルの愛すべき2代目看板犬、Timmyちゃんのソファがあり、ホテルのあちこちに出没して、ゲストの心を和ませてくれる。ビジネスセンターや24時間使用可能なフィットネスセンターもあり便利。家庭的でアメリカンな味の料理がおすすめのレストラン、Red Star Tavernもある。

住506 S.W. Washington St., Portland, OR 97204
☎(503) 222-0001
Free(1-888) 207-2201
FAX(503) 222-0004
URLwww.monaco-portland.com
料ⓈⒹⓉ$275～385、Su$285～475
駐$42　Wi-Fi$12.99
カードADJMV　221室（あり）

真っ赤な壁にアート作品が映えるロビーエリア

落ち着いた雰囲気の客室

H ダウンタウンでの買い物や食事に時間を割きたい人に最適　高級／ダウンタウン／MP.147-B2

ドシエホテル　Dossier Hotel

パイオニア・コートハウス・スクエアまで2ブロックと立地がたいへんいいホテル。Westin Hotelだった建物に2017年リノベーションを行い、おしゃれなブティックホテルとしてよみがえった。客室やロビーエリアにはアート作品が飾られていて、落ち着いた雰囲気が漂う。石鹸やシャンプーなどのアメニティには、地元のブランドを使用するこだわり。併設するカフェレストランのOpal Café & Restaurantは朝の6:30から深夜まで営業しているので、ちょっと小腹がすいたときにも立ち寄れるのがいい。自転車の無料貸し出しサービスあり。マックス・ライトレイル・ブルー、レッドラインのPioneer Square駅下車、徒歩2分。

石造りで、重厚さが漂う外観

住750 S.W. Alder St., Portland, OR 97205
☎(503) 294-9000
Free(1-877) 628-4408
FAX(503) 402-8745
URL dossierhotel.com
料ⓈⒹⓉ$199〜409、Su$425〜1500
駐$45　Wi-Fi無料
カードADJMV　205室(♿あり)

シンプルにまとめ上げられた客室

H 格式ときめ細やかなサービス　高級／ダウンタウン／MP.147-A2

ヒースマンホテル　The Heathman Hotel

入口でパーソナルコンシェルジュに出迎えられ、重厚なロビーホールへと誘われる。アンディ・ウォーホルのアート作品や、全室に飾られている名画など、豊富な美術コレクションで知られるホテル。自転車の無料貸し出しサービスあり。パイオニア・コートハウス・スクエアのすぐそば。

住1001 S.W. Broadway, Portland, OR 97205
☎(503) 241-4100
FAX(503) 790-7110
URL heathmanhotel.com
料ⓈⒹⓉ$199〜499、Su$259〜1750
駐$46　Wi-Fi無料
カードADMV　150室(♿あり)

H ダウンタウンの高級ホテル　高級／ダウンタウン／MP.147-A2

パラマウントホテル　The Paramount Hotel

ダウンタウンの中心にありながら、たいへん静かな環境にある。天井の高いロビーホールは優雅な雰囲気を醸し出す一方、客室は華美な装飾を排したシンプルな設計。ベッドとデスク、清潔な浴室があり、大きな窓からダウンタウンが一望できる。

住808 S.W. Taylor St., Portland, OR 97205
☎(503) 223-9900
Free(1-855) 215-0160
FAX(503) 223-7900
URL www.portlandparamount.com
料ⓈⒹⓉ$184〜349、Su$600〜
駐$43　Wi-Fi無料
カードADJMV　154室(♿あり)

H 安心して泊まれる全米展開のホテルチェーン　高級／ダウンタウン／MP.147-B1

ポートランド・マリオット・シティセンター　Portland Marriott City Center

パイオニア・コートハウス・スクエアからわずか2ブロック。客室は、間接照明があたたかい雰囲気を醸し出し、落ち着いたダークブラウンの家具と調和している。ビジネスセンターやレストラン、フィットネスセンターがあり、ビジネス客に人気だ。

住520 S.W. Broadway, Portland, OR 97205
☎(503) 226-6300
FAX(503) 227-7515
URL www.marriott.com
料ⓈⒹⓉ$219〜439、Su$259〜489
駐$45　Wi-Fi$4.95
カードADJMV　249室(♿あり)

H ブドウ畑のイメージを強調したラグジュアリーホテル　高級／ダウンタウン／MP.147-B1

キンプトン・ホテル・ビンテージ　Kimpton Hotel Vintage

優雅なヨーロッパ調と洗練された現代感覚をマッチさせたおしゃれなホテル。部屋のインテリアもあたたかいイメージでまとめられている。週末はロビーでオレゴンワインのサービスとピアノ演奏が楽しめるのもうれしい。併設するレストランIl Solitoの評判もいい。

住422 S.W. Broadway, Portland, OR 97205
☎(503) 228-1212
Free(1-800) 263-2305
FAX(503) 228-3598
URL www.hotelvintage-portland.com
料ⓈⒹⓉ$175〜845、Su$245〜1125
駐$43　Wi-Fi$12.99
カードADJMV　117室(♿あり)

H 居住性抜群のデザインホテル
高級／ダウンタウン／MP.147-B1

ホテルルシア
Hotel Lucia

ダウンタウンの中心、S.W. Broadwayにあるポストモダンを感じさせるホテル。ロビー階はもとより館内のあちこちに、写真や彫刻などの現代アートがふんだんに飾られ、美しい。客室内も心憎いほどセンスのよいファブリックで飾られ、ヒップななかに、わが家のようにくつろげる安らぎも感じられる。

住 400 S.W. Broadway, Portland, OR 97205
☎ (503) 225-1717
FAX (503) 225-1919
URL hotellucia.com
料 ⓈⒹⓉ$239〜499、Su$319〜819
駐 $45　Wi-Fi 無料
カード ADMV　129室（あり）

H モダンでビジネス利用にも最適
高級／ダウンタウン／MP.147-B1

コートヤード・ポートランド・シティセンター
Courtyard Portland City Center

ユニオン駅からも歩ける距離で、パイオニア・コートハウス・スクエアまでは徒歩6分という、ダウンタウンのど真ん中にある。2016年に既存の建物を全面的にリノベーションして誕生した、環境にも配慮したホテルだ。16階建て全256室とこぢんまりしているが、そのぶん、フレンドリーなサービスが受けられる。客室は、ブティックホテルのようにスタイリッシュで、大きく開いた窓と寝心地のいいベッド、大きなデスクもあり、ビジネス客にも対応している。インターネット環境も充実。1階にはアメリカ料理レストランが入る。マックス・ライトレイル・グリーン、イエローラインのSW 6th & Pine駅下車、徒歩1分。

住 550 S.W. Oak St., Portland, OR 97204
☎ (503) 505-5000
Free (1-800) 606-3717
FAX (503) 505-5600
URL www.marriott.com
料 ⓈⒹⓉ$199〜369、Su$239〜409
駐 $42　Wi-Fi 無料
カード ADJMV　256室（あり）

目の前をマックス・ライトレイルが走る

ポートランドの看板が飾られているロビーエリア

H 有名人やビジネス客が多い
高級／ダウンタウン／MP.147-B1

ベンソンホテル
The Benson Hotel

1912年に建てられた歴史ある老舗ホテル。クラシックな優美さをそのままに、全館改装を終え、機能的にも十分近代化されている。インテリアにもかなり気が配られていて、水〜土曜はロビーでジャズライブが楽しめる。クリントン元大統領やマドンナも滞在した。

住 309 S.W. Broadway, Portland, OR 97205
☎ (503) 228-2000
Free (1-800) 716-6199
FAX (503) 471-3920
URL www.coasthotels.com
料 ⓈⒹⓉ$199〜409、Su$249〜1179
駐 $40　Wi-Fi 無料
カード ADJMV　287室（あり）

H 客室すべてがスイートルーム
高級／ダウンタウン／MP.147-C1

エンバシー・スイーツ・バイ・ヒルトン・ポートランド・ダウンタウン
Embassy Suites by Hiton Portland Downtown

中華門のすぐそばにあり、1912年に建てられた由緒ある建物を全面改装した、モダンでシックなホテル。無機質なホテルとは一線を画し、古いホテルのもつ優雅さが漂っている。客室も広いので、家族や友人と滞在するのに最適。地階のレストランで毎朝、無料の朝食サービスが受けられる。

住 319 S.W. Pine St., Portland, OR 97204
☎ (503) 279-9000
FAX (503) 497-9051
URL embassysuites3.hilton.com
料 Su$189〜599
駐 $42〜49　Wi-Fi $9.95
カード AJMV　276室（あり）

H 歴史の香り漂う荘厳さとゆとり
高級／ダウンタウン／MP.147-A1

センティネルホテル
Sentinel Hotel

100年以上の歴史を誇るポートランドのランドマーク的存在。その歴史は1909年に建てられたThe Seward Hotelに遡る。建物は国定史跡に指定され、アメリカ歴史ホテル連盟にもその名を連ねている。客室は少々手狭な印象も受けるが、アメニティや設備は万全。きめ細かな心配りにも定評がある。

住 614 S.W. 11th Ave., Portland, OR 97205
☎ (503) 224-3400
Free (1-888) 246-5631
FAX (503) 241-2122
URL www.sentinelhotel.com
料 ⓈⒹⓉ$259〜549、Su$359〜850
駐 $45　Wi-Fi 無料
カード AMV　100室（あり）

H 安心のヒルトンブランド　　高級／ダウンタウン／MP.147-B2

ヒルトン・ポートランド・ダウンタウン　Hilton Portland Downtown

パイオニア・コートハウス・スクエアから2ブロック、ダウンタウンの中心に位置する。深夜遅くまで営業しているレストランや宅配便サービス窓口があるほか、ビジネスセンターも完備されているので、社会人の利用が多い。Made Here PDXのショップ（→P.187）も入る。

住921 S.W. 6th Ave., Portland, OR 97204
☎(503) 226-1611
FAX(503) 220-2565
URL www3.hilton.com
料ⓈⒹⓉ$193～459、Su$328～559
駐$50　Wi-Fi無料
カード A D J M V　455室（&あり）

H アートを感じるデザインホテル　　高級／ダウンタウン／MP.146-A2

ホテルデラックス　The Hotel deLuxe

旧マロリーホテルがデザイナーズホテルへと変身。パイオニア・コートハウス・スクエアからYamhill St.を西に徒歩7～8分。マックス・ライトレイルの駅も近く、観光にはたいへん便利だ。通路に飾られたポートレートといい、館内は洗練さのなかに落ち着きを感じさせるデザイン。

住729 S.W. 15th Ave., Portland, OR 97205
☎(503) 219-2094
Free(1-866) 986-8085
FAX(503) 219-2095
URL www.hoteldeluxeportland.com
料ⓈⒹⓉ$199～399、Su$269～489
駐$35　Wi-Fi無料
カード A D J M V　130室（&あり）

H 2018年4月にオープンした、はやりのホテル　　高級／ダウンタウン／MP.146-A4～B4

ポーター・ポートランド　The Porter Portland

ヒルトンホテルが展開しているキュリオ・コレクション・ブランドのひとつ。画一的なサービスやインテリアを排除し、その土地ならではの魅力を余すことなく提供している。客室やロビーエリアは、ポートランドのヒップスターが好みそうな重厚ながらもポップなイメージ。朝からオープンしているカフェは、地元の人も立ち寄る。トム・マッコール・ウオーターフロントパークまで2ブロックなので、早朝から夕方遅くまでウィラメット川沿いを散歩できるのがいい。16階にあるバーラウンジのXport Bar & Loungeは、パティオやオープンエアのテラスがあり気持ちがいい。パイオニア・コートハウス・スクエアまで歩いて10分。マックス・グリーン、オレンジ、イエローラインのCity Hall/SW 5th & Jefferson駅から徒歩3分。

住1355 S.W. 2nd Ave., Portland, OR 97201
☎(503) 306-4800
FAX(503) 306-4801
URL curiocollection3.hilton.com
料ⓈⒹⓉ$239～339、Su$439～639
駐$45　Wi-Fi無料
カード A D J M V　297室（&あり）

1階のロビーエリアには、コンシェルジュが常駐する

就寝前にラウンジバーでくつろぐのがいい

H 州立大学そばの憩いのホテル　　高級／ダウンタウン／MP.146-A4

ホテルモデラ　Hotel Modera

ビジネスにも観光にも対応したブティックホテル。ローカルアーティストの作品がところどころに展示されて、ギャラリーのようでもある。特筆すべきは、開放感あふれるロビーと中庭。斬新なデザインの中庭には“Living Wall”と呼ばれる名物の壁とベンチ、寒い季節には屋外用の暖炉もある。

住515 S.W. Clay St., Portland, OR 97201
☎(503) 484-1084
Free(1-877) 484-1084
FAX(503) 226-0447
URL www.hotelmodera.com
料ⓈⒹⓉ$199～369、Su$259～419
駐$42　Wi-Fi無料
カード A D J M V　174室（&あり）

H ウィラメット川を望むマリオット　　高級／ダウンタウン／MP.146-B4

ポートランド・マリオット・ダウンタウン・ウオーターフロント　Portland Marriott Downtown Waterfront

ポートランドで最初にできたマリオットは、ウィラメット川を望むこのホテル。かつてはビジネスエリアだったこのあたりも、エスプラネードができ、観光客でにぎわうようになった。ロケーションがよく、ビジネスにも観光にも使えるホテルだ。

住1401 S.W. Naito Pkwy., Portland, OR 97201
☎(503) 226-7600
FAX(503) 221-1789
URL www.marriott.com
料ⓈⒹⓉ$229～459、Su$749～
駐$42　Wi-Fi $14.95
カード A D J M V　506室（&あり）

H 夜景もきれいなリバービューが楽しめる

高級／ダウンタウン／MP.146-B4

キンプトン・リバー・プレイス・ホテル

Kimpton River Place Hotel

ウィラメット川西岸の遊歩道沿いに立つ、おしゃれだがアットホームなホテル。ホテル内の廊下や壁には木のぬくもりがあふれ、あたたかみが感じられる。川を望む客室は落ち着いた雰囲気。寝心地のよいベッドには好みの枕を選べるサービスもある。

住1510 S.W. Harbor Way, Portland, OR 97201
☎(503) 228-3233
Free(1-888) 869-3108
FAX(503) 295-6190
URL www.riverplacehotel.com
料ⓈⒹⓉ$265〜530、Su$310〜1155
駐$39 Wi-Fi $12.99
カード A D J M V 85室(♿あり)

H ストリートカー・NSラインの停留所が目の前

高級／ダウンタウン／MP.146-B4

ハイアット・ハウス・ポートランド／ダウンタウン

Hyatt House Portland/Downtown

2016年にオープンしたハイアット系列のホテル。ステューディオと1ベッドスイートにはキッチンとリビングルームが付いているので、食費を浮かしたい長期滞在者におすすめだ。ダウンタウンのS.W. 5th Ave. & S.W. Main St.からバス#35で約6分。

住2080 S.W. River Dr., Portland, OR 97201
☎(503) 241-2775
FAX(503) 241-5542
URL portlanddowntown.house.hyatt.com
料ⓈⒹⓉ$229〜319、Su$239〜439
駐$37〜45 Wi-Fi 無料
カード A D J M V 203室(♿あり)

H 夕方にはビールやワイン、コーヒーのサービスあり

高級／パールディストリクト／MP.146-A2

キャノピー・バイ・ヒルトン・ポートランド・パールディストリクト

Canopy by Hilton Portland Pearl District

2018年6月パールディストリクトにオープンした。ブリュワリーやレストランなどが数多く集まるエリアにあるので、日没後酔っ払っても歩いて帰れるのがいい。無料の朝食と自転車貸し出しサービスあり。ストリートカー AループとNSラインのNW 10th & Glisan駅下車、徒歩1分。

住425 N.W. 9th Ave., Portland, OR 97209
☎(971) 351-0230
FAX(971) 351-0231
URL canopy3.hilton.com
料ⓈⒹⓉ$169〜349
駐$46 Wi-Fi 無料
カード A M V 153室(♿あり)

H 鮮やかな色使いが若者に好評

高級／ノースイースト／MP.149-A3

ホテルイーストランド

Hotel Eastlund

オレゴン州コンベンションセンターの斜め前に2015年オープンしたブティックホテル。屋上にあるレストランから、ウィラメット川やダウンタウンのスカイランが一望できる。マックス・ライトレイルのConvention Center駅から乗り換えなしでパイオニア・コートハウス・スクエアまで行けるのがいい。

住1021 N.E. Grand Ave., Portland, OR 97232
☎(503) 235-2100
FAX(503) 235-3463
URL hoteleastlund.com
料ⓈⒹⓉ$189〜349、Su$259〜559
駐$25 Wi-Fi 無料
カード A D M V 168室(♿あり)

H 日本語が通じ、部屋はゆったり

中級／ダウンタウン／MP.147-A1

マーク・スペンサー・ホテル

The Mark Spencer Hotel

Powell's Booksのすぐ近くで、ダウンタウンのほぼ中心にあり、どこに行くにも便利なホテル。宿泊費が比較的高いダウンタウンにあって、このホテルの料金はかなりお得だろう。ほとんどの部屋がキッチン付きなので、自炊しながら長期滞在する旅行者に大人気の宿だ。客室は一部キッチン＋リビングルーム、寝室、バスルームに分かれていて、天井も高く、広々としている。週5日、日本人スタッフが働いている。建物自体は古いのだが、全面改装し、清潔に整えられている。また毎朝、ロビー脇で無料の朝食サービスが受けられ、果物やヨーグルト、シリアル、トーストなどが食べ放題だ。マックス・ライトレイルのブルー、レッドラインGalleria/JW 10th Ave.駅から徒歩4分。

落ち着いた雰囲気でくつろげる

住409 S.W. 11th Ave., Portland, OR 97205
☎(503) 224-3293
Free(1-800) 548-3934
FAX(503) 223-7848
URL www.markspencer.com
料ⓈⒹⓉ$169〜349、Su$219〜389
駐$25 Wi-Fi 無料
カード A D J M V 102室

シニア層に人気

H 新感覚のデザインホテル　　中級／ダウンタウン／MP.147-A1

エース・ホテル・ポートランド　Ace Hotel Portland

アメリカ国内のみならず、日本でも注目されている新感覚のブティックホテル。1912年に建てられたS.W. Stark St.の1ブロックを占める古い建物を改築したもので、改築のコンセプトが斬新である。デザインを手がけたのは若手アーティスト。全78室の客室はコンパクトで、ダブルベッドに小さなシンク、シャワー室とトイレ、クローク、書き物机以外、家具らしいものは一切ない。客室の壁はアーティストが手描きした絵で飾られ、とてもポップ。ダブルベッドに掛けられた大判毛布はPendletonに特注したホテルのロゴ入りオリジナルだ。部屋は、アーミー調でタフな印象なので、シニア層にはやや不向きかもしれない。そのせいか、20～40歳代の旅行者が多い。

必要最小限のものしかない客室

インスタスポットとして有名

住1022 S.W. Stark St., Portland, OR 97205
☎(503) 228-2277
FAX(503) 228-2297
URL www.acehotel.com/portland
料ⓈⒹⓉ$175～355、バス共同ⓈⒹⓉ$125～195
駐$34　Wi-Fi無料
カードAJMV　78室(♿あり)

H ウオーターフロントにあるホテル　　中級／ダウンタウン／MP.147-C2

ホテルローズ　Hotel Rose

トム・マッコール・ウオーターフロントパークの目の前に立つホテル。リバービューの部屋からは、川の流れを眺めながらバルコニーでのんびりできる。客室は広くはないが、シンプルで清潔。川に面したレストラン、暖炉のあるライブラリーで気持ちよく時間が過ごせそうだ。

住50 S.W. Morrison St., Portland, OR 97204
☎(503) 221-0711
Free(1-877) 237-6775
FAX(503) 484-1417
URL www.stayapple.com
料ⓈⒹⓉ$169～338、Su$289～418
駐$25　Wi-Fi無料
カードAJMV　142室(♿あり)

H 無料の朝食が付く　　中級／パールディストリクト／MP.146-A2

ハンプトンイン&スイーツ・ポートランド・パールディストリクト　Hampton Inn & Suites Portland Pearl District

Powell's Booksまで4ブロックと歩いてダウンタウン方面へ行くことができる。パソコンが使えるビジネスセンターやプール、フィットネスジムが揃っているので、会社員に大人気。ルーフトップパティオもあり。ストリートカーAループとNSラインのNW 10th & Glisan駅下車、徒歩3分。

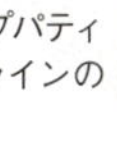

住354 N.W. 9th Ave., Portland, OR 97209
☎(503) 222-5200
FAX(503) 222-5201
URL hamptoninn3.hilton.com
料ⓈⒹⓉ$159～269、Su$189～309
駐$37　Wi-Fi無料
カードAMV　243室(♿あり)

COLUMN

春のバラ祭り

毎年5月下旬から6月初旬に開催される**ポートランド・ローズ・フェスティバルPortland Rose Festival**（→P.276）。バラの都ポートランドを象徴するこの祭りの間、市内各所で無料のコンサート、女王コンテスト、花火、生け花展、ドラゴンボートのレース、フローラルウオークなど、さまざまなイベントが行われ、街はたいへんなにぎわいとなる。

なかでも市民が心待ちにしているのが、6月初旬の土曜に行われるグランド・フローラルパレードGrand Floral Parade。当日は、暗いうちからパレード見物の場所取りに忙しい。

パレードは、ウィラメット川北東のメモリアルコロシアム（MP.146-B1）から出発する。フロート（山車）とマーチングバンドがバーンサイド橋を渡り、プロビデンスパークまで練り歩く。参加しているのは、高校生のマーチングバンドや陸軍のバンド、各地のミス・ロデオ、市長、NBAの人気選手、地元の博物館やはては市の清掃局まで、バラエティに富んでいる。何といっても見事なのは、山車の飾り付け。飾られた花がすべて生花なのである。

ポートランド・ローズ・フェスティバル
URL www.rosefestival.org

ノブヒルにある快適でおしゃれなホテル

中級／ノブヒル／MP.148-B1

イン・アット・ノースラップ・ステーション Inn @ Northrup Station

ポートランド・ストリートカーの駅が目の前にあるおしゃれなオールスイートタイプのホテル。外観は、まるでコンドミニアムかアパートメントのようだ。内装も地元のアーティストが存分にセンスを発揮したレトロヒップな仕上がり。無料の朝食が付く。ビジネスセンターもあり。

住 2025 N.W. Northrup St., Portland, OR 97209
☎(503) 224-0543
Free(1-800) 224-1180
FAX(503) 273-2102
URL www.northrupstation.com
料 Su$129～334
駐無料 Wi-Fi無料
カード AMV 72室(♿あり)

ポートランドで話題のタイニーハウス

中級／ノースウエスト／MP.148-B1

スラブタウンビレッジ Slabtown Village

タイニーハウスとは、「旅行者も現地に暮らすように滞在したいはず」という考えに基づいて、近年続々と登場している宿泊施設。室内には電子レンジ、冷蔵庫、自動洗浄機、シャワー、トイレ、ベッドがあり、普通のワンルームの部屋と変わらない。ホテルに泊まるよりも宿泊費を節約できるとあって、長期間滞在する人に重宝されている。ただ、スタッフやコンシェルジュが常駐しているわけではないので、敷地内や客室に入るにはメールで送られてくるパスワードが必要だ。ノブヒルとパールディストリクトの中間、閑静な住宅街にある。パイオニア・コートハウス・スクエアまで、最寄りのストリートカーの駅（NSラインのNW18th & Northrup駅）から約25分。

住 1828 N.W. Overton St., Portland, OR 97209
☎(503) 908-9081
URL www.slabtownvillage.com
料 SD$165～200、T$200～250
駐無料 Wi-Fi無料
カード AMV 6室

ビクトリア様式の一軒家では、4人まで宿泊できる

ロフトスタイルでベッドが中2階にある部屋も

長期滞在者にうれしい設備が整う

中級／ノースイースト／MP.149-A3

レジデンス・イン・ポートランド・ダウンタウン／コンベンションセンター Residence Inn Portland Downtown/Convention Center

マックス・ライトレイルの最寄り駅まで徒歩7分、ダウンタウンまで20分で行くことができる。斜め前にショッピングモールのロイドセンターがあるので、買い物や食事に困らない。キッチンや電子レンジが完備されているので室内で料理ができる。

住 1710 N.E. Multnomah St., Portland, OR 97232
☎(503) 288-1400
FAX(503) 288-0241
URL www.marriott.com
料 SDT$139～329、Su$199～
駐$22 Wi-Fi無料
カード ADJMV 168室(♿あり)

ロイドセンターの目と鼻の先

中級／ノースイースト／MP.149-A3

ダブルツリー・バイ・ヒルトン・ホテル・ポートランド DoubleTree by Hilton Hotel Portland

コンベンションセンターやモーダセンターに歩いて行ける。空港からマックス・ライトレイルで約20分後にはもうホテル到着というのも魅力的。ダウンタウンにもマックス・ライトレイルでアクセス簡単。足回りのよさでおすすめのホテルだ。

住 1000 N.E. Multnomah St., Portland, OR 97232
☎(503) 281-6111
Free(1-800) 222-8733
FAX(503) 284-8553
URL www.doubletree3.hilton.com
料 SDT$159～364、Su$294～474
駐$27～37 Wi-Fi無料
カード AMV 477室(♿あり)

COLUMN 夏のビール祭り

7月最後の週末4日間は、ビール好きが待ちに待った、**オレゴン・ブリュワーズ・フェスティバルOregon Brewers Festival**（→P.277）の開幕だ。全米のクラフトビール工場からえりすぐりの80のビール工場が出店する。会場は、ウィラメット川西岸のトム・マッコール・ウオーターフロントパーク（→P.163）。

オレゴン・ブリュワーズ・フェスティバル
URL www.oregonbrewfest.com

H ライブ演奏も満喫できるデザインホテル　中級／サウスイースト／MP.149-A3

ジュピターホテル
The Jupiter Hotel

白い壁と白いシーツにクッションがアクセントを添える小気味のいい客室。ホテル内にはライブイベントが楽しめるラウンジバー＆レストランや結婚式がよく行われている中庭もあり、夜遅くまでにぎわっている。パイオニア・コートハウス・スクエアからバス#12や#19で13分。

住800 E. Burnside St., Portland, OR 97214
☎(503) 230-9200
Free(1-877) 800-0004
FAX(503) 230-9300
URL jupiterhotel.com
料ⓈⒹⓉ$169～239、Su$299～499
駐$15　Wi-Fi無料
カード A M V　81室

H 2017年12月にオープンした　中級／サウスイースト／MP.149-A3

ジュピターネクスト
Jupiter Next

ジュピターホテル（→上記）の向かいにオープンしたジュピターホテル別館。おしゃれな雰囲気はジュピターホテルから引き継ぎつつ、最新のテクノロジーを使ったチェックインのシステムが話題になった。各階に喫煙所があるのも珍しい。1階にはカフェレストランやギフトショップも併設する。

住910 E. Burnside St., Portland, OR 97214
☎(503) 230-9200
FAX(503) 230-9300
URL jupiterhotel.com/jupiter-next
料ⓈⒹⓉ$109～225、Su242～270
駐$15　Wi-Fi無料
カード A M V　67室(♿あり)

H 空港そばで立地がいいホテル　中級／ポートランド国際空港周辺／MP.151

アロフト・ポートランド・エアポート・アット・カスケード・ステーション
Aloft Portland Airport at Cascade Station

お手頃な値段でおしゃれな雰囲気が漂う、若者に人気のホテル。客室はシンプルにまとまっているが不自由しない。バーやプール、フィットネスセンターもある。マックス・ライトレイル・レッドラインのCascade駅が目の前にあり、空港まで2駅。近くにはレストランやショップも集まる。

住9920 N.E. Cascades Pkwy., Portland, OR 97220
☎(503) 200-5678
FAX(503) 200-5244
URL www.aloftportlandairport.com
料ⓈⒹⓉ$156～289
駐無料　Wi-Fi無料
カード A D J M V　136室(♿あり)

H 1880年代の船乗りのための宿泊所の面影が残る　エコノミー／チャイナタウン／MP.146-B2

ソサエティホテル
The Society Hotel

チャイナタウンで30年以上空いていた建物を400万ドルかけてリノベーションし2015年オープンした。客室のタイプは、バスとトイレがあるスイートルーム、バスとトイレが共同のドミトリーやプライベートルームの3種類。フロントスタッフは24時間常駐しているので安心だ。20歳代のバックパッカーから60歳代の夫婦まで、幅広い客層に支持されている。1階には地元の人がよく立ち寄るカフェも入る。周辺には、中華料理やメキシコ料理レストランやピザショップが点在してるので、食事には困らない。ただし、夜遅くのひとり歩きはすすめない。マックス・ライトレイル・レッド、ブルーラインのOld Town/Chinatown駅から1ブロック。

住203 N.W. 3rd Ave., Portland, OR 97209
☎(503) 445-0444
FAX(503) 278-3438
URL www.thesocietyhotel.com
料ドミトリー$30～59、ⓈⒹⓉ$75～139、Su109～189
駐$15　Wi-Fi無料
カード A D J M V　38室(♿あり)

ルーフトップデッキからは、ダウンタウンの夜景を楽しめる

バスとトイレは共同だが、プライベートは確保される個室

COLUMN 秋のポートランドマラソン

毎年10月前半の日曜日、伝統的な国際マラソン大会が開催される。日本人ランナーが優勝したこともあり、世界各国から参加者が集まる大会だ。ウィラメット川沿いやセント・ジョンズ・ブリッジを走る42.195kmのコース。スタートとゴールはダウンタウンのパイオニアプレイス近く。

ポートランドマラソン
URL portlandmarathon.org

H パイオニア・コートハウス・スクエアから徒歩8分　エコノミー／ダウンタウン／MP.146-A2

マクミナミンズ・クリスタル・ホテル McMenamins Crystal Hotel

歴史的建造物に指定されているホテル。過去100年の間に直営のライブハウスで演奏を行った歌手にちなんで、館内はデコレーションが施され、色鮮やかだ。1階はレストランやバーが入り、地下にはプール、2階にはボールルームがある。バスやトイレは共同。

住303 S.W. 12th Ave., Portland, OR 97205
☎(503) 972-2670
Free(1-855) 205-3930
URL www.mcmenamins.com/Crystalhotel
料ⓈⒹ$85～165、Su$175～245
駐$25　Wi-Fi無料
カードADMV　51室(あり)

H 1915年創立の小学校を改装したホテル　エコノミー／ノースイースト／MP.145-B2

マクミナミンズ・ケネディ・スクール McMenamins Kennedy School

ディテンション（放課後の居残り）、オナーズ（成績優秀者）などの名前がついたバーや、黒板や本棚が残されたままの客室（元教室）など、とにかくユニーク。ブリュワリーがあり、オリジナル地ビールが飲める。専属アーティストたちの絵も懐かしさいっぱいだ。

住5736 N.E. 33rd Ave., Portland, OR 97211
☎(503) 249-3983
Free(1-888) 249-3983
FAX(503) 288-6559
URL www.mcmenamins.com/Kennedy-school　料ⓈⒹⓉ$135～235　駐無料　Wi-Fi無料
カードADMV　57室(あり)

H ノブヒル探訪に絶好のロケーション　ユースホステル／ノブヒル／MP.148-B2

ノースウエスト・ポートランド・ホステル Northwest Portland Hostel

築100年以上のアパートを使用するホステリング・インターナショナルのホステル。1階にはカフェもある。掲示板は情報満載で旅行者同士の交流が盛んだ。ノブヒルへ徒歩数分、ダウンタウンへ徒歩15分。建物は終日オープンしている。

住479 N.W. 18th Ave., Portland, OR 97209
☎(503) 241-2783
FAX(503) 525-5910
URL www.nwportlandhostel.com
料ドミトリー$25～46、ⓈⒹⓉ$69～149、非会員プラス$3／泊
駐$2　Wi-Fi無料
カードMV　29室(あり)、66ベッド

H 若者でにぎわうホーソンブルバード近く　ユースホステル／サウスイースト／MP.149-B4

ホステリング・インターナショナル・ポートランド・ホーソン Hostelling International Portland, Hawthorne

ホーソンブルバード沿いの国際色豊かなホステルで、建物は終日オープン。プライベートルームもある。予約はインターネットが便利。宿泊予定日の48時間前に予約する必要があるので、注意しよう。ダウンタウンからバス#14でS.E. Hawthorne Blvd. & 30th St.下車。

住3031 S.E. Hawthorne Blvd., Portland, OR 97214
☎(503) 236-3380
FAX(503) 236-7940
URL www.portlandhostel.org
料ドミトリー$27～42、ⓈⒹⓉ$68～77、非会員プラス$3／泊
駐無料　Wi-Fi無料
カードAMV　34ベッド+2部屋

COLUMN

スケボーの聖地　バーンサイドスケートパーク

世界中のスケートボーダーたちの憧れの地が、ポートランドの**バーンサイドスケートパークBurnside Skatepark**だ。イーストサイドのバーンサイド橋Burnside Bridgeの下にあり、広さは1万平方フィート（約930m²）ほど。パークにはスケートボードを愛する老若男女が集い、練習に励んでいる。もともとパークは1990年頃、ボーダーたちがゲリラ的に練習をしていた所。許可を得ずに自分たちで勝手にコンクリートを流し込んで練習場を造ってしまったのである。この既成事実に、ポートランド市も許可せざるを得なかった。ここから、プロのボーダーも巣立っており、「スケートボーダーの神」としてあがめられているトニー・ホークTony Hawkも、このパークが大好きだという。2007年カンヌ国際映画祭60周年記念特別賞を受賞した『パラノイド・パーク Paranoid Park』にも登場する。

バーンサイドスケートパーク
MP.149-A3
行き方バス#12、19、20のE. Burnside St. & N.E. Grand Ave.下車、徒歩5分。

早朝は比較的すいているパーク

スポーツ観戦 Sports

バスケットボール National Basketball Association (N B A)

ポートランド・トレイル・ブレイザーズ Portland Trail Blazers

ウエスタンカンファレンス北西地区に所属するトレイル・ブレイザーズは、1970年に創設され、1976～1977年シーズンに初めてNBAファイナルの栄冠を手にした。その後、2002～2003年シーズンまで1シーズンを除いて毎年プレイオフに出場。2000年代半ばは負け越しが続いたが、2013～2014年シーズンから5シーズン連続でプレイオフへ進出している。チーム名は、「道を切り拓く者」という意味で、一般公募によって決まった。本拠地は、**モーダセンターModa Center**。

ダウンタウンからマックス・ライトレイルで容易にアクセスできる

ポートランド・トレイル・ブレイザーズ
モーダセンター
MP P.149-A3
住 1 N. Center Court St., Portland
☎ (503) 797-9600
Free (1-800) 231-8750
URL www.nba.com/blazers
料 $11～2500
行き方 マックス・ライトレイル・ブルー、レッド、グリーンラインのRose Quarter駅下車。

サッカー Major League Soccer (M L S)

ポートランド・ティンバーズ Portland Timbers

2010年まで下部リーグに所属したチームを母体とし、2011年にメジャーリーグサッカー（MLS）の18番目のチームとなった。チーム名は1975～1982年にNASL（アメリカ最初のプロサッカーリーグ）のメンバーだったチームに由来する。2015年には念願のリーグ初優勝。ディエゴ・バレリ選手を中心とする攻撃的なチームだ。

ティンバーズ・アーミーを中心とした熱狂的な応援はすばらしく、2万2000人収容のスタジアムは毎試合売り切れる。ティンバーズがゴールを決めるとチームマスコットの木こりが電動のこぎりで丸太を切り、ゴールを決めた選手に試合後贈られる。

NWLS（女子サッカーリーグ）で2度優勝しているポートランド・ソーンズの試合にも2万人以上の観衆が集まることがある。

ポートランド・ティンバーズ
プロビデンスパーク
MP P.148-B4
住 1844 S.W. Morrison St., Portland
☎ (503) 553-5555（チケット）
URL www.timbers.com
料 $35～175
行き方 マックス・ライトレイル・ブルー、レッドラインのProvidence Park駅下車、目の前。

ダウンタウンから歩いて行くこともできるスタジアム

エンターテインメント Entertainment

オレゴン交響楽団 Oregon Symphony

アメリカ西部初のオーケストラとして1896年創設されたポートランド・シンフォニー協会が前身で、1967年に現在のオレゴン交響楽団に名称が変更された。**アーリン・シュニッツアー・コンサートホールArlene Schnitzer Concert Hall**を本拠地として、年間約70のコンサートを行う。2003年、カルロス・カルマーCarlos Kalmarが音楽監督に就任した。シーズンは9～5月。

オレゴン交響楽団
アーリン・シュニッツアー・コンサートホール
MP P.146-A3
住 1037 S.W. Broadway, Portland
☎ (503) 228-1353
URL www.orsymphony.org
料 $24～150
行き方 パイオニア・コートハウス・スクエアから南西に3ブロック。

Portland's Suburban Wineries

ポートランド近郊のワイン産地
ウィラメットバレーを歩く

ラベンダー畑の向こうに広がるブドウ畑。レックスヒル・ヴィンヤードにて

ピノノワールの名産地に成長

オレゴン州のワイン産地の中心といえるのが、アメリカ政府公認のブドウ栽培地AVA（American Viticultural Areas）に指定されている**ウィラメットバレーWillamette Valley**だ。ポートランドからユージーンにかけて、南西に細長く広がるウィラメット川沿いの丘陵地。ドライブで訪れると、たおやかに続く丘一面がブドウ畑で覆われ、その牧歌的な風景に癒やされる。実はここ、フランスのブルゴーニュ地方に似た気候風土だという。というのも、西のコースト山脈Coast Rangeが海からの冷たい風を遮り、東のカスケード連山Cascade Rangeが冬の寒気をやわらげ、さらに南西から吹き抜けるほどよい海風が、ブドウ畑に必要な湿潤さをもたらすからだとか。この環境こそ、皮が薄く、繊細で生育が難しいといわれるピノノワール（フランスのブルゴーニュ地方原産の赤ワイン用のブドウ品種）の栽培に適していた。そう、オレゴンワインといえば、今や「**ピノノワールPinot Noir**」が評判なのだ！

ウィラメットバレー
広域図:P.228-A1～B1

Plum Hill Vineyards P.207
David Hill Vineyards & Winery P.206
Patton Valley Vineyard P.207
Elk Cove Vineyards P.206
Erath Winery P.204
Beacon Hill Winery P.206
Oyatsupan Bakers P.208
ポートランド Portland
コロンビア川
Forest Grove
Beaverton
Jory Restaurant & Bar
The Allison Inn & Spa P.208
Ponzie Vineyards P.205
Rex Hill Vineyards P.207
Yamhill
Carlton
Dundee
Newberg
Domaine Drouhin P.206
Sokol Blosser Winery P.206
McMinnville
Fratelli Ponzi Fine Food & Wine P.206
The Dundee Bistro P.208
Nick's Italian Cafe P.208
Woodburn
ウィラメット川
The Vintages Trailer Resort P.208
Silverton
Dallas
セーラム Salem
0 10km

ソーコル・ブロッサー・ワイナリーのピノノワール

MEMO **歴史的なワイナリー** **Erath Winery** 地P.204 住9409 N.E. Worden Hill Rd., Dundee ☎(503)538-3318 URL www.erath.com 営毎日11:00～17:00 料試飲＄30 ↗

レックスヒル・ヴィンヤードのピノノワールはいかが？

ウィラメットバレーのワイナリーWillamette Valley Wineries
MAP P.204、P.228-A1～B2　URL willamettewines.com
行き方▶ポートランドから車かツアーで行く。ダンディーDundee方面へは、I-5、OR-99Wで約1時間。ユージーンへはI-5、OR-126で2時間30分～3時間。
歩き方▶ツアーで回るのが理想的。レンタカーで回る場合、起点となる町は、ポートランドかユージーンの2ヵ所。ポートランド発はダンディー周辺などウィラメットバレー北部が中心、それ以南はユージーンを起点に回るとよい。
ポートランド発のツアー▶
アメリカズ・ハブ・ワールド・ツアーズ　America's Hub World Tours
住 1706 N.W. 24th Ave., #96331, Portland　☎ (503)896-2464　URL www.americashubworldtours.com　料 $100（テイスティング代込み、チップ・ランチ代除く）　時間 12:30ホテルピックアップ、3つのワイナリーを訪問し、18:00ホテル到着

オレゴンワインの歴史

3人の開拓者たち

ウィラメットバレーに最初にブドウが植えられたのは、1847年だが、本格的な栽培が始まったのは1960年代後半。当時、カリフォルニア大学デイビス校でワイン造りを専攻した学生が移り住み、ブルゴーニュ種のブドウ栽培を始めてからだという。そして、この地の名声を一気に高めたピノノワールの栽培が本格化するのは、オレゴンワインの創始者ともいえる3人の男たち、デイビッド・レットDavid Lett、チャールズ・クーリーCharles Coury、ディック・イーラスDick Erathがワイン造りを開始してから。レットと妻のダイアナは1966年、オレゴンで最初のピノノワールとシャルドネ、ピノグリを栽培し、**アイリー・ヴィンヤードThe Eyrie Vineyards**を設立した。クーリーは、フォレストグローブにチャールズ・クーリー・ヴィンヤードと園芸店を造り、現在そこはデイビッド・ヒル・ヴィンヤード＆ワイナリーDavid Hill Vineyards & Winery（→P.206）に引き継がれている。そしてイーラスは、1968年に**イーラス・ワイナリーErath Winery**（→P.204脚注）を開き、成功を収めたあと、2006年にそのワイナリーをワシントン州のセント・ミッシェル・ワインエステイトに売却した。その売却益はオレゴンのワイン造りの教育振興団体に寄付され、オレゴンのワイン産業に生かされている。

ユージーン郊外にある、キングエステイトのテイスティングルーム

フランスに学ぶワインメイカー

また、1969年にエンジニアから転身し、この地にやってきたディック・ポンジーDick Ponziは、フランスのブルゴーニュへ何度も調査に出かけたあと、ブドウ栽培を始め、**ポンジー・ヴィンヤードPonzi Vineyards**（→脚注）を翌年創設した。ブドウ園の中に試飲室を造れるよう法改正に着手し、オレゴンワインの発展に尽力したパイオニアとして知られている。

天然のクーラーのようなソーコル・ブロッサー・ワイナリーのワインセラー

小規模ワイナリーの誕生

1970年代になると、都会で専門知識を身に付けていた人たちがウィラメットバレーに移住し、新しいワイナリーを次々にオープンさせた。しかし、その大半は小規模で、副業をもちながらコツコツと努力する日々が続いたのだった。

ピノノワールが評判に

こうした努力が実り、オレゴンワインの名声が一気に高まったのが1979年。パリで開かれた国際ワイン評議会で1975年産のアイリー・ヴィンヤード・サウスブロック・リザーブ・ピノノワールがトップ10に入賞。さらに1985年には、ニューヨークで開かれたブラインドテイスティングで1983年産の約15種類のオレゴン・ピノノワールがブルゴーニュ産と飲み比べられ、上位5位までのすべてをオレゴン産ピノノワールが独占するという快挙を達成した。オレゴンのピノノワールは、ついに世界的評価を得た。オレゴンでは、赤ワインならピノノワール、白ワインならピノグリと評価されている。

フランスの名門、オレゴンへ進出

1980年代になると、フランス・ブルゴーニュ地方の名門メゾン・ジョゼフ・ドルーアンJoseph Drouhinの当主ロバート・ドルーアンが、「世界でピノノワールの生育に適しているのは、ブルゴーニュとオレゴンだけ」と宣言し、ダンディーにブドウ畑とワイナリーを造る事態となった。ブルゴーニュとの関係を深めたオレゴンワインは、さらにワイン産業の「グリーン化」も推し進めていったのだ。

↘**Ponzi Vineyards**　MAP P.204　住 19500 S.W. Mountain Home Rd., Sherwood　☎ (503)628-1227　URL www.ponzivineyards.com　営 毎日11:00～17:30　料 試飲＄20

W 日本へもワインを輸出する　デイトン／MP.204

ソーコル・ブロッサー・ワイナリー　Sokol Blosser Winery

無農薬ワインの称号でもあるライブL.I.V.E.の認証（→脚注）を獲得している。ワインの搾りかすから腐葉土を作り、それらを肥料にブドウ畑の環境を守る努力も怠らないロハスなワイナリーだ。近年、太陽光発電も始めた。ワインセラーは屋根から側面全体を土で覆う画期的な工法で建てられ、LEED銀賞を獲得した環境に優しい建物。

住5000 N.E. Sokol Blosser Ln., Dayton
☎(503) 864-2282
URL sokolblosser.com
営試飲室：毎日10:00～16:00
料試飲$20　カード A J M V
行き方ポートランドからI-5、OR-99Wで1時間。Dundeeから10分。Sokol Brosser Ln.との分岐に看板あり。

W オレゴンに進出したブルゴーニュの名門　デイトン／MP.204

ドメイン・ドルーアン　Domaine Drouhin

フランス・ブルゴーニュの名門メゾン・ジョゼフ・ドルーアンの当主が、1988年にオレゴンに開いたワイナリー。ウィラメットバレーを見下ろすレッドヒルの南斜面に、ブドウ畑と試飲室がある。ブドウは密植栽培され、ワインに自家栽培のピノノワールを使う。オレゴンワインの牽引役として、この地のワイン産業に貢献し続けてきた。

住6750 N.E. Breyman Orchards Rd., Dayton　☎(503) 864-2700
URL www.domainedrouhin.com
営テイスティングルーム：毎日11:00～16:00（時期により異なる）。ツアー：木～火10:00（要予約、$40、約50分）
料試飲$20　カード A J M V
行き方OR-99WをDundeeから5km南下、McDougal Rd.に入り、Breyman Orchards Rd.を3km上る。

W オレゴンワインの旗振り役　ダンディー／MP.204

フラテリ・ポンジー・ファインフード&ワイン　Fratelli Ponzi Fine Food & Wine

1970年から50年近くものあいだ、オレゴンワインのリーダー的存在として、ワインを造り続けているワイナリーであるポンジー・ヴィンヤード（→P.205）のワインバー。200種類以上のワインを常時取り揃え、ボトルは$25～。ピザ（$10～）やハンバーガー（$16～）などもある。

住100-B S.W. 7th St., Dundee
☎(503) 554-1500
URL ponziwines.com
営月～金14:00～20:00、土日12:00～20:00
料試飲$16（ワイン4種類）
カード A M V
場所OR-99W沿い、Dundeeの町の中心。

W ウィラメットバレーの老舗ワイナリー　フォレストグローブ／MP.204

デイビッド・ヒル・ヴィンヤード&ワイナリー　David Hill Vineyards & Winery

オレゴンワインのパイオニアが開いたワイナリーを1992年に現オーナーのStoyanov夫妻が購入した。140エーカーの敷地のうち、40エーカーがワイン畑。ピノノワール、ピノブラン、シャスラ、シルバーネル、リースリングの苗木は、約50年前に植えられたものだ。

住46350 N.W. David Hill Rd., Forest Grove
☎(503) 992-8545
URL www.davidhillwinery.com
営毎日11:00～17:00
料試飲$10～
カード A M V
行き方Forest GroveからThatcher Rd.、David Hill Rd.を北西に4km。

W 敷地内のキャビンやコテージに宿泊できる　ガストン／MP.204

ビーコンヒル・ワイナリー　Beacon Hill Winery

ナパバレーでいちばんの有名人Tony Soter氏が、1998年オレゴン州に移り、ピノノワールの栽培に携わっていたことで注目を集めたワイナリー。シャルドネやピノノワールなど9種類のワインを製造している。ワイン畑や醸造所だけでなく、包装にもライブL.I.V.E.認証を得ている。

住22070 N.E. Ridge Rd., Gaston
☎(503) 662-5212
URL beaconhillwinery.com
営木～日11:00～17:00　休月～水
料試飲$15、1泊$200～
カード A M V
行き方Forest GroveからOR-47を南に20km。

W 創業以来、家族経営を続ける　ガストン／MP.204

エルクコーブ・ビンヤード　Elk Cove Vinyards

1974年Cambell夫妻が荒廃した畑を購入したのがワイナリーの始まり。40頭のヘラ鹿（Elk）がその年の冬、畑で寝転んでいたことから、エルクコーブと名付けられた。ひと粒ひと粒、ブドウを手でつみ、バイオダイナミック農法で造るサステイナブルワインメーカーだ。ビンヤードのツアー（要事前予約、$50）もあり。

住27751 N.W. Olson Rd., Gaston
☎(503) 985-7760
URL elkcove.com
営毎日10:00～17:00
料試飲$15
カード A M V
行き方Forest GroveからOR-47を南に8km行き、Olson Rd.を西に4km。

MEMO ライブL.I.V.E.認証とは　ライブ（Low Input Viticulture & Enology）とは、農地内ですべてを循環させるバイオダイナミックより緩やかな農法。

ワイナリー&テイスティングルーム

W 小さな実力派　ガストン／MP.204

パットンバレー・ヴィンヤード　Patton Valley Vineyard

ライブL.I.V.E.認証に基づいて育てられたピノノワールを使うオーガニックなワイナリー。貯蔵庫に並ぶ大きな樽は、オークの匂いがワインにつき過ぎないようにするための配慮だという。ガストンの丘の上にある。2014年にはテイスティングルームを大改装し、好評を得ている。

住9449 S.W. Old Hwy. 47(OR-47), Gaston
☎(503) 985-3445
URLwww.pattonvalley.com
営木～月11:00～17:00(時期により異なる)
料試飲$10～　カード A M V
行き方Forest GroveからOR-47を南に10km。

W ご夫婦で営む小さなワイナリー　ガストン／MP.204

プラムヒル・ヴィンヤード　Plum Hill Vineyards

2009年にオープンした小さなワイナリー。多くの支援者のおかげでワイナリーをもつ夢がかなったというご夫婦のブドウ畑には、若木が青々と茂り、美しい風景が広がっている。テイスティングルームではおみやげも販売。人柄のいいご夫婦のワイナリーなので、つい長居してしまう。

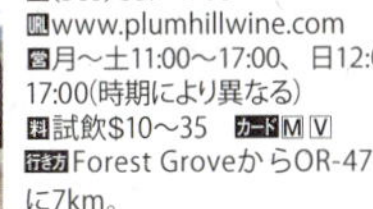

住6505 S.W. Old Hwy. 47(OR-47), Gaston
☎(503) 359-4706
URLwww.plumhillwine.com
営月～土11:00～17:00、日12:00～17:00(時期により異なる)
料試飲$10～35　カード M V
行き方Forest GroveからOR-47を南に7km。

W ワイン産地の入口にあるワイナリー　ニューバーグ／MP.204

レックスヒル・ヴィンヤード　Rex Hill Vineyards

ポートランドから近い場所にある家族経営のワイナリー。1982年の創業以来、創業家からWilliam Hatcher Familyがワイン造りのノウハウを引き継ぎ、創業当時と変わらぬ製法でピノノワールを育成。シングル・ヴィンヤードのピノノワールも使用する。自家農園のブドウはバイオダイナミック農法。

住30835 N. Hwy. 99W, Newberg
☎(503) 538-0666
URLwww.rexhill.com
営試飲室：毎日10:00～17:00
料試飲$15～
カード A M V
行き方NewbergからOR-99Wを東に5km。

W ユージーンに試飲室あり　エルマイラ／MP.228-A2

ラヴェル・ヴィンヤード　LaVelle Vineyards

ユージーンから西へ24kmの人里離れた山奥にあるワイナリー。門を入るときれいに手入れされた芝生と試飲室があり、試飲室の裏手にブドウ畑が広がる。ユージーンのホテルValley River Innに入るレストランSweetWaters on the Riverにテイスティングルーム(営木～土16:00～19:00)がある。ピノノワールやピノグリを生産する。

住89697 Sheffler Rd., Elmira
☎(541) 935-9406
URLwww.lavellevineyards.com
営日～木12:00～17:00、金土12:00～20:00(時期により異なる)
料試飲$5　カード M V
Valley River Inn
住1000 Valley River Way, Eugene
☎(541) 743-1000

W 絶景の谷間を見渡すワイナリー　ユージーン郊外／MP.228-A2

スイートチークス・ワイナリー&ヴィンヤード　Sweet Cheeks Winery & Vineyard

ユージーンから南西25km、ブリッグスヒル渓谷を望む、眺めのよい丘の上にある。広いパティオが魅力的。数々の受賞歴に輝くワインを生産、140エーカーの農地のうち42エーカーをブドウ畑にし、ピノノワール、ピノグリ、リースリングを栽培する。ピクニックがてら訪問したい。

住27007 Briggs Hill Rd., Eugene
☎(541) 349-9463
URLsweetcheekswinery.com
営土～木12:00～18:00、金12:00～21:00
料試飲$5～10　カード A M V
行き方ユージーンから、OR-126を西に5km行き、Bailey Hill Rd.、Spencer Creek Rd.を南東に18km。

W おしゃれなワイナリー　ユージーン郊外／MP.228-A2

キングエステイト・ワイナリー　King Estate Winery

ユージーンの南西にあるKing Familyが営むワイナリーで、1033エーカー(413ヘクタール)の広大な農地のうち457エーカーがブドウ畑。ピノグリ、ピノノワール、シャルドネの評判がいい。なかでも、美しく手入れされたブドウ畑を見渡すレストラン(→P.208)が有名だ。適宜開催されるツアーは無料。

住80854 Territorial Hwy., Eugene
☎(541) 942-9874
URLwww.kingestate.com
営毎日11:00～20:30(時期により異なる)　料試飲$15～　カード A M V
行き方ユージーンからOR-126を西に5km行き、Bailey Hill Rd.、Lorane Hwy.、Territorial Hwy.を南東に28km。

MEMO **サステイナブルとは**　地球環境を悪化させたり壊さないようにしつつ、将来にわたって継続的に発展し開発していくこと。

レストラン

R ワインカントリーにある極上レストラン　イタリア料理／マクミンビル／MP.204

ニックス・イタリアン・カフェ

Nick's Italian Cafe

2014年ジェームズ・ビアード賞を受賞したレストラン。オープンして40年以上たつが、いまだに家族経営を保ち、地元の人から高い評価を得ている。近隣の農家から入手した新鮮な食材を使用しているだけあり、どれも外れがない。トリッパのトマト煮（$10）が看板メニュー。

住521 N.E. 3rd St., McMinnville
☎(503) 434-4471
URLwww.nicksitaliancafe.com
営毎日17:00〜21:00
カードAMV
行き方ポートランドからI-5、OR-99Wを50km南に行き、OR-18Wを西に12km、約1時間10分。

R ワインレストランの草分け　ノースウエスト料理／ダンディー／MP.204

ダンディービストロ

The Dundee Bistro

Ponzi Familyによる話題のビストロ。オーガニックを基本にした料理はワインとの相性も抜群、新鮮でおいしい。隣にフラテリ・ポンジー・ファインフード&ワイン（→P.206）がある。日替わりメニューのほかに、定番のマルガリータピザ（$11）やグラスフェッドビーフバーガー（$16）あり。

住100-A S.W. 7th St., Dundee
☎(503) 554-1650
URLwww.dundeebistro.com
営毎日11:30〜21:00
カードAJMV
行き方フラテリ・ポンジー・ファインフード&ワイン（→P.206）参照。

R エレガントなワイナリーレストラン　ノースウエスト料理／ユージーン郊外／MP.228-A2

キングエステイト・レストラン

King Estate Restaurant

キングエステイト・ワイナリーに併設された眺めのいいレストラン。自家栽培のオーガニック野菜や果物のほか、地元産のオーガニック食材を使い、素材のもち味を生かした料理を提供する。心地よい風が吹き抜けるテラス席で贅沢なひとときを過ごそう。ディナーのおすすめは牛フィレステーキ（$38）。

住80854 Territorial Rd., Eugene
☎(541) 685-5189
URLwww.kingestate.com
営ランチ：月火11:00〜16:00、水〜金11:00〜16:30、土日10:00〜16:03、ディナー：日〜木17:00〜20:00、金土17:00〜21:00
カードAMV　行き方キングエステイト・ワイナリー（→P.207）参照。

ホテル

H ワイン産地にできた癒やしの園　高級／ニューバーグ／MP.204

アリソンイン&スパ

The Allison Inn & Spa

広大な敷地には庭園やハイキングトレイルが造られ、周囲の自然環境とも調和している。全85の客室はとてもエレガントに調えられ、窓から美しいブドウ畑が見渡せる。レストランのJory Restaurantもあり。

住2525 Allison Ln., Newberg, OR 97132
☎(503) 554-2525
FAX(503) 476-0680
URLwww.theallison.com
料ⓈⒹ$385〜485、Su$550〜695
駐無料　Wi-Fi無料
カードADMV　85室（あり）
行き方ポートランドからOR-99Wを南西に38km、約45分。

H アメリカならではの宿泊を　中級／デイトン／MP.204

ビンテージ・トレイラー・リゾート

The Vintages Trailer Resort

デイトンにあるウィラメットバレーRVパークでは、トレーラーハウスに宿泊できる。パークには、1940年代のものから2015年製のものまで31台のトレーラーハウスが並ぶ。車内にはベッド、トイレ、キッチン、コーヒーメーカーなどが揃っているので不自由しない。ほとんどの車にはシャワーが付いているが、パーク内にも共同のシャワー室もある。自転車の無料貸し出しあり。スーパーマーケットで食材を買ってくれば、パーク内でBBQもできるのがうれしい。

上／必要な物はすべて揃っているので不自由しない
右／大人ふたりでも余裕があるクイーンサイズのベッド

住16205 S.E. Kreder Rd., Dayton, OR 97114
☎(971) 267-2130
FAX(503) 864-4853
URLwww.the-vintages.com
料$110〜245
駐無料　Wi-Fi無料
カードAMV　31台
行き方ポートランドからI-5、OR-99Wを50km南に行き、OR-18Wを西に1.5km、約1時間。

MEMO 日本人が焼くパンがアメリカ人にも人気　Oyatsupan Bakers　MP.204　住16025 S.W. Regatta Ln., Beaverton　☎(503) 941-5251　URLwww.oyatsupan.com　営月〜土8:00〜18:00、日9:00〜17:00

ファーマーズマーケットで味わう
ポートランドの大地の恵み

左／素材そのものの色がしっかりとし、とても新鮮であることがわかる
下／アルバータストリートにある人気サンドイッチ屋さんも出店している

長かった雨の季節が終わり、木々が芽吹き始める5月。ポートランドでは、ファーマーズマーケットが活気づいてくる。市民たちにとっても楽しみな季節の到来。家族や友人と連れだって、買い物や買い食いを楽しむのである。

ポートランドのファーマーズマーケットは、1992年にたった13軒の土曜市から始まった。今では、露店の数も200店以上にまで増え、もはやマーケットはポートランド市の財政にも多大な影響を与えている。暖かい時期なら週3日、ダウンタウンのどこかで開かれているので、ぜひのぞいてみよう。

月曜市は**パイオニア・コートハウス・スクエア**（→P.162）で、**水曜市**はダウンタウンの中心、S.W. Park Ave.沿いのS.W. Salmon St.とS.W. Main St.の間にある**シーマンスキーパークShemanski Park**で開催される。どの店の前にも長蛇の列ができ、買い物袋をさげた近隣の住民たちが、オーガニック野菜や果物を次々に買っていく。周囲にオフィスが多いせいか、ここでランチを買って公園のベンチで食べる光景が見られる。一緒に並んでランチをすれば、なんだか住人になったようで、幸せな気分になれるだろう。

土曜市は、**ポートランド州立大学Portland State University（PSU）**の構内で開かれる。色とりどりの新鮮な有機野菜や果物をはじめ、パン、ジャム、ソーセージなど、ロハスな食材が手に入るとあって、家族連れやカップルも買い出しに来る名物市だ。地産地消、食の安全を考えたシェフが集まるところでもあり、ファーマーズマーケットの重要性が、ポートランドの街にしっかり根付いていることを確認できるだろう。

マーケットに出店する露天商の大半は、ポートランド近郊の農家や地元の小売店主たちである。色鮮やかな野菜や果物もそのほとんどがオーガニック。ファーマーズマーケットに並ぶ食材は、健康な大地の恵みというわけだ。

このファーマーズマーケットは、「エコ」にもひと役買っている。遠くから運ばれてくるものは、多くのガソリンを消費し、CO_2を排出する。そのぶん鮮度も落ちる。ポートランドっ子は、ここにも着目し「地産地消」を実践している。さあ、土の香りを求めて、ファーマーズマーケットへ！

ポートランドのファーマーズマーケット

0　1km
N
5
405
84
オレゴン州コンベンションセンター
Burnside St.
Burnside St.
Salmon St.
Main St.
Broadway
20th Ave.
Taylor St.
Salmon St.
Market St.
Hawthorne Blvd.
Harrison St.
月曜市／パイオニア・コートハウス・スクエア
水曜市／シーマンスキーパーク
土曜市／ポートランド州立大学
ポートランド州立大学
オレゴン科学産業博物館（オムジ）

ポートランド・ファーマーズマーケット
Portland Farmers Market

DATA

URL www.portlandfarmersmarket.org

月曜市：パイオニア・コートハウス・スクエア Pioneer Courthouse Square
M P.147-B2　住 S.W. 6th Ave. & S.W. Yamhill St.　営 6月中旬〜8月の月曜10:00〜14:00

水曜市：シーマンスキーパーク Shemanski Park
M P.147-A2　住 S.W. Park Ave. & S.W. Main St.　営 5〜10月の水曜10:00〜14:00

土曜市：ポートランド州立大学 Portland State University (PSU)
M P.146-A4　住 S.W. Park Ave. & S.W. Montgomery St.　営 4〜10月の土曜8:30〜14:00、11〜3月の土曜9:00〜14:00

※ダウンタウン以外のネイバーフッドでもファーマーズマーケットは開催されている。P.162〜165脚注参照のこと。

「地球の歩き方」の書籍

地球の歩き方 GEM STONE

「GEM STONE（ジェムストーン）」の意味は「原石」。地球を旅して見つけた宝石のような輝きをもつ「自然」や「文化」、「史跡」などといった「原石」を珠玉の旅として提案するビジュアルガイドブック。美しい写真と詳しい解説で新しいテーマ&スタイルの旅へと誘います。

- 006 世界遺産 マチュピチュ完全ガイド
- 022 グランドサークル&セドナ アメリカ驚異の大自然を五感で味わう体験ガイド
- 026 ベルリンガイドブック「素顔のベルリン」増補改訂版
- 030 世界遺産 イースター島完全ガイド
- 038 イスタンブール路地裏さんぽ
- 040 南アフリカ自然紀行 野生動物とサファリの魅力
- 041 世界遺産 ナスカの地上絵完全ガイド
- 042 世界遺産 ガラパゴス諸島完全ガイド
- 044 プラハ迷宮の散歩道
- 045 デザインとおとぎの国 デンマーク
- 050 美しきアルジェリア 7つの世界遺産を巡る旅
- 051 アマルフィ&カプリ島 とっておきの散歩道
- 052 とっておきのポーランド 世界遺産と小さな村、古城ホテルを訪ねて
- 053 台北近郊 魅力的な町めぐり
- 054 グリム童話で旅するドイツ・メルヘン街道
- 056 ラダック ザンスカール スピティ 北インドのリトル・チベット［増補改訂版］
- 057 ザルツブルクとチロル アルプスの山と街を歩く
- 060 カリフォルニア・オーガニックトリップ サンフランシスコ&ワインカントリーのスローライフへ
- 066 南極大陸 完全旅行ガイド

地球の歩き方 BOOKS

「BOOKS」シリーズでは、国内、海外を問わず、自分らしい旅を求めている旅好きの方々に、旅に誘う情報から旅先で役に立つ実用情報まで、「旅エッセイ」や「写真集」「旅行術指南」など、さまざまな形で旅の情報を発信します。

- ニューヨークおしゃべりノート2
- 地球の歩き方フォトブック 世界の絶景アルバム101 南米・カリブの旅
- 『幸せになる、ハワイのパンケーキ&朝ごはん』～オアフ島で食べたい人気の100皿～
- 地球の歩き方フォトブック 旅するフォトグラファーが選ぶスペインの町33
- ブルックリン・スタイル ニューヨーク新世代アーティストのこだわりライフ&とっておきアドレス
- MAKI'S DEAREST HAWAII ～インスタジェニックなハワイ探し～
- GIRL'S GETAWAY TO LOS ANGELES

MAKI'S DEAREST HAWA
～インスタジェニックなハワイ探し～
インスタ映えする風景、雑貨、グルメがいっぱい

オレゴン州―ポートランドからの小旅行

OREGON STATE

車&ツアーで行くエリア

コロンビア峡谷
Columbia River Gorge

オレゴン州・ワシントン州 ▶ 市外局番：503／541／509

遠くカナダのロッキー山脈を源に流れる大河コロンビア川。その河口部は、オレゴン州とワシントン州の州境でもあり、雄大な川筋は断崖絶壁が続き、深山から流れる数多の滝を愛でられる景勝地だ。ポートランドから軽快に走れるドライブコースでもあり、滝を見ながらハイキングが楽しめる。

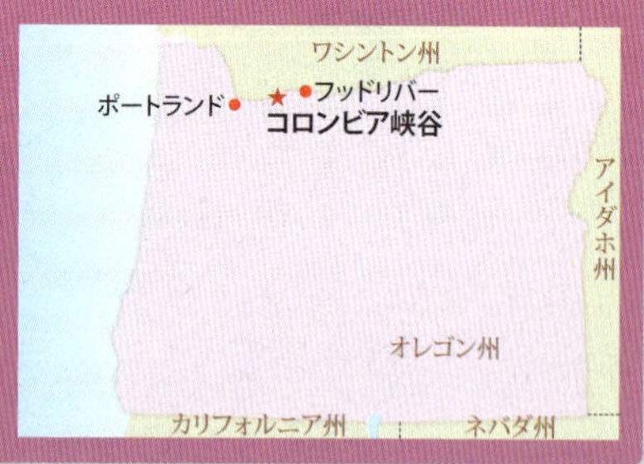

グレイハウンドバス
URL www.greyhound.com
ポートランド～フッドリバー
料 $11～34
所要1時間10分、1日3往復

コロンビア峡谷エクスプレス
URL columbiagorgeexpress.com
営〈6月中旬～9月下旬〉毎日8:30～19:10の間、1日10～11本。5月下旬～6月上旬は金～日もあり
料 片道 $5～7.50（行き先により異なる）

ポートランドからのツアー
アメリカズ・ハブ・ワールド・ツアーズ
America's Hub World Tours
Free (1-800) 637-3110
URL www.americashubworldtours.com
ポートランドETC（エデュケーションツアーセンター）
☎ (503) 294-6488
URL www.educationtourcenter.com
第一インターナショナルトラベル
URL www.dai-ichi-travel.com

コロンビア峡谷への行き方

グレイハウンドバス　Greyhound Bus

ポートランドからI-84を東に走るバスがフッドリバーに行く。

コロンビア峡谷エクスプレス Columbia Gorge Express

ポートランド周辺にあるマックス・ライトレイル・レッド、ブルー、グリーンラインのGateway/NE 99th Transit Centerからマルトノマ滝やカスケードロックス、フッドリバーまで走る。

レンタカー　Rent-A-Car

ポートランドからI-84を東へ、Exit 17で下りて、Crown Point Hwy.を南へ。標識を追って行けば、トラウトデールTroutdaleから**コロンビア川ヒストリック・ハイウエイHistoric Columbia River Highway** に入れる。ブライダルベールから再びI-84に入り、Hood River（ポートランドから所要約2時間）まで行ってOR-35を南下するとマウントフッド（→P.220）だ。ただし、ポートランドから直接マウントフッドへ行くには、US-26を東に向かうほうが近い。

MEMO **コロンビア峡谷のハイキングトレイルや道路の閉鎖**　2017年9月にイーグルクリーク周辺で起こった火事により、コロンビア峡谷にあるトレイルはほとんど閉鎖されている。コロンビア川ヒストリック・ハ↗

コロンビア峡谷のおもな見どころ

絶好のドライブルート MP.212-A2〜B1

コロンビア川ヒストリック・ハイウエイ
The Historic Columbia River Highway

設計技術者が「自然の美しい場所と自然が最も景観よく見える場所を探し出したうえで、どこに道をつければそこにたどり着けるかに工夫を凝らし」建設されたコロンビア峡谷沿いの歴史街道。コロンビア川を高い所から見下ろしながら、カーブが連続する旧道を運転するのはとても楽しい。道路沿いに大小の滝や清流があり、紅葉の時期は特に美しい景色を楽しめる。なかでも最も有名な滝が**マルトノマ滝Multnomah Falls**（→P.215）だ。

ポートランドダウンタウンの約27km東にあるトラウトデールTroutdaleから、東に向かってハイウエイが延びているが、途中でI-84に合流。Exit 69を下りるとモジャーMosierで再びコロンビア川ヒストリック・ハイウエイに乗ることができ、ザ・ダルズThe Dallesまで続く。2018年10月現在、ブライダルベールからエインズワース州立公園まで閉鎖中。

ビスタハウスからの風景

コロンビア峡谷でいちばんの写真撮影ポイント MP.212-A2

クラウン・ポイント・ビスタハウス
Crown Point Vista House

コロンビア川に突き出す断崖クラウン・ポイント。ここから見下ろすコロンビア峡谷の風景はとてもすばらしい。断崖が続く渓谷の間をコロンビア川がゆったりと流れ、遠くまで見渡せる風景は、まるで一幅の名画のようだ。自然の造形美のなんと美しいこと！

この断崖に立つ石造りの建物が**ビスタハウスVista House**で、オレゴンへの道を開拓した人々の記念碑として1918年に完成した。長年放置され、荒れるに任せていたが、2006年修復工事が終わり、再オープン。地下にはコロンビア峡谷の歴史を展示したコーナーや売店がある。

このビスタハウスを遠望するポイントが、コロンビア川ヒストリック・ハイウエイの入口にある**ウィメンズフォーラム展望台（シャンティクリアポイント）Women's Forum Scenic Viewpoint (Chanticleer Point)**だ。

再建されたビスタハウス

コロンビア川ヒストリック・ハイウエイ
URL www.oregon.gov/ODOT/HWY/HCRH

コロンビア峡谷ナショナル・シーニックエリア
Columbia River Gorge National Scenic Area USDA Forest Service
☎(541) 308-1700
URL www.fs.usda.gov/crgnsa

マルトノマ滝の麓にあるマルトノマフォールズ・ロッジ

マルトノマ滝とベンソンブリッジ

クラウン・ポイント・ビスタハウス
住 40700 E. Historic Columbia River Hwy., Corbett
☎(503) 695-2230 (Friends of Vista House)
URL www.vistahouse.com
営 毎日9:00〜18:00（時期、天候により変更あり）
車 ポートランドからI-84を東に進み、Exit 22で下り、Historic Columbia River Hwy.を進む。所要約55分。

ウィメンズフォーラム展望台（シャンティクリアポイント）
MP.214-A2
住 39210 Historic Columbia River Hwy., Corbett
車 ポートランドからI-84をExit 22で下り、Historic Columbia River Hwy.を進む。所要約50分。クラウン・ポイント・ビスタハウスの1.5km手前左側。

コロンビア川を一望するウィメンズフォーラム展望台

↘イウエイも一部通行禁止。最新情報は、ウェブサイトで確認を。URL www.fs.usda.gov/recmain/crgnsa/recreation#conditions

アッパー・ラトレル滝

クラウン・ポイント・ビスタハウスからのおおよその距離
Historic Columbia River Hwy.を東へ進む。
・ラトレル滝：4km
・ブライダルベール滝：7.5km

ラトレル滝
ポートランドからI-84を約42km東へ進み、Exit 28で下りる。Historic Columbia River Hwy.を西へ5km。所要約45分。
ラトレル滝ハイキングトレイル
レベル：初級～中級
距離：1周3～5kmのループトレイル
所要時間：1～2時間
標高差：190m
時期：春～秋

ブライダルベール滝
ポートランドからI-84を約42km東へ進み、Exit 28で下りる。Historic Columbia River Hwy.を西へ1.5km。所要約40分。
ブライダルベール滝ハイキングトレイル
レベル：初級
距離：2km
所要時間：1～2時間
標高差：62m
時期：通年

ワーキーナ滝
ポートランドからI-84を約42km東へ進み、Exit 28で下りる。Historic Columbia River Hwy.を東に5km。所要約45分。2018年10月現在、Historic Columbia River Hwy.は閉鎖中。

コロンビア峡谷滝巡り

コロンビア川ヒストリック・ハイウエイ沿いには108もの滝がある。なかでも車道沿いから見える下記の滝は必見！　ポートランド方面からフッドリバー方面へと順に紹介しよう。

ふたつの滝を巡る人気トレイル　M P.214-A2

ラトレル滝 Latourell Falls

落差約76m、細く真っすぐに流れ落ちる清楚な滝。キューブ状になった岩には黄緑色のコケが生え、アクセントになっている。

トレイルヘッドからの上りは少々きついが、ハイキングする価値がある滝。ロウアー・ラトレル滝からさらに歩くと滝の裏側へと回り込めるアッパー・ラトレル滝が現れる。このままループを周遊してもいいが、もと来た道を引き返すと早い。

花嫁のベールを思わせる　M P.214-A2

ブライダルベール滝 Bridal Veil Falls

滝つぼに落ちる白い水しぶきが、花嫁がかぶるベールに似ているところからついた名前。落差は約30mとそれほどでもないが、2段階になっている。駐車場から滝つぼまで約5分、カエデやシダが美しいトレイルを歩く。

トレイルも整備された滝　M P.214-A1

ワーキーナ滝 Wahkeena Falls

「ワーキーナ」とはヤカマ先住民の言葉で「最も美しい」という意味なのだとか。マルトノマ滝ほどの落差も迫力もないが、コケむした岩の間を幾段かに分かれて流れ落ちる滝で、最後は急流となって川へと流れ込んでいる。落差約73m。2018年10月現在、滝へのアクセス不可。

ワーキーナ滝

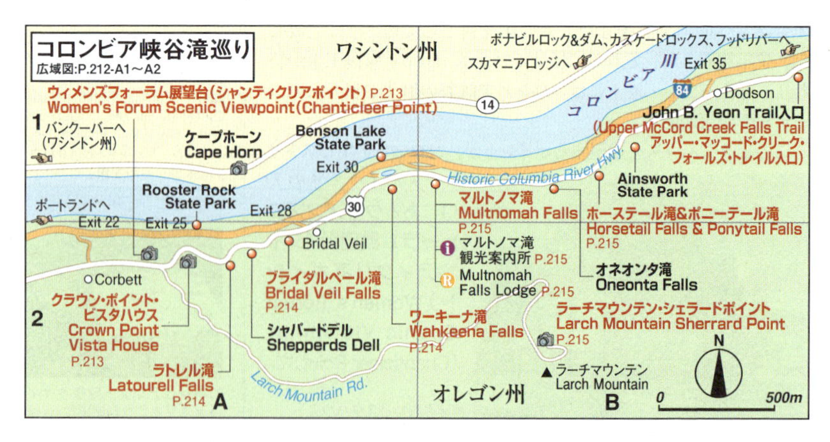

コロンビア峡谷のハイライト　MP.214-B1

マルトノマ滝
Multnomah Falls

峡谷沿いに数ある滝のなかで最も大きな滝。落差165mの上部と21mの下部を合わせた落差186mはオレゴン州最大規模である。滝を間近に望む石橋、**ベンソンブリッジBenson Bridge**まで行ってみよう。水しぶきを浴びながら激しい水音がとどろく滝つぼを見下ろすと、吸い込まれそうな気がする。冬は滝が凍りつき、氷の彫刻が姿を現す。滝の麓にある**マルトノマフォールズ・ロッジMultnomah Falls Lodge**（1925年創建）では、滝を見ながら食事が楽しめる。1階には**ビジターセンターUSDA Forest Service, Multnomah Falls Visitor Center**とギフトショップが入る。

道から見えるホーステール滝　MP.214-B1

ホーステール滝&ポニーテール滝
Horsetail Falls & Ponytail Falls

マルトノマ滝から東へ約5km、コロンビア川ヒストリック・ハイウエイから50mほど奥へ歩く。名前のとおり、岩の間からまるで馬のしっぽのように水が流れ落ちるのがホーステール滝。そこからさらに奥へ歩いていくと、ひと回り小ぶりなポニーテール滝がある。こちらは滝の背後にある岩の窪みを歩けるようになっており、滝を裏側から見ることができるのでおすすめ。2018年10月現在、滝へのアクセス不可。

ホーステール滝

5つの山を眺める展望台　MP.214-B2

ラーチマウンテン・シェラードポイント
Larch Mountain Sherrard Point

コロンビア川ヒストリック・ハイウエイ沿い、ビスタハウスを展望するウィメンズフォーラム展望台/シャンティクリアポイント（Women's Forum Scenic Viewpoint/Chanticleer Point →P.213）との分岐を右に入り、Larch Mountain Rd.を約24kmひたすら進んだ終点が**ラーチマウンテン**だ。駐車場に車を停め、坂道を20分ほど登ると、オレゴン州とワシントン州を代表する山々を遠望する**ラーチマウンテン・シェラードポイント**に到着。360度視界が開け、マウントレニエやセントヘレンズ火山、マウントフッド、マウントジェファソン、マウントアダムスまでも見渡せる。登り口は、マルトノマ滝から続くトレイルの終点でもある。2018年10月現在、閉鎖中。

子供でも楽に登って来られる

マルトノマ滝

マルトノマ滝
行き方 ポートランドからI-84を約45km東に進んだ所、Exit 31に駐車場がある。滝や観光案内所、ロッジへはインターステートの下にある地下道でアクセスできる。所要約45分。

マルトノマフォールズ・ロッジ
Multnomah Falls Lodge
MP.214-B1
住53000 E. Historic Columbia River Hwy., Corbett
☎(503) 695-2376
URLwww.multnomahfallslodge.com
営毎日8:00～21:00（時期により異なる）
2Fにレストランとラウンジがあり、朝食、ランチ、夕食が食べられる。ロッジと名がつくが宿泊施設はない。

i 観光案内所

マルトノマ滝観光案内所
USDA Forest Service, Multnomah Falls Visitor Center
MP.214-B1
☎(503) 695-2372
営毎日9:00～17:00
マルトノマフォールズ・ロッジ1階にあり、地図などが揃う。

ラーチマウンテン・シェラードポイント
2018年10月現在、閉鎖中。下記は閉鎖前のデータ
営4月下旬～10月下旬（天候により異なる）
料$5（National Forest Recreation Day Pass）

★コロンビア川のいろいろな側面を見学　MP.212-A1

ボナビルロック&ダム
Bonneville Lock & Dam

1937年に8840万ドルを投じて建設された水門とダム。このダムの完成によりザ・ダルズThe Dallesの約6km東側一帯の水面が引き上げられ、本来の川の自然と景観は水没してしまった。後に上流に水力発電所が増設され、周辺地域は電力資源と洪水対策の恩恵を受けたが、先住民の伝統文化と生活に深くかかわっていた漁場や歴史的遺跡は、すっかりなくなってしまったのだ。

晴れた日のダム見学は気持ちがいい

水門は航行する船のためにダムの上流と下流の水のレベルを調整し、水力発電所では約120万キロワットの電力を供給している。屋上から発電所が望めるビジターセンターには、コロンビア川の歴史に関する展示があるほか、コロンビア川を遡ってくるサケのために人工の階段（フィッシュラダー）も設置。サケの様子がガラス越しに観察できる。

ボナビルロック&ダム・ビジターセンター
Bonneville Lock & Dam Visitor Center
(541) 374-8820
www.nwp.usace.army.mil/bonneville
毎日9:00～17:00
ポートランドからI-84を東に約61km、Exit 40で下りる。Bonneville Wayを北西に1km行った所。所要約50分。
サケが見られるベストシーズンは6～9月。

★伝説の神々の橋　MP.212-A1

カスケードロックス
Cascade Locks

WA州側の橋の入口

かつてこのあたりで暮らしていた先住民の伝説から、コロンビア川に架かる橋は「**神々の橋 Bridge of the Gods**」（→脚注）と呼ばれている。その橋のたもと、カスケードロックスの町自体は小さいがレストランやギフトショップが集まり、ドライブの途中で立ち寄るのにちょうどよい。また、コロンビア川を下る観光クルーズの**コロンビア峡谷スターンウイーラー・カスケードロックス観光クルーズ（→P.219）の発着点**でもある。

カスケードロックス
www.cascadelocks.net
ポートランドからI-84を東に約68km、Exit 44で下りる。Cascade Locks Hwy.を北東に1km行った所。所要約55分。

コロンビア峡谷スターンウイーラー・カスケードロックス観光クルーズ
Columbia Gorge Sternwheeler Cascade Locks Sightseeing Cruises
299 N.W. Portage Rd., Cascade Locks
(503) 224-3900
Free (1-800) 224-3901
www.portlandspirit.com
大人$30～、子供$20～
クルーズ／〈5～10月〉毎日11:00、12:15、13:30、14:45

★発見から約140年の名湯でスパ体験　MP.212-A1

カーソン温泉リゾート
Carson Hot Springs Resort

カスケードロックスから橋を渡った対岸のワシントン州カーソンの町にあるリゾート地。1876年に発見された古い温泉で、宿泊棟のほかに男女別に分かれたスパ施設がある。カーテンで仕切られたバスタブに直接温泉水がひかれ、浸かることができるのがここの特徴。そのほか、温泉プールもあり、宿泊客は無料で利用できる。マッサージは要予約。

カーソン温泉リゾート
372 St. Martin's Springs Rd., Carson, WA 98610
(509) 427-8296
carsonhotspringresort.com
温泉／毎日10:00～18:00
温泉プール1時間$10～15。温泉25分とラップのコース$30（土日$35）。50分マッサージ$90（土日$100）
ホテル／ⓈⒹⓉ$149～280、Ⓢu$319～419
カスケードロックスから、Bridge of the Godsを渡り、Evergreen Hwy.（WA-14）を北東に10km行き、Hot Springs Ave.を2km北上した所。

バスタブ付きの客室もある

MEMO 神々の橋 Bridge of the Gods portofcascadelocks.org/bridge-of-the-gods 自動車$2、自転車&徒歩$1

古きよき小さな町 MP.212-B1、P.217

フッドリバー Hood River

カスケードロックスから東へ30kmほど行った所にある。マウントフッド（→P.220）の麓の町として、1年をとおして観光客でにぎわう。コロンビア川を見下ろす小高い丘の上にある小さな町だが、20世紀初頭は鉄道駅があったため栄えていたという。今でもビクトリア様式建築やイギリス田園風家屋、古い階段などが残り、当時の面影を残している。コロンビア川、フッド川以外にも北にはマウントアダムス、南にはマウントフッドの美しい姿を眺めることができ、自然環境にも恵まれている土地だ。アウトドアスポーツが盛んで、特にフッドリバーの町近くのコロンビア川はウインドサーフィンの好適地として有名だ。さらに、フライフィッシングやカヤック、スタンドアップ・パドルボード、乗馬、ゴルフなども楽しめる。そのほか、地ビールや果樹、ワインの栽培も盛んで、日系人が多く暮らしているという。

町のメインストリート、Oak St.界隈

行き方

グレイハウンド
住110 Cascade Ave., Hood River
URLwww.greyhound.com
ポートランドから1日3便、所要1時間10分。
料$11～

コロンビア峡谷エクスプレス
URLcolumbiagorgeexpress.com
営〈6月中旬～9月下旬〉毎日8:30～19:10の間、1日10～11便。5月下旬～6月上旬は金～日もあり
料片道 $7.50、往復$15
車ポートランドからI-84を東に100km。所要約1時間20分。

観光案内所

フッドリバー観光案内所
Hood River County Chamber of Commerce & Visitor Center
MP.217-B
住720 E. Port Marina Dr., Hood River
☎(541) 386-2000
Free(1-800) 366-3530
URLhoodriver.org
営月～金9:00～17:00、土日10:00～16:00（時期により異なる）

ゴージ・フライ・ショップ
Gorge Fly Shop
MP.217-B
住201 Oak St., Hood River
☎(541) 386-6977
URLwww.gorgeflyshop.com
営月～土9:30～18:00、日10:00～16:00
メイン通りにあるフライフィッシング専門店。初心者から上級者までその人のレベルに応じたフライフィッシングツアーやレッスンを催行する。

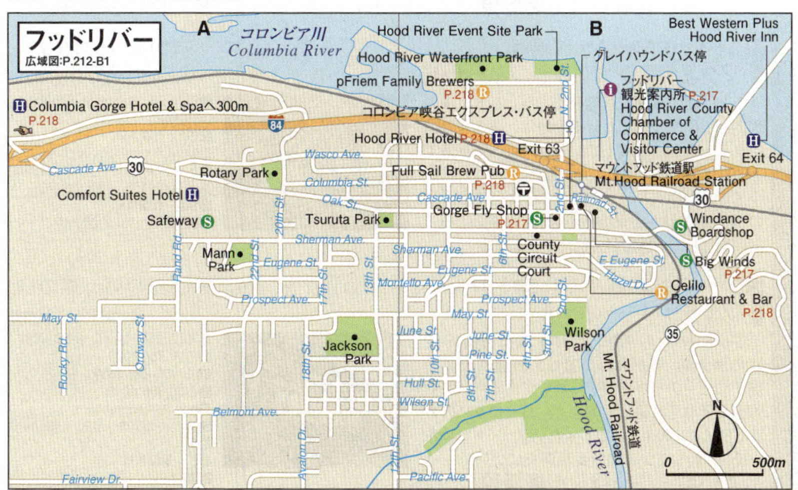

レストラン

R ローカルが基本のロハスなレストラン　　ノースウエスト料理／フッドリバー／M P.217-B

セライロ・レストラン & バー　Celilo Restaurant & Bar

缶詰工場として使われていた建物を解体し、その廃材を使って再建されたロハスなレストラン。食材も地元産のオーガニックにこだわり、新鮮でおいしいノースウエスト料理が食べられる。ひと皿ひと皿が見た目にも美しく、かつ斬新。おしゃれな人々が集う場所であり、バーも渋い。メインは$22～。

住16 Oak St., Hood River
☎(541) 386-5710
URL www.celilorestaurant.com
営ランチ：金～日11:30～15:00、ディナー：日～木17:00～21:00、金土17:00～21:30
カード A M V

R フッドリバー自慢の地ビール屋　　ブリュワリー／フッドリバー／M P.217-B

フル・セイル・ブリュー・パブ　Full Sail Brew Pub

1987年に地ビール製造を始めた。醸造所の奥がカウンターとテーブル席があるビアバー。6種類のビールが味わえるテスターフライト（$14）がおすすめ。人気はペールエールやアンバーエール。パイントが$4.50～。サンドイッチやバーガー（$12～）が食べられる。

住506 Columbia St., Hood River
☎(541) 386-2247
URL www.fullsailbrewing.com
営毎日11:00～21:00
無料の工場見学ツアー：〈夏季〉月～木15:00、16:00、金～日13:00～16:00の毎正時から。所要約30分
カード A M V

R 2012年の創業以来、数々の賞を受賞している　　ブリュワリー／フッドリバー／M P.217-B

フリーム・ファミリー・ブリュワーズ　pFriem Family Brewers

1年をとおして、約20種類の生ビールを提供している。2018年のワールド・ビール・カップで金賞を獲得したベルジャンスタイル・フルーツビールや2015年のグレート・アメリカン・ビール・フェスティバルで銀賞を得たピルスナーを味わいたい。ハンバーガーやサラダは、$12～。

住707 Portway Ave., #101, Hood River
☎(541) 321-0490
URL www.pfriembeer.com
営毎日11:00～22:00
カード A M V

ホテル

H コロンビア峡谷の快適リゾート　　中級／スティーブンソン／M P.212-A1

スカマニアロッジ　Skamania Lodge

コロンビア峡谷のワシントン州側にある川を望むリゾート。木造の玄関を入ると、大きな暖炉と大窓の風景が出迎えてくれる。アメリカ・インディアンのラグデザインがあちこちに飾られているので落ち着く。客室も広くリゾート気分満点。ゴルフやスパ、ハイキングで極上の休日を！

住1131 S.W. Skamania Lodge Way, Stevenson, WA 98648
☎(509) 314-4177
FAX(509) 427-2547
URL www.destinationhotels.com/skamania
料ⓈⒹⓉ$149～409、Su$364～
駐無料　Wi-Fi無料
カード A D M V　254室（あり）

H ヨーロッパの田園を思わせる雰囲気　　エコノミー／トラウトデール／M P.212-A2

マクミナミンズエッジフィールド　McMenamins Edgefield

もとは郡の貧困者収容所だった。レトロ調の館内と田園風景を思わせる敷地は、おとぎの国にタイムスリップしてしまいそう。町へ行き来するよりはのんびり過ごしたいところ。マックス・ライトレイル・ブルー、グリーン、レッドラインのN.E. 82nd Ave.駅からバス#77で約30分。

住2126 S.W. Halsey St., Troutdale, OR 97060
☎(503) 669-8610
URL www.mcmenamins.com
料ドミトリー$35～、バス共同ⓈⒹⓉ$60～150、ⓈⒹⓉ$145～
駐無料　Wi-Fi無料
カード A M V　101室（あり）

H ヨーロピアンエレガンスを感じるプチホテル　　中級／フッドリバー／M P.217-B

フッドリバー・ホテル　Hood River Hotel

フッドリバーのダウンタウンにある創業1912年のホテル。赤いれんが造りの外観や天井の高いロビーのインテリア、置いてあるベッドや家具がそれぞれ違う客室など、ヨーロッパのカントリーインのようにおしゃれ。スイートにはキッチンが付いているので長期滞在にいい。

住102 Oak St., Hood River, OR 97031
☎(541) 386-1900
Free(1-800) 386-1859
FAX(541) 386-6090
URL hoodriverhotel.com
料ⓈⒹⓉ$109～249、Su$144～259
駐$5　Wi-Fi無料
カード A M V　41室

MEMO Columbia Gorge Hotel & Spa　39室の豪華リゾート。M P.217-A外　住4000 Westcliff Dr., Hood River, OR 97031　☎(541) 386-5566　FAX(541) 386-9141　URL www.columbiagorgehotel.com　料ⓈⒹⓉ$159～399、Su$259～479

COLUMN

市内を離れ、古きぬくもりを残すプチリゾートへ
マクミナミンズエッジフィールド

郡の貧困者収容所だった建物

コロンビア峡谷の絶景を堪能したあとに、ぜひ立ち寄ってほしいのが、トラウトデールTroutdaleにある**マクミナミンズエッジフィールドMcMenamins Edgefield**（→P.218）だ。ここは1911～1982年まで、貧困者を救済するための郡の農場兼収容所だったが、1994年、歴史的な建物群を生かした複合リゾートに生まれ変わった。

広大な敷地には、ホテルをはじめ、レストラン、バー、ワイナリー、パブ、スパなどが並び、どの施設も、古きよきアメリカの面影を残し、あたたかみにあふれているのが特徴。実は、ポートランド市民にとって、とっておきのプチリゾート施設でもあるのだ。

収容所だった宿泊施設は、現在エレガントなホテルに大変貌。心地よい内装の客室が、穏やかな時の流れを演出してくれる。地下にあるワイナリーでは、テイスティングも楽しめる。おすすめは、オレゴン州の名産品にも指定されているフルーティなピノノワール。ほかにもハーブ園やブドウ畑があり、これらを散策するだけでリフレッシュできるだろう。

地元でも評判の**ブラックラビット・レストラン&バー The Black Rabbit Restaurant & Bar**はノースウエスト料理のレストラン。地元の食材にこだわり、オーガニックなのはもちろん、魚介類もすべて近海で揚がったものが使われる。

The Black Rabbit Restaurant & Bar
MP.212-A2
住2126 S.W. Halsey St., Troutdale
☎(503) 492-3086 URLwww.mcmenamins.com
営朝食：毎日7:00～11:30、ランチ：月～金11:30～14:30、ブランチ：土日11:30～14:30、ディナー：毎日17:00～22:00
カードAMV

カントリー調のブラックラビット・レストラン

クルーズでコロンビア川沿いの景色を楽しむ
コロンビア峡谷スターンウイーラー・カスケードロックス観光クルーズ

ポートランド・スピリットPortland Spiritが運営する、昔懐かしい外輪船でコロンビア川を遊覧するリバークルーズ。コロンビア川を遡ったカスケードロックスのマリンパークを出港し、神々の橋Bridge of the Godsやボナビルロック&ダムなどを船上から眺める。オレゴンを最初に探検したルイス&クラークの歴史やコロンビア峡谷の成り立ちなどについてのアナウンスもあり、1時間のクルーズもあっという間。春から秋にかけて特に美しいコロンビア峡谷を河面から満喫できるのは、クルーズならではの体験だ。ほかに、ランチクルーズやディナークルーズなどもあり。

450人乗りの大型外輪船は、強風に対してもあまり揺れないのがいい

神々の橋の下をくぐって、ワシントン州側に近づく

Columbia Gorge Sternwheeler Cascade Locks Sightseeing Cruises
MP.212-A1
住299 N.W. Portage Rd., Cascade Locks（カスケードロックス・マリンパーク）
☎(503) 224-3900 URLwww.portlandspirit.com
営〈5～10月〉毎日11:00、12:15、13:30、14:45出発
料1時間クルーズ：大人$30～、子供$20～

マウントフッド
Mt. Hood

オレゴン州 ▶ 市外局番：503

名峰連なるカスケード連山のなかで、オレゴン州最高峰のマウントフッドの標高は3425m。万年雪に覆われた山頂部は夏でも滑れるスキー場で、山麓の針葉樹林に囲まれたガバメントキャンプは、スノーキャンプを楽しむ拠点となる町だ。

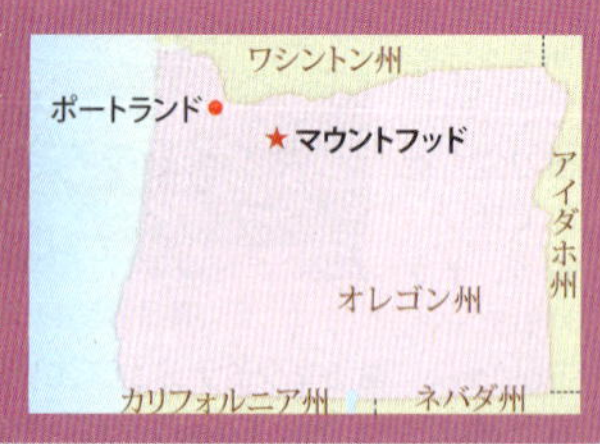

ポートランドからのツアー
アメリカズ・ハブ・ワールド・ツアーズ
America's Hub World Tours
URL www.americashubworldtours.com
ポートランドETC（エデュケーションツアーセンター）
URL www.educationtourcenter.com

マウントフッドへの行き方

レンタカー　Rent-A-Car

ポートランドからI-84を東へ20km。Exit 16で下り、N.E. 238th Dr.、N.E. 242nd Dr.を南下、US-26を南東に62km。所要約1時間50分。

MEMO **ポートランドからバスでマウントフッドへ**　セントラルオレゴン・ブリーズがポートランドのアムトラックのユニオン駅とガバメントキャンプを結ぶバスを運行している。**Central Oregon Breeze** URL cobreeze.com

マウントフッドのおもな見どころ

工芸家たちの粋を集めたロッジ　MP.220-A2

ティンバーラインロッジ Timberline Lodge

標高3425m（11240フィート）のマウントフッド中腹に立つ歴史的なロッジ。1920年代後半から1930年代、アメリカを襲った大恐慌時代、フランクリン・D・ルーズベルト大統領が、全米から工芸家や芸術家、大工を集め手作りで建てた。正面玄関のドアや階段の手すりなど、ありとあらゆる場所に、芸術的な意匠が施されている。映画『シャイニングThe Shining』のロケ地としても使われた。U.S.フォレスト・サービス・レンジャーU.S. Forest Service Rangerによる館内ツアーLodge Tourも催行される。また、通年滑れるスキーリゾートとして人気が高い。

館内のインテリアも見る価値大のロッジ

マウントフッドの拠点となる町　MP.220-A2

ガバメントキャンプ Government Camp

マウントフッドへの登り口にあり、ロッジやレストラン、レンタルスキーショップなどが並ぶ。町の南にあるマウントフッド・スキーボウルMt. Hood Skibowlは、東面と西面に分かれている。夏季には、アドベンチャーパークAdventure Parkがオープンし、西面の中腹からマシンで滑り降りるアルパインスライドAlpine Slide（料$15）が人気。乗馬やサイクリングなど、アクティビティも豊富に揃っている。冬季は65のスキーのコースがオープン。特にナイター（34コース）は全米最大規模を誇る。

夏のマウントフッド・スキーボウル西面

マウントフッド
MP.212-B2

i 観光案内所

Oregon's Mt. Hood Territory
URL www.mthoodterritory.com

Zigzag Ranger Station
MP.220-A2
住 70220 US-26, Zigzag
☎ (503) 622-3191
営 毎日8:00～16:00（時期により異なる。12:00～13:00はクローズ）

Mt. Hood Cultural Center & Museum
MP.220-A2
住 88900 E. Government Camp Loop, Government Camp
☎ (503) 272-3301
営 毎日9:00～17:00（時期により異なる）

ティンバーラインロッジ
住 27500 E. Timberline Rd., Timberline
☎ (503) 272-3311
URL www.timberlinelodge.com
車 ガバメントキャンプ（→下記）よりTimberline Hwy.を北へ9km道なりに進むと、ロッジに着く（→P.223）。

館内ツアー
出発／金～土11:00、13:00、14:00（所要25分）。メインロビーにあるU.S.フォレスト・サービスデスク前から。料 無料

ガバメントキャンプ
URL mounthoodinfo.com
車 ポートランドからI-84を東へ20km、N.E. 238th Dr.を南下。US-26を62km行った所。

Mt. Hood Skibowl
住 87000 US-26, Government Camp
☎ (503) 272-3206
営〈夏季〉毎日11:00～18:00、〈冬季〉毎日8:00～21:00（時期により異なる）
URL www.skibowl.com
車 西面はガバメントキャンプからGovernment Camp Loopを西に1.5km。東面はMultopor Dr.を500m南へ。

COLUMN マウントフッドで楽しむアウトドアスポーツ

マウントフッドは、1年中スキーができるエリアとして知れ渡っているが、スキー以外でも体験できるアクティビティが豊富にある。夏季には、ハイキングやカヤック、ラフティング、スタンドアップ・パドルボード、マウンテンバイク、釣り、ロッククライミング、キャンピングなど。**マウントフッド・アドベンチャー Mt. Hood Adventure**ではそれらの道具のレンタルのほか、レッスンの開催、アウトドアギアやスノーパーク・パーミット（→右記）の販売やスキーの雪質情報の提供も行っている。

※11～4月の間は、スキー場に車を停めるのにスノーパーク・パーミット［1Day Sno-Park Permit（$4）、3Days Sno-Park Permit（$9）、1シーズンSno-Park Permit（$25）］が必要になる。

マウントフッド・アドベンチャー
Mt. Hood Adventure
MP.220-A2
住 88661 Government Camp Loop Rd., Government Camp　☎ (503) 715-2175　営〈夏季〉月～金10:00～16:00、土日9:00～17:00、〈冬季〉毎日8:00～16:00
URL www.mthoodadventure.com
場所 ガバメントキャンプのメインストリート沿い。

マウントフッドの楽しみ方

Kayaking

トリリアム湖

トリリアム湖でカヤック

トリリアム湖(Trillium Lake)は絵はがきでよく目にする63エーカー(0.26 km²)の人工湖。北側にマウントフッドがそびえ、マウントフッドや森林が湖に映し出されるので有名だ。大きな波や流れがないので、初心者でもカヤックを楽しむことができる。マウントフッド・アドベンチャー(→P.221)で道具のレンタルが可能。

Trillium Lake
M P.220-A2
住 35101 NF-2656, Government Camp
URL www.fs.usda.gov/recarea/mthood/recarea/?recid=53634
営 5月中旬～9月　料 $5(駐車場代)
車 ガバメントキャンプからGovernment Camp Loop、US-26を3.5km南東に進み、NF-2656を3km南に行った所。

Hiking

ミラーレイク・ループトレイル

ミラーレイク・ループトレイルでハイキング

ミラーレイク・ループトレイルのミラーレイクまでの上りはスイッチバックを繰り返すが、歩きやすい道だ。それでも238mの標高差を登りきるので登りがいはある。小休止したら、湖の周りを1周するループトレイルを歩こう。北側にマウントフッドが姿を現す。

Mirror Lake Loop Trail
M P.220-A2
初級
距離：往復4.7km
標高差：238m
所要：2時間
季節：春～秋
料金：車1台につきNorthwest Forest Pass 1日券($5)が必要
出発点：ガバメントキャンプからGovernment Camp Loop、US-26を西（ポートランド方面）へ2.7km走った道路南側の駐車場

ミラーレイク・ループトレイルから見たマウントフッド

Skiing

ティンバーライン

ティンバーラインでスキー

北米で唯一、1年中オープンしているスキー場のティンバーライン。急斜面と、標高2600mまで登れるリフト(Palmar Lift)が自慢だ。中級者向けのゲレンデが多く、夏季には全米オリンピックチームがここで練習する。6～9月は最上級コースのみオープン。

Timberline
M P.220-A2
住 27500 E. Timberline Rd., Timberline
☎ (503) 272-2211　URL www.timberlinelodge.com
営 〈11～8月〉毎日9:00～21:00、〈9～10月〉土日のみ9:00～17:00(積雪量により異なる)
料 大人1日リフト(9:00から)券$56～69、半日券$48～59、夜(16:30以降)券$45
行き方 ティンバーラインロッジ(→P.221側注)を参照。

Skiing

マウントフッド・メドウズ

マウントフッド・メドウズでスキー

マウントフッドで最大のスキー場、マウントフッド・メドウズのコースは初級者、中級者、上級者用とハーフパイプ合わせて85コース。標高2225m、リフト11本、2150エーカー(8.7km²)あり、幅広い層に向いている。

Mt. Hood Meadows
M P.220-B2
住 14040 Hwy. 35, Mt. Hood
☎ (503) 337-2222　URL www.skihood.com
営 〈11月中旬～4月下旬〉毎日9:00～21:00(積雪量により異なる)
料 大人1日(9:00～16:00)券$82、半日(12:00～16:00)券$72
車 ガバメントキャンプからOR-26、OR-35を35km北東へ。

MEMO **マウントフッドのスキー場へ行くシャトルバス**　ポートランドダウンタウンからSea to Summitがティンバーラインロッジやマウントフッド・スキーボウル、マウントフッド・メドウズへシャトルバスを走らせて↗

レストラン

R ガバメントキャンプの目抜き通りにあるランドマーク　アメリカ料理／ガバメントキャンプ／MP.220-A2

ハックルベリーイン　Huckleberry Inn

1966年にオープンした16室あるホテルに併設するレストラン。創業以来、家族経営を守り続け、フレンドリーなスタッフが人気だ。朝食は、オムレツ（$11.75）やパンケーキ（$8.25～）、ハックルベリーパイ（$7.75）、ランチ以降はハンバーガー（$10.75）やサンドイッチ（$8～）などが供される。

住88611 E. Government Camp Business Loop, Government Camp
☎(503) 272-3325
営24時間営業
カード M V

R スキーヤーの胃袋を満たして30年　アメリカ料理／ガバメントキャンプ／MP.220-A2

チャーリーズ・マウンテン・ビュー　Charlie's Mountain View

30年以上も続く、家族経営の地元では有名なレストラン。繊細な味付けは期待できないが、アメリカらしいハンバーガーやサンドイッチ（$8.50～）、プライムリブ（$20～）、シーザーサラダ（$9～）などが、ボリュームたっぷりで味わえる。店は山小屋風で、窓も大きく、周囲の景色も美しい。

住88462 E. Government Camp Business Loop, Government Camp
☎(503) 272-3333
URL charliesmountainview.com
営月～金11:00～翌2:00、土日8:00～翌2:00(時期により異なる)
カード A M V

R ファミレスのようなブリューパブ　ブリューパブ／ガバメントキャンプ／MP.220-A2

マウントフッド・ブリューイング・カンパニー　Mt. Hood Brewing Co.

ガバメントキャンプで人気のブリューパブ。地元の農家から購入した高品質の麦を使い、エールを醸造する。パブでできたてを味わおう。料理はサラダやハンバーガー（$15～）といったいわゆるビールに合うアメリカ料理が中心。しかも量が多いので食べきれないかも。

住87304 E. Government Camp Loop, Government Camp
☎(503) 272-3172
URL mthoodbrewing.com
営毎日11:00～22:00
カード M V

ホテル

H マウントフッドの中腹にある豪華なロッジ　高級／ティンバーライン／MP.220-A2

ティンバーラインロッジ　Timberline Lodge

標高1800m地点にあり、1930年代に大恐慌対策として建てられた丸太と石造りの荘厳なロッジ。1年中雪があるマウントフッドに来るスキーヤー、スノーボーダーたちに人気がある。暖炉には火がくべられ、ロッジ独特のあたたかさを感じるだろう。レストランの評判もいい。

住27500 E. Timberline Rd., Timberline, OR 97028
☎(503) 272-3311
Free (1-800) 547-1406
FAX (503) 272-3145
URL www.timberlinelodge.com
料シャレー$150～220、Ⓓ Ⓣ$165～355　駐無料　Wi-Fi無料
カード M V　70室(♿あり)

H コンドミニアムの空き部屋をレンタル　高級／ガバメントキャンプ／MP.220-A2

コリンズレイク・リゾート　Collins Lake Resort

コンドミニアム・スタイルで、その空き部屋をレンタルしてくれる。例えば1階がガレージで2階が住居スペースの部屋は、キッチン、リビング、ベッドルーム、テラスまで付いて、友人宅に招かれた気分。ただし、2泊以上泊まることが条件だ。町の真ん中にある。

住88149 E. Creek Ridge Rd., Government Camp, OR 97028
☎(503) 272-3051
Free (1-800) 234-6288
FAX (503) 272-3053
URL collinslakeresort.com
料シャレー$160～356、ロッジ$224～600　駐無料　Wi-Fi無料
カード A M V　ロッジ88室(♿あり)

H 美しいゴルフ場が自慢のリゾート　高級／ウェルチ／MP.212-A2

マウントフッド・オレゴン・リゾート　Mt. Hood Oregon Resort

ゴルフ場やテニスコート、スパ施設をもつリゾート。キッチンが付いた部屋は広々としており、使い勝手もよい。冷蔵庫や食器など必要なものはひととおり揃っているので、簡単な食事なら作れそうだ。ガバメントキャンプの西約20kmの所にある。

住68010 E. Fairway Ave., Welches, OR 97067
☎(503) 622-3101
FAX (503) 622-2222
URL www.mthood-resort.com
料Ⓢ Ⓓ Ⓣ$141～229、Su$219～309、ヴィラ$429～
駐無料　Wi-Fi無料
カード A M V　157室(♿あり)

↘いる。11～4月の毎日、パールディストリクトのREI（→P.189）を7:15、パイオニア・コートハウス・スクエアを7:30に出発する。　**Sea to Summit**　☎(503) 286-9333　URL www.seatosummit.net　料$50

車で行くエリア

オレゴン東部
Eastern Oregon

オレゴン州 ▶ 市外局番：541 ／ 509

アメリカン・インディアンやカウボーイの影響を強く受けているエリア。オレゴントレイルをたどって西に向かった開拓者の雰囲気が漂っている。ハイキングやカヤックを楽しめるジョセフ、開拓時代の面影が残るベイカーシティなどへは、町歩きができるペンドルトンを起点にするといい。

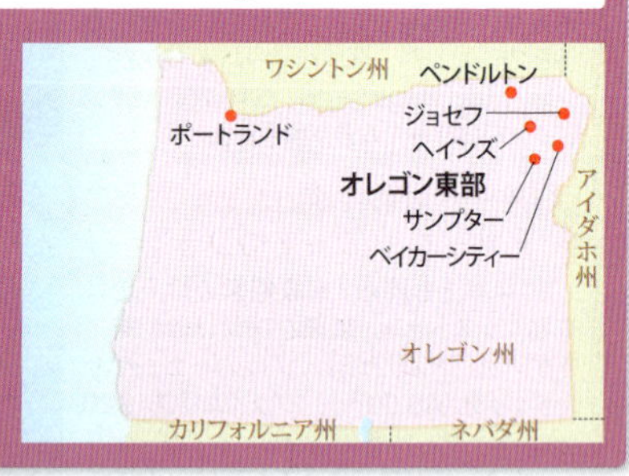

オレゴン東部への行き方

グレイハウンドバス　Greyhound Bus

ポートランドからフッドリバーを経由して、ペンドルトンとベイカーシティまで乗り換えなしで行ける。ポートランドからペンドルトンまで所要4時間15分、ベイカーシティまで所要6時間10分。

レンタカー

ポートランドからI-84を東へ330km行き、Exit 210で下りる。OR-11を北に1km行き、S.E. Coast Ave.を500m行った所がペンドルトンの中心部。所要約4時間。ベイカーシティへは、ポートランドからI-84を東へ480km行き、Exit 304で下りる。OR-7/Campbell St.、Main St.を南西に2km進むとベイカーシティダウンタウンだ。所要約5時間50分。

グレイハウンドバス
URL www.greyhound.com
Free (1-800) 231-2222
Pendleton Bus Stop
住 2101 S.E. Court Ave., Pendleton
☎ (541) 276-1551
営 毎日9:00～17:30
ダウンタウンまで徒歩約30分。
Baker City Bus Stop
住 515 Campbell St., Baker City
ダウンタウンまで徒歩約20分。

ペンドルトンのタクシー
Elite Taxi
☎ (541) 276-8294
ベイカーシティのタクシー
Baker Cab
☎ (541) 523-6070
A1 Taxi
☎ (541) 403-289

オレゴン東部のおもな見どころ

ウエスタンカルチャーに触れる　M 折込 OR-C1

★★★ ペンドルトン Pendleton

カウボーイハットやウエスタンブーツの店が点在しているダウンタウン。レストランやカフェ、ホテルなどが集まっていて、歩いて観光できる町だ。**ペンドルトン・アンダーグラウンド・ツアーPendleton Underground Tour**では、歴史的建造物に認定されているダウンタウンのビルの地下を巡る。1900年代初頭、中国から渡ってきた移民が地上に出ることなく移動できる手段として使っていたトンネルには、当時のバーやギャンブル場などが再現されている。また、毎年9月第2週に行われる**ペンドルトン・ラウンドアップPendleton Round-Up**は1910年に始まったロデオ大会。ワイオミング州シャイアンで行われているシャイアン・フロンティア・デイズに次ぐアメリカで2番目に有名・人気のイベントだとか。郊

ペンドルトン観光局
Travel Pendleton
住 501 S. Main St., Pendleton
☎ (541) 276-7411
URL www.travelpendleton.com

ペンドルトン・アンダーグラウンド・ツアー
住 31 S.W. Emigrant Ave., Pendleton
☎ (541) 276-0730
URL pendletonundergroundtours.org
営 月水～土、出発時間は時期により異なる。所要1時間30分。
休 火日
料 $15

ペンドルトン・ラウンドアップ
住 1205 S.W. Court Ave., Pendleton
☎ (541) 276-2553
URL www.pendletonroundup.com

MEMO **ロデオ大会についての展示が充実する博物館**　ペンドルトン・ラウンドアップが行われる競技場の斜め前にあり、ギフトショップも併設する。**Pendleton Round-Up & Happy Canyon Hall of Fame**↗

外には、1万年以上前からこの地に住んでいたアメリカン・インディアンの文化や宗教、生活様式についての解説が充実する**タマスリクト文化センターTamastslikt Cultural Institute**がある。

水遊びとハイキングの両方を楽しめるリゾート地 M折込 OR-D1

ジョセフ Joseph

ワローワ湖を中心に成り立っている町。ワローワ湖トラムウエイWallowa Lake Tramwayに乗って、ハワード山山頂（標高2516m）を目指そう。頂では眼下に**ワローワ湖Wallowa Lake**、東方にアイダホ州のセブンデビルズ山脈を見渡すことができる。カフェレストランSummit Grillから出ているハイキングトレイルは周遊1km～2.5km。所要45分から1時間30分と初心者でも挑戦できるのがいい。ワローワ湖のほとりには、ネズ・パース族の酋長チーフ・ジョセフのモニュメントChief Joseph Monumentが立つ。1860年代にアメリカ・インディアン居留地で金が見つかったことから、白人が不法に侵入し、土地の所有権をはく奪しようとした。そこで白人との争いを避け、部族を守ったチーフ・ジョセフをたたえて建てられたものだ。

かつて鉱山で栄えた町 M折込 OR-D2

ヘインズ Haines

1880年代に鉄道が敷設され、採掘や農業に従事する人が移り住んできた。現在、ダウンタウンの中心わずか5ブロックほどに、ガソリンスタンドや郵便局、教会、スーパーマーケットが集まっている。なかでも、**イースタンオレゴン博物館Eastern Oregon Museum**は、1880年代から現在にいたるまでの歴史がわかる博物館として、観光客の立ち寄りスポットになっている。

1932年に建てられた小学校の体育館を再利用している博物館

アメリカの旅行雑誌で「全米で訪れたい小さな町」に選ばれている M折込 OR-D2

ベイカーシティ Baker City

1880～1900年代にかけて、ゴールドラッシュの中心地としてにぎわった。1920年に完成した屋内プールの跡地に入る**ベイカーカウンティ・ヘリテージ博物館Baker County Heritage Museum**は、このエリアの歴史が学べる博物館。鉱業や農業、林業など、天然資源に恵まれていた町がどのように発展していったのか常設展と特別展で紹介している。郊外には、オレゴントレイルに関する展示が豊富な**オレゴントレイル歴史資料館National Historic Oregon Trail Interpretive Center**がある。1840年代から1880年代にかけて、多くの開拓者がミズーリ州からオレゴン州ウィラメットバレーまで西を目指して歩を進めた道の一部がベイカーシティを通っていたことから、資料館が設立された。

タマスリクト文化センター
住47106 Wildhorse Blvd., Pendleton
☎(541) 429-7700
URL www.tamastslikt.org
営月～土10:00～17:00 休日
料大人$10、子供$6

ジョセフ
行き方 ペンドルトンからI-84を南東に78km行き、OR-82を110km東へ。所要約2時間50分。

ワローワ湖
URL oregonstateparks.org
行き方 ジョセフダウンタウンからOR-351を南へ10km。

ワローワ湖トラムウエイ
住59919 Wallowa Lake Hwy., Joseph
☎(541) 432-5331
URL wallowalaketramway.com
営〈6、9月〉毎日10:00～16:00、〈7～8月〉毎日9:00～16:00
休10～5月
料大人$35、学生（12～17歳）$29、子供（4～11歳）$23

ヘインズ
行き方 ペンドルトンからI-84を115km南東へ進み、Exit 285で下りる。OR-30を南西へ13km。

イースタンオレゴン博物館
住610 3rd St., Haines
☎(541) 856-3233
URL www.easternoregonmuseum.com
営〈5月下旬～9月上旬〉木～土10:00～16:00、日12:30～15:30 休9月中旬～5月中旬、5月下旬～9月上旬の月～水
料寄付制($2)

ベイカーシティ
行き方 ヘインズからOR-30を南東へ18km。

ベイカーカウンティ観光案内所
Baker County Chamber & Visitor Bureau
住490 Campbell St., Baker City
☎(541) 523-5855
URL www.visitbaker.com

ベイカーカウンティ観光局
Baker County Tourism
URL basecampbaker.com

ベイカーカウンティ・ヘリテージ博物館
住2480 Grove St., Baker City
☎(541) 523-9308
URL www.bakerheritagemuseum.com
営〈5月中旬～9月上旬〉毎日9:00～16:00
休9月中旬～5月上旬
料大人$7、子供（12歳以下）無料

オレゴントレイル歴史資料館
住22267 OR-86, Baker City
☎(541) 523-1827
URL www.trailtenders.org
営毎日9:00～16:00（時期により異なる）
料〈4～10月〉大人$8、子供（15歳以下）無料、〈11～3月〉大人$5、子供（15歳以下）無料

↘住1114 S.W. Court Ave., Pendleton ☎(541)278-0815 URL pendletonhalloffame.com 営月～土10:00～16:00 休日 料大人$5、子供（12歳以下）無料

サンプター
行き方 OR-7を南西へ46km。

サンプターバレー・ゴールドドレッジ州立公園
住 441 Mill St., Sumpter
☎ (541)894-2486
URL oregonstateparks.org
営 〈5～10月〉毎日7:00～19:00
休 11～4月
料 無料

★1862年に金が発見された地 M折込 OR-D2

サンプター
Sumpter

エルクホーン山脈の麓に広がる**サンプターバレー・ゴールドドレッジ州立公園Sumpter Valley Gold Dredge State Park**には、1935年から1954年まで活躍した採金船が停泊している。鉱石の中から金を取り出す専門の船は、400万ドル以上の金を掘りあげた。

レストラン

R ペンドルトンを代表するレストラン　アメリカ料理／ペンドルトン（M折込 OR-C1）

ハムリーステーキハウス
Hamley Steakhouse

1870年頃に裁判所として使われていた建物に入るレストラン。2007年のオープン以降、観光客だけでなく、地元の人も利用している人気店だ。チキンサンドイッチ（$12～）やハンバーガー（$13～）などからローストビーフ（$20）、リブアイ（$56）までメニューも価格も多彩。

住 8 S.E. Court Ave., Pendleton
☎ (541)278-1100
URL www.hamleysteakhouse.com
営 日～木17:00～20:30、金土17:00～21:00
カード A M V

R 地元の人に愛されて30年　カフェ／ジョセフ（M折込 OR-D1）

オールドタウン・カフェ
Old Town Cafe

ジョセフの目抜き通りにある軽食スポット。朝食はクレープやパンケーキ（$8.50）、グラノーラ（$6.50）、オムレツ（$7～）、昼食はBLTサンドイッチ（$6.50～）やチキンサンドイッチ（$7～）、スープ（$3.50）など、女性好みのメニューが多い。

住 8 S. Main St., Joseph
☎ (541)432-9898
URL www.oldtowncafejoseph.com
営 毎日7:00～14:00（時期により異なる）
カード M V

R ウエスタンカルチャーが満載　アメリカ料理／ヘインズ（M折込 OR-D2）

ヘインズ・ステーキハウス
Haines Steak House

お手頃価格でステーキが食べられるとあって、地元の人でにぎわっているレストラン。サーロインステーキ（$23）やリブアイステーキ（$25）などで使用されているビーフは、穀物ではなく草で育てられたもの。館内の中央にある幌馬車はサラダバーになっていて、野菜やフルーツが取り放題だ。

住 910 Front St., Haines
☎ (541)856-3639
URL www.hainessteakhouse.com
営 月水～金16:30～20:00、土15:30～21:00、日12:30～21:00（時期により異なる）
休 火
カード A M V

R 1998年にオープンしたブリュワリー　ブリュワリー／ベイカーシティ（M折込 OR-D2）

バーレイ・ブラウン・ビア
Barley Brown's Beer

ベイカーシティダウンタウンでビールを製造しているメーカーのタップルーム。1年をとおして約30種類のビールを味わうことができる。真向かいには、系列のレストラン（住 2190 Main St., Baker City）もあり、ハンバーガーやサンドイッチ（$11～）が食べられる。

住 2200 Main St., Baker City
☎ (541)523-2337
URL www.barleybrownsbeer.com
営 タップルーム：毎日14:00～22:00
　レストラン：月～土16:00～22:00
カード A M V

ショップ

S ハンドメイドの鞍を求めて、全米からファンが訪れる　ファッション&雑貨／ペンドルトン（M折込 OR-C1）

ハムリー&カンパニー
Hamley & Co.

ダンガリーシャツやデニム、カウボーイブーツからベルトやアクセサリーなどまで、ウエスタンファッションを一式揃えることができる。特に、地元のデザイナーが作ったジュエリーは、一点物が多く貴重だ。アメリカン・インディアン作成の陶器はおみやげによさそう。

住 30 S.E. Court Ave., Pendleton
☎ (541)278-1100
URL www.hamleyco.com
営 月～木土9:00～18:00、金9:00～20:00、日10:00～15:00
カード A M V

MEMO **数々の賞を受賞しているスピリッツ（蒸留酒）** ベイカーシティダウンタウンにある蒸留所では、ウオッカやジン、ウイスキーを販売している。**Glacier 45 Distillery** 住 1901 Main St., Baker City ↗

ショップ

S 日本人にも大人気　ファッション&雑貨／ペンドルトン（M折込 OR- C1）

ペンドルトン・ウールン・ミル Pendleton Woolen Mill

　アメリカ・インディアンのカルチャーをモチーフに、独特のデザインを織り込むブランケットが有名なブランド。毛織物工場に併設するショップは、ラグや財布から、シャツ、かばんなどオリジナル商品を取り揃える。一部アウトレット商品もあり。

住1307 S.E. Court Pl., Pendleton
☎(541)276-6911
URL www.pendleton-usa.com
営月～土8:00～18:00、日9:00～17:00
無料のツアー：月～金9:00、13:30、15:00発
カード A M V

S 店頭で作業工程を見られる　靴&革製品／ペンドルトン（M折込 OR- C1）

ステープルマンズ・ブーツ&レザー Staplemans Boots & Leather

　ハンドメイドのブーツ作りで定評がある専門店。足型を取ることから始めるので、その人に合った形にカスタムできる。ひざ下までのロングブーツから、くるぶしが隠れるショートブーツ（$350～）まで選び放題。カーフレザーやオーストリッチなどの材質が人気だそう。

住7 S.E. Court Ave., Pendleton
☎(509)531-4703
URL www.staplemans.com
営月～土8:00～18:00
休日
カード A M V

S ハリウッド映画でも使われたハット　ハット／ペンドルトン（M折込 OR- C1）

モンタナピークス・ハット・カンパニー Montana Peaks Hat Company

　すべての材料をアメリカ国内から調達し、できるかぎり手作業でハットを作っている。頭のサイズを測って自分好みのデザインを作れるカスタムハットから、既製品を微調整するハットまでさまざまだ。ウサギやビーバーの皮を使ったフェルト製ハット（$500～）が定番商品。

住24 S. W. Court Ave., Pendleton
☎(541)215-1400.
URL montanapeaks.net
営月火金土8:30～15:00（時期により異なり、夏季は延長あり）
休水木日
カード A M V

ホテル

H インターステートの出口そば　中級／ペンドルトン（M折込 OR- C1）

オックスフォードスイーツ・ペンドルトン Oxford Suites Pendleton

　ペンドルトンダウンタウンまで車で5分の場所にある。ビジネスセンターやスイミングプール、フィットネスセンター、コインランドリーがあり、仕事にもレジャーにも利用できる。無料の朝食が付く。目の前にスーパーマーケットのSafewayとWalmartがある。

住2400 S.W. Court Pl., Pendleton, OR 97801
☎(541) 276-6000
Free(1-877) 545-7848
FAX(541) 278-8556
URL www.oxfordsuitespendleton.com
料ⓈⒹⓉⓈⓤ$99～748
駐無料　Wi-Fi無料
カード A M V　87室（♿あり）

H ペンションとロッジのふたパターンある　コテージ／ジョセフ（M折込 OR- D1）

イーグルキャップ・シャレー Eagle Cap Chalets

　ワローワ湖から歩いて10分ほどの所にある。ロッジには、キッチンや電子レンジ、食器などの設備が整っていて、自炊をする長期滞在者に好評だ。バーベキューセットの貸し出しもしているので、家族連れの宿泊が多い。親子連れの鹿が駐車場に出没しているので注意するように。

住59879 Wallowa Lake Hwy., Joseph, OR 97846
☎(541) 432-4704
URL www.eaglecapchalets.com
料ⓈⒹⓉⓈⓤ$75～165
駐無料　Wi-Fi無料
カード A M V　34室（♿あり）

H 日本のテレビでも特集された幽霊ホテル　中級／ベイカーシティ（M折込 OR- D2）

ガイザー・グランド・ホテル Geiser Grand Hotel

　従業員や宿泊客が頻繁に幽霊を目撃しているといわれているホテル。1889年に創業され、1960年代に一時閉鎖したが、1993年に再オープンした。ビクトリア様式のデザインは、歴史的建造物として認定されていて、重厚感がある。2018年に増築工事を行っている。

住1996 Main St., Baker City, OR 97814
☎(541) 523-1889
Free(1-888) 434-7374
FAX(541) 523-1800
URL www.geisergrand.com
料Ⓢ$109～169、Ⓓ$129～189、Ⓣ$139～229、Ⓢⓤ$140～450
駐無料　Wi-Fi無料
カード A M V　45室（♿あり）

↘☎(541)519-0081　URL glacier45.com　営火～金12:00～18:00（時期により異なり、夏季は土日もオープンする）

鉄道&車で行く都市

ユージーン
Eugene

オレゴン州 ▶ 市外局番：541

ウィラメット渓谷の中央に位置するオレゴン州第3の都市で、スポーツの盛んなオレゴン大学があることで名高い学園都市だ。町を流れるウィラメット川沿いは、サイクリングトレイルが整備され、サイクリングシティとしても有名。ダウンタウンの周りに広がるあふれる緑が旅人の心を癒やしてくれる。

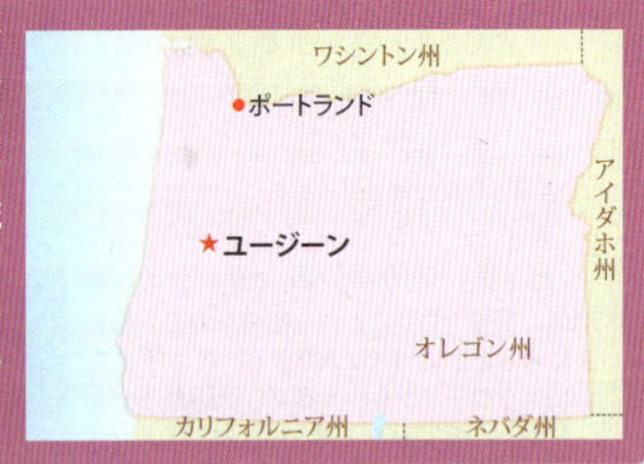

ユージーンへの行き方

飛行機／ユージーン空港 Eugene Airport

シアトルからはアラスカ航空やデルタ航空、ポートランドからはアラスカ航空、ロスアンゼルスからはアメリカン航空、サンフランシスコからユナイテッド航空などが直行便を運航している。シ

ユージーン空港(EUG)
Eugene Airport
MP.228-A2
住28801 Douglas Dr., Eugene
☎(541) 682-5544

タクシー
Emerald City Taxi
☎(541) 321-6447
Eugene Hybrid Taxi Cabs
☎(541) 357-8294
料ユージーンダウンタウンまで約$30、20分。

空港シャトル
OmniShuttle
☎(541) 461-7959
URL www.omnishuttle.com
料空港からユージーンダウンタウンまで$29.50
空港からスプリングフィールドダウンタウンまで$32.50

ダウンタウンへ車で20分と便利なユージーン空港

ユージーンへはアムトラックが便利

ユージーンの気候
全般的に温暖な気候だが、夏は乾季で、冬は雨季。旅行に適したシーズンは5月～10月上旬。

MEMO 映画『スタンド・バイ・ミー Stand by Me』のロケ地　ユージーンのほか、近郊のコテージグローブ、ブラウンズビルなどで撮影が行われた。どちらの町も、ユージーンから車で1時間以内でアクセスできる。

アトルからは所要1時間、ポートランドからは40分、ロスアンゼルスからは2時間、サンフランシスコからは1時間45分。

空港はダウンタウンの北西約16kmに位置し、ダウンタウンへは、オムニシャトルOmniShuttleやタクシーを利用するといい。空港内にはレンタカー6社のカウンターが並ぶ。

バス／グレイハウンドバス Greyhound Bus

ポートランドからはグレイハウンドバスが走っていて、所要2時間25分～3時間15分（毎日4便）。ユージーンダウンタウンのバスディーポは、Pearl St.と10th Ave.の角で、ダウンタウン中心部から2～3ブロックの所にある。市バスのLTDバスターミナルから東へ4ブロックの場所。

鉄道／アムトラック Amtrak

ユージーンは、カナダのバンクーバーからシアトルやポートランドを結ぶ高速列車、カスケード号の南の終着駅。そのほか、コーストスターライト号がシアトルからユージーンを経てロスアンゼルスまで運行している。ポートランドから毎日8～9便運行、所要約2時間40分。時間によってはアムトラックバスでの運行となる。

アムトラック駅構内のチケット売り場

ユージーン空港にあるレンタカー会社
アラモAlamo
☎(541) 689-0015
エイビスAvis
☎(541)688-9054
バジェットBudget
☎(541)463-0422
エンタープライズEnterprise
☎(541) 689-7563
ハーツHertz
☎(541) 688-9333
ナショナルNational
☎(541) 689-0015

グレイハウンド・バスディーポ
MP.229-B2
住987 Pearl St., Eugene
☎(541) 344-6265
URLwww.greyhound.com
営毎日5:45～21:15（土日の13:30～15:00は休み）
料ポートランドから片道$10～35

アムトラック駅
MP.229-A1～B1
住433 Willamette St., Eugene
Free(1-800) 872-7245
URLwww.amtrak.com
営毎日5:10～21:00
料ポートランドから片道$21～

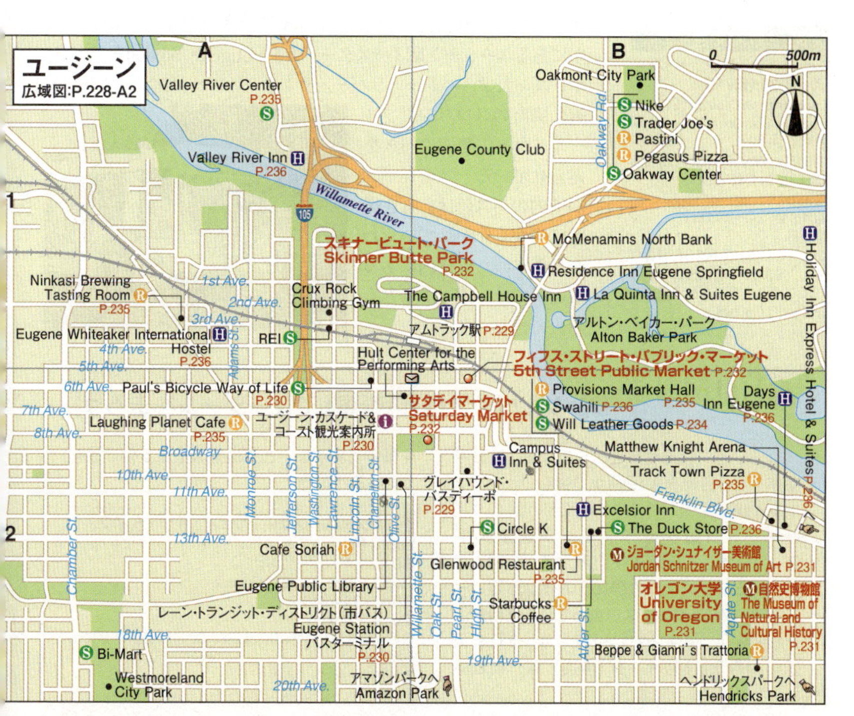

MEMO ポートランドから、ユージーンにバスで行くなら グレイハウンドバスよりもすいているアムトラックバスがおすすめ。窓が大きく景色がよく見えるのがいい。

ℹ観光案内所

ユージーンダウンタウンとスプリングフィールドの2ヵ所にある。

ユージーン・カスケード＆コースト観光案内所
Eugene, Cascades & Coast Visitor Center
MP.229-A2
住754 Olive St., Eugene
☎(541) 484-5307
URL www.eugenecascadescoast.org
営月9:00～17:00、火～金8:00～17:00 休土日
場所ダウンタウンのOlive St.沿いの7th Ave.と8th Ave.の間

マップやパンフレットなど資料が豊富なユージーン・カスケード＆コースト観光案内所

ユージーン・カスケード&コースト・アドベンチャーセンター
Eugene, Cascades & Coast Adventure Center
住3312 Gateway St., Springfield
営毎日9:00～18:00
車I-5をExit 195Aで下り、Springfield / Gateway Mall方面へ。

市内交通

レーン・トランジット・ディストリクト（市バス）
Lane Transit District (LTD)
Eugene Stationバスターミナル
MP.229-A2
住1080 Willamette St., Eugene
Free(1-800) 248-3861
URL www.ltd.org
営月～金7:00～17:00
休土日
料大人$1.75、子供85¢、1日パス大人$3.50、子供$1.75。市バスに3回以上乗るなら、1日パスを買ったほうがお得。

ユージーンの歩き方

ユージーンのダウンタウン中心部は、北は5th Ave.から南は13th Ave.、西はMonroe St.から東のHigh St.あたりまで。オレゴン大学周辺に歩ける範囲でまとまっているが、町自体は、東西に細長く広がっており、車や市バス、レンタサイクルなどを上手に活用して動くことが、この町を楽しむ秘訣となる。オレゴン大学へと向かう中心路は13th Ave.で、オレゴン大学周辺は徒歩での移動が速い。また、ダウンタウンで自転車を借りて、ウィラメット川沿いに延びる快適なバイクトレイルRuth Bascon Riverbank Pathを走ってみるのもいい。

市内交通の拠点、ユージーン駅

ウィラメット川の北側にあるバレー・リバー・センターValley River Center周辺や郊外へは、市バスを利用しよう。

スポーツが盛んなオレゴン大学

市内交通の市バスを運営するのは**レーン・トランジット・ディストリクトLane Transit District (LTD)**。ダウンタウンの真ん中にあるユージーン駅（バスターミナル）Eugene Stationを拠点に、オレゴン大学、バレー・リバー・センター、マッケンジーリバー街道、隣町のスプリングフィールドなど広範囲にバスを走らせている。ユージーン駅構内のバス停は、行き先別に細かく分かれていてわかりやすい。駅構内にある案内所では、1日パスなども購入できる。

オレゴン大学行きのバス

COLUMN レンタルバイク（貸自転車）でユージーンを走ろう

ユージーンはそれほど広くないが、数日滞在するなら自転車が便利かつ楽しい。バイクトレイルや全長14マイル（約22.5km）のウィラメット川沿いサイクリング遊歩道を走ってみると、自転車愛用者が多い理由がよくわかる。レンタルの際に、バイク専用レーンとサイクリングコースが載っている無料地図をもらおう。ダウンタウンのモール（歩行者天国）内やサイドウオーク（歩道）は、自転車を降りて歩かないと交通違反となるので気をつけること。

ポールズ・バイシクル・ウエイ・オブ・ライフ
Paul's Bicycle Way of Life
MP.229-A2
住556 Charnelton St., Eugene
☎(541) 344-4105
URL bicycleway.com
営月～金9:00～19:00、土日10:00～17:00（時期により異なる）
料1日$24～

MEMO **ユージーンの無料情報誌Eugene Weekly** イベントやライブ、レストラン情報が満載。町のあちこちに置いてある赤いボックスの中に入っている。毎週木曜日発行。URL www.eugeneweekly.com

ユージーンのおもな見どころ

★★★ 陸上競技の聖地 MP.229-B2

オレゴン大学
University of Oregon

300エーカー（1.2km²）の緑がいっぱいのキャンパスは、学園都市ユージーンを象徴する存在だ。13th Ave.には自転車があふれ、Kincaid St. とPatterson St. の間には学生向けの安いレストランやカフェ、古本屋などが軒を連ねている。構内にある美術館Jordan Schnitzer Museum of Artや自然史博物館The Museum of Natural and Cultural History も訪れてみよう。

人口の約14%をオレゴン大学の学生で占めるユージーンは、別名「トラックタウン・USA TrackTown USA 」とも呼ばれている。2016年夏に開催されたリオデジャネイロオリンピックには、在校生と卒業生を含め、陸上部から20人が出場した。その象徴的存在が、陸上部の練習場でもあるヘイワードフィールドHayward Field。2021年に開催される世界陸上競技選手権大会に向け、2018年夏、大改装工事が始まった。

ナイキNikeの創業者のひとりビル・バウワーマンBill Bowermanは、オレゴン大学陸上部のコーチとしてジョギングを提唱した名コーチだった。そしてオレゴン大学の卒業生のフィリップ・ナイトPhilip Knightとブルーリボンスポーツ社Blue Ribbon Sportsを設立。この会社が現在のナイキNikeへと発展していったのだ。

自然史博物館 The Museum of Natural and Cultural History

オレゴン州の数千年にわたる人類の歴史や数百万年に及ぶ自然史を細かく解説した博物館。3億年前の太平洋岸北西部の地形や気候、エコシステムを紹介する「Explore Oregon」と1万5000年前から現在までのオレゴン州の文化的な歴史を解説する「Oregon－Where Past is Present」のコーナーは見逃せない。

北西部のログハウスを模して建てられた博物館

ジョーダン・シュナイザー美術館
Jordan Schnitzer Museum of Art

所蔵品は、アメリカ、ヨーロッパ、韓国、中国、日本と幅広く、1万3000点以上に及ぶ。なかでも、中国と日本をはじめとするアジアの美術作品や工芸品が充実しているのが特徴で、中国服のコレクションは北米有数の規模を誇る。また、アメリカ北西部で特に有名な画家モーリス・グレイブスMorris Gravesのコレクションは、絵画100点、スケッチ400点と世界的にも有数の品揃えだ。美術館内には、ダウンタウンで人気のレストラン、プロビジョンズ・マーケット・ホールProvisions Market Hall（→P.235）がプロデュースするカフェ（→脚注）もあり、学生たちに人気。

オレゴン大学
住1585 E. 13th Ave., Eugene
☎(541) 346-1000
URL www.uoregon.edu
場所 東西を走る13th Ave.と西側のAlder St.（ダウンタウンから徒歩で10分強）から東側のAgate St.あたりに囲まれたエリアがキャンパス。

大学正門

正門前の13th Ave. は学生街

自然史博物館
MP.229-B2
住1680 E. 15th Ave., Eugene
☎(541) 346-3024
URL natural-history.uoregon.edu
営火～日11:00～17:00
休月
料大人$5、シニア・子供（3～18歳）$3、2歳以下無料

博物館の所蔵品は50万点以上

ジョーダン・シュナイザー美術館
MP.229-B2
住1430 Johnson Ln., Eugene
☎(541) 346-3027
URL jsma.uoregon.edu
営水11:00～20:00、木～日11:00～17:00
休月火、おもな祝日
料大人$5、子供（18歳以下）無料。毎週水曜17:00～20:00は寄付制、第1金曜は入場無料

美しい外観の美術館

MEMO **マルシェ・ミュージアム・カフェ** ジョーダン・シュナイザー美術館へ入場せずに、カフェのみの利用も可能。**Marché Museum Cafe** ☎(541) 346-6440 営月～金8:30～16:00、土日11:00～16:00

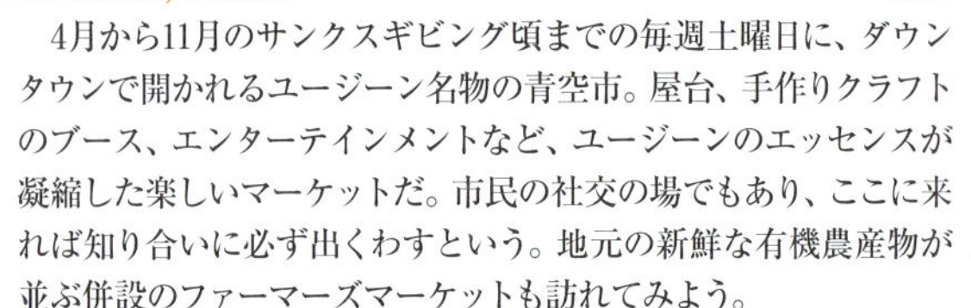

ユージーン市民の社交場　MP.229-B2

サタデイマーケット
Saturday Market

4月から11月のサンクスギビング頃までの毎週土曜日に、ダウンタウンで開かれるユージーン名物の青空市。屋台、手作りクラフトのブース、エンターテインメントなど、ユージーンのエッセンスが凝縮した楽しいマーケットだ。市民の社交の場でもあり、ここに来れば知り合いに必ず出くわすという。地元の新鮮な有機農産物が並ぶ併設のファーマーズマーケットも訪れてみよう。

サタデイマーケット
住126 E. 8th St., Eugene
（8th Ave.とOak St.の一画）
☎(541) 686-8885
URL eugenesaturdaymarket.org
営〈4月〜11月中旬〉土10:00〜17:00

雨天決行の人気のマーケット

ユージーンらしいショッピングはここで　MP.229-B2

フィフス・ストリート・パブリック・マーケット
5th Street Public Market

内部は吹き抜けに

ダウンタウンの5th Ave.とHigh St.の角にあるこのマーケットは、少々さびれたダウンタウンのなかで最もおしゃれな買い物と食事のスポット。昔、鶏肉の加工場だったという建物を大改造し、ユージーンらしいポップなショップやギャラリー、カフェやレストランが20軒ほど集まっている。2018年後半から大規模な増設工事が始まる予定。

フィフス・ストリート・パブリック・マーケット
住296 E. 5th Ave., Eugene
☎(541) 484-0383
URL www.5stmarket.com
営ショップ：月〜土10:00〜19:00、日11:00〜18:00（時期により異なる）。レストラン：月〜土11:00〜19:00、日11:00〜18:00（店舗により異なる）

町を眺める絶景スポット　MP.229-A1〜B1

スキナービュート・パーク
Skinner Butte Park

ユージーン市内を眺め渡すのに最もよい場所が、町の北側、ウィラメット川近くに小高くそびえるスキナービュートだ。ダウンタウンのHigh St.からScenic Driveの標識に沿って進むと、ビュート北側のへりに着く。かつてこの地に暮らした先住民カラプヤ族Kalapuyasは、この丘をヤポアYapoahと呼び、崇め、儀式の踊りを執り行ったとか。山の麓は市内で最も古い公園として整備され、ロッククライミングやハイキング、フィッシングなどが楽しめる。

スキナービュート・パーク
住248 Cheshire Ave., Eugene
URL www.eugene-or.gov

スキナービュートからダウンタウンを望む

COLUMN

『スタンド・バイ・ミー』の風景を求めて

意外に知られていないことだが、アメリカの片田舎に住む少年たちの友情を描いた『スタンド・バイ・ミー Stand by Me』のロケはユージーン周辺で行われた。ロケ地を訪ねても記念碑が立っているわけでなし、大きな観光ネタにもされていない。その情景の変わりなさのせいか、あの感動が鮮やかによみがえってくる。ロケ隊はユージーンに滞在し、撮影は周辺の田舎で行われた。町のシーンは、ユージーンの北にあるブラウンズビルBrownsville。町外れの線路こそ撤去されているが、中心部の様子は撮影当時とほとんど変わっていない。

ユージーンの南にある町、カッテージグローブの郊外では、黄金色に揺れる晩夏の草原と線路を歩くシーンが撮影された。線路は1994年に取り除かれ、今は湖へと続く遊歩道へと変わっている。いざ探検に、というシーンで出てきた赤い鉄橋がトレイルの起点だ。深い雑木林の間を歩き出してみると、まさに映画そのままの世界。

鉄路が取り払われた赤い鉄橋

その晩、家でもう一度映画を観る。数時間前にいた場所を数十年前の映画で観て、深く感動してしまった。　（ユージーン在住　柴田勝幸）

MEMO　シルバンリッジ・ワイナリー　ユージーンの南東24kmにあるワイナリー。Silvan Ridge Winery　MP.228-A2
住27012 Briggs Hill Rd., Eugene　☎(541) 345-1945　URL silvanridge.com　営毎日12:00〜17:00↗

マッケンジーリバー・ハイウエイ沿い
McKenzie River Highway

マッケンジー川沿いのトレイルを歩く MP.228-B2

★★★ マッケンジーリバー・ナショナル・レクリエーション・トレイル
The McKenzie River National Recreation Trail

このレンジャーステーションで情報収集

森のトレイルを歩く

ユージーンから東にOR-126を1時間も車で走ると、深山幽谷の気配をたたえた**ウィラメット・ナショナル・フォレスト Willamette National Forest**の森林地帯が始まる。マッケンジー川沿いを走るOR-126は、景勝道路に指定され、マッケンジーリバー・ハイウエイMcKenzie River Highwayとも呼ばれている。道沿いに温泉や滝などの見どころが点在し、ハイウエイに沿って、森の中に刻まれているのが、このトレイルだ。その始まりは、ユージーンから東に88km走った小さな集落マッケンジービレッジMcKenzie Village。その少し先に観光案内所も兼ねた**マッケンジーリバー・レンジャーステーションMcKenzie River Ranger Station**があり、歩く場合はこのレンジャーステーションから道路を渡り、森へと入ろう。全長は約43km。道路とほぼ平行して北東に延び、途上には、ベルナップ温泉、クーサ滝、サヘリ滝があり、終点近くで真っ青なクリアレイクが現れる。レンジャーステーションまでバス便はあるが、それから先は車のみが頼り。バスを利用して日帰りハイクを楽しむなら、ベルナップ温泉まで片道約6kmが限界だろう。車があれば、途中でショートカットし、温泉や滝、湖へも立ち寄れる。

マッケンジーリバー・ナショナル・レクリエーション・トレイル
URL www.fs.usda.gov

行き方

車 ユージーンからI-105、OR-126を東に約88km進む。約1時間。
バス ユージーンから市バスLTD#91で終点のMcKenzie River Ranger Station下車。所要約1時間20分。
LTD#91：ユージーン発：月～金4:42、8:20、14:20、17:35、土日8:30、16:30。マッケンジーリバー・レンジャーステーション発：月～金6:07、9:49、15:58、19:16、土日9:59、18:01

バス停はレンジャーステーションのすぐ脇

ウィラメット・ナショナル・フォレスト
URL www.fs.usda.gov/willamette

i 観光案内所

マッケンジーリバー・レンジャーステーション McKenzie River Ranger Station
MP.228-B2
住 57600 McKenzie Hwy., McKenzie Bridge
☎(541) 822-3381
URL visitmckenzieriver.com
営 月～金8:00～16:30
バス ユージーンから市バスLTD #91で終点のMcKenzie River Ranger Station下車。所要1時間20分。

COLUMN オレゴン州にもあるフランク・ロイド・ライト設計の建物

ポートランドからユージーンに向かう途中のシルバートンSilvertonという町にはフランク・ロイド・ライトFrank Lloyd Wright設計の家**ゴードンハウスGordon House**がある。1964年にウィラメット川沿いに建てられ、2001年オレゴンガーデンに移された。現在、重要文化財に認定されている建物は、オレゴン州で唯一公開されている貴重なものであり、ツアーでのみ見学できる（所要約45分。事前予約が必要）。その隣には80エーカー（0.3km²）ある庭園**オレゴンガーデンOregon Garden**があり、樹齢400年のカシの木をはじめ、バラや松などが広大な敷地に植えられているさまは見事。

ゴードンハウスGordon House
MP.228-A1
住 869 W. Main St., Silverton
☎(503) 874-6006
URL www.thegordonhouse.org
営 毎日12:00～14:00（毎正時出発、要事前予約）
料 $20

ゴードンハウス見学は事前に予約を

オレゴンガーデンOregon Garden
MP.228-A1
住 879 W. Main St., Silverton ☎(503) 874-8100
URL www.oregongarden.org
営〈5～9月〉毎日9:00～17:00、〈10～4月〉毎日10:00～16:00
料 大人$12～14、シニア$10～12、子供$6～8(曜日により異なる)

↘料 テイスティング：無料

ユージーンから行く癒やしの温泉場 MP.228-B2

ベルナップ温泉
Belknap Hot Springs

ユージーンの東90kmに温泉付きの宿泊施設、**ベルナップ温泉ロッジ&ガーデンズBelknap Hot Springs, Lodge & Gardens**がある。温泉はプールになっていて、宿泊客でなくても入湯できる（水着着用のこと）。観光地のリゾートとはほど遠い素朴さが漂っている。温泉のすぐ脇を上流からボートが下ってくるあたりは、いかにも自然あふれるオレゴンらしい光景だ。宿泊施設はロッジ（料ⓈⒹⓉ＄110～185）、キャビン（料1棟＄135～425）、RVスペース（料＄35～40〈2人〉＋1人追加＄8）、テント（料1日＄30）など。さらにロッジからはラフティングや釣りのツアーも出発する。

山間のいで湯

マッケンジー川沿いに立つロッジ

滝を見ながらひと休み MP.228-B2

クーサ滝とサヘリ滝
Koosah Falls & Sahalie Falls

クーサ滝

マッケンジーリバー・レンジャーステーション（→P.233）からOR-126をさらに約26km北東、ユージーンからは約118km、Ice Cap Camp Ground 入口を左折して突き当たりを右折するとそこがトレイル入口だ。歩き出して間もなく、**クーサ滝**（落差21m）が見えてきて、渓流沿いを緩やかに登って行くと**サヘリ滝**（落差30m）にたどり着く。サヘリ滝はディズニー映画『奇跡の旅Homeward Bound』にも登場した。

刻一刻と表情を変える湖 MP.228-B2

クリアレイク
Clear Lake

サヘリ滝の駐車場から北に3km走り、右手に見える**クリアレイク・リゾートClear Lake Resort**の入口を下りていくと湖にたどり着く。クリアレイクは、3000年前にサンド山から流れ出た溶岩によりダムができ、せき止められてできた湖。マッケンジー川の源流である。エメラルドグリーンの湖面は湖底に沈む3000年前の大木がはっきり見えるほど透明だ。湖沿いのトレイルは1周すると数時間かかるので、時間がない場合は時計と反対回りに歩き、橋を渡ったあたりで引き返すのがよいだろう。こちら側のダグラスファーの森のトレイルと、対岸の溶岩トレイルが対照的なのがおもしろい。クリアレイクではボート乗りや、釣り、カヌーなどのアクティビティが楽しめる。旅行に適したシーズンは5月～9月下旬。

鏡のように美しいクリアレイク

ベルナップ温泉（ベルナップ温泉ロッジ&ガーデンズ）
住59296 N. Belknap Springs Rd., McKenzie Bridge
☎(541) 822-3512
URLwww.belknaphotsprings.com
営毎日9:00～22:00
料温泉：1時間$8、1日$15
車ユージーンからOR-126を東に92km、OR-242のジャンクションの少し先を左折。所要約1時間20分。

ロッジからラフティングに出発できる

ラフティングのツアー
ハイ・カントリー・エクスペディションズ
High Country Expeditions
住91837 Taylor Rd., McKenzie Bridge
☎(541) 822-8288
Free(1-888) 461-7238
URLwww.highcountryexpeditions.com
料大人$60～90、子供$45～73
ベルナップ温泉ロッジ&ガーデンにもオフィスがある

クーサ滝とサヘリ滝
URLvisitmckenzieriver.com
営3～11月(降雪時期による)
行き方Ice Cap Camp Ground 入口は見逃しやすい。Ice Cap Camp Ground入口から約800m北に行ったサヘリ滝の駐車場に車を停めて上から下ってきてもよい。渓流ハイキングの所要時間は、徒歩片道20～30分(約800m)。

クリアレイク
車サヘリ滝からOR-126を北東へ2.5km進み、NF-775を600m進む。ユージーンからOR-126を北東に118km、約1時間50分。

クリアレイク・リゾート
MP.228-B2
住60700 Hwy. 126, Sisters
☎(541) 967-3917
URLlinnparks.com/parks/clear-lake-resort
営毎日6:00～19:30(スタッフが常駐している時間)
料キャビン：$70～135、キャビン15棟
5月下旬～9月上旬までレストランもオープンする

MEMO **ウィル・レザーグッズ（→P.143）はユージーンで誕生した　Will Leather Goods**　MP.229-B2　住フィフス・ストリート・パブリック・マーケット内　☎(541)246-8650　営月～土10:00～19:00、日10:00～18:00

レストラン

R 健全な食材を使った美食レストラン　　ノースウエスト料理／ユージーン／MP.229-B2

プロビジョンズ・マーケット・ホール　Provisions Market Hall

5th Street Public Market（→P.232）の1階にあるフランスのマルシェを思わせるベーカリー＆レストラン。地元の旬の野菜や果物を使い、食肉や地魚も可能な限りサステイナブル（→脚注）にこだわる、安心安全を心がける評判の店だ。カジュアルな店内はとても居心地がよい。ピザは$15〜。

住296 E. 5th Ave., Eugene
☎(541) 743-0660
URLprovisionsmarkethall.com
営毎日7:00〜20:00
カード A M V

R 朝をすてきに過ごすオアシス　　アメリカ料理／ユージーン／MP.229-B2

グレンウッドレストラン　Glenwood Restaurant

オレゴン大学のすぐそば。山小屋風の店内は木のテーブルに木の椅子、裏庭にはパティオもあり、とてもエレガントだ。朝食メニューは格別で、ビーフのパテやソーセージが選べるプレートGlenwood（$8.50〜）がおすすめ。バーガーやパスタ、焼きそばなどもあり、学生でいつもにぎわう。

住1340 Alder St., Eugene
☎(541) 687-0355
URLwww.glenwoodrestaurants.com
営毎日7:00〜21:00
カード A M V

R ダックスファンが集う1977年創業の老舗ピザ店　　ピザ／ユージーン／MP.229-B2

トラックタウン・ピザ　Track Town Pizza

オレゴン大学の正式マスコット、オレゴン・ダックと同じ緑と黄色が目印のピザ屋。McKnight Arenaのすぐそばにあり、アメフト部の試合がある日はDuckファンで盛り上がる。おすすめは平日のランチバフェ($8.75)でサラダとピザが食べ放題。店内にはDucksの名選手たちの写真が飾られている。

住1809 Franklin Blvd., Eugene
☎(541) 284-8484
URLwww.tracktownoncampus.com
営日〜木11:00〜24:00、金土11:00〜翌1:00
カード A M V

R ユージーンらしい健康志向のカフェ　　ベジタリアン／ユージーン／MP.229-A2

ラフィング・プラネット・カフェ　Laughing Planet Cafe

健康志向の人が多い、ユージーンらしいカフェ。野菜や豆類を使った料理は、おいしいうえにネーミングもユニークで楽しい気分になる。ここへ来たら、元気になれること間違いなし。チキンやほうれん草、いんげんが入った一番人気のボリウッドボウルは$9.50。

住760 Blair Blvd., Eugene
☎(541) 868-0668
URLlaughingplanetcafe.com
営毎日11:00〜22:00
カード M V

R オレゴンの恵みで造るビール　　地ビール工場／ユージーン／MP.229-A1

ニンカシ・ブリューイング・テイスティングルーム　Ninkasi Brewing Tasting Room

オレゴンの水とモルト、ホップや酵母で造られたこだわりのクラフトビールが味わえる。ニンカシとは古代シュメール人が崇拝したビールの女神のこと。小規模でていねいに造られたビールを試飲室で味わおう。プリッツェルやスープなどの軽食やつまみも有料で頼める。

住272 Van Buren St., Eugene
☎(541) 344-2739
URLwww.ninkasibrewing.com
営試飲室：日〜水12:00〜21:00、木〜土12:00〜22:00、売店：月〜金9:00〜17:30、土12:00〜16:30
料試飲$12(4種類)
カード M V

ショップ

S 買い物、食事、映画はここで！　　ショッピングセンター／ユージーン／MP.229-A1

バレーリバー・センター　Valley River Center

ダウンタウンからバスで20分ほどのショッピングセンター。デパートのMacy'sやJC Pennyほか、人気のショップが100店舗以上入っている。一画には、ホテルのValley River Inn（→P.236）や映画館Regal Cinemasもあり、映画を観て食事をして帰るプランもOK。

住293 Valley River Center, Eugene
☎(541) 683-5513
URLwww.valleyrivercenter.com
営月〜土10:00〜21:00、日11:00〜19:00
カード A J M V(店により異なる)
交ダウンタウンからLDTバス#66で10〜30分。

MEMO **サステイナブルとは**　地球環境を悪化させたり壊さないようにしつつ、発展し開発していくこと。

ショップ

S オレゴン大学のマスコット、ダックのTシャツはいかが？ 書籍&雑貨／ユージーン／MP.229-B2

ダックストア The Duck Store

E. 13th Ave.の大学西門の正面にあるUniversity of Oregon Bookstoreのキャンパス本店。創業はなんと1916年。ウォルト・ディズニーから特別の許可をもらって大学の正式マスコットになった、Duckのキャラクターがプリントされたシャツ（$15～）やスポーツウエア、文具などを販売している。

住895 E. 13th Ave., Eugene
☎(541) 346-4331(内線267)
URLuoduckstore.com
営月～金7:45～18:00、土日10:00～18:00
カード A M V

S アフリカの工芸品ショップ アフリカ工芸／ユージーン／MP.229-B2

スワヒリ Swahili

アフリカ諸国の珠玉の工芸品をフェアトレードで仕入れ、販売するアフリカンギャラリーのような美しい店。ケニア、タンザニア、スーダン、南アフリカ、マリなどアフリカ各地の店や美術館とネットワークを結び、手作りされたジュエリー、置物、台所用品、絵、陶器、木工品などが並ぶ。

住5th Street Public Market, #222, 296 E. 5th Ave., Eugene
☎(541) 868-1598
URLwww.swahilimodern.com
営月～土10:00～19:00、日10:00～18:00
カード A M V

ホテル

H ユージーンのリゾートホテル 中級／ユージーン／MP.229-A1

バレー・リバー・イン Valley River Inn

ウィラメット川に面したホテル。コンシェルジュ付きのフロアや、空港への送迎サービスなどがある。併設するレストランの評判もいい。ホテルの前にはショッピングモール、バレーリバー・センター（→P.235）があり便利。ダウンタウンへは、市バス#66で10～30。

住1000 Valley River Way, Eugene, OR 97401
☎(541) 743-1000
Free(1-800) 543-8266
FAX(541) 683-5121
URLwww.valleyriverinn.com
料ⓈⒹⓉ$119～249、Ⓢu169～279
駐無料 Wi-Fi無料
カード A D J M V 257室(♿あり)

H 市バスでダウンタウンへアクセスできる 中級／ユージーン／MP.229-B2外

ホリデイ・イン・エクスプレス・ホテル&スイーツ Holiday Inn Express Hotel & Suites

アメリカだけでなく、世界中に展開しているチェーン系列のホテルだけに、設備も整っており安心だ。室内プールやフィットネスルームもある。無料の朝食付き。ビジネスにもいいが、ファミリーに特におすすめしたいホテルだ。

住2117 Franklin Blvd., Eugene, OR 97403
☎(541) 342-1243
FAX(541) 342-1246
URLwww.ihg.com
料ⓈⒹⓉ$139～299、Ⓢu149～339
駐無料 Wi-Fi無料
カード A D J M V 114室(♿あり)

H オレゴン大学そばの手頃なモーテル エコノミー／ユージーン／MP.229-B2

デイズイン・ユージーン Days Inn Eugene

オレゴン大学のキャンパスからも近く、通りの反対側にはHayward Autzen Stadiumがある。駐車場に面しているが、館内は静か。多少の古さが気になるものの、掃除は行き届いており、快適に過ごせる。5月中旬～6月中旬と8月下旬～9月上旬は少なくとも1ヵ月前に予約のこと。

住1859 Franklin Blvd., Eugene, OR 97403
☎(541)342-6383
FAX(541)342-8559
URLwww.wyndhamhotels.com
料ⓈⓉⒹ$75～100、Ⓢu$90～110
駐無料 Wi-Fi無料
カード A D J M V 60室(♿あり)

H オレゴンガーデンに隣接するリゾート 中級／シルバートン／MP.228-A1

オレゴンガーデン・リゾート Oregon Garden Resort

ポートランドとユージーンの中間、シルバートンの町にあるリゾートホテル。オレゴンガーデンに隣接する。フランク・ロイド・ライト設計のゴードンハウスにも徒歩15分ほど。プールやレストランなどを併設し、スパのサービスもある。すべての客室に暖炉やパティオがあり、ゆっくり過ごすことができる。

住895 W. Main St., Silverton, OR 97381
☎(503) 874-2500
URLwww.oregongardenresort.com
料ⓈⒹⓉ$119～358
駐無料 Wi-Fi無料
カード A M V 103室(♿あり)

MEMO ユージーン・ウィトエーカー・インターナショナル・ホステル Eugene Whiteaker International Hostel MP.229-A1 住970 W. 3rd Ave., Eugene, OR 97402 URLwww.eugenehostel.org 料ドミトリー$35～、個室$45～ カード A M V

車&ツアーで旅するエリア

セントラルオレゴン
Central Oregon

オレゴン州 ▶ 市外局番：541

カスケード連山の東側に広がるハイデザートと呼ばれる乾燥地帯に、太古の火山活動で生じた溶岩洞窟や噴石丘が点在する。ベンドの東160kmのジョン・デイ化石層国定公園には、5400万年前から600万年前の地層がそっくり残された貴重な化石地帯もある。その風景は宇宙のように雄大で、見飽きることがない。

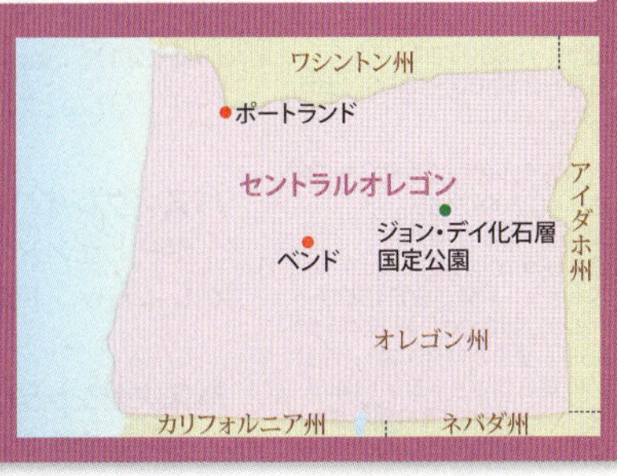

セントラルオレゴンへの行き方

飛行機／ロバーツフィールド・レドモンド空港
Roberts Field-Redmond Municipal Airport (RDM)

セントラルオレゴンで最大の空港。1日約20便の発着があり、デルタ航空、ユナイテッド航空、アメリカン航空、アラスカ航空などがポートランド、シアトル、サンフランシスコなどから直行便を運航している。

こぢんまりとした空港

ロバーツフィールド・レドモンド空港
MP.237-B2
住2522 S.E. Jesse Butler Cir., #17, Redmond
☎(541) 548-0646
URLwww.flyrdm.com

レドモンド空港シャトル
Redmond Airport Shuttle
☎(541) 382-1687
URLwww.redmondairportshuttle.net
料空港からベンドまで1人$36、グループなら最初の2人までは1人$36、3人目以降は1人$5。インターネットで予約可能。

MEMO ロバーツフィールド・レドモンド空港にあるレンタカー会社　Alamo & National ☎(541) 504-2824、Avis ☎(541) 923-3750、Budget ☎(541) 923-0699、Enterprise ☎(541) 504-9226、Hertz ☎(541) 923-1411

ポートランドから所要40分、シアトルから1時間10分、サンフランシスコから1時間50分。

空港内にはAlamo、Avis、Budget、Enterprise、Hertz、Nationalのレンタカー会社のカウンターが並ぶ。ベンドやシスターズなどの周辺地域へ空港シャトルも運行している。Pronghorn Resort(→P.244)、Sunriver Resort(→P.244)、Tetherow Golf Resort(→P.245)などは空港への無料送迎サービスがあり便利だ。

バス／グレイハウンドバス Greyhound Bus

ポートランドのグレイハウンド・バスターミナルからベンドへ、グレイハウンドが1日1便運行(ユージーンで乗り換えあり)。

バス／セントラルオレゴン・ブリーズ Central Oregon Breeze

セントラルオレゴン・ブリーズもポートランドからベンドへバスを運行している。ポートランドのアムトラック・ユニオン駅からポートランド国際空港を経由して、Bendの中心から4km北にあるコンビニエンスストアのCircle Kへ。チケットは事前に電話かウェブサイトで予約を入れること。

車／ポートランドからI-5を南に78km進み、SalemでOR-22に移る。OR-22を南東に130km進むとUS-20に合流し、そのまま73km行く。所要約4時間。

セントラルオレゴンの歩き方

オチョコ峠から見たPrinvilleの町

公共の交通機関がないエリアなので、レンタカーは欠かせないが、車がない旅行者でも、**サンリバーリゾート Sunriver Resort**(→P.244)などの高級リゾートに滞在すれば、送迎はもちろんホテル内で数々のアクティビティが満喫できる。リゾート滞在とベンド宿泊を組み合わせれば、町歩きも楽しめるだろう。ツアーに参加したり、ドライバーガイドを雇う方法もある。

広大なエリアなので最低3泊は必要。5泊すれば、**ベンドからニューベリー火山国定公園、ジョン・デイ化石層国定公園、ディー・ライト展望台、シスターズ、スミスロック州立公園**まで見学できる。化石好きならジョン・デイ化石層国定公園だけに的を絞った歩き方もよい。

ジョン・デイ化石層国定公園へは爽快なドライブの旅

グレイハウンドバス
URL www.greyhound.com
料 $39～
ポートランド発／毎日6:30→ベンド着12:30の1日1便。所要6時間
Bend Oregon Bus Station
住 334 N.E. Hawthorne Ave., Bend
☎ (541) 923-1732
営 月～金10:00～15:00、土日12:30～14:00

セントラルオレゴン・ブリーズ
☎ (541) 389-7469
Free (1-800) 847-0157
URL cobreeze.com
ポートランド発／毎日13:30→ベンド着18:00。所要4時間30分。金日と11月下旬～1月上旬の毎日はポートランド18:00発、ベンド22:30着の便もある。
料 大人片道$48～、往復$96～、シニア・学生片道$47～、往復$94～、子供(2～10歳)片道$36～、往復$72～
ベンドのセントラルオレゴン・ブリーズ発着所
Circle K
住 3405 N. Hwy. 97, Bend
☎ (541) 382-9248

タクシー
Bend Cab Company
☎ (541) 389-8090

観光案内所

セントラルオレゴン観光協会
Central Oregon Visitors Association
M P.237-B2
住 57100 Beaver Dr. Building 6, Suite130, Sunriver
営 月～金8:30～17:00、土日9:00～17:00

ベンド観光局
Bend Chamber of Commerce
M P.237-B2
住 777 N.W. Wall St., Suite 200, Bend
☎ (541) 382-3221
URL bendchamber.org
営 月～金9:00～17:00

ベンド観光案内所
Visit Bend
M P.237-B2
住 750 N.W. Lava Rd., Suite 160, Bend
☎ (541) 382-8048
URL www.visitbend.com
営 月～金9:00～17:00、土日10:00～16:00

シスターズエリア観光局
Sisters Area Chamber of Commerce
M P.237-B1
住 291 E. Main Ave., Sisters
☎ (541) 549-0251
URL www.sisterscountry.com
営 月～金10:00～16:00

MEMO **ツアー** 第一インターナショナルトラベルが、ポートランドからスミスロック州立公園やマドラスの町があるセントラルオレゴンを訪れるツアーを催行している。所要12時間。URL www.dai-ichi-travel.com

セントラルオレゴンのおもな見どころ

セントラルオレゴンの中心 MP.237-B2

ベンド Bend

デシューツ川Deschutes River沿いに開けたカスケード連山東側で最大の都市。ドレイク公園Drake Parkそばの**ダウンタウン**は町並みも愛らしく、近年、美食の街との呼び声も高い。ダウンタウンの1km南にある**オールド・ミル・ディストリクトThe Old Mill District**（→P.244）は再開発されたショッピングエリア。ショップやレストラン、映画館などが40軒以上集まる。晴天の日が年間300日以上という気候だが、冬は降雪に見舞われる。町から南西へ車で30分の**マウントバチェラーMt. Bachelor**でスキーや犬ぞり、スノーシューなどのウインターアクティビティに挑戦しよう。

ベンドのメインストリート

ハイデザート博物館 High Desert Museum

ハイデザートとは、この地方特有の乾燥地帯を指す言葉で、ここは乾燥地帯の生き物や歴史、文化、平原部族Plateau Indianの暮らしにスポットを当てた博物館。創設者の名前を冠した**ドナルド・M・カー猛禽類保護センターDonald M. Kerr Birds of Prey Center**には保護されたタカやワシなどの猛禽類も飼育されている。野外の森には1880年代の牧場や水車で回る製材所も展示。いちばんの人気者、**リバーオッター（カワウソ）の飼育室Autzen Otter Exhibit**見学もお見逃しなく。

リバーオッターの見事な泳ぎっぷりに魅了される

ニューベリー火山、噴火の証 MP.237-B2

ニューベリー火山国定公園 Newberry National Volcanic Monument

1990年に認定された広さ5万4000エーカーの国定公園。観光ポイントは、ベンド近くの**ラバビュートLava Butte**と、はるか南東にそびえるふたつの火口湖をもつ**ニューベリーカルデラNewberry Caldera**（標高2434m、→脚注）。ビュートとは噴石が堆積してできた噴石丘のことで、セントラルオレゴンでよく目にする火山である。ラバビュートの麓には**ビジターセンター**があり、背後に広がる溶岩流の中を歩くトレイルも整備されている。ビュート頂上まで車で上り、山頂のトレイルCrater Rim Trailを歩こう。ビュートから南に約3kmの場所には溶岩流洞窟の**ラバ・リバー・ケイブLava River Cave**もある。

ベンド

車 ポートランドからI-5を78km南下。Exit 253でOR-22に移る。130km南東に進み、OR-20に合流して73km東へ。所要4時間。

オールド・ミル・ディストリクト

M P.237-B2　住 450 S.W. Powerhouse Dr., Bend
☎ (541) 312-0131
URL www.theoldmill.com
営 月～土10:00～20:00、日11:00～18:00（店舗により異なる）

マウントバチェラー

M P.237-A2～B2　住 13000 S.W. Century Dr., Bend
☎ (541) 382-1709
URL www.mtbachelor.com
車 ベンドからCascade Lakes National Scenic Byway/Century Dr.を32km南下。所要30分。

ハイデザート博物館

M P.237-B2
住 59800 US-97, Bend
☎ (541) 382-4754
URL www.highdesertmuseum.org
営 〈11～3月〉毎日10:00～16:00、〈4～10月〉毎日9:00～17:00
料 〈11～3月〉大人$12、シニア$10、3～12歳$7、〈4～10月〉大人$15、シニア$12、3～12歳$9
車 ベンドからUS-97を12km南へ。所要約15分。
館内のカフェはランチに最適。ミュージアムショップもあり。

ニューベリー火山国定公園

URL www.fs.usda.gov

ラバランド・ビジターセンター Lava Lands Visitor Center

M P.237-B2
住 58201 S. US-97, Bend
営 〈5月上旬～5月中旬〉木～月10:00～16:00、〈5月下旬～9月上旬〉毎日9:00～17:00、〈9月中旬～10月上旬〉毎日10:00～16:00
料 車：1日券（Day Pass）$5
車 ベンドからUS-97を南へ16km行き、NF-9702を入った右側。

ポーリナ・ビジターセンター Paulina Visitor Center

M P.237-B2
営 〈5月下旬～6月上旬、10月上旬〉土日10:00～16:00、〈6月中旬～9月上旬〉毎日9:00～17:00、〈9月中旬～9月下旬〉毎日10:00～16:00
車 ベンドからUS-97を南に38km、US-97にある案内板からForest Service Rd. 21を東へ19km。ポーリナ湖の西。
＊カルデラの広さは500平方マイル

ラバビュート山頂の展望台

MEMO **ニューベリーカルデラ** 頂上ポーリナピーク展望台Paulina Peak Observationへ、麓のPaulina Visitor Centerから車で約6km登る。山頂からはポーリナ湖Paulina Lakeとイーストレイク East Lakeが見える。

かわいらしい町並みのシスターズ

シスターズへの行き方
車ベンドからUS-20を北西に35km。

シスターズの野外キルトショー
Sisters Outdoor Quilt Show
住US-20 & S. Pine St., Sisters
☎(541) 549-0989
URLsistersoutdoorquiltshow.org
営2019年は7月13日の開催

スミスロック州立公園
住9241 N.E. Crooked River Dr., Terrebonne
☎(541) 548-7501
URLoregonstateparks.org/park_51.php
URLsmithrock.com
料公園使用料1日につき$5
営日の出〜日没
車ベンドからUS-97を北東に36km。Terrebonneの町でSmith Rockwayを東へ曲がりRambert Rd.、N.E. Crooked River Dr.を道なりに5km。所要45分。

ロッククライミング・スクール
Smith Rock Climbing School
住19437 Kemple Dr., Bend
☎(541) 633-7450
URLsmithrockclimbing.com
Chockstone Climbing Guides
☎(541) 318-7170
URLwww.chockstoneclimbing.com

ピーター・スケーン・オグデン・ステート・シーニック・ビューポイント
住US 97, Terrebonne

バンジージャンプ
Central Oregon Bungee Adventures
☎(541) 668-5867
URLoregonbungee.com
営5〜10月　料$129

ディー・ライト展望台
住OR-242 (McKenzie Hwy.), Blue River
営7月上旬〜10月下旬
URLwww.fs.usda.gov/recarea/willamette/recarea/?recid=4403
車シスターズから西へOR-242を24km行ったMcKenzie Passにある。OR-242は通常7月上旬〜10月下旬のみ通行可能。11月上旬〜6月下旬は降雪のため閉鎖される。Scenic Bywayに指定されている景勝ルートだ。

開拓当時の建物を再現した町並み
MP.237-B1

★★ シスターズ Sisters

　名峰スリーシスターズを抱く美しい町。広大な牧草地とポンデローサ松やアスペンの森に囲まれ、自然豊かなエリアだ。かつては林業で栄えた田舎町だったが、古きよき西部を連想するワイルドウエストをテーマに、メインストリートの建物の外観を整え、町並みをデザインし直した。ギャラリーやおしゃれなブティックで買い物を楽しみたい。キルト好きには垂涎のキルトショップがあり野外キルトショー（→側注）も毎年開催される。

ロッククライミングの人気スポット
MP.237-B1

★★★ スミスロック州立公園 Smith Rock State Park

　レドモンド市街からUS-97を車で20分ほど北上すると、牧草地の中に突如現れる切り立った岩峰群が**スミスロックSmith Rock**だ。蛇行して流れるクルックト川Crooked Riverの渓谷風景も美しい。約2000のクライミングルートがあるといわれ、初心者でも登はん可能だ。岩峰群のなかでひときわ有名な岩が西側にある**モンキーフェイスMonkey Face**。園内にはゴールデンイーグルなど多くの野生生物が生息している。

蛇行して流れるクルックト川とスミスロック渓谷

高所恐怖症の人は避けたほうがいいかも
MP.237-B1

★ ピーター・スケーン・オグデン・ステート・シーニック・ビューポイント Peter Skene Ogden State Scenic Viewpoint

　スミスロック州立公園の北西5kmにあるビューポイント。クルックト川に架かるハイブリッジHigh Bridgeは、高さ295フィート（90m）の所にあり、近年バンジージャンプのスポットとして注目を浴びている。1926年に完成した橋は、2000年に車道が新しくできたことにより歩行者専用となった。

溶岩流の上に立つ見晴し台
MP.237-A2

★★★ ディー・ライト展望台 Dee Wright Observatory

　シスターズの西24km、OR-242のマッケンジー峠沿いにある溶岩流の上に築かれた溶岩のモニュメント。標高5187フィート（1580m）にある展望台からは緩やかに広がる溶岩台地とカスケード山脈、北側にマウントフッドやマウントジェファソン、南にスリーシスターズの雄姿を仰げる。
　展望台は1930年代の世界恐慌時に、フランクリン・D・ルーズベルト大統領が行ったニューディール政策の一環で築かれたもので、民間軍Civilian Conservation Corpによって1935年に完成した。約1km続くトレイルLava River Recreation Trailを歩くと、溶岩の流れた跡や溶岩台地を見渡すことができる。

MEMO **マウントジェファソン**　マウントフッドに次いでオレゴン州で2番目に高い山。アメリカ合衆国第3代大統領トマス・ジェファソンに敬意を表して名前が付けられた。標高10497フィート（3199m）。

絶景が広がる世界有数の化石発掘現場 MP.237-B1

ジョン・デイ化石層国定公園
John Day Fossil Beds National Monument

ジョン・デイ渓谷の約1万4000エーカー（56.6km²）が国定公園に指定され、**シープロック・ユニットSheep Rock Unit**、**ペインテッドヒルズ・ユニットPainted Hills Unit**、**クラーノ・ユニットClarno Unit**の3ヵ所を見学できる。一般的に化石層は4000万年前のものが発見されることが多いが、このエリアでは5400万～600万年前の地層がそっくり発見された。それにより、太古から現代まで劇的な気候変動にともない変化した動植物の進化の過程を推測できる。

5400万～3700万年前の**クラーノ累層（フォーメーション）Clano Formation**からは、火山活動も盛んでシダが生い茂る熱帯ジャングルにサイのような哺乳類がいたことも判明した。3900万～1800万年前の**ジョン・デイ累層John Day Formation**からは、亜熱帯気候へと変化した証が発見され、1600～1400万年前の**マスコール累層Mascall Formation**からは、平原となったジョン・デイにハードウッドの森が誕生し、ゾウやシカ、イノシシに似た哺乳類が繁栄した。800万～600万年前の**ラトルスネイク累層Rattlesnake Formation**からは、馬や熊、ラクダ、猫などの祖先の化石も発見されている。

日帰りなら、まず**シープロック・ユニットにある案内所Thomas Condon Paleontology Center**を訪れ、館内のギャラリーでジョン・デイ化石層の進化の過程をジオラマで学ぼう。考古学者が化石を調査する様子をガラス越しに見学したり、案内所裏手の展望台からのトレイルThomas Condon Overlook Trailを歩くのも一興。案内所からOR-19を400m北上した所には、ジェイムス・カント・ランチ・ハウスJames Cant Ranch Houseがあり、このエリアの歴史が学べる展示がある。さらに、5km北へ行くと、青緑色の地層を望むBlue Basin Areaがあり、トレイルを歩ける。案内所からOR-19、US-26を8kmを南下するとマスコール累層が見える**展望地Mascall Formation Overlook**もある。

赤や茶色のインクを振りまいたような丘や丘陵地が連なる**ペインテッドヒルズ・ユニット**は、朝夕でまったく違う表情を見せる。色は、ジョン・デイ累層下層の火山灰が気候変動などの浸食作用で地表に露出したもので、鉄やマンガンなどの鉱物が風化作用によって赤やピンク、茶、黄褐色、黒色と変化したもの。絶景の谷間を見渡す展望台とトレイルPainted Hills Overlook and Trailがある。

神秘的なペインテッドヒルズ・ユニット

フォッシルFossilの町から28km西、OR-218沿いにある**クラーノ・ユニット**は、葉っぱや枝、ナッツの化石を見るのに最適。古代、火山灰の泥流で森が覆い尽くされた地層が崖の浸食でむき出しになったため、トレイルを歩けばその化石を自然な状態で観察できる。

シープロック・ユニットからは300万年前、森や草原に暮らしたオレオドンOreodont（→脚注）の化石が発見された

ジョン・デイ化石層国定公園
住32651 OR-19, Kimberly
☎(541) 987-2333
URL www.nps.gov/joda
営Thomas Condon Paleontology Center:〈秋季～春季〉毎日10:00～17:00、〈夏季〉毎日9:00～17:00
James Cant Ranch House: 夏季のみ毎日9:00～16:00
シープロック・ユニット、ペインテッドヒルズ・ユニット、クラーノ・ユニットのうち、クラーノ・ユニットはほかの2ヵ所から離れている。日帰りでの見学ならシープロック・ユニットとペインテッドヒルズ・ユニットの2ヵ所。ロバーツフィールド・レドモンド空港からシープロック・ユニットまで160km、車で所要約2時間20分。

シープロック・ユニット
車ベンドからUS-97を26km北へ向かう。レドモンドでOR-126に入り、29km東へ。US-26に合流し126km東へ進む。OR-19を3km北へ。所要約2時間30分。
ペインテッドヒルズ・ユニットから、Bridge Creek Rd./Burnt Ranch Rd.を9km南、US-26を55km東へ。OR-19を3km北へ。所要約1時間15分。

ペインテッドヒルズ・ユニット
車ベンドからUS-97を26km北へ向かう。レドモンドでOR-126に入り、29km東へ。US-26に合流し70km東へ進む。Mitchelの町の6km手前Bridge Creek Rd./Burnt Ranch Rd.を9km北へ。所要約2時間15分。

クラーノ・ユニット
車ベンドからUS-97を95km北上。OR-293を20km東へ進み、OR-218に合流し23km東に（Fossilの町から西に28kmの所）。所要2時間10分。
ペインテッドヒルズ・ユニットからはBridge Creek Rd./Burnt Ranch Rd.を9km南へ、US-26を5km西に行く。OR-207を38km、OR-19を31km北進し、OR-218を南西に28km行く。

ツアー
化石発掘ツアーはないが、案内所にはレンジャーが在駐している。
＊案内所を兼ねたThomas Condon Paleontology Centerは、1890年代、ジョン・デイ化石層を最初に発掘した先駆者トマス・コンドンThomas Condonにちなみ命名された。
＊国定公園内は発掘はもちろん、化石、動植物の持ち去りは厳禁。

MEMO **オレオドン** 約300万年前の古代の森で若葉を食べて暮らす、豚と羊をかけあわせたような動物だった。やがて、ラクダや馬などの草食動物へと進化していったと考えられている。

セントラルオレゴンの楽しみ方

Bend City E-Bike Tour
ベンドダウンタウン

電動自転車市内ツアー

ハンドルについたアクセルを回すだけで前に進むフル電動自転車でベンド市内を巡るツアー。ベテランガイドと一緒にオールド・ミル・ディストリクトやデシューツ川沿いの遊歩道、ドレイク公園、カフェ、撮影スポットに立ち寄る。電動自転車は坂道もスイスイ進むので、体力がない人でも安心だ。

The Bend Tour Company
MP.237-B2
住550 S.W. Industrial Way, #105, Bend
☎(541) 480-8477
URLthebendtourcompany.com
営日～水10:00～16:00、木～土10:00～18:00
電動自転車市内ツアー：毎日9:00、11:30、14:00、16:30にベンドにあるオフィスから出発。所要2時間
料$50

Deschutes River Kayak Tour
ベンド郊外

デシューツ川カヤックツアー

ガイドと一緒に原生林に囲まれたデシューツ川をカヤックで下る。ベンドダウンタウンから車で20分の所にあるデシューツ川沿いのデイ・ユース・エリアから入水。前半は、緩やかな流れのある川を必死にパドリングし、ベンハム滝の手前にある池でひと休憩。後半は、川の流れに乗って入水ポイントまで戻る。爽やかな風を受けながら、往復約5kmのコースを楽しめる。

体力に自信がない初めての人でも、問題ない

Tumalo Creek Kayak & Canoe
MP.237-B2
住805 S.W. Industrial Way, Suite 6, Bend
☎(541) 317-9407
URLtumalocreek.com
営月～土9:00～20:00、日9:00～19:00
カヤックツアー：夏季は火金9:00、春・秋季は金10:00にオールド・ミル・ディストリクト近くにあるオフィスから出発。所要4時間
料$75

Lava Tube Cave Tours
ベンド郊外

溶岩洞窟ツアー

ベンドから南西に20km行ったボイドケイブ（洞窟）Boyd Caveをツアーで探索する。洞窟の中は、乾燥した硬い地盤が続く真っ暗闇が広がる。洞窟は約15万年前、ニューベリー火山の噴火で流出した溶岩流によって形成されたもので、全長約573m。内部は腹ばいにならないと進めない場所や玄武岩が転がる足場の悪い所もある。

歩きやすい靴で、いざ出発

Wanderlust Tours
MP.237-B2　住61535 S. Hwy. 97, Suite 13., Bend　☎(541) 389-8359
URLwww.wanderlusttours.com
営〈9～5月〉毎日8:00～17:00、〈6月～7月中旬〉月～土8:00～20:00、日8:00～17:00、〈7月下旬～8月〉月～土8:00～19:00、日8:00～17:00
洞窟ツアー：毎日9:00、13:30にベンドにあるオフィスから出発。所要3時間
料大人$75、11歳以下$55（ヘッドランプ、ヘルメット、手袋、移動、ガイド料込み）

R 屋外で飲むビールが最高　アメリカ料理／ベンド／M P.237-B2

クラックス・ファーメンテイション・プロジェクト Crux Fermentation Project

バーカウンターの奥の醸造室でビールを造っているので、いつでもできたての新鮮なビールが味わえる。エールからピルスナー、IPAまで常時10種類以上の生ビールがあり、日本人の口に合うさっぱりしたものが多数を占める。チーズとピクルスの盛り合わせのほか、サンドイッチやハンバーガー($11～)など。

住50 S.W. Division St., Bend
☎(541) 385-3333
URL www.cruxfermentation.com
営月～木12:00～21:00、金～日12:00～22:00
カード A M V

R ベンド発の地ビールレストラン　ブリュワリー／ベンド／M P.237-B2

デシューツ・ブリュワリー・パブリックハウス Deschutes Brewery Public House

ベンドダウンタウンの中心にある地ビール工房、Deschutes Brewery直営レストラン。奥にビール工房があり、造りたてのビールを味わえる。カジュアルな雰囲気で食事メニューも豊富(Fish & Chipsは$18.15)。ビール工場(住901 S.W. Simpson Ave., Bend) もあり、毎日ツアーを催行する。

住1044 N.W. Bond St., Bend
☎(541) 382-9242
URL www.deschutesbrewery.com
営日～木11:00～22:00、金土11:00～23:00
カード A M V

R 寿司や天ぷらからビビンパ、日本のウイスキーまである　創作日本料理／ベンド／M P.237-B2

ファイブフュージョン 5 Fusion

2014年から3年連続でジェームズ・ビアード賞のセミファイナリストに残ったシェフのJoeさんは、ベンドでも指折りのシェフ。長年サンフランシスコの日本食レストランで修業していただけあり、洗練された日本風の味付けのメニューが多い。ホタテのバター焼きや和牛ステーキ(各$27) がいい。

住821 N.W. Wall St., #100, Bend
☎(541) 323-2328
URL www.5fusion.com
営日～木16:00～21:00、金土16:00～22:00
カード A M V

R ベンドの朝はここから始めよう　ベーカリーカフェ／ベンド／M P.237-B2

スパローベーカリー The Sparrow Bakery

2006年のオープン以来、観光客だけでなく地元の人にも評判がいいカフェ。開店と同時に朝食のベーカリーを購入する人で行列ができるほど。店内には10席ほどしかないが、テラス席もありゆっくりと食事をとれる。クロックムッシュ($8.75) やクロワッサン($4～) がおすすめ。

住50 S.E. Scott St., Bend
☎(541) 330-6321
URL www.thesparrowbakery.net
営月～土7:00～14:00、日7:00～14:00
カード A M V

R 評判のエスプレッソカフェ　カフェ／ベンド／M P.237-B2

ベラターザ Bellatazza

ベンドの中心Wall St.にある評判のエスプレッソカフェ。コーヒーのおいしさもさることながら、デニッシュ($2～) やジュース類も豊富に揃っているので、朝食をここで取るという人も多い。腕のいいバリスタもいるので、アートなカフェラテもお手のもの。おしゃれな人々が集うカフェだ。

住869 N.W. Wall St., #101, Bend
☎(541) 318-0606
URL www.bellatazza.com
営月～土6:00～19:00、日7:00～17:00
カード M V

R これぞ、まさにアメリカのドライブ・イン　アメリカ料理／シスターズ／M P.237-B1

スノーキャップ・ドライブ・イン Sno-Cap Drive In

シスターズダウンタウンの目抜き通りの端にあるレストラン。1952年にミルクセーキスタンドとしてオープンしたが、現在はハンバーガー($6.95～) やホットドッグ($4.75～) も提供している。ソフトクリーム($2.25～) やアイスクリーム($3.25～) も扱っているので、カフェとしても利用できる。

住380 W. Cascade Ave., Sisters
☎(541) 549-6151
営日～木11:00～19:00、金土11:00～20:00(時期により異なる)
カード M V

レストラン

R 100年前の駅舎を改装

ニューアメリカン／テルボーン／M P.237-B1

テルボーンデポ

Terrebonne Depot

スミスロックそばにある100年前の駅舎を改装したユニークでカジュアルなレストラン。メニューはピザ($13～）やサンドイッチ($9.75～)、ハンバーガーやステーキとありきたりだが、どれも地元の新鮮食材が使われ、驚くほどおいしい。バーコーナーには、地ビールもある。

住400 N.W. Smith Rock Way, Terrebonne
☎(541) 548-5030
営月水木日11:30～20:30、金土11:30～21:30
休火
カード M V

ショップ

S ベンドで注目のショッピングエリア

ショッピングモール／ベンド／M P.237-B2

オールド・ミル・ディストリクト

The Old Mill District

ベンドダウンタウンの南、3本の煙突が目印。かつての製材所跡地が小粋なブティック街へと変身した。レストランやカフェ、映画館もあり、のんびりと買い物が楽しめる。煙突が目印の建物はスポーツブランドショップのREI。ほかにAmerican Eagle OutfittersやVictoria's Secretなどの有名ブティックもある。

住450 S.W. Powerhouse Dr., Bend
☎(541) 312-0131
URL www.oldmilldistrict.com
営月～土10:00～20:00、日11:00～18:00
カード A M V（店により異なる）

S キルター、手芸好き必見！

キルト／シスターズ／M P.237-B1

スティッチンポスト

Stitchin' Post

夏にキルトショーが開催されることで有名なシスターズでいち押しのキルトショップ。美しいキルトの布以外にも毛糸や手芸用品がところ狭しと並んでいる。店の奥ではキルト教室も開催され、多くの受講生がキルト作りに取り組む姿も。初心者用キルトの創作セット($35～）もある。

住311 W. Cascade St., Sisters
☎(541) 549-6061
URL stitchinpost.com
営月～土9:00～17:00（夏季は18:00まで）、日10:00～16:00
カード A M V

ホテル

H 重厚な雰囲気の建物が落ち着く

高級／ベンド／M P.237-B2

プロングホーンリゾート

Pronghorn Resort

ゴルフの帝王と呼ばれた故ジャック・ニクラウスが設計した18ホールのゴルフコースのほか高級レストランやテニスコート、ウオータースライダーなども併設する豪華なリゾート地。キッチンや暖炉付きの部屋もあり、長期滞在も可能だ。

住65600 Pronghorn Club Dr., Bend, OR 97701
Free (1-866) 320-5024
URL www.pronghornresort.com
料ⓈⒹⓉ$199～629
駐無料 Wi-Fi無料
カード A M V 48室（♿あり）

H ログキャビンの美しいリゾート

高級／シスターズ／M P.237-B1

ファイブパイン・ロッジ

Five Pine Lodge

ベンドから西へ車で30分。見事なログの本館と松林に点在するロッジからなり、Shibui Spa（渋いスパ！、☎(541)549-6164）と名づけられた和のテイストを生かしたリラクセーション施設や、ジムやプール、映画館のほか、ハイキングルートまである。

住1021 Desperado Trail, Sisters, OR 97759
☎(541) 549-5900
FAX (541) 549-5200
URL fivepinelodge.com
料キャビン：$179～395、ロッジ：$159～335 ※7月～10月中旬の金土は2泊以上 駐無料 Wi-Fi無料 カード A M V 32室（♿あり）

H スパやアクティビティ完備の高級リゾート

高級／サンリバー／M P.237-B2

サンリバーリゾート

Sunriver Resort

ベンドから南に24km。広大な敷地にキッチン付きの本館Lodge Villageのほか、2階建てのRiver Lodge、1棟借りられるバケーションホームが点在する。リゾート内に専用飛行場やゴルフコースが4つもあるという広さ。プールやジム、テニスコートも完備。

住17600 Center Dr., Sunriver, OR 97707
Free (1-855) 420-8206
FAX (541) 639-3450
URL www.destinationhotels.com/sunriver-resort
料ⓈⒹⓉⓈⓊ$149～509
駐無料 Wi-Fi無料
カード A M V 238室（♿あり）

コーヒーメーカー　冷蔵庫／ミニバー　バスタブ　ドライヤー　BOX 室内金庫　ルームサービス　レストラン
F フィットネスセンター／プール　コンシェルジュ　J 日本語スタッフ　コインランドリー／当日仕上げクリーニング　WiFi ワイヤレスインターネット接続　P 駐車場

H エースホテルのおしゃれさが際立つ

中級／シスターズ／MP.237-A1

サトルロッジ&ボートハウス

The Suttle Lodge & Boathouse

エース・ホテル・ポートランドを経営するスタッフが、2015年にサトル湖沿いに立つロッジを買い取り、リノベーションした。デシューツ・ナショナル・フォレスト内にある15.5エーカーの敷地内には、山小屋の雰囲気たっぷりのロッジのほか、キャビンやボートハウス、カクテルバー、ビアガーデンなどが点在する。併設するレストランでは近隣で取れた食材をポートランドから呼び寄せた有名なシェフが調理する。ボートやスタンドアップ・パドルボード、自転車などの貸し出しも行っており、アウトドア好きにはたまらない環境だ。シスターズからUS-20を北西に約20km行く。

丸太小屋の雰囲気たっぷりの本館

住13300 Hwy. 20, Sisters, OR 97759
☎(541) 3638-7001
URL www.thesuttlelodge.com
料キャビン$59～179、ⓈⒹⓉ$125～400
駐無料　Wi-Fi無料
カード AMV　27室(♿あり)

湖畔には、レストランやボートハウスが並ぶ

H オーナーが代わり、おしゃれになった

中級／ベンド／MP.237-B2

リバーハウス・オン・デシューツ

Riverhouse on the Deschutes

ベンド中心部を流れるデシューツ川沿いに立つホテル。2016年に半年間に及ぶリノベーションを終えオープンした。目の前には、デパートのMacy'sやレストランのIHOPなどが入ったショッピングモールがあるので便利だ。

住3075 N. Hwy. 97, Bend, OR 97703
☎(541) 389-3111
FAX(541) 617-7453
URL www.riverhouse.com
料ⓈⒹⓉ$119～249、Ⓢⓤ$239～369
駐無料　Wi-Fi無料
カード AMV　221室(♿あり)

H ゴルフコースが客室の目の前に広がる

中級／ベンド／MP.237-B2

テスロー・ゴルフ・リゾート

Tetherow Golf Resort

スコットランドのセント・アンドリュース・ゴルフコースやバンドン・デューンズ・ゴルフコース(→P.261)をデザインしたデイビッド・マクレイ・キッドによる18ホールのゴルフコースをもつリゾート。ベンドダウンタウンまでのシャトルバスのサービスもある。

住61240 Skyline Ranch Rd., Bend, OR 97702
☎(541) 388-2582
FAX(541) 388-9810
URL tetherow.com
料ⓈⒹⓉ$179～349、Ⓢⓤ$249～374
駐無料　Wi-Fi無料
カード AMV　50室(♿あり)

H ユニークなプチホテル

中級／ベンド／MP.237-B2

マクミナミンズ・オールド・セント・フランシス・スクール

McMenamins Old St. Francis School

1936年に建てられた学校をホテルに改築したもので、かつての教室が客室になっている。壁に描かれた絵は部屋ごとに異なり、エキゾチックな雰囲気。トルコ風呂風の大浴場や映画館、パブやレストランまである。ダウンタウンの中心に位置するので、車のない旅行者には便利なホテルだ。

住700 N.W. Bond St., Bend, OR 97701
☎(541) 382-5174
Free(1-877) 661-4228
URL www.mcmenamins.com
料ⓈⒹⓉ$155～255、Ⓢⓤ$395～530
駐無料　Wi-Fi無料
カード ADMV　34室(♿なし)

H レンタカー旅行者に便利

中級／ベンド／MP.237-B2

シャイロ・イン・ベンド

Shilo Inn Bend

ダウンタウンの北、River Edge Golf Courseに近いO.B. Liley Rd.沿いにあるので、車で旅する旅行者に便利だろう。歩いてすぐの場所にモールもある。部屋は広く、キッチン付きで使い勝手もよい。無料の朝食サービスがあるのがうれしい。プール、レストラン、コインランドリーも完備している。

住3105 O.B. Riley Rd., Bend, OR 97701
☎(541) 389-9600
FAX(541) 382-4310
URL www.shiloinns.com
料ⓈⒹⓉ$95～265、Ⓢⓤ$309～599
駐無料　Wi-Fi無料
カード AMV　151室(♿あり)

車&ツアーで行くドライブルート

オレゴンコースト
Oregon Coast

オレゴン州 ▶ 市外局番：503

太平洋側に沿って続くオレゴンコーストは、生き物の楽園。空にはペリカンやパフィンが舞い、海にはクジラやトドが悠然と泳ぐ。荒波打ち寄せる海岸には巨岩が屹立し、ドラマチックな風景を見せてくれる。コーストの大自然を味わいながら快適なドライブ旅行を楽しもう。おいしいシーフードも待っている。

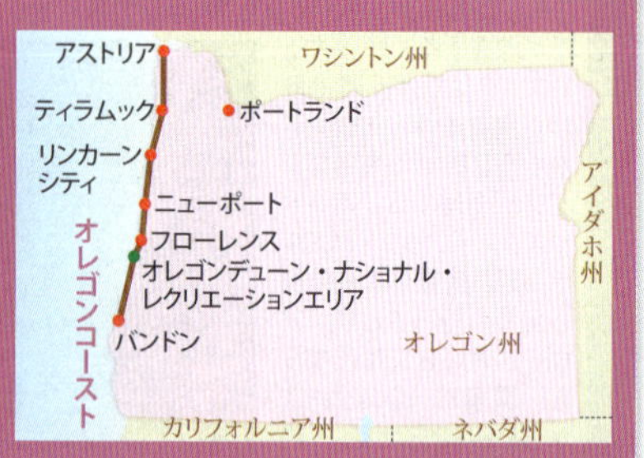

オレゴンコーストの観光情報
URL visittheoregoncoast.com

ドライブルート

- ポートランド
- ↓ US-26、US-101
- アストリア
- ↓ US-BUS101、Ft. Clatsop Rd.
- ルイス&クラーク国立歴史公園 フォート・クラツォップ
- シーサイド
- ↓ US-101、Ecola State Park Rd.
- エコラ州立公園
- キャノンビーチ
- ↓ US-101
- ティラムック
- ↓ OR-131
- スリーケープス・ループ（迂回路）
- ↓ US-101
- ディポベイ
- ↓ US-101
- ヤキーナ岬灯台
- ニューポート
- ↓ US-101
- ケープパペチュア
- ヘセタヘッド灯台
- シーライオン・ケイブス
- オールドタウン・フローレンス
- ↓ US-101
- オレゴンデューン・デイユース・エリア
- US-101、Newmark Ave.、Cape Arago Hwy.
- ショアエイカーズ州立公園
- オールドタウン・バンドン
- フェイスロック

オレゴンコーストとは？
オレゴン州の太平洋側に沿って延びるUS-101は、北はAstoriaから南はBrookingsの先まで総約363マイル(580km)。Astoriaから一気に下れば所要約10時間の距離だ。このUS-101はPacific Coast Scenic Bywayに指定される景勝道路で、その沿線に広がる町や村を総称してオレゴンコーストと呼んでいる。

オレゴンコーストへの行き方

ポートランドからオレゴンコーストへは、車でUS-26を約130km（1時間50分）走り、キャノンビーチCannon Beachへアクセスするのがいちばん速い。ポートランドから西へ向かうこのルートは、週末の夕方に海へ繰り出す人たちが利用するためか、サンセットハイウエイとも呼ばれている。ポートランドからバンドンへ一気に南下するなら、I-5をローズバーグRoseburgまで下り、OR-42を西に向かうとよい（所要約5時間10分）。

オレゴンコーストではレンタカーの旅をおすすめしたいが、無理なら、ポートランド周辺にある旅行会社のポートランドETC（エデュケーションツアーセンター）や第一インターナショナルトラベルが、オレゴンコースト北部のハイライトを日帰りで回るツアーを催行している。ツアーに参加すれば、コーストの雄大な自然の一端を感じられるはずだ。

シーライオン・ケイブスの入口とヘセタ岬を望む

オレゴンコーストのドライブルート

本書では、アストリアからバンドンまでのドライブルートを北から順に紹介している。それらをすべて見て歩くには、最低6泊は必要だ。2泊3日ならアストリア～キャノンビーチまで、3泊4日ならオレゴンコーストのハイライトであるニューポート～シーライオン・ケイブス～バンドンなどの旅程で回るとよい。

ニューポートのベイフロントをねぐらにするトドたち

MEMO **ポートランド発のツアー** ポートランドETC（エデュケーションツアーセンター）URL www.educationtourcenter.com 第一インターナショナルトラベル URL www.dai-ichi-travel.com

アストリア
Astoria P.248
P.248
Fort Stevens State Park
Warrenton
ルイス＆クラーク国立歴史公園
フォート・クラツォップ
Lewis & Clark National Historical Park,
Fort Clatsop P.250
Firehouse Grill P.259
シーサイド
Seaside P.250
エコラ州立公園
Ecola State Park P.251
ヘイスタックロック
Haystack Rock P.251
キャノンビーチ
Cannon Beach P.251
Clatsop
Jewell
Columbia
Vernonia
St. Helens
Scappoose
1
太平洋
Pacific Ocean
Oswald West State Park
Manzanita
Bay City
Tillamook
Glenwood
Banks
Rockaway Beach
ケープメアーズ灯台
Cape Meares Lighthouse P.252
スリーケープス・ループ
Three Capes Loop P.252
オーシャンサイド Oceanside P.252
Oceanside Inn
Roseanna's Cafe P.259
ティラムックチーズ工場
Tillamook Cheese Factory
P.252
Netarts
ティラムック
Tillamook P.252
ブルーヘロン・フレンチチーズ・カンパニー
Blue Heron French Cheese
Company P.252
Cornelius
Hillsboro
Forest Grove
Beaverton
ポートランド
Portland
Gresham
Milwaukie
Lake Oswego
Tigard
Tualatin
Oregon City
ケープルックアウト州立公園
Cape Lookout State Park P.253
Beaver
Newberg
Dundee
ケープキワンダ
Cape Kiwanda P.253
Pacific City
McMinnville
Wilsonville
Canby
Inn at Cape Kiwanda P.261
Pelican Pub & Brewery P.259
Neskowin
Sheridan
Woodburn
Molalla
カスケードヘッド
Cascade Head P.253
Willamina
Polk
Clackamas
Lincoln City
Keizer
セーラム
Salem
Dallas
Gleneden Beach
Lincoln Beach
Falls City
Monmouth
Aumsville
ディポベイ
Depoe Bay P.254
Otter Rock
ヤキーナ岬灯台
Yaquina Head Lighthouse P.254
ニューポート
Newport P.254
P.255
Jefferson
Albany
Scio
Lincoln
Corvallis
Lebanon
Linn
2
Seal Rock
Waterloo
ケープパペチュア＆ビジターセンター
Cape Perpetua & Visitors Center P.256
Sodaville
Brownsville
Waldport
Alsea
Halsey
Sweet Home
Yachats
Harrisburg
Three Rivers Casino Resort P.261
Junction City
ヘセタヘッド灯台
Heceta Head Lihghthouse P.256
Eugene Airport
シーライオン・ケイブス
Sea Lion Caves P.256
Mapleton
Springfield
Veneta
ユージーン
Eugene
フローレンス
Florence
Sandland Adventures
オールドタウン・フローレンス
Old Town Florence P.257
Lowell
Lane
Dunes City
Mo's Florence P.260
Cottage Grove
オレゴンデューン・デイユース・エリア
Oregon Dunes Day Use Area P.257
Westfir
Oakridge
Winchester Bay
Reedsport
Elkton
アンプクア灯台州立公園 P.257
Umpqua Lighthouse State Park
Yoncalla
ショアエイカーズ州立公園
Shore Acres State Park P.257
7 Devils Public House P.260
The Mill Casino, Hotel and RV Park P.261
Charleston
Coos Bay
Coos
Sunset Bay State Park
Umpqua
3
Face Rock Creamery P.258
Bandon Dunes Golf Resort P.261
Bandon
Roseburg
Coquille
Douglas
フェイスロック
Face Rock P.258
Myrtle Point
Winston
フェイスロック州立
シーニック・ビューポイント
Face Rock State
Scenic Viewpoint
P.12,258
オールドタウン・バンドン
Old Town Bandon P.258
Remote
Camas Valley
Myrtle Creek
Coastal Mist P.260
Edgewaters Restaurant P.260
Riddle
N
0
50km
0
30miles
オレゴンコースト
広域図：折込OR-A1～B4
A
B
Grants Passへ

行き方

ポイント
The Point
Free(1-888) 846-4183
URL oregon-point.com 料大人$18
ポートランドからアストリアのトランジットセンターまで1日2便グレイハウンドと共同でバスを運行。ポートランド発9:15、18:10。アストリアのトランジットセンター（MP.248-A1、住900 Marine Dr., Astoria）まで所要2時間30分。

i 観光案内所

アストリア観光案内所
Astoria-Warrenton Chamber of Commerce
MP.248-A1
住111 W. Marine Dr., Astoria
☎(503) 325-6311
URL www.travelastoria.com
営月～金9:00～17:00（時期により異なる）

市バス
Sunset Empire Transportation District
☎(503) 861-7433
URL www.ridethebus.org
サンセット・エンパイア・トランスポーテーション・ディストリクトがアストリアからキャノンビーチやシーサイドへ行く市バスを運行。

フラベルハウス博物館
MP.248-A1
住441 8th St., Astoria
☎(503) 325-2203
URL www.cumtux.org
営〈5～9月〉毎日10:00～17:00、〈10～4月〉毎日11:00～16:00
料大人$6、シニア・学生$5、6～17歳$2

オレゴンコーストのおもな見どころ

★★★ ロッキー以西で最古の坂の町 MP.247-A1

アストリア Astoria

ポートランドの北西120kmにあるコロンビア川河口に拓けた坂の町。1811年に入植が始まったが、ロッキー以西で最古の歴史を誇る。貿易と林業で栄え、コロンビア川でサケ漁が盛んだった頃は、サケの缶詰工場が川沿いにずらりと並び、にぎわっていたという。その缶詰工場も今は閉鎖され、レストランやホテルへ変わり、サケを運ぶトロッコの軌道に観光トロリーが走っている。ボードウオークも整備され、川沿いのウオーターフロントは、散策が楽しめるエリアとなった。一方、ダウンタウンの目抜き通りCommercial St.界隈には、ビクトリア調の古い建物が残され、町全体に情緒が感じられる。

坂を上った8th St.には、コロンビア川を航行する船の水先案内人として財をなしたジョージ・フラベルGeorge Flavel（1823～1893年）の豪邸もあり、現在**フラベルハウス博物館Flavel House Museum**となって公開されている。1886年に完成したクイーン・アン様式の建物は、保存状態もよく一見の価値あり。坂道沿いに美しい民家が数多くあるので、豪邸・民家ウオッチングを楽しもう。

海のようなコロンビア川の対岸はワシントン州。アストリア橋で渡ることができる。

オレゴン・フィルム博物館向かいにあるフラベルハウス博物館

MEMO **ポートランドからアストリアまでゆっくり車で行くなら** ポートランドからI-405を3km北進し、US-30に入る。149km西へ行くとアストリアの中心地に着く。所要約2時間10分。

アストリア・リバーフロントトロリー
Astoria Riverfront Trolley

コロンビア川の風景を満喫するなら、往復約1時間かけて川沿いのボードウオークをゴトゴト走る、1913年製のトロリーに乗ってみよう。ボランティアで運転手を務める鉄道好きのご夫婦が、町の歴史やエピソードを紹介しながら町の東西、Astoria Riverwalk InnとトドたちがEast End Mooring Basinの間を運転する。その鉄路は缶詰工場へ荷物やサケを運ぶトロッコ列車の軌道を利用したもので、トロリーはOld Number 300と呼ばれている。もともとサンアントニオで活躍し、そのあとポートランド～オスウェゴ湖間を走った旧式車両。夏の間は午後毎日走っている。料金はたったの$1。

アストリア・リバーフロントトロリー
M P.248-A1～B1
☎(503) 325-6311
URL old300.org
営〈3月中旬～4月上旬〉毎日12:00～18:00、〈4月中旬～5月上旬〉金～日12:00～18:00、〈5月中旬～9月上旬〉毎日12:00～18:00(天候・季節によって運休あり)
料 1回$1、1日券$2

Pire 39にある**ハンソーン缶詰工場Hanthorn Cannery**(M P.248-B1外 住100 39th St., Pier 39, Astoria)は1875年建造で、コロンビア川河口で最も古い缶詰工場。そのすぐそばの川の桟橋にオスのトドたちが群れている。

大人気のトロリー

コロンビア川海事博物館
Columbia River Maritime Museum

コロンビア川を航行していたフィッシングボートや沿岸警備船が展示され、コロンビア川で起きた沈没事故や、川がもたらした町の発展や歴史などを解説する博物館。かつて大量に水揚げされていたサケを加工する缶詰工場の様子を、ビデオで観られる。博物館の裏手には1979年まで使われていた、灯台の役目を果たすライトシップ「コロンビア号」が停泊しており、ツアーで内部を見学できる。

斬新でユニークな外観

コロンビア川海事博物館
M P.248-B1
住 1792 Marine Dr., Astoria
☎(503) 325-2323
URL www.crmm.org
営 毎日9:30～17:00
料 大人$14、シニア$12、6～17歳$5

アストリアコラム　Astoria Column

東部からアストリアへやってきた初期の開拓者を称賛し、小高い丘の上に建てられた塔。高さ38.1m、ローマのトロージャンコラムをモデルにしており、塔の表面には14の場面にわたり開拓の様子が描かれている。1926年に建造された塔は悪天候にさらされ、壁画も消えてしまったが、1995年に復元され、1996年、展望台も一般公開された。164段のらせん階段を登りきると、アストリアの町とコロンビア川、360度の大パノラマが広がり、太平洋が眺められる。2016年、大規模改修工事を終えた。

天気のよい日はぜひここへ

アストリアコラム
M P.248-B2
住 1 Coxcomb Dr., Astoria
☎(503) 325-2963
URL www.astoriacolumn.org
営 毎日 日の出～日没、敷地内は22:00までオープン
料 無料。車1台につき$5

塔の上からアストリアを見る

オレゴン・フィルム博物館　Oregon Film Museum

1914～1976年まで郡刑務所として使われた建物に入る博物館。『グーニーズThe Goonies』や『アニマルハウスNational Lampoon's Animal House』『A.I.　A.I. Artificial Intelligence』『暗殺者Assassins』などオレゴン州で撮影された映画についての展示がある。

オレゴン・フィルム博物館
M P.248-A1
住 732 Duane St., Astoria
☎(503) 325-2203
URL www.oregonfilmmuseum.org
営〈5～9月〉毎日10:00～17:00、〈10～4月〉毎日11:00～16:00
料 大人$6、子供(6～17歳)$2

MEMO **映画『グーニーズThe Goonies』が撮影された家**　アストリアのダウンタウン3km西にある。ただし、私邸のため中に入ることはできない。**グーニーズの家Goonies House**　M P.248-B1外　住 368 38th St., Astoria

オレゴンコーストのヒストリックサイト

MP.247-A1

ルイス&クラーク国立歴史公園 フォート・クラツォップ
Lewis & Clark National Historical Park, Fort Clatsop

ルイス&クラーク探検隊の33名の男たちが、1805年12月7日〜1806年3月23日まで、砦を築き越冬した場所。トマス・ジェファソン大統領の発案でミシシッピ川以西の探検が決定し、メリウェザー・ルイスMeriwether Lewisを隊長に、ウィリアム・クラークWilliam Clarkと31名の隊員たちは、1804年5月14日セントルイス近くのミシシッピ川を出発した。約4000マイルの道のりを18ヵ月半かけて進み、1805年11月7日ワシントン州のコロンビア川河口の岬、Cape Disappointmentに到着。クラークはその日の日記に、「Ocian in view! O! the joy (原文ママ)」と到着の喜びを記しているが、実はそこは海ではなくコロンビア川の河口だった。川の北岸はあまりに厳しい気象条件だったため、一行は川を渡り、今はLewis & Clark Riverと名前が変わったNetul Riverを遡り、森の中に丸太小屋を建て、カヌーを造り、友好的なクラツォップ族をはじめとするネハレム族、チヌーク族などと交易をし、3ヵ月半余りを無事に生き延び、故郷セントルイスへと帰郷した。彼らはクラツォップ族に敬意を示して、この地を**フォート・クラツォップFort Clatsop**と名づけたのだ。

西の終着地であるこの場所は、長い間捨ておかれたが、郷土史家によって場所が推測され、クラークの書き残した日記や1999年に発見された古地図をもとに復元された。125エーカーに及ぶ敷地内に、ビジターセンターや博物館、丸太小屋の砦、カヌーの船着き場などが復元され、それらを巡るトレイルも整備されている。夏の間は、当時の格好をしたガイドが砦でモカシンを作り、銃を撃ったり、エルクの乾燥肉を作るデモンストレーションを行っているので見逃さないように。

まず、ビジターセンターでルイス&クラーク探検隊の探検の様子を再現したビデオを観てから歩き始めよう。カヌーの船着き場には、隊員たちが仕上げたカヌーのレプリカが置かれているが、そのできばえがイマイチだったことは、博物館に展示されているマカー族のカヌーを見れば一目瞭然だ。当時うっそうとしていた森は、シトカスプルースやウエスタンヘムロックの若木で覆われている。

ルイス&クラーク国立歴史公園 フォート・クラツォップ
住92343 Fort Clatsop Rd., Astoria
☎(503)861-2471
URL www.nps.gov/lewi
営〈6月下旬〜9月上旬〉毎日9:00〜18:00、〈9月中旬〜6月中旬〉毎日9:00〜17:00
休クリスマス
料16歳以上$7、15歳以下無料。または5日間有効$10のオレゴン・パシフィックコースト・パスポート(→脚注)
車アストリアから8th St.、7th St.、Warrenton-Astoria Hwy.(US-101)、Fort Clatsop Rd.を南に8km進む。所要約20分。

モカシン作りの実演中

マカー族のカヌー

Lewis & Clark River Paddle Tours
ルイス&クラーク川をガイドとともにカヌーで下るツアー。
☎(503)861-4425
URL www.nps.gov/lewi/planyourvisit/paddle-tours.htm
営〈6月下旬〜9月上旬〉木〜日の1日1回、催行時間は異なるのでウェブサイトで確認を。所要3時間。
料無料

ビーチリゾート発祥の地

MP.247-A1

シーサイド
Seaside

アストリアの22km南、キャノンビーチの13km北にあるオレゴン州最古のビーチリゾート。海岸沿いに全長2.4kmのプロムナードがあり、昔ながらの海水浴場の雰囲気が漂う。海岸沿いにルイス&クラークの銅像、町の南には探検隊一行が塩作りをした塩田跡がある。

海岸沿いにあるルイス&クラークの銅像

シーサイド
車ルイス&クラーク国立歴史公園 フォート・クラツォップからFort Clatsop Rd.、Lewis and Clark Rd.を南に20km、所要約30分。

観光案内所

シーサイド観光案内所
Seaside Visitors Bureau
住7 N. Roosevelt Dr., Seaside
☎(503)738-3097
URL www.seasideor.com
営月〜土9:00〜17:00、日12:00〜16:00(時期によって異なる)

MEMO **オレゴン・パシフィックコースト・パスポートOregon Pacific Coast Passport** ルイス&クラーク国立歴史公園 フォート・クラツォップ、エコラ州立公園、ケープルックアウト州立公園、ケープパペチュア、↗

絶景の海岸線を見渡す MP.247-A1

エコラ州立公園 Ecola State Park

エコラ州立公園は、シーサイドとキャノンビーチに挟まれたティラムック岬Tillamook Headの沿岸部を保護区にしたもの。公園の南にあるエコラポイントEcola Pointからインディアンポイント Indian Pointまで車道が続く。エコラポイントには岬の突端まで歩けるボードウオークがあり、岬から振り返ると、美しい海岸線の先に巨大なヘイスタックロックとキャノンビーチの絶景が広がっている。さらに北側の海の中には、絶海の岩に築かれたティラムックロック灯台Tillamook Rock Lighthouseが見える。

エコラポイントを散策

町歩きが楽しい海辺のリゾート MP.247-A1

キャノンビーチ Cannon Beach

オレゴンコースト北部で人気の海浜リゾート。メイン通りは、US-101から西に1本入ったヘムロック通りHemlock St.界隈。太平洋にそびえるヘイスタックロックの北側N. Hemlock St.にショップが連なる中心街があり、岩の下手S. Hemlock St.沿いにはロッジが点在している。ほどよい広さの北側の通り沿いには、センスのよいショップやギャラリーが並び、そぞろ歩きが楽しい。ぜひこの町で1泊しよう。

ヘイスタックロック Haystack Rock

キャノンビーチの海の中に堂々とそびえる一枚岩。高さ72mと世界で3番目に高い巨大なモノリス(一枚岩)だ。岩の周囲は、潮が引くと海の生き物たちが生息する潮だまりとなり、大岩に巣くうパフィンやカモメなど数多くの海鳥たちに恩恵をもたらしている。満潮時にはさまざまな海洋生物が観察でき、バードウオッチングも楽しめる。日暮れ時の浜辺はとてもロマンティックで美しい。また、2~10月にかけては、ナチュラリストが案内するツアーHaystack Rock Awareness Programもある。

あまりの大きさに驚くばかり

エコラ州立公園
住3 Mile North of Cannon Beach, Cannon Beach
☎(503) 436-2844
Free(1-800) 551-6949
URL www.oregonstateparks.org/park_188.php
料$5(1日有効)、$30(1年間有効)。または5日間有効$10のオレゴン・パシフィックコースト・パスポート(→P.250脚注)
車 シーサイドからUS-101を南に11km進み、Ecola State Park Rd.を2.5km北上。所要約25分。
キャノンビーチの北端からEcola State Park Rd.を森に向かって約3km上ると、公園の南側の駐車場エコラポイントEcola Pointに着く。所要約10分。
夕方、エコラポイントで目を凝らしていると、森の梢にハクトウワシを目撃することもある。

キャノンビーチ
行き方 エコラ州立公園から、Ecola State Park Rd.を2.5km、Spruce St.を1km南へ。所要約15分。
ポートランドからは、US-26を117km西へ進み、US-101を6km南下。所要約2時間。

キャノンビーチ観光案内所
Cannon Beach Chamber of Commerce / Visitor Information Center
住207 N. Spruce St., Cannon Beach
☎(503) 436-2623
URL www.cannonbeach.org
営毎日10:00~17:00(時期により異なる)

散策が楽しいヘムロック通り

ヘイスタックロック
MP.247-A1
行き方 大岩を正面に見るS. Hemlock St.沿いに海岸へと下りる住宅に挟まれた小道がある。詳しくは、Haystack Hill State Parkの西、Viewpoint TerraceとHemlock St.のT字路近く。

Haystack Rock Awareness Program
☎(503) 436-8095(Friends of Haystack Rock)
営2~10月。時期と潮位により催行日、催行時間は異なる。

↘ヘセタヘッド灯台、ショアエイカーズ州立公園など16ヵ所に入場できる自動車用パス。左記の州立公園や灯台の案内所、入口で購入できる。料$10 (5日間有効)

ティラムック
車キャノンビーチからUS-101を南に65km、所要1時間10分。

i 観光案内所

ティラムックコースト観光案内所
Visit Tillamook Coast
住4301 3rd St., Tillamook
☎(503) 842-2672
URLtillamookcoast.com
営月～金9:00～17:00

ティラムックチーズ工場
MP.247-A1
住4165 US-101 N., Tillamook
☎(503) 815-1300
URLwww.tillamook.com
営〈6月中旬～9月上旬〉毎日8:00～20:00、〈9月中旬～6月初旬〉毎日8:00～18:00
チーズ工場に併設して、オムレツやサンドイッチを提供するカフェもある。

箱詰めの作業を見学できるティラムックチーズ工場

ブルーヘロン・フレンチチーズ・カンパニー
MP.247-A1
住2001 Blue Heron Dr., Tillamook
☎(503) 842-8281
URLwww.blueheronoregon.com
営〈5月下旬～7月上旬〉毎日8:00～20:00、〈7月中旬～5月中旬〉毎日8:00～18:00

のんびりするならブルーヘロン・フレンチチーズ・カンパニーへ

ケープメアーズ灯台
MP.247-A1
住3500 Cape Meares Loop Rd., Tillamook
☎(503) 842-2244
URLfriendsofcapemeareslighthouse.com 営〈5～9月〉月～木11:00～16:00、金～日11:00～18:00

ケープメアーズ州立公園
営毎日7:00～日没

オーシャンサイド
MP.247-A1
URLwww.oregonstateparks.org/park_182.php

観光ポイントはチーズ工場 MP.247-A1

ティラムック Tillamook

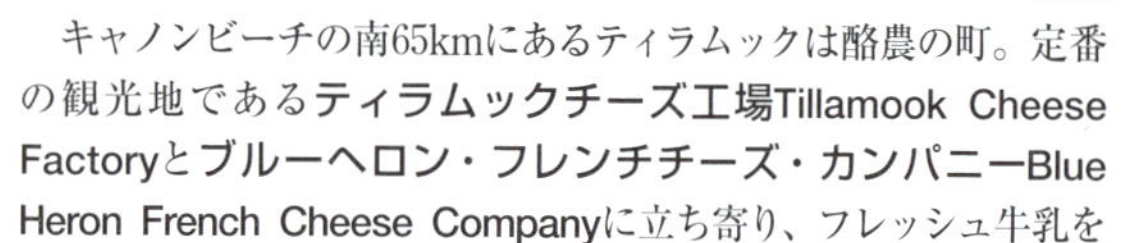

キャノンビーチの南65kmにあるティラムックは酪農の町。定番の観光地である**ティラムックチーズ工場Tillamook Cheese Factory**と**ブルーヘロン・フレンチチーズ・カンパニーBlue Heron French Cheese Company**に立ち寄り、フレッシュ牛乳を使ったアイスクリームを味わおう。

3つの岬を巡る自然豊かな迂回路 MP.247-A1

スリーケープス・ループ Three Capes Loop

ティラムックからOR-131を西へ向かい、ティラムック湾Tillamook Bayを挟んで太平洋に突き出すメアーズ岬をドライブしよう。美しい灯台がある**ケープメアーズCape Meares**、海鳥舞うひなびた避暑地**オーシャンサイドOceanside**、岬の先端まで歩ける**ケープルックアウト州立公園Cape Lookout State Park**、**ケープキワンダCape Kiwanda**などの見どころが続く。ケープキワンダの先で再びUS-101に合流する。約60kmのドライブだ。

ケープメアーズ灯台 Cape Meares Lighthouse

ケープメアーズ州立公園Cape Meares State Park内にあるスリーケープス・ループで必見の場所。駐車場から灯台まで続く小道が美しい。灯台は海を見渡す岬の先端にあり、1889年に建設された古いものだが、1963年に再建され、現在は自動制御で運転されている。高さ11mとオレゴン州で最も低い。5～9月まで無料で内部を見学できる。真っ赤なビーコンが印象的で、透明なレンズをのぞくと風景が逆さまに映る。灯台の脇には海を見渡す展望台があり、沖に浮かぶCape Meares Rockの上に海鵜やパフィンに交じり、シール（アザラシ）やシーライオン（トド）の姿を見かけることも。灯台から北に少し歩くとオクトパスツリーと呼ばれるタコの足のように枝を広げたシトカスプルース（マツの一種）がある。

クジラは見えるかな？

オーシャンサイド Oceanside

ティラムックの西10kmにあるオーシャンサイドは人口360人余りのこぢんまりとした町。太平洋に面した131号線沿いには、カフェやレストラン、ホテルが並ぶ。気持ちのいいカフェで休憩したら、浜辺へと下りてみよう。ときに朝など、ペリカンの大群が海にジャンプし、餌をあさる場面に出くわしたりする。

穴場のビーチはここ！

ケープルックアウト州立公園 Cape Lookout State Park

トレイルから見た太平洋の大海原

オーシャンサイドの10km南にあるケープルックアウト州立公園は、太平洋に細長く突き出す岬ケープルックアウトCape Lookoutにある。トウヒやツガの古木が茂る森の小道を3kmも歩くと、太平洋の大海原を見渡す崖の上に出る。12～5月にかけてはアラスカからバハカリフォルニアへ向かう2万頭のコククジラGray Whalesの回遊ルートにあたり、運がよければクジラを見られるかもしれない。歩き始めて約1kmの地点には1943年崖に激突したB-17爆撃機の慰霊碑Cape Lookout Crash Siteもある。道は木の根が張り出し滑りやすいので、ハイキングブーツで万全に。

ケープルックアウト州立公園
MP.247-A1
住13000 Whiskey Creek Rd., Tillamook
URLwww.oregonstateparks.org
料$5（1日有効）。または5日間有効$10のオレゴンパシフィックコースト・パスポート（→P.250脚注）

ケープキワンダ Cape Kiwanda

3つの岬のなかではいちばん小さいが、浜に打ち寄せる波はベストとの呼び声高いエリア。自然の色濃いスリーケープス・ループで宿泊するなら、高級リゾートがあるケープキワンダへ。岬と同名のホテルInn at Cape Kiwanda（→P.261）や、地ビール工場直営レストランPelican Pub & Brewery（→P.259）がある。美しい浜辺の沖合には、一枚岩があり、海鵜やパフィンの巣となっているのだ。

ケープキワンダ
MP.247-A1
URLwww.oregonstateparks.com

朝のビーチは静かだ

COLUMN

開発を免れたハイキングスポット カスケードヘッドCascade Head

スリーケープス・ループはケープキワンダを過ぎ、Pacific Cityの南でUS-101に合流すると、ネスコウィンNeskowinからカスケードヘッドCascade Headの山間部を走る。10km南に進み、山を抜けた付近でThree Rocks Rd.の細道を右折、10分ほど走る。突き当たりを左折し、**ナイトパークKnight Park**の駐車場に車を停め、**カスケードヘッド・プリザーブ・トレイルCascade Head Preserve Trail**と書かれた看板を目印に森へ入ろう。

このトレイルは、1960年代、開発計画がもち上がった森を市民から寄付金をつのり、非営利団体Nature Conservancyが買い取って開発を免れた場所なのだ。その森への登り始めは急で息が切れるが、20分も歩けば風が気持ちよく抜ける尾根筋に出る。左手に真っ青な海を見ながら登る。山のメドウには野草が咲き乱れ、気持ちがいい。振り返ると、オレゴンコーストの大パノラマが広がり、その光景に息をのむことだろう。

歩いたごほうびがこの絶景！

ナイトパーク
URLwww.co.lincoln.or.us/parks/page/knight-park

カスケードヘッド MP.247-A2
Cascade Head Preserve Trail
URLwww.oregonhikers.org/field_guide/Cascade_Head_Hike
中級コース、往復約11km。

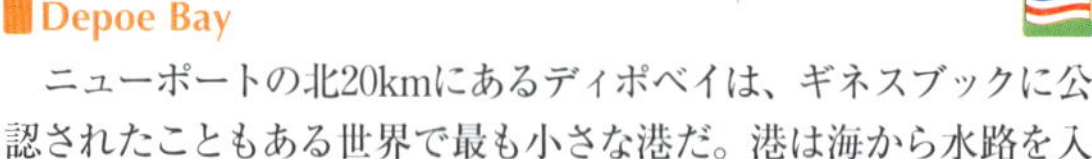

世界でいちばん小さな港　ⓂP.247-A2

★ ディポベイ Depoe Bay

ニューポートの北20kmにあるディポベイは、ギネスブックに公認されたこともある世界で最も小さな港だ。港は海から水路を入った奥にある。目の前に広がる海はコククジラがアラスカとメキシコの間を回遊するルートだ。クジラを頻繁に見られるとあって、ホエールウオッチングスポットとなっている。また、US-101沿いのデポベイ州立公園には、**ホエールウオッチング・センターWhale Watching Center**があり、スタッフがクジラのいる場所や生態について教えてくれる。

ギネスブックに載った港

オレゴンコーストの自然環境を知る　ⓂP.247-A2

★★ ヤキーナ岬灯台 Yaquina Head Lighthouse

ニューポートから6km北上したヤキーナ岬Yaquina Headには、1870年代に町の河口から場所を移したヤキーナ岬灯台が建てられ、1873年から稼働している。28mの高さの灯台はオレゴン州でいちばん高い。麓にはビジターセンターがあり、灯台の歴史や自然環境を紹介している。ツアーでは、114段の階段で最高部まで上り、灯台守の衣装をまとったガイドが灯台守の暮らしなどを説明してくれる。

灯台の周りは公園Yaquina Head Outstanding Natural Areaになっており、展望デッキから崖に巣くう海鳥たちを観察できる。パフィンは4月に飛来する。灯台の下のビーチには、車椅子でも下りられる潮だまりが造られ、アザラシやトドが日なたぼっこしている姿を見ることができるだろう。

気持ちのよい場所に立つ灯台

オレゴンコーストの人気タウン　ⓂP.247-A2、P.255

★★★ ニューポート Newport

オレゴンコーストで最もにぎわっている観光地。町は、ヤキーナ湾Yaquina Bayに面した**ヒストリック・ベイフロントHistoric Bay Front**と太平洋側の**ナイビーチNye Beach**に分けられる。ヒストリック・ベイフロントからナイビーチへは、シャトルバス（→脚注）よりも歩いたほうが速い。ホテルが並ぶナイビーチはしっとりと落ち着いた大人の町。一方、ヤキーナ湾に面したベイフロントには、おみやげ店やギャラリー、クラムチャウダーで有名な**モーズ本店Mo's Restaurant**（ⓂP.255-A2）もある。

庶民的なベイフロント

ディポベイ
車 カスケードヘッドからUS-101を南に33km、所要約45分。ニューポートからは、US-101を北へ20km。所要約25分。

ⓘ観光案内所

ディポベイ観光局
Depoe Bay Chamber of Commerce
住 223 S.W. US-101, #B, Depoe Bay
☎ (541) 765-2889
URL www.depoebaychamber.org

ホエールウオッチング・センター
住 119 US-101, Depoe Bay
☎ (541) 765-3304
URL oregonstateparks.org
営 毎日10:00～16:00
料 無料

ホエールウオッチング・ツアー
Tradewinds Charters
住 P.O. Box 123, US-101, Depoe Bay
☎ (541) 765-2345
URL www.tradewindscharters.com
営 時期により異なるので、事前にウェブサイトで確認を
料 1時間：大人$20、子供(5～12歳)$10、2時間：大人$35、子供(5～12歳)$15

ヤキーナ岬灯台
住 750 N.W. Lighthouse Dr., Newport
☎ (541) 574-3100
URL www.yaquinalights.org
ビジターセンター
営 毎日10:00～17:00
料 車1台$7(3日間有効)
行き方 ディポベイからUS-101を16km南下し、N.W. Lighthouse Dr.を西へ1.6km。所要30分。ヤキーナ岬灯台の内部見学はツアーのみ。
ツアー
営 毎日11:00～16:00の毎正時出発

ニューポート
車 ヤキーナ灯台からN.W. Lighthouse Dr.を東へ1.6km、US-101を南に4.5km。所要10分。ポートランドからは、I-5を110km南下。Exit 234BでUS-20 W.に移り、西へ100km。所要約3時間40分。

ⓘ観光案内所

ニューポート観光局
Newport Chamber of Commerce
Ⓜ P.255-A1
住 555 S.W. Coast Hwy., Newport
☎ (541) 265-8801
URL newportchamber.org
営 月～金8:30～17:00

ヒストリック・ベイフロント
Ⓜ P.255-A1

ナイビーチ
Ⓜ P.255-A1

MEMO **Newport City Loop**　オレゴンコースト水族館とヒストリック・ベイフロント、ナイビーチ、ヤキーナ岬などニューポート市内を循環するシャトルバス。1日5便、1周1時間～1時間10分。☎ (541) 265-4900 ↗

ヤキーナベイ灯台　Yaquina Bay Lighthouse

ヒストリック・ベイフロントからUS-101を横切った所にある、ヤキーナ湾河口を見下ろすヤキーナベイ州立公園Yaquina Bay State Parkに、現在は稼働していない**ヤキーナベイ灯台Yaquina Bay Lighthouse**が立っている。1871年に建てられた古い灯台だが、灯台の明かりが沖を通る船には見えにくいことが判明し、灯台はヤキーナ岬Yaquina Headに移された。しかし、オレゴンコーストで最古の木造灯台として保存され、取り壊されずに現存する。湾を見下ろすこの場所は、ヤキーナベイブリッジと夕日を眺める絶景ポイントだ。

ヤキーナベイ灯台
M P.255-A2
☎(541) 574-3100
URL www.yaquinalights.org
営〈5月下旬～9月〉毎日11:00～16:00、〈10月、3月～5月中旬〉毎日12:00～16:00、〈11～2月〉水～日12:00～16:00
料 寄付制

木造のかわいらしい旧灯台

オレゴンコースト水族館　Oregon Coast Aquarium

ヤキーナ湾を挟んで、ヒストリック・ベイフロントと向き合う対岸には、映画『フリーウィリーFree Willy』に登場した、オルカのケイコ(2003年死亡)が野生に戻るための訓練を受けた水族館がある。

展示の方法や内容の充実度から、全米トップ10の水族館に数えられ、250種類、1万5000匹以上の海の生物が飼育されている。圧巻はおよそ60mの海中トンネルをもつパッセージ・オブ・ザ・ディープPassages of the Deep。ライトアップされた海中のガラストンネルの周りを、大きなエイやサメがすいすい泳いで行く。

オレゴンコースト水族館
M P.255-B2
住 2820 S.E. Ferry Slip Rd., Newport
☎(541) 867-3474
URL aquarium.org
営〈5月下旬～9月上旬〉毎日10:00～18:00、〈9月中旬～5月中旬〉毎日10:00～17:00
料 大人$22.95、シニア(65歳以上)・子供$19.95、12歳以下$14.95。3歳未満無料

車で上がれる絶景スポット　MP.247-A2

ケープパペチュア&ビジターセンター
Cape Perpetua & Visitors Center

ニューポートの42km南にあるケープパペチュアは、車で岬の展望台まで上がれる絶景スポット。崖の上に築かれたトレイルから、晴れていれば約60km先まで見られるという。まず麓のビジターセンターに立ち寄って情報収集しよう。周囲には数多くのハイキングトレイルがあり、浜辺に下りると海の生き物を観察できる潮だまりもある。

センターのデッキからも海が見渡せる

美しい灯台と灯台守のB&B　MP.247-A2

ヘセタヘッド灯台
Heceta Head Lighthouse

オレゴンコーストで最も絵になる灯台がここ。南からUS-101を走ってくると、アーチを描く美しいケープクリーク橋Cape Creek Bridgeから岬の上に立つ灯台が見えてくる。岬の下には白砂のビーチもあり、デビルズエルボウ州立公園Devils Elbow State Parkに指定され、ピクニックテーブルも置かれている。浜辺の駐車場に車を停め、岬へと上っていこう。途中に灯台守が暮らしたHeceta Head Lightstationの木造家屋があるが、現在は**ヘセタヘッド灯台B&B Heceta Head Lighthouse B&B**として営業中だ。岬からはシーライオンケイブスの先まで雄大なコーストの海が見渡せる。クジラも目撃できるかも。

早朝のヘセタヘッド灯台

世界最大のアシカの洞窟　MP.247-A2

シーライオン・ケイブス
Sea Lion Caves

フローレンスの北にある世界最大のアシカの洞窟は、US-101沿いに入口はあるものの、実際にはエレベーターで海の淵まで約60mを下っていく。エレベーターを降りると、アシカの鳴き声と獣の臭いが鼻をつき、金網の向こうに目を凝らすと、無数のアシカが群れてうごめいている。それを見るだけでも価値があるが、ここのすばらしさは、コーストの自然を満喫できる眺望そのものにある。崖に造られたトレイルを歩き展望台へも行ってみよう。夏ならきっとクジラの姿を見られるはずだ。

オレゴンコーストのハイライトともいえる場所

ケープパペチュア
料 $5または、5日間有効$10のオレゴン・パシフィックコースト・パスポート(→P.250脚注)
行き方 ニューポートからUS-101を42km。NFD55を左折し、1km進んだCape Perpetua Lookoutを道なりに進むと展望台がある。

観光案内所

ケープパペチュア・ビジターセンター
Cape Perpetua Visitors Center
住 2400 US-101, Yachats
☎ (541) 547-3289
営 〈5月下旬～9月上旬〉毎日10:00～17:00、〈9月中旬～5月中旬〉毎日10:00～16:00
行き方 ビジターセンターは、上記のケープパペチュアの行き方で、NFD55で左折せずさらに300m行き、左折した突き当たり。

オレゴン・パシフィックコースト・パスポート(→P.250脚注)

ヘセタヘッド灯台
URL www.oregonstateparks.org
営 〈3～5月、10月〉金～月11:00～15:00、〈6～9月〉毎日11:00～17:00
料 $5または、5日間有効$10のオレゴン・パシフィックコースト・パスポート(→P.250脚注)
行き方 ケープパペチュアからUS-101を南に16km。シーライオンケイブスの2.5km北。

ヘセタヘッド灯台B&B
Heceta Head Lighthouse B & B
住 92072 US-101, Yachats
Free (1-866) 547-3696
URL hecetalighthouse.com
料 ⓈⒹⓉ$199～445

シーライオン・ケイブス
住 91560 US-101, Florence
☎ (541) 547-3111
URL www.sealioncaves.com
営 毎日9:00～19:00(時期により異なる)
料 大人$14、シニア$13、5～12歳$8、4歳以下無料
行き方 フローレンスの北18km。ヘセタヘッド灯台からUS-101を南へ2.5km。

MEMO ニューポートで楽しむアクティビティ　マリン・ディスカバリー・ツアーズがホエールウオッチング・ツアーを催行している。Marine Discovery Tours　MP.255-B1　住 345 S.W. Bay Blvd., Newport　料 大人$42、子供(4～13歳)$28

フローレンスの観光スポットはベイフロント MP.247-A2

オールドタウン・フローレンス
Old Town Florence

フローレンスの町は素通りしてもいいが、ランチを取るならSiuslaw River Bridgeたもとに広がるBay St.沿いのベイフロント・オールドタウンBayfront Old Townへ行ってみよう。かわいらしいブティックやモーズ・フローレンスMo's Florence (→P.260) などのシーフードレストランが並び、楽しく散策できる。

ギャラリーやショップもあるオールドタウン・フローレンス

オレゴン砂丘を眺めるポイント MP.247-A3

オレゴンデューン・デイユース・エリア
Oregon Dunes Day Use Area

フローレンスからクースベイCoos Bayにかけての太平洋岸沿いは、白砂の砂丘が広がる**オレゴンデューン・ナショナル・レクリエーションエリアOregon Dunes National Recreation Area**に指定されている。フローレンスの南にあり、誰もが気軽に砂丘を見られる場所。展望台から砂丘を眺めたり、砂丘へと下りることもできる。

オレゴンデューン・デイユース・エリアからUS-101を南に24km行ったWinchester Bayの先、Salmon Harbor Dr.を右折すると、**アンプクア灯台州立公園Umpqua Lighthouse State Park**に突き当たる。アンプクア灯台前の見晴らし台はクジラ観察のスポットだ。

白砂の上でサンドサーフィンしてる人も

海の絶景と美しい庭園 MP.247-A3

ショアエイカーズ州立公園
Shore Acres State Park

オレゴンデューン・ナショナル・レクリエーションエリアの南端にある**クースベイCoos Bay**は木材の集散地として栄えた町。Coos Bayに架かるMcCullough Bridgeを渡り、North Bend、Charlston Park方面へ向かおう。チャールストンからの海岸沿いはくねくね道。サンセットベイ州立公園Sunset Bay State Parkで車を停め、ペリカンや海鳥が羽を休める海岸を散策し、**ショアエイカーズShore Acres**へ向かうといい。ここは木材で財をなしたルイス・シンプソンLouis Simpsonの旧宅跡地で、州立公園として庭園やバラ園、池などが一般公開されている。11月下旬から12月下旬までの期間は、16:00からイルミネーションが点灯し、きらびやかだ。

ドライブの疲れを癒やす庭園

観光案内所

フローレンス観光局
Florence Area Chamber of Commerce Visitor Center
住290 US-101, Florence
☎(541) 997-3128
URL florencechamber.com
営月〜金9:00〜17:00、土10:00〜14:00

観光案内所

オレゴンデューン観光案内所
Oregon Dunes NRA Visitor Center
住855 US-101, Reedsport
☎(541) 271-6000
営月〜金8:00〜16:00

オレゴンデューン・デイユース・エリア
住81100 US-101, Gardiner
URL www.fs.usda.gov/recarea/siuslaw/recarea/?recid=42467
行き方 フローレンスからUS-101を南に18km、Carter Lakeの先。Oregon Dunes Overlook Dr.を右折する。Reedsportの北18km。

オレゴンデューン・ナショナル・レクリエーションエリア
URL www.fs.usda.gov/recarea/siuslaw/recarea/?recid=42465
料$5または、5日間有効$10のオレゴン・パシフィックコースト・パスポート(→P.250脚注)

アンプクア灯台州立公園
MP.247-A3 ☎(541)271-4118
URL www.oregonstateparks.org

ショアエイカーズ州立公園
住89039 Cape Arago Hwy., Coos Bay ☎(541) 888-2472
URL www.oregonstateparks.org
URL shoreacres.net
営毎日8:00〜日没(11月下旬〜12月下旬は〜21:30)
売店:〈1〜2月〉毎日11:00〜15:00、〈3月〜11月中旬〉毎日10:30〜16:30、〈11月下旬〜12月下旬〉毎日15:30〜21:30
行き方 オレゴンデューン・デイユース・エリアからUS-101を南に56km行き、North BendでNewmark St.を右折、Charlestonを目指す。Cape Arago Hwy.を南に13km。
料$5または、5日間有効$10のオレゴン・パシフィックコースト・パスポート(→P.250脚注)

観光案内所

ベイエリア観光案内所
Bay Area Chamber of Commerce Visitor Center
住50 Central Ave., Coos Bay
☎(541) 269-0215
営月〜金9:00〜17:00、土11:00〜15:00、日11:00〜15:00(5月下旬〜9月上旬のみ)

庭園そばの荒々しい海

MEMO **フローレンスで楽しむアクティビティ** オレゴンデューン・ナショナル・レクリエーションエリアにある砂丘でデューンバギーが楽しめる。**Giant Dune Buggy Ride Tours** URL www.sandland.com 料1人1時間$16〜

ノスタルジックな港町

M P.247-A3

オールドタウン・バンドン
Old Town Bandon

バンドンで立ち寄りたいのは、かわいらしい雰囲気のオールドタウン・バンドン。端から端まで歩いても1kmにも満たない広さだが、繁忙期にありがちな喧騒さとは無縁ののんびりとした港町だ。桟橋のフィッシング用品店では、カニ漁の仕掛け籠のレンタルもする。町で出会う人々も親切で素朴。ちょっと長居したくなる場所だ。

町から西に行くと、コキール川Coquille Riverの南防波堤に出る。その対岸、北防波堤には**コキール川灯台Coquille River Lighthouse**があり、河口の安全を守っている。太平洋の波は荒々しいが、車を降りて浜辺を散歩してみよう。

みやげ物屋やレストランが軒を並べるオールドタウン・バンドン

オールドタウン・バンドンは海沿いにボードウオークがある

バンドン南部に広がる雄壮な海岸

M P.247-A3

フェイスロック州立シーニック・ビューポイント
Face Rock State Scenic Viewpoint

オールドタウン・バンドンから坂道を上りOcean Dr.、Beach Loop Dr.へと南西に走ると、切り立った崖の下に、さまざまな形をした岩が現れてくる。そのなかのひとつ、**フェイスロックFace Rock**は、頭を海につけた男の人が天を仰ぐ横顔にそっくり。ほかにもトドの姿に似た大岩やテーブル状の岩がそびえ立ち、雄壮な海岸線のアクセントになっている。また、アメリカ・インディアンの言い伝えには、「風が吹くと未婚女性の声が聞こえる」というものがある。崖の上には散策路も造られ、絶景が見られるスポットだ。このBeach Loop Dr.はUS-101の西側を海岸に沿って延びる道路。道沿いにはモーテルやホテルが並び、バンドンの宿泊スポットともなっている。

まさに男の顔、フェイスロック

雄大な海岸線

オールドタウン・バンドン

行き方 US-101とOR-42Sがぶつかる所がバンドン。オールドタウン・バンドンへはUS-101から2nd St.を(US-101)西へ4～5ブロック。ショアエイカーズ州立公園からCape Arago Hwy.、Crown Point Rd.、Joe Ney-Davis Sl. Rd.を東に19km行き、US-101を25km南進。所要1時間10分。ポートランドからI-5を南に220km進み、Exit 162でOR-38に入る。90km西に行き、US-101を80km南進。所要約5時間30分。

i 観光案内所

バンドン観光局
Bandon Chamber of Commerce
住 300 2nd St., Bandon
☎ (541) 347-9616
URL bandon.com
営 毎日10:00～16:00(時期により異なる)
観光案内所はUS-101からオールドタウン・バンドンに入るChicago Ave. & 2nd St.の角にある。

コキール川灯台

バンドンの北3kmにあるブラーズ・ビーチ州立公園Bullards Beach State Park内にある。2018年10月現在、灯台は一般公開されていない。
行き方 バンドンからUS-101を北へ4.5km。Bullards Beach Rd.を南西に5km進む。所要15分。
Bullards Beach State Park
営〈5月中旬～9月〉毎日11:00～17:00
URL www.oregonstateparks.org

コキール川灯台

フェイスロック

M P.247-A3
URL www.oregonstateparks.org
行き方 オールドタウン・バンドンからOcean Dr.、Beach Loop Dr.を南西に3km。

MEMO **バンドンの立ち寄りポイント** チーズやバター、アイスクリームの製造工場にギフトショップが併設されている。**Face Rock Creamery** M P.247-A3 住 680 2nd St., Bandon ☎ (541) 347-3223 URL facerockcreamery.com 営 毎日9:00～18:30

R アストリアで一番人気の屋台　シーフード/アストリア/MP.248-B1

ボウピッカーフィッシュ&チップス
Bowpicker Fish & Chips

コロンビア川海事博物館から2ブロック南に行った所にある。漁船を改造して、屋台として営業。看板メニューのフィッシュ&チップス($11)を求めて、常時行列ができている。揚げたての白身魚やポテトにケチャップをかけてかぶりつこう。専用駐車場はなく、ベンチも少ないので、みな路上駐車した車内で食べている。

住1636 Duane St., Astoria
☎(503) 791-2942
URL www.bowpicker.com
営水～日11:00～18:00(時期、天候により異なる)
休月火
現金のみ

R おしゃれな雰囲気だが、お手頃価格　アメリカ料理/アストリア/MP.248-B1

ティー・ポールズ・サパー・クラブ
T. Paul's Supper Club

アストリアダウンタウンにある上品なレストラン。ステーキやシーフード、パスタ、スープなどメニューが豊富で、毎日通う人も多い。ランチは、ハンバーガー($12.50～)やサンドイッチ($11.50～)にスープかサラダが付いてお得。居心地がよくゆっくりと食事を楽しめる。

住360 12th St., Astoria
☎(503) 325-2545
URL www.tpaulssupperclub.com
営月～木11:00～21:00、金土11:00～22:00
休日
カード A M V

R オレゴンコーストの朝食はここで　アメリカ料理/シーサイド/MP.247-A1

ファイアーハウスグリル
Firehouse Grill

アストリアとキャノンビーチの間にあるシーサイドで一番人気のレストラン。しっかりと朝食を食べたい地元の住民が通ってくる。メニューはフレンチトーストやグラノーラなど定番の品が多いが、新鮮な卵を使ったオムレツ($12.99～)は、ふんわりとろとろでやみつきになりそうなおいしさ。

住841 Broadway St., Seaside
☎(503) 717-5502
URL www.firehousegrill.org
営木～月8:00～14:00
休火水
カード M V

R 小さなビーチのレストラン　アメリカ料理/オーシャンサイド/MP.247-A1

ロザンナズカフェ
Roseanna's Cafe

オーシャンサイドのビーチ沿いにある小さなレストラン。1980年代にロザンナさんが始めたレストランだが、1986年にメリッサ・ロールさんが加わってめきめき評判になった。シーフードからチキン、パスタ($10.95～35)まで食べられる。新鮮な食材を使った居心地のいいレストランだ。

住1490 Pacific Ave., Oceanside
☎(503) 842-7351
URL www.roseannascafe.com
営木～月11:00～20:00(時期により異なる)
休火水
カード M V

R 潮騒が聞こえるビアレストラン　ブリュワリー/パシフィックシティ/MP.247-A1

ペリカンパブ&ブリュワリー
Pelican Pub & Brewery

Inn at Cape Kiwanda(→P.261)に併設するビール工場の直営レストラン。この付近唯一のレストランなので、朝から夜までオープンし、食事メニューも充実している。名物のペリカンビールを味わおう。スープやサラダからピザ、ステーキまでメニューも豊富。おすすめはフィッシュ&チップス($18.99)。

住33180 Cape Kiwanda Dr., Pacific City
☎(503) 965-7007
URL pelicanbrewing.com
営日～木10:30～22:00、金土10:30～23:00
カード A M V

R 地元産の新鮮なシーフード　ノースウエスト料理/ニューポート/MP.255-B1

ローカル・オーシャン・シーフード
Local Ocean Seafoods

漁師さん経営のレストランだけあって、シーフードは新鮮。調理もシンプルな味つけで、ニューポートでいち押しのレストランだ。クラブケーキ($9～23)、アサリのワイン蒸し($17)、フィッシュ&チップス($17～24)などすべておいしい。併設するフィッシュマーケットでは、自家製缶詰なども販売している。

住213 S.E. Bay Blvd., Newport
☎(541) 574-7959
URL www.localocean.net
営フィッシュマーケット:毎日10:00～21:00(冬季は20:00まで)
レストラン:日～木11:30～21:00、金土11:30～21:30(冬季は日～木11:30～20:00、金土11:30～20:30)
カード A M V

レストラン

R ナイビーチの人気カフェ　カフェ／ニューポート／MP.255-A1

カフェステファニー　Cafe Stephanie

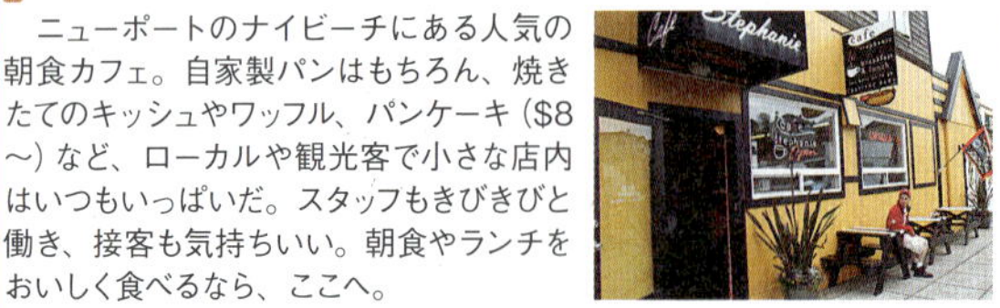

　ニューポートのナイビーチにある人気の朝食カフェ。自家製パンはもちろん、焼きたてのキッシュやワッフル、パンケーキ（$8～）など、ローカルや観光客で小さな店内はいつもいっぱいだ。スタッフもきびきびと働き、接客も気持ちいい。朝食やランチをおいしく食べるなら、ここへ。

住411 N.W. Coast St., Newport
☎(541) 265-8082
営木～火7:30～14:00、水7:30～15:00
カードMV

R オレゴンコースト名物チャウダー　シーフード&カフェ／フローレンス／MP.247-A2

モーズ・フローレンス　Mo's Florence

　1946年創業のクラムチャウダーの老舗。ニューポートのBay Frontに本店があり、ポール・ニューマンやヘンリー・フォンダなどのハリウッドセレブも訪れたほど有名だ。オールドタウンのフローレンス店は、町いちばんの人気店。大勢の家族連れでにぎわっている。クラムチャウダーは$4.25～。

住1436 Bay St., Florence
☎(541) 997-2185
URLwww.moschowder.com
営日～木11:00～20:00、金土11:00～21:00
カードADJMV

R クースベイのいち押しレストラン　ブリュワリー／クースベイ／MP.247-A3

セブン・デビルズ・パブリック・ハウス　7 Devils Public House

　地元アーティストの絵画や彫刻が飾られたおしゃれなブリュワリー。併設する工場で造られた新鮮なビールを楽しみに食事時は行列ができる。近隣で取れたマグロを使ったルッコラサラダ（$5～）やチーズとグレイビーソースがのったポテトフライ（$9～）がおすすめ。

住247 S. 2nd St., Coos Bay
☎(541) 808-3738
URLwww.7devilsbrewery.com
営月水木日11:00～22:00、金土11:00～23:00
休火
カードAMV

R 2階のテーブル席からの景色が最高　アメリカ料理／バンドン／MP.247-A3

エッジウオーターズレストラン　Edgewaters Restaurant

　地元の人が記念日に利用するちょっとおしゃれなレストラン。オールドタウン・バンドンから500mに西に行ったコキール川沿いにある。白身魚のムニエルやシーフードパスタ（$20～）から、サンドイッチやハンバーガー（$15～）などまでメニューが豊富なのもうれしい。

住480 1st. S.W., Bandon
☎(541) 347-8500
URLwww.edgewaters.net
営〈6～9月〉ランチ：金～日11:30～15:00、ディナー：毎日17:00～21:30、〈10～5月〉ランチ：金～日11:30～15:00、ディナー：火～日17:00～21:00
カードAMV

ショップ

S 食べるのがもったいないほどのきれいさ　チョコレート／バンドン／MP.247-A3

コースタルミスト　Coastal Mist

　ベルギーへ旅行した際に食べたチョコレートに感動したパティシエ夫婦が、2009年オールドタウン・バンドンにチョコレートショップをオープン。素材の味を大切にして作られたひと口サイズのチョコレートは、地元の人から大絶賛を浴び、現在ではオレゴン州だけでなくワシントン州でも販売されている。

住210 2nd St. S.E., Bandon
☎(541) 347-3300
URLcoastalmist.com
営〈夏季〉月～木11:00～18:00、金土11:00～19:00、日10:00～17:00、〈冬季〉月～木11:00～17:30、金土11:00～18:00、日10:00～17:00
カードMV

ホテル

H 旧缶詰工場を大改装　高級／アストリア／MP.248-A1

キャナリー・ピア・ホテル&スパ　Cannery Pier Hotel & Spa

　コロンビア川河口に立つ、旧缶詰工場を美しくリノベーションしたホテル。スパも併設し、大人のリゾートを満喫できる。自転車の無料貸し出しサービスあり。大きく開いた窓やデッキから、朝夕違った表情を見せるコロンビア川の風景を眺め尽くせる。

住10 Basin St., Astoria, OR 97103
☎(503) 325-4996
Free(1-888) 325-4996
FAX(503) 325-8350
URLwww.cannerypierhotel.com
料ⓈⒹ$189～350、Su$299～650
駐無料　Wi-Fi無料
カードAMV　46室（♿あり）

MEMO アストリアのおすすめブリュワリー　Buoy Beer Co.　MP.248-A1　住1 8th St., Astoria　URLbuoybeer.com
Fort George Brewery＋Public House　MP.248-B1　住1483 Duane St., Astoria　URLwww.fortgeorgebrewery.com

ホテル

H 潮騒がBGM　　高級／パシフィックシティ／MP.247-A1

イン・アット・ケープ・キワンダ
Inn at Cape Kiwanda

全室オーシャンビューで、部屋のしつらえもすてき。ソファセット、CDやDVDが楽しめるオーディオも設置されている。客室には冷蔵庫も完備。ミニキッチン付きの部屋もある。通りを挟んだ海側には地ビールが楽しめるPelican Pub & Brewery（→P.259）があるのもうれしい。

住33105 Cape Kiwanda Dr., Pacific City, OR 97135
Free(1-888) 965-7001
FAX(503) 965-7002
URL www.yourlittlebeachtown.com/inn
料ⓈⒹⓉ$169～339、Su$199～397
駐無料　Wi-Fi無料
カードAMV　33室（あり）

H ナイビーチにある家族連れの宿泊客が多いホテル　　中級／ニューポート／MP.255-A1

エリザベス・オーシャンフロント・スイーツ
Elizabeth Oceanfront Suites

目の前がビーチという絶好のロケーション。すべての部屋が太平洋に面しているので、客室から水平線に沈む夕日を見ることができる。地下には室内プールやジャクージがあり、旅の疲れも取れるはず。ヒストリック・ベイフロントまで徒歩で15分。無料の朝食付き。

住232 S.W. Elizabeth St., Newport, OR 97365
☎(541) 265-9400
Free(1-877) 265-9400
FAX(541) 265-9551
URL www.elizabethoceanfrontsuites.com　料ⓈⒹⓉ$150～320
駐無料　Wi-Fi無料
カードADMV　72室（あり）

H 窓の外は深い内海　　B＆B／ニューポート／MP.255-B1

アンカーピア・ロッジ
Anchor Pier Lodge

ニューポートのヒストリック・ベイフロントの目抜き通りにあり、海を見渡す絶好のロケーション。老舗ホエールウオッチング会社Marine Discovery Toursのビルに入り、1階からすぐホエール・ウオッチングに出発できる。部屋はそれぞれ違った趣で美しく調えられ、とてもきれいだ。

住345 S.W. Bay Blvd., Newport, OR 97365
☎(541) 265-7829
URL anchorpierlodge.com
料ⓈⒹ$125～199
駐無料　Wi-Fi無料
カードMV　5室

H カジノも楽しめるホテル　　中級／フローレンス／MP.247-A2

スリーリバーズ・カジノ・リゾート
Three Rivers Casino Resort

広いプロパティにさまざまなカジノ施設が並び、ホテル棟はいちばん奥にある。にぎやかなカジノルームの目の前にフロントがある。客室はごく普通に快適で、備品などもよく整い、部屋も広く使い勝手はよい。カジノホテルだけあってレストランは4つある。

住5647 Hwy. 126, Florence, OR 97439
☎(541) 997-7529
Free(1-877) 374-8377
FAX(541) 902-6523
URL www.threeriverscasino.com
料ⓈⒹⓉ$120～598
駐無料　Wi-Fi無料
カードAMV　90室（あり）

H 700台のスロットマシン・カジノもある　　中級／ノースベンド／MP.247-A3

ミルカジノ・ホテル・アンド・RVパーク
The Mill Casino, Hotel and RV Park

バンドンの40km北にある巨大リゾートホテル。敷地内には、カジノやコンサートホール、RVパーク、屋外・屋内プールがある。レストランやラウンジバー、カフェ、ギフトショップ、ゲームセンターも併設しているので、ホテル内ですべて事足りるのがうれしい。

住3201 Tremont Ave., North Bend, OR 97459
☎(541) 756-8800
Free(1-800) 953-4800
FAX(541) 756-2620
URL www.themillcasino.com
料ⓈⒹ$125～205
駐無料　Wi-Fi無料
カードAMV　200室（あり）

H 砂丘のなかに立つリゾートホテル　　中級／バンドン／MP.247-A3

バンドン・デューンズ・ゴルフ・リゾート
Bandon Dunes Golf Resort

オールドタウン・バンドンの北15kmにある高級リゾート。敷地内には、ホテルやロッジからゴルフコース、フィットネスセンター、レストランなどまである。特に、海沿いに広がる4つのゴルフコースは全米でも有数の難易度を誇り、世界中からゴルファーが集まる。

住57744 Round Lake Dr., Bandon OR 97411
☎(541) 347-4380
Free(1-888) 345-6008
URL www.bandondunesgolf.com
料ⓈⒹⓉ$100～430、Su$800～1900
駐無料　Wi-Fi無料
カードADJMV　186室（あり）

コーヒーメーカー　冷蔵庫／ミニバー　バスタブ　ドライヤー　BOX 室内金庫　ルームサービス　レストラン
F フィットネスセンター／プール　コンシェルジュ　J 日本語スタッフ　コインランドリー／当日仕上げクリーニング　WiFi ワイヤレスインターネット接続　P 駐車場

オレゴン南部
Southern Oregon

オレゴン州 ▶ 市外局番：541

およそ7700年前、マザマ山の大爆発で誕生したクレーターレイクは、お椀を伏せたようなマザマ山火口部にできた巨大なカルデラ湖。その水深は594m。世界で9番目に深い湖は、たとえようもない深い青さで輝く。その南西にあるアシュランドは、シェイクスピア劇で盛り上がる美しい町だ。

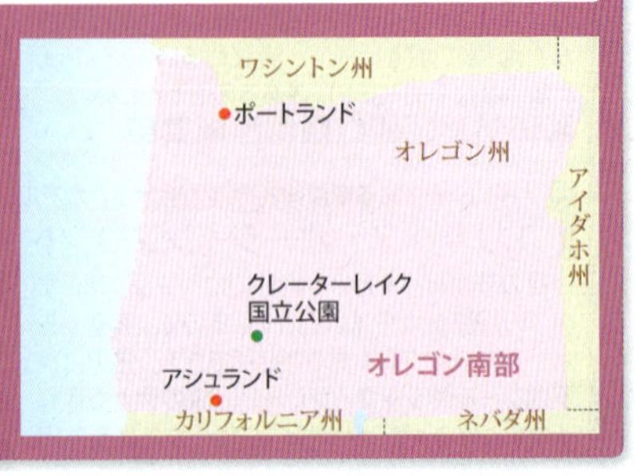

オレゴン南部への行き方

南部の中心となる都市は、**メッドフォードMedford**や**ローズバーグRoseburg**だ。内陸部なら**クラマスフォールズKlamath Falls**が比較的大きな町。ただし、見どころは都市ではなく、周辺に広がる大自然。空路でのアクセスは、**ローグバレー・インターナショナル・メッドフォード空港 Rogue Valley International-Medford Airport**が便利だ。

ローグバレー・インターナショナル・メッドフォード空港(MFR)
地 P.262-B2
住 1000 Terminal Loop Pkwy., Medford
☎ (541)772-8068
URL jacksoncountyor.org/airport
メッドフォードの町から約5km北にある。シアトルやポートランドからはアラスカ航空が直行便を運航している。
タクシー＆シャトルバス／Cascade Airport Shuttle
☎ (541)488-1998
URL www.cascadeshuttle.com

MEMO **ローグバレー・インターナショナル・メッドフォード空港内にあるレンタカー会社** 台数に限りがあるので事前に予約したほうがいい。**Alamo** ☎(541)772-7715、**Budget** ☎(541)773-7023、**Hertz** ☎(541)773-4293

オレゴン南部のおもな見どころ

★★★ アメリカで最も深い湖 M P.262-B1

クレーターレイク国立公園
Crater Lake National Park

クレーターレイクは、7700年もの昔、標高3700mあったマウントマザマが大噴火を起こしたあとにできたカルデラ湖だ。大噴火は、セントヘレンズ火山の1980年の爆発のおよそ42倍で、山の3分の1が吹き飛んでしまったという。噴火口に水がたまってできた湖の深さはおよそ594m、全米でいちばん深い。遮るもののない高い標高にある湖面は、青い空を美しく映し出し、より味わい深い色へと変化させる。

リムビレッジから見たウィザード島

リムビレッジ　Rim Village

クレーターレイク・ロッジCrater Lake Lodge（→P.267）のあるリムビレッジが、公園の中心。リム観光案内所、カフェテリアや売店がある。クレーターレイク・ロッジに宿泊できれば言うことなし。

ボートツアー　Boat Tour

クレーターレイク・ロッジの対岸クリートウッドコーブCleetwood Coveから約2時間で湖を1周するボートツアー。リムドライブ沿いのクリートウッドコーブ駐車場から1.6kmの急坂（Cleetwood Cove Trail）を下って行く（30〜50分かかる）と乗り場がある。

ボートツアーはパークレンジャーが乗り込んで解説してくれる

シノット展望台　Sinnott Memorial Overlook

リムビレッジにある展望台。左にウィザード島、右には小さくファントムシップ島も見える。

ウィザード島　Wizard Island

湖の中にある高さ234mのミニ火山。ボートに乗って上陸できる。船着き場から山頂までのトレイルあり。

リムドライブから見るファントムシップ島

ファントムシップ島　Phantom Ship

幽霊船という奇妙な名前のついた島は、全長150m、幅60m。実物を見れば名前の由来も、「なーるほど」と思うはず。いくつかの突き上がる岩が、湖面に無気味な影を落とす。Kerr NotchやSun Notchから眺めるとその形がよくわかるだろう。

---

i 観光案内所

メッドフォード観光局
Travel Medford
住1314 Center Dr., Medford
☎(541) 776-4021
URL www.travelmedford.org
営月〜金9:00〜17:00、土9:00〜15:00

クレーターレイク国立公園
☎(541) 594-3000
URL www.nps.gov/crla
営24時間（冬季は閉鎖される入口あり）　料車1台につき$10〜25（時期により異なる）。7日間有効

i 観光案内所

スティール観光案内所
Steel Visitor Center
M P.262-B1
営〈4月下旬〜11月上旬〉毎日9:00〜17:00、〈11月中旬〜4月中旬〉毎日10:00〜16:00

リム観光案内所
Rim Visitor Center
M P.262-B1　営〈5月下旬〜9月下旬〉毎日9:30〜17:00

クレーターレイク国立公園への行き方
周辺は車でのみ移動が可能。ローグバレー・インターナショナル・メッドフォード空港からOR-62を北東へ130km（所要約2時間）で公園の南ゲートに着く。ポートランドからはI-5とOR-138を南下すると、公園の北ゲートまで約5時間50分（450km）。北ゲートは11〜5月の間閉鎖される。
湖を1周するリムドライブRim Driveは53km（所要約3時間）。冬季は閉鎖される。
夏季以外は、いちばん近いガソリンスタンドまで約56km（ChiloquinかProspect、Chemult）離れている。ガソリン残量に注意。
詳しくは、『地球の歩き方 B13 アメリカの国立公園』参照のこと。

ボートツアー
一部の座席はウェブサイト（URL www.craterlakelodges.com）で予約できる。残りは当日、クレーターレイク・ロッジのフロントデスク横にある自動券売機で購入可。ボート出発2時間前に発売を終了するが、残席がある際はクリートウッドコーブ駐車場でチケットの発売を再開。
ボートに乗る前にクリートウッドコーブ駐車場のチケットブースでチェックインすること。
Free(1-888) 774-2728
営6月下旬〜9月中旬の9:30〜15:45の15分〜2時間おき（天候により異なる）。ウィザード島に上陸できるツアーは、9:45と12:45。料$42、子供$28。ウィザード島ツアー：$57、子供$36

MEMO **クラマスカウンティ観光局**　Meet Me In Klamath　M P.262-B2　住205 Riverside Dr., Klamath Falls　☎(541) 882-1501　URL discoverklamath.com　営月〜金9:00〜17:00、土日10:00〜14:00（9月中旬〜5月中旬は月〜金9:00〜18:00）

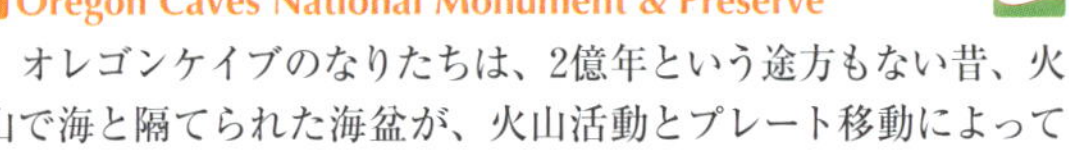

2億年の歳月が造った洞窟 ⓂP.262-A2

オレゴンケイブ国定公園 Oregon Caves National Monument & Preserve

オレゴンケイブのなりたちは、2億年という途方もない昔、火山で海と隔てられた海盆が、火山活動とプレート移動によって隆起したことに始まる。

断層によって海盆底からもちあげられた大理石層の割れ目に酸化した水が流れ込み、長い時間をかけて浸食し、地下水道が広がってできあがったのがこの洞窟だ。

この小さな入口の中に長い長い迷路が続いている

ポートランドやメッドフォードから来ると、US-199のCave JunctionからOR-46（Caves Hwy.）に入り、約30kmで到着だ。US-199からOR-46に入ってすぐの右側に**イリノイバレー・ビジターセンターIllinois Valley Visitor Center**があるので、ツアー時間や混雑具合など、確認してからケイブまで登っていこう。ローカル情報も得られる。国定公園内にはオレゴンケイブ国定公園観光案内所Oregon Caves National Monument & Preserve Visitor Centerもある。

洞窟ツアー Discovery Cave Tour

洞窟の中はネイチャーガイドに引率されて、1時間30分の洞窟ツアー（→側注）で回ることになる。季節によりツアーの回数も異なる。夏はたいへん混雑し、2時間待ちにまでなるので、午前中には到着したい。

洞窟内の気温は摂氏7℃程度なので、必ず上着を持っていこう。500段に及ぶ階段を上り下りすることになるので、健康上、不安のある人にはおすすめできない。また、身長約107cm未満の子供は入れないうえ、チャイルドケアサービスもないので注意すること。

クリフ・ネイチャー・トレイル Cliff Nature Trail

最も歩きやすく、見どころいっぱいのトレイルで、洞窟ツアーの終了地点（洞窟出口）からスタートできる。ほかに、ビッグ・ツリー・トレイルBig Tree Trailという観光案内所を起点とするケイブ内のトレイルもあるが、こちらは約5.3kmと長い距離で標高差（343m）もあるため、一般向きではない（所要約3時間）。

オレゴンケイブ国定公園
住19000 Caves Hwy., Cave Junction
☎(541) 592-2100
URL www.nps.gov/orca 料無料
行き方ローグバレー・インターナショナル・メッドフォード空港からI-5を35km北西に進み、Exit 55でUS-199に入る。南へ48km進み、OR-46を30km東へ。ポートランドからはI-5を約390km南下し、Exit 55でUS-199Sに入る。南へ48km進み、OR-46を30km東へ。

観光案内所

オレゴンケイブ国定公園観光案内所
ⓂP. 262-A2
住21000 Caves Hwy., Cave Junction
☎(541) 592-2100
営〈春・秋季〉毎日9:30～16:00、〈夏季〉毎日8:30～18:00

イリノイバレー・ビジターセンター
ⓂP.262-A2
住201 Caves Hwy., Cave Junction
☎(541) 592-3326
営月～金9:00～16:30

洞窟の正面に木造のロッジがある

ツアーのスタート前にトイレに行っておこう

洞窟ツアー／〈3月下旬～11月上旬〉毎日10:00～17:00まで。催行回数は時期により異なる。
料大人$10、15歳以下$7
※11月中旬～3月中旬は洞窟ツアーがない。

クリフ・ネイチャー・トレイル
全長：1.6km（洞窟出口から1.1km）
所要時間：45分～1時間
標高差：23m（洞窟出口からトレイル終了まで）

ローグ川沿いのこぢんまりとした町

M P.262-A2

グランツパス
Grants Pass

人口3万7500人の小さな町では、ジェットボートに乗ってローグ川Rogue River沿いを下るツアー、**ヘルゲイト・ジェットボート・エクスカーションHellgate Jetboat Excursions**が大人気。ジェットボートはスピンしたりドリフトしたり、まるでゴーカートに乗っているかのようだ。全身びしょぬれになるので覚悟するように。ただし、ほとんどの人はレインコートも着ずに楽しんでいる。夏季は天気がよく湿度も低いのでぬれた洋服も30分くらいで乾いてしまうので心配ない。観覧クルーズ（所要2時間）やランチクルーズ（所要3時間30分）、ディナークルーズ（所要4時間）がある。

60人乗りのボートはいつも満席だ

ぬれたくないなら真ん中に座ろう

シェイクスピアフェスティバルの町

M P.262-B2

アシュランド
Ashland

オレゴン南部の中心の町であるメッドフォードから20km南東に行ったアシュランド。人口2万人の町は、2月中旬から10月まで、**オレゴン・シェイクスピア・フェスティバルOregon Shakespeare Festival**が催されることで全米に知れ渡る。1935年に始まったフェスティバルは、過去にはトニー賞も受賞した注目のイベント。毎年約40万人が来場し、11の劇が演じられ、約800のイベントが行われる。

3つの劇場からなりたつ会場は町の中心に集まり、夏季には、夜の公演に先がけ劇場前の公園で無料のコンサートも催行される。アレン・エリザベサン・シアターAllen Elizabethan Theatreは、2階建てイングリッシュハウスがセットとして常設されている野外ステージ。約1200人を収容する最大の劇場だ。それに加え、屋内劇場のアンガス・バウマー劇場Angus Bowmer Theatreとトーマスシアター Thomas Theatreでは、バックステージツアーBackstage Tourも催行される。

ダウンタウンは、メインストリートを中心に5ブロックほど。ショップやカフェ、レストランが並び、夏季は観光客でにぎわう。

オレゴン・シェイクスピア・フェスティバルのメイン会場であるアレン・エリザベサン・シアター

メインストリート沿いは、かわいらしいショップやカフェが並び、シェイクスピアの旗も掲げられている

グランツパス

車 ローグバレー・インターナショナル・メッドフォード空港からI-5を西に36km行った所、所要約40分。ポートランドからI-5を390km南へ進み、Exit 58で下りた所が町の中心。所要約4時間50分。

観光案内所

グランツパス観光局
Grants Pass Tourism
M P.262-A2
住 198 S.W. 6th St., Grants Pass
☎ (541) 476-7574
URL travelgrantspass.com

ヘルゲイト・ジェットボート・エクスカーション
Hellgate Jetboat Excursions
M P.262-A2
住 966 S.W. 6th St., Grants Pass
☎ (541) 479-7204
URL www.hellgate.com
運行／〈5月上旬～9月上旬〉観覧クルーズ：毎日8:45、12:45、13:45発、ランチクルーズ：9:30発、ディナークルーズ 15:15、16:15発
料 観覧クルーズ：$44.75、子供$31.75、ランチクルーズ：$59.50、子供$43.50、ディナークルーズ：$66.75、子供$48.75

アシュランドへの行き方

アシュランドは、ローグバレー・インターナショナル・メッドフォード空港から南東に24km。所要約30分。
ポートランドからはI-5を南に450km、Exit 19で下りる。所要約5時間30分。

観光案内所

アシュランド観光案内所
Ashland Chamber of Commerce
M P.262-B2
住 110 E. Main St., Ashland
☎ (541) 482-3486
URL www.ashlandchamber.com
営 月～金9:00～17:00

オレゴン・シェイクスピア・フェスティバル Box Office
住 15 S. Pioneer St., Ashland
Free (1-800) 219-8161
営〈2月中旬～10月〉月9:30～17:00、火～日9:30～20:00
URL www.osfashland.org
料 $30～110

バックステージツアー
営〈2月中旬～10月〉火～日10:00、所要1時間40分　料 $20

オレゴンボルテックス＆ハウス・オブ・ミステリー
住4303 Sardine Creek Left Fork Rd., Gold Hill
☎(541)855-1543
URLwww.oregonvortex.com
営〈3～5月、9～10月〉毎日9:00～16:00、〈6～8月〉毎日9:00～17:00
料$12.50、シニア$10.75、子供$9.75
行き方ローグバレー・インターナショナル・メッドフォード空港からI-5を西に16km行き、Exit 43でOR-99/OR-234に移る。Sadine Creek Rd.を北に6km。
グランツパスからI-5を東に20km、Exit 43でOR-99/OR-234に移る。Sardine Creek Rd.を北に6km。

世にも不思議なエリア　MP.262-A2

オレゴンボルテックス＆ハウス・オブ・ミステリー
The Oregon Vortex & House of Mystery

グランツパスから北東に35km行った所にある超常現象が見られる場所。「磁場が狂った」エリアとして世界的にも有名で、家が歪んで立っていたり、身長が変わって見えたり、ほうきが垂直に立っていたり、錯覚かと思われる現象がさまざま起こるのだ。ツアーでは、現在の科学では説明できないことが目の前で繰り広げられる。乗り物酔いをしやすい人、三半規管が弱い人は注意したほうがいい。

ほうきが立っている!?

レストラン

R アシュランドでいちばんの人気レストラン　アメリカ料理／アシュランド／MP.262-B2

ラークス・ホーム・キッチン・クイジーン
Larks Home Kitchen Cuisine

毎日地元の農家から新鮮な食材を買い付けていることで評判のレストラン。シェフのデイモン・ジョーンズさんが季節ごとに異なる料理を提供する。なかでも、定番のシーザーサラダ（$13）やステーキ（$39）が人気の一品だ。Ashland Springs Hotel（→P.267）に併設する。事前に予約をしておきたい。

住212 E. Main St., Ashland
☎(541)488-5558
URLwww.larksrestaurant.com
営ランチ：月～金11:30～14:00、ディナー：毎日17:00～21:00、ブランチ：土日11:00～14:00
カードAMV

ショップ

S 世界中に多くのファンをもつチーズメーカー　チーズ／セントラルポイント／MP.262-B2

ローグクリーマリー
Rogue Creamery

1928年創業のチーズ製造会社。ブルーチーズとチェダーチーズが有名で、国際的に権威ある賞を数多く受賞している。近隣の酪農場から新鮮な牛乳を仕入れ、80年以上にわたって伝わるレシピを使用。遺伝子組み換え成長ホルモンを使用しないのがおいしさの秘訣だとか。

住311 N. Front St., Central Point
☎(541)665-1155
URLwww.roguecreamery.com
営月～金9:00～17:00、土9:00～18:00、日11:00～17:00
カードAMV

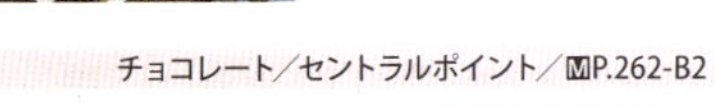

S ハンドメイドとオーガニックにこだわる　チョコレート／セントラルポイント／MP.262-B2

リリー・ベル・ファームズ
Lillie Belle Farms

自宅で作ったチョコレートトリュフを、ファーマーズマーケットで売っていたオーナーのジェフさん。彼のひと口サイズチョコのおいしさは口コミで広まり、数々の雑誌やTV番組で取り上げられるまでになった。彼が所有する2エーカーの畑で取れたフルーツを使用しているのも、こだわりのひとつ。

住211 N. Front St., Central Point
☎(541)664-2815
URLwww.lilliebellefarms.com
営月～金9:00～17:00、土9:00～18:00、日11:00～17:00
カードAMV

ホテル

H 洞窟の正面の落ち着いた宿　高級／ケイブジャンクション／MP.262-A2

シャトー・アット・オレゴンケイブ
The Chateau at the Oregon Caves

オレゴンケイブのまさに正面に位置する雄壮なロッジ。部屋の豪華さはないものの、広いラウンジから渓流を望む景観は抜群だ。ケイブの入口が見える部屋もある。ケイブ側から見ると、その大きな木造建築に圧倒されるが、道沿いからは、木立に囲まれた静かな宿だ。

住20000 Caves Hwy., Cave Junction, OR 97523
☎(541)592-3400
FAX(541)592-4075
URLwww.oregoncaveschateau.com
料ⓈⒹⓉ$109～189、Su$185～219
営5月上旬～9月上旬　駐無料
カードADMV　23室

MEMO オレゴンケイブ国定公園に近いカリフォルニア州のホテル　パトリック・クリーク・ロッジは、オレゴンケイブ国定公園への起点となるケイブジャンクションから40km南にある。レッドウッド国立公園も↗

ホテル

H 1924年に建てられた歴史あるロッジ　高級／グランツパス／MP.262-A2

ウィースクイン
Weasku Inn

グランツパスから車で10分の所にある。過去には、クラーク・ゲーブルやウォルト・ディズニーが宿泊した由緒ある宿泊地。1998年に改装工事を行ったので必要最小限のものは客室に備わり不自由しない。暖炉やジャクージの付いた部屋もある。朝食は無料。

住5560 Rogue River Hwy., Grants Pass, OR 97527
☎(541) 471-8000
Free(1-800) 493-2758
FAX(541) 471-7038
URLchi-uswh.webhotel.microsdc.us
料ⓈⒹⓉ$199～299、キャビン$236～336
駐無料　Wi-Fi無料
カードAMV　20室(&あり)

H ローグ川沿いに立ち、客室からの景色がいい　中級／グランツパス／MP.262-A2

ロッジ・アット・リバーサイド
The Lodge at Riverside

グランツパスダウンタウンの1km南にあるロッジ風のホテル。ヘルゲイト・ジェットボート乗り場やレストランのタップロック・ノースウエスト・グリルまで歩いて1分、最寄りのスーパーまで車で約5分と便利だ。ロビーには暖炉があり、木目調の建物があたたかみを感じさせる。朝食は無料。

住955 S.E. 7th St., Grants Pass, OR 97526
☎(541) 955-0600
Free(1-877) 955-0600
FAX(541) 955-0611
URLchi-uslr.webhotel.microsdc.us
料ⓈⒹⓉ$139～235、Ⓢu$330～
駐無料　Wi-Fi無料
カードAMV　33室(&あり)

H アシュランドダウンタウンの格式あるホテル　高級／アシュランド／MP.262-B2

アシュランド・スプリングス・ホテル
Ashland Springs Hotel

アシュランドのメイン通りに立つランドマーク的存在のホテル。重要文化財に認定されており、1925年完成の建物にリノベーションを行い2000年にオープンした。客室はこぎれいにまとまっている。朝食は無料。館内1階には地元の人に人気のレストラン、Larks Home Kitchen Cuisine（→P.266）が入る。

住212 E. Main St., Ashland, OR 97520
☎(541) 488-1700
Free(1-888) 795-4545
FAX(541) 488-0240
URLwww.ashlandspringshotel.com
料ⓈⒹⓉ$99～309、Ⓢu$139～
駐無料　Wi-Fi無料
カードAMV　70室(&あり)

H ロマンティックに過ごしたいカップル向け　中級／アシュランド／MP.262-B2

リシア・スプリングス・リゾート
Lithia Springs Resort

アシュランドダウンタウンから車で5分の所にあるコテージ風のリゾート。全室に温泉が出るバスタブが備わる。白を基調とした部屋は清潔感があふれ女性に好評。中庭には鳥が集まる噴水や鯉が泳ぐ池もあり、都会の喧騒を忘れさせてくれる。朝食は無料。

住2165 W. Jackson Rd., Ashland, OR 97520
☎(541) 482-7128
Free(1-800) 482-7128
FAX(541) 488-1645
URLlithiaspringsresort.com
料ⓈⒹⓉ$99～199、Ⓢu$139～279
駐無料　Wi-Fi無料
カードADMV　38室(&あり)

H セオドア・ルーズベルトも愛した村にある　中級／プロスペクト／MP.262-B1

プロスペクト・ヒストリック・ホテル
Prospect Historic Hotel

プロスペクトは、クレーターレイク国立公園の南60kmにある小さな集落。1889年から旅行者を受け入れてきたのがプロスペクト・ヒストリック・ホテルだ。人里離れた小さな集落で、全室シャワー付きのかわいらしい部屋と、併設するディナーハウス(夏季)のおいしい料理に驚かされるだろう。

住391 Mill Creek Dr., Prospect, OR 97536
☎(541) 560-3664
Free(1-800) 944-6490
FAX(541) 560-3825
URLwww.prospecthotel.com
料ⓈⒹⓉ$105～175、Ⓢu$205～295　駐無料　Wi-Fi無料
カードMV　24室(&あり)

H これ以上望めない最高ロケーション　高級／クレーターレイク／MP.262-B1

クレーターレイク・ロッジ
Crater Lake Lodge

朝焼けと夕焼けのクレーターレイクを堪能できる最高の宿。ロビーから右手は、大きな暖炉が燃え盛る美しいラウンジ。この雰囲気のよいラウンジとクレーターレイクの眺めで、いくらでも時間が過ぎていってしまいそう。当然いつも混雑しているので予約は早めに。

住565 Rim Dr., Crater Lake, OR 97604
☎(541) 594-2255
Free(1-888) 774-2728
FAX(303) 297-3175(予約)
URLwww.craterlakelodges.com
料ⓈⒹⓉ$179～268
営5月中旬～10月中旬
駐無料　Wi-Fi無料
カードADJMV　71室(&あり)

↘近い。**Patrick Creek Lodge**　地P.262-A2　住13950 Hwy. 199, Gasquet, CA 95543　☎(707) 457-3323
URLwww.patrickcreeklodge.com　料ロッジ$75～110、キャビン$155、スイート$100～140

車で行く世界遺産の国立&州立公園

レッドウッド国立&州立公園(CA)
Redwood National & State Park

カリフォルニア州 ▶ 市外局番：707

オレゴン州から州境を越えカリフォルニア州北部へ、世界遺産のレッドウッドの森を目指す。北カリフォルニアに降る大量の雨と夏の霧が、レッドウッドの巨木の森を育んだ。オレゴン州から最も近いスタウトグローブへはホーランド・ヒル・ロードを走る。1周800mの巨木の森は、太古の力を宿している。

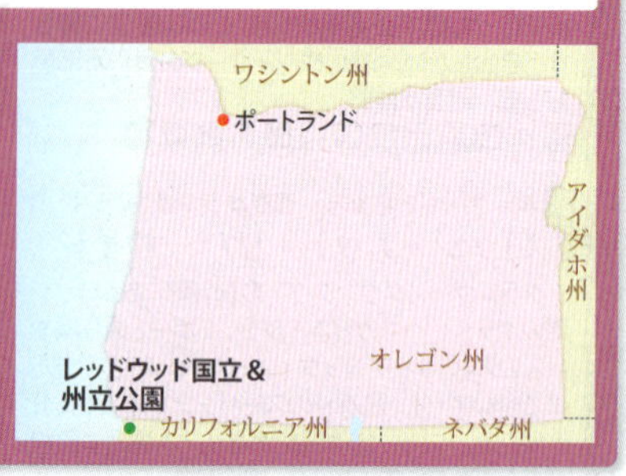

レッドウッド国立&州立公園
ⓂP.22-A2
URL www.nps.gov/redw
料 無料

行き方

クレーターレイク国立公園からクレセントシティ・インフォメーション・センターへはOR-62を南西に進み、OR-234経由でI-5 N.に乗りExit 55で下りUS-199を南下する。280km、約4時間。ただし、OR-62は冬季に閉鎖する場合もあるので事前にウェブサイトなどで調べること。

ⓘ観光案内所

クレセントシティ・インフォメーション・センター
Crescent City Information Center
住 1111 2nd St., Crescent City, CA
☎ (707) 465-7306
営 〈3～10月〉毎日9:00～17:00、〈11～2月〉木～月9:00～16:00
休 サンクスギビング、クリスマス、1/1

ヒオウチ・ビジターセンター
Hiouchi Visitor Center
場所 US-199沿い
☎ (707) 458-3294
営 〈3～10月〉毎日9:00～17:00、〈11～2月〉毎日9:00～16:00

レッドウッド国立&州立公園への行き方

オレゴンコーストからは、US-101を南へ走り、カリフォルニア州北部のクレセントシティCrescent Cityへ。公園は、ここからUS-101に沿って南へ約80kmの範囲に細長く延びており、東西に多くの見どころがある。ハイキングしたり、海岸まで下りたりして、さまざまな角度から巨木の魅力に迫ってみるといい。

なお、オレゴン州内陸部のグランツパスGrants Pass (→P.265)からは、US-199で州境を越え、Hiouchiの町の手前約1.6km地点に**ホーランド・ヒル・ロードHowland Hill Road**の入口がある。わかりにくいので、先にクレセントシティのインフォメーション・センターを訪れて地図を入手するといい。時間があればBoy Scout Treeなどの古木を訪れる**ボーイスカウト・ツリー・トレイルBoy Scout Tree Trail**(往復約8km、約4時間)を歩いてみたい。

ホーランド・ヒル・ロード　Howland Hill Road

クレセントシティから公園最北部へ入り、北東にあるHiouchiの町近くでUS-199に突き当たる片道16km、約50分の未舗装道路。**スタウトグローブ・トレイルStout Grove Trail**(1周1km、約30分)などのセコイアの森が続く。かなり狭いのでキャンピングカーや大型車での通行は無理だ。

COLUMN　地上で最ものっぽな生き物

恐竜時代には世界中に繁茂していたといわれるセコイアの木Sequoiasだが、生き残ったのは2種類だけ。ヨセミテ国立公園などに分布するジャイアントセコイア（ビッグツリー）と、背の高さが特徴のコーストレッドウッドだ。コーストレッドウッドの樹高は約100m。最高112mで、35階建てのビルに相当する。分布域はフォグベルトと呼ばれる多湿地帯。水分こそが巨木の森の生みの親だ。樹齢は600～2000年。コーストレッドウッドの樹皮は赤く、厚みが約30cmもあり、防虫、防腐、難燃性に優れたタンニンを含む。このため、木材として19～20世紀にひどく伐採され、原生林の約96%がすでに消滅したといわれる。絶滅寸前で保護され、1980年にユネスコの世界遺産にも登録された、とても貴重な森なのだ。

車&ツアーで行く国定公園

セントヘレンズ火山国定公園
Mount St. Helens National Volcanic Monument

ワシントン州 ▶ 市外局番:360

オレゴン州からのアクセスがよい、ワシントン州にあるセントヘレンズ火山国定公園。1980年に起こった大噴火は、20世紀後半に起こった噴火のなかで最大級といわれている。その後、2004年9月～2008年8月まで小さな地震が頻繁に起こった。馬蹄形のクレーターを正面に見るジョンストンリッジから、マグマの鼓動を感じてほしい。

セントヘレンズ火山国定公園への行き方

レンタカー(ポートランドから車で) Rent-A-Car

セントヘレンズ山はワシントン州でも南寄りにあるため、ポートランドからアプローチしたほうが近い。ポートランドからI-5を北へ90km走り、Exit 49で下りてWA-504 (Spirit Lake Hwy.) を東へ走ると、9kmほどで噴火の際に誕生したシルバーレイク Silver Lakeに出る。湖畔にシルバーレイク・ビジターセンター(→P.270側注) があるので立ち寄ろう。ここからジョンストンリッジ展望台 (→P.271) までは一本道 (WA-504) だ。ポートランドから展望台まで180km、約2時間30分。

レンタカー(シアトルから車で) Rent-A-Car

I-5を南へ190km走り、Exit 49で下りて東へ。あとは上記と同じ。シアトルから、ジョンストンリッジ展望台まで約3時間30分。

ツアーバス Tour Bus

夏季のみ、ポートランドから日帰りのバスツアー(日本語あり)が出ている。ジョンストンリッジなど数ヵ所の展望台を訪れる。天候や火山の状態によっては中止になる。

火山灰にかすむセントヘレンズ火山

セントヘレンズ火山国定公園
Mount St. Helens National Volcanic Monument Headquarters
M P.22-A1、P.270
住 42218 N.E. Yale Bridge Rd., Amboy, WA
☎ (360) 449-7800
URL www.fs.usda.gov
営 月～金8:00～16:00

アメリカズ・ハブ・ワールドツアー
America's Hub World Tours
Mount St. Helens Tour
☎ (503) 896-2464
Free (1-800) 637-3110
URL www.americashubworldtours.com
営〈5月中旬～10月中旬〉火 9:00発
料 $100 (所要8時間30分)

ポートランドETC (エデュケーションツアーセンター)
住 1020 S.W. Taylor St., Suite 680, Portland
☎ (503) 294-6488
URL www.educationtourcenter.com
営 月～金9:00～18:00
セントヘレンズ火山探訪ツアー
ツアー/〈5月中旬～9月〉毎日 9:30～16:30
料 2人で参加の場合は1人$240、3人以上で参加の場合1人$180 (所要時間約7時間)

シルバーレイクへ向かうWA-504号線を空撮

火山情報に注意
2018年10月現在、セントヘレンズ山の火山活動は沈静化しているが、警戒レベルによっては園内の道路が閉鎖されることがあるので、訪れる前にウェブサイトや電話で最新情報を確認のこと。
☎(360) 449-7800

ℹ観光案内所

シルバーレイク・ビジターセンター(セントヘレンズ火山観光案内所)
MP.270
住3029 Spirit Lake Hwy., Castle Rock, WA
☎(360) 274-0962
URLwww.parks.state.wa.us/245/Mount-St-Helens
営〈3月～5月上旬、9月中旬～10月〉毎日9:00～16:00、〈5月中旬～9月上旬〉毎日9:00～17:00、〈11～2月〉木～月9:00～16:00
料大人$5、7～17歳$2.50、家族チケット(大人2人+子供人数制限なし) $15
車I-5のExit 49で下りてWA-504(Spirit Lake Hwy.)を東へ9km走る。ポートランドから約1時間15分。

セントヘレンズ火山国定公園の歩き方

アプローチ方法は北西から、北東から、南西からと3とおりあるが、圧倒的に人気があるのは北西からWA-504 (Spirit Lake Hwy.) でシルバーレイク・ビジターセンターを経由してジョンストンリッジ展望台へ行くルート。セントヘレンズ火山は噴火の際、北西の山腹が大きく崩れたため、山頂が吹き飛んでできた馬蹄形クレーターや溶岩流の跡、溶岩ドームなどのドラマチックな風景は、北側からしか見ることができないからだ。途中にはいくつもの展望台やギフトショップがあり、走るに従って山が迫ってくる。

なお、セントヘレンズ火山周辺は森林局が管理しており、ビジターセンターへ入るのもトレイルを歩くのも有料!

セントヘレンズ火山国定公園のおもな見どころ

シルバーレイクの案内所で火山について知る MP.270

★★★ シルバーレイク・ビジターセンター(セントヘレンズ火山観光案内所) Mount St. Helens Visitor Center at Silver Lake

シルバーレイクは2500年以上前の噴火の際、溶岩流が川をせき止めて生まれた湖。湖畔にあるビジターセンターで、まずは16分間のフィルムなどで予習を。噴火の歴史、被害の状況、その後の防災体制、生態学的視点からの展示も豊富だ。周囲の湿原には短いトレイルも整備されている。

ビジターセンターにある模型やジオラマで火山の全体像を把握しよう

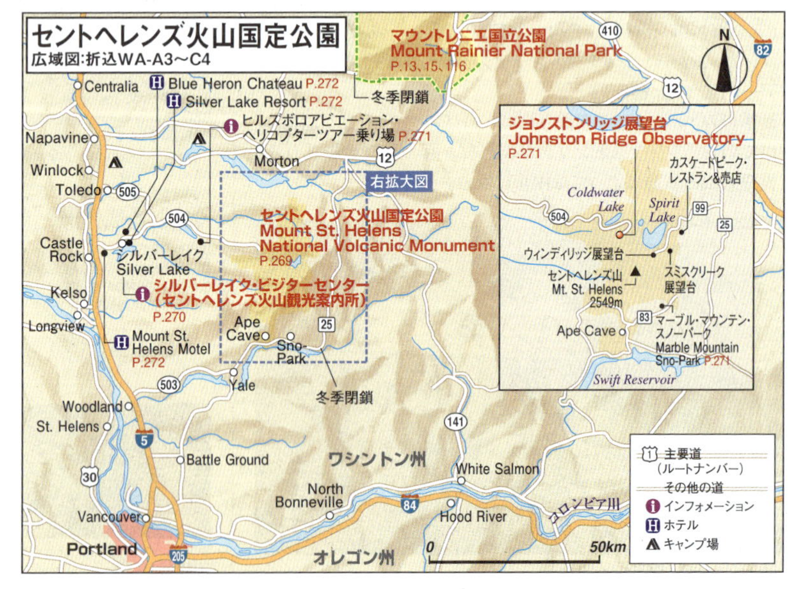

標高1327mの尾根にある展望台

Ⓜ P.270右拡大図

ジョンストンリッジ展望台
Johnston Ridge Observatory

ジョンストンリッジ展望台はWA-504の最終地点で、東側へは抜けられない

火口が最もよく見える展望台。大噴火の際にここで観測をしていて犠牲になった火山学者デイビッド・ジョンストン氏をしのんで名づけられた。ここから火口までは9kmほどの距離で、馬蹄形のクレーターや溶岩ドーム、地滑りでできた堆積物を眺めることができる。

まずは最新技術を駆使したワイドスクリーンによる噴火についての映像を観よう。上映後には、スクリーンが開き感動の瞬間が訪れる。

周辺の短いトレイルEruption Trail（800m）も歩いてみたい。1980年の噴火後、38年しかたっていない生々しい風景と、そこに力強く再生する緑に自然のドラマを感じるはずだ。

模型や写真を使ったレンジャープログラム

ジョンストンリッジ展望台
住 24000 Spirit Lake Hwy., Toutle
☎ (360) 274-2140
営〈5～10月〉毎日10:00～18:00
URL www.fs.usda.gov　料 $8

山頂登山について
セントヘレンズ山では、人間によるインパクトを最小限に抑えるために入山を厳しく制限している。登山を希望する人は必ず事前に入山許可証（$22。11～3月は無料）を入手すること（→下記）。堆積物で足元は歩きにくく、斜度もきつい。夏季で往復約8～11時間。もちろん火山の状態によっては禁止されることもある。入山許可証は、2018年4/1～5/14までは1日500人、5/15～10/31までは1日100人に制限された。

入山許可証（Climbing Permit）
4～10月は下記ウェブサイトで、11～3月はマーブル・マウンテン・スノー・パークで入手できる。
URL www.mshinstitute.org
マーブル・マウンテン・スノー・パーク
Marble Mountain Sno-Park
Ⓜ P.270右拡大図
住 NF-83, Cougar
行き方 Yaleの町からWA-503を東に15km進み、Rd-90、NF-83を北西に10km行った左側。

COLUMN ヘリツアーを体験してみよう

天気もよくて火山の状態も安定している日には、**ヒルズボロアビエーションHillsboro Aviation**によるヘリツアーに参加して、セントヘレンズ火山の威容を空から眺めてみるのはどうだろう。乗り場は、シルバーレイク・ビジターセンターからジョンストンリッジ展望台へ行く途中、WA-504（Spirit Lake Hwy.）を約22km東に行った右側にあるオフィス。2機のヘリに4人ずつ乗るので、夏場は予約しておいたほうがいい。2004～2005年に急成長した溶岩ドームや盛んに蒸気を上げる噴火口を間近に見られ、感動する。

上空からの眺めはひと味違うものだ

ヘリコプターツアー乗り場
Ⓜ P.270
住 9745 Spirit Lake Hwy., Toutle, WA
URL www.mtsthelenshelicoptertours.com
営〈5月～9月下旬〉毎日10:00～18:00の30分ごと
料 1人$259～465（所要20～40分）

Hillsboro Aviation
住 3845 N.E. 30th Ave., Hillsboro, OR
☎ (503) 648-2831
URL www.hillsboroaviation.com

ホテル

H 湖畔の宿でフィッシング　中級／シルバーレイク／MP.270

シルバーレイク・リゾート　Silver Lake Resort

セントヘレンズ火山国定公園のシルバーレイク・ビジターセンターから東へ約1.6km。シルバーレイクの湖畔にあり、部屋の目の前でフィッシングが楽しめるほどだ。バス、トラウト、ナマズなどが釣れるという。キッチン付きのモーテルのほか、キャビンやRVパークもあり。スタッフも親切で居心地がいい。

住3201 Spirit Lake Hwy., Silver Lake, WA 98645
☎(360) 274-6141
FAX(360) 274-2183
URLsilverlake-resort.com
料キャビンⒹ$89〜185、モーテルⓈⒹ$85〜235、Su$139〜
駐無料　Wi-Fi無料
カードMV　キャビン5室、モーテル7室

H I-5を下りてすぐにある　エコノミー／キャッスルロック／MP.270

マウント・セントヘレンズ・モーテル　Mount St. Helens Motel

I-5のExit 49を下りてすぐの所にあり、レンタカー利用者には便利。朝は受付ロビーエリアに、簡単なペストリーとコーヒーのサービスがあって朝食代わりになる。何の飾り立てもないが、客室は広く、清潔で最低限のものは揃っている。

住1340 Mount St. Helens Way N.E., Castle Rock, WA 98611
☎FAX(360) 274-7721
URLwww.mountsthelensmotel.com
料〈5月中旬〜9月〉ⓈⒹⓉ$85〜137、〈10月〜5月上旬〉ⓈⒹⓉ$69〜117
駐無料　Wi-Fi無料
カードADMV　33室

H 静かなロケーションで贅沢な朝食を　B&B／キャッスルロック／MP.270

ブルーヘロン・シャトー　Blue Heron Chateau

シルバーレイク・ビジターセンターより1km東にあるB&B。バルコニーからはセントヘレンズ火山を望むことができる。宿泊料金には朝食（9:00〜）が含まれる。7室しかないので要予約。

住2846 Spirit Lake Hwy., Castle Rock, WA 98611
☎(360) 274-9595
URLwww.blueheronchateau.com
料ⓈⒹ$250、Su$300、追加1人$30
12歳未満不可
駐無料　Wi-Fi無料
カードMV　7室

COLUMN

セントヘレンズ大噴火

標高2549m（8363フィート）のセントヘレンズ山は、カスケード山脈のなかでも最も活動的な成層火山で、過去4000年の間に10回以上噴火している。1980年3月下旬、当時の標高2950mだったこの山で火山性地震が始まり、山頂で水蒸気爆発。北側斜面の一部が1日に2mという勢いで膨張し始めた。

5月18日朝8時32分、山頂直下で起きた地震によって100mにまで膨張した箇所がついに山体崩壊を起こし、30分後にはマグマ本体が噴出して大噴火。岩屑流が最大時速250kmという猛スピードで斜面を駆け下り、57人の犠牲者を出した。川は土石流や泥流で埋め尽くされ、約62km^{2}の森が失われる。爆風による被害も大きく、山頂から10km離れた場所で観測をしていた研究者が爆風でトレーラーごと吹き飛ばされ、直径2mもある大木がなぎ倒された。標高は400m低くなり、堆積物の厚みは100m以上といわれる。約9時間に及ぶ噴火によって噴煙が上空24kmにまで達し、約2週間で地球を1周して世界中の空を覆った。噴出した軽石は北斜面に、火山灰は

ヘリツアーで見たセントヘレンズ火山

風に乗ってアメリカ東海岸にまで降り注ぐ。クレーター内に出現した溶岩ドームは、その後も6年間にわたって成長と崩壊を繰り返し、最終的に直径1kmに達した。

噴火の1年後には、すでに山麓で植物が確認されている。最初に発見されたのはルピナス（ハウチワマメ）だったという。30年以上かけてやっと生長した貴重な植物に影響を与えないよう、WA-504沿いのトレイルなど、おもな場所ではペットを連れての立ち入りは禁止されている。

コーヒーメーカー　冷蔵庫／ミニバー　バスタブ　ドライヤー　室内金庫　ルームサービス　レストラン
フィットネスセンター／プール　コンシェルジュ　日本語スタッフ　コインランドリー／当日仕上げクリーニング　ワイヤレスインターネット接続　駐車場

旅の準備と技術
TRAVEL TIPS

旅の準備

旅の技術

旅の準備

旅の情報収集

インターネットの普及で、いつでもアメリカの情報を得ることが容易になった。特に、観光局のホームページでは観光やイベントの情報、さまざまなケースを想定したモデルプランなどの情報が満載だ。現地では観光案内所で情報収集するのがおすすめ。

日本での情報収集

旅行会社では、パンフレットの商品以外にも航空券、レンタカー、宿の手配なども行っている。細かなリクエストにも対応できるので、まずは旅行会社で相談してみよう。このほか、観光局などの公式ウェブサイトにアクセスすれば、最新の情報が入手できる。

▶シアトル・ワシントン州観光事務所

TEL (03) 4360-5644　FAX (03) 6206-1252　URL www.visitseattle.jp
E info@visitseattle.jp

▶ポートランド観光協会 日本事務所

E TravelPortland.Japan@aviareps.com
URL www.travelportland.com/lang/japanese

▶オレゴン州観光局 日本事務所

TEL (03) 6273-2160　FAX (03) 5363-1118
URL traveloregon.jp　E traveloregon.jp@aviareps.com

現地での情報収集

街の概略をつかむための資料を入手するには、観光案内所を利用するといい。通常、人が多く集まる場所や空港、幹線道路沿いなどにも車で立ち寄れる案内所が設けられている。おおむねスタッフが常駐しており、直接質問ができる。なかには、美術館や博物館の入場券をセットにしたパスやアトラクションのチケットを販売しているところもあるので、ぜひ立ち寄ってみよう。現地情報誌（→側注）も役に立つ。

便利なウェブサイト

▶観光局、観光案内所など

●ワシントン州

- **▶シアトル観光局** URL www.visitseattle.org
- **▶サンファンアイランド商工会議所** URL www.sanjuanisland.org
- **▶キトサップ半島観光局** URL www.visitkitsap.com
- **▶カスケードループ観光協会** URL www.cascadeloop.com
- **▶レベンワース観光案内所** URL leavenworth.org

●オレゴン州

- **▶トラベルポートランド** URL www.travelportland.com/lang/japanese〈日本語〉
- **▶オレゴン州観光局** URL traveloregon.jp〈日本語〉
- **▶フッドリバー商工会議所** URL hoodriver.org
- **▶マウントフッドテリトリー観光局** URL www.mthoodterritory.com
- **▶ユージーン・カスケード&コースト観光案内所** URL www.eugenecascadescoast.org
- **▶マッケンジーリバー・レンジャーステーション** URL www.fs.usda.gov/main/willamette
- **▶セントラルオレゴン観光協会** URL visitcentraloregon.com

ウェブサイトの閲覧

ウェブサイトの更新状況はまちまちで、最新の情報ではない場合もある。あくまでも参考程度に見ておいたほうが無難だ。

観光案内所では

地図、バスなどの公共交通機関の時刻表や路線図、観光ガイドのパンフレット類を入手したい。宿を決めていない人にはホテルリストの配布や予約を行っているところもある。

シアトルとポートランドの情報誌

シアトルの現地の情報源として有力なのが、「SoySource」や「Lighthouse」など。日系スーパーや日本食レストランなどで入手できる。ポートランドでは、日本語のフリーペーパー「Lighthouse」のほか、英語のタウン誌「Willamette Week」、「Portland Mercury」などが街角のスタンドで入手可。無料。

- ●SoySource URL www.soysource.net
- ●Lighthouse（シアトル&ポートランド） URL www.youmaga.com
- ●Willamette Week URL www.wweek.com
- ●Portland Mercury URL www.portlandmercury.com

旅の総合情報

- ●外務省・海外安全ホームページ URL www.anzen.mofa.go.jp
- ●地球の歩き方 URL www.arukikata.co.jp
- ●アメリカの国立公園 URL www.nps.gov

観光案内所（ワシントン州）

- ●ウェナチー観光案内所 URL wenatchee.org
- ●シェラン湖観光案内所 URL www.lakechelan.com
- ●ウィンスロップ観光案内所 URL www.winthropwashington.com
- ●ラ・コナー観光案内所 URL www.lovelaconner.com

ポータルサイト（日本語）

- ●ジャングルシティ URL www.junglecity.com
- ●ゆうマガ URL www.youmaga.com（シアトル） URL www.youmaga.com/portland（ポートランド）

MEMO **コンシェルジュ**　ホテルのコンシェルジュを頼ってみるのもひとつの方法。コンシェルジュとは、宿泊客のあらゆる要望に対応するホテルスタッフの一員で、ベテランホテルマンが務めている場合が多い。サー↗

旅の準備 旅のシーズン

国土が広いアメリカは、州や都市によって気候もさまざま。北米大陸西海岸の北部に位置するワシントン州やオレゴン州は、カスケード山脈を境に東部と西部で気象条件が異なる。快適な旅を望むなら、目的地の気候を把握して計画することも大事だ。

ワシントン州とオレゴン州の気候

ワシントン州（シアトル）とオレゴン州（ポートランド）は、西岸海洋性気候に属している。シアトルやポートランドの緯度は北海道よりも北にあるが、太平洋とカスケード山脈に挟まれているため比較的温暖で、冬でもめったに雪は降らない。10〜5月が雨季。6〜9月がベストシーズンで気候が安定している。なお、カスケード山脈より東は、大陸性気候で降水量が少なく、乾燥している。

服装について

春秋は長袖のシャツ1枚でいい。夏は基本的に半袖でよい。ただし、春から秋の朝晩の冷えと屋内の冷房対策として、カーディガンなどの長袖を用意しておこう。秋から冬の雨対策には、傘を持つよりも撥水性のあるフード付きのジャンパーなどで対応するとよい。冬は日本で着用するようなジャンパー、コート、ダウンジャケットがあれば十分。

アメリカの温度の単位

アメリカでは気温や体温などの温度は、華氏（°F）で表示されるのが一般的。摂氏（℃）への換算は、下の表と側注を参照。

温度換算表

摂氏(℃)	−20	−10	0	10	20	30	40	100
華氏(°F)	−4	14	32(氷点)	50	68	86	104	212(沸点)

月別平均降水量と平均気温
→P.10

日本との時差早見表
→P.11

世界の天気
気象予報のサイトなどで現地の状況を確認しておけば、旅の適切な準備が可能だ。
●**地球の歩き方**
世界の天気&服装ナビ
URL www.arukikata.co.jp/weather
●**日本気象協会**
URL tenki.jp/world

アメリカのおもな気候
（ケッペン気候区分）
A 西岸海洋性気候
おもな都市：シアトル、ポートランド
B 地中海性気候
おもな都市：ロスアンゼルス、サンフランシスコ
C 乾燥帯砂漠気候
おもな都市：ラスベガス、フェニックス
D 乾燥帯ステップ気候
おもな都市：デンバー
E 亜寒帯湿潤気候
おもな都市：ミネアポリス、デトロイト
F 夏暖冷帯湿潤気候
おもな都市：ニューヨーク
G 温帯湿潤気候
おもな都市：アトランタ、ニューオリンズ
H 熱帯モンスーン気候
おもな都市：マイアミ

華氏⇔摂氏の換算
●**華氏**
=(摂氏×9／5)+32
●**摂氏**
=(華氏−32)×5／9
ひとつの目安として、摂氏0度=華氏32度を起点にして、だいたい摂氏1度増減すると、華氏は約1.8度増減すると覚えておくとよい。

↘ビスの内容は幅広く、劇場のチケットや飛行機、列車の切符の手配、レストラン紹介や予約、ビジネスサポートなどを行う。なお、コンシェルジュに要望したサービスの提供を受けた場合は、難易度に応じた額のチップを手渡そう。

イベントカレンダー

	1月 January	2月 February	3月 March	4月 April	5月 May	6月 June
シアトル 日の出	7:58	7:36	6:50（6:57）	6:48	5:52	5:16
シアトル 日の入	16:29	17:11	17:54（18:28）	19:39	20:22	20:59
ポートランド 日の出	7:51	7:31	6:49（6:57）	6:51	5:59	5:25
ポートランド 日の入	16:38	17:17	17:58（18:30）	19:39	20:18	20:52
サマータイム			3月第2日曜から	←	←	←

※日の出、日の入りは2018年の毎月1日の予測時間。3月と11月の（　）内はサマータイム導入による時差を考慮したその月の平均の日の出、日の入り時刻

	1月 January	2月 February	3月 March	4月 April	5月 May	6月 June
ワシントン州&オレゴン州の祝祭日	**1日** 新年元日 New Year's Day **第3月曜** マーチン・ルーサー・キング・ジュニア牧師誕生日 Martin Luther King, Jr.'s Birthday	**第3月曜** 大統領の日 Presidents' Day			**最終月曜** メモリアルデイ（戦没者追悼の日） Memorial Day	
シアトルホテルのハイシーズン						
ポートランドホテルのハイシーズン						
シアトル&ワシントン州のイベント	**シアトル・ボート・ショー** **Seattle Boat Show** （2019年1月25日〜2月2日） センチュリーリンク・フィールドとユニオン湖で開催される西海岸最大のボートショー。1500隻が展示され、部品の販売も行われる。	**ノースウエスト・フラワー&ガーデン・ショー** **Northwest Flowers & Garden Show** （2019年2月20〜24日） ワシントン州コンベンションセンターで開催される大規模なフラワーショー。盆栽や生け花などが展示され、ガーデニング用品の販売もある。	**セント・パトリック・デイ・パレード** **St. Patrick's Day Parade** （2019年3月17日） アイルランドにキリスト教を広めたセント・パトリックの命日に、ダウンタウンからシアトルセンターまでアイルランド系アメリカ人がパレードする。	**スカジットバレー・チューリップ・フェスティバル** **Skagit Valley Tulip Festival** （2019年4月1〜30日） シアトルの100km北にあるスカジット川流域で開催される祭典。色とりどりのチューリップが一面に広がる。	**シアトル国際映画祭** **Seattle International Film Festival** （2019年5月16日〜6月9日） ダウンタウンにある劇場やホールで開催される映画祭。250のドキュメンタリーフィルムと150の短編映画が出品され、毎年17万人以上が参加する。	**シーフェア** **Seafair** （6月中旬〜8月中旬） ワシントン州最大のイベントのひとつ。海軍の飛行隊であるブルーエンゼルスが空中飛行を披露する航空ショーやロックンロール・マラソンが開催される。
ポートランド&オレゴン州のイベント	**ファータイル・グラウンド・フェスティバル** **Fertile Ground Festival** （2019年1月24日〜2月3日） 2009年から始まった約10日間の芸術祭。地元アーティストによる演劇やアートイベントがダウンタウンで行われる。	**ポートランド・ジャズ・フェスティバル** **Portland Jazz Festival** （2019年2月15〜25日） ポートランド市内のコンサートホールやライブ会場で行われるジャズフェスティバル。毎年約3万人が来場する。	**ポートランド・インターナショナル・フィルム・フェスティバル** **Portland International Film Festival** （2019年3月7〜22日） 30ヵ国から140点以上が出品されるオレゴン州最大の映画祭。ダウンタウンの映画館で上映され、3万8000人が参加する。	**スプリング・ビール&ワイン・フェス** **Spring Beer & Wine Fest** （4月上旬） オレゴン州にある小規模ブリュワリーやワイナリーが出店し、新鮮なビールやワインが味わえるフェスティバル。ダウンタウンにあるオレゴン州コンベンションセンターで開催される。	**シンコ・デ・マヨ** **Cinco de Mayo** （5月上旬） ダウンタウンのトム・マッコール・ウオーターフロントパークで行われるメキシコのお祭り。屋台が出たり、ライブ演奏（マリアッチ演奏）が行われたりする。	**ポートランド・ローズ・フェスティバル** **Portland Rose Festival** （5月下旬〜6月中旬） 1907年から続く「バラの都」ポートランド最大のお祭り。色とりどりの花で飾られた山車のパレードやカーニバル、ボートのレースなどが楽しめる。
セール	**ニューイヤーズデイ・セール**	**バレンタインデイ・セール**		**イースターデイ・セール**		**サマーセール**

冬

11〜3月は比較的雨の多い時期。日没後はぐっと冷え込むので、コートやダウンジャケットなどを持参すること。

春

日中と夜の温度差が激しい。カーディガンなど温度調節しやすい服装で。

Event Calendar

	7月 July	8月 August	9月 September	10月 October	11月 November	12月 December
シアトル 日の出	5:16	5:47	6:28	7:09	7:54 (7:24)	7:37
シアトル 日の入	21:11	20:44	19:49	18:48	17:52 (17:11)	16:20
ポートランド 日の出	5:26	5:55	6:32	7:09	7:50 (7:21)	7:30
ポートランド 日の入	21:03	20:38	19:48	18:51	17:57 (17:18)	16:29
サマータイム	→	→	→	→	11月第1日曜	
ワシントン州&オレゴン州の祝祭日	**4日** 独立記念日 Independence Day		**第1月曜** レイバーデイ (労働者の日) Labor Day		**11日** ベテランズデイ (退役軍人の日) Veterans Day **第4木曜** サンクスギビングデイ Thanksgiving Day ※ワシントン州とオレゴン州では翌日の金曜も祝日扱い	**25日** クリスマス Christmas Day
シアトルホテルのハイシーズン						
ポートランドホテルのハイシーズン						
シアトル&ワシントン州のイベント	**バイト・オブ・シアトル** **Bite of Seattle** (2019年7月19～21日) シアトルセンターで開催される、アメリカやイタリア、メキシコなどさまざまな国の料理が一度に楽しめるイベント。ライブ演奏あり。	**ワシントン州インターナショナル・カイト・フェスティバル** **Washington State International Kite Festival** (2019年8月19～25日) シアトルの南西270kmにあるロングビーチの海岸で、世界中から集まった凧作りのファンが凧揚げを競う。	**シアトル・ナイト・マーケット&ムーンフェスティバル** **Seattle Night Market & Moon Festival** (9月中旬) お月見も兼ねたフェスティバル。チャイナタウン／インターナショナルディストリクト周辺に屋台や出店が出て、ダンスパーティも開催される。	**オイスターフェス** **Oyster Fest** (10月上旬) シアトルの南西75kmにあるシェルトンで行われるシーフードのフェスティバル。カキの殻を開ける時間を競う大会も開かれる。	**イアーショット・ジャズ・フェスティバル** **Earshot Jazz Festival** (10月中旬～11月中旬) 50以上のジャズコンサートがシアトル市内約10ヵ所のコンサートホールやライブハウスなどで行われる。	**スペースニードル・ファイアーワークス** **Space Needle Fireworks** (2018年12月31日) 大晦日の夜から元日にかけて、スペースニードルの周りでは色鮮やかな花火が打ち上げられ、カウントダウンが行われる。
ポートランド&オレゴン州のイベント	**オレゴン・ブリュワーズ・フェスティバル** **Oregon Brewers Festival** (2019年7月24～27日) アメリカ各地の独立系小規模ブリュワリーが集まる全米最大の地ビール祭り。トム・マッコール・ウオーターフロントパークで、80種類以上のビールが味わえる。	**プロビデンス・ブリッジ・ペダル** **Providence Bridge Pedal** (2019年8月11日) ポートランド市内に架かる橋を一部通行制限し、自転車・歩行者専用道にするイベント。普段車上からしか見ることができない光景が見られる。	**フィーストポートランド** **Feast Portland** (9月上旬～中旬) 地元の料理人を集めて、オレゴン州産の食材をふんだんに使った料理を提供する。世界的に有名なシェフも来場することから、全米で注目を集めている。	**ポートランドマラソン** **Portland Marathon** (2019年10月6日) 1972年から続く日本人にも人気があるマラソン大会。ダウンタウンの市庁舎前から出発、27km地点で折り返し、ダウンタウンに戻ってくる。	**ホリデイ・ツリー・ライトニング** **Holiday Tree Lightning** (11月中旬～12月) パイオニア・コートハウス・スクエアやピトック邸では、クリスマスの飾り付けが施され、ライトアップされる。	**パレード・オブ・クリスマス・シップス** **Parade of Christmas Ships** (12月初旬～中旬) ライトアップされた60隻のボートが、日没後ウィラメット川とコロンビア川を行き来する。
セール	**独立記念日セール**	**バック・トゥ・スクール・セール**	**レイバーデイ・セール**		**ブラックフライデイ** (サンクスギビングの翌日。量販店を中心に大型セール) **アフターサンクスギビング・セール**	**アフタークリスマス・セール**

夏

乾燥しているため、日中は温度が高いわりには過ごしやすい。日没後でもシャツ1枚で十分。

秋

日中は涼しく過ごしやすいが、日没後は肌寒く感じるので上着を忘れずに。

旅の準備

旅のモデルルート

2都市を拠点に世界遺産と国立公園の旅・2週間

❶ 成田 ➡ シアトル（空港でレンタカー）
❷ シアトル：市内観光
❸ マウントレニエ国立公園に日帰りドライブ
❹～❼ オリンピック国立公園へドライブ
❽ シアトルへ戻る
❾ シアトル ➡ 空路セントラルオレゴンのレドモンド空港へ。ベンド近郊のリゾート滞在
❿ ツアーでジョン・デイ化石層国定公園へ
⓫ ベンド近郊のリゾート滞在
⓬ レドモンド ➡ 空路ポートランドへ
⓭ ポートランド市内観光
⓮ ポートランド ➡ 成田着（翌日）

▶ レンタカーで世界遺産のオリンピック国立公園を周遊。余裕があれば、再度レドモンド空港で車を借り、絶景のジョン・デイを周遊する。

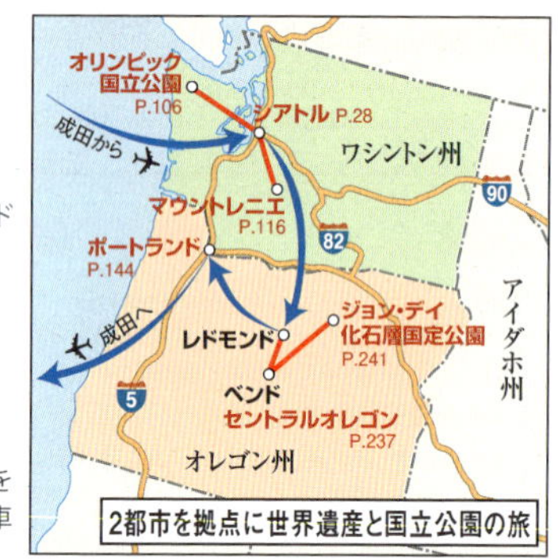

シアトルを拠点にワシントン州を周遊・12日間

❶ 成田 ➡ シアトル
❷ シアトル：街歩き
❸ シアトル：アクティビティ
❹～❽ レンタカーでカスケードループへドライブの旅。レベンワース、シェラン、ノースカスケード国立公園を訪ねる
❾ シアトル：ロハスなレストラン巡り
❿ 鉄道でポートランドへ
⓫ ポートランド滞在
⓬ ポートランド ➡ 成田（翌日着）

▶ 山岳ドライブルートとして知られるカスケードループをドライブする旅。長大なルートなので日程に余裕をもって計画することが大切。シアトルでは街歩きを堪能。最後に、鉄道でポートランドも訪れる「夏」の旅。

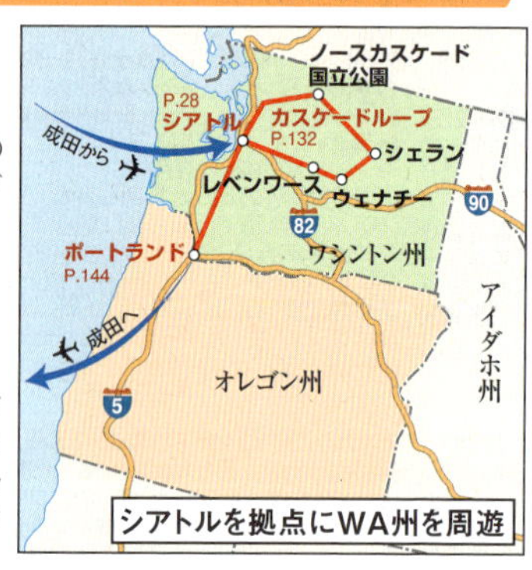

ポートランドを拠点にオレゴン州を周遊・12日間

❶ 成田 ➡ ポートランド
❷ ポートランド：街歩き
❸ ポートランド：市内をサイクリング
❹～❽ レンタカーでオレゴンコーストへ。バンドンまで南下し、フローレンス、ニューポート、キャノンビーチ、アストリアに宿泊、クジラと海鳥の楽園を満喫する
❾ ポートランド：ネイバーフッドを楽しむ
❿ 鉄道またはバス、飛行機でシアトルへ
⓫ シアトル：街歩きを楽しむ
⓬ シアトル ➡ 成田（翌日）

▶ 夏、雄大な大自然と海の生き物に触れるオレゴンコーストの旅は、まさに癒やしの旅。ドライブルートも整備され、美しいが、長時間のドライブを避け、日程に余裕をもちたい。

 MEMO 丸数字：❶～⓮は、滞在日数を示す。

旅の準備 旅の予算とお金

計画する旅の内容に応じて支出する費用もさまざまだ。ここでは、基本的な費用を項目別に説明する。また、外貨の持ち出しは現金だけでなく、クレジットカード、トラベルプリペイドカード、デビットカードをうまく組み合わせて利用しよう。

旅の予算

移動にかかる費用

▶飛行機

2018年10月現在、日本からシアトルへはデルタ航空と全日空が、ポートランドへは、デルタ航空が直行便を運航している。

また、アメリカ国内で定期便を運航する会社はユナイテッド航空、デルタ航空、アメリカン航空、アラスカ航空などの、航空会社のほか、サウスウエスト航空、ジェットブルーなどのアメリカ国内線格安航空会社（LCC：ローコストキャリア）まで、さまざま。以前はサービスや運賃などに差があったが、最近は大手航空会社も国内線預け荷物の有料化、機内食や機内映画の有料化などに着手し、トータルで比較すると大差ない状態だ。

▶長距離バス（グレイハウンド）

全米を網の目のように走っている長距離バス。おもな都市間は便数も多く、ダウンタウンにターミナルがあるので便利。

▶鉄道（アムトラック）

鉄道駅はダウンタウンにあり、シアトル～ポートランド間は1日5往復、所要約4時間。シアトル～ロスアンゼルス間を走るコーストスターライトCoast Starlightは州をまたぐ旅行に便利な路線だ。

▶レンタカー

おもにかかる費用は車のレンタル代、保険料、ガソリン代くらい。また、都心部のホテルに宿泊するのなら、駐車場代も予算に入れておこう。

▶宿泊費

客室料金の高低はホテルの周囲の治安のよし悪しにほぼ比例する。この点は各自で判断すること。シーズンによる料金の変動は少なく、平日と週末どちらもあまり差がない。ただし、同じホテルでも、大きなコンベンションなどがあるときは料金が上がり、エリアによっては部屋が取りにくくなるので注意。宿泊費を抑えたいのなら、ユースホステルやモーテル（駐車料金が無料の場合が多い）がおすすめ。近郊に宿を決めた場合は、レンタカーやタクシーなどの移動費も予算に含めよう。

▶食費

個人のスタイルによって予算も違ってくる。食費を切り詰めるのもよいが、雰囲気のよいレストランやその土地ならではの料理を堪能するなど、メリハリのある食事を楽しみたい。予算は、最低でも朝食に$5～15、昼食に$7～20、夕食に$20～50で組んでおきたい。

▶観光に要する費用

観光ツアー代、美術館や国立公園などの入場料、スポーツ観戦など、何をするかで費用もさまざまだ。都市によっては、人気のアトラクションの入場料をセットにしたパス（→脚注）を販売している。

航空券の手配
→P.286

航空券/日本発着の直行便・往復運賃の目安
（2018年10月現在）
※エコノミークラス、燃油サーチャージを含む。2018年10月から2019年3月までの目安。航空会社、シーズンにより異なる。
シアトル、ポートランド12～17万円

航空券/国内線片道運賃の目安
※2018年10月現在
シアトル～ポートランド間$90～200

長距離バス/片道運賃の目安
※2018年10月現在
シアトル～ポートランド間$16～54

鉄道/片道運賃の目安
※2018年10月現在
シアトル～ポートランド間$35～

レンタル料金の目安
ワシントン、オレゴン州内でエコノミー2/4ドアクラスを借りる場合、諸税金、保険、ガソリン満タン1回分を含み1日$90前後。

ガソリンの価格
（2018年10月現在）
※1ガロン（約3.8ℓ）当たり。価格は地域によって異なる。
シアトル$3.20、ポートランド$3.15

駐車代
※地域やホテルにより異なる。
無料～$70前後

宿泊費の目安
最高級ホテルは$300～、高級$200～、中級$130～、エコノミー$80～、ユースホステルなら$30前後で泊まれる。

クオーターコイン
クオーター（25¢）は、公衆電話や市バスの利用などで多用するので、できるだけためておくといい。

MEMO **シアトルのシティパス CityPass** スペースニードル、シアトル水族館などの入場券をセット販売（→P.52）。購入はシティパスのウェブサイト URL www.citypass.com、各アトラクションのチケットブースで。

▶市内交通費

空港から市内までシャトルの利用で1回＄14～38、バスやライトレイルは1回＄3前後なので、乗り放題のパス類を購入するとお得だ。タクシーはメーター制で基本料金に走行マイルに応じて加算される。

▶そのほかの費用

特別な買い物は予算を別に立て、チップなどの雑費も忘れずに。

外貨の両替

外貨両替は大手銀行、国際空港内の銀行などで行っている。ほとんどの場合、金種が決まっているパックが基本。$1、$5、$10、$20などの小額紙幣は利便性が高い。**日本円からアメリカドルへの両替は、日本国内のほうが概してレートはよい**が、日本を出発する前に準備できなくても、国際空港には到着ロビーに必ず両替所があり、到着便がある時間帯は常に開いている。最悪ここで外貨両替をすればよい。

アメリカの通貨単位はドル（$）とセント（¢）で、$1.00=100¢。

一般に流通している紙幣は$1、$5、$10、$20。紙幣の大きさはすべて同じ。また、同じ金額の紙幣でも肖像が大きくデザインされたもの、背景が色刷りされたもの、肖像が小さい紙幣も流通している。

コインは、1¢（通称ペニー Penny）、5¢（ニッケルNickel）、10¢（ダイムDime）、25¢（クオーター Quarter）、50¢（ハーフダラー Half Dollar）、$1（ダラーコインDollar Coin）の6種類。

トラベルプリペイドカード

トラベルプリペイドカードは、外貨両替の手間や不安を解消してくれる便利なカードのひとつだ。多くの通貨で国内での外貨両替よりレートがよく、カード作成時に審査がない（本人確認書類とマイナンバー申告は必要）。出発前にコンビニATMなどで円をチャージ（入金）し、その範囲内で渡航先のATMで現地通貨の引き出しができる。各種手数料が別途かかるが、使い過ぎや多額の現金を持ち歩く不安がない。

トラベラーズチェック（T/C）

トラベラーズチェック（以下T/C）は、紛失、盗難時に条件（→側注）を満たしていれば再発行可能な安全性が高い小切手。T/Cは額面の金額どおりに現金と同様に使え、現金化もできる。所有者はT/Cを購入後すぐに、Holder's Signatureという署名欄にサインしておくこと。使用するときにCounter Signatureの署名欄にサインをし、ふたつの署名欄のサインが一致して初めて、現金同様の効力を発揮する。

なお、2018年10月現在、日本国内でT/Cは販売されていないが、アメリカでの使用は可能だ。

デビットカード

使用方法はクレジットカードと同様だが、代金の支払いは後払いではなく発行銀行の預金口座から原則即時引き落としとなる。口座の残高以上は使えないので、予算管理にも便利。JCBデビットやVISAデビットがあり、それぞれの加盟店で使用でき、ATMで現地通貨も引き出せる。

市内交通
シアトル→P.41
ポートランド→P.153

**2018年10月22日現在の為替交換レート
$1=112.95円**

最新の為替レートは「地球の歩き方」ウェブサイトで確認することができる。
URL www.arukikata.co.jp/rate

トラベルプリペイドカード発行会社

2018年10月現在、発行されているのはおもに下記のとおり。
・クレディセゾン発行「NEO MONEY ネオ・マネー」
・アプラス発行「GAICAガイカ」
・マスターカードプリペイドマネージメントサービシーズジャパン発行「CASH PASSPORT キャッシュパスポート」
・JTB発行「MoneyT Global マネーティーグローバル」
・マネーパートナーズ発行「Manepa Cardマネパカード」

**T/Cの再発行の条件
T/C紛失・盗難の際は発行会社へすぐ電話を→P.313**

①T/Cを購入した際に渡されるT/C購入者控えがある。
②紛失したT/Cの番号と金額。
③Holder's Signature欄のみに購入者のサインがしてある。
※T/Cの使用を記録し、T/C購入者控えはT/Cとは別に保管しておくこと。

使い残したT/Cについて

T/Cの日本国内販売は終了しているが、発行済みのT/Cに関しては有効期限がないので、いつでも海外で使用できる。また、日本国内で日本円に換金が可能。日本国内での換金場所については FREE 0120-779656（アメリカン・エキスプレス）で確認を。換金には、身分証明書が必要になる。

T/Cの署名欄のサインについて

サインは、使用時にパスポートなど身分証明書(ID)の提示を求められることがあるので、パスポートと同じサインをすること。

デビットカードの発行銀行

(2018年10月現在)
JCB、Visaなどクレジットカード国際ブランドによるデビットカードが、複数の金融機関から発行されている。
URL www.jcb.jp/products/jcbdebit
URL www.visa.co.jp/pay-with-visa/find-a-card/debit-cards.html
※発行銀行によっては、利用限度額の設定が可能。

MEMO **高額の支払いは** 一般に買い物や旅行中の支払いの際、ニセ札の被害を防ぐため、高額商品を扱っていないお店では、＄50や＄100の高額紙幣を受け取ると、身分証明書などの提示を要求され、慎重にチェック↗

クレジットカード

クレジットカードはアメリカ社会において、所有者の経済的信用を保証するものとして欠かせない存在だ。

クレジットカードの利便性は❶多額の現金を持ち歩かなくてもよい、❷現金が必要なとき、手続きをしておけばキャッシングサービスを受けられる、❸経済的信用の証明として、レンタカーやホテルの予約とチェックイン時に必ず提示を求められる、といったケースに対応できる点。日本で加入できる国際カードはアメリカン・エキスプレスAmerican Express、ダイナースクラブDiners Club、ジェーシービーJCB、マスターカードMastercard、ビザVisaなどがあり、銀行や信販会社でも提携しているところがある。各社に特徴があるが、緊急時のことも考えると複数のクレジットカードを持っていることが望ましい。新規にクレジットカードを作る場合、余裕をみて旅行の1ヵ月前には申し込んでおくとよい。

通常、クレジットカードには利用限度額が設定されている。この限度額は、設定の金額に達するまで使用でき、支払いが済めばその額分再び使用可能になる。海外旅行の際は、一時的に限度額を引き上げることができるので、必要な場合は、問い合わせを。

クレジットカードの使い方

日本と同様ほとんどの店で利用できるが、最低の利用金額を定めているところもある。会計時にカードを渡すと、利用内容が記された伝票が提示されるので、金額などを確認のうえ、署名欄にサインをすればよい。店によっては、端末機で暗証番号を入力する場合もある。利用控えの受領を忘れずに。

使用時の注意

基本は、伝票の内容をよく確認してからサインすること。アメリカ本土ではほとんどないが、店独自のレート（不利なケースが多い）で日本円に換算して、日本円で請求される場合があるので、不満があればサインをせずにUSドルでの請求に改めてもらおう。また、カードの悪用を避けるため、会計時も絶対にカードから目を離さないこと。なお、クレジットカードの保管はパスポート並みに気をつけたい。

クレジットカードでキャッシングする

手持ちの現金が少なくなったときに便利なのが、クレジットカードのキャッシングサービス。空港や街なかのATM（操作方法は右側注参照）、提携の金融機関の窓口（カードとパスポートが必要）で、いつでも現地通貨で引き出せる。キャッシングには、ATM利用料や利息がかかり、カード代金の支払い口座から引き落とされる。

チップもクレジットカードで

レストランやバーなどでクレジットカードで支払いをする場合、チップも同様にカードで支払うことができる。カードにサインをする際、飲食料金の下にTip、またはGratuityという欄があるので自分でそこに金額を書き込み、チップを加えた合計金額も一緒に書く。サインをしたら、Customer's Copyのほうをもらっておくこと。チップについては→P.303。

カードをなくしたら!?

すぐにカード発行金融機関、もしくは国際カードブランド各社の緊急連絡先（→P.313）に電話し、カードを使えないようにする手続きを取る。警察より先に、そこに連絡して不正使用されないようにしてもらう。手続きにはカードナンバー、有効期限が必要なので、紛失時の届け出連絡先と一緒にメモしておくのを忘れずに。その後警察に行き、紛失届出証明書（ポリスレポート）を発行してもらおう。

ATMでのキャッシング操作手順
※機種により手順は異なる

①クレジットカード、デビットカード、トラベルプリペイドカードの磁気部分をスライドさせて、機械に読み取らせる。機械によっては日本のATMと同様に、カードの裏面を上向きに挿入するタイプや、カードの表面を上向きに挿入口に入れてすぐ抜き取るタイプもある
↓
②ENTER YOUR PIN＝「暗証番号」を入力して、ENTER キーを押す
↓
③希望する取引の種類を選択する。WITHDRAWAL、またはGET CASH=「引き出し」を指定する
↓
④取引の口座を選択する。クレジットカードの場合、CREDIT、もしくはCREDIT CARD=「クレジットカード」を指定
※デビットカード、トラベルプリペイドカードの場合はSAVING=「普通預金」を指定する
↓
⑤引き出す金額を入力するか、画面に表示された金額のなかから、希望額に近い金額を指定して、ENTERを押す
↓
⑥現金とRECEIPT「利用明細」を受け取る
※初期画面に戻っているかを確認し、利用明細はその場で捨てないように。
※途中で手順がわからなくなったら、CANCEL=「訂正」を選択し、初めからやり直そう。

↘される。場合によっては受け取りを拒否されることもあるので、高額の支払いにはクレジットカードがベター。T/Cと同様、パスポートなどの身分証明書を求められることがある。

出発までの手続き

パスポート（旅券）は、あなたが日本国民であることを証明する国際的な身分証明書。これがなければ日本を出国することもできない。そして旅行中は常に携帯しなければならない大切なものだ。

パスポートの取得

一般旅券と呼ばれるパスポートの種類は、有効期間が5年（紺）のものと10年（赤）のものとがある。発行手数料は5年用が1万1000円（12歳以上）または6000円（12歳未満）、10年用が1万6000円で、期間内なら何回でも渡航可能。なお、20歳未満は5年用しか申請できない。すでにパスポートを持っている人は有効期間の確認を。アメリカの場合、パスポートの残存有効期間は入国する日から90日以上あることが望ましい。旅行中に期限が切れる人も、新しく作り直しておくこと。

パスポートの申請から受領まで

申請手続きは、住民登録をしている居住地の都道府県の旅券課やパスポートセンターで行う。必要書類を提出し、指定された受領日以降に、申請時に渡された受領証を持って受け取りに行く。必ず本人が出向かなければならない。申請から受領まで約1週間。都道府県庁所在地以外の支庁などで申請した場合は2～3週間かかることもある。

現在の居住地に住民票がない人の申請方法

1. 住民票がある都道府県庁旅券課で申請（代理可）。受領は本人のみ。
2. 住民票を現在の居住地に移して申請。
3. 居所申請（住民票を移さずに、現住の居住地で申請）をする場合、学生、単身赴任等一定の条件を満たしていれば可能。代理申請不可。なお、居所申請については各都道府県庁の旅券課に確認すること。

パスポート申請に必要な書類

❶一般旅券発給申請書（1通）

用紙はパスポートセンターや区市町村の役所にもあり、申請時にその場で記入すればよい。20歳未満の場合は親権者のサインが必要になる。

❷戸籍謄本（または抄本）（1通） ※6ヵ月以内に発行されたもの。

❸住民票（1通） ※住基ネット導入エリアに住む人は原則不要。

❹顔写真（1枚） 6ヵ月以内に撮影されたもの。サイズは縦4.5cm×横3.5cm（あごから頭まで3.4±0.2cm）、背景無地、無帽、正面向き、上半身。スナップ写真不可。白黒でもカラーでも可。また、パスポート紛失時などの予備用に2～3枚焼き増しをして持っていくといい。

❺申請者の身元を確認する書類

運転免許証、住民基本台帳カード、マイナンバーカードなど、官公庁発行の写真付き身分証明書ならひとつ。健康保険証、年金手帳、社員証や学生証（これらの証明書類は写真が貼ってあるもののみ有効）などならふたつ必要。窓口で提示する。

❻有効旅券 パスポートを以前に取得した人は返納のうえ、失効手続きを行う。希望すれば無効となったパスポートを返却してくれる。

外務省パスポート案内
URL www.mofa.go.jp/mofaj/toko/passport

居所申請書を提出するには
住民票のほか学生は学生証や在学証明書、6ヵ月以上の単身赴任者の場合、居所証明書や居所の賃貸契約書が必要。

パスポートのサインについて
パスポート申請書の顔写真の下にある「所持人自署」の欄にしたサインが、そのままパスポートに転写される。サインは、日本語でも英語でもどちらでもかまわないが、自分がいつも書き慣れている文字で書くこと。

パスポートの切替発給
残存有効期間が1年未満となったときから、切替発給が可能。申請には右記の申請に必要な書類のうち❶❹❻を提出する（❸が必要な場合もある）。
氏名、本籍の都道府県名に変更があった場合は新たなパスポート、または記載事項変更旅券の申請をする。申請には右記の「パスポート申請に必要な書類」のうち❶❷❹❻を提出（❸が必要な場合もある）。

記載事項変更旅券とは
氏名や本籍地などの変更情報をICチップにも記録させたもの。発行手数料は6000円だが、有効期限はもとのパスポートの期限までとなる。

パスポートの紛失→P.309

機械読取式でない旅券と訂正旅券の取扱いに注意！
国際民間航空機関では、機械読取式でない旅券の流通期限が2015年内で終了したため、国によって入国拒否やビザ免除の対象外とされる場合が考えられる。一部の在外公館で交付された一般旅券には、機械読取式でない旅券があるため確認を。また、2014年3月20日より前に「記載事項の訂正」方式（同日より廃止）で身分事項の変更を行った旅券（訂正旅券）は、訂正事項が機械読取部分またはICチップに反映されておらず、国際基準外とみなされる恐れがある。出入国時や渡航先で支障が生じる場合もあるため、どちらの旅券も新規に取得し直すほうが無難。

MEMO **パスポートの保管** ICチップのデータに影響する恐れがあるため、かばんや財布のマグネットなど磁気のある物に近づけないように。また、パスポートのなかで所持人が記載できるのは「所持人記入欄」のみ。

ビザ（査証）の取得

ビザとは、国が発行するその国への入国許可証。観光、留学、就労など渡航目的に応じてビザも異なるが、日本人のアメリカ合衆国入国にあたっては、90日以内の観光、商用が目的の渡航であれば、ほとんどの場合ビザの必要はない（**ビザ免除プログラム**）。ビザなしで渡米する場合、ESTAによる渡航認証を取得しなければならない（→P.284）。

滞在が90日以内でもビザが必要なケース

日本から第三国へ渡航したあと、アメリカに入国する場合、国によってはビザが必要な場合もある。そのような予定の人は必ず、航空会社、旅行会社、アメリカ大使館・領事館に問い合わせること。ただし、直接アメリカに入国したあとにカナダ、メキシコなどに出国、再びアメリカに戻ってくる場合、そのアメリカ滞在の総合計日数が90日以内ならビザは不要。

また、2015年ビザ免除プログラムの改定により、「ビザ免除プログラム」を利用してアメリカに入国する渡航者にいくつかの制限が加わった。詳細は右側注参照。

ビザの申請

非移民ビザを申請する場合は、ほとんどの人は面接（予約制）が必要となる。面接の予約は米国ビザ申請専用のウェブサイト（URL www.ustraveldocs.com/jp）から行う。面接後、7～14日間でビザが発給される。再度面接が必要と判断された場合などでは4～6週間かかるケースもあるので余裕をもつこと。

取得しておくと便利な証書類

国外運転免許証

レンタカーを借りる予定の人には必要不可欠。自分の運転免許証を発行した都道府県の免許センターに出向いて申請する。即日で発給されるが、国内免許の残存有効期間が短い、免停中、違反の罰金が未払いなどの場合には、発給されないこともある。申請に必要なものは国内の運転免許証、パスポート、顔写真1枚（縦5cm×横4cm）、発給手数料の2350円（都道府県で異なる）が必要。警察署でも申請できるが、約2週間後の発給となる。

国際学生証（ISICカード）

世界青年学生教育旅行連盟が発行する世界共通の学生身分証明書。これを提示することで博物館の入場料や乗り物料金などが割引になる場合がある。また、トラベラーズチェックを使用する際の簡単な身分証明書としても利用できる。取得には申請書、学生証（コピーでも可）か在学証明書、写真1枚（縦3.3cm×横2.8cm）、カード代金1750円が必要（オンラインおよび郵送の場合は2300円）。

ユースホステル会員証

ユースホステルは、原則として会員制。会員登録の手続きは全国各地にある窓口かオンラインで申し込む。年会費は2500円（19歳以上、継続の年会費は2000円）。必要書類は氏名と住所が確認できるもの。

アメリカ大使館
住 〒107-8420
東京都港区赤坂 1-10-5
☎03-3224-5000(代表)
URL https://jp.usembassy.gov/ja

18歳未満のアメリカ入国について
両親に引率されない子供が入国する場合は、子供の片親や親、法的保護者からの同意書(英文)が要求される可能性がある。注意したい。詳細はアメリカ大使館に問い合わせのこと。

ビザに関する質問はカスタマーセンターへ
オペレーター対応の問い合わせは☎050-5533-2737(日本)へ。米国在住者は☎(703)520-2233(アメリカ)。
eメール、チャット、Skypeでも受け付けている。これらのサービスは無料で、通話料のみ利用者負担となる。詳細はURL www.ustraveldocs.com/jpの「お問い合わせ」を参照。

「ビザ免除プログラムの改定」の施行
「2015年ビザ免除プログラムの改定、およびテロリスト渡航防止法」の施行により、2011年3月1日以降にイラン、イラク、スーダン、シリア、リビア、イエメン、ソマリアに渡航、または滞在したことがある、などの条件に該当する場合は、ビザ免除プログラムを利用して渡航することができなくなった。これらの条件に該当する渡航者は、アメリカ大使館において通常のビザ申請をする。詳細はURL jp.usembassy.gov/ja/visas-ja/visa-waiver-program-jaで確認を。

警察庁交通局
URL www.npa.go.jp

ISICカード
URL www.isicjapan.jp
ISICカードの取得はウェブサイト、旅行会社、大学生協などで申し込める。

(財)日本ユースホステル協会
☎(03)5738-0546
URL www.jyh.or.jp

ESTAの有効期間
原則2年間。ただし、認証期間内でも、パスポートの有効期限が切れるとESTAも無効になる。また、氏名やパスポート番号の変更があった場合は、再度申請を行うこと。

ESTAの代金決済
カード A D J M V

ESTA（エスタ）の取得

ビザ免除プログラム（→P.283）を利用し、ビザなしで飛行機や船でアメリカへ渡航・通過（経由）する場合、インターネットでESTAによる渡航認証を取得する必要がある。事前にESTAの認証を取得していない場合、航空機への搭乗や米国への入国を拒否されることがあるので注意が必要。一度ESTAの認証を受けると2年間有効で、米国への渡航は何度でも可能（日程や訪問地は渡航のたびに更新する必要はない）。なお、最終的な入国許可は、初めの入国地において入国審査官が行う。

アメリカへの渡航が決まったら、早めにESTAによる渡航認証を申請・取得をしよう（出国の72時間前までの取得を推奨）。登録料は$14。支払いはクレジットカードのみ。ESTA申請は親族、旅行会社（要代行手数料）など本人以外の第三者でも可能。

●ESTAの申請手引き

❶URL https://esta.cbp.dhs.gov にアクセス

英語の画面右上にある「CHANGE LANGUAGE」で「日本語」を選択。**「新規の申請」をクリック**し、「個人による申請」または「グループによる申請」どちらかを選択する。続いて、セキュリティに関する通告を読み、**「確認&続行」をクリック。**なお、申請の状況確認を行う場合は**「既存の申請内容を確認」を選択。**

❷免責事項

免責事項の画面が表示される。内容をよく読み、問題がなければ、「はい」を選択し**「次へ」をクリック。**
2009年旅行促進法に基づき、申請にかかる手数料、支払いに関しての内容を記載。同意なら「はい」を選択し、**「次へ」をクリック。**

❸申請書の記入

「＊」の印がある項目は回答必須。質問事項は日本語で書かれているが、すべて英語（ローマ字）で入力、またはプルダウンメニューから該当項目を選択する。疑問がある場合は「？」のアイコンをクリックする。

- 申請者／パスポート情報、別の市民権・国籍、GEメンバーシップ、両親、連絡先情報、ソーシャルメディア、勤務先情報を入力。
- 渡航情報、米国内の連絡先、米国滞在中の住所、米国内外の緊急連絡先情報を入力。
- 1〜9の適格性に関する質問事項に「はい」、「いいえ」で回答。
- 「権利の放棄」と「申請内容に関する証明」の内容を読み、☑チェックを入れる。
- 本人以外が代行して入力した場合は、「第三者による代理申請の場合に限定」の内容を読み、☑チェックを入れる。

入力内容を確認して、間違いがなければ**「次へ」をクリック。**

❹ ❸で入力した内容が「申請内容の確認」として表示される

申請者／パスポート情報、渡航情報、適格性に関する質問事項など、すべての回答に間違いがないかを再確認しよう。各申請内容に間違いがなければ**「確認&続行」をクリック。**
申請内容をすべて確認したら、最後にパスポート番号、発行した国、姓、生年月日を再入力して**「次へ」をクリック。**

❺申請番号が発行される

申請番号は必ず書き留めること。申請番号は今後「既存の申請内容を確認」するときに必要だ。
「免責事項」に☑チェックを入れ、「今すぐ支払う」をクリックする。

❻支払い

オンライン支払いフォームに進む。ここでは国名、請求書送付先住所、クレジットカード名義人、クレジットカードのタイプ、有効期限、カード番号を正確に入力する。
入力の情報を再度確認したら、**「送信」をクリックする。**

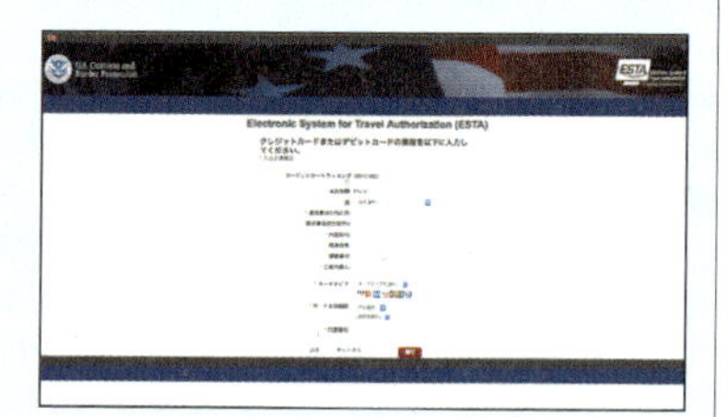

❼渡航認証の回答

回答はほぼ即座に表示される。回答は「**渡航認証承認**」、「**渡航認証保留**」、「**渡航認証拒否**」の3種類。
申請番号、渡航認証許可の有効期限、申請した内容などが記載された「**渡航認証承認**」が表示されれば、ビザ免除プログラムでの渡航が許可されたことになる。**このページを印刷し、渡航時に携帯することをおすすめする。**

「**渡航認証保留**」とは審査中ということ。再度ESTAサイトにアクセスし、申請状況を確認しなければならない。回答は申請後72時間以内には確認できる。

承認されず「**渡航認証拒否**」となった場合、アメリカ大使館・領事館でビザの申請（→P.283）が必要。

「終了」をクリックすると、ESTAの登録は完了。
引き続き、家族などの申請をする場合は、**「別の渡航者の登録」をクリック。**

MEMO **ESTA申請時の注意事項** インターネットのキーワード検索結果などからESTA申請を行う場合、申請代行会社のサイトを利用していると気づかずにあとで手数料を請求されて驚くケースがあるので、注意を。

海外旅行保険の加入

海外旅行保険とは、旅行中の病気やけがの医療費、盗難に遭った際の補償、あるいは自分のミスで他人の物を破損した際の補償などをカバーするもの。万一のことを考えると、保険なしで旅行するのはかなり危ない。アメリカの医療費は非常に高く、犯罪の発生率も決して低いとはいえない。また、金銭的な補償が得られるということだけでなく、緊急時に保険会社のもつ支援体制が使えることはたいへん心強いもの。保険への加入は本人の意思によるが、保険料は旅行全体の費用からみれば、ごくわずかな出費に過ぎない。他人に起こるトラブルは、自分にも起こり得ると考えて、海外旅行保険には必ず加入しよう。

保険の種類

海外旅行保険は必ず加入しなければならない基本契約と、加入者が自由に選べる特約に分かれている。保険の体系や名称は会社により異なるが、基本補償の一例として「治療費用」という項目がある。これは旅行中の傷害（けが）や病気の治療費に対して保険金が支払われるものだ。

そのほかに特約の例として①傷害死亡・後遺障害、②疾病死亡、③賠償責任（旅先で他人にけがをさせたり、ホテルや店で物品を破損した場合の補償）、④携行品損害（自分の持ち物を紛失・破損した場合の補償）、⑤航空機遅延費用（航空機が遅れたため、予定外の宿泊費や食事代がかかった場合の補償）、⑥航空機寄託手荷物遅延等費用（航空機に預けた荷物の到着が遅れ、身の回りのものを購入する費用など）といったものがある。

一般的には、これらの項目をセットにしたパッケージプランが便利。旅行日数に応じて保険金のランクだけを選べばいいので手続きは簡単だ。自分に必要な補償、手厚くしたい補償のみ追加したい場合は、オーダーメイドプランで補償を選択して加入しておけば安心。なお、アメリカの医療費は高額で、例えば盲腸で入院すると150万～240万円かかる。補償額もよく考えておきたい。

保険を扱っているところ

海外旅行保険は損保ジャパン日本興亜、東京海上日動、AIGなどの損害保険会社が取り扱っている。大手の場合、現地連絡事務所、日本語救急サービスなど付帯サービスも充実している。旅行会社では、ツアー商品などと一緒に保険も扱っているので、申し込みの際に加入することもできる。空港にも保険会社のカウンターがあるので、出国直前でも加入できるが、保険は日本国内の空港と自宅の往復時の事故にも適用されるので、早めの加入が望ましい。

保険金請求について

保険の約款は非常に細かく決められている。自分の持ち物を紛失・破損した場合、購入時期などから判断した時価が支払われる。ただし、現金、トラベラーズチェック、クレジットカードなどは適用外。支払いには、地元警察などへの届け出と被害報告書の作成、保険会社の現地や日本国内のオフィスへの連絡などの条件がある。契約時に受け取る証書としおりの約款には、保険が適用にならない場合や、補償金の請求の際必要な証明書などの注意が書いてあるので、必ず目をとおしておくこと。

クレジットカード付帯保険
各クレジットカード会社の発行するカードには、取得すると自動的に海外旅行保険が付帯されるサービスがあるが、「疾病死亡」が補償されない、補償金額が不足していたため実際には自己負担金が多かったなどのケースがあるので十分注意したい。

空港内の保険取り扱いカウンター

空港では機械での申し込みもできる

旅の準備

航空券の手配

航空運賃は、シーズンや航空会社、直行便や経由便、乗り継ぎ便など、利用条件により大きな差が出る。ここでは、旅の予算の多くを占める航空券についての基礎的な知識を紹介。

日本からの就航便

2018年10月現在、シアトルへはデルタ航空と全日空が、ポートランドへはデルタ航空が直行便を成田国際空港から毎日運航。ただし、成田～ポートランド便は時期により減便になることもある。詳細は、下記一覧表を参照。旅行会社では、往復の航空券と宿泊、半日観光などをセットにした格安ツアーを企画販売しており、単独で航空券を手配するより安くなることもある。各航空会社のウェブサイトや旅行会社の窓口、航空券やホテル料金の比較ウェブサイトなどで調べてみよう。

航空券の種類

▶普通（ノーマル）運賃

定価（ノーマル）で販売されている航空券で、利用においての制約が最も少ないが、運賃はいちばん高い。種類はファーストクラス、ビジネスクラス、エコノミークラスの3つに分かれる。

▶正規割引運賃（ペックスPEX運賃）

ペックス運賃とは、各航空会社がそれぞれに定めた正規割引運賃のこと。他社便へ振り替えができない、予約後72時間以内に購入すること、購入後の予約変更には手数料がかかるなどの制約があるが、早い段階で旅行計画が進められる人は、普通運賃よりかなり安いペックス運賃を利用できる。各社、特色や規定が異なるので確認を。

航空券を購入するタイミング

ペックス運賃は、4～9月分は2月頃、10～3月分は7月中旬以降に発表される。詳細は航空会社のウェブサイトで確認するといい。

燃油サーチャージ

石油価格の高騰や変動により、航空運賃のほかに“燃油サーチャージ”といって燃料費が加算される。時期や航空会社によって状況が異なるので、航空券購入時に確認を。

日本出国税

2019年1月7日より、日本出国に際してひとり当たり1000円の税金が課せられる。外国人だけでなく日本人（2歳以上）も対象。航空券購入時などに合わせて請求される。

●航空会社（日本国内の連絡先）

アメリカン航空（AA）
☎(03) 4333-7675
URL www.americanairlines.jp
デルタ航空（DL）
☎0570-077733
URL ja.delta.com
ユナイテッド航空（UA）
☎(03) 6732-5011
URL www.united.com
日本航空（JL）
☎0570-025-031
URL www.jal.co.jp
全日空（NH）
☎0570-029-333
URL www.ana.co.jp

eチケット

各航空会社では「eチケット」というシステムを導入。利用者は、予約完了後にeメールや郵送で届くeチケット控えを携帯することで、航空券紛失の心配はなくなった。控えは紛失しても再発行可能。

シアトルとポートランドへの直行便リスト

2018年10月現在

都市名	出発地	日本発				日本着			
		便名	出発曜日	出発(日本)	到着(現地)	便名	出発曜日	出発(現地)	到着(日本)
シアトル	成田	DL166	毎日	16:15	9:10	DL167	毎日	11:27	*14:30
		NH178	毎日	18:15	11:25	NH177	毎日	13:20	*15:40
ポートランド	成田	DL68	毎日	16:10	9:15	DL69	毎日	11:40	*14:45

航空会社の略号　DL：デルタ航空、NH：全日空　＊：翌日着

MEMO **成田とシアトルを結ぶ便が新設される**　2019年3月、日本航空による成田（NRT）ーシアトル（SEA）便が就航する予定。運航スケジュールは2018年10月現在、NRT18:00→SEA11:00（JL068）、SEA14:20→NRT翌16:30（JL067）。

旅の準備

旅の持ち物

旅の荷物は軽いに越したことはない。特に国際線、国内線ともに機内預け（預託荷物）や機内持ち込みの荷物（かばん）のサイズや重量に対して厳しい規制がある。たいていのものは現地調達できるので、悩むようなものは持っていかないほうがいい。

荷物について

荷物で大きく占める衣類は、着回しが利くアイテムを選びたい。洗濯は、小物類なら浴室での洗濯が可能だが、大物類はホテルや街なかのコインランドリーを利用しよう。ワンピースやYシャツなどはホテルのクリーニングサービス（有料）に頼むとよい。なお、医薬分業のアメリカでは、風邪薬、胃腸薬、頭痛薬などを除いては、医師の処方せんがなければ薬が買えないため、薬だけは常備薬を携行すること。

機内に預ける荷物について（預託荷物）

アメリカ同時多発テロ以降、出入国者の荷物検査が強化され、アメリカ運輸保安局（TSA）の職員がスーツケースなどを開いて厳重なチェックを行っている。預託荷物に施錠をしないよう求められているのはそのためで、検査の際にカギがかかっているものに関しては、ロックを破壊して調べを進めてもよいとされている。したがって、預託荷物には高価なものや貴重品は入れないこと。また、預託荷物は利用するクラスによって、無料荷物許容量（→側注）が異なる。かばんのサイズや重量も各航空会社別に規定があるので、利用前に確認を。なお、機内持ち込み手荷物についてもかばんのサイズや個数、重量などが定められており、アメリカの国内線・国際線ともに液体物の持ち込み規制（→P.289）があるので必ず確認をしておくこと。

TPOに合わせた服選びを

服装は、現地の季節に合わせてカジュアルなスタイルで出かけよう。日常生活以上に歩く機会が多いので、靴は基本はスニーカー、ドレスアップ用にもう1足準備しておくとよい。日中のラフな服装と変わって、夜はぐんとおしゃれな装いで過ごしたい。男性はネクタイとジャケット、女性はワンピースなどを持っていけば、ハイクラスのショーやディナー、クラブなどへの服装にも対応できる。

持ち物チェックリスト

品目	チェック	品目	チェック	品目	チェック
パスポート		身分証明書など証書類		筆記用具、メモ帳	
現金（日本円とUSドル）		辞書や会話集		スリッパ、サンダル	
eチケット控え		ガイドブック		カメラ、携帯電話、充電器 メモリーカード	
ESTA渡航認証のコピー		シャツ類		ビニール袋	
海外旅行保険証		下着・靴下（2～3組）		タオル類	
クレジットカード		上着（防寒・日焼け防止）		ティッシュ（ウエットティッシュ）	
トラベルプリペイドカード		帽子、サングラス		エコバッグ	
日本の運転免許証と 国外運転免許証		医薬品類、化粧品類、目薬 日焼け止め、リップスティック		おしゃれ着	

TSA公認グッズ

スーツケースに施錠できないことに不安を感じる人は、TSA公認の施錠スーツケースやスーツケースベルト、南京錠などを使用しよう。これらTSA公認グッズは、施錠してもTSAの職員が特殊なツールでロックの解除を行うため、かばんに損傷の恐れが少なくなる。

預託荷物について

2018年10月現在、国際線（北米線）エコノミークラスの場合、無料で預けられる荷物は2個（デルタ航空、全日空）まで、1個の荷物につき23kg（50lb）以内、3辺の和の合計が157cm以内とされている場合が多い。また、アメリカの国内線において、エコノミークラスの場合は2個まで預けられるが、1個目から有料（$30前後）としている。詳細は利用航空会社に確認のこと。

荷造りのコツ

旅行中に増えるおみやげなどを考慮して、出発時は容量の70～80％程度に抑えたい。基本的に貴重品や割れ物は預託荷物には入れないこと。荷物を要領よく詰めるには、服、下着、洗面用具などに分類し、ひと目で内容物がわかるようにメッシュ素材の収納袋（洗濯ネットの代用もよい）を使うと便利だ。おしゃれ着はかばんの大きさに合わせて大きくたたみ、しわになりやすいシャツはたたむか、ロール状にして詰める。セーターなどかさばる冬服は圧縮袋などを利用しよう。目覚まし時計やシェーバーなど、衝撃に弱いものはタオルに巻いて荷物の中央に置くとよい。

乗継便利用時の手荷物の注意

日本出国手続き後に免税店などで購入した液体物は、アメリカ国内の乗り継ぎ空港でスーツケースなどに入れて預け直そう。手荷物として乗り継ぎ搭乗しようとすると没収される恐れがある。成田や関空、中部空港などの免税店では2015年10月より、STEBs（不正開封防止袋）の使用による対応策がとられているが、万が一の没収の可能性も頭に入れておこう。

MEMO **関西からシアトルまでの直行便** 2019年4月には関西国際空港（KIX）とシアトル（SEA）を結ぶ直行便が再運航の予定。運航スケジュールは2018年10月現在、KIX16:00→SEA10:00（DL182）、SEA12:00→KIX翌15:25（DL183）。

旅の技術

出入国の手続き

空港へは出発時刻の3時間前までに着くようにしたい。チェックイン手続きに時間を要するのと、急なフライトスケジュールの変更に対応できるよう、早めの到着を心がけよう。

日本を出国する

▶国際空港へ向かう

日本国内の国際空港でシアトルとポートランドへの直行便が運航しているのは、2018年10月現在成田のみ。

空港到着から搭乗まで

❶搭乗手続き（チェックイン）

空港での搭乗手続きをチェックイン（Check-in）といい、通常手続きは、航空会社のカウンター、または自動チェックイン機で行う。コードシェア便の航空券を持っていて、自動チェックイン機で手続きができなかった場合は、有人のカウンターでチェックイン手続きを行うことになる（航空会社により異なる）。eチケットを持っている場合は、ほとんどが自動チェックイン機で、各自がチェックイン手続きを行う。自動チェックイン機での手続きは、タッチパネルの操作をガイダンスに従って行う（→下記囲み）。すべての手続きが完了したら、搭乗券が発券される。その後、預託荷物を、航空会社のカウンターに預ければよい。その際、パスポートの提示が求められ、本人確認がある。近年

成田国際空港
空港の略号コード　“NRT”
☎(0476) 34-8000
URL www.narita-airport.jp

東京国際空港(羽田空港)
空港の略号コード　“HND”
☎(03) 6428-0888
URL www.haneda-airport.jp/inter/

関西国際空港
空港の略号コード　“KIX”
☎(072) 455-2500
URL www.kansai-airport.or.jp

機内預けの荷物は施錠しない
現在、アメリカ線は機内に預ける荷物には施錠をしないように求められている。心配な人はスーツケースにベルトを装着するか、TSA公認のロック機能の付いたスーツケースを使用しよう（→P.287側注）。

●セルフチェックインの仕方

航空便の予約・購入後に発行されるeチケットには、従来の紙の航空券の代わりに、利用する航空便の情報がデータで保管されている。近年はeチケットが主流で、国際線やアメリカの国内線のチェックインは、セルフチェックイン機を利用して手続きを行う。
（協力：アメリカン航空）

❶空港の出発フロアには、各航空会社のチェックインカウンターが並び、セルフチェックイン機が設置されている。eチケットを持っている場合、ほとんどがセルフチェックイン機での手続きになる。
※コードシェア便（共同運航便）を利用する、入国にビザが必要な場合やパスポートと予約の名前が一致しないなど、状況によりセルフチェックイン機での手続きが進まない場合がある。その際は、迷わず係員に声をかけるか、有人のチェックインカウンターまで申し出ること。

❷アメリカの空港なら画面の表示は当然英語になる。しかし、日本に乗り入れている航空会社なら、日本語対応の機能が備わっている場合が多い。まず、画面上に表示された言語のなかから“日本語”をタッチする。次の案内でチェックインのスタイルを選択。

❸チェックインには本人確認のため、おもにクレジットカード、または航空会社のメンバーズカード、パスポートを読み込ませるなどの方法がある。日本人ならパスポートが便利。記号と数字が並ぶ部分を機械のリーダーに読み込ませる。

❹搭乗するフライトや自分の名前を確認し、宿泊先など該当の情報を入力。予約の旅程が表示されるので内容を確認のうえ“続行”をタッチ。居住国や緊急連絡先などいくつか質問があるので、回答を入力する。次に座席が決まっていない場合は座席を選ぶ。

❺預託荷物の個数を入力し、座席のアップグレードなどの変更を行う場合は、オプションから該当のメニューを選択し手続きする。

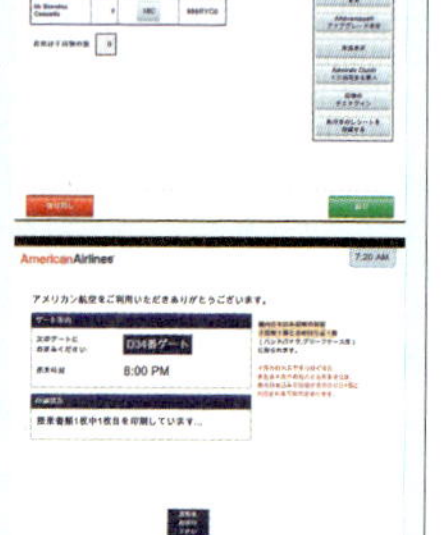

❻画面上に搭乗時刻とゲートの案内が表示されるので確認をする。機械下部より搭乗券が出てくるので忘れずに受け取ること。預託荷物がある場合は、搭乗券を持ってチェックインカウンターで荷物を預ける。

MEMO **重い荷物は宅配サービスを利用しよう**　事前の電話で自宅まで集荷に来てくれる。帰国時は空港内のカウンターで手続きを。ABC空港宅配 FREE 0120-919-120　ヤマト運輸 FREE 0120-01-9625

では、ウェブサイトで出発の24～72時間前にチェックイン手続きを行った人は、直接荷物カウンターに行けばよい（航空会社により異なる）。

❷手荷物検査（セキュリティチェック）

保安検査場では、機内に持ち込む手荷物のX線検査と金属探知機による身体検査を受ける。ノートパソコンなどの大型電子機器、ジャケットなどの上着、ベルトなどの身に付けている金属類はトレイに置いて、手荷物検査と一緒にX線検査を受けること。液体物の機内持ち込みは透明の袋に入れて別にしてからX線検査を受ける（→下記参照）。

❸税関手続き

高価な外国製品を持って出国する場合、「外国製品持ち出し届」に記入をして申告する。これを怠ると、帰国時に国外で購入したものとみなされ、課税対象になることもある。ただし、使い込まれたものなら心配はない。

❹出国審査

審査に必要なのはパスポートと搭乗券の2点。特に質問されることはなく、パスポートに出国のスタンプが押されたらパスポートと搭乗券は返却される。

❺搭乗

搭乗便が出るゲートへ向かう。飛行機への搭乗案内は出発時刻の約30分前から始まる。搭乗ゲートでは搭乗券とパスポートを提示する。

アメリカに入国する

アメリカの場合、アメリカ国内線へ乗り継ぎがあっても、必ず最初の到着地で入国審査を行う。シアトル、ポートランドへ、成田からの直行便を利用する場合は問題ないが、アメリカの他の都市で乗り継ぐ場合は、その乗り継ぎの国際空港で、入国審査を受けることになる。

到着する前に、機内で配布される「税関申告書」に記入をしておこう。なお、従来アメリカ入国の際に記入していた「I-94W査証免除用出入国カード」の提出は、空路での入国については廃止されている。

ESTAを忘れずに！

ビザなしで渡航する場合は、出発の72時間までにインターネットを通じて渡航認証を受けることが必要（→P.284）。必ず事前に認証を取得し、できれば取得番号の表示された画面を印刷して、携行していくように。航空会社によっては、この番号を確認するところもある。

「地球の歩き方　ホームページ」にも申告の手順が詳しく解説されている。

URL www.arukikata.co.jp/esta

ESTA申請代行

「地球の歩き方×ファーストワイズ　アウレア ハワイ」では、インターネットにアクセスできない人のために、ESTAの申請代行を有料で行っている。

無料 0120-881-347

日本出国税の導入

→P.286

飛行機のドアは出発時刻より早く閉まる

飛行機のドアは出発時刻の10分以上前に閉まることがざら。小さい飛行機ならぎりぎりまでドアを閉めないこともあるが、国際線などの大きな飛行機に乗るときは、買い物などに時間を取られて乗り遅れないように注意しよう。

18歳未満のアメリカ入国時の注意

→P.283側注

アメリカ税関申告書記入例

→P.291

COLUMN

機内持ち込み手荷物について

身の回りの品（ハンドバッグなど）1個のほか、3辺の和が115cm以内の手荷物（サイズは各航空会社によって異なる）を1個まで機内に持ち込むことができる。貴重品やフィルム、パソコン、携帯電話、壊れやすいものは機内持ち込みにすること。カミソリや小さなはさみなどの刃物類は機内持ち込み不可なので機内預け荷物へ。ライターはひとりにつき1個まで、通常身に付けて機内へ持ち込むことができる。

パソコンや携帯電話などの製品内部にあるリチウムイオン電池は、160Wh以下なら機内持ち込み手荷物、機内預けの荷物に入れることは可。予備バッテリーに関しては、100Whを超え160Wh以下ならひとり2個まで機内持ち込み手荷物として持ち込める。ただし、160Whを超えるものやワット時定格量が不明な場合、本体内部のもの、予備バッテリーともに、機内持ち込み手荷物や機内預けの荷物に入れることは一切できないので要注意。

また、国際線航空機内客室への液体物の持ち込みは、出国手続き後の免税店などで購入したものを除き、制限されている。化粧品や歯磨き粉など液体類およびジェル状のもの、ヘアスプレーなどのエアゾール類はそれぞれ100mℓ以下の容器に入れ、容量1ℓ以下の無色透明ジッパー付きの袋に入れること。手荷物とは別に検査を受ければ持ち込み可能。詳細は国土交通省 URL www.mlit.go.jp/koku/15_bf_000006.html で確認を。

入国審査から税関申告まで

❶入国審査

飛行機から降りたら、“Immigration” の案内に沿って入国審査場に向かう。審査場の窓口は、アメリカ国籍者（U.S. Citizen）、それ以外の国の国籍者（Visitor）の2種類に分かれている（自動入国審査端末あり→左側注）。自分の順番が来たら審査官のいる窓口へ進み、パスポートと税関申告書を提出する。場合によってはeチケットの控えや宿泊先の詳しい情報を求められることもある。なお、現在米国に入国するすべての人を対象に、インクを使わないスキャン装置による両手の指の指紋採取（一部空港）とデジタルカメラによる入国者の顔写真の撮影が行われている。渡航目的や滞在日数、場所など、いくつかの質問が終わり、入国が認められれば、パスポートと税関申告書を返してくれる。

審査に必要なパスポート、税関申告書など一式を手渡す

入国審査時に顔写真を撮る

©Department of Homeland Security, US-VISIT

❷荷物をピックアップする

入国審査のあと、バゲージクレームBaggage Claimへ。自分のフライトをモニターで確認して、荷物の出てくるターンテーブルCarouselへ行き、ここで預託荷物を受け取る。タグ（手荷物引換証）を照合する空港もあるので、タグはなくさないように。また、預託荷物が出てこない、スーツケースが破損していたなどのクレームは、その場で航空会社のスタッフに申し出ること。

❸税関検査

現金やT/Cを含め、1万ドル以上の持ち込みは申告が必要。酒類は21歳以上で個人消費の場合は1ℓ、おみやげは$100相当まで無税。たばこは200本（または葉巻50本、刻みたばこなら2kg）まで無税。野菜、果物、肉類や肉のエキスを含んだすべての食品は持ち込み禁止。

税関検査後、市内や近郊の町へ

空港から市内へは、公共の交通機関、空港シャトル、タクシー、レンタカーなどのアクセスがある。これらはおおむね空港到着階のバゲージクレームからターミナルを出た所の “Ground Transportation” と示されたエリアから運行している。市内へのアクセスの選択に困ったら、インフォメーションデスクで相談してから行動しよう。

まずはあいさつから

慣れない英語での入国審査は緊張するものだが、審査官の前に進んだら、“Hello.”、“Hi.”、“Good morning.” と、まずはあいさつをしよう。審査終了後も “Thank you.” のひと言を忘れずに。

質問の答え方

●観光目的は、観光なら “Sightseeing.”、仕事ならば “Business.”。
●滞在日数は、5日なら “Five days”、1週間ならば “One week”。
●宿泊先は到着日に泊まるホテル名を答えればよい。
●訪問先は、アメリカを周遊する場合に尋ねられる場合がある。旅程表などを提示して、説明するといい。
●所持金については、長期旅行や周遊する町が多い場合に尋ねられることもある。現金、T/C、クレジットカード所有の有無を正直に答えておこう。

入国審査は簡単な英語だが、どうしてもわからないときは通訳Interpreter（インタープリター）を頼もう。

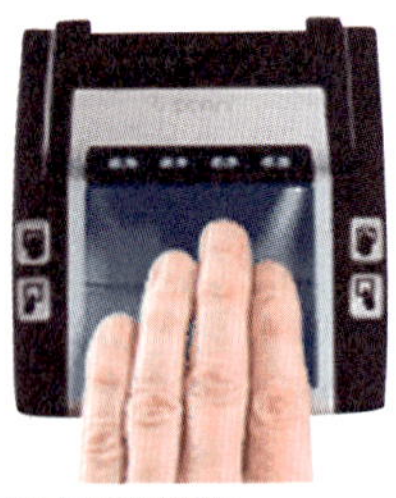

両手全指の指紋採取
©Department of Homeland Security, US-VISIT

空港で荷物が出てこなかったら→P.310

自動入国審査端末の導入で入国審査の時間が短縮！

シアトル、ポートランドの国際空港にセルフサービスの入国審査端末（以下APC）が設置された。①過去に指紋採取と顔写真撮影をして米国入国したことがあり、②有効なESTAを保持している人がAPCを利用できる。APCには日本語案内が設定されており、ガイダンスに従ってパスポートの読み取り、顔写真の撮影、入国に関する質問の回答、指紋採取の手続きを行う。確認のレシートが発行されたら係官のもとに進み、それを渡す。

アメリカ入国に必要な書類

U.S. Customs and Border Protection
税関申告書
1 姓(名字) CHIKYU
名(ファーストネーム) AYUMI
2 誕生年月日 月 02 日 11 西暦年 79
3 渡航に同行している家族の人数 0
4 (a) 米国における滞在・居住先の住所(番地と通り/ホテルの名称・都市名) ACE HOTEL SEATTLE
(b) 市 SEATTLE (c) 州 WA
5 旅券発行国 JAPAN
6 旅券番号 TT1234567
7 居住国 JAPAN
8 今回渡米に先立って訪れた国・国々
9 航空会社・便名もしくは船舶名 DL166
HANDKERCHEF $30
総額 $30
11/27/2018
地球 歩

税関申告書

1. 姓(名字)
2. 名
3. 生年月日(月/日/年:西暦の下2桁)
4. 同行している家族の人数
5. 滞在先(ホテル)の名称
6. 滞在先(ホテル)の市
7. 滞在先(ホテル)の州
8. パスポート発行国
9. パスポート番号
10. 居住国
11. アメリカ到着前に訪問した国。なければ無記入
12. アメリカに乗り入れた便名
13. 該当するものがない場合は「いいえ」をチェック
14. アメリカ居住者へのおみやげなど米国に残るものの金額(私物は含まない)
15. パスポートと同じサイン
16. アメリカ入国日(月/日/年:西暦で)
17. 課税対象がある場合は、品目と金額を書き込む
18. その合計金額

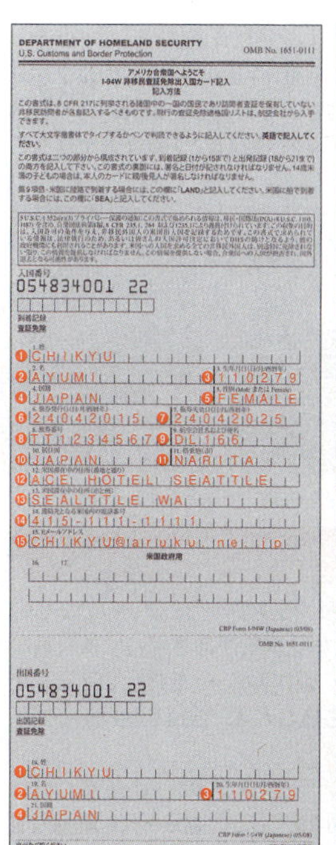
DEPARTMENT OF HOMELAND SECURITY
U.S. Customs and Border Protection
OMB No. 1651-0111
アメリカ合衆国へようこそ
I-94W 非移民査証免除用出入国カード記入
記入方法
入国番号
054834001 22
1 CHIKYU
2 AYUMI 3 110279
4 JAPAN 5 FEMALE
6 24042015 7 24042025
8 TT1234567 9 DL166
10 JAPAN 11 NARITA
12 ACE HOTEL SEATTLE
13 SEATTLE WA
14 415-111-1111
15 CHIKYU@aruku.ne.jp
出国番号
054834001 22
1 CHIKYU
2 AYUMI 3 110279
4 JAPAN

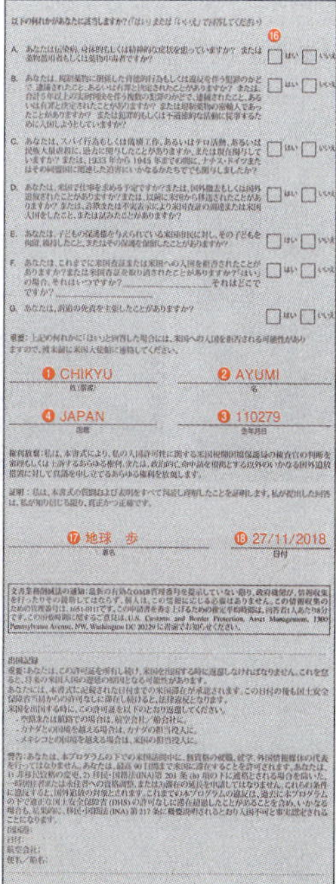
1 CHIKYU 2 AYUMI
4 JAPAN 3 110279
17 地球 歩 18 27/11/2018

アメリカの出入国カード(I-94W査証免除用)

1. 姓(名字)
2. 名
3. 生年月日(日/月/年の順に。年は西暦下2桁)
4. 国籍
5. 性別(男性MALE、女性FEMALE)
6. パスポート発行日(日/月/年:年は西暦4桁)
7. パスポート失効日(日/月/年:年は西暦4桁)
8. パスポートの番号
9. アメリカ行きの飛行機の航空会社とフライト番号(航空会社は2文字の略語)
10. 居住国
11. 飛行機に乗った場所
12. 滞在先(ホテル名、または知人宅の住所など)
13. 滞在先の市、州名
14. アメリカ内の連絡先(電話)
15. eメールアドレス
16. 質問の回答にチェック
17. 署名(パスポートと同様)
18. 入国日(日/月/年:年は西暦で)

※「地球の歩き方」では、陸路での入国の場合は引き続きI-94Wの提出が必要なことから、記入例を掲載しています。

アメリカを出国する

空港シャトル
シアトル→P.38
ポートランド→P.151
※客が集まるまで待機したり、ホテルを巡回して客を降ろしたりするため、大幅に時間がかかる場合がある。急いでいる人は注意。

❶空港へ向かう

ホテルから空港への交通手段で、最も一般的なのは空港シャトルバンの利用だろう。この空港シャトルバンはDoor-to-Doorのサービスで、ホテルや個人宅へも来てくれる。ホテルならフロントに頼んでもいい。決まったルートを定期的に運行する空港バスの場合は、どこから出発するのかと運行スケジュールを事前に確認しておくこと。空港への最も安い交通手段は、ライトレイルや路線バスなどの公共交通機関。これらを利用する場合は、時間に余裕をもって行動したい。

現在、アメリカ国内の空港のセキュリティが非常に厳しく、とても時間がかかる。国内線の場合は2時間前に、国際線は3時間前までには空港に着くようにしよう。

各都市の国際空港
シアトル→P.37
ポートランド→P.150

❷利用航空会社のカウンターに向かう

アメリカのおもな国際空港は、航空会社によってターミナルが違う。空港シャトルバンならドライバーに乗客の利用する航空会社を尋ねられ、そのターミナルで降ろしてもらえる。空港バスの場合ドライバーがターミナル名と航空会社を言うので、これを聞き逃さないように。ライトレイルや路線バスなどの公共交通機関の場合、例えばシアトル・タコマ国際空港なら、空港ターミナル内に駅がありライトレイルが直接乗り入れている。ポートランド国際空港の場合もマックス・ライトレイルが直接空港に乗り入れている。詳細は各都市の国際空港のページ（→側注）を参照してほしい。

❸チェックイン（搭乗手続き）

2018年10月現在、アメリカでは出国審査官がいるゲートで出国スタンプを押してもらうプロセスがない（手荷物検査前にパスポートチェックはある）。eチケットでチェックイン後、利用航空会社のカウンターでパスポートを提示して荷物を預ける。係員から、預託荷物のタグと搭乗券、パスポートを受け取ったら手荷物検査とX線検査を通って搭乗ゲートに向かう。

テナントが充実しているポートランド国際空港

早めに搭乗ゲートのあるターミナルへ移動しよう

日本に入国する

飛行機が到着し、ゲートを進み検疫カウンターへ。アメリカからの帰国者は基本的に素通りでよいが、体調異常がある場合は検疫官に申し出ること。入国審査カウンターではパスポートを提示して審査を受ける。次に、海外から動植物を持ち込む人は、検疫を受ける必要がある。

バゲージクレーム・エリアのターンテーブルで預託荷物を受け取ったら、税関のカウンターへ進む。海外で購入した物品が免税範囲内なら緑、免税の範囲を超えている場合は赤の検査台へ。なお、機内で配布された「携帯品・別送品申告書」（→P.293）はここで提出をしよう。

肉類・肉加工品に注意
アメリカ、カナダで販売されているビーフジャーキーなどの肉加工品は、日本に持ち込みができない。免税店などで検疫済みシールが添付されていても不可。2017年11月からは、バターやチーズなどの乳製品（おもに販売、または営業上の使用）も検疫の対象になった。
URL www.maff.go.jp/aqs/tetuzuki/product/aq2.html

携帯品・別送品申告書について

2018年10月現在、日本に入国（帰国）するすべての人は、「携帯品・別送品申告書」を1通提出することになっている。海外から別送品を送った場合は2通提出し、このうちの1通に税関が確認印を押して返してくれる。返してくれた申告書は、別送品を受け取る際の税関手続きで必要になるので、大切に保管しよう。

なお、帰国後に別送品の申告はできない。申請用紙は機内で配られるが、バゲージクレーム・エリアなど税関を通過する前に記入台が設けられているので、別送品がある場合は必ず帰国時に申告しよう。もし、別送品の申請をしなかったり、確認印入りの申請書をなくした場合は、一般の貿易貨物と同様の輸入手続きが必要になるので要注意。

携帯品・別送品申告書

(A面)

❶搭乗航空会社名（アルファベット2字の略号）と便名
❷出発地
❸入国日
❹氏名
❺住所と電話番号
❻職業
❼生年月日
❽パスポート番号
❾同伴の家族がある場合の内訳
❿質問の回答欄にチェック
⓫別送品がある場合は「はい」にチェック、個数を記入
⓬署名

(B面)

⓭A面の質問1、3で「はい」を選択した人は、日本入国時に携帯して持ち込むものを記入

海外から日本への持ち込み規制と免税範囲

日本への持ち込みが規制されている物は下記のとおり。海外で購入する際に問題ないと言われても、税関で規制対象品と判明した時点で所有を放棄する、自己負担で現地に送り返す、輸入許可が下りるまで有料で保管されるなどの処置がなされる。

日本へ持ち込んではいけないもの

- 覚せい剤、大麻、MDMAなどの不正薬物
- けん銃などの銃砲、これらの銃砲弾、けん銃部品
- わいせつ雑誌、わいせつDVD、児童ポルノなど
- 偽ブランド品、海賊版などの知的財産を侵害するもの
- ワシントン条約に基づき、規制の対象になっている動植物、それらを加工した製品も規制の対象
- ソーセージ、ビーフジャーキーなどの牛肉加工品。免税店で販売されているもの、検疫済みシールが添付されているものでも不可

▶輸出入禁止・規制品について

詳細は税関のホームページを参照。URL www.customs.go.jp

日本入国時の免税範囲（成年者ひとり当たり）

2018年10月現在

	品　目		数量または価格	備　考
1	酒　類		3本	1本760mℓ程度のもの
2	たばこ	葉巻たばこ	100本（ただし、ほかのたばこがない場合）	加熱式たばこは紙巻きたばこ400本に相当する数量。※2021年10月1日から各たばこの数量変更の予定
		紙巻きたばこ	400本（ただし、ほかのたばこがない場合）	
		その他のたばこ	500g（同上）	
3	香水		2オンス	1オンスは約28mℓ
4	品名が上記1～3以外であるもの		20万円（海外市場の合計額）	合計額が20万円を超える場合は、超えた額に課税。ただし、1個20万円を超える品物は、全額に課税される。

未成年者の酒類、たばこの持ち込みは範囲内でも免税にならない。
6歳未満の子供は、おもちゃなど明らかに子供本人の使用と認められるもの以外は免税にならない。
※免税範囲についての詳細は税関 URL www.customs.go.jp

旅の技術

現地での国内移動

ワシントン州とオレゴン州を周遊する場合の移動手段は、レンタカー、鉄道、長距離バス、ツアーなどが挙げられる。ワシントン州の移動にはさらにフェリーもある。アメリカ国内移動でメジャーな飛行機は、この2州内の移動に限っては空港と運航便数が少ないため便利ではない。時間に余裕があるのであれば、ぜひ、レンタカーでの周遊をすすめる。短期の滞在でも、シアトルやポートランドの街歩きだけにとどめることなく、ツアーを利用して郊外の見どころへ出かけてみよう。

アメリカ国内線の基礎知識

旅行の形態と航空券

日本と訪問都市1ヵ所を単純に往復する旅行の形態には、往復航空券が適している。一方、2都市以上の複数都市をすべて飛行機で巡る形態を周遊といい、周遊の航空運賃は航空会社により条件が異なり、希望する区間のゾーンによる算定や、5～6都市までの周遊はいちばん遠い都市への運賃が適用されるなど、さまざまな算定方法がある。

また、航空会社は、乗客や貨物の効率的な輸送を図るため、運用の拠点として利用する都市にハブ（中枢）空港をもっている。行きたい都市への直行便がなくても、ハブになっている都市を経由すれば目的の都市にたどり着ける。ただし、ハブの都市を経由すると遠回りになる場合もあるが、その分のマイルも加算される。多少のデメリットはあるが、利用航空会社の路線内でルートを作成するのが大切だ。

選んだ航空会社の路線が訪問予定都市をどうしてもカバーしきれない場合、次の都市まで飛行機に乗るほどでもないときは、ほかの交通機関の利用を考えてみよう。例えば、シアトル～ポートランド間などは長距離バス（→P.295）や鉄道（→P.294）の利用がポピュラーだ。長距離バスや鉄道の駅は、ほとんどが街の中心地に位置するため、空港←→ダウンタウン間の移動時間と交通費の節約になる。

▶国内線利用の流れ

国内線を利用するときには、「ドメスティックDomestic」と書かれたカウンターでチェックインをする。最近はeチケットによるセルフチェックイン（→P.288）が一般的。チェックインを済ませ、セキュリティチェックを受けてから搭乗ゲートへ。ターミナル内では、各所にあるコンピューターディスプレイで自分の乗るフライトのゲート番号を確認する。目的の空港に到着したら、早めにバゲージクレームBaggage Claimに進み、荷物をピックアップする。大きな空港は、出口で荷物のクレームタグの番号を照合することも多い。

鉄道（アムトラック）

広大なアメリカ大陸を迫力満点に疾走する列車の旅は、単なる移動手段としてではなく、それ自体が大きな楽しみといえる。シアトル～ポートランド間は1日5往復の運行があり、所要約4時間。

▶乗車の流れ

乗車券の購入はチケット窓口で。乗りたい列車の発車時刻と目的地、乗車券の枚数などを告げよう。また、電話やインターネットで予約している場合は、予約番号の入ったバウチャーを渡せばよい。

航空券の手配について
→P.286

航空券に関する専門用語

●OPEN(オープン)
航空券の有効期限内であれば、復路のルート変更が可能な航空券。

●FIX(フィックス)
出発前に日程や経路を確定させた往復便の予約を行う必要がある航空券。

●オープンジョー
複数都市を回る際、途中の移動を飛行機以外の手段(鉄道、バスなど)で行うことができる航空券。

●トランジット
最終目的地までの途中にほかの空港に立ち寄ること。乗り継ぎ時間は24時間以内。

●ストップオーバー
途中降機のことで、乗り継ぎ地で24時間以上滞在すること。

コードシェアとは？
路線提携のこと。ひとつの定期便に2社以上の航空会社の便名がついているが、チェックインの手続きや機内サービスは主導運航する1社の航空会社によって行われる。搭乗券には実運航の航空会社名が記載されるが、空港内の案内表示には複数の便名、または実運航の航空会社のみの便名で表示されるなど、ケースバイケース。予約時に必ず、実運航の航空会社を確認すること。

アメリカの国内線を利用するとき
国内線利用で注意したいのが、搭乗予定者がいなくても出発してしまう、出発予定時刻より早く飛行機が出てしまう場合があること。搭乗開始は出発時刻の30分前に行われるので、必ず30分前までには搭乗ゲートで待つことをすすめる。

MEMO **国際線からの乗り継ぎ**　ターミナルが離れている場合、かなり時間を要することもある。同じ会社の国内線に乗り継ぐ場合は、ターミナルを変えずに搭乗できるところも多い。

U.S.A.レイルパスを持っていて初めて使うときは、パスポートなどの証明書を見せて、利用開始日と終了日を記入してもらう。なお、日本で予約購入した人はパスのバウチャーも提示し、希望の列車と目的地を告げて乗車券を発券してもらおう。

列車に乗り込む際は、安全のため列車の到着と出発時刻の前後以外は駅のホームに入ることができない。長距離列車の場合、列車に乗り込むとき、車掌が座席を指示することがある。また、一部の駅では、ホームへの入口で係員がチケットをチェックするので、手に持っていよう。列車が動き出してから車掌が検札にやってくる。そのとき提示した乗車券と引き換えに、バウチャーを頭上の荷物置き場の所に挟んでくれる。席を移動するときは、これを持って移動するように。

長距離バス（グレイハウンド）

グレイハウンド社はハワイとアラスカを除く全米48州をカバーし、提携バス会社と合わせると、行けない町はないといっていいほどその路線網は充実している。シアトル～ポートランド間は1日3～4往復、所要3時間45分～4時間25分。

▶乗車の流れ

バスターミナル、バスディーポ（→脚注）へは出発時刻の60分前までに行こう。チケットはインターネットで前売りを買うこともできる。割引になっているので、乗車日が決まっているのなら、そちらがおすすめ。購入後、自宅のプリンターで印刷することも可能で、クレジットカードが必要。現地で普通の乗車券を買う場合は、チケットカウンターで行き先、片道か往復か、枚数などを告げる。バスティーポによっては、自動券売機もある。なお、大きな荷物を預けたい人は、ここで荷物の数を申告し、行き先の書かれた荷物タグをもらう。

改札が始まるのは出発時刻の10～15分前。改札をするのはバスを運転するドライバーの場合が多い。なお、車体下部のトランクに大きな荷物を預ける人は、改札のときドライバーに頼む。再度、行き先を確認したらバスに乗り込もう。最近は満席でもバスを増便することが少なくなったので、出発ゲートを確認したら早めに並ぶこと。席は早い者順で、ほかの町を経由してきたバスでは先客のいない空いた席に座ることになる。目的地に到着したらクレームタグの半券を見せて、係員に荷物を出してもらおう。

ワシントン&オレゴン州 グレイハウンド路線図

フェリー

ワシントン州では、ピュージェット海峡に面するシアトルとその周辺の町、カナダのビクトリア、サンファンアイランド（→P.122）への交通にフェリーを利用する。フェリー会社によっては車や自転車の乗船も可能だ。

鉄道の時刻表

確実なのはアムトラック発行の時刻表。大きな駅に用意されており、無料で手に入る。ウェブサイトでは時刻表の確認やチケットの予約もできる。
Free(1-800) 872-7245
URL www.amtrak.com

U.S.A.レイルパス

アムトラックでは、鉄道周遊券を販売している。これはアムトラックの全路線（主要駅から発着している連絡バスを含む）、適用期間内の利用回数分だけ乗車できるシステム。

U.S.A.レイルパスは日本ではマックスビスタトラベル☎(03) 3780-0468、URL ohshu.comで取り扱っている。アメリカで購入する場合は、大きな鉄道駅に行けばよい。なお、アセラ特急とオートトレイン、VIA鉄道共同運行便、一部連絡バス（番号7000～7999）には使用できない。また、乗車の際はその区間の乗車券を駅で発券する必要がある。

料金は、15日間/8回以内で大人5万8800円、30日/12回以内で8万8200円、45日/18回以内で11万5100円（2018年10月現在、オンライン購入の場合の料金）。

グレイハウンドの時刻表はウェブで

ウェブサイトのトップページに出発地と目的地、乗車日を入力すると、時刻表だけでなく、運賃も知ることができる。さらに進めばバスターミナルやバスディーポの情報も知ることができる。
Free(1-800) 231-2222
URL www.greyhound.com

バスディーポやバスターミナル

街の中心地にあっても治安の不安定な所にある場合が多い。バス利用のとき以外は、なるべく近くをうろつかないように。

その他バス会社

ノースウエスタン・トレイルウエイズ

タコマTacoma～シアトルSeattle～エベレットEverett～スポーケンSpokaneを1日1便運行する。
Free(1-800) 366-3830
URL www.northwesterntrailways.com

ポイント

ポートランドPortland～アストリアAstoriaを1日2便運行する。
Free(1-888) 846-4183
URL oregon-point.com

コースト・トゥ・バレー・エクスプレス

ニューポートNewport～コルバリスCorvallisを1日4便運行する。
☎(541) 766-6821
URL www.co.benton.or.us/publicworks/page/coast-valley-schedule

ワシントン州のフェリー

→P.40

MEMO バスディーポとは？ バスターミナルより規模の小さいもので、アメリカではディーポというのが一般的。

レンタカー

空港でレンタカーを借りる

シアトル・タコマ国際空港（シータック空港）では、空港外のレンタカーセンターにレンタカー会社のカウンターが集まる。ポートランド国際空港では、レンタカー会社によってカウンターがある場所が異なるので注意すること。

▶シアトル・タコマ国際空港（シータック空港）で借りる

シアトル・タコマ国際空港では、空港北2.5kmにあるレンタカーセンターにおもなレンタカー会社のカウンターが集まる。バゲージクレームを出てドア#02、#26からレンタカーセンター行きのシャトルバスに乗ること。

▶ポートランド国際空港で借りる

エイビスAvis、ダラー Dollar、ハーツHertzはバゲージクレームを出て、向かいの駐車場ビルにレンタカー会社のカウンターがある。一方、アラモAlamo、バジェットBudgetのレンタカー会社のカウンターは駐車場ビルの中にあるが、借りるレンタカーは空港外に集められているので、手続き後Island 3にある "Courtesy Shuttles" の看板下からシャトルバスに乗車すること。

シアトル・タコマ国際空港では、バゲージクレームを出てシャトルバスに乗る

レンタカーの予約は必ず日本で！

海外でドライブをと決めているのなら、日本で予約をしていくのが断然お得で確実。現地でいきなり借りるとしても、諸手続きに相当な時間と英語力が必要になる。

大手レンタカー会社では、日本人旅行者向けの特別料金や日本支払いのクーポンなど割引料金プランを設定している。特徴や条件も各社さまざまなので、よく検討するといい。

予約の際に決めておく項目

①借り出しと返却の日時、場所（営業所）

借り出し、返却の日時は、「7月23日の午前10時頃」という決め方。飛行機で到着してすぐに借りる場合は、フライト番号と到着予定時刻、そうでないときは宿泊先などの連絡先を伝えておく。

②車種（クラス）

③追加装備（カーナビやチャイルドシートなど）

④運転する人（契約者）と追加ドライバーの有無（同乗者が運転する場合、契約時に登録しなくてはならない）

レンタカーを借りる手続きと返却手続き

▶車をピックアップ（チェックアウト）

現地に着いたら、いよいよ車を借り出す。レンタカーを借りることをピックアップ（チェックアウト）、返却することをリターン（チェックイン）という。ここでは日本から空港に着いて、そのまま空港の営業所から借り出すことを前提にその手順を説明する。

カウンターで予約してあることを告げて、予約確認証、国外運転免許証、日本の運転免許証、クレジットカード、クーポンで支払う場合はクーポンを差し出す。クーポンで支払う場合でも、任意保険や保証金のためにクレジットカードの提示が必要になる。

国外運転免許証について →P.283

※アメリカで運転するときは、必ず日本の運転免許証と国外運転免許証のふたつを携帯して運転すること。

ポートランド国際空港では、レンタカー会社によってカウンターのある場所が異なる

レンタカーで空港から市内へ

シアトル・タコマ国際空港→P.38
ポートランド国際空港→P.152

日本に支社、代理店のあるレンタカー会社

●アラモ Alamo
アラモレンタカー
URL www.alamo.jp
日本 無料 0120-088-980
☎(03)5962-0345
営 月～金9:30～18:00
休 土日、祝日
アメリカでの予約・問い合わせ先
Free (1-844)357-5138

●エイビス Avis
エイビスレンタカー日本総代理店
(株)オーバーシーズ・トラベル
URL www.avis-japan.com
日本 無料 0120-31-1911
営 月～金9:00～18:00
休 土日、祝日
アメリカでの予約・問い合わせ先
Free (1-800)230-4898

●バジェット Budget
バジェットレンタカー日本総代理店
(株)イデックスオート・ジャパン
URL www.budgetrentacar.jp
日本 無料 0120-150-801
営 毎日9:00～18:00
アメリカでの予約・問い合わせ先
Free (1-800)218-7992

●ダラーDollar
ダラーレンタカー予約センター
URL www.dollar.co.jp
日本 無料 0120-117-801
営 月～金9:00～18:00
休 土日、祝日、年末年始
アメリカでの予約・問い合わせ先
Free (1-800)800-4000

●ハーツ Hertz
レンタカー予約センター
URL www.hertz.com
日本 無料 0120-489882
(ヨヤクハハーツ)
営 月～金9:00～18:00
休 土日、祝日、年末年始
アメリカでの予約・問い合わせ先
Free (1-800)654-4174

その他のレンタカー会社

●エンタープライズ
URL www.enterprise.com
Free (1-800)266-9289

MEMO **ダラーレンタカー** ダラー Dollarは日本に代理店があるが、ワシントン州とオレゴン州を取り扱っていないため、英語のウェブサイトから予約や問い合わせをすることになる。

次に車のクラス、チェックイン（返却）の日時などレンタル条件の確認を行う。

任意で加入する保険については、右側注を参照。決して強制ではないが、万一のために加入したい。

契約者以外が運転する場合には、追加ドライバーの登録が必要になる。その際には、追加ドライバーの日本の運転免許証と国外運転免許証、クレジットカードも必要。

最後に契約書にサインをする。契約書の条件を守る義務を生じさせるものなので、**契約書に書かれた条件、内容、特に保険に関する項目を書面上で十分に確認したうえでサインをしよう。**

▶保険について

契約に必ず含まれる保険は、大手レンタカー会社の場合、自動車損害賠償保険（最低の対人、対物補償）の保険料が基本料金に含まれている。つまり契約書にサインすると、この保険に加入したことになる。ただし、補償上限額は低いので、任意保険に入ることになる。

また、レンタカー会社が提供するパッケージプランによって、各種保険がカバーする補償範囲は異なるので、それぞれ比較するといい。

なお、契約書の契約事項に違反して車を使用したとき、交通法規に違反して事故を起こしたとき（速度超過、飲酒運転など）、未舗装の道路で起こした事故、契約者や追加運転者として認められた人以外が運転して起こした事故などでは、保険の適用が受けられない。

▶車をリターン（チェックイン）

空港の営業所に返却する場合が多いと思われるので、ここではその簡単な説明をする。「Return」のエリアに車を停めると係員がやってくる。契約書のホルダーを係員に渡すと、係員がガソリン残量や走行マイルなどをチェックし、ホルダーの情報として入力し、支払い手続きをしてくれる。事故を起こした場合は、発生直後に連絡をしていれば、書類の確認をするだけで手続きは完了する。領収書と契約書は、トラブル発生の場合に証拠となるので、大切に保管しておくこと。

アメリカの交通法規

運転の基本はどこでも同じ『安全』。しかし、その安全を実現するための交通法規は、アメリカと日本では少し異なる。なかには日本であまりなじみのないものもある。安全な運転を心がけるためにも、必ず覚えておきたい。

▶右側通行

アメリカの車は日本とは反対の左ハンドルで右側通行。最初は不安だが、意外にすぐ慣れてしまう。注意したいのは、右左折や、駐車場や路地などから広い道に出る場合など。慣れてきても、周りに走っている車がないと、左レーンに入ってしまいそうになることがある。初めのうちは常に「センターラインは左側」ということを意識するようにしたい。

▶赤信号での右折

アメリカの合理的な交通法規が、いくつかの条件を満たせば、赤信号でも右折ができるということ。ほかの車や歩行者などの動きを見て、安全が確認できたらという条件付きだ。ただし、いつでも赤信号で右折できるわけではないということを認識しよう。信号に“NO（RIGHT）TURN ON RED　赤信号時の右折禁止”の標識が出ている交差点では、信号が青になるまで右折はできない。

任意保険の申し込みと種類

任意保険は、予約時に申し込みできるほか、借り出し時にも、追加加入の意志を確認される。**LDW（またはCDW）**は自車両損害補償制度のこと。乗り手はレンタル中の車自体の盗難、紛失、破損などで生じた損害のすべてを支払わねばならない。これが免除される保険。

PAIは搭乗者傷害保険のこと。運転者も含め、車に搭乗している者全員を対象とし、レンタカーの事故により負傷したときに適用される傷害保険。

PEC（またはPEP）は携行品の損害にかかる保険。レンタカー利用中に携行品（現金などは含まない）に発生した事故（盗難、破損）についての補償。アメリカの場合、PAIとPECはセットで加入しなくてはならない。

LISはレンタル契約時に、自動的に加入となる損害賠償保険（対人対物、LP）の補償をアップする追加自動車損害賠償保険のこと。

Fuel Purchase Option

燃料先払いオプション（Fuel Purchase Option 、FPO）はあらかじめ満タン分のガソリンを購入しておき、返却時には満タンにする必要がないというもの。ガソリン単価は、その地域内では比較的高めの単価を設定している場合が多い。

マイル表記と制限速度

1マイルは約1.6km。最初はスピード感覚がつかめないが、スピードメーターはマイルとkmの両方の表記がされているので、それほどとまどうことはない。

一般的な制限速度は、ハイウエイ55～70マイル、一般道35～55マイル、住宅街15～25マイル、駐車場内5マイル。

フリーウエイ

世界で最もフリーウエイシステムが発達しているアメリカ。レンタカー利用者も、見どころやホテルへ移動するのに必ず利用するはず。フリーウエイ利用法の基本を紹介する。

フリーウエイのルートナンバー

フリーウエイには、番号（ルートナンバー）がついていて、原則として偶数は東西、奇数は南北に走っている。道路沿いの標識で示され、“North”、“East”といった進行方向も併記されているので、どのフリーウエイを、どちらに向かって走っているのかがわかる。

カープールレーン

フリーウエイには交通渋滞を緩和するために、カープールレーンCarpool Laneという車線が設置されていて、白い菱形の標識で表示されている。このレーンは1台の車に2名、あるいは3名以上乗っていなければ走ることができない。

▶アルコールは禁止

飲酒運転禁止。車内に飲みかけのアルコール飲料の缶などを置いてあるだけでも違法となる。アルコール類は必ずトランクに入れよう。

JAFとAAAの上手な利用法

JAFの会員であれば、入国から3ヵ月間に限り、AAA（アメリカ自動車協会）からAAAの会員と同様のサービス（レッカー移動や修理などのロードサービスの依頼やツアーブックの入手など）を受けられる。必ずJAFの会員証を提示すること。利用は、電話をかけて依頼する。

ガソリンを入れる

アメリカのガソリンスタンド（以下"GS"）にはふたつのシステム、"フルサービスFull Service"と"セルフサービスSelf Service"がある。"セルフサービス"とは自分でガソリンを入れるシステムのこと。**ワシントン州はセルフサービスが多い。その一方、オレゴン州は州法によりセルフサービスでの石油の給油が認められていないため、フルサービスの営業のみとなっている。**

セルフサービスの給油の仕方

▶支払い方法

支払いの方法には2とおりあって、GSごとに異なる。"Please Pay First"とポンプに書いてある場合は先払い、ない場合はあと払いということ。また、ポンプによっては、クレジットカードで支払うこともできる。近年、ほとんどの都市では料金先払いのGSが多くなっている。

▶給油の手順

1) ポンプのノズルを持ち上げ、先端をガスタンクの給油口に入れ、しっかりと差し込む。この状態ではまだスイッチは入っていないので、ガソリンが飛び出すことはない。
2) スイッチが入ると、表示パネルのガロンメーターと料金メーターがリセットされる。
3) ノズルのグリップを握ればガソリンが出てくる。ノズルを引き抜き、もとの位置に戻す。ガスタンクのキャップを忘れずに閉める。
4) おつりがあるなら、キャッシャーへ行く。あと払いなら、キャッシャーでガソリン代を支払う。これですべての手続きが終了。

夜間のGS利用の注意

深夜まで営業しているGSもあるが、何かトラブルがあってもGSの店員は警察に通報する程度。昼間のうちに給油するよう心がけよう。

スクールバス

前方を走っている黄色いスクールバスが停車して、赤いフラッシュが点滅を始めたら、後続車だけでなく、対向車線の車もその場で停車しなければならない。スクールバスの側面から"STOP"というサインが出ている間は、停車していること。

路上駐車について

都心部での路上駐車は、パーキングメーターの利用が多くなる。その際、標識で何時間まで駐車可能か確認しよう。また、25¢硬貨しか使えないものや、クレジットカードのみ使用可能など、機械によって支払い方法が異なるので注意。

路上駐車では縁石の色に注意

駐車禁止ゾーンは縁石の色によって分けられている。

白→同乗者の降車や郵便ポストを使うときのみ駐車可
緑→標識に記載されている限定された時間のみ駐車可
黄→貨物の積み降ろし時のみ駐車可。運転者は下車不可
赤→いつでも駐・停車禁止
青→障害者用車両など指定車のみ駐車可

ドライブ中のトラブル

罰金の支払い方法ほか→P.310

JAF総合案内サービスセンター

☎0570-00-2811
URL www.jaf.or.jp

AAAロードサービス

Free (1-800) 222-4357

地図やツアーブックについて

AAAワシントン州オフィス
Free (1-800) 562-2582
AAAオレゴン州オフィス
Free (1-800) 444-8091

ガソリンの単位

1ガロン≒3.785ℓ、8ガロン≒30ℓ

ガソリンの種類

レギュラーはUnleaded、ハイオクはPremium、その中間のUnleaded Plusなどがあるが、レンタカーはレギュラーでOK。

COLUMN

ウーバーUber とリフトLyft

シアトルやポートランドでも利用できる、個人による送迎車サービス。タクシーよりも料金が安いうえ、現在いる場所まで来てくれるのが人気の秘訣。夜遅くなってもドア・トゥ・ドアの移動が可能になるので、ひとり歩きするよりも安心だ。ただし、便利な反面、事故が起こったり、レイプが発生したりしている。その点をふまえたうえで、利用する前に、信頼できるドライバーかどうか、ドライバーの評価を参考にするようにしたい。

Uber URL www.uber.com
Lyft URL www.lyft.com

MEMO **クレジットカードでガソリンスタンドを利用する** ポンプの機械が、日本で発行されたクレジットカードを受け付けないこともある。その場合は、売店のスタッフにクレジットカードで支払うことを告げること。

旅の技術

ホテルの基礎知識

アメリカと日本のホテルで大きく違う点は料金体系。アメリカでは、基本的にひと部屋単位の料金設定なので、ひとりでも4人で泊まっても同じ料金だ。旅をするにあたり、宿泊費はなるべく抑えたい人も多いはず。しかし、宿泊料はホテルの質とサービス、治安を含めた立地条件などに比例していることを念頭にホテル選びをしてほしい。

アメリカの宿泊施設

宿泊施設は最高級ホテルからユースホステルまで、さまざまだ。料金はシングルルームで最高級$300～、高級$200～、中級$130～、エコノミー $80～といった具合。料金は季節や繁忙期などによって上下し、夏の観光シーズンは特に混雑する傾向にある。基本的には、宿泊者が多いときには料金は高く、少ないときには安い。なお、シアトルとポートランドでは旅行客だけでなくコンベンションで訪れるビジネス客の訪問も多く、コンベンションが集中する時期は宿泊費が一気に上がり、街の中心地での部屋の確保が難しくなる。そんなときは、ビジネス客の使わないエコノミーホテルや空港周辺のホテル、少し郊外にあるホテルやモーテルなどが狙い目だ。

部屋のタイプについて

▶シングルとダブル Single Room & Double Room

アメリカのホテルでシングルサイズのベッドを置いているところは、エコノミーホテルを除き、ほとんどない。ベッドの大きさはダブルのクイーンサイズかキングサイズで、どちらもふたり用。ひとりで行っても広さはふたり用の部屋に通される。

▶ツイン Twin Bedded Room

ベッドがふたつある部屋で、多くの場合それぞれが大きなダブルベッドであることが多い。家族連れならこのタイプの部屋でOK。

▶スイート Suite

寝室と居間が分かれているタイプの部屋で、中級以上のホテルに多い。

ホテルのタックス（税金）について

アメリカでは通常の物品税（セールスタックス）とは別に、ホテルの場合は各都市で設定されたホテルタックスが付く。ほとんどのホテルは、タックスなしの料金を提示しているので注意しよう。また、アメリカの都市によってはホテルタックスのほかに地域特有の課税を設定している町もある。シアトル、ポートランドのホテルタックス→側注を参照。

ホテルの予約について

予約方法は①日本の旅行会社を通じての予約、②ホテルのオフィシャルサイトからオンライン予約（大手ホテルチェーンなら日本に電話予約窓口あり）、③ホテル予約サイトでオンライン予約、などが挙げられる。①の場合、中級以上のホテルなら日本の旅行会社でも予約できる。バウチャーやクーポンを発券するケースが多い。②③の場合、予約に際してはクレジットカードが必要。希望の日にちを入力し、金額も必ず確認すること。予約が完了すると予約番号Confirmation Numberの入った予約確認書が発行される。印刷して携行しよう。

高級ホテル

豪華な室内から、ロビー、レストランなどパブリックスペース、すべてに高級感が漂う。さまざまなサービスも提供しているが、それらが必要なければ、そのぶんお金の無駄となる。

中級ホテル

機能性を重視したホテルが多く、必要なものは揃っている。このクラスは、チェーンホテルや個性的なホテルが多い。同じチェーンであれば設備やサービスはほとんど同じ。

エコノミー

エコノミーホテルは個人で営業しているものが多く、サービスや設備の差が大きいので、自分で見て納得したうえで泊まるように。

モーテル

客室料金の相場は$40～120。車で旅する人向けの宿で、国道沿いやハイウエイの出入口付近に多く点在している。基本的に駐車場は無料、マフィンやフルーツ、コーヒーなどの簡単な朝食も無料で付く場合が多い。

ユースホステル

安さに重点をおいている人、国際交流したい人向け。部屋の形態はドミトリー（ひと部屋に6～8人収容、男女別室・混合など）、個室もあるがシャワーやトイレが共用などさまざまなケースがある。なお、アメリカには世界的な組織のユースホステル（→P.283）と私設のユースホステルがある。相場は$30～。

ベッド&ブレックファースト（B&B）

住居を改築した家族経営の小規模な宿。郊外の瀟洒な町に多く、しっかりとした朝食とかわいらしい装飾の部屋が特徴。相場は$80～200。

おもな都市のホテルタックス

シアトル：15.6%
ポートランド：15.3%

コンベンション情報

シアトル
URL www.wscc.com
ポートランド
URL www.oregoncc.org

旅の技術

レストランの基礎知識

シアトルやポートランドは、アメリカのなかでも食に対してのこだわりが強い。地産地消の意識が高く、地元の海や山で取れた新鮮な食材、オーガニックで栽培された有機野菜をふんだんに使った料理が味わえる。また、近郊にはワインの産地があるうえ、地ビールも有名で街なかにブリュワリーが点在しているのも特徴だ。

利用の流れ

❶ 予約をする

人気のあるレストランや有名店では、予約が必要な場合がある。予約は電話、またはレストランのウェブサイトやレストラン総合予約サイトOpen Table（URL www.opentable.com）で予約する方法がある。

❷ レストランへ

予約していれば、店の人に名前を告げる。していない場合は名前と人数を告げて、店の人の案内を待つ。

❸ 席へ案内されたら

案内のテーブルに着いたら、テーブル担当者がメニューを持ってきてくれ、今日のおすすめ料理（Today's Special）、日替わりの料理などを簡単に説明してくれる。まず、最初に飲み物を注文し、それらが運ばれてくる間にメインのメニューを選んでおこう。メニューは、Appetizer（前菜）、Salad（サラダ）、Soup（スープ）、EntréeやDinner（メインディッシュ）、Dessert（デザート）などに分かれている。ひと皿の量が多いので、胃袋に自信がある人を除いて頼み過ぎないよう様子を見ながら注文するのがコツ。

❹ 食事を楽しむ

テーブルの担当者が食事の様子をうかがいに来る。"Is everything OK？" などと聞いてくるので、おいしければ "Good." "Excellent." などと答えよう。逆に何かおかしかったら説明を。メインを食べ終わる頃に "Have you finished?" と聞きにくるが、まだだったら "I'm still eating." と答えればよい。"Would you like dessert?" とデザートをすすめにきて、もう食べたくないときは "I'm fine." と答えるのもよい。

❺ 会計をする

支払いはテーブルで行うのが一般的。「会計をお願いします」"Check, please."でOK。ウエーター/ウエートレスが勘定書きを持ってきてくれる。

▶現金で支払うケースで、代金とチップの合計金額と過不足ゼロの現金で会計するときは、勘定書きと一緒に現金をテーブルに置いて店を出てよい。おつりが必要な場合は、ウエーター/ウエートレスを呼び、勘定書きと一緒に現金を渡す。戻ってきたおつりのなかからチップ分の現金をテーブルに残して席を立つ。

▶クレジットカードで支払うケースは、勘定書きを確認し、カードをその上に置くか、ホルダーに挟む。ウエーター/ウエートレスが一度それを持って下がり、カードとカード用の伝票を持ってくる。飲食代の下にチップを記入する欄があるのでそこに15～20%程度のチップを料金に加算し、その下に合計金額を記入、署名欄にサインする。カードの伝票は通常2枚複写なので、お客様控えCustomer-copyをレシートとして受け取り、店側の控えを残して席を立つ。チップのみ現金払いも可（→側注）。

ドレスコード

高級レストランでは、たいてい「ドレスコード」といって、ショートパンツ、Tシャツ、ジーンズ、スニーカーなどカジュアルな服装では入店できず、男性ならジャケットにネクタイ、女性ならワンピースなどを着用するという決まりがある。店の雰囲気に合った服装をするように心がけよう。

アルコールについて

ワシントン州、オレゴン州では、21歳未満の飲酒は禁止。また、お酒を買うときは必ず写真付きのID（身分証明書）が必要。ナイトスポットでは入場時にもIDの提示を求められる。飲酒は、公園などの公共の場でも厳禁、罰金も高額なのでご注意を。

ファストフード店、スターバックスのようなコーヒーのチェーン店では

基本的な注文の流れは、注文→受け取り→支払い（注文→支払い→受け取り）の順。注文は、写真付きのメニューを指さし、またはセットメニュー（＝コンボCombo）の番号を伝えるだけでOK。もちろん、単品でも注文できる。注文を終えると、"For here or to go?" と店内での食事（here）、またはお持ち帰り（to go）かを聞かれる。受け取りは、レシートに書かれた番号で呼び出されるパターンが多い。なお、ファストフード店ではソフトドリンクが飲み放題のことが多い（店舗の立地により異なる）。空のドリンクのカップを渡されるので、ドリンクバーで好きなだけ注ぐことができる。

チップを現金で支払う場合

カード伝票のチップ欄に斜線を引き、合計金額欄に飲食代金額のみ記入する。チップ分の現金を伝票に添える。

MEMO **デパートのおもなウェブサイト** 高級デパート●ノードストローム URL shop.nordstrom.com 中級デパート●メイシーズ URL www.macys.com ↗

旅の技術 ショッピングの基礎知識

アメリカでは予算に応じてバラエティに富んだ買い物が楽しめる。特にポートランドは無税なので、高級ブランド品も安く手に入る。買い物好きにはたまらない街だ。アメリカのどの都市にも、専門店やブランド店が集結したデパートやショッピングモールがあるので、効率よく買い物ができる。

賢くショッピングをするポイント

▶セールの時期

日本では7～8月、1～2月がセールの季節だが、アメリカでは祝祭日に合わせてバーゲンセールが行われる。ただし、セール品は返品不可の店もあるので、よく品定めをしてから買おう。クリスマスセールの時期、デパートの多くは23:00ぐらいまで営業している。アメリカのセール時期は右側注のとおり。

▶服、靴のサイズを確認し、必ず試着を

サイズの表示は日本と違う。服の場合、サイズ表記はインチが基準なので注意すること（カジュアルなものは、Small、Medium、Large）。靴は、メーカーやブランドによって、サイズ表記が異なってくる。まずは、サイズ比較表（→P.302）から自分がどれにあたるか目星をつけておこう。ギフトに選ぶ場合は対象者のサイズ確認も忘れずに。実際にショッピングをするときは、服でも、靴でも買う前に必ず試着をしてみること。メーカーなどによってサイズに相違があるし、作りもアメリカと日本では若干異なる。

▶どこで買い物をする？

短時間で一度に買い物を済ませたい人にはショッピングモールがおすすめ。広い敷地に建てられた大きな建物の中に、デパートや各ブランドの小売店が入っている。また、レストランやフードコートが入っていて、ひと休みにもいい。モールによっては、シネマコンプレックスなども入っていて、郊外型の巨大ショッピングモールなら1日遊べる。郊外なら駐車場の料金は無料だが、中心部は有料のことが多い。

また、ブランドものがディスカウント価格で販売されているアウトレットもぜひ行きたい。もはやアメリカンショッピングの定番といってもいいだろう。大型のアウトレットは郊外にあり、公共の交通機関を使って行くことは難しい場合が多い。車、またはツアーを利用して行ってみよう。規模は大きくないが、ノードストローム・ラックやロス・ドレス・フォー・レスのように中心地に出店している都市型のアウトレットもある。

ちょっとしたおみやげなら、スーパーマーケットやドラッグストアもおすすめ。オーガニック系のスーパー、ホールフーズ・マーケットWhole Foods Market（→P.85脚注、P.192脚注）では自然派コスメ、アロマセラピー、ヨガグッズなども売っている。また、トレーダージョーズTrader Joe's（→P.91脚注、P.193脚注）なら、ワインやナッツ、ドライフルーツが充実している。

セールスタックスについて

アメリカは州や市によって、日本の消費税に相当するセールスタックスの税率が異なる。同じものなら税率の低い都市での買い物が得。

アメリカのバーゲン時期
アメリカは日本に比べてよくバーゲンをやっている。際立って安くなるのがサンクスギビングからクリスマスにかけて。特にバーゲン初日は早朝より店もオープンし、皆いっせいに買い物に繰り出す。クリスマスプレゼントを買うためだ。（→P.276～277）

支払い方法
アメリカではちょっとした金額のものはクレジットカードで支払う。買い物をするとき"How would you like to pay?" とか "Cash or charge?" と尋ねられることがある。「キャッシュ」とは現金のことで、「チャージ」とはクレジットカードによる支払いのこと。なお、トラベラーズチェックは現金同様に使えるが、支払いのサインをする前に、使えるかどうか尋ねてみるといい。そのときの英語は"Do you take traveler's check?"

試着する際は3サイズを
日本人はアメリカ人に比べて細身。7～9号の女性は"P"と表示されたPetiteのほうが合う。サイズ表から目星をつけ、その前後と3サイズを試着してみよう。その際、ほころび、キズなどないか要チェック。製品の素材もよく確かめて。

おもな都市のセールスタックス
シアトル10.1%
ポートランドは課税なし

↘ディスカウント系●サックス・フィフス・アベニュー・オフ・フィフス URL www.saksoff5th.com ●ロス・ドレス・フォー・レス URL www.rossstores.com ●ノードストローム・ラック URL www.nordstromrack.com

日本とアメリカのサイズ比較表

●身長

フィート／インチ(ft)	4'8"	4'10"	5'0"	5'2"	5'4"	5'6"	5'8"	5'10"	6'0"	6'2"	6'4"	6'6"
センチメートル(cm)	142.2	147.3	152.4	157.5	162.6	167.6	172.7	177.8	182.9	188.0	193.0	198.1

●体重

ポンド(lbs)	80	90	100	110	120	130	140	150	160	170	180	190	200
キログラム(kg)	36.3	40.9	45.4	50.0	54.5	59.0	63.6	68.1	72.6	77.2	81.7	86.3	90.8

●メンズサイズ

サイズ	Small		Medium		Large		X- Large	
首回り(inches)	14	14½	15	15½	16	16½	17	17½
首回り(cm)	35.5	37	38	39	40.5	42	43	44.5
胸囲(inches)	34	36	38	40	42	44	46	48
胸囲(cm)	86.5	91.5	96.5	101.5	106.5	112	117	122
胴回り(inches)	28	30	32	34	36	38	40	42
胴回り(cm)	71	76	81	86.5	91.5	96.5	101.5	106.5
袖丈(inches)	32½	33	33½	34	34½	35	35½	36
袖丈(cm)	82.5	84	85	86.5	87.5	89	90	91.5

●レディスサイズ

	X-Small	Small		Medium	Large		X-Large		
アメリカサイズ	0～2	4	6	8	10	12	14	16	18
日本サイズ	5、7	7	9	11	13	15	17	19	－

●靴サイズ

レディス	アメリカサイズ	4½	5	5½	6	6½	7	7½
	日本サイズ(cm)	22	22.5	23	23.5	24	24.5	25
メンズ	アメリカサイズ	6½	7	7½	8	8½	9	10
	日本サイズ(cm)	24.5	25	25.5	26	26.5	27	28
キッズ	アメリカサイズ	1	4½	6½	8	9	10	12
	日本サイズ(cm)	9	10	12	14	15	16	18

※靴の幅

AAA AA A	B C D	E EE EEE
狭い	標準	広い

●身の回りのサイズ

●乾電池

単1=D　単2=C　単3=AA　単4=AAA　単5=N

●用紙サイズ

アメリカの規格は日本と異なる国際判(レターサイズ)

- Letter Size=8.5in×11in=215.9mm×279.4mm
- Legal Size=8.5in×14in=215.9mm×355.6mm
  (日本のA4は210×297mm)

●写真サイズ

- 3×5=76.2mm×127mm
- 4×6=101.6mm×152.4mm
- 8×10=203.2mm×254mm
  (日本のL版は89mm×127mm)

●液体の容量

- 1ティースプーン(日本でいう小さじ)=約4.92mℓ
- 1テーブルスプーン(日本でいう大さじ)=約14.78mℓ
- 1カップ=約236.58mℓ(日本は200mℓ)

●ジーンズなどのウエストサイズ

レディス	サイズ(inches)	26	27	28	29	30	31	32
	サイズ(cm)	56	58	61	63	66	68	71
メンズ	サイズ(inches)	29	30	31	32	33	34	36
	サイズ(cm)	73.5	76	78.5	81	84	86	91.5

●ガールズサイズ

サイズ	X-Small	Small	Medium	Large	X-Large	XX-Large
	5	6～7	8	10～12	14	16
身長(cm)	110	120	130	140	150	160

●ボーイズサイズ

サイズ	X-Small	Small	Medium	Large	X-Large	XX-Large
	5	6～7	8	10～12	14～16	18
身長(cm)	110	120	130	140	150～160	160～170

●ベイビーサイズ

サイズ	2歳	3歳	4歳	5歳	6歳	7歳
	2T	3T	4T、4	5T、5	6	7
身長(cm)	90	100	110	110	120	130

●ヨーロッパ・サイズ比較表

	洋服					靴						
日本	7	9	11	13	15	22.5	23.0	23.5	24.0	24.5	25.0	
フランス	34	36	38	40	42	35	35½	36	36½	37	37½	
イタリア	36	38	40	42	44	35	35½	36	36½	37	37½	

●度量衡

●長さ

- 1インチ (inch)≒2.54cm
- 1フット(foot)=12インチ≒30.48cm
  (複数形はフィートfeet)
- 1ヤード(yard)=3フィート≒91.44cm
- 1マイル(mile)≒1.6km

●重さ

- 1オンス(ounce)≒28.4g
- 1ポンド(pound)=16オンス≒454g

●体積

- 1パイント(pint)≒0.4ℓ
- 1クォート(quart)=2パイント≒0.95ℓ
- 1ガロン(gallon)=4クォート≒3.78ℓ

旅の技術 チップとマナー

アメリカは、異なる慣習をもつ人々が暮らす多民族国家。これさえ守れば大丈夫！といった絶対的な決まりごとはないが、最低限守りたい慣習やマナーだけはおさえておきたい。「郷に入れば郷に従え」、気持ちよいマナーを心がけて楽しい旅を！

チップについて

アメリカではサービスを受けたらチップを渡す習慣がある。一般的に、どのレストランでも請求書の合計金額の15～20%をチップとしてテーブルに残しておく。グループだと合計金額も高くなるが、人数や時間に関係なく、合計額の15～20%（相場は18%）が基本だ。なお、小額の消費をしたときでも＄1以上のチップを手渡したい。

▶レストランでのチップの支払い方

ウエーター、ウエートレスへのチップは支払い後、会計伝票を載せてきたトレイに残す。クレジットカードでの支払いでもチップを含めて決済できる（記入例は下記を参照）。チップは売上合計金額に対しての15～20%程度とし、タックス分は対象にしなくていい。

会計伝票記入例

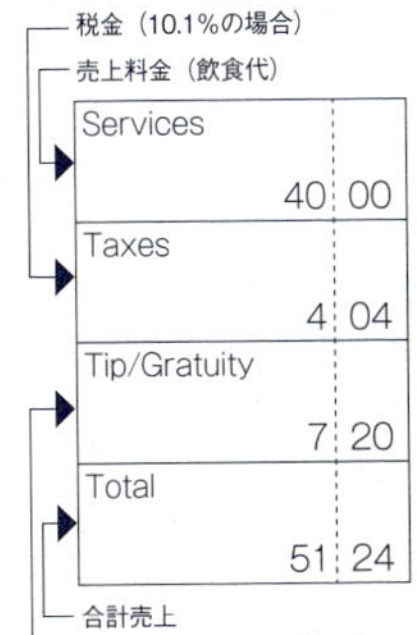

チップ換算早見表

料金($)	15%		20%	
	チップ	合計額	チップ	合計額
5	0.75	5.75	1.00	6.00
10	1.50	11.50	2.00	12.00
15	2.25	17.25	3.00	18.00
20	3.00	23.00	4.00	24.00
25	3.75	28.75	5.00	30.00
30	4.50	34.50	6.00	36.00
35	5.25	40.25	7.00	42.00
40	6.00	46.00	8.00	48.00
45	6.75	51.75	9.00	54.00
50	7.50	57.50	10.00	60.00

簡単なチップの計算法
①料金の端数を切り下げる（または切り上げ）
例）$35.21 → $35.00
②チップが 15% なら、× 0.15
$35.00 → $5.25
③ 20% なら小数点を 1 ケタ上げてから 2 倍に
$3.50 × 2 → $7
④チップの相当額は 15～20%（$5.25～7）の範囲。通常チップの目安は 18% なので中間の数字が相場だ。それぞれのサービスに見合った額を決めればよい。

マナーについて

▶飲酒と喫煙

州によって法律が違うが、ワシントン州とオレゴン州は21歳未満の飲酒と、屋外での飲酒は禁じられている。リカーストア（酒類の販売は6:00～翌2:00）、ライブハウス、クラブなどでは、アルコール購入の際に ID（身分証明書）の提示を求められることもある。特に注意してほしいのが、公園やビーチ、公道でのアルコールは厳禁。たばこを取り巻く環境となると、さらに厳しい。レストランは屋内、アウトドアのテラスでも禁煙。ホテルも禁煙ルームのほうが断然多い。

▶子供連れの場合

レストランや公共の場などで騒いだら、落ち着くまで外に出ていること。また、ホテル室内や車の中に子供だけを置き去りにしたり、子供をしつけのつもりでたたいたりすると、同様に警察に通報されるので日本人は特に要注意だ。

チップの目安

●ポーターへ
ホテルの玄関からロビーまで荷物を運ぶドアマンと、ロビーから部屋まで荷物を運ぶポーターにそれぞれ渡す。荷物ひとつにつき$2～3が目安。

●ホテルメイドへ
ベッドひとつにつき$1～2。

●タクシーで
タクシーなどの場合はチップを単体で手渡すのではなく、メーターの表示額に自分でチップを加えて支払うことになる。メーター料金の15～20%とされるが、気持ちよくドライブできたら多めにチップをはずんでもいい。細かい端数は切り上げて支払うのが一般的だ。

●ルームサービスで
ルームサービスを頼んだ場合、まず伝票を見る。サービス料金が記入されていればチップは不要。サービス料金が加算されていなければ伝票にチップの金額を書き、さらに合計金額を書く。現金でもOK。メッセージや届け物などは$1～2。

●ツアーで
ガイドチップはツアー代金の15～20%が目安。

心がけたいマナー

●あいさつ
道を歩いていて人に触れたら“Excuse me.”。もし、ひどくぶつかってしまったり、足を踏んでしまったら“I'm sorry.”。人混みの中で先に進みたいときも“Excuse me.”だ。無言はたいへん失礼になる。お店に入って、店員に“Hi!”と声をかけられたら、“Hi.”または“Hello.”などと返事を返そう。また、話をするときは、真っすぐ人の目を見て話すように。

歩行喫煙はNG!!

日本で多く見られる歩行喫煙は絶対にやめてほしい行為だ。

MEMO 列の並び方　キャッシャーやATM、トイレなどで並ぶときは、1列に並んで空いた所から入っていくという、フォーク型の並び方が定着している。

電話

旅先から日本へ国際電話で連絡をとらなければならない状況は誰にでも起こりうる。ここでは、アメリカ国内外への電話のかけ方をケース別に説明している。また、海外でも日本で利用している携帯電話を持って行動する人も多い。利用法などの詳細は事前に確認しておきたい。

アメリカ国内の公衆電話のかけ方

市内通話 Local Call

同じ市外局番（エリアコード）内の市内通話の場合、最低通話料金は50¢が一般的だ。受話器を持ち上げ、コインを入れ番号を押す。投入した金額では不足の場合、オペレーターの声で“50 cents, please.”などと指示があるので、その額のコインを投入する。

市外通話 Long Distance Call

最初に1をダイヤルしてから、市外局番、相手先番号と続ける。オペレーターが“Please deposit one dollar and 80 cents for the first one minute.”などと料金を言うので、それに従いコインを入れる。指定額が入ると回線がつながる。公衆電話からかける長距離通話は意外に高いので、プリペイドカード（→下記）を使うのが一般的。

プリペイドカード

日本のテレホンカードのように直接電話機に挿入して使うシステムではなく、カードに記された各カード固有の番号をダイヤル入力することによって、通話ができるというもの。利用方法は、まず専用のアクセス番号（カードに表記されている）をプッシュ。操作案内があるので、それに従って自分のカード番号、相手先電話番号をプッシュしていけばよい。このプリペイドカードは日本やアメリカの空港、ドラッグストアのレジなどで販売されている。アメリカ国内でも日本へも、購入金額に達するまで通話できる。

アルファベットの電話番号

アメリカの電話機には、数字とともにアルファベットが書き込まれている。これによって数字の代わりに単語で電話番号を記憶できる。

ABC→2　DEF→3
GHI→4　JKL→5
MNO→6　PQRS→7
TUV→8　WXYZ→9

トールフリーとは

トールフリーはアメリカ国内通話料無料の電話番号。(1-800)、(1-888)、(1-877)、(1-866)、(1-855)、(1-844)で始まる。なお、日本からかける場合は有料となるから要注意。
アメリカ国内で携帯電話から利用する場合も、通話料がかかる。

アメリカで利用できる日本で販売のプリペイドカード

空港やコンビニエンスストアなどで販売している。
●KDDI（スーパーワールドカード）
●ソフトバンク（KOKUSAI Card）

アメリカから日本へ電話をかける場合

例：(03)1234-5678へかける場合※1

011	+	81	+	3	+	1234-5678
国際電話識別番号		日本の国番号		市外局番の最初の0を取る※2		相手先の番号

※1：公衆電話から日本にかける場合は上記のとおり。ホテルの部屋からは、外線につながる番号を頭に付ける。
※2：携帯電話などへかける場合も、[090][080]などの最初の0を除く。

日本からアメリカへ電話をかける場合

例：(333)444-5555へかける場合

国際電話会社の番号	+	010	+	1	+	333	+	444-5555
KDDI 001※1 NTTコミュニケーションズ 0033※1 ソフトバンク 0061※1 au（携帯） 005345※2 NTTドコモ（携帯） 009130※3 ソフトバンク（携帯） 0046※4		国際電話識別番号		アメリカの国番号		市外局番（エリアコード）		相手先の番号

※1：「マイライン」「マイラインプラス」の国際通話区分に登録している場合は不要。詳細は🅤www.myline.org
※2：auは、005345をダイヤルしなくてもかけられる
※3：NTTドコモは、009130をダイヤルしなくてもかけられる
※4：ソフトバンクは、0046をダイヤルしなくてもかけられる
参考：携帯3キャリアともに、「0」を長押しして「+」を表示させると、国番号からのダイヤルでかけられる

ホテルの部屋から電話をかける

まず外線発信番号（多くの場合8または9）を最初に押す。あとは通常のかけ方と同じだ。ただし、ホテルの部屋からの通話にはサービスチャージが加算される。トールフリー（無料電話Free）の番号でも、チャージするところが多い。また、市外通話や国際通話をかける際、たとえ相手が電話に出なくても、一定時間（あるいは回数）以上呼び出し続けていると、それだけで手数料がかかるケースもあるので注意。

アメリカから日本への国際電話のかけ方

ダイヤル直通

自分で料金を払う最も基本的なもの。オペレーターをとおさずに直接、日本の相手先の電話番号とつながる。国際通話の場合は前述のプリペイドカード（→P.304）を使うのが一般的。

日本語オペレーターによるサービス（コレクトコール）

オペレーターを介して通話するもので、料金は日本払いのコレクトコールのみ。料金は高いが、すべて日本語で事足りるので安心。

国際クレジットカード通話

右側注のアクセス番号を入力し、日本語アナウンスに従ってクレジットカード番号、暗証番号、日本の電話番号をダイヤルする。支払いは自分のクレジットカードからの引き落としになる。

日本語オペレーターによるサービス(コレクトコール)サービスアクセス番号
●**KDDI**
（ジャパンダイレクト）
Free(1-877) 533-0051

国際クレジットカード通話アクセス番号
●**KDDI**
（スーパージャパンダイレクト）
Free(1-877) 533-0081

日本での国際電話に関する問い合わせ先

KDDI	無料 局番なしの0057 URL www.kddi.com
NTTコミュニケーションズ	無料 0120-506506 URL www.ntt.com
ソフトバンク(国際電話サービス)	無料 0120-0088-82 URL tm.softbank.jp/consumer/0061_intphone
au	無料 157（auの携帯から無料） URL www.au.com/mobile/service/global
NTTドコモ	無料 151（NTTドコモの携帯から無料） URL www.nttdocomo.co.jp/service/world
ソフトバンク(モバイルサービス)	無料 157（ソフトバンクの携帯から無料） URL www.softbank.jp/mobile/service/global

▶携帯電話を紛失した際の、アメリカからの連絡先（利用停止の手続き。全社24時間対応）

au	☎(011)+81+3+6670-6944	※1
NTTドコモ	☎(011)+81+3+6832-6600	※2
ソフトバンク	☎(011)+81+92-687-0025	※3

※1 auの携帯から無料、一般電話からは有料
※2 NTTドコモの携帯から無料、一般電話からは有料
※3 ソフトバンクの携帯から無料、一般電話からは有料

旅の技術

郵便

世界中がデジタル化し、送信ボタンひとつで用件を伝えられる世の中になった。最後に直筆で手紙を書いたのはいつだっただろうかと思う人も多いはず。日記の代わりに自分あてのはがきを書くのもいい。あなたの帰りを待つ家族や友達に、旅行中の感動を伝えよう。

旅の便り、重い荷物は郵便を活用

アメリカから日本への所要日数は、エアメールでだいたい1週間前後。料金は普通サイズのはがき、封書とも$1.15が基本となっている。

かさばる書籍類やおみやげなどの荷物は、郵便で日本に送ってしまえばあとが楽。大きな郵便局ならクッション入りの大型封筒、郵送用の箱なども売っている。

送る方法としては航空便Air Mailのみ。到着の速さによって数種類あり、いちばん安いFirst-Class Mailで4～14日。あて先住所は日本語で書いてかまわない（都道府県名と国名、例えば“TOKYO, JAPAN”は英語で別記）が、差出人の住所氏名は自分のものを英語で書く。印刷物を送る場合はそれを示すPrinted Matters、書籍の場合はBookの表示も書き加える（この場合、中に手紙は入れないこと）。

切手の購入

切手は郵便局の窓口かUS Mailのマークのある販売機であれば、額面どおりの額で買えるが、おみやげ店やホテルなどにある小さな販売機は割高だ。もし、どうしても見当たらなかったらホテルで尋ねてみるのもいい。

国際小包の税関申告書の記入の一例

まず、“From”の欄。“差出人”だから自分の名前を記入する。住所は、アメリカ在住者ならばアメリカの住所を、日本から旅行中であれば日本の住所を英語で記入すればいい。“To”は受取人を記入。自分あてなら上の“From”欄と同じことを英語で書けばいい。

右側の欄は、記載のあて先へ配達できない場合、荷物をどうするかを記入する欄。差出人に送り戻すなら“Return to sender”、別のあて先に送るなら“Redirect to Address Below :”にチェックし、あて先を記入。廃棄は“Treat as Abandoned”にチェックする。

下段は内容物について記入。“QTY”は数量、“VALUE”はその価値（おおよそでよい）をアメリカドルで記入。厳密に書くことはない。

上記のほかにも申告書は数種類あり、記入事項も多少異なる。

別送品の配送サービスを行っている宅配業者

●ヤマト運輸(国際宅急便)
YAMATO TRANSPORT U.S.A., INC
URL www.yamatoamerica.com

●日本通運(ジェットパック・輸入)
URL www.nittsu.co.jp/sky/express

日本への郵便料金

（2018年10月現在）

Air Mail（First Class International Mail）航空便	
封書 Letters	1オンス（28g）$1.15、0.5～1オンスごとに98～99¢を加算。最大重量3.5オンス（約99g）
はがき Post Card	$1.15
書籍・印刷物（Printed Matter） エム・バッグ M-bags	11ポンドまで$86.35、1ポンドごとに$7.85加算。最大重量66ポンド（約30kg）
定額封書 Flat-Rate Envelope	24 x 31.8cmの封筒に入るだけ$32.25。最大重量4ポンド（約1.8kg）
定額小包 Flat-Rate Box : Large	30.5×30.5×14cmの箱に入るだけ$92.50。最大重量20ポンド（約9kg）
小包 Parcel	1ポンドまで$50、2～66ポンドまで1ポンドごとに$3.05～3.45を加算。最大重量66ポンド（約30kg）

M-bagsという郵送方法は、大きな袋に無造作に荷物を入れられ、紛失や破損に対して何の補償もされない方法。
※小包、定額封書、定額小包はPriority Mail（配達に6～10日要する）を利用した場合。

旅の技術 インターネット

インターネットの便利さは、容易に情報が入手でき、情報発信できること。自分のパソコンやスマートフォンさえあれば、移動中のバスや列車内、ホテルの部屋、カフェなどでいつでも接続できる。メールの送受信をはじめ、ウェブサイトからの事前搭乗手続きなど、旅先での行動範囲が確実に広がる。

ホテルのインターネット環境

アメリカでは、よくホテルなどで"High Speed Internet"がひとつのうたい文句となっている。直訳すれば"高速インターネット"のことで、日本でいう"LAN（＝Local Area Network）"のこと。"Wireless High Speed Internet"は無線LANになり、これを"Wi-Fi（ワイファイ）"という。だいたいのホテルはWi-Fiでの接続が一般的だ。

有線LANの場合、コードは客室に備え付けられている。無線LANなら日本と同じ方法でつなげばよい。なお、インターネットの接続は、市内にあるホテルは有料と無料が半々、郊外のモーテルなどは無料が多い。使用料は、1日当たり$5～20程度。ホテルによってはロビーに宿泊者専用のパソコンを設置しているところも多い。

▶接続方法と支払方法

接続方法は、ホテル専用の回線に直接つなぎ、利用料金はチェックアウト時に精算されるものと、ホテル側が契約した専用業者の回線を使うものがある。やり方はインターネットにつなぎブラウザ画面を呼び出すと、その業者の申し込み画面が表示される。そこで"Buy Connection"をクリックし、クレジットカード情報を入力する。この場合、接続料金はクレジットカード会社を通して口座からの引き落としになる。

インターネットができる場所

アメリカにもインターネットカフェはあるが、店舗は少ない。アメリカ人が、街なかでスマートフォンやタブレット端末を使うときは、現地の3Gや4G回線で接続していることが多い。街なかでじっくりインターネットを利用したい人は、フェデックスFedExが便利。有料でパソコンの時間貸しをしており、日本語でウェブサイトやメールを見ることができる（ただし、日本語のメールは送信不可）。また、多くの空港ターミナル内は無料Wi-Fiが整備されている。

無料のWi-Fi（ワイファイ）スポット

アメリカの街なかで無料のWi-Fiの場所は公共図書館、博物館や美術館。ホテルによってはロビーやレストランのみ無料のWi-Fiが利用できる。このほか、マクドナルドなどのファストフード、スターバックス・コーヒーなどのカフェ、ショッピングモールでも利用できる場合が多い。無料Wi-Fiスポットは、店の出入口などに「Free Wi-Fi」のステッカーが貼ってあるのが目印。なお、海外用のモバイルWi-Fiルーターのレンタルサービス（有料）を利用すると、場所を問わずインターネットに接続できて便利だ。

パソコンの保管

パソコンは、客室備え付けのセーフティボックス（暗証番号式のキーロック）に必ず保管しよう。ない場合はフロントに預けるか、スーツケースに入れて施錠し、さらにクローゼットに収納するなど、目立たないように工夫をすること。

おすすめのブラウザ

●表示が英語のみのパソコンで

URL www.aol.com
URL www.yahoo.com

●日本語も表示できるパソコンで

URL www.yahoo.co.jp
URL www.msn.com/ja-jp

スマートフォンのインターネット利用に注意

アメリカで、スマートフォンをインターネット（海外ローミング）で利用した場合、高額となるケースがある。通話料が安いとされているIP電話も、インターネット回線を使うので、同様の注意が必要だ。日本を出発する前に、どのような設定にするのかを必ず確認しておくこと!!

携帯電話会社問い合わせ先など→P.305

スマートフォンなどの利用方法はこちらでも

「地球の歩き方」ホームページでは、アメリカでのスマートフォンなどの利用にあたって、各携帯電話会社の「パケット定額」や海外用モバイルWi-Fiルーターのレンタルなどの情報をまとめた特集ページを公開中。

URL www.arukikata.co.jp/net

フェデックスFedEx

URL www.fedex.com

シアトル

MAP P.32-B3
住 816 3rd Ave., Seattle
☎(206) 749-0206
営 月～金7:30～21:00、土8:00～18:00、日12:00～18:00

ポートランド

MAP P.147-C2
住 221 S.W. Alder St., Portland
☎(503) 224-6550
営 月～金7:00～22:00、土8:00～20:00、日10:00～22:00

旅の技術

旅のトラブルと安全対策

旅の安全対策とは、あらゆるトラブルを未然に防ぐことではなく、事故や盗難に遭うことを前提に、いかに被害を最小限に食い止められるかの対応力が大事である。日本人が海外で遭遇しやすいトラブル事例を挙げながら、対処方法を紹介しよう。

アメリカの治安

シアトルやポートランドは、アメリカのなかでも比較的治安は安定しており、おもな観光エリアは、昼間なら特に問題なく歩ける。しかし、アメリカは日本と比べ犯罪率が高く、どの街にもなるべく近寄らないほうがいいエリアがある。

シアトル

シアトルは比較的治安のよい都市であるが、あくまでもアメリカ国内での話。シアトルのダウンタウンでは、観光客を狙ったひったくりや車上狙いが多発している。特に日本人は現金を多く所持していると思われているので、昼夜を問わず注意しておきたい。また、現金だけでなく携帯音楽プレーヤーやスマートフォンなどを狙った路上強盗事件も多い。歩きながらの視聴や操作にも十分な注意を払おう。

なお、シアトルやその近郊都市ではギャングの活動が盛んで、ギャング同士の抗争が絶えない。深夜の繁華街などでの発砲事件が起きているので、深夜の外出は極力避けるように。

シアトルの中心部で特に気をつけたいのが、Pike St.の3rd Ave.から1st Ave.周辺（MP.31-A3～B3）と4th Ave.のJames St.からJackson St.周辺（MP.31-B3～B4）。特にYester Wayの高架下は歩かないように。これらのエリアは夕方から早朝にかけて治安が悪い。

ポートランド

アメリカでは治安のよい都市のひとつ。殺人、強盗などの凶悪犯罪は少ないが、ポートランドの北東部の住宅地でギャング同士の抗争が発生している。ひと気のない場所にはむやみに立ち入らず、深夜の行動も控えたほうが無難だ。また、ひったくりやスリの被害も多い。貴重品の管理はしっかりとしておこう。

ポートランドで気をつけておきたいエリアは、夜間のグレイハウンドのバスターミナル周辺（MP.146-B1～B2）。利用する人は時間帯に注意しよう。

街の歩き方

海外の街を歩くと、いかに日本はきれいで安全な国であるかに気づかされるはず。昼間は安全な雰囲気でも、夜間では様子がガラリと変わるなどということはざらにある。夜間や人通りの少ない道でのひとり歩きは避ける、細い路地には入らない、死角の多い駐車場も注意が必要。また、人前でお金を見せない、妙に親切な人には注意するなど、これらのことは徹底して守ろう。治安のよい悪いを判断する目安は、やたらとゴミが散乱している、落書きが多いなど。ホームレスや目つきの悪い人がうろついている所は立ち入りを避けたい。また、きちんとした身なりの女性が少なくなったら引き返したほうがいい。夜間の外出はタクシーを使い、車をもっていたとしてもさびしい道は走らないように。

そのほか、気をつけたい事項は次のページのとおり。

スリ、置き引きの多い場所とは

駅、空港、ホテルのロビー、観光名所、電車やバス、ショッピング街や店内、ファストフード店の中などでは、ほかのことに気を取られがち。「ついうっかり」や「全然気づかぬすきに」被害に遭うことが多い。ツアーバスに乗ったときもバスに貴重品を置いたまま、外に出ないこと。貴重品は必ず身に付けておこう。

こんなふうにお金は盗まれる

犯罪者たちは単独行動ではなく、必ずグループで犯行に及ぶ。例えば、ひとりが写真を撮ってもらうよう頼んでかばんを地面に置いた瞬間に、もうひとりがかばんを奪って逃げていくという具合に、ひとりがカモになる人の気を引いているのだ。

親しげな人に注意

向こうから、親しげに話しかけてくる人、日本語で話しかけてくる人には注意。たいていはカモになる人を探しているのだ。例えば、「お金を落としてしまって困っている」などと話しながら、うまくお金を巻き上げていく人も多い。

本当に大切なものは肌身離さず

なくなったらその旅が不可能になる、パスポートやお金（T/Cやクレジットカード）などは常に携帯し、パスポート番号など備忘録は貴重品とは別にしまっておこう。中級以上のホテルに泊まっているなら、ホテルのセーフティボックスに預けるのもよい。

荷物は少なくまとめること

両手がふさがるほど荷物を持って歩いているときは注意力も散漫になりがちだ。スリに狙われやすく、落とし物もしやすくなる。大きな荷物は行動範囲を狭める原因でもある。

●服装で注意したいのが、ストリートギャング風（ダボッとしたパンツに、パーカーのフードやキャップを目深にかぶるスタイル）のいでたち。
●路線バス、ライトレイルなどの公共交通機関の利用は、暗くなってからは人通りがぐんと減るので、バス停やひと気のないプラットホームに立って待っているのはおすすめできない。夜間の移動は、タクシーを利用するように。
●ドライブ時の注意として、これはアメリカのどの地域に関してもいえることだが、車を離れるとき、荷物は後ろのトランクなどに入れ、窓から見える所に置かないようにする。また、特に年末のショッピングシーズンなどは、買い物の荷物を狙った車上荒らしが多発するので要注意。車と金品を狙ったカージャックは、駐車場だけでなく、走行中や信号待ちの際にわざと車をぶつけ、車内から人が降りたすきを狙う場合もある。ドライブ中に何かのアクシデントに巻き込まれたら、できるだけ安全と思われる場所（ガソリンスタンドや警察）まで移動して助けを求めよう。

トラブルに遭ってしまったら

安全な旅を目指して（事後対応編）

▶盗難に遭ったら

すぐ警察に届ける。所定の事故報告書（Police Report）があるので記入しサインする。暴行をともなわない置き引きやスリの被害では、被害額がよほど高額でない限り捜索はしてくれない。報告書は、自分がかけている保険の請求に必要な手続きと考えたほうがよい。報告書が作成されると、控えか報告書の処理番号（Complaint Number）をくれる。それを保険請求の際に添えること。

▶パスポートをなくしたら

万一、パスポートをなくしたら、すぐ在外公館（総領事館、領事事務所→右側注）へ行き、新規発給の手続きを。申請に必要なものは、①顔写真（2枚）、②パスポート紛失証明書（現地の警察に発行してもらう）、③戸籍謄本または抄本、④旅行の日程などが確認できる書類。

発給までには、写真を日本に送り本人かどうかを確認するため約1週間かかる。また発給の費用は、10年用は$143、5年用は$98（12歳未満$54）が必要。なお、帰国便の搭乗地国ないし、その国へ向かう途中でなくした場合は、『帰国のための渡航書』（$22）を発行してもらい帰ることはできる。2時間ほどで発行。やはり写真と申請書が必要だ。

▶クレジットカードをなくしたら

大至急クレジットカード会社の緊急連絡センター（→P.313）に電話し、カードを無効にしてもらう。警察に届けるより前に、この連絡をすること。盗難カードでショッピング枠を使われるなど、悪用されることがあるからだ。高額商品の購入でも店側が本人確認を行わなかったり、通信販売は、サインがなくても利用できてしまう。

▶トラベラーズチェック（T/C）をなくしたら

再発行の手続きは、持っていたT/Cを発行しているカスタマーセンターへ連絡すること。次に最寄りの警察で「紛失証明書」を発行して

在シアトル日本国総領事館
Consulate-General of Japan in Seattle
MP.32-B2
住601 Union St., Suite 500, Seattle, WA 98101
☎(206) 682-9107
URLwww.seattle.us.emb-japan.go.jp
営月〜金9:00〜11:30、13:00〜16:30(領事窓口)

在ポートランド領事事務所
Consular Office of Japan in Portland
MP.146-A3
住Wells Fargo Center, Suite 2700, 1300 S.W. 5th Ave., Portland OR 97201
☎(503) 221-1811
URLwww.portland.us.emb-japan.go.jp
営月〜金9:30〜11:30、13:00〜16:30(領事窓口)

※日本国総領事館、領事事務所への入館には、写真付き身分証明書の提示が求められるため、必ず所持して訪問すること。なお、パスポートをなくしたなど、写真付きIDがない場合は、その旨を伝えて入館の許可をもらおう。

もらう。必要な書類は、①紛失証明書、②T/C発行証明書（T/Cを買ったときに銀行がくれた「T/C購入者用控」）、③未使用T/Cのナンバー。

再発行はカウンターサイン（2度目のサイン）がしていない未使用のぶんだけ。よって、購入者控の何番から何番までを使っていないと報告できるよう、旅行中はT/Cの使用記録をつけなければいけない。また、所持人署名欄にサインをしていなかった場合も再発行不可。

▶お金をすべてなくしたら

盗難、紛失、使い切りなど、万一に備えて、現金の保管は分散することをおすすめする。例えば、財布を落としても、別の場所（衣類のポケットやホテルのセーフティボックス）に保管してある現金があれば急場しのぎになる。それでも、現金をなくしてしまったときのためにも、キャッシングサービスのあるクレジットカードはぜひとも持っておきたい。また、日本で預金をして外国で引き出せるキャッシュカードやデビットカード（→P.280）、トラベルプリペイドカード（→P.280）も出回っているので、これらのサービスを利用するのもいい。詳しくは、各社のウェブサイトで。

▶病気やけがに見舞われたら

旅先での風邪や下痢の原因は、気候や生活の変化に対応しきれずに起こることが多く、精神的なストレスなども原因となる。とにかく休息すること。日本から常備薬を持参するのがおすすめ。薬を買うには医者の処方せんが必要だが、痛み止め・風邪薬などは処方せんなしで買える。

▶空港で荷物が出てこないとき

最後まで自分の荷物が出てこない場合、バゲージクレーム内の航空会社のカウンターで、諸手続きを行うことになる。クレームタグの半券を示しながら、事情説明と書類記入をする。聞かれることは、側注のとおり。荷物発見後の配送先は、この先数日の滞在ホテルだが、宿泊先が決まってない人はいっそ荷物を日本に送り返してもらい、必要最低限の品を現地で買い揃えて旅を続けるという手段もある。荷物紛失のため生じた費用の負担については、あらかじめ航空会社に確認を。

▶ドライブ中のトラブル

旅行者の犯しやすい交通違反が、駐車違反とスピード違反。アメリカでは駐車違反の取り締まりはかなり厳しい。スピード違反のとき、パトカーは違反車の後ろにつけると、赤と青のフラッシャーの点滅で停止を指示する。車は右に寄せて停車。警官が降りて近づいてくる間、ハンドルに手を置いて、同乗者とともにじっと待つ。警官が声をかけたら、日本の運転免許証、国外運転免許証とレンタル契約書を見せ、聞かれた質問に答えればいい。

事故や故障の場合は、ひとまずレンタカー会社へ連絡をしよう。事故の場合の対処としてまずは警察とレンタカー会社への連絡。また、相手の免許証番号、車のナンバー、保険の契約番号、連絡先を控えておく。あとは警察やレンタカー会社の指示に従う。また、車を返却するときに必ず申し出て事故報告書を提出すること。

故障の場合、自走できるときは、レンタカー会社に連絡して修理する。自走できないなら、レンタカー会社に連絡したあと、けん引サービスを呼んで対処しよう。

クレジットカードの連絡先がわからない！

万一、連絡先がわからない場合は、自分の持っているカードの国際カードの提携会社（ほとんどVisaかMasterCardのどちらかのはず）に連絡を。その連絡先はホテルや警察、電話帳や番号案内で簡単に調べられる。こんなときのためにも、パスポート番号、クレジットカードなどの番号をメモしたものや、そのコピーを取っておきたい。

お金をなくして、なすすべのない人は

どうにもならない場合、日本国総領事館、領事事務所（→P.309側注）に飛び込んで相談に乗ってもらうしかない。

携帯電話をなくしたら

→P.305

アメリカの医療システム

ホテルなどの緊急医や救急病院のほかは、医者は予約制。薬を買うには医者の処方せんが必要だが、痛み止め、風邪薬などは処方せんなしで買える。

海外旅行保険のサービスを利用する

日本語を話せる医者を紹介し、病院の予約を取ってくれる。旅行保険会社の連絡先は→P.313を参照。

空港で荷物が出てこなかったときに聞かれるおもな事柄

- 便名の確認
- 預けた空港の確認
- 名札が付いているか
- フライト何分前のチェックインか
- かばんの形と色
- 外ポケットやいちばん上の内容物
- 発見されたときの配送先

ドライブ時の罰金を支払う

駐車違反などの罰金の支払い方法は、ウェブサイトからマネーオーダー（郵便為替）を作って送るか、ウェブサイトや電話によるクレジットカードの引き落としなどがある。

なお、帰国後でも罰金の処理を怠ると、レンタカー会社を通じて追跡調査が行われる。またアメリカの有料道路（トールToll）で未払いした場合も同様なので、気をつけよう。

旅の技術 旅の英会話

ホテル編

8月11日と12日にツイン（ダブル）ルームを予約したいのですが〈電話で〉。
I'd like to make a reservation for a twin(double) room, August eleventh and twelfth.

今晩、空いているシングルルームはありますか？
Do you have a single room, tonight?

チェックインをお願いします。3泊の予定です。
I'd like to check in. I'll be staying for three nights.

クレジットカードで支払いします。
I'd like to pay by credit card.

部屋の鍵が開きません。
The room key does not work.

レストラン編

もしもし、今晩7:30､2名で夕食を予約したいのですが。私の名前は田中です。
Hello. I'd like to book a table this evening. Two people at seven thirty p.m. My name is Tanaka.

おすすめのメニューを教えてください。
What do you recommend?
Do you have any special today?

持ち帰り用の容器をください。
May I have a to-go box?

街歩き編

空港までのチケットをください。
May I have a ticket to the airport?

片道（往復）切符をお願いします。
One-way (round-trip) ticket, please.

パイオニアスクエアへ行くには？
How can I get to Pioneer Square?

これはシアトルセンターへ行きますか？
Does this go to Seattle Center?

キングストリートに着いたら教えてください。
Please let me know when we get to King St.

ユニオン駅で降ろしてもらえますか？
Would you drop me off at Union Station?

■道を尋ねる便利な言葉

目印……landmark
信号……traffic light
角……corner
距離……distance
真っすぐ行く……go straight
右（左）に曲がる……turn right(left)
右（左）側……on the right(left)
前方……front
後方……behind
こちら側……this side
向こう側……opposite side
道1本先の……one block away

ショッピング編

見ているだけです。
I'm just looking.

これをください。
I'll take this one.

Tシャツを探しています。
I'm looking for a T-shirt.

○○売り場はどこですか？
Where is ○○ corner(floor)?

これを試着してもいいですか？
Can I try this on?

もう少し大きい(小さい)ものはありますか？
Do you have a larger(smaller) one?

病院で見せるチェックシート

※該当する症状があれば、チェックをしてお医者さんに見せよう

□吐き気 nausea	□悪寒 chill	□食欲不振 poor appetite
□めまい dizziness	□動悸 palpitation	
□熱 fever	□脇の下で測った armpit	______℃／°F
	□口中で測った oral	______℃／°F
□下痢 diarrhea	□便秘 constipation	
□水様便 watery stool	□軟便 loose stool	1日に　回　times a day
□時々 sometimes	□頻繁に frequently	絶え間なく continually
□風邪 common cold		
□鼻詰まり stuffy nose	□鼻水 running nose	□くしゃみ sneeze
□咳 cough	□痰 sptum	□血痰 bloody phlegm
□耳鳴り tinnitus	□難聴 loss of hearing	□耳だれ ear discharge
□目やに eye mucus	□目の充血 red eye	□見えにくい visual disturbance

※下記の単語を指さしてお医者さんに必要なことを伝えよう

●どんな状態のものを
生の　raw
野生の　wild
油っこい greasy
よく火が通っていない
　uncooked
調理後時間がたった
　a long time after it was cooked

●けがをした
刺された・噛まれた bitten
切った cut
転んだ　fall down
打った　hit
ひねった　twisted
落ちた　fell
やけどした　burnt

●痛み
ヒリヒリする　tingling
刺すように　sharp
鋭く　keenly
ひどく　severely

●原因
蚊　mosquito
ハチ　wasp
アブ　gadfly
毒虫　poisonous insect
サソリ　scorpion
クラゲ　jellyfish
毒蛇　viper
リス　squirrel
（野）犬　（stray）dog

●何をしているときに
森に行った
　went to the forest
ダイビングをした
　went diving
キャンプをした
　went camping
登山をした
　went hiking (climbing)
川で水浴びをした
　went swimming in the river

INFORMATION

アメリカでスマホ、ネットを使うには

まずは、ホテルなどのネットサービス（有料または無料）、Wi-Fiスポット（インターネットアクセスポイント。無料）を活用する方法がある。アメリカでは、主要ホテルや町なかにWi-Fiスポットがあるので、宿泊ホテルでの利用可否やどこにWi-Fiスポットがあるかなどの情報を事前にネットなどで調べておくとよいだろう。ただしWi-Fiスポットでは、通信速度が不安定だったり、繋がらない場合があったり、利用できる場所が限定されたりするというデメリットもある。ストレスなくスマホやネットを使おうとするなら、以下のような方法も検討したい。

☆各携帯電話会社の「パケット定額」

1日当たりの料金が定額となるもので、NTTドコモなど各社がサービスを提供している。

いつも利用しているスマホを利用できる。また、海外旅行期間を通してではなく、任意の1日だけ決められたデータ通信量を利用することのできるサービスもあるので、ほかの通信手段がない場合の緊急用としても利用できる。なお、「パケット定額」の対象外となる国や地域があり、そうした場所でのデータ通信は、費用が高額となる場合があるので、注意が必要だ。

☆海外用モバイルWi-Fiルーターをレンタル

アメリカで利用できる「Wi-Fiルーター」をレンタルする方法がある。定額料金で利用できるもので、「グローバルWiFi（【URL】https://townwifi.com/）」など各社が提供している。Wi-Fiルーターとは、現地でもスマホやタブレット、PCなどでネットを利用するための機器のことをいい、事前に予約しておいて、空港などで受け取る。利用料金が安く、ルーター1台で複数の機器と接続できる（同行者とシェアできる）ほか、いつでもどこでも、移動しながらでも快適にネットを利用できるとして、利用者が増えている。

ルーターは空港などで受け取る

ほかにも、いろいろな方法があるので、詳しい情報は「地球の歩き方」ホームページで確認してほしい。
【URL】http://www.arukikata.co.jp/net/

旅の技術 旅のイエローページ

■緊急時

●警察、消防署、救急車 ☎911

●在シアトル日本国総領事館
☎(206)682-9107

●在ポートランド領事事務所
☎(503)221-1811

■航空会社（アメリカ国内）

日本語対応のオペレーター

●全日空 Free(1-800)235-9262

●日本航空 Free(1-800)525-3663

●アメリカン航空 Free(1-800)237-0027

●デルタ航空 Free(1-800)327-2850

●ユナイテッド航空 Free(1-800)537-3366

■空港・交通

●シアトル・タコマ国際空港（シータック空港）
☎(206)787-5388

●ポートランド国際空港 ☎(503)460-4234

●グレイハウンドバス Free(1-800)231-2222

●アムトラック Free(1-800)872-7245

■クレジットカード会社（カード紛失・盗難時）

●アメリカン・エキスプレス
Free(1-800)766-0106

●ダイナースクラブ
☎+81-3-6770-2796(コレクトコールを利用)

●JCB Free(1-800)606-8871

●マスターカード Free(1-800)627-8372

●ビザ Free(1-866)670-0955

■トラベラーズチェック発行会社（T/C紛失時の再発行）

●アメリカン・エキスプレス・リファンドセンター
Free(1-800)221-7282

■旅行保険会社（アメリカ国内）

●損保ジャパン日本興亜
Free(1-800)233-2203(けが、病気)
Free(1-800)826-6108(けが、病気以外のトラブル)

●東京海上日動 Free(1-800)446-5571

●AIG Free(1-800)8740-119

■日本語が通じる医療機関

シアトル

●Virginia Mason Medical Center
※吉岡みのり先生が勤務☎(206)583-2299
※日本語医療サービス（通訳）あり
MP.31-B3
住1100 9th Ave., Seattle
☎(206)223-6600
営月～金6:00～17:30、土8:00～12:30、緊急時は24時間対応

●Harborview Medical Center, at the Emergency Department
※日本語医療サービス（通訳）あり
※要予約、緊急時は24時間対応
MP.31-B3
住325 9th Ave., Seattle
☎(206)520-5000
営月～土7:00～19:00

ポートランド

●Oregon Health & Science University
※日本語医療サービス（通訳）あり
※要予約、緊急時は24時間対応
MP.145-A3
住3181 S.W. Sam Jackson Park Rd., Portland
☎(503)494-8311
営月～金8:00～17:00

●Olson Memorial Clinic (Steven Hashiguchi, M.D.)
※電話予約の際は「ドクター橋口、プリーズ」と告げること
MP.212-A2
住16463 S.W. Boones Ferry Rd., #300, Lake Oswego, OR 97035
(ダウンタウンから車で約20分)
☎(503)635-6256(要予約)
営月～金8:00～17:00(水～12:00)

■帰国後の旅行相談窓口

●日本旅行業協会 JATA

旅行会社で購入した旅行サービスについての相談は「消費者相談室」まで。
☎(03)3592-1266
URLwww.jata-net.or.jp

インデックス

ま行

や行

ら行

わ行

Index

A

B

C

D

E

F

G

H

I

J

K

地球の歩き方　投稿　検索

あなたの旅の体験談をお送りください

『地球の歩き方』は、たくさんの旅行者から
ご協力をいただいて、改訂版や新刊を制作しています。
あなたの旅の体験や貴重な情報を、これから旅に出る人たちに分けてあげてください。
なお、お送りいただいたご投稿がガイドブックに掲載された場合は、
初回掲載本を１冊プレゼントします！

ご投稿は次の３つから！

インターネット

URL www.arukikata.co.jp/guidebook/toukou.html
画像も送れるカンタン「投稿フォーム」
※「地球の歩き方　投稿」で検索してもすぐに見つかります

郵便

〒160-0023　東京都新宿区西新宿 6-15-1
セントラルパークタワー・ラ・トゥール新宿 705
株式会社地球の歩き方メディアパートナーズ
「地球の歩き方」サービスデスク「○○○○編」投稿係

ファクス

(03)6258-0421

郵便とファクスの場合

次の情報をお忘れなくお書き添えください！　①ご住所　②氏名　③年齢　④ご職業　⑤お電話番号　⑥ E-mail アドレス　⑦対象となるガイドブックのタイトルと年度　⑧ご投稿掲載時のペンネーム　⑨今回のご旅行時期　⑩「地球の歩き方メールマガジン」配信希望の有無　⑪地球の歩き方グループ各社からの DM 送付希望の有無

ご投稿にあたってのお願い

★ご投稿は、次のような《テーマ》に分けてお書きください。

《新発見》ガイドブック未掲載のレストラン、ホテル、ショップなどのご紹介
《旅の提案》未掲載の町や見どころ、新しいルートや楽しみ方などのご紹介
《アドバイス》自分が工夫したこと、注意したいこと、トラブル情報など
《訂正・反論》掲載されている記事・データの追加修正や更新、異論・反論など
※記入例：「○○編 201X 年度版△△ページ掲載の□□ホテルが移転していました……」

★データはできるだけ正確に。

ホテルやレストランなどの情報は、名称、住所、電話番号、アクセスなどを正確にお書きください。ウェブサイトの URL や地図などは画像でご投稿いただくのもおすすめです。

★ご自身の体験をお寄せください。

雑誌やインターネット上の情報などの丸写しはせず、実際の体験に基づいた具体的な情報をお待ちしています。

ご確認ください

※採用されたご投稿は、必ずしも該当タイトルに掲載されるわけではありません。関連他タイトルへの掲載もありえます。
※例えば「新しい市内交通パスが発売されている」など、すでに編集部で取材・調査を終えているものと同内容のご投稿をいただいた場合は、ご投稿を採用したとはみなされず掲載本をプレゼントできないケースがあります。
※当社は個人情報を第三者に提供いたしません。また、ご記入いただきましたご自身の情報については、ご投稿内容の確認や掲載本の送付などの用途以外には使用いたしません。
※ご投稿の採用の可否についてのお問い合わせはご遠慮ください。
※原稿は原文を尊重しますが、スペースなどの関係で編集部でリライトする場合があります。
※従来の、巻末に綴じ込んだ「現地最新情報・ご投稿用紙」は廃止させていただきました。

地球の歩き方 シリーズ年度一覧

地球の歩き方ガイドブックは1～2年で改訂されます。改訂時には価格が変わることがあります。表示価格は本体価格(税別)です。
●最新情報は、ホームページでもご覧いただけます。URL www.diamond.co.jp/arukikata/

2018年11月現在

地球の歩き方 ガイドブック

A ヨーロッパ

No.	タイトル	年度	価格
A01	ヨーロッパ	2018～2019	¥1700
A02	イギリス	2018～2019	¥1700
A03	ロンドン	2018～2019	¥1600
A04	湖水地方&スコットランド	2018～2019	¥1700
A05	アイルランド	2017～2018	¥1700
A06	フランス	2019～2020	¥1700
A07	パリ&近郊の町	2018～2019	¥1700
A08	南仏プロヴァンス コート・ダジュール&モナコ	2018～2019	¥1600
A09	イタリア	2018～2019	¥1700
A10	ローマ	2018～2019	¥1600
A11	ミラノ、ヴェネツィアと湖水地方	2018～2019	¥1600
A12	フィレンツェとトスカーナ	2017～2018	¥1600
A13	南イタリアとシチリア	2019～2020	¥1700
A14	ドイツ	2018～2019	¥1700
A15	南ドイツ フランクフルト ミュンヘン ロマンティック街道 古城街道	2017～2018	¥1600
A16	ベルリンと北ドイツ ハンブルク・ドレスデン・ライプツィヒ	2018～2019	¥1700
A17	ウィーンとオーストリア	2019～2020	¥1700
A18	スイス	2018～2019	¥1700
A19	オランダ ベルギー ルクセンブルク	2018～2019	¥1600
A20	スペイン	2018～2019	¥1700
A21	マドリッドアンダルシア&鉄道とバスで行く世界遺産	2017～2018	¥1600
A22	バルセロナ&近郊の町 イビサ島／マヨルカ島	2018～2019	¥1600
A23	ポルトガル	2018～2019	¥1600
A24	ギリシアとエーゲ海の島々&キプロス	2019～2020	¥1700
A25	中欧	2017～2018	¥1800
A26	チェコ ポーランド スロヴァキア	2018～2019	¥1700
A27	ハンガリー	2017～2018	¥1600
A28	ブルガリア ルーマニア	2017～2018	¥1700
A29	北欧	2018～2019	¥1700
A30	バルトの国々	2017～2018	¥1700
A31	ロシア	2018～2019	¥1900
A32	シベリア&シベリア鉄道とサハリン	2017～2018	¥1800
A34	クロアチア スロヴェニア	2017～2018	¥1600

B 南北アメリカ

No.	タイトル	年度	価格
B01	アメリカ	2017～2018	¥1800
B02	アメリカ西海岸	2018～2019	¥1700
B03	ロスアンゼルス	2018～2019	¥1700
B04	サンフランシスコとシリコンバレー	2018～2019	¥1700
B05	シアトル ポートランド ワシントン州とオレゴン州の大自然	2019～2020	¥1700
B06	ニューヨーク マンハッタン&ブルックリン	2018～2019	¥1750
B07	ボストン	2018～2019	¥1800
B08	ワシントンDC	2017～2018	¥1700
B09	ラスベガス セドナ&グランドキャニオンと大西部	2018～2019	¥1700
B10	フロリダ	2019～2020	¥1700
B11	シカゴ	2018～2019	¥1700
B12	アメリカ南部	2016～2017	¥1800
B13	アメリカの国立公園	2017～2018	¥1800
B14	ダラス ヒューストン デンバー グランドサークル フェニックス サンタフェ	2018～2019	¥1700
B15	アラスカ	2017～2018	¥1700
B16	カナダ	2017～2018	¥1700
B17	カナダ西部	2018～2019	¥1600
B18	カナダ東部	2018～2019	¥1600
B19	メキシコ	2019～2020	¥1800
B20	中米	2018～2019	¥1900
B21	ブラジル ベネズエラ	2018～2019	¥2000
B22	アルゼンチン チリ パラグアイ ウルグアイ	2018～2019	¥2000
B23	ペルー ボリビア エクアドル コロンビア	2018～2019	¥2000
B24	キューバ バハマ ジャマイカ カリブの島々	2019～2020	¥1850
B25	アメリカ・ドライブ	2017～2018	¥1700

C 太平洋／インド洋の島々&オセアニア

No.	タイトル	年度	価格
C01	ハワイI オアフ島&ホノルル	2018～2019	¥1700
C02	ハワイII ハワイ島 マウイ島 カウアイ島 モロカイ島 ラナイ島	2017～2018	¥1600
C03	サイパン	2018～2019	¥1400
C04	グアム	2019～2020	¥1400
C05	タヒチ／イースター島／クック諸島	2017～2018	¥1700
C06	フィジー	2018～2019	¥1500
C07	ニューカレドニア	2018～2019	¥1500
C08	モルディブ	2017～2018	¥1700
C10	ニュージーランド	2019～2020	¥1700
C11	オーストラリア	2018～2019	¥1800
C12	ゴールドコースト&ケアンズ	2018～2019	¥1700
C13	シドニー&メルボルン	2018～2019	¥1600

D アジア

No.	タイトル	年度	価格
D01	中国	2019～2020	¥1900
D02	上海 杭州 蘇州	2018～2019	¥1700
D03	北京	2017～2018	¥1600
D04	大連 瀋陽 ハルビン 中国東北地方の自然と文化	2019～2020	¥1800
D05	広州 アモイ 桂林 珠江デルタと華南地方	2017～2018	¥1700
D06	成都 九寨溝 麗江 四川 雲南 貴州の自然と民族	2018～2019	¥1700
D07	西安 敦煌 ウルムチ シルクロードと中国西北部	2018～2019	¥1700
D08	チベット	2018～2019	¥1900
D09	香港 マカオ 深圳	2018～2019	¥1700
D10	台湾	2018～2019	¥1700
D11	台北	2019～2020	¥1500
D12	韓国	2018～2019	¥1700
D14	モンゴル	2017～2018	¥1800
D15	中央アジア サマルカンドとシルクロードの国々	2017～2018	¥1900
D16	東南アジア	2018～2019	¥1700
D17	タイ	2018～2019	¥1700
D18	バンコク	2018～2019	¥1600
D19	マレーシア ブルネイ	2019～2020	¥1700
D20	シンガポール	2018～2019	¥1500
D21	ベトナム	2018～2019	¥1700
D22	アンコール・ワットとカンボジア	2018～2019	¥1700
D23	ラオス	2019～2020	¥1900
D24	ミャンマー	2019～2020	¥1900
D25	インドネシア	2018～2019	¥1700
D26	バリ島	2018～2019	¥1700
D27	フィリピン マニラ セブ	2018～2019	¥1700
D28	インド	2018～2019	¥1800
D29	ネパールとヒマラヤトレッキング	2018～2019	¥1900
D30	スリランカ	2018～2019	¥1700
D31	ブータン	2018～2019	¥1800
D32	パキスタン	2007～2008	¥1780
D33	マカオ	2018～2019	¥1600
D34	釜山・慶州	2017～2018	¥1400
D35	バングラデシュ	2015～2016	¥1900
D36	南インド	2016～2017	¥1700
D38	ソウル	2018～2019	¥1500

E 中近東 アフリカ

No.	タイトル	年度	価格
E01	ドバイとアラビア半島の国々	2018～2019	¥1900
E02	エジプト	2014～2015	¥1700
E03	イスタンブールとトルコの大地	2016～2017	¥1800
E04	ペトラ遺跡とヨルダン	2017～2018	¥1800
E05	イスラエル	2019～2020	¥1900
E06	イラン	2017～2018	¥2000
E07	モロッコ	2017～2018	¥1800
E08	チュニジア	2015～2016	¥1900
E09	東アフリカ ウガンダ・エチオピア・ケニア・タンザニア・ルワンダ	2016～2017	¥1900
E10	南アフリカ	2018～2019	¥1900
E11	リビア	2010～2011	¥2000
E12	マダガスカル モーリシャス セイシェル	2017～2018	¥1900

女子旅応援ガイド aruco

No.	タイトル	価格
1	パリ '19～'20	¥1200
2	ソウル '18～'19	¥1200
3	台北 '18～'19	¥1200
4	トルコ '14～'15	¥1200
5	インド '14～'15	¥1200
6	ロンドン '18～'19	¥1200
7	香港 '18～'19	¥1200
8	エジプト	¥1200
9	ニューヨーク'17～'18	¥1200
10	ホーチミン ダナン ホイアン '19～'20	¥1200
11	ホノルル '19～'20	¥1200
12	バリ島 '18～'19	¥1200
13	上海	¥1200
14	モロッコ '19～'20	¥1400
15	チェコ '16～'17	¥1200
16	ベルギー '16～'17	¥1200
17	ウィーン '17～'18	¥1200
18	イタリア '19～'20	¥1200
19	スリランカ '15～16	¥1200
20	クロアチア '14～'15	¥1200
21	スペイン '19～'20	¥1200
22	シンガポール '18～'19	¥1200
23	バンコク '18～'19	¥1200
24	グアム '17～'18	¥1200
25	オーストラリア '18～'19	¥1200
26	フィンランド '17～18	¥1200
27	アンコール・ワット '18～'19	¥1200
28	ドイツ '18～'19	¥1200
29	ハノイ '19～'20	¥1200
30	台湾 '19～'20	¥1200
31	カナダ '17～'18	¥1200
32	オランダ '18～'19	¥1200
33	サイパン テニアン ロタ '18～'19	¥1200

地球の歩き方 Plat

No.	タイトル	価格
1	パリ	¥1200
2	ニューヨーク	¥1200
3	台北	¥1000
4	ロンドン	¥1200
5	グアム	¥1000
6	ドイツ	¥1200
7	ベトナム	¥1000
8	スペイン	¥1200
9	バンコク	¥1000
10	シンガポール	¥1000
11	アイスランド	¥1400
12	ホノルル	¥1000
13	マニラ&セブ	¥1000
14	マルタ	¥1400
15	フィンランド	¥1200
16	クアラルンプール マラッカ	¥1000
17	ウラジオストク	¥1300
18	サンクトペテルブルク モスクワ	¥1400
19	エジプト	¥1200

地球の歩き方 Resort Style

No.	タイトル	価格
R01	ホノルル&オアフ島	¥1500
R02	ハワイ島	¥1500
R03	マウイ島	¥1500
R04	カウアイ島	¥1500
R05	こどもと行くハワイ	¥1400
R06	ハワイ ドライブ・マップ	¥1800
R07	ハワイ バスの旅	¥1200
R08	グアム※	¥1500
R09	こどもと行くグアム	¥1400
R10	パラオ	¥1500
R11	世界のダイビング完全ガイド 地球の潜り方	¥1800
R12	プーケット サムイ島 ピピ島	¥1500
R13	ペナン ランカウイ クアラルンプール	¥1700
R14	バリ島※	¥1700
R15	セブ&ボラカイ ボホール シキホール	¥1500
R16	テーマパークinオーランド	¥1700
R17	カンクン コスメル イスラ・ムヘーレス	¥1500
R18	ケアンズとグレートバリアリーフ※	¥1700
R19	ファミリーで行くシンガポール	¥1400
R20	ダナン ホイアン ホーチミン ハノイ	¥1500

※は旧リゾートシリーズで発刊中

地球の歩き方 BY TRAIN

1 ヨーロッパ鉄道の旅	￥1700
ヨーロッパ鉄道時刻表 2018年冬号	￥2200

地球の歩き方 トラベル会話

1 米語＋英語	￥952
2 フランス語＋英語	￥1143
3 ドイツ語＋英語	￥1143
4 イタリア語＋英語	￥1143
5 スペイン語＋英語	￥1143
6 韓国語＋英語	￥1143
7 タイ語＋英語	￥1143
8 ヨーロッパ5ヵ国語	￥1143
9 インドネシア語＋英語	￥1143
10 中国語＋英語	￥1143
11 広東語＋英語	￥1143
12 ポルトガル語(ブラジル語)＋英語	￥1143

地球の歩き方 成功する留学

アメリカ大学・大学院留学	￥2500
カナダ留学	￥1600
ワーキングホリデー完ペキガイド	￥1600
オーストラリア・ニュージーランド留学	￥1600
成功するアメリカ大学留学術 世界に飛びだそう！目指せ！グローバル人材	￥1429
中・高校生の留学	￥1500

地球の歩き方 JAPAN

島旅01 五島列島	￥1500
島旅02 奄美大島(奄美群島①)	￥1500
島旅03 与論島 徳之島 沖永良部島(奄美群島②)	￥1500
島旅04 利尻・礼文	￥1500
島旅05 天草	￥1500
島旅06 壱岐	￥1500
島旅07 種子島	￥1500
島旅08 小笠原 父島 母島	￥1500
島旅09 隠岐	￥1500
島旅10 佐渡	￥1500
島旅11 宮古島 伊良部島 下地島 来間島 池間島 多良間島	￥1500
島旅22 島旅ねこ にゃんこの島の歩き方	￥1222
ダムの歩き方 全国版 はじめてのダム入門ガイド	￥1556

地球の歩き方 御朱印シリーズ

御朱印でめぐる鎌倉の古寺 三十三観音完全掲載 改訂版	￥1500
御朱印でめぐる京都の古寺 改訂版	￥1500
御朱印でめぐる奈良の古寺 改訂版	￥1500
御朱印でめぐる江戸・東京の古寺 改訂版	￥1500
御朱印でめぐる高野山	￥1500
日本全国 この御朱印が凄い！ 第壱集 増補改訂版	￥1500
日本全国 この御朱印が凄い！ 第弐集 都道府県網羅版	￥1500
御朱印でめぐる全国の神社 ～開運さんぽ～	￥1300
御朱印でめぐる関東の神社 週末開運さんぽ	￥1300
御朱印はじめました 関東の神社 週末開運さんぽ	￥1100
御朱印でめぐる秩父 三十四観音完全掲載	￥1500
御朱印でめぐる関東の百寺 坂東三十三観音と古寺	￥1500
御朱印でめぐる関西の神社 週末開運さんぽ	￥1300
御朱印でめぐる東京の神社 週末開運さんぽ	￥1300
御朱印でめぐる関西の百寺 西国三十三所と古寺	￥1500

地球の歩き方 コミックエッセイ

旅したからって何が変わるわけでもないけどね…。旅するハナグマの世界なんとなく旅行記	￥1200
北欧が好き！ フィンランド・スウェーデン・デンマーク・ノルウェーのすてきな町めぐり	￥1100
北欧が好き！2 建築×デザインでめぐるフィンランド・スウェーデン・デンマーク・ノルウェー	￥1100
きょうも京都で京づくし	￥1100
女ふたり 台湾、行ってきた。	￥1100
日本てくてくゲストハウスめぐり	￥1000
アイスランド☆TRIP 神秘の絶景に会いに行く！	￥1100

地球の歩き方 BOOKS

●日本を旅する本

大江戸 歴史事件現場の歩き方	￥1500
沖縄 南の島の私の隠れ家	￥1500
子連れで沖縄 旅のアドレス&テクニック117	￥1000
武智志穂のかわいい京都*しあわせさんぽ	￥1429
おいしいご当地スーパーマーケット	￥1600
地元スーパーのおいしいもの、旅をしながら見つけてきました。47都道府県！	￥1600
史跡と建築で巡る 銀座の歩き方	￥1300
京都 ひとりを楽しむまち歩き	￥1200
青森・函館めぐり クラフト・建築・おいしいもの	￥1300
日本全国開運神社 このお守りがすごい	￥1384

●個性ある海外旅行を案内する本

世界の高速列車Ⅱ	￥2800
世界の鉄道	￥3500
着こなせ！アジアン・ファッション(WE LOVE ASIAN FASHION)	￥1500
WE LOVE エスニックファッション ストリートブック	￥1500
エスニックファション シーズンブック ETHNIC FASHION SEASON BOOK	￥1500
へなちょこ日記 ハワイ嗚咽編	￥1500
もっと賢く・お得に・快適に 空の旅を楽しむ100の方法	￥1200
ニューヨークおしゃべりノート2	￥950
ブルックリン・スタイル ニューヨーク新世代アーティストのこだわりライフ&とっておきアドレス	￥1600
GIRL'S GETAWAY TO LOS ANGELES	￥1500
絶対トクする！海外旅行の新常識	￥1000
アパルトマンでパリジェンヌ体験 5日間から楽しめる憧れのパリ暮らし	￥1700
地球の歩き方フォトブック 世界の絶景アルバム101 南米・カリブの旅	￥950
地球の歩き方フォトブック 旅するフォトグラファーが選ぶスペインの町33	￥1500
宮脇俊三と旅した鉄道風景	￥2000
自分と世界がハッピーになる！ 成功する海外ボランティア21のケース	￥1400
キレイを叶える♡週末バンコク	￥1500
「幸せになる、ハワイのパンケーキ&朝ごはん」～オアフ島で食べたい人気の100皿～	￥1500
MAKI'S DEAREST HAWAII ～インスタジェニックなハワイ探し～	￥1400
撮り・旅！ 地球を撮り歩く旅人たち	￥1600
秘密のパリ案内Q77	￥1500
台湾おしゃべりノート	￥1200
HONG KONG 24 hours 朝・昼・夜で楽しむ 香港が好きになる本	￥1500
ONE & ONLY MACAO produced by LOVETABI	￥1300
純情ヨーロッパ 呑んで、祈って、脱いでみて	￥1280
人情ヨーロッパ 人生、ゆるして、ゆるされて	￥1380
雑貨と旅とデザインと	￥1400
とっておきのフィンランド 絵本のような町めぐり	￥1600
LOVELY GREEN NEW ZEALAND 未来の国を旅するガイドブック	￥1600

●乗り物deおさんぽ

パリの街をメトロでお散歩	￥1500
台北メトロさんぽ MRTを使って、おいしいとかわいいを巡る旅♪	￥1380
台湾を鉄道でぐるり	￥1380
香港トラムでぶらり女子旅	￥1500
NEW YORK, NEW YORK！ 地下鉄で旅するニューヨークガイド	￥1500

●ランキング&マル得テクニック

沖縄 ランキング&マル得テクニック！	￥900
ニューヨーク ランキング&マル得テクニック！	￥1000

●話題の本

パラダイス山元の飛行機の乗り方	￥1300
パラダイス山元の飛行機のある暮らし	￥1300
なぜデキる男とモテる女は飛行機に乗るのか？	￥1300
「世界イケメンハンター」窪咲子のGIRL'S TRAVEL	￥1400
さんぽで感じる村上春樹	￥1450
発達障害グレーゾーン まったり息子の成長日記	￥1500
鳥居りんこの親の介護は知らなきゃバカ見ることだらけ	￥1200
親の介護をはじめたらお金の話で泣き見てばかり 知らなきゃ損する！トラブル回避の基礎知識	￥1200
熟年夫婦のスペイン 行き当たりばったり移住記	￥1350
海外VIP1000人を感動させた外資系企業社長の「おもてなし」術	￥1500
理想の旅は自分でつくる！失敗しない個人旅行のつくり方	￥1500
日本一小さな航空会社の大きな奇跡の物語 業界の常識を破った天草エアラインの「復活」	￥1500
娘にリケジョになりたい！と言われたら 文系の親に知ってほしい理系女子の世界	￥1400

地球の歩き方 中学受験

お母さんが教える国語	￥1800
お母さんが教える国語 親子で成績を上げる魔法のアイデア	￥1300
こんなハズじゃなかった中学受験	￥1500
なぜ、あの子は逆転合格できたのか？	￥1500
中学受験 叫ばせて！	￥952
わが子を算数嫌いにさせない家庭学習の進め方	￥1429
小6になってグンと伸びる子、ガクンと落ちる子	￥1500
偏差値が届かなくても受かる子、充分でも落ちる子	￥1500
名門中学の子どもたちは学校で何を学んでいるのか	￥1650
はじめての中学受験 第一志望合格のためにやってよかった5つのこと	￥1500
第一志望に合格したいなら「社会」の後回しは危険です。	￥1300
進路で迷ったら中高一貫校を選びなさい 6年間であなたの子供はこんなに変わる	￥1200
親が後悔しない、子供に失敗させない進学塾の選び方	￥1200
わが子を合格させる父親道 ヤル気を引き出す「神オヤジ」と子どもをツブす「ダメおやぢ」	￥1200
まんがで学ぶ！国語がニガテな子のための読解力が身につく7つのコツ	￥1400
新お母さんが教える国語 わが子を志望校に合格させる最強の家庭学習法	￥1500

地球の歩き方 GemStone

001 パリの手帖 とっておきの散歩道	￥1500
014 スパへようこそ 世界のトリートメント大集合	￥1500
021 ウィーン旧市街 とっておきの散歩道	￥1500
023 増補改訂版 ヴェネツィア カフェ&バーカロでめぐる、14の迷宮路地散歩	￥1600
025 世界遺産 マチュピチュ完全ガイド	￥1500
026 魅惑のモロッコ 美食と雑貨と美肌の王国	￥1500
027 メキシコ デザインホテルの旅	￥1600
029 イギリス人は甘いのがお好き プディング&焼き菓子がいっぱいのラブリーな生活	￥1500
030 改訂版 バリ島ウブド 楽園の散歩道	￥1500
033 改訂新版 フィンランド かわいいデザインと出会う街歩き	￥1600
047 プラハ迷宮の散歩道 改訂版	￥1600
052 とっておきのポーランド 増補改訂版	￥1600
054 グリム童話で旅するドイツ・メルヘン街道	￥1600
056 ラダック ザンスカール スピティ 北インドのリトル・チベット 増補改訂版	￥1700
057 ザルツブルクとチロル アルプスの山と街を歩く	￥1600
059 天空列車 青海チベット鉄道の旅	￥1600
060 カリフォルニア オーガニックトリップ サンフランシスコ&ワインカントリーのスローライフへ！	￥1500
061 台南 高雄 とっておきの歩き方 台湾南部の旅ガイド	￥1500
062 イングランドで一番美しい場所 コッツウォルズ	￥1700
063 スイス おトクに楽しむ街歩き	￥1500
064 シンガポール 絶品！ ローカルごはん	￥1500
065 ローマ美食散歩 永遠の都を食べ歩く	￥1500
066 南極大陸 完全旅行ガイド	￥1500

地球の歩き方 MOOK

●海外最新情報が満載されたMOOK本

海外1 パリの歩き方[ムックハンディ]	￥1000
海外3 ソウルの歩き方[ムックハンディ]	￥1000
海外4 香港・マカオの歩き方[ムックハンディ]	￥1000
海外6 台湾の歩き方[ムックハンディ]	￥1000
海外8 ホノルルの歩き方[ムックハンディ]	￥1000
海外9 ホノルルショッピング&グルメ[ムックハンディ]	￥1000
海外10 グアムの歩き方[ムックハンディ]	￥1000
海外11 バリ島の歩き方[ムックハンディ]	￥1000
ハワイ ランキング&マル得テクニック！	￥790
パリ ランキング&マル得テクニック！	￥790
台湾 ランキング&マル得テクニック！	￥790
ソウル ランキング&マル得テクニック！	￥790
シンガポール ランキング&マル得テクニック！	￥790
バンコク ランキング&マル得テクニック！	￥790
バリ島 ランキング&マル得テクニック！	￥740
海外女子ひとり旅☆パーフェクトガイド！	￥890
ハワイ スーパーマーケットマル得完全ガイド	￥890
海外子連れ旅☆パーフェクトガイド！	￥890
成功する留学 留学ランキング&テクニック50	￥700
世界のビーチBEST100	￥890
ヘルシーハワイ[ムックハンディ]	￥890
aruco magazine	￥920

●国内MOOK

沖縄の歩き方[ムックハンディ]	￥917
北海道の歩き方[ムックハンディ]	￥926
東京 ランキング&マル得テクニック！	￥690

本書は「地球の歩き方」編集室の2018年夏の取材と、多くの方々の協力によって作られています。改訂版の編集にあたりご協力いただいた皆さま、投稿をお寄せいただいた読者の皆さま、ほかすべての皆さまに深く感謝いたします。

制作	日隈理絵	Producer	Rie Hinokuma
編集	菊地俊哉 (有)地球堂	Editor	Toshiya Kikuchi Chikyu-Do, Inc.
表紙デザイン	日出嶋昭男	Cover Design	Akio Hidejima
デザイン	(有)エメ龍夢	Design	EMERYUMU, Inc.
校正	(有)トップキャット	Proofreading	Top Cat, Inc.
地図	アルト・ディークラフト/TOM冨田富士男/(株)ピーマン/開成堂印刷株式会社	Maps	ALTO Dcraft/TOM Fujio Tonda/P-man/Kaiseido Co., Ltd.

Special Thanks（敬称略）
Ms. Tamara Thorhallsson, Visit Seattle
Mr. Jeffrey M. Hammerly / Ms. Yoko Furukawa, Travel Portland
Mr. Greg Eckhart, Travel Oregon
Ms. Alice Trindle, Eastern Oregon Visitors Association
Mr. Timothy Baker, Baker County Tourism
Ms. Kristen Dollarhide, Travel Pendleton
Ms. Chris Chester
Ms. Takumi Ohno, Junglecity Net., Inc
Mr. Katsuyuki Shibata, East Meets West
シアトル・ワシントン州観光事務所
オレゴン州観光局 日本事務所
ポートランド観光協会 日本事務所
小野アムステン道子、鹿島裕子、ふじもとたかね、久保田康夫、横田亘生、中村佳子

本書の内容について、ご意見・ご感想はこちらまで
〒141-8425 東京都品川区西五反田2-11-8
株式会社地球の歩き方
地球の歩き方サービスデスク「シアトル ポートランド編」投稿係
URL▶https://www.arukikata.co.jp/guidebook/toukou.html
地球の歩き方ホームページ（海外・国内旅行の総合情報）
URL▶https://www.arukikata.co.jp/
ガイドブック『地球の歩き方』公式サイト
URL▶https://www.arukikata.co.jp/guidebook/

地球の歩き方 B05 シアトル ポートランド　ワシントン州とオレゴン州の大自然　2019～2020年版
2001年7月20日初版発行（304頁）
2022年9月20日改訂第15版第1刷発行（320頁）

Published by Arukikata. Co.,Ltd.
2-11-8 Nishigotanda, Shinagawa-ku, Tokyo, 141-8425

著作編集　地球の歩き方編集室
発 行 人　新井邦弘
編 集 人　宮田　崇
発 行 所　株式会社地球の歩き方
〒141-8425　東京都品川区西五反田2-11-8
発 売 元　株式会社学研プラス
〒141-8415　東京都品川区西五反田2-11-8
印刷製本　開成堂印刷株式会社

※本書は基本的に2018年7月～8月の取材データに基づいて作られています。
発行後に料金、営業時間、定休日などが変更になる場合がありますのでご了承ください。
更新・訂正情報：https://www.arukikata.co.jp/travel-support/

●この本に関する各種お問い合わせ先
・本の内容については、下記サイトのお問い合わせフォームよりお願いします。
URL▶https://www.arukikata.co.jp/guidebook/contact.html
・広告については、下記サイトのお問い合わせフォームよりお願いします。
URL▶https://www.arukikata.co.jp/ad_contact/
・在庫については　Tel 03-6431-1250（販売部）
・不良品（乱丁、落丁）については　Tel 0570-000577
学研業務センター　〒354-0045　埼玉県入間郡三芳町上富279-1
・上記以外のお問い合わせは　Tel 0570-056-710（学研グループ総合案内）

※本書は株式会社ダイヤモンド・ビッグ社より2001年7月に発行したもの（2018年12月に改訂第15版）の最新・改訂版です。
学研グループの書籍・雑誌についての新刊情報・詳細情報は、下記をご覧ください。
学研出版サイト　https://hon.gakken.jp/